U0874932

刑事侦查实用百科丛书

XINGSHI ZHENCHA SHIYONG BAIKE CONGSHU

刑事侦查与地理

XINGSHI ZHENCHA YU DILI

总 主 编　杨玉章

本册主编　刘静玉

群 众 出 版 社

河南科学技术出版社

图书在版编目（CIP）数据

刑事侦查与地理/刘静玉主编．—郑州：河南科学技术出版社，2019.6
（刑事侦查实用百科丛书/杨玉章总主编）
ISBN 978-7-5349-8225-5

Ⅰ．①刑…　Ⅱ．①刘…　Ⅲ．①地理学-刑事侦查-分析　Ⅳ．①D918②K90

中国版本图书馆 CIP 数据核字（2016）第 149684 号

出版发行：群众出版社　　地址：北京市丰台区方庄芳星园三区 15 号楼
邮编：100078　　电话：（010）83903254
河南科学技术出版社　　地址：郑州市郑东新区祥盛街 27 号
邮编：450016　　电话：（0371）65737028
策划编辑：李肖胜　曲　先
责任编辑：曲　先
责任校对：李振方
封面设计：张　伟
版式设计：栾亚平
责任印制：张艳芳
印　　刷：河南日报报业集团有限公司彩印厂
经　　销：政法系统内部发行
开　　本：889 mm×1194 mm　1/16　　印张：22.25　　字数：650 千字
版　　次：2019 年 6 月第 1 版　　2019 年 6 月第 1 次印刷
定　　价：216.00 元

如发现印、装质量问题，影响阅读，请与出版社联系并调换。

“刑事侦查实用百科丛书”编委会

总 主 编 杨玉章

总 策 划 李肖胜

编　　委 郝宏奎　刘　灿　杨玉章　邹荣合
白玉生　朱长山　李湘涛　胡洛燕
杨红珍　翟迎科　相志德　刘世亮
刘静玉　化党领　王清利　童海滨
翟　震　朱世新　高玉龙　白靖华
张　波　邓　可　海　梁

《刑事侦查与地理》编写人员

主　　编	刘静玉
副 主 编	卜书朋　翟　彬　丁志伟　陈玉英 焦文献
编　　者	刘静玉　焦文献　翟　彬　丁志伟 卜书朋　张改素　陈玉英　徐晓霞 宋　琼　王丽坤　谢志祥　杨艳芳 谢宝珠　曲冰冰　石海波　赵　爽 任世鑫　安飞燕

总序言

目前，全国政法系统正在深入学习贯彻习近平新时代中国特色社会主义思想，扎实推进新时代平安中国建设、法治中国建设、政法队伍建设，为决胜全面建成小康社会、夺取新时代中国特色社会主义伟大胜利创造安全稳定的社会环境、公正规范的法治环境、优质高效的服务环境。新时代需要新担当、新作为，培养一支“信念过硬、政治过硬、责任过硬、能力过硬和作风过硬”的政法队伍，造就一支“对党忠诚、服务人民、执法公正、纪律严明”的公安队伍成为当务之急。

近些年来，以审判为中心的诉讼制度改革不断深入，错案终身追究制度及与之相关的配套制度逐步确立，特别是《中华人民共和国刑事诉讼法》（2012年修正）确立的一系列诉讼原则和证据制度，进一步强化了对犯罪嫌疑人人权的保障，扩大了律师在侦查阶段的诉讼职能，规范和约束了侦查权的行使，提高了审判证明的标准，尤其是明确规定了证据确实、充分必须符合的具体条件。这一切都体现出我国法治的进步，同时也对侦查办案质量提出了新的、更高的要求，侦查过程中侦查人员必须坚持以证据为中心，全面取证，规范取证，以确实、充分和具有排他性的证据体系有效支持诉讼的顺利推进。

在实际案件侦破工作中，随着信息技术的不断发展及其在侦查工作中的全面运用，一些侦查员过分依赖视频侦查、技术侦查、网安侦查这三种新的侦查手段，此所谓新“三板斧”。这种现象导致侦查员对现场物证的全面发现提取和对犯罪行为人主观行为动机的系统分析趋于弱化，对微量物证的提取和检验的重视程度弱化，对运用多学科、多专业专门知识综合分析、研究、鉴定现场物证的意识弱化，一些行之有效的传统侦查方式方法被日益边缘化。

毋庸置疑，在信息化社会、大数据时代，信息技术日益成为侦查的主导技术，电子证据成为侦查的重要证据类型，但犯罪证据多样化的现实情况以及侦查取证需要各个门类科学技术支撑的总体状况并未发生根本性的改变。侦查取证的过程中，面对各种各样的证据，侦查员必须具备各方面的专业知识或者有查询这些知识的能力，而这些知识内容庞杂，可参考的书籍和资料也相当分散。在一些案件的侦查过程中，侦查员经常会因为对一些微量物证的利用价值分析不到位或检验鉴定不到位而丧失很多破案机会。为了有效打击犯罪、保护人民生命及财产安全，为一线刑侦人员办案提供充分的智力支持，2012年，我国知名刑侦专家、河南省公安厅副巡视员杨玉章先生发起并组织了这套“刑事侦查实用百科丛书”（以下简称“丛书”）的编撰工作。

“丛书”共26卷，首批出版的12卷基本涵盖了刑事侦查工作日常涉及的专业领域，包括《刑事侦查与行为证据》《刑事侦查与痕迹》《刑事侦查与有毒物品》《刑事侦查与植物》《刑事侦查与动物》《刑事侦查与昆虫》《刑事侦查与地理》《刑事侦查与土壤》《刑事侦查与水文》《刑事侦查与塑料制品》《刑事侦查与岩石矿物》《刑事侦查与纺织品》。为了高质量地完成该丛书的编撰工作，本书成立了编委会，杨玉章同志任丛书总主编，各卷设立了主编。自 2012 年编撰伊始至成书，编委会多次召开不同形式的论证会和研讨会，对编撰工作进行了有效的组织领导和质量审核。“丛书”在编撰过程中得到了中国科学院、北京自然博物馆、河南省公安厅、郑州市公安局、河南大学、郑州大学等 20 多家合作单位近 300 名专家和学者的鼎力支持，“丛书”是相关专业领域专家学者集体智慧的结晶，更是我国当代刑事侦查交叉学科研究水平的集中展示。

在“丛书”编撰过程中，各卷作者始终围绕三条主线进行编撰：一是注重侦查导向，即各卷所述知识始终围绕服务刑侦破案这一核心，注重对认定案件性质、划定案件范围、刻画犯罪行为人脸谱等工作提供专业知识支撑；二是注重与人关联，即各卷所写知识内容必须与人相关，经常出现、运用在五行八作、三教九流的正常人类生产活动之中；三是注重时空维度，即各卷内容注重揭示、阐明相关事实、现象与特定时间节点、空间分布（经纬度）之间本质的、必然的、普遍的、稳定的固有联系。这三条主线贯穿各卷始终。“丛书”涉及 20 余门学科，共计 600 余万字、2 000 余张图片，图文并茂，理论联系实战，是对与刑事侦查工作关联紧密的多种学科资源的系统整合，学科门类齐全，知识架构完整。“丛书”的编撰是一项具有鲜明侦查专业特色的重大跨学科工程，在一定程度上填补了国内侦查应用研究的空白，具有独特的学术价值和实用价值。“丛书”既可作为广大刑事侦查人员的业务工具书，也可作为公安院校广大师生的教学参考用书。

“丛书”在编写过程中引用了很多经典的实战案例，作为相关学科和专业知识在实战中应用的范例，力图使读者在使用该丛书时能获得鲜明、生动、直观的阅读体验。

该“丛书”内容浩繁，编写队伍庞大，因编者水平有限，其中知识、文字、图片的疏漏和不足之处在所难免，期望读者不吝指正，待再版时予以完善。

郝宏奎

2018 年 8 月

前 言

随着社会经济的发展，“宜居”成为城乡居民追求的首要目标，而犯罪的存在又不可避免，因此，快速确定犯罪实施的主体，打击城乡犯罪，塑造安全宜居的城乡环境成为公安、司法机关的重要目标。“犯罪类型多样、物证提取困难、犯罪主体确定困难……”是公安机关必须面对的难题，除了公安机关的快速出击之外，必要的理论指导也十分重要。

犯罪主体、犯罪主体所属区域、犯罪承载空间等均具有区域性特征，存在区域差异；因此，在案情分析中，凭借现场物证的区域特征，快速确定犯罪主体或其所属区域、案发现场，使进一步确定犯罪主体成为可能。人文地理学是以人地关系理论为基础，探讨各种人文现象的地理分布、扩散和变化，以及人类社会活动的地域结构形成和发展规律的一门学科。人文地理学的区域性、综合性特征及其定量化的多种技术手段使得其在分析犯罪主体、犯罪主体所属区域、犯罪承载空间特征等方面具有其独特的优势，从而为城乡犯罪的罪前防控、罪后惩戒提供了学科和理论支撑。但是，当前国内尚没有一部分析犯罪主体、犯罪主体所属区域、犯罪承载空间区域特征的著作，来为案情分析、案件侦破提供理论支撑。

2014年，河南省公安厅、河南科学技术出版社筹划出版为案情分析和案件侦破提供理论支撑的系列丛书，《刑事侦查与地理》作为其中一部进入撰写、出版程序。

本书主要围绕两个目的展开论述：第一，刻画犯罪嫌疑人的地域特征；第二，分析受害人的地域特征。同时，考虑到物证中可能出现的自然、人文景观，分析城乡文化、人文特征亦属必要。由此，结合案情分析和案件侦破的需要，本书构建了相互独立又具有内在联系的9个部分，分别从人口、语言、聚落、农业、工业、商业、文化、旅游和交通等方面分析人口、工农业产品及其工具、区域文化、城乡景观等方面的区域特征。

本书在写作过程中，参考了许多专家学者的研究成果，书中对引用部分都一一做了注明，但仍恐有挂一漏万之误，诚请多加包涵。由于时间仓促，以及编者研究视野及对刑事侦查的理解能力所限等原因，书中肯定会有不尽如人意乃至谬误之处。在此，恳请有缘读到此书的读者不吝赐教！

编者

2018年6月

目　录

第 1 部分　人口地理学

人口

人口是生活在一定的社会生产方式下，在一定时间、一定地域内，由一定社会关系联系起来的，有一定数量和质量的有生命的个人所组成的不断运动的社会群体①。人口具有自然和社会两重属性。自然属性是人口本身固有的特征，有一个以生物学规律作用为基础的通过个体的出生、成长、繁殖、衰老、死亡的生命过程，进行世代更替，并具有性别年龄特征和遗传变异等功能。自然属性对人口的数量和质量、人口性别和年龄结构、人口再生产周期和生命周期有重要影响。人口的社会属性指的是生产力性质、生产力发展水平、生产关系以及生产资料所有制对人的影响制约作用。人口作为生产力的重要因素和生产关系的承担者，是社会生活的主体。在从事物质资料生产过程中，人口一方面与自然界发生联系，另一方面又在彼此之间结成一定的生产关系，形成一定的社会生产方式，从而决定物质资料的生产、分配、交换与消费，制约人口的数量和质量②。就人口自身而言，主要由人口数量、人口规模、人口分布、人口结构和人口素质等方面构成，其中数量或规模，是一切人口现象、人口过程存在的基础，也是当代世界范围内多种人口问题的主要症结所在。

人口数量

人口数量是反映人口总体的量的规定性，泛指人口的规模、增长速度、构成和各种数量特征，通常讲，人口数量指的是人口规模。第六次全国人口普查结果显示，全国总人口为 13.705 亿人③。其中，普查登记的大陆 31 个省、自治区、直辖市和现役军人的人口共 13.397 亿人，香港特别行政区人口为 709.76 万人，澳门特别行政区人口为 55.23 万人，台湾地区人口为 2316.21 万人。按常住人口分，排在前五位的是广东省、山东省、河南省、四川省和江苏省（表 1-1）；按地区分，东部地区人口占 31 个省（自治区、直辖市）常住人口的 37.98%，中部地区占 26.76%，西部地区占 27.04%，东北地区占 8.22%。人口数量大、增长速度快是我国人口状况的基本特点。人口盲目增长，必然引起和经济发展的矛盾以及和其他事业的矛盾，这些矛盾的存在、发展、激化，就可能产生犯罪，从而对犯罪的增长起到一定的影响作用。人口过快增长，将抵消经济增长的效益，促使物价上涨，人民的物质生活水平下降，并使其他事业的发展难以适应，必然会在与人民生活休戚相关的各个方面出现矛盾，产生一系列社会问题，甚至会在人们心理上滋长压抑、不满甚至怨恨情绪，成为产生犯罪行为的心理基础④。另外，农村剩余劳动力增多，必然向城市流动，使城市压力增大、社会问题增多，犯罪

---

① 张孝纯．马克思人口思想浅述［J］．信阳师范学院学报（哲学社会科学版），1983（2）：1-8.

② 葛剑雄．中国人口史（第一卷）：导论［M］．上海：复旦大学出版社，2011.

③ 第六次全国人口普查主要数据公报，2010.

④ 王秉民．浅议我国人口问题与犯罪的关系［J］．公安大学学报，1990（2）：18-21.

会大幅度上升。

表1-1 基于第六次全国人口普查数据的中国大陆地区31省（自治区、直辖市）人口数（万人）①

地区	人口数	地区	人口数	地区	人口数	地区	人口数
全国	133 281.1	黑龙江	3 831.4	河南	9 402.99	贵州	3 474.86
北京	1 961.24	上海	2 301.92	湖北	5 723.77	云南	4 596.68
天津	1 293.87	江苏	7 866.09	湖南	6 570.08	西藏	300.22
河北	7 185.42	浙江	5 442.69	广东	10 432.1	陕西	3 732.74
山西	3 571.21	安徽	5 950.05	广西	4 602.38	甘肃	2 557.53
内蒙古	2 470.63	福建	3 689.42	海南	867.15	青海	562.67
辽宁	4 374.63	江西	4 456.78	重庆	2 884.62	宁夏	630.14
吉林	2 745.28	山东	9 579.27	四川	8 041.75	新疆	2 181.58

人口规模

一个城镇人口数量的多少（或大小），一般是指一个城镇现状或在一定期限内人口发展的数量，后者与城市（镇）发展的区域经济基础、地理位置和建设条件、现状特点等密切相关。城市人口规模通常指生活在一个城市中的实际人口数量。大陆31个省、自治区、直辖市和现役军人的人口中，居住在城镇的人口为6.656亿人，占49.68%。从2000年至2009年，中国城镇人口的空间分布进一步集聚，区域不均衡态势加强。城镇人口逐渐呈现出“两横三纵，多极网络”的空间格局②。“两横”是指由东及西沿陇海铁路和长江中下游两个区域；“三纵”是指沿海地区、京广京哈铁路沿线及包昆通道；“多极”是指北京、天津、上海、广州、深圳和成都、重庆等人口吸纳能力强，城镇化水平高，生产要素集聚效能好，综合竞争优势明显的各级中心城市；“网络”是指依托区域性交通通道，以城镇群和各级中心城市为节点，协调发展的网络化城镇体系。根据2010年第六次全国人口普查结果，2010年我国建制镇总数达19 410个，城市数量为658个，其中百万以上人口城市140个，1 000万以上人口城市6个。城市总人口增加，伴随着各种生长要素涌入城市，城市原有的存在秩序被打破，各种力量都在激烈竞争生存的机会，要求重新分配权力和财富的欲望十分强烈，尤其是就业、住房、社会保障、通货膨胀以及子女教育等必须面对的问题时时困扰着人们，这就难免产生思想、道德、心理、行为、管理乃至秩序的混乱，从而导致犯罪③。

人口结构

人口结构又称人口构成，是指将人口以不同的标准划分而得到的一种结果，反映了一定地区、一定时点人口总体内部各种不同质的规定性的数量比例关系。依据人口的生物学特征划分，主要有性别结构和年龄结构。人口的自然结构既是人口再生产的必然结果，又是人口再生产的基础和起点，对人口发展规模和速度有重要的制约作用，从而对社会经济的发展产生重要的影响。依据人口的社会特征

① 表1-1~表1-4数据均来自2010年第六次全国人口普查资料。

② 联合国人居署等．中国城市状况报告2012/2013［M］．北京：外文出版社，2012.

③ 王发曾．城市发展与城市犯罪问题［J］．社会科学研究，2003（2）：96-100.

划分，主要包括阶级结构、民族结构、文化结构、语言结构、宗教结构、婚姻结构、家庭结构、职业结构、部门结构等。社会经济发展以及社会生产方式决定人口社会结构及其变动；人口社会结构反作用于社会经济发展。人口结构各因素中，年龄和性别是较基本、较核心、较重要的因素，人口结构中影响最大的就是年龄结构和性别结构（表 1-2、表 1-3）。

表 1-2　基于第六次全国人口普查的中国大陆地区 31 省（自治区、直辖市）人口年龄结构

地区	人口数（万人）			占总人口比重（%）		
	0~14 岁	15~64 岁	65 岁及以上	0~14 岁	15~64 岁	65 岁及以上
全国	22 132. 26	99 256. 11	11 892. 72	16. 61	74. 47	8. 92
北京	168. 74	1 621. 61	170. 89	8. 60	82. 68	8. 71
天津	126. 76	1 056. 87	110. 24	9. 80	81. 68	8. 52
河北	1 209. 3	5 384. 14	591. 97	16. 83	74. 93	8. 24
山西	610. 6	2 690. 08	270. 53	17. 10	75. 33	7. 58
内蒙古	347. 64	1 936. 17	186. 82	14. 07	78. 37	7. 56
辽宁	499. 7	3 423. 99	450. 94	11. 42	78. 27	10. 31
吉林	329. 15	2 185. 95	230. 18	11. 99	79. 63	8. 38
黑龙江	457. 44	3 056. 62	317. 33	11. 94	79. 78	8. 28
上海	198. 29	1 870. 5	233. 13	8. 61	81. 26	10. 13
江苏	1 023. 35	5 986. 88	855. 86	13. 01	76. 11	10. 88
浙江	718. 91	4 215. 61	508. 17	13. 21	77. 45	9. 34
安徽	1 057. 61	4 283. 98	608. 45	17. 77	72. 00	10. 23
福建	570. 57	2 827. 64	291. 21	15. 47	76. 64	7. 89
江西	976. 22	3 141. 73	338. 83	21. 90	70. 49	7. 60
山东	1 507. 42	7 128. 88	942. 97	15. 74	74. 42	9. 84
河南	1 974. 73	6 642. 33	785. 93	21. 00	70. 64	8. 36
湖北	796. 38	4 407. 2	520. 19	13. 91	77. 00	9. 09
湖南	1 157. 65	4 770. 49	641. 94	17. 62	72. 61	9. 77
广东	1 760. 4	7 963. 03	708. 62	16. 87	76. 33	6. 79
广西	999. 08	3 178	425. 29	21. 71	69. 05	9. 24
海南	171. 53	625. 65	69. 97	19. 78	72. 15	8. 07
重庆	490. 34	2 056. 13	338. 15	17. 00	71. 28	11. 72
四川	1 364. 71	5 796. 49	880. 55	16. 97	72. 08	10. 95
贵州	877. 82	2 294. 41	302. 62	25. 26	66. 03	8. 71
云南	952. 68	3 293. 45	350. 55	20. 73	71. 65	7. 63
西藏	73. 17	211. 76	15. 29	24. 37	70. 53	5. 09
陕西	548. 94	2 865. 41	318. 38	14. 71	76. 76	8. 53
甘肃	464. 41	1 882. 56	210. 56	18. 16	73. 61	8. 23
青海	117. 71	409. 49	35. 47	20. 92	72. 78	6. 30
宁夏	134. 8	455. 05	40. 28	21. 39	72. 22	6. 39
新疆	446. 18	1 593. 99	141. 41	20. 45	73. 07	6. 48

表 1-3　基于第六次全国人口普查数据的中国大陆地区 31 省（自治区、直辖市）人口数（万人）及性别结构

地区	男	女	性别比（女＝100）	地区	男	女	性别比（女＝100）
全国	68 232.9	65 048.2	104.90	河南	4 749.31	4 653.69	102.05
北京	1 012.64	948.59	106.75	湖北	2 939.12	2 784.65	105.55
天津	690.71	603.16	114.52	湖南	3 377.65	3 192.43	105.80
河北	3 643.03	3 542.39	102.84	广东	5 440.05	4 991.99	108.98
山西	1 833.88	1 737.33	105.56	广西	2 392.47	2 209.91	108.26
内蒙古	1 283.82	1 186.8	108.17	海南	459.23	407.92	112.58
辽宁	2 214.77	2 159.86	102.54	重庆	1 460.89	1 423.73	102.61
吉林	1 390.72	1 354.56	102.67	四川	4 082.78	3 958.97	103.13
黑龙江	1 942.61	1 888.79	102.85	贵州	1 790.55	1 684.31	106.31
上海	1 185.49	1 116.43	106.19	云南	2 385.67	2 211.01	107.90
江苏	3 962.67	3 903.42	101.52	西藏	154.27	145.95	105.70
浙江	2 796.56	2 646.13	105.69	陕西	1 928.76	1 803.98	106.92
安徽	3 024.55	2 925.5	103.39	甘肃	1 306.42	1 251.11	104.42
福建	1 898.11	1 791.32	105.96	青海	291.38	271.29	107.40
江西	2 300.35	2 156.43	106.67	宁夏	322.74	307.39	104.99
山东	4 844.69	4 734.58	102.33	新疆	1 127.01	1 054.57	106.87

人口年龄结构

人口年龄结构是指一定时点、一定地区各年龄组人口在全体人口中的比重，又称人口年龄构成。通常用百分比表示。影响人口年龄结构的主要因素是出生率、死亡率和人口迁移，此外，战争、饥荒、瘟疫等意外灾害也对人口的年龄结构产生影响。第六次全国人口普查结果显示，0~14 岁的人口约 2.2 亿，只占全国人口的 16.61%，比 2000 年第五次全国人口普查结果下降了 6.29%，表明少年人口萎缩严重。与此同时，60 岁及以上人口达 1.8 亿，约占全国人口的 13.26%，比第五次全国人口普查结果上升 2.93%，但这还不是最严重的时候。因为目前 30~50 岁的人群是最大年龄人群，在今后 10~20 年中他们将进入老年行列，而那时的劳动人群将由目前萎缩了的少年人群来担当。已有研究表明，犯罪率的年龄分布曲线呈现倒 U 形，具体表现为：从青少年期开始迅速上升，在青少年后期达到顶峰并在成年初期迅速下降，总体呈偏正态分布①。从生物学视角来看，进入青少年期正是生理功能快速发育成熟，与攻击等犯罪行为密切相关的脑部以及神经系统发育成熟的阶段。青少年在服饰、化妆品、烟酒以及其他的娱乐方面有丰富的消费需求，伴随着社会交往成本的不断上升，青少年犯罪率也在上升。

人口老龄化

人口老龄化是指总人口中因年轻人口数量减少、年长人口数量增加而导致的老年人口比例相应增长的动态态势。国际上通常把 60 岁以上的人口占总人口比例达到 10%，或 65 岁以上人口占总人口的

① 吕程．人口结构失衡与犯罪研究：回顾、借鉴与展望［J］．南方人口，2011，26（108）：16-24.

比例达到7%作为国家或地区进入老龄化社会的标准。它包含两个含义：第一，指老年人口相对增多，在总人口中所占比例不断上升的过程；第二，指社会人口结构呈现老年状态，进入老龄化社会。根据第六次全国人口普查的数据，我国60岁以上人口占13.26%，其中65岁及以上人口占8.92%，比2000年第五次全国人口普查上升1.91%。从各省（自治区、直辖市）“六普”数据中我们看到，在65岁及以上人数占比一项中，达到10%的省（自治区、直辖市）有6个，比2000年第五次全国人口普查时增加了5个。越过7%“红线”的省（自治区、直辖市）已经达到了26个①，比10年前过“红线”的省（自治区、直辖市）多了13个。而低于7%“红线”的省（自治区、直辖市）仅有5个。从人口数量上来看，“六普”数据显示，我国65岁及以上人口已有27个省（自治区、直辖市）超过了百万，比“五普”时增加了2个，人口大省山东、四川、江苏、河南位列前四，山东更是接近千万，达到942.97万人。这表明我国老龄化进程在逐步加快，尤其是在沿海发达地区、人多地少矛盾突出的地区，生育率低和老龄化问题可能更加突出。随着人口老化的过程，老年人犯罪问题变得越来越突出，而且在年龄结构、犯罪手段、涉案罪名等方面都具有突出的特征②。在年龄方面，老年人犯罪主要集中在60~70岁这一年龄段，但目前70岁以上的老年人犯罪在呈上升趋势。这一年龄段的老年人大多已不参加工作或者不劳动，有大量时间。在犯罪手段方面，由于体能有所下降，同时可能存在多种疾病，老年人犯罪多为非暴力犯罪，且犯罪对象多为弱势群体。同时，由于识别和辨认能力下降，反应迟钝，老年人实施犯罪行为并不像其他青壮年的犯罪人一样能够快速完成或者在短时期内完成，老年人的犯罪行为往往需要经过长时间的准备与精心策划，并且手段简单。因而表现出智能性、间接性、隐蔽性的特点。在涉案罪名方面，男性老年人犯罪多属猥亵、强奸、诱骗、放火、盗窃等，女性老年人犯罪则以盗窃犯罪居于首位。

案例：老年人也往往成为不法分子侵害的对象，据京华时报2015年12月4日报道，海淀区西三环旗某养生会所以足疗排毒为幌子，在社区里招募老年会员，利用电解盐水由清变黑的化学反应，忽悠老人，称足疗可以排出其身体内的毒素，同时忽悠老年人购买所谓的排毒口服液，按照老年人的说法，他所购买的这种排毒口服液在喝后就能将五脏六腑内的毒素排出体外，其价格为1万元一支，三支为一疗程，足疗排毒1万元10次。该养生会所一直用这种方法打着养生足疗的幌子，诈骗了数十位老年人近百万元。老年人对强身健体、养生保健方面的需求迫切，但是又缺乏相应的科学文化知识，很容易就走进了不法之徒的骗局。

人口性别结构

人口性别结构是指一定时期内，一个国家（或地区）男女两性在全体人口中的比例，通常用百分比表示。其中，“性别比”和“出生人口性别比”是人口性别构成的两个主要指标。性别比（或人口性别比）有男性比和女性比两种，大多数国家使用男性比，即在同一年龄组中每100名女性所对应的男性数量。出生人口性别比（或称出生婴儿性别比）的含义是一个国家（或地区）在一定时期内，在无人为因素干扰胎儿性别及出生时有足量活产婴儿的条件下，每出生100名女婴所对应的男婴数量。除了总人口的性别结构外，不同地区（如城镇和乡村、山区与平原）、不同人口类型（如从业人口、文盲人口、死亡人口）、不同年龄组（如婴儿组、婚龄组）也都有性别结构的问题，相对于作为一个整体的平均性别比而言，这种局部的性别比往往具有更为直接的社会经济意义。根据第六次全国人口普查的数据，全国“80后”的非婚人口男女比例为136∶100，而“70后”的“剩男现象”则

---

① 26个省（直辖市、自治区）依次为重庆、四川、江苏、辽宁、安徽、上海、山东、湖南、浙江、广西、湖北、北京、贵州、陕西、天津、吉林、河南、黑龙江、河北、甘肃、福建、海南、云南、江西、山西、内蒙古。

② 王挺．老年人犯罪问题的特点与原因分析［J］．知识经济，2011（11）：31-32.

更为严重，非婚人口男女比例达到206：100。国家统计局公布数据显示，2012年中国出生人口669万，其中出生人口男女性别比为117.7：100。男性人口比例较大、数量较多，将会产生较为严重的社会问题：影响性犯罪的增长，直接导致贩卖妇女儿童犯罪的增多；导致买卖婚姻、索要高额彩礼、结婚大讲排场等陋习蔓延，促使一些男子为此铤而走险，以非法手段攫取财物，一旦婚姻不成又往往围绕彩礼的退还产生抢夺、抢劫、伤害等犯罪行为。随着中国呈现出离婚率迅速上升的趋势，家庭问题影响社会的稳定，而离婚又会导致家庭结构缺陷，对子女往往产生不利影响，是导致青少年犯罪的一个重要原因。当前在杀人、投毒、爆炸案件中，许多是因恋爱、婚姻、家庭纠纷引起的①。另外，女性和男性的社会角色和社会化过程差异较大，男性对风险的偏好和越轨行为大大超过女性，从而男性比女性更倾向于犯罪，尤其是暴力犯罪，女性也更有可能成为犯罪的受害者。但是随着在现代社会中女性参与率的提升，女性犯罪率也呈现出上升的趋势②。

人口分布

人口分布是指在一定时间内人口在一定地区范围的空间分布状况，它是人口过程在空间上的表现形式。一般用人口密度来衡量人口分布，反映一定地区的人口密集程度。人口分布的最大特征是不平衡性，受自然条件、经济发展以及社会、历史等因素的综合影响与制约。中国各地的人口分布差异也十分显著。主要体现在：从东南沿海向西北内陆人口逐渐稀少。中国人口的分布极不均衡，绝大多数人口集中在东南部地区，西北部人口稀疏分散。平原地区人口稠密，随地势增高人口渐少。中国人口分布除在水平方向上极不均衡外，在垂直方向上也呈现出平原区人口密集，由平原向周围的丘陵、高原和山地，随地势增高存在人口递减的规律。近年来，由于积极推进人口城镇化和产业结构升级，实施城市带动农村、工业反哺农业的发展战略，人口城镇化率以每年超过1个百分点的速度增长。城镇人口已经超过乡村人口，而且这种差距将进一步扩大。2012年国家统计局统计结果显示：居住在城镇的人口为7.12亿人，占人口总数52.57%；居住在乡村的人口为6.42亿人，占人口总数47.42%。即便是在城镇内部，其人口分布也存在很大的不均衡性。中心城区商业活动密集，也是人口的聚集区，往往成为案件高发地区。另外，密集居住区、人流密集的交通场所（如火车站），也都是盗窃、入室盗窃、抢劫等财产犯罪居多的地区。在近郊区存在的案件高发地区多为城市化程度较高地区，该类地区往往是当地商业中心、行政中心所在地，相当于是规模较小的城市；工业区或开发区往往是大量外来务工人员的聚居地，同时也是案件的高发区。

案例：2014年9月22日，家住右安门外的马栋梁，因为晚饭后回到卧室趴在床上不小心压坏了妻子罗某的眼镜，而对方非说他是故意的，两人便争吵起来。他一生气就摔了眼镜，两人因此动了手。罗某生气地收拾东西回娘家，他跟在妻子身后又是解释又是道歉，但妻子还是很激动，还开窗要跳楼。为了阻止妻子，他把她拽回拉到床上，压在其身上，后用双臂搂着她的脖子，撞击其头部，致其死亡。作案后，马栋梁潜逃至内蒙古边境。9月27日，他在内蒙古额济纳旗某派出所附近割舌后倒地，后被民警发现送医救治。当民警对其盘问时，马栋梁交代了杀人的事实。大城市人口较多，经济发达，生活压力大，人们往往因为一些琐事而导致犯罪的发生，犯罪嫌疑人马栋梁在潜逃过程中充分利用了人口分布的地区差异特点，北京市的右安门外属于人口稠密区，人员复杂，交通通达性较好，作案后易于潜逃；而内蒙古边境地区，人烟稀少，逃至此类地区的嫌犯一般很难被发现。

① 王秉民．浅议我国人口问题与犯罪的关系［J］．中国人民公安大学学报，1990（2）：18-21.

② 吕程．人口结构失衡与犯罪研究：回顾、借鉴与展望［J］．南方人口，2011，26（108）：16-24.

人口素质

人口素质也称人口质量，指的是一个国家的人民在改造自然和改造社会过程中所具有的体魄、智力、思想道德的总体水平，包括人口的身体素质、科学文化素质和思想素质三个方面的内容。身体素质是人口素质发展的自然基础，指人的体质和智力；科学文化素质是指人口受文化科技教育与训练的程度；思想素质包括思想觉悟、道德品质、传统习惯等。素质高低的一个主要的衡量标准就是受教育的程度。与 2000 年相比，第六次全国人口普查每 10 万人中具有大学文化程度的由 3 611 人上升为 8 930 人，具有高中文化程度的由 11 146 人上升为 14 032 人；具有初中文化程度的由 33 961 人上升为 38 788 人；具有小学文化程度的由 35 701 人下降为 26 779 人。文盲率（15 岁及以上不识字的人口占总人口的比重）为 4.08%，比 2000 年第五次全国人口普查的 6.72%下降 2.64%。各种受教育程度人口和文盲率的变化，反映了 10 年来我国普及九年制义务教育、大力发展高等教育以及扫除青壮年文盲等措施取得了积极成效。但从分布上看，我国大学生占适龄人口的比重存在不均衡的状况，表现为东部高于西部，城市高于农村，发达地区高于不发达地区；小学、初中、高中的适龄人口的失学情况也不容乐观。人口素质低，会出现两种倾向：第一，思想伦理道德水平低下，受社会法律法规、制度以及伦理道德的约束力大大降低，反社会、反人类的违法犯罪潜意识就大大增强；第二，个人在社会中的生存能力逐渐减弱，有逐渐被社会所淘汰的危险。素质越低，就业机会就越小，生存的能力就越差①。一些素质低下而又失去就业机会的人，在经历长时间的失业后，就有可能走上犯罪道路。由于学历低、年龄小，考虑问题简单，在偷盗、抢劫、吸毒、打架斗殴等违法犯罪案件中，往往是学历层次低的青少年居多。其中，高中（含中专）不到 15%，初中及以下的占到 80%多。从另一方面讲，受过高等教育的人尽管具有很强的认识判断能力，仍然不排除不会实施暴力行为，而且手段可能更复杂、更高明，其犯罪行为具有很强的隐秘性和欺骗性，带来的后果也更为严重。

案例：2010 年 4 月 19 日，山西省绛县 3 名小学女生的尸体在西沟一处废弃多年的窑洞中被发现。经法医检验，3 名女童均遭受不同程度的猥亵，死亡原因均是扼颈导致机械性窒息。这个消息如同一声惊雷，绛县百姓为之震惊，公安民警郑重许诺："案件不破绝不收兵。"经过 6 年的辛苦侦查，公安机关锁定了犯罪嫌疑人朱某。6 年中，狡猾的犯罪嫌疑人在家人的协助下东躲西藏，逃避了公安机关一次又一次的调查。然而，罪恶终究躲不过正义的审判。2016 年 7 月 21 日，在公安部疑难命案积案攻坚行动发起 4 个月后，警方成功抓获犯罪嫌疑人朱某。7 月 22 日，朱某在警方押解下指认现场，绛县万余名群众聚集西沟，高喊着"大快人心""罪有应得"。朱某文化程度不高，家境贫困，上学时受到歧视，父亲又对他十分严厉，从而导致了他思想道德低下、法律意识淡薄，这是导致他日后走上犯罪道路的主要原因。

城镇人口

城镇人口是指居住于城市、集镇的人口，主要依据人群的居住地和所从事的产业进行归类（表 1-4）。城镇人口所从事的产业为非农业生产性产业，一般认为城镇人口占有率的高低反映出一个地区的工业化、城镇化或城市化水平。因城乡经济发展水平、生活方式、职业特征等差异，城镇人口与乡村人口有着较显著的差异，如城镇人口趋于晚婚、生育率及婴儿死亡率低、文化和技术水平较高、职业构成复杂及流动性较强等。随着中国城镇化水平的不断提高，城市犯罪也出现了许多新的变化和发展。第一，刑事案件总量持续攀高，由市中心向市郊扩散，特别是市郊结合部地区和郊区发案逐渐

① 文志辉，姜任秋．浅谈人口、素质、就业与犯罪［J］．山西高等学校社会科学学报，2003，15（3）：49-51.

突出；第二，随着城市经济发展，人流、物流、金融流、信息流等在省市间加速流动，流窜犯罪成为犯罪主流，而且地域跨度越来越大、群体结伙犯罪行为越来越多、职业犯罪的危害日趋严重、犯罪团伙构成越来越复杂；第三，犯罪类型日趋复杂，现代城市犯罪进一步发展，“盗、骗、抢”三类犯罪仍占刑事案件发案前三位，但表现形式出现新的变化，特别是借助现代科技手段的诈骗犯罪日趋增多，并出现手法多、案值高、危害大的特点①。同时，城市弱势群体已经成为影响社会稳定与社会发展的重要风险因素之一，弱势群体犯罪的比例逐年上升。主要表现：农民工犯罪呈上升趋势，女性犯罪不断增加，青少年犯罪比例居高不下，未成年人组织、领导、参加黑社会组织的比重加大，流浪儿童为满足基本生活需要实施的“穷犯罪”不断增加，“留守少年”犯罪、甚至残疾人犯罪案件也屡见不鲜，老年人犯罪呈现出逐年增加的趋势②。

乡村人口

乡村人口是指居住在农村或农村聚落的总人口。以农民为主，亦包括教师、医生、商业人员等为他们服务的农村其他人员（表 1-4）。随着经济工业化的发展，乡村人口正不断流入城镇，城市化已成为世界各国经济及社会发展的必然过程。据国家统计局资料显示，2013 年中国乡村人口为 6.30 亿人，占全国总人口的比重为 46.3%，从近 10 年的发展演化情况来看，乡村人口的绝对数量及其在总人口中所占的比重都呈现出下降的特征。由于农村经济相对落后、管理机制相对滞后、固有传统和陋习的影响深远，涉农犯罪呈现出侵财型犯罪居多、暴力型犯罪多发、职务犯罪增多、毒品犯罪蔓延、青少年犯罪现象突出等特点③。随着我国流动人口开始大规模出现，大量农民工外出务工，农村留守儿童数量的大幅度增加，留守儿童犯罪问题也日益严重，目前已成为农村犯罪的主力军④。留守儿童大都未达到法定责任年龄，法制观念十分淡薄，行为后还不知道已经触犯了刑律；也有的认为自己是未成年人，不会受到法律的处罚，因此胆大妄为，肆无忌惮，只要受到某种影响和刺激，就可能产生冲动而萌发犯罪意念，且犯罪手段残忍，不计后果。家庭教育的缺失，使得留守儿童容易形成不良的行为习惯，出现心理问题。这些不良的行为习惯和心理问题虽然并不一定必然导致犯罪，但留守生活所带来的痛苦经历可能会影响他们的一生。由于父母法定监护责任的缺失、委托监护人监护不力，使得农村留守儿童处于无监护状态或弱监护状态，有的留守儿童成为坏人教唆、引诱的对象，被拉下水后走上犯罪的道路。相当一部分农村留守儿童，在家得不到温暖，在学校因为学习成绩差而得不到同学的认可，在其强烈的挫败感和被剥夺感的双重压迫之下，具有相同思想和价值观念而又处境相同的农村留守儿童极易结成亚文化帮伙。这些亚文化帮伙成员便聚集在一起，以寻求一种与社会正统价值观念不同但却能够使自己感到有价值的生活方式（包括参加犯罪团伙和从事犯罪行为），导致越轨与犯罪。

表 1-4　中国大陆地区 31 省（自治区、直辖市）城、镇、乡村人口数及其所占比重

地区	人口数（万人）			人口比重（%）		
	城	镇	乡村	城	镇	乡村
全国	40 376	26 624.55	66 280.53	30.29	19.98	49.73

① 郭建新．把握城市犯罪特点，完善刑事工作机制［J］．上海公安高等专科学校学报，2004，14（4）：43-49.

② 宿光平．城镇弱势群体犯罪及成因［J］．法制与社会，2009（3）：287-289.

③ 芮强．新农村建设背景下的涉农犯罪若干问题探析［J］．河南警察学院学报，2012，21（6）：30-33.

④ 董士昙，解永照．农村留守儿童与犯罪-对山东省农村留守儿童犯罪的调查［J］．四川警察学院学报，2010，22（4）：57-64.

续表

地区	人口数（万人）			人口比重（%）		
	城	镇	乡村	城	镇	乡村
北京	1 556.32	129.55	275.37	79.35	6.61	14.04
天津	885.81	141.98	266.08	68.46	10.97	20.56
河北	1 438.8	1 718.73	4 027.89	20.02	23.92	56.06
山西	941.41	774.65	1 855.16	26.36	21.69	51.95
内蒙古	801.16	570.86	1 098.61	32.43	23.11	44.47
辽宁	2 202.12	516.68	1 655.84	50.34	11.81	37.85
吉林	1 019.67	445.15	1 280.46	37.14	16.22	46.64
黑龙江	1 412.25	720.12	1 699.03	36.86	18.8	44.34
上海	1 764.08	291.43	246.41	76.64	12.66	10.7
江苏	3 016.65	1 720.5	3 128.95	38.35	21.87	39.78
浙江	2 038.63	1 316.39	2 087.67	37.46	24.19	38.36
安徽	1 218.26	1 339.45	3 392.34	20.47	22.51	57.01
福建	1 254.84	851.36	1 583.23	34.01	23.08	42.91
江西	750.43	1 199.57	2 506.78	16.84	26.92	56.25
山东	2 836.5	1 925.57	4 817.2	29.61	20.1	50.29
河南	1 833.15	1 788.83	5 781.02	19.5	19.02	61.48
湖北	1 792.82	1 051.69	2 879.26	31.32	18.37	50.3
湖南	1 273.84	1 571.46	3 724.77	19.39	23.92	56.69
广东	5 238.84	1 664.19	3 529.02	50.22	15.95	33.83
广西	835.28	1 006.51	2 760.59	18.15	21.87	59.98
海南	232.43	198.42	436.3	26.8	22.88	50.31
重庆	868.16	661.42	1 355.04	30.1	22.93	46.97
四川	1 591.57	1 642.88	4 807.31	19.79	20.43	59.78
贵州	553.76	620	2 301.1	15.94	17.84	66.22
云南	632.48	963.42	3 000.77	13.76	20.96	65.28
西藏	27.23	40.83	232.16	9.07	13.6	77.33
陕西	883.72	822.22	2 026.8	23.67	22.03	54.3
甘肃	525.89	393.23	1 638.41	20.56	15.38	64.06
青海	136.8	114.82	311.05	24.31	20.41	55.28
宁夏	205.93	96.27	327.93	32.68	15.28	52.04
新疆	607.18	326.39	1 248.01	27.83	14.96	57.21

人口流动

人口流动是指人口在短期离开后又返回原居住地的现象，一般指离家外出工作、读书、旅游、探亲或从军一段时间，未改变定居地的人口移动。人口流动不属于人口迁移，比人口迁移更为普遍和经常，人口流动分为周期流动和往返流动，周期流动是有规律的人口流动，定期外出旅行后在新地点居住一定长的时间后返回居住地；往返流动指往返于工作场所和居住地点的人口流动，外出时间一般不超过一昼夜，又称每日流动，对这种人口往返流动的研究称为通勤地理。改革开放以来，我国人口流动以前所未有的速度和规模发展，就整体而言，流动的主体是农民，主要方向是从农村到城镇，由欠发达地区到较发达地区。在城市化、现代化进程中，人们频繁地流动会导致已有的城市社会管理网络结构和制度的不适应，流动人口犯罪日趋严重，危害社会治安，从犯罪主体上看，以青壮年为主，年龄低龄化，男性犯罪多于女性，文化素质相对较低；从犯罪的组织形式来看，流动人口团伙作案主要是依靠地缘、亲缘为纽带，形成了犯罪团伙之间较为紧密的联系；从犯罪客体上看，主要是侵犯公私财产，以财产型犯罪为主，多为盗窃、抢劫、抢夺等犯罪形式；从犯罪的主观方面来看具有随机性和流窜性，这是由其很强的流动性决定的；从犯罪的手段上来看逐渐向恶劣性和暴力性发展；犯罪时间具有季节性，在节假日前后和农闲季节是犯罪的高峰期；从发展的趋势上来看，受温饱和生计的影响，财产型犯罪还是今后一段时期内流动人口的主要犯罪类型。随着社会不断发展和流动人口在城市生活、思想的变化，犯罪类型会向多元化发展，加之我国义务教育和高等教育的推进，流动人口犯罪的高智商化、高科技化的趋势也会逐渐显现，所以急需完善流动人口犯罪的防控机制，维护社会稳定。

案例一：山东省日照市莒县东莞镇玄武庵村男青年吴支余，现年28岁（现年指2012年），多年来缺乏家教，游手好闲。因无才无德无貌，加之家庭贫穷，兽欲压抑无处发泄，其瞄准农村老年寡居妇女，在2009~2010年的两年间，先后蹿入本村70岁以上寡居妇女家中，先猥亵，后掐死，再奸尸，共残害了本村6名老妇，其中就有他的亲姑！

案例二：2010年12月底，春节将至，江西省庐山市犯罪嫌疑人段某、曹某等人萌生了大赚一笔的念头，流窜至永修县云居山瑶田禅寺踩点，盗窃国家级文物秀极禅师墓前石塔，然后将该文物转卖给上饶县犯罪嫌疑人赵某，后该文物流落北京、山东等地，8个月后被警方成功追回。

案例三：2008年1~2月，广东籍犯罪嫌疑人刘某套用在江西等省用不同身份证注册成立的欢腾皮具店等五家空壳公司，通过网上银行，多次为来自深圳的巨额资金提供网上转账换现服务，转出资金高达104亿元，从中获利数百万元。

流动人口

流动人口是指出于某种动机和目的，在一定时间内有着空间位移行为，但没有定居事件发生的移动人口。从户籍性质上看，流动人口在流动期间应该没有定居事件发生，其常住地与现居地具有分离性，如果发生了定居事件，则应该算作人口迁移。流动人口的流动具有周期回归性，即从常住户口所在地流出，到现居地滞留或暂住，到一定期限还要返回常住户口所在地。基于第六次全国人口普查资料的分析表明①，我国总流出人口规模在1 000万人以上的人口流出大省有8个，其中中、西部地区包括安徽、河南、湖北、湖南和四川5省，东部地区包括江苏、山东和广东3省，这些省的总流出人口占全国总流动人口的比重都在5%以上。8省合计流出人口约为11 174万人，约占全国总流动人口的50.56%。其中总流出人口规模最大的3个省份——安徽、河南、四川合计流出人口为4 881.19万人，约占全国总流动人口的22.08%；尤以四川省总流出人口为最多，达1 816.39万人，占全国总流动人口的8.22%。总流入人口规模在1 000万以上的人口流入大省主要分布在东部地区和西部地区，其中东部地区包括江苏、浙江、福建、山东和广东5省，另外还有西部地区的四川省。这些省的总流入人口占全国总流动人口的比重大都在5%以上，6省合计流入人口为10 057万人，约占全国总流动人口的45.50%。其中江苏、浙江、广东总流入人口规模位居前三，合计为6 860.42万人，约占全国

① 王桂新，潘泽瀚．我国流动人口的空间分布及其影响因素—基于第六次人口普查资料的分析［J］．现代城市研究，2013（3）：4-11.

总流动人口的31.04%；尤以广东省总流入人口规模遥遥领先，多达3 431.93万人，占全国总流动人口的15.53%。可见，我国总流出人口主要分布在经济发展相对落后的中西部地区，总流入人口主要分布在经济比较发达的东部地区；总流出人口的分布比较分散或省际差异较小，总流入人口的分布则呈相对集中趋势。总体来看，我国人口流动以省内流动为主，省际流动规模相对较小。在全国22 103.11万流动人口中，省内流动人口为13 515.48万人，省际流动人口为8 587.63万人，省际流动人口只有省内流动人口规模的64%。即使是各省省内流动人口规模的分布也十分不均。江苏、浙江、山东、河南、广东、四川等六省为省内流动人口规模最大前6省，其省内流动人口规模基本都超过700万人，占全国省内流动人口规模的比重都在5%以上。以广东省省内流动人口规模最大，达1 282.15万人，几乎占全国省内流动人口规模的1/10（9.49%）；北京、天津、上海、海南、西藏、青海、宁夏等省（直辖市、自治区），其省内流动人口规模基本都少于100万人，占全国省内流动人口规模的比重都在1%以下。另外，各省区省际流动人口规模的分布更不平衡。省际流出人口规模在500万人以上、占全国省际流动人口比重在5%以上的安徽、江西、河南、湖北、湖南、四川等六大省际人口流出大省全部分布在经济发展比较落后的中、西部地区，6省合计流出人口达4 606万人，约占全国省际流动人口的53.64%。其中以安徽省省际流出人口规模最大，为962.26万人，约占全国省际流动人口的11.21%；省际流入人口规模在400万人以上、占全国省际流动人口比重在5%以上的北京、上海、江苏、浙江、福建、广东等六大省际人口流入大省（直辖市、自治区），全部分布在经济相对发达的地区，6省（自治区、直辖市）合计流入人口达6 103.62万人，约占全国省际流动人口的71.07%。其中以广东省省际流入人口规模遥遥领先，多达2 149.78万人，竟占全国省际流动人口的四分之一。安徽、江西、河南、湖南、四川是省际净流出人口规模前5大省，5省净流出人口规模都在500万人以上，合计达3 640.71万人，约占全国省际净流出人口规模（5 905.46万人）的61.65%；北京、上海、浙江、广东等四大省际人口流入省（直辖市、自治区），也是省际净流入人口规模前四大省（直辖市、自治区），4省（直辖市、自治区）净流入人口规模都在500万人以上，合计达4 608.41万人，约占全国省际净流入人口规模的78.04%。由此显示省际人口流动主要由西向东流动，流出地分布相对分散，流入地分布十分集中，中、西部地区的流出人口主要集中流入东部长三角、珠三角和京津（冀）三大都市圈。

人口迁移

人口迁移一般指的是人口在两个地区之间的空间移动，这种移动通常涉及人口居住地由迁出地到迁入地的永久性或长期性的改变。从户籍制度来划分，人口迁移活动包括两类，第一类，改变户口登记地的人口迁移；第二类，不变更户口登记地的人口迁移。在人口管理中，把第一类迁移的人口称作迁移人口，把第二类迁移的人口称作流动人口。人口迁移的直接后果表现在对迁出、迁入地区人口数量、性别、年龄构成、文化构成以及社会经济发展的不同影响，一般移民中男性多女性少，青壮年多，儿童和老年人少，文化素质高的人多，文化素质低的人少。人口迁移间接的社会经济后果是迁出地人口压力减轻，可能得到移民汇款收入，但劳动力减少，特别是具有熟练技能与高文化水平的劳动力迁出，使迁出地的抚养、教育费用受到很大损失。对迁入地区，由于人口和劳动力增加，经济上有利，但也可能带来犯罪和社会问题。某市发生的案件中，外来人员作案占60%多。城区的比例是，外来人员占80%多；县区的比例是，本地人占60%多。第六次全国人口普查数据显示①，我国的人口迁移规模，尤其是省际人口迁移规模呈进一步扩大趋势。“六普”时期，离开户口登记地半年以上的跨

---

① 于潇，李袁园，雷峻一．我国省际人口迁移及其对区域经济发展的影响分析——“五普”和“六普”的比较［J］．人口学刊，2013，35（3）：5-14.

省迁移的人数为7 929万人，跨省迁移的人口数在总的迁移人口中所占比重为32.56%，年平均总人口迁移率高达17.31‰。无论是从人口迁移数量，还是从迁移率看，2000年以后，我国人口迁移规模都呈进一步加速扩大的趋势。从区域分布上来看，东部地区是我国的人口聚集地，迁移人口的地区极化效应呈扩大趋势。从我国人口平均迁入率来看，东部地区是我国人口迁入率最高的地区，而中部和西部地区的迁入率最低，多数均为人口净迁出地区。比较2000年和2010年我国各地区的人口迁入情况，东部地区的平均人口迁入率上升最为明显，人口迁入率上升了5.77‰，同期中部和西部地区仅上升了1.01‰和0.73‰，而且，中部的人口迁入率低于西部地区；此外，从人口净迁移率来看，仅东部地区平均人口净迁移率为正，并呈上升趋势，中、西部地区则在不断下降，这说明我国东部地区人口迁移的极化现象有进一步增强的趋势。上海、北京和浙江为我国“六普”时期的三大人口迁入中心。到2010年，上海和北京的平均人口迁入率已分别达43.79‰、41.65‰，成为我国平均人口迁入率最高的地区。其中，对人口吸引作用出现明显增强的为上海、浙江和江苏，江苏省已成为我国新的人口迁入中心，而广东省的人口迁移中心地位大幅下降，由第二位下降到第四位。同时，中部地区仍为我国主要的人口迁出中心，人口迁出趋势进一步增强。2010年全国48%的迁出人口均来自于中部地区，除内蒙古自治区是唯一的人口净迁入地区之外，中部地区其他省市均为人口净迁出地区。其中，安徽省在2010年成为我国人口输出第一大省，人口迁出率达20.80‰。新疆作为我国“五普”时期唯一一个西部地区的人口迁入中心，“六普”时期人口吸引作用也大大降低。尽管2010年新疆仍是西部地区人口迁入率和净迁移率最高的地区，但由于平均人口迁入率大幅下降，而迁出率又出现上升，与2000年相比，新疆的人口净迁入明显下降，“六普”时期的新疆已经不再是我国的人口迁入中心。从迁移人口的文化素质来看，我国具有高等学历的人口跨省区的流动性有所降低，而省内短距离的迁移规模呈扩大趋势；相反，受过初等教育的人口在2000年以后更倾向于离开本省寻找工作；具有中等教育文化素质人口的流动性最强。东部地区没有上过学及具有初等教育文化素质的迁移人口跨省区迁移的比重呈上升态势，而具有高等教育文化素质的迁移人口更倾向于在东部地区本省范围内流动；中部地区作为我国最核心的人口迁出地，迁出人口中受过高等教育的比重相对其他两个地区来说最高，但呈下降趋势，高素质的劳动力转而倾向于选择在本省范围短距离的迁移；西部地区人口受教育水平普遍较低，亟待提高迁移人口的基本文化素质水平，尤其是宁夏、青海、新疆和中部地区的内蒙古。迁移人口的职业构成则表明，我国迁移人口从事生产、运输设备操作的人数最多，“六普”时期该行业迁移人口占比达55.44%，而从事商业服务业的人员比重仅次于生产及运输设备操作业；而且，从事制造业的迁移人口比重出现下降，从事商业服务业的从业人员比重则明显上升。东部地区省际迁移人口的就业结构变化与全国基本一致，即从事生产及运输设备操作的人员最多；从事商业服务业的人员比重也较高，而且有明显的上升趋势。而中部和西部地区迁移人口的从业结构变化较大，农林牧渔业的从业人员比重均出现大幅下降。中部地区从事商业服务业和生产及运输设备操作行业的人员比重明显上升，为中部地区从业人员比重最高的行业；西部地区有更多人在专业技术行业、国家机关、党群组织、企事业单位工作，还有较大一部分迁移人口为办事人员，而其他行业的就业比重普遍大幅下降，说明“六普”时期社会因素是西部地区人口迁移的主要动因。

人种

人种即人类的种族，是指具有共同起源并在体质形态上具备某些共同遗传特征的人群①。这些特征包括肤色、眼色、发色、发型、身长、面型、鼻型、血型等。人种的划分是以保有共同的遗传的自然特征为依据。划分种族的标志有很多，包括肤色、眼色、头形、鼻形、面部轮廓、身高等人体表面

① 赵荣，王恩涌，张小林，等．人文地理学［M］．2版．北京：高等教育出版社，2006.

的一些性状，近年来又增加了血型、指纹弓等一些生理特征。根据人种的自然体质特征，生物学家以本质主义方式（即以体质特征为标准）通常将全世界的现代人类划分为四大人种：欧罗巴人种（又称白色人种或高加索人种或欧亚人种）、蒙古人种（又称黄色人种或亚美人种）、尼格罗人种（又称黑色人种或赤道人种）和澳大利亚人种（又称大洋洲人种或棕色人种），俗称白种人（皮肤呈白色、浅棕色，波状金发或棕发，鼻高目蓝）、黄种人（皮肤黄色，毛发黑而直，眼褐色）、黑种人（皮肤呈黑棕色，头发黑且呈羊毛卷状，唇厚而外翻）和棕种人（肤色深，儿童的头发有时为红色甚至是亚麻色，毛发卷曲，与非洲黑人的区别是：鼻梁高而不扁，唇厚但不外翻）。

人种与环境

1. 人种起源与地理环境

所有的人类都属于同一个物种，有共同的祖先，所有人类种族本源于一个地方（可能是西南亚、北非或东非），最初人类形态差异很小，此后由于扩散迁徙，各自生活在条件极不相同的自然地理环境之中，在长期的对地理环境的适应过程中，逐渐在其体质形态等方面产生了一些具有共同遗传特征的人类群体。一般认为，人种的形成开始于旧石器时代晚期，距今约5万年，在漫长的历史时期，人类的生活受着自然环境的强烈影响，当今人种的诸多特征具有明显的适应周围环境的意义。古代蒙古人种生活在亚洲东部草原和半荒漠的环境中，风沙大，加上季风影响，肤色在干季因太阳强烈而呈黄色，产生了特殊的中鼻型，鼻孔宽而鼻管深藏，具有防寒又防热的形态，眼睛色深，形成特有的蒙古眼型。白种人起源于较为寒冷的地区，该地区阳光斜射，光线较为微弱，紫外线也弱，当地居民体内黑色素含量低，皮肤呈浅色，身体较粗壮高大，以减少热量散失，鼻子高窄，鼻孔通道较长，以预热吸进的冷空气，体表毛发密稠，以防寒冷等。黑种人起源于热带赤道地区，该地区在一年之内受到太阳的直射时间长，气温高，紫外线强烈，长期居住在此地的人群，经长期自然选择，逐渐形成一系列适应性特征：皮肤内黑色素含量高，以吸收阳光中的紫外线，使皮肤内部结构免遭损害，体表汗腺密度特别大，以便在极度炎热时能维持或迅速恢复正常体温，鼻低宽，鼻孔通道短，嘴唇厚、嘴裂大、体毛少，便于散热，头发像羊毛一样卷曲，使每根卷发周围都有许多空隙，空气传热性差，因此，卷发有隔热作用，保护头部不受伤害等。

2. 人种演变与地理环境

各种族自然形态的形成与环境有密切的关系，既受环境条件制约，又在环境长期影响下表现出自己的适应性，起源于同一地区的种族，经过迁移，由于环境不同，在自然形态遗传基因上都发生了变化，因此才形成了不同的种族。肤色是人类形态最一般的特征，它的变化和地理环境有关，一般来说，人体肤色的变化决定于人体内部色素量的变化，而色素量的多少又和光照强烈程度有关，色素多、肤色深的人大多集中在阳光充足的赤道地区，随着地球纬度的推移，纬度愈高，阳光愈弱，人体的肤色也就愈浅。地理环境对人的鼻子、眼型和头发组织等身体特征亦有影响，例如，生活在热带森林地区的人，其鼻孔一般是宽阔的；而生长在寒冷地区的人其鼻子较长而突出，可以将吸进的寒冷空气加以暖化而后进入肺部。除自然环境外，社会环境对某些种族特征的发展也起一定的推动作用，研究人体的人类学家认为，体型至少与某些社会最常用的生产工具有关，例如，在古代，四肢较长的人比身体矮壮的人更善于投掷长矛，宽肩粗臂的人在狩猎中则常用弓箭。随着社会经济的发展，人类之间的交流、融合加大，改变了人类被动适应环境，在隔离封闭状态下自然选择的模式；相反，人口迁移、异族通婚产生的血缘混杂日趋普遍，对世界人种类型的形成、分布以及发展产生了极大的影响。可见，在种族分化的早期阶段，自然条件起着重要作用，随着生产力的发展，物质生产以巨大的速度在改变着人类的生存条件，人类使环境适合于自己的需要，从而减轻了被迫改造自身器官来适应环境的压力，因而人类的种族特征的“适应”意义越来越少。

中国人种区域差异

中国人属于黄色种族群，皮肤黄、眼褐色。总体来看，头发以黑而直最多，北方的黑龙江、吉林、河北人，头发较粗而硬，而且很少见到波形发；南方的广东、广西、福建、云南等地，人的头发较黑而细软，有些还出现波形发，说明越向南，波浪式头发出现的越多①。相比白种人的狭鼻和黑种人的宽鼻，中国人属于中鼻。从鼻子的侧面看，东北、华北各地，人的鼻梁较直，华南人的硬骨部也较直，但软骨部向上翘的较多，鼻子也较宽。中国人的头长属于中等偏短的长度，以头长的个体变化分析，黑龙江、吉林的人头长最短，平均都在184毫米以下，华南地区各省平均都在187毫米以上，相对北部地区较长；从北向南，人的头部由宽短向窄长逐渐变化。从ABO血型来看，中国不同地区的人群之间差异明显，北方B型最多，A型次之，O型较少，其组合相对稳定。根据中国居民Gm单倍型频率可计算出各地人群间的遗传距离，再通过聚类分析就可以绘出中国居民种系发生树，它能较为直观地表示出种族血缘关系的远近。与ABO血型相比，Gm血型具有更高的种族特异性，其st因子为蒙古人种特有，fb因子为欧罗巴人种特有，ab因子则仅见于赤道人种。根据Gm单倍型频率可计算出各地人群间的遗传距离，再通过聚类分析绘出种系发生树，能较为直观地表示出种族血缘关系的远近。据此，可把中国居民大致分为南北两大类型，其地理分界线在北纬30°即长江一带。在北方人群中，Gmag单倍型频率较高，其频率为0.29~0.54，而南方人群仅为0.03~0.25。相反，北方人群Gmafb单倍型频率较低，仅0.08~0.39，南方人群则高达0.46~0.81。值得注意的是，在新疆的维吾尔族、哈萨克族、回族等民族的居民中，有Gmfb单倍型，其频率为0.1~0.3，清楚表明这里存在着欧罗巴人种的血缘影响。中国南方和北方，以及内地和边疆不同人群之间，在种族血缘成分上确实存在着一定的差异。外表形态和遗传基因频率的渐变梯度，反映了不同起源的人群不同程度或不同比例的混杂与融合②。指纹具有终生不变的特点，据统计，指纹有三种基本形式，即弓形纹、箕形纹和斗形纹，中国人指纹以斗形纹最多，其次为箕形纹。身高存在较大差异，营养条件、环境因素和遗传因素都会对身高产生显著影响，即使在同样的生活条件下，平均身高都相差很大。从宏观尺度来看，中国人的身高呈现了纬度地带性和经度地带性③。按气候分区，我国东部一般分为三大区：华南南亚热带区，华中（含华东）湿润亚热带区，东北和华北湿润、半湿润暖温带和温带地区。身高的纬度分布是华南人偏矮、华中和华东人居中、华北和东北人偏高。华南人地处热带和南亚热带的低纬地区，天气较热，人体新陈代谢快，发育便早。华北和东北地处暖温带和温带地区，气候较凉，人的新陈代谢相对较慢，发育较晚。一般来说，发育早的人，停止发育的时间也早，相对发育的时间要短些，身材相对要矮。发育晚的人，停止发育的时间也晚，相对的发育期要长些，身高增长期也长，所以身材一般高于低纬度发育早的人。另外，同一纬度或纬度相近地域的人群，其身高自东往西随经度的变小而逐渐由高变矮。我国东部地区多为沿海地区，沿海地区人们的身高一般高于内地人，这也是世界性的现象。因为一般沿海地区的经济都较发达，生活水平较高，营养较为丰富，因此身高的发育好于内地。值得注意的是，当今，随着社会经济的发展和生活水平的改善和提高，各个地区的人群平均身高水平都呈现出增加趋势。这些因地理区位不同而导致的人种自然特征的差异在刑事犯罪的研究中颇有价值，尤其在确定杀人案件中无名尸体的身份以及刻画犯罪行为人的脸谱等侦查活动中更值得加以关注。

---

① 张振标．我国人的容貌特征［J］．化石，1981（4）：3-5.

② 张善余．人口地理学概论［M］．上海：华东师范大学出版社，2004.

③ 孙关龙．中国人身高的地带性［J］．化石，1992（2）：18-20.

地理人种

地理条件对体质、血型系统、免疫系统和遗传基因有一定影响，导致地理区域范围内的人群具有一定共性，这些人群称为地理人种。它是以洲为单位而划分的人种，是相当于对洲的范围自然环境长期而连续地适应所产生的结果，但其分布范围实际上与各大洲的界线并不完全重合。例如，欧亚两洲地理人种交界不在两洲交界，而在西亚。地理人种是包含地域人种和小人种的最大的人种分类单位，地域人种为地理人种下的次一级单位，是人种的基本进化单位，是在一定地域内长期内婚的人群，它是一个自然人群，在同一地理人种内存在着地域上差异，例如，居住在中国华北、东北、华南、西藏等地的居民都属于亚洲地理人种，但东北、华北的居民属于华北地域人种，华南居民属东南亚地域人种，西藏居民则属西藏地域人种；小人种则是地域人种下的单位，是最低一级人种分类单位，它不是地理隔离的产物，而是由于小区域内人口稠密，社会习俗相同，本地出生的人不需远离本土婚配而形成的单独遗传的人群。

亚洲地域人种

亚洲地域人种也称为蒙古地域人种，主要指分布在亚洲大陆，乃至日本、菲律宾、苏门答腊、婆罗洲群岛等地的人种，包括蒙古地域人种、西藏地域人种、中国华北地域人种、东南亚地域人种等。其特征是皮肤呈浅黄色，头发黑而直，胡须与汗毛稀少，脸形扁平，颧骨较高，眼皮有波浪状的蒙古褶，在 ABO 血型中 B 型频率很高。亚洲地理人种眼部多有一明显的种族特征：上眼睑皮肤在眼内角向下延续褶皱形成了内眦褶，亦称内眦皱袭或蒙古褶。内眦褶或多或少地遮盖着泪阜，并使得眼裂显得较狭并向外上稍斜，后者常被艺术家们形容为“丹凤眼”。这种眼部特征为绝大多数亚洲人所共有，在美洲印第安人中也常可见到，并可偶见于某些欧洲人或非洲人①。

蒙古地域人种

蒙古地域人种是蒙古地理人种中的一支，蒙古人种的典型代表，分布于西伯利亚、蒙古、中国北部和西北部。许多形态特征都是适应于寒冷而多风沙，白天多日照的环境下形成的。如皮肤色素沉着，高颧骨，平扁的脸部，鼻子突出不高，内眦褶，皮下脂肪聚集，男子秃顶少等。

西藏地域人种

西藏地域人种是蒙古地理人种中的一支，分布于中国的西藏及其周边地区。肤色较深，一般为棕褐色或深褐色。波状黑发，鼻梁高和鹰钩鼻较常见。身材较高而健壮，适应于寒冷和低钙环境。

中国华北地域人种

华北地域人种是蒙古地理人种中的一支，分布于中国长江以北地区及朝鲜、日本等地。肤色呈浅黄至稍深的黄色至浅褐色，色素沉积较少。黑直发，粗而密，直径在 100 纳米以上。髭须较少，体毛极稀，且不明显。长头型或圆头型。眼褐色，内眦褐出现率高。脸长、颧骨高，鼻子较小且不突出，鼻梁低，多不具鹰钩状尖端，面部较扁平，铲状门齿出现率高。下颌宽。O 型血出现率高，B 型高于 A 型，无 AB 型。

---

① 刘燕明．亚洲地理人种的内眦褶［J］．化石，1994（3）：24.

东南亚地域人种

东南亚地域人种是蒙古地理人种中的一支，分布于中国长江以南地区及东南亚的越南、老挝、柬埔寨、马来西亚、泰国、缅甸、印度尼西亚、菲律宾及婆罗洲一带，以及非洲马达加斯岛。肤色浅褐色、棕色至暗褐色，脸宽，鼻宽但不扁平，通常不具蒙古褶。身材较矮小，黑色直发。Rh 阴性无或极少，Rh 阳性极为普遍。适应于地理环境，以利于仅摄取少量热量即能生存。易患各种营养缺乏症，如蛋白质及维生素 B_1、维生素 C，甚至维生素 A 缺乏症。

第 2 部分　语言与方言

语言

语言是指生物同类之间由于沟通需要而制定的具有统一编码解码标准的声音（图像）指令。人类能把无意义的语音按照各种方式组合起来，成为有意义的语言单位，再把为数众多的语言独立单位按照各种方式组合成语言语句，用无穷变化的形式来表示变化无穷的意义，由此，目前只有人类才能使用完整体系的语言。

语言是民族的典型特征，每个民族都有自己的语言。语言是文化的一个重要组成部分，也是保持生活方式的重要手段，不同的文化集团都有自己独特的语言。据德国出版的《语言学及语言交际工具问题手册》说，现在世界上查明的有 5 651 种语言。汉语、法语、俄语、西班牙语、阿拉伯语、英语是世界上的主要语言，也是联合国的工作语言。世界各地的人们所用的语言各不相同，因此，语言学家根据一定的分类标准将语言分为相应的谱系，它们各自具有相对固定的分布地域。即使在使用同一语种的地区，由于自然、人文环境的不同，人们的语言特征也存在一定的差异，又可将它们划分为不同的方言。在同一地区，不同的社会阶层、不同年龄的人之间都会有特殊的词汇来表达其独特的感情，使另一阶层或不同年龄的人难以理解。

语言是一种社会现象，是人类最重要的交际工具，是进行思维逻辑运用和信息交互/传递的工具，是体现人类认知/成果的载体。语言具有稳固性（传承性/无限传播能力）和民族性（物种性）等特征。由于个人成长环境、文化程度、生理特征等方面的差异，从而形成了其独有的语言习惯，可以借助语音声学特征或相应的仪器对这些特征进行描述或记录，这些特征在一定程度上具有“唯一性”，基于此，借助现代科学技术可以逆向找到或确认“说话人”，从而为刑事侦查提供案件侦破的重要依据。

世界语言谱系

谱系分类法是语言分类中应用最广的方法。谱系分类法是指运用历史比较的方法，将世界上的语言比拟为具有生物学上的亲属关系，认为同一语系中的语言具有相同的起源，并按其亲属关系的远近、亲疏划分为不同等级的类别，列出详略不等的语言分类表（有的还绘出了谱系树）。按照谱系分类的等级体系和基本意义可以将世界语言分为语系、语族、语支和语种这四个等级。

（1）语系：语言分类的最大单位，是由一个共同的原始母语分化的若干具有亲属关系的语言组成的。属于同一语系的语言，在语音、词汇和语法等方面具有共同的特征，它们既把同语系的语言联系在一起，又与其他语系的语言相区别。由于世界语言十分复杂，对其研究程度也不同，故在语系的划分上还存在分歧，但对主要的语系的划分和命名则比较一致。目前，世界语言谱系的划分存在多种观点，本书综合多种观点将其分为印欧语系、汉藏语系、闪含语系、阿尔泰语系、乌拉尔语系、尼日利亚-刚果语系、科依桑语系、尼罗-撒哈拉语系、马来-波利尼西亚语系（南岛语系）九大语系。

（2）语族：语言分类的二级单位，尽管属于同一语系的语言有共同的原始母语，但其演化进程不同，从而形成次级的语言群，即为语族。语族又可细分为语支，有的语族语言较少，则不再细分。

（3）语支：语言分类的三级单位，由本语族内若干更具有亲属关系的、相互之间又存在差异的语言划分而成。也有的学者还将其细分为若干语种。

（4）语种：语言分类中的最小单位，但是一个语种又可以包括若干方言。

印欧语系

从 15 世纪开始，随着欧洲殖民势力不断扩张，一些欧洲语言陆续传到世界其他许多地区，这是印欧语系分布广的直接原因。根据亲缘关系与地域特点，将印欧语系分为四个语族：日耳曼语族、罗曼语族、斯拉夫语族和印度—伊朗语族。

分布地区：印欧语系是世界上最大的语系，包括世界上许多重要语种，使用者几乎遍及整个欧洲、美洲、澳洲，还有非洲和亚洲的部分地区，使用人口约占世界人口的一半。

语言特点：印欧语系各语言原来都是屈折语，原始的印欧语的名词有 3 个性、3 个数和 8 个格的变化（例如俄语的这个特点保存得比较完好）；广泛利用词缀和词干元音音变来表达语法意义；名词和大部分形容词有格、性和数的变化；动词有时态、语态和语体的变化，主语和动词在变化中互相呼应。另外，印欧语系各语言的词都有重音。

日耳曼语族

日耳曼民族约在公元前 750 年聚居在斯堪的纳维亚半岛南部以及与此邻近的北海和波罗的海沿岸。日耳曼族语言的最古老历史材料见于公元前 1 世纪的拉丁文著作。日耳曼语族语言内部的相似性很明显。分为 3 支：北支、西支和东支，其中西支包括原来的 3 个方言。

分布地区：所属各语言使用于北欧、中欧、西欧（德国、奥地利、卢森堡、英国、比利时、荷兰），以及欧洲之外的英语国家和地区，总人口在 4. 8 亿以上。

语言特点：

第一，将印欧语系的时态体系削减为过去时与现在时（或一般时）。

第二，附加齿音后缀（/d/或/t/）来表示过去时态，而不用元音变换（印欧元音变换）。

第三，有两种动词变位：规则变位/弱变位（附加齿音后缀）与不规则变位/强变位（元音交替）。英语共有 161 个不规则动词/强动词，都属于英语本语辞源。

第四，使用强形容词与弱形容词。近代英语的形容词一般不改变，除非用在比较级或最高级上。古英语中不同，依据前面是否有冠词或指示代词来变化形容词。

第五，遵循格林定律的辅音演变。

第六，有一些词的词源与其他印欧语言很难产生联系，但这些词的变形体却出现在几乎所有日耳曼语言中。

第七，重音转移到词根上。尽管英语的重音位置并不规则，但本语词源的单词重音经常是固定的，无论附加什么词缀。

英语

英语属印欧语系、日耳曼语族、西日耳曼语支。它最初分布在大不列颠岛。该语种是 5 世纪时由日德兰半岛迁移来的盎格鲁人、撒克逊人和朱特人的语言发展形成的。所以，英语（English）这个词就是由 Enlishe（盎格鲁语）演变而来的。由于工业革命发生在英国，其殖民地曾遍及世界各大洲，英语的影响也遍及世界。以英语为母语的人口有 3. 2 亿多。

分布地区：以英语作为官方语言的地区有：英国、加拿大、巴哈马群岛、博茨瓦纳、爱尔兰、巴巴多斯、百慕大、圭亚那、牙买加、新西兰、圣克里斯多福及圣基茨和尼维斯、特立尼达和多巴哥。英语在下列国家和地区是第一语言：英国、美国、澳大利亚、巴哈马、爱尔兰、巴巴多斯、百慕大、圭亚那、牙买加、新西兰、圣克里斯多福、加拿大、南非及圣基茨和尼维斯、特立尼达和多巴哥。世界上把英语作为第一语言（本族语）的人口约有3亿。英语在下列国家和地区中是通用语言：中国香港（连同汉语）、加拿大（连同法语）、多米尼克、圣卢西亚和圣文森特及格林纳丁斯（连同法语）、密克罗尼西亚联邦、爱尔兰（连同爱尔兰语）、利比里亚（连同非洲语言）、新加坡（连同汉语）、马来西亚（连同汉语和马来语）和南非（连同南非荷兰语和其他非洲语言）。把英语作为第二语言（即不是母语，但为所在国通用语）使用的人口约有2.5亿。

语言特点：

第一，英语拼写和读音的特点。英语拼写很多情况下与读音不相吻合——多个字母或字母组合发同一个音，同一个字母组合可以发多个音。如字母A可以发多达八个音；TH组合发三个音，如其中Thailand、Thyme、Thames等单词发不规则的/t/音；ough字母组合共有九种发音方式，这九种发音的代表单词是：[①though（虽然）；②thought（思维、想法、思想、思潮）；③enough，rough（足够，粗糙的；使不平）；④thorough（彻底的，完全的，十足的）；⑤cough（咳嗽）；⑥through（穿过，通过，从……开始至终）；⑦hiccough（打嗝）；⑧plough（耕作，皱眉）；⑨lough（湖）]。如有一个句子：Though the rough cough and hiccough plough me through，I ought to cross the lough. 在这个句子中同一个字母组合ough，有八种不同的发音。

第二，不发音的字母特别多，如debt、ptarmigan、viscount、island、hour、indict等单词都有不发音的字母。

第三，拼写完全混乱无规可循的单词也很多，如czech、cello、cafe、one、mnemonic、maugham、vaughan、chalet、debut等。

第四，英语的重音规则复杂，非重读音节中的元音经常弱化变音。重音位置的变化有时会导致词性、词义的改变，比如名词record（重音在第一个音节）和动词record（重音在第二个音节）。

第五，除了拼写不规则和重音不固定外，英语单词的读音还受语境的影响。

德语

德语属印欧语系、日耳曼语族、西日耳曼语支。德语共同标准语的形成可以追溯到马丁·路德的圣经翻译。德语是2亿多人使用的母语，被誉为世界最严谨的语言之一。它最初在德国、奥地利、瑞士北部、列支敦士登、卢森堡、意大利南提洛尔，比利时的一小部分地区，波兰部分地区和法国阿尔萨斯、洛林地区内使用。另外，在德国的前殖民地内，例如纳米比亚拥有大量说德语的人口，在东欧的一些国家中，仍有少量的说德语的少数民族。欧洲语言管理中心2013年9月最新公布的数据显示，全球共有2.4亿左右人口使用德语。

分布地区：德语是德国、奥地利、列支敦士登唯一的官方语言。是比利时、意大利、卢森堡、瑞士、法国的官方语言之一。

语言特点：

第一，一般单词表和词典中都没有为德语单词标注音标，需要根据德语的发音规则来读，如果有特殊情况，一般都会标注发音。

第二，德语一共有42个音素，元音音素19个，辅音音素23个。德语中名词分阳性、中性和阴性三种。和汉语中对应的词性不同。德语的女孩（Mädchen）是中性的，太阳（Sonne）是阴性的，月亮（Mond）是阳性的。以词形为例，以-er，-or，-ist，-ant，-ent结尾的表示职业的名词多为阳性；以-e，-ung，-heit，-schaft，-in，-tion，-ssion，-sion，-ie结尾的名词多为阴性；而以-chen，-lein，-nis结尾的名词多为中性。

第三，德语中动词要变位。根据人称时态的变化动词要有相应的变化，还有第一分词，第二分词的变化等。

第四，德语的语序分正语序、反语序和尾语序三种。

荷兰语

荷兰语是荷兰、比利时、苏里南和荷属安的列斯群岛的官方语言。荷兰语属印欧语系、日耳曼语族、西日耳曼语支。

分布地区：分布于荷兰、比利时、南非、苏里南、加勒比海荷属安的列斯群岛。

语言特点：它介于同属日耳曼语族的德语和英语之间，比任何一种语言都更接近英语。

第一，荷兰语的口语，从标准语到各地方言有很多变体。标准语用于公众场合、官方谈话、文件和大学讲课，口语在家庭中和跟朋友、同乡交谈时使用。以阿姆斯特丹、海牙和鹿特丹为界的地区方言，比其他方言区的方言更接近于标准荷兰语。

第二，荷兰语有元音 13 个，辅音 19 个。单词重音一般落在第一个音节上。

第三，荷兰语名词的格已经消失，语法形式比德语简单，许多词尾屈折已经脱落。动词有直陈、祈使和虚拟 3 种语气；有过去分词和现在分词。代词有 3 种人称。名词分单、复数。双数的概念已不存在。

第四，荷兰语使用以拉丁字母为基础的文字，拼写法比英语简单、有规则。

依地语

依地语，“依地”原意“犹太”，依地语即犹太语，在语言学上又称犹太德语。属印欧语系、日耳曼语族、西日耳曼语支。

分布地区：依地语是中欧和东欧大多数犹太人的主要语言之一，此外，居住在美国、南非和以色列的犹太人中也有少数人说依地语，使用人口共约 400 万。

语言特点：依地语是融合多种语言的产物。它的语音模式基本上与德语相同，但增加了一些斯拉夫语的咝音和腭化辅音；词法也基本与德语相同，语词来源主要有 3 个：来自德语的约占 80%，来自希伯来语和斯拉夫语的约各占 10%。在表示指小词、轻蔑词、动词前缀和开始完成体的意义以及句法方面，受斯拉夫语的影响很大；希伯来语则在语音、词汇和语法 3 个方面对依地语产生一定影响。依地语采用希伯来语字母，自右至左书写。

丹麦语

丹麦语与挪威语、瑞典语十分接近。丹麦语属印欧语系、日耳曼语族、北日耳曼语支（又称斯堪的纳维亚语支）。使用人口除丹麦外，德国北部毗邻诸州以及其他国家有 40 余万人使用。丹麦语是丹麦 500 万居民使用的语言，也是格陵兰和法罗群岛的官方语言，格陵兰和法罗群岛属于丹麦。丹麦语是斯堪的纳维亚诸语言中的一种。在丹麦和挪威是一个国家的几个世纪中，挪威城市中通行一种更接近于丹麦语的语言，直到现在还在使用这种语言，人们称之为“丹麦—挪威语”。

分布地区：丹麦、法罗群岛、格陵兰、德国石勒苏益格—荷尔斯泰因州。

语言特点：丹麦语语调显得过于平坦而单调，字母“r”发咽喉擦音，即在口腔深处气流和咽喉摩擦而发出的音，这和将“r”发为颤音的斯拉夫语言及罗曼语言极为不同。

瑞典语

瑞典语属印欧语系、日耳曼语族、北日耳曼语支（也称为斯堪的那维亚语）的一种，使用人数超过 900 万。它和斯堪的那维亚地区另外两种语言（丹麦语和挪威语）是相通语言。瑞典语来源于古诺尔斯语（维京时期斯堪的那维亚地区通用语言）。

分布地区：瑞典、芬兰（尤其是奥兰岛）。

语言特点：

第一，韵律特征体现在重音和声调上。瑞典语有很多元音，其中 17 个是单音母。有不少瑞典方言把连同“r”音的子音同化成卷舌音。这种同化现象在全国的广播中很常见，只有南部口音及芬兰口音没有这种同化现象出现。除了在挪威语，瑞典语其中一个“u”音在其他语言找不到。瑞典语还以清硬颚软颚擦音而著称，这是一种变化复杂的辅音音位。

第二，瑞典语元音有长短之分，无复合元音，有三个变元音。分单重音词与双重音词，后者包括一个主重音和一个次重音。无论是陈述句、疑问句或是祈使句一般均使用降调。元音及部分子音在不同地区的发音差异很大。瑞典的南部地区、首都地区和部分省份的口音大不相同。

挪威语

挪威语属印欧语系、日耳曼语族、北日耳曼语支，是挪威的官方语言。由于丹麦语在 16 世纪至 19 世纪期间一直是挪威地区的标准书写语言，以致近代的挪威语发展一直都受爱国主义、城乡隔阂以及挪威文学史的争议所影响。

分布地区：挪威。

语言特点：挪威语的语音比较复杂，具有乐调重音（简单乐调重音和复合乐调重音），重读音节中元音音长和辅音音长相互制约。语法经过很大变化，名词有两个格（共同格和所有格），定冠词作为后缀附着于词后，形容词分强、弱，动词无人称词尾。挪威语向低地德语借了大批词语，吸收了一批现代科技方面的国际通用词语，近期还向英语借了许多新词。挪威语跟丹麦语、瑞典语，特别是跟丹麦语十分接近，这 3 种语言基本上可以互通。

冰岛语

冰岛语是冰岛的官方语言，属印欧语系、日耳曼语族、北日耳曼语支。主要分布于冰岛本土，使用人口超过 20 万。

分布地区：冰岛、加拿大部分地区（缅尼托巴）。

语言特点：冰岛人的祖先是 9~10 世纪来自挪威西部的移民。冰岛语始终保持古代挪威语西部方言的特点，词汇很少受外来语的影响。被称为“欧洲最保守的”语言之一。冰岛语曾经吸收丹麦语、凯尔特语、拉丁语和罗曼语族的词语，但 19 世纪以后，由于纯语主义运动的开展，这些外来词已让位给冰岛语词。科学和工程术语也用冰岛语成分构成。语法上格的变化、名词性的区别、动词结尾的人称变化、音节组合，特别是首音节的组合等，均保留着古斯堪的纳维亚语（即古诺尔斯语）的特点。冰岛语重音总在第一个音节上。它保持着完整的曲折变化系统。动词有人称、时态变化；名词有 4 个格（主格、属格、与格、宾格）；名词、形容词、代词等分阳性、阴性和中性（其他斯堪的纳维亚语言只分通性和中性），有单、复数之分；定冠词通常作为后缀附着于名词之后（这一点与丹麦语和一些斯堪的纳维亚语很相似）。冰岛语的语法和词汇稳定，但现代冰岛语的发音和古代有很大差别。冰岛语采用拉丁文字，但仍然使用古代北欧文字中的字母和分别表示清、浊齿擦音。

罗曼语族

罗曼语族也称为拉丁语族，是由过去罗马人所说的拉丁语发展而来的。罗马帝国灭之后，拉丁语的优越地位消失了。除去宗教活动中使用以外，拉丁语便与当地语言结合独立发展，随着民族国家的出现，最终形成今天的法语、西班牙语、葡萄牙语、意大利语和罗马尼亚语。

法语

法语属于印欧语系、罗曼语族，是继西班牙语之后，使用人数最多的罗曼语言之一。现时全世界有 8 700 万人把它作为母语，2.85 亿人使用它（包括把它作为第二语言的人）。法语是很多地区或组织的官方语言（例如联合国、欧洲联盟）。

分布地区：

法语是下列国家的第一语言：法国（包括瓜德罗普岛、马提尼克岛和圣皮埃尔和密克隆）、加拿大（特别是魁北克、新不伦瑞克）、比利时、瑞士、摩纳哥、法属圭亚那、海地。同时法语也是下列国家的主要第二语言：阿尔及利亚、黎巴嫩、毛里求斯、摩洛哥、新喀里多尼亚、留尼汪和突尼斯。在下列国家是官方语言，也是学校唯一使用的语言：科摩罗、刚果共和国、法属波利尼西亚、加蓬和马里。在下列国家是官方语言，但是没有当地语那么常用：贝宁、布基纳法索、布隆迪、喀麦隆、中非共和国、乍得、科特迪瓦、几内亚、马达加斯加、尼日尔、卢旺达、塞内加尔、塞舌尔、多哥、瓦努阿图和刚果民主共和国。法语在安道尔和卢森堡也是一种普遍的语言。另外，在埃及、印度的本地治里、意大利、老挝、毛里塔尼亚、英国（汉河岛，海峡群岛）、美国和越南也有一些法语使用者。

语言特点：

第一，法语是一种表音的文字，单词的含义大多是通过词根和词缀的组合来表达的。这一点就和中文有着明显的不同。

第二，法语因为其用法的严谨，所以像法律条文这种严谨的重要文件在国际上都是用法语书写，联合国将英语定为第一发言语言，法语为第一书写语言。

意大利语

意大利语是意大利共和国的官方语言（另外通用英语、西西里语等），属于印欧语系、罗曼语族。截至 2013 年年初，世界上说意大利语的人数总共约 9 500 万。

分布地区：意大利、瑞士（官方语言之一），广泛通行于美国、加拿大、阿根廷和巴西及非洲的索马里。

语言特点：

第一，短元音丰富而简单。几乎每个辅音都配着元音，不存在单独的元音音素。一个元音对应一个发音，而且绝大多数的单词都是以元音结尾。

第二，除了哑音 h，没有不发音的词素。少数辅音有组合，但比较简单。不知道一个词的意思，按照汉语拼音的读法就能大致上把这个词念出来。动词的词尾变换往往可以明确地指示人称，因此在一个句子中，经常是看不到主语的。

第三，宾语的用法较为复杂。

葡萄牙语

葡萄牙语是罗曼语族的一种语言。截至 2013 年，全世界共有约 2.3 亿人使用葡萄牙语，葡萄牙语是世界流行语种的第 6 位，仅次于汉语、英语、法语、西班牙语和阿拉伯语。

分布地区：葡萄牙、巴西、安哥拉、莫桑比克、几内亚比绍、佛得角、圣多美和普林西比、东帝汶、中国澳门。

语言特点：葡萄牙语的书写很接近于西班牙语，但语音比较柔和，包含了一些西班牙语所不具有的鼻音。

西班牙语

西班牙语是印欧语系中罗曼语族的一种语言。约有 5.28 亿人将它作为母语使用，其中绝大部分在拉丁美洲国家。说西班牙语的人称之为西班牙语，说其他语言的西班牙人称之为卡斯蒂利亚语。

分布地区：西班牙语是非洲联盟、欧盟和联合国的官方语言。将西班牙语作为官方语言的国家主要有：阿根廷、玻利维亚、智利、哥伦比亚、哥斯达黎加、古巴、多米尼加共和国、厄瓜多尔、萨尔瓦多、赤道几内亚、危地马拉、洪都拉斯、墨西哥、尼加拉瓜、巴拿马、巴拉圭、秘鲁、西班牙、乌拉圭和委内瑞拉。西班牙语也在伯利兹、直布罗陀、菲律宾、特立尼达和多巴哥以及西撒哈拉使用。

语言特点：

第一，西班牙语在语音、词汇、语法体系等方面继承了拉丁语的特点。共有 24 个音位，其中有 a、e、i、o、u 5 个单元音和 19 个辅音。b 和 v 的发音相同，h 不发音。此外还有大量二合元音和三合元音。重音很规则：以元音、n 或 s 结尾的词，重音落在倒数第二个音节上；以其他辅音结尾的词，重音落在最后一个音节上。大部分词语源自拉丁语。

第二，西班牙语属屈折型语言。它的词尾屈折已大大简化。除作主语、宾语的代词及其反身形式外，拉丁语的格系统几乎消失。名词分阳性和阴性，但在某些结构中还能见到中性的痕迹。复数在词尾加-s 或-es，形容词在语法上与名词有协调关系，词尾变化与名词相同。动词仍保留相当多的屈折，但很有规则。由于动词词尾已足以表示人称，主语往往省略。西班牙语采用拉丁字母，共 29 个：a、b、c、ch、d、e、f、g、h、i、j、k、l、ll、m、n、ñ、o、p、q、r、s、t、u、v、w、x、y、z。有些外来词和专有名词还使用 w。拉丁美洲的西班牙语形成了若干地区方言，西班牙语的读写一致，每个字母的读音相对是固定的。

罗马尼亚语

罗马尼亚语是罗马尼亚的官方语言，属印欧语系、罗曼语族东支。在摩尔多瓦，被称作摩尔多瓦语。全球约有 2 600 万人使用，并且大部分集中在欧洲的巴尔干半岛。

分布地区：罗马尼亚，此外在俄罗斯、保加利亚、南斯拉夫、匈牙利、阿尔巴尼亚和希腊、美国也有数量不等的使用者。

语言特点：罗马尼亚文表音的性质明显，发音与意大利语接近，略受斯拉夫语言影响。拼写非常规则，单词重音一般在倒数第二个音节上，以辅音字母结尾的单词重音在最后一个音节上。

斯拉夫语族

斯拉夫语族（Slavic group）是印欧语系的一个大语族，有 3.7 亿人使用。斯拉夫语族各语言源于原始共同斯拉夫语，分三大语支：东部语支，包括俄语、乌克兰语、白俄罗斯语；西部语支，包括捷克语、斯洛伐克语、波兰语、卢萨提亚语（分上卢萨提亚语和下卢萨提亚语）；南部语支，包括保加利亚语、马其顿语、塞尔维亚—克罗地亚语和斯洛文尼亚语。

分布地区：欧洲、亚洲。

语言特点：

第一，斯拉夫语中只有塞尔维亚—克罗地亚语有乐重音：在重读音节上有升调和降调，用以区别不同的词或不同的词形。除保加利亚语和马其顿语外，斯拉夫语言的名词和代词都有格的变化。

第二，东部语支的 3 种语言以及保加利亚语、塞尔维亚语、马其顿语使用斯拉夫字母，斯拉夫字母是 9 世纪希腊正教的传教士基立尔（Gyril）根据希腊字母创造的，又名基立尔字母，共有 43 个字母。记录俄语的是斯拉夫字母，现代俄文字母共有 33 个，西部语支的各种语言及克罗地亚语、斯洛文尼亚语使用拉丁字母。

俄语

俄语是联合国和俄罗斯联邦的官方语言之一，也是中华人民共和国承认的我国少数民族正式语言之一，属于斯拉夫语族的东斯拉夫语支。

分布地区：拉脱维亚、立陶宛、美国、加拿大、德国、英国、西班牙、法国、意大利、比利时、希腊、中国。

语言特点：俄语有 6 个元音，根据前面的辅音是否发颚音（硬颚音化）写成不同的字母。典型辅音成对出现：普通型和颚音型，传统上叫作硬辅音和软辅音。标准俄语基于圣彼得堡方言，有很强的重音和适度的音调变化。重音元音有一点拉长，而非重音元音倾向于减少成闭元音或者模糊元音。俄语里一个音节里的声母和韵尾最多可以含 4 个辅音，所以音节结构会很复杂。俄语的近亲语言是乌克兰语和白俄罗斯语。

乌克兰语

乌克兰语全球约有 4 500 万人使用，北美洲也有少数使用者，属于东斯拉夫语支。大约在 14 世纪时由古俄语分化出来。

分布地区：乌克兰、俄罗斯、哈萨克斯坦、美国、摩尔多瓦、匈牙利、白俄罗斯、加拿大、乌兹别克斯坦、波兰。

语言特征：

第一，古代元音 ы、и 合并为 и，发音介于两者之间；元音 в 演变为现代的 i；元音 o、e 在闭音节中演变为 i；字母 r 表示浊擦音；в 在词末尾或另一辅音前表示短；清音在浊音前浊化，但浊音在清音前或词末尾不清化。

第二，语法方面，乌克兰语的名词，形容词的性、数、格和动词的体、时、人称等跟俄语都很相近。阳性、阴性名词除 6 个格外，还有呼格。名词同数词“二、三、四”连用时，不像俄语那样用单数二格，而用复数一格。动词不定式词尾是-ти，第一变位法单数第三人称词尾失去-тъ。过去时单数阳性的后缀是-в，其他形式是-иа、-ио、-иn。词汇的基础是原始斯拉夫语词。

第三，许多乌克兰语特有的词和借自波兰语等其他斯拉夫语言的词汇。文字以俄语字母为基础，共有 32 个字母，但没有俄语中的 ы、э、ё、ъ，比俄语多 3 个字母：i、e，以撇号（′）代替分音符号 ъ。

白俄罗斯语

白俄罗斯语属于东斯拉夫语支，全球约有 1 000 万人使用，白俄罗斯语和乌克兰语及俄语是近亲，都是斯拉夫语族的东斯拉夫语支，白俄罗斯语与乌克兰语比跟俄语更为接近。自 14 世纪起白俄罗斯语开始由古俄语分化，16 世纪以前为立陶宛大公国的官方语言，但由于长期受波兰及俄罗斯文化的影响，文字不统一；有以拉丁字母遵循波兰语拼法的，也有用西里尔字母依照俄语拼法的，甚至还有以阿拉伯文字母拼写的白俄罗斯语（由白俄罗斯境内的鞑靼人使用，今日尚有流传）。

分布地区：白俄罗斯、波兰。

语言特点：

第一，э（e）、o（ё）、a 在重音前第一音节中读作 a（写作 a、я）；软塞音 т′、д′演变为软塞擦音 ц′、дэ′；颤音 p 永远发硬音；硬音 л 在动词过去时阳性形式与许多其他闭音节中变为短。

第二，名词、形容词的性、数、格和动词的体、时、人称等与俄语大体相同，部分名词除 6 个格外尚有呼格。动词不定式词尾是-ць、-цi、-чы，第一变位法单数第三人称词尾失去-т。

第三，不少白俄罗斯语成为独立语言后产生的词，以及从波兰语等其他斯拉夫语言中借的词。文字以俄语字母为基础，共 32 个，与俄语基本相同，但没有俄语中的 и、щ、ъ，而有 i、（短 y），以撇号（′）代替分音符号 ъ。

波兰语

波兰语是波兰的官方语言，也是西斯拉夫语支中最多人讲的语种，属印欧语系、斯拉夫语族、西斯拉夫语支。使用人口约 4 800 万，其中 3 800 万在波兰，1 000 万在国外各地。

分布地区：波兰，欧洲联盟。

语言特点：波兰语的元音系统只包括 6 个口语元音和两个鼻音，相对简单，所有波兰语的元音都是单音。与其他斯拉夫语族的语言不同，波兰语保留了古斯拉夫语中的鼻元音，但是，鼻化特征正趋向于消失，尤其是在词尾的时候，这些元音从不出现在词首。在字体上它们是由一种叫“反尾形符”或“欧格内克”（ogonek）的附加符号来标注的。与法语不同的是：波兰语的鼻元音是“异步”的。也就是说，波兰语的鼻元音的读法是先发出元音的主音，然后再发出有鼻音的半元音。但为了显示上更简便，往后的标音都把波兰语的鼻元音如一般其他欧洲语言的标音形式标示。

捷克语

捷克语属印欧语系、斯拉夫语族、西斯拉夫语支，大约有 1 200 万人使用捷克语，他们大多数都居住于捷克共和国。12~16 世纪，捷克语在语音、语法、词汇三方面都发展很快，使现代捷克语成为斯拉夫语族中离共同斯拉夫语最远的语言。

分布地区：捷克、美国、加拿大、乌克兰、阿根廷、塞尔维亚、克罗地亚、罗马尼亚、波兰、德国、奥地利等。

语言特点：

第一，捷克语的形态多达 200 种，这些不同的形态，使句子内的词语可以任意自由组合，而不用担心语序的问题。

第二，捷克语有很多独特的发音。一方面在捷克语中，“l”和“r”可以同时担当元音和辅音的角色。这种现象，语言学上称之为“自鸣音”。同样的现象，亦出现于梵语的-l、-r、-h，英语的-le（例：“bottle”）和闽南语的 ng 韵母（例：“砖”chng）等。另一方面，捷克语还有一个独特的辅音：“/ɦ/”，很多外国人都不能发这个音。

斯洛伐克语

斯洛伐克语属于印欧语系、斯拉夫语族、西斯拉夫语支，同波兰语和捷克语相近，特别是跟捷克语的使用者可以无障碍地交流。

分布地区：斯洛伐克、匈牙利、捷克、奥地利、波兰、乌克兰等。

语言特点：斯洛伐克语语音的特点是辅音多，特别是擦音和塞擦音多。除了有唇音、齿音和软颚音三套辅音外，还有一系列特殊的腭塞音。斯洛伐克语属综合型语言，使用词缀、元音交替、辅音交替表示语法意义，广泛使用添加前缀、后缀的方法构成新词。词汇中保留着源自斯拉夫语、波罗的语诸语言的常用词。14~17 世纪（文艺复兴时期）以后，吸收了来自西欧的各种语言，特别是德语和法语的借词。斯洛伐克语使用拉丁字母和附加符号，词的拼写与实际发音一致。

保加利亚语

保加利亚语是保加利亚的官方语言，它的发展可分为 3 个时期：①9~11 世纪的古保加利亚语，同其他斯拉夫语言十分接近，保留了许多原始斯拉夫语的特点，在词汇方面受到希腊语的影响。②12~15 世纪的中古保加利亚语，从综合型结构向分析型结构过渡。③16 世纪以后的新保加利亚语（或称现代保加利亚语），受到土耳其语和俄语的影响。现代保加利亚规范语主要是在巴尔干山脉中段和东段流行的方言的基础上形成的。

分布地区：主要集中在巴尔干半岛，在保加利亚及其周边地区，包括希腊、罗马尼亚、匈牙利、摩尔达维亚和乌克兰部分地区，在西欧、美国、加拿大、澳大利亚等地也有分布。

语言特点：保加利亚语的发音和俄语比较接近。保加利亚语的词汇都有重音，但是重音并没有固定在某个音节上。在词形变化的时候，还会发生重音移位现象。文学语言已失去以前的声调重音，而用自由重音。

斯洛文尼亚语

斯洛文尼亚语，属印欧语系、斯拉夫语族，为斯洛文尼亚的官方语言，在全球有约 200 万使用者。斯洛文尼亚语源自古斯拉夫语。最早的文献见于10世纪。19世纪初叶，在以卢布尔雅那市为中心的中央方言基础上，形成统一的现代斯洛文尼亚标准语。

分布地区：分布于南斯拉夫西北部的斯洛文尼亚，以及匈牙利、奥地利和意大利三国与南斯拉夫接壤的地区。

语言特点：斯洛文尼亚语有5个元音，20个辅音，采用25个拉丁字母作为相应的表音符号。标准语言有三种形式的词重音：长扬重音（′）、长抑重音（⌒）和短重音（`）。斯洛文尼亚语是屈折型语言。名词有7个格：主格、属格、与格、宾格、呼格、工具格、前置格；分单数、双数、复数。

马其顿语

马其顿语属南斯拉夫语支的东分支，使用者约有150万。早期马其顿语曾为教会斯拉夫语的基础方言，但是保加利亚人认为马其顿语是保加利亚语的一种方言，直到20世纪中叶方形成标准语。

分布地区：塞尔维亚、黑山、阿尔巴尼亚、保加利亚、希腊、斯洛文尼亚、克罗地亚，以及西欧、北美和澳大利亚的马其顿人的聚居地。

语言特点：马其顿语用基里尔字母，采用表音正字法。有31个音位，5个元音，26个辅音。双音节词的重音落在第一音节上，多音节词的重音落在倒数第三音节上。有一种置于名词之后的定指后缀，有性、数的区别。还有指远近的标指后缀。形容词的比较级和最高级分别由语气词 по-和 нај-与形容词原级结合而成。名词变格系统几乎完全消失，格的关系借前置词表示。动词不定式已消失，但有4种形式的过去时、现在时和将来时，将来时借语气词构成。

印度-伊朗语族

印度-伊朗语族是印欧语系中比较复杂的语族，它包括的语种较多，分布区相互交错。根据语言学家的分析，这个语族的形成与原始印欧人的大迁徙有直接关系。原始印欧人从欧亚之间的某个地区向东西两个方向移动，向东的一支在伊朗、阿富汗一带停留一个时期，以后又分两支，一支留原地，一支继续向东南方向迁徙，最后进入印度。本语族包括两大语支：①印度（又称“印度-雅利安”）语支。②伊朗语支。

印地语

印地语是印度的两种官方语言之一。属印欧语系、印度-伊朗语族、印度语支，是由古梵语发展而来的一种现代印度-雅利安语言。

分布地区：印度、美国、毛里求斯、南非、也门、乌干达、新加坡、新西兰、德国。

语言特点：

第一，印地语标准语有元音11个，辅音43个。54个音位中，有1个元音和5个辅音是外来音，只使用于外来语中。印地语原有的10个元音都有对应的鼻化形式。辅音中不但清塞音、清塞擦音等有对应的送气音，浊塞音、浊塞擦音、闪音等也都有对应的送气音。送气音和不送气音有区别意义的作用。一般没有重音，也没有声调。

第二，语法比梵语大大简化，名词有阴性、阳性和单数、复数的范畴。在少数代词中还保留了格的残余形式。名词格的形式已经消失。句中名词或代词跟其他词之间的关系是在名词或代词后面用后置词来表示的。名词或代词等带有后置词时，其形式有一定的变化。动词除有人称、性、数等范畴外，还有体、时、式、态等范畴。句子的基本语序为主语—宾语—谓语。

第三，词汇方面，基本词汇大部分是从梵语演变而来的。各专业学科的术语，近来的趋向是直接取自梵语，或用梵语构词法创立新的梵语词。在穆斯林统治时期，印地语吸收了大量波斯语和阿拉伯词语。英国统治时期，它又吸收了大量英语词语，至今还在不断地从英语中吸收新的词语。在吸收外来语的同时，还吸收了外来语的一些构词手段。

孟加拉语

孟加拉语属于印欧语系、印度语族，是孟加拉及印度西孟加拉邦和特里普拉邦的官方语言，使用人口约 2.07 亿，是继印地语之后印度语族中的第二大语言。

分布地区：孟加拉和印度部分地区。

语言特点：孟加拉语有明显的清、浊辅音，送气和不送气辅音，卷舌和不卷舌辅音的区别。名词和代词有格和数的变化，名词没有性的变化，只有一些指人的名词和来自梵语的极少数形容词有性的区别。动词有人称和时态的变化。

波斯语

波斯语属于印欧语系、伊朗语族，是一种在伊朗、阿富汗和塔吉克斯坦等国家使用的具有悠久传统的语言。

分布地区：大部分在伊朗，此外还分布于阿富汗、塔吉克斯坦、巴基斯坦、美国、土耳其、伊拉克、沙特、阿联酋、卡塔尔、中亚部分地区和中国新疆的个别地区。由于阿拉伯语是一种与伊斯兰教紧密结合的语言，所以在很多以伊斯兰教为国教的国家或伊斯兰信徒都要使用阿拉伯语。

语言特点：

第一，波斯语用阿拉伯字母拼写。在波斯语中有大量的阿拉伯语借词，而且波斯语字母很多都是在阿拉伯语字母的基础上加以演化而来的，但是波斯语中有 4 个阿拉伯语所不具有的字母及发音。

第二，现代波斯语中，有近 60%的词汇来自属于闪—含语系的阿拉伯语。

库尔德语

库尔德语是库尔德族人使用的语言，使用人数为 2000 万~4000 万，库尔德语属于印欧语系、伊朗语族、西伊朗语支。

分布地区：伊朗、伊拉克、叙利亚、土耳其、黎巴嫩、亚美尼亚等国。

语言特点：库尔德语的语序和波斯语基本相同，是主语—宾语—谓语结构，库尔德语是伊拉克库尔德地区的官方语言；在叙利亚被禁止使用。现在库尔德语使用 3 种不同的书写体系。

第一，在伊朗和伊拉克，库尔德语使用经修改过的阿拉伯字母，并用作伊拉克库尔德人和伊朗库尔德人的书写体系。

第二，在土耳其和叙利亚，库尔德语使用经修改过的拉丁字母（库尔德语字母）。在这些字母中，有几个字母被加入做特别的母音，主要用在土耳其和叙利亚。

第三，在俄罗斯，库尔德语使用经修改过的西里尔（斯拉夫）字母。

汉-藏语系

汉-藏语系分布于我国及其周边地区。在使用人数上，属世界第一，使用人数在 12 亿以上。汉-藏语系是以汉语和藏语为代表的一个有亲属关系的语言群。中国为该语系使用人数最多的国家，中国南方民族多为汉-藏语系民族。一般分为汉语、藏缅语族、苗瑶语族、壮侗语族（或称侗台语族、侗泰语族、台语族等）四个语族。

分布地区：主要分布在中国、泰国、缅甸、不丹、锡金、尼泊尔、印度、孟加拉、越南、老挝、柬埔寨等亚洲各地。

语言特点：很多是孤立语，有声调，单音节词根占多数，有量词，以虚词和语序作为表达语法意义的主要手段。但是，大部分语言学家认为，原始汉藏语的语音和语法和嘉绒语相似，没有明确的声调系统，有复辅音，有复杂的动词形态。

汉语

汉语是我国汉族使用的语言，同时也是我国一些少数民族使用的语言，其使用人数总计在12亿以上，仅少于印欧语系。按语种计，它是日常生活中使用人数最多的语言，其中绝大多数聚居我国国内。

分布地区：中国、泰国、缅甸、不丹、锡金、尼泊尔、印度、孟加拉、越南、老挝、柬埔寨等亚洲各地。

语言特点：

第一，语音方面音节界限分明，乐音较多，加上声调高低变化和语调的抑扬顿挫，因而具有音乐性强的特点。具体表现如下：①没有复辅音在一个音节内，无论是开头或是结尾，都没有两个或三个辅音连在一起的现象。因此，汉语音节的界限分明，音节的结构形式比较整齐。②元音占优势，汉语音节中可以没有辅音，但不能没有元音。一个音节可以只由一个单元音或者一个复元音构成，同时，由复元音构成的音节也比较多，因元音是乐音，所以汉语语音乐音成分比例大。③有声调，每个音节都有一个声调，声调可以使音节和音节之间界限分明，又富于高低升降的变化，于是形成了汉语音乐性强的特殊风格。

第二，词汇方面。①汉语语素以单音节为基本形式，由于汉语的单音语素多，所以由它构成的单音词和双音词也较多，词形较短。同时，汉语中的单音节基本上都是语义的承担者，这些单音节可以作为语素来构成大量单音词，也可以合起来构成合成词。②广泛运用词根复合法构成新词，由于汉语中有意义的单音节语素差不多都能充当词根语素，词缀语素少而且造词能力较弱，因此，汉语中运用复合法组合词根语素构成合成词的情况最多。③双音节词占优势，汉语词汇在发展过程中逐渐趋向双音节化。过去的单音节词有的被双音节代替，如“目——眼睛”“石——石头”。有些多音节短语也被缩减为双音节词，如“外交部长——外长”“彩色电视机——彩电”。新创造的词也多为双音节的，如“弱智”“离休”。现代汉语词汇中的三音节词也有所发展，但双音节词仍然是多数。

第三，语法方面。汉语缺乏形态，即缺乏表示语法意义的词形变化。相比之下，汉语呈现出一系列分析型语言的特点。①语序和虚词是表达语法意义的主要手段，例如“不很好”和“很不好”，因语序不同，所表示的意义也不一样。在“我和弟弟”“我的弟弟”中，“和”表示并列关系，“的”表示偏正关系，由于虚词“和”与“的”的不同，因此表示的语法关系和意义也不相同。②词、短语和句子的结构原则基本一致，无论词素组成词、词组成短语，或是短语组成句子，都有主谓、动宾、补充、偏正、联合五种基本语法结构关系，例如词“地震”，短语“身体健康”，句子“火车开动了”等都是主谓结构。③词类和句法成分不是简单的对应关系，汉语中词类和句子成分的关系比较复杂，同一词类可以充当多种句法成分，词在语法方面呈现出多功能性；反之，同一种句子成分又可以由几类词充当，两者之间又具有一定的灵活性，所以词类和句法成分之间不像印欧语那样有简单的对应关系。④词十分丰富，当语气词、数词和名词结合时，一般都需要在数词的后面加个量词。不同的名词所用的量词也往往不同。如“一个人、一头牛、一张纸、一粒米”等。语气词常出现在句末，表示各种语气的细微差别，如“是他吗?”“是他吧?”“是他呢。”

藏-缅语族

藏-缅语族包括藏语支、缅语支、彝语支和景颇语支。藏语支中有藏语、嘉绒语、门巴语。藏语分布于我国西南的青藏高原；嘉绒语分布于阿坝和甘孜地区；门巴语分布于墨脱、林芝、错那。缅语支主要分布于缅甸，有缅语、克伦语、若开语、钦语、克耶语。在我国云南西南部有载瓦语和阿昌语。彝语支在我国有彝语、哈尼语、傈僳语、拉祜语、纳西语和基诺语。它们分布于云南、四川、贵州、广西。

藏语

藏语属汉-藏语系、藏-缅语族、藏语支。使用总人数约 800 万。

分布地区：分布在中国西藏自治区、四川阿坝藏族羌族自治州和甘孜藏族自治州、甘肃甘南藏族自治州、青海和云南迪庆藏族自治州四个地区。巴基斯坦、印度、尼泊尔、不丹等国也有分布。

语言特点：

第一，语音方面。浊辅音声母趋于清化，局部地区所保留的浊声母都是来源于古复辅音声母中的浊基本辅音；复辅声母趋于简化和消失，只在局部地区保留带前置辅音的二合复辅音；单元音韵母增多，特别是鼻化元音；元音有长短区别，并与声调有互补关系；有鼻化和非鼻化两类真性复元音韵母；辅音韵尾趋于简化，从而引起带辅音韵尾韵母的简化；有较完整而稳定的声调系统，而且数量有增多的趋势。

第二，语法方面。谓语是后置表达系统（即谓语的语法意义由谓语之后的部分表示）；构语和构形的语素之间有丰富的减缩变化；动词只保留简化的屈析变化，而且它已失去独立表达语法意义的功能；动词有丰富的体的范畴；判断动词和存在动词有两种表示不同人称的词汇形式；动词无人称和方位范畴；单一部分表示否定（即在所否定的词的前或后加否定成分表示）；有丰富的助词，而且常常有减缩和独立两种形式；形容词和部分派生名词有构词后缀；有敬语和非敬语的区别。

嘉绒语

嘉绒语是一种非常原始的语言，是汉-藏语系的“活化石”，它保留了原始汉-藏语的一些语音形式（如复杂的复辅音）和构词手段。嘉绒语对了解古汉语的语音和语法有重大的意义，因为语言历史比较有助于构拟上古汉语的语音系统。

分布地区：四川省的甘孜藏族自治州和阿坝藏族羌族自治州。

语言特点：嘉绒语的动词形态相当丰富，除了时态，还表示人称范畴：动词的人称和数与主语/宾语一致。在汉-藏语系里，除了嘉绒语，有许多语言也呈现动词的人称标记，例如景颇语。有的学者甚至怀疑，原始汉-藏语可能有相同的动词人称标记，但是这个标记系统在汉语里有，而在藏语和缅甸语里消失了，只保留在比较原始的语言里。

彝语

彝语属于汉-藏语系、藏-缅语族，彝族文字是一种音节文字，形成于 13 世纪。

分布地区：四川、云南、贵州。

语言特点：

第一，语音方面。塞音、塞擦音、擦音分清浊两套。许多地区的塞音、塞擦音还有带与不带鼻冠音的区别；除少数方言外，元音一般分松紧，但只在某些声调的音节里构成对立，如北部方言只在 33、44 两调的音节里对立；韵母一般由单元音构成，没有塞辅音韵尾，但泰国碧粟彝语有-p、-t、-k 韵尾。云南、贵州部分地区有少数复元音、鼻化韵和鼻尾韵；有 3~5 个声调，调型简单。

第二，语法方面。词序和虚词是表达语法意义的主要手段，基本语序是主语—宾语—谓语；名词、动词、人称代词作定语时，在中心词前；形容词、数量词作修饰语时，在中心词后。有些副词修饰双音节中心词时，在中心词的两个音节之间；量词丰富，有些方言的量词能直接修饰中心词，起后置冠词的作用。如北部方言中量词起不定冠词的作用，东部方言部分地区量词起定冠词的作用；有的方言有标志各种句子成分（包括主语、宾语）的结构助词；一部分动词的自动态和使动态，用辅音清浊交替表示，如威宁彝语 gu55（穿衣）、ku55（使穿）；有些方言以谓语动词、形容词的重叠、变调表示疑问；构词后缀多，前缀少；复合词多，单纯词少。四音格联绵词较丰富。

苗-瑶语族

苗-瑶语族中有苗语与瑶语两个分支。苗语分支在我国有苗语和布努语，分布于云南、贵州、四川、湖南和江西。瑶语分支有瑶语、勉语，分布于广西、海南、湖南、云南、江西。在国外，苗-瑶语族中的一些语言还分布于越南、老挝、泰国和缅甸。

苗语

一般认为苗语属于汉-藏语系、苗-瑶语族。使用人数约600万。

分布地区：江西、四川、云南、贵州等。

语言特点：苗语声母多，韵母少。除黔东方言外，有带鼻冠音的塞音、塞擦音声母，如mp、mph、n埠、n埠h、nt、nth等。只有一个鼻音韵尾，接前元音时读-n，接后元音时读-婴，没有塞音韵尾。有和汉语相同的声调系统。古苗语分平、上、去、入四声。现在除罗泊河次方言外，四声因古声母的清、浊各分化为阴、阳两调，分化以后又有合并现象，例如湘西方言西部土语，阴入并入阴上，阳入并入阳上。语法方面，主语在谓语前，宾语在做谓语的动词后。

布努语

布努语是中国自称“布努”的瑶族使用的语言，属汉-藏语系、苗-瑶语族、苗语支。使用人口约34万，约占中国瑶族人口总数的24%。

分布地区：主要分布在中国广西都安、巴马、凌云、南丹、田东、平果、东兰、凤山等32个县的部分山区，贵州、湖南、云南靠近广西的某些县也有一些使用者。

语言特点：有p、ph、m、v、f、h、t、th、n、l、c、ch、j、k、kh、w等37个单辅音声母。另有14个带鼻冠音的塞音、塞擦音声母：mp、mph、n、nh、nt、nth、nt、nth、h、c、ch、k、kh。还有nzj、nzhj和kw、khw、kw、khw、w、w等8个颚化和唇化声母；送气音声母都只出现在单数调的音节；有i、e、a、o、u、6个单元音韵母和30个复元音韵母；带-i、-u韵尾的和部分带-n、-韵尾的都是固有的韵母；带-i-介音的和带-t、-k韵尾的韵母以及in、on、n、ua都是借词的韵母；有8个基本声调，同汉语平、上、去、入各分阴阳的8个调一致；还有3个声调是由1、2、3调变来的。

勉语

勉语是中国自称“勉”的瑶族使用的语言，属汉-藏语系、苗-瑶语族、瑶语支。

分布地区：中国广西、湖南、云南、广东、贵州、江西等省（区）的90多个县的部分山区。

语言特点：勉语的声母一般比韵母少。塞音和塞擦音声母清浊对立。浊音声母可出现于各个声调。送气音声母一般只出现在单数调。韵母的主要元音多数分长短。有鼻音和塞音韵尾。声调和汉语的平、上、去、入各分阴阳的情况一致，变调与构词有一定的联系。虚词和词序为表达语法意义的主要手段。作修饰语的名词、代词、状词和数量词组在中心词前，形容词一般在中心词后。第一人称代词的复数分包括式和排除式。

壮-侗语族

壮-侗语族中有壮语、傣语、侗语和黎语。壮语分布于广西，是我国除汉语外使用人数最多的语种，使用人数有1 300万。傣语分布于云南西南部，在泰国，为中部泰语（即曼谷语）。侗语分布于贵州、广西、湖南三省（区）交界处。黎语主要分布于海南。

分布地区：壮侗语族分布在中国广西壮族自治区、云南、贵州、广东、海南和湖南南部，也通行于泰国、老挝、缅甸、越南北方和印度东北部的阿萨姆邦，形成东南亚一个很重要的语言群。

语言特点：壮侗语言的语素一般为单音节，其语音结构可以分析为“声母+韵母+声调”3个部分。韵母的元音一般有长短之分，声母一般有清浊铺音的对立，这对声调有一定影响。壮侗语言有相当于汉语平、上、去、入的调类，并各分阴阳；但并非各语言都完整地具有 8 个调类。黎语和壮傣语支保存了古代的复辅音声母，侗水语支没有保存。侗水语支语言中有一系列清化鼻音，侗语、水语中有小舌塞音和舌根塞音的对立。在侗水语支各语言中有很多带喉塞音的浊塞声母和鼻音声母，壮侗语言中有大量的同源词，多音节词多为合成词。

壮语

壮语是中国使用人数较多的语言之一，使用人口 2 000 万以上。属汉-藏语系、壮-侗语族、壮傣语支，与侗语、傣语、布依语等语言有着十分密切的亲缘关系。

分布地区：广西。

语言特点：壮语有 22 个声母，声母的读法在后面加元音 a 或 e。壮语有 78 个韵母。壮语中字母 e 写在 a，o 之后表示元音缩短，写在 i，u，w 之后表示元音增长。aei 简写成 ae。a 的短元音舌位比长元音高，近似［ɐ］。i、u、w 的短元音舌位比长元音低，近似［I］、［ʊ］、［ɤ］；长元音后接韵尾时带有流音［ə］。壮语中入声 30 韵遇到阳入调时把韵尾字母 p，t，k 改写成 b，d，g，所以壮语共有 108 个韵母。武鸣双桥话实际不区分 ae 和 ei，aeu 和 ou。壮语有 9 个声调，其中舒声调有 6 个，入声调有 3 个。壮语中把声调标在音节的最后。浊塞音声母 mb 和 nd 只出现在阴调的音节里。

傣语

傣语是傣族使用的语言，全球有 6 500 万左右的人使用傣语，中国云南有 100 多万傣族人使用傣语。

分布地区：中国云南、缅甸、泰国、印度、越南。

语言特点：傣语分为泰弄方言（中国云南西部及西南部、缅甸北部及西北部、印度东北部），兰纳方言（中国云南南部、缅甸东北部、老挝北部、泰国北部），暹罗方言（泰国中部及南部、老挝南部、柬埔寨西北部），红河流域方言（中国云南东南部、越南西北部）等四大方言。其中，泰弄方言（德宏方言）、兰纳方言（西双版纳方言）是中国境内最主要的两种方言。

侗语

侗语属汉-藏语系、壮-侗语族、侗水语支。使用人口约 140 万。

分布地区：分布在中国贵州省、湖南省、广西壮族自治区交界的 20 多个县。

语言特点：侗语声调为侗族闻名中外的三大文化瑰宝（鼓楼、风雨桥、大歌和声调）之一，其声调之多，演变之大，为世界有声调语言所罕见，是目前为止世界上声调最多的语言。

黎语

黎语是黎族的民族语言，归入侗台语族、黎语支。黎语无古文字传世，非物质的精神文化遗产在海南民间主要以口头流传的方式保存至今。

分布地区：海南岛中、南部地区。

语言特点：标准音有 6 个声调，3 个舒声调（舒 1、舒 2、舒 3 调）、3 个促声调（促 7、舒 8、舒 9 调）。6 个声调可归类为 3 个调值：舒 2 调和促 7 调为 55 高平调；舒 3 调和促 8 调为 11 低平调；舒 1 调和促 9 调为 53 高降调。舒 2 调以-s 后缀标示，两个低平调（舒 3 调和促 8 调）均以-x 后缀标示，促 9 调靠重叠音节的韵尾来标注，而促 7 调和舒 1 调则不添加调号。

闪-含语系

闪-含语系也称为亚非语系，包括阿拉伯语、希伯来语、豪萨语和阿姆哈拉语等主要语言。使用人口近2亿。通常分为以下5个语族：闪米特语族、埃及-科普特语族、柏柏尔语族、库施特语族和乍得语族。

分布地区：北非、西亚。

语言特点：是一种屈折语，辅音除了有清辅音和浊辅音外，还有一种重辅音，是在口腔后部和喉腔形成的。动词有人称前缀，有格和性的区别，但比印欧语系简单，词根基本由辅音组成。

闪米特语族

闪米特语族主要包括阿拉伯语、希伯来语、阿拉米语、马耳他语和阿姆哈拉语等，使用人口近1.3亿。

语言特点：保存有强势塞音q。古代的塞擦音已经消失，代之以咝音s、z和齿间音th、dh表示。阿拉伯语中保留有喉音，原来的6元音系统也已经发生变化。词没有阳性标记，只有阴性标记。南部闪米特语族诸语言名词复数的构成，采用所谓的“中分性复数”。例如：阿拉伯语kalb（狗）、kilāb（许多狗）。用复杂的中加元音系统和加前缀、后缀的方法构成新词。闪米特语族诸语言的典型句法是修饰结构：①支配的名词置于被支配名词之前，前者以简缩的形式出现，后者用所有格。②两个名词并列，名词用复杂格的形式表示，中间用代词连接。阿拉伯语中有不少来自波斯语和突厥语的借词。

阿拉伯语

阿拉伯语即阿拉伯民族的语言，属于闪含语系、闪米特语族，使用阿拉伯字母。以阿拉伯语作为母语的人数超过2.1亿，阿拉伯语为全世界穆斯林的宗教语言。

分布地区：主要分布于中东和北非地区的阿拉伯国家：沙特阿拉伯、也门、阿联酋、阿曼、科威特、巴林、卡塔尔、伊拉克、叙利亚、约旦、黎巴嫩、巴勒斯坦、埃及、苏丹、利比亚、突尼斯、毛里塔尼亚、阿尔及利亚和摩洛哥。

语言特点：阿拉伯文字是一种音位文字，4世纪由闪米特语族西支的音节文字发展而来，自右而左横写。共有28个辅音字母，除其中有3个可兼起元音作用外，无专作元音用的字母，可在字母上方、下方加符号表示，但这些符号通常省略，只在初级启蒙书中和《古兰经》版本中出现。阿拉伯语28个字母发音部位，很有动感，声音响亮。语音的特点：①喉音、顶音和咝音多。②元音有长音和短音的区别。③有叠音。④冠词的不同读法。

柏柏尔语族

柏柏尔语是非洲撒哈拉北部的一种语言，没有统一、标准的柏柏尔语言，倾向于作为有不同方言的柏柏尔语族。主要包括阿拉伯语、希伯来语、阿拉米语、马耳他语和阿姆哈拉语等。柏柏尔诸语言的使用人口800万左右。

分布地区：分布于摩洛哥和阿尔及利亚，在突尼斯、利比亚、埃及、毛里塔尼亚、尼日尔、西撒哈拉和马里的较少柏柏尔族群，法国、比利时、西班牙、美国和加拿大也有分布。

语言特点：

第一，发音变化。保存有强势塞音，古代的塞擦音已经消失，代之以咝音和齿间音表示。阿拉伯语中保留有喉音。原来的6元音系统也已经发生变化。

第二，词没有阳性标记，只有阴性标记。南部闪语族诸语言名词复数的构成，采用所谓的“中分性复数”，如阿拉伯语kalb（狗）、kilāb（许多狗）。

第三，用复杂的中加元音系统和加前缀、后缀的方法构成新词。

第四，闪米特语族诸语言的典型句法是修饰结构：①支配的名词置于被支配名词之前，前者以简缩的形式出现，后者用所有格。②两个名词并列，名词用复杂格的形式表示，中间用代词连接。阿拉伯语中有不少来自波斯语和突厥语的词语。

库施特语族

库施特语族主要语言包括索马里语、盖拉语、锡达莫语、贝贾语等，使用人口 1 500 万左右。

分布地区：索马里、埃塞俄比亚等地。

语言特点：保留大部分强势辅音，闪米特语族诸语言中的齿间音在这里变成塞擦音。只有一部分动词利用前缀（动作者标记）变化表示变位，大部分动词采用新的变位系统。有阳性和阴性，重复词干表示复数，代词系统跟闪米特语族诸语言非常接近。有来自埃塞俄比亚诸语言、阿拉伯语、尼罗—撒哈拉诸语言的许多借词。

乍得语族

乍得语族是闪-含语系之下的语族之一。

分布地区：主要分布于中、西非的尼日利亚北部、尼日尔、乍得、中非共和国及喀麦隆。

语言特点：都是声调语言，声调有区分词义的功能。跟闪-含语系语言的早期阶段相比，乍得诸语言已失去许多音。大部分动词是助动词后接动词性名词。大多数语言的名词都有性，但没有格。有来自英语、阿拉伯语、弗拉尼语、东苏丹诸语言的借词。

豪萨语

豪萨语属于闪-含语系、乍得语族，是非洲最重要的三大语言之一，目前世界上能够使用这种语言的人约有 5 000 万。它不是任何一个国家的官方语言，但它历来是西非地区公认的一种商业交际语。

分布地区：尼日利亚北部、尼日尔南部、乍得湖沿岸、喀麦隆北部、加纳北部以及非洲萨丽那地带的西非其他各国。

语言特点：

第一，豪萨语有 7 个元音，有 30 个辅音，有 4 个声调和长短音，不少词因声调和长短音的变化，引起词义的变化。

第二，语法方面，名词有阴性、阳性及单数、复数的变化。

第三，人和动物取自然性别，一般以-a 结尾的名词属阴性，其余属阳性，有少数例外。除“一”以外，数词及一个星期的天数均为阴性，12 个月份为阳性。

第四，形容词也有阴性、阳性和单数、复数的变化，修饰名词时需和名词的性、数一致。

第五，在名词主语后，必须加该名词的代词主语，时态由代词主语加时态指示词构成。

第六，豪萨语属主谓型结构，句子的基本语序是主语—谓语—宾语。

第七，古豪萨语吸收了大量阿拉伯语借词，特别是宗教、行政、法律、教育等方面的词语。现代豪萨语借用了大量英语借词。

乌拉尔语系

乌拉尔语最早出现于俄罗斯的乌拉尔山西边，其南与库尔干人住地相邻，后来分成北、西、东三支向外扩散。向北一支沿伏尔加河上游进入芬兰，后来成为今天的芬兰语；向西最后扩散到匈牙利，成为今天的匈牙利语；向东进人西伯利亚，成为今天的位于乌拉尔山北端与鄂毕河下游的科米语和汉蒂语。

分布地区：欧亚大陆广大地区。

语言特点：

第一，语音结构很不相同，芬兰语的辅音少，已失去颚化齿龈音。匈牙利语辅音多，有清、浊的区别。芬兰语有 8 个元音，匈牙利语也有类似的元音系统。元音有长短之分，如芬兰语的 tulen（火的），tuulen（风的）；tuleen（火中），tuuleen（风中）。

第二，有些语言有元音和谐现象，一般出现在一个词中。芬兰语、爱沙尼亚语和拉普语都有辅音交替现象。大多数芬兰—乌戈尔语词的重音落在第一个音节上。

芬兰语

芬兰语是芬兰大部分（92%）国民的语言，也被境外芬兰裔侨民所用。它是芬兰的两种官方语言之一，也是瑞典的一种法定少数族裔语言。

分布地区：芬兰、瑞典、挪威、爱沙尼亚和俄罗斯，还有部分在美国的移民作为日常用语，主要聚居在密执安州。

语言特点：

第一，基本规则是在词根的基础上加词尾。例如词根 auto（汽车），通过在其后加词尾-i（“复数”的标志），-ssa（内格词尾），-si（属格词尾）和-kin（也，品词），可以构成“车的复数”autoi，“在车里”autossa，“你的汽车”autosi，和“汽车也”autokin。

第二，芬兰语的动词形式也是以同样的方法构成的，比如动词词根 sano（说），通过加词尾-n 表示主语为第一人称，-i 表示过去时，-han 表强调语气。虽然说词根上加词尾是许多欧洲语言的特点，芬兰语在下述两个方面与大多数其他语言都不相同：①一般来说，芬兰语比其他欧洲语言具有更多的格词尾（case ending）。格词尾一般相当于其他语言的前置词或后置词。如后缀-ssa，一般相当于英语中的前置介词“in”。芬兰语约有 14 种格，而英语则只有一个所有格。②在芬兰语中用格的地方，印欧语言则往往用一个单独的词来表示。例如芬兰语的属格后缀相当于英语的物主代词。芬兰语的一组特殊的词尾是小品词，它们总是位于其他所有词尾之后。很不容易说清楚它们确切表达什么含义，但它们具有很强的作用。例如表示强调语气、疑问语气和“也”的意思。芬兰语还有一个与大多数印欧语言不同之处（但这一点与印欧语系的英语相同），就是没有“（阴/阳）性”的范畴。如德语的“der-die-das”，法语中的“le-la”。芬兰语也没有冠词。冠词的语义在芬兰语中往往通过词序来表达。芬兰语的形容词作为定语时，必须与中心词在数与格上处于一致，具有相应词缀。

匈牙利语

匈牙利语也称马扎尔语，属于芬兰—乌戈尔语族、乌戈尔语支。匈牙利人迁居后，就从操乌戈尔语族的大家庭中单独分离出来。

分布地区：主要分布在匈牙利，其余分散在罗马尼亚、斯洛伐克、塞尔维亚、乌克兰、奥地利等国。

语言特点：

第一，匈牙利语的基本语调、语法和绝大多数词根都是在乌戈尔语的基础上发展起来的。乌戈尔语中有多种元音，长短分明，其辅音系也很发达，能够避免辅音群集和重叠。每个单词的重音固定在第一个音节上，容易掌握其规律。语调的起伏均匀，变化不大，乌戈尔语的这一特性决定了其运用灵活的特点。用匈牙利语创作的诗歌，韵律优美，简洁明快，同希腊语和拉丁语的诗歌一样优美动人，匈牙利语被认为是世界上最生动、最美妙的语言之一。

第二，语音的明显特点是元音和谐现象。元音按发音部位的不同分 3 类：后元音、前圆唇元音和前展唇元音，后元音和前圆唇元音一般不同时出现在同一个词中；辅音丛很简单，而且很少出现在词首。单词重音落在第一个音节上。

第三，匈牙利语属黏着型语言。语法范畴通常用加后缀的方法表示；名词有数和格的变化，无性的变化；形容词和数词作修饰语时无须跟被修饰语一致。匈牙利语的日期按年、月、日次序，姓名是先姓后名，与汉语相同。匈牙利语中没有前置词，表示从属关系由格的形式来体现。这两个明显特点反映了匈牙利语具简明、概括力强的特点。词汇中有来自突厥语族、高加索语系以及罗曼语族、斯拉夫语族的借词，现代有来自西欧语言，特别是德语的不少借词。匈牙利语文字采用经过修改的拉丁字母，并使用一些变音符号，如加符号表示长元音等。

阿尔泰语系

阿尔泰语系主要由各个时期的入侵者带来的语言和当地语言互相融合形成，包括 60 多种语言，使用该语系语言的人口约为 2.5 亿，主要集中于西起土耳其，经过中亚五国，直达蒙古和中国，东迄太平洋的广大地区的中亚及其邻近地区，以及包括伊朗、阿富汗及东欧一些国家。阿尔泰语系包括突厥、蒙古、通古斯 3 个语族。

分布地区：中国、土耳其、蒙古、俄罗斯、哈萨克斯坦、土库曼斯坦、吉尔吉斯斯坦、阿塞拜疆、乌兹别克斯坦。

语言特点：具有元音和谐现象；使用后加成分为词的派生和词型变化的主要手段，黏合多个附加成分以表示多重语法意义；名词和代词有数、格等语法范畴，动词有态、时、式等语法范畴；动词在宾语、主语之后，定语在被修饰词之前；东亚及北亚地区该语系受汉藏语系中的汉语影响明显。

突厥语族

突厥语族是阿尔泰语系中最大的一个语族，可以细分为 40 多个语种，以土耳其语和乌兹别克语的使用者最多，使用范围最广。该语族内各语种之间在语音、语法、词汇等方面都呈现出非常相似的特点，所以他们大都可以在不用翻译的情况下互相沟通。

分布地区：突厥语族的语言分布在西起巴尔干半岛，东至西伯利亚东部的勒纳河，南临阿拉伯半岛，北至亚洲大陆北端的新西伯利亚群岛这一广大地区。主要分布在中亚、土耳其、伊朗、阿富汗、伊拉克、塞浦路斯、南斯拉夫、保加利亚、罗马尼亚、蒙古人民共和国及地中海沿岸一些国家。

语言特点：

第一，语音方面。有元音和谐律；9 世纪以前，突厥语固有词，词首甚少出现浊辅音 r、l、n、m；词首、词尾都不出现相连的两个辅音；词的重音一般位于末音节。

第二，语法方面。具有黏着语的形态特征，构形及构词是在词根或词干后面加表示某种意义的后缀来实现。句子的基本语序是主语—宾语—谓语。

维吾尔族语

维吾尔族语是维吾尔族的语言，简称维语，属阿尔泰语系、突厥语族。

分布地区：中国新疆维吾尔自治区。

语言特点：维吾尔族语共有 32 个字母，其中有 8 个元音，24 个辅音。

第一，存在元音和谐律。舌位和谐比较严整，唇状和谐比较松弛。

第二，有元音弱化现象。

第三，构词和构形附加成分很丰富。

第四，名词有数、从属人称、格等语法范畴。

第五，动词有态、肯定、否定、语气、时、人称、数、形动词、动名词、副动词等语法范畴。表示各种情态的动词很发达。

第六，词组和句子有严格的词序：主语在谓语之前，限定语在中心词之前。

第七，词汇中除有突厥语族诸语言的共同词外，还有相当数量的汉语、阿拉伯语、波斯语和俄语的借词。

蒙古语族

蒙古语族是指以蒙古族使用的蒙古语为代表的语言，属于阿尔泰语系的三大语言族群之一。

分布地区：中国、蒙古、俄罗斯联邦、阿富汗等地。

语言特点：

第一，蒙古语族语言来自原始的共同蒙古语。从词源上说，各种语言的大部分常用词是共同的，其语音形式的不同有对应规律可循。语法黏附成分和构词附加成分也有许多是同一来源。

第二，蒙古语族各语种结构上具有一致性，都存在元音和谐律。元音总数互相参差，但元音系统的面貌仍然彼此相似。辅音的一致性表现在塞音、塞擦音按清浊和送气与否来分，都只有两套。

第三，在构词和语法上都运用 3 种后置的手段：①派生词的构词附加成分居于词根之后。②表示形态变化的语法黏附成分居于词干之后。③表示词与词的关系（在格以外使用）的虚词不用前置词而用后置词。

蒙古语

蒙古语是古老的民族语言之一，属于阿尔泰语系、蒙古语族。

分布地区：中国（内蒙古、新疆、青海、甘肃、辽宁、吉林、黑龙江等省区）、蒙古、俄罗斯等。

语言特点：

第一，在语音方面有严格的元音和谐律，即按照元音舌位前后或圆唇不圆唇进行和谐，如在一个词里，要么都是后元音（阳性元音），要么都是中元音（阴性元音）。但是前元音（中性元音）与后元音或中元音均可出现在同一个词里。

第二，在形态学方面以词根或词干为基础，后接附加成分派生新词和进行词形变化；名词、代词、形容词、数词、副词、后置词和形动词，都有人称、数或格的语法范畴；动词都有时、体、态、式等语法范畴。

第三，在结构学方面，句子中的语序都有一定的规律。通常主语在前，谓语在后，修饰语在被修饰语之前，谓语在宾语之后。

尼日利亚-刚果语系

尼日利亚-刚果语系可以分为五个亚语族[①]。①大西洋语族。它包括塞内加尔的沃洛夫语，几内亚、塞内加尔和马里的富拉尼语，马里、几内亚的曼丁戈语，马里、尼日尔的桑海语。②沃尔特亚语族。它主要是布基纳法索的莫西语。③几内亚亚语族。包括范围：西起利比亚东到尼日利亚的几内亚湾一带。西部以阿肯语为主，东部以约鲁巴语为主。④豪萨亚语族。主要是豪萨语，分布于尼日利亚北部及其附近地区。⑤班图亚语族。其所包括的语言有尼日利亚东部的蒂夫语，喀麦隆和加蓬的芳语，刚果的刚果语，林加拉语、卢巴语，安哥拉的姆本杜语，坦桑尼亚和肯尼亚的斯瓦西里语，赞比亚的本巴语，津巴布韦的绍纳语，莫桑比克的马库阿语，南非的祖鲁语。

科依桑语系

科依桑语系，分布于非洲西南部，它包括布什曼语（分布在纳米比亚、博茨瓦纳与南非交界处的卡拉哈里沙漠地带）、霍屯督语（分布在纳米比亚沿海的纳米布沙漠地带）。它是非洲最古老的语言，原来分布范围较广，后逐渐收缩。

---

① 赵荣，王恩涌，张小林，等. 人文地理学［M］. 2 版. 北京：高等教育出版社，2006.

尼罗-撒哈拉语系

尼罗-撒哈拉语系位于闪-哈语系和非洲语言之间。它包括苏丹南部、乌干达北部、肯尼亚西部的努比亚语和丁卡语，肯尼亚南部的马赛语，中非北部的桑戈语，尼日利亚东北的卡努里语①。

马来-波利尼西亚语系

马来-波利尼西亚语系也叫南岛语系，是世界上唯一主要分布在岛屿上的一个语系，包括1 200种以上的语言②。该语系分布极为广泛，西起印度洋西边的马达加斯加岛，东到太平洋东边的复活节岛，中间包括印度洋和太平洋上的岛屿及有关地区。包括高山语、马来语、印度尼西亚语、爪哇语。

高山语

高山语又称为台湾南岛语言或台湾原住民语言，在语言分类上是属于南岛语系、台湾南岛语族，一共有23种语言，可以再细分成“泰雅语群”“排湾语群”和“邹语群”等3个语群。使用人口约17万。

马来语

马来语在语言分类上是属于南岛语系、马来-波利尼西亚语族，主要被使用于马来西亚以及马来西亚周边的邻国，比如泰国、新加坡、文莱、菲律宾以及印尼苏门答腊岛的部分地区等。

印度尼西亚语

印度尼西亚语是以廖内方言为基础的一种马来语，是印度尼西亚的官方语言。全世界约有1 700万~3 000万人将印度尼西亚语作为他们的母语，还有大约1.4亿人将印度尼西亚语作为第二语言，能较熟练地读和说印度尼西亚语。

爪哇语

爪哇语是印度尼西亚人数最多的民族——爪哇族使用的语言。属南岛语系、印度尼西亚语族。分布于爪哇岛中部、东部以及印度尼西亚西部部分沿海地区，使用人口约6 000万。古代爪哇语深受梵语的影响。伊斯兰教传入印度之后，使用阿拉伯字母。爪哇语有6个元音，20个辅音。重音落在单词的倒数第二个音节上。爪哇语是分析型语言，句法关系由功能词和词序表示。句子的基本结构是主语—谓语—宾语。定语一般在名词之后，状语在动词之后。有大量马来语、梵语、阿拉伯语、汉语、葡萄牙语、荷兰语及英语借词。

日语

日语，也称日本语，是一种主要为日本列岛上大和民族所使用的语言，以关东音为其标准音，归属语系未定。使用日语的人口超过1亿。

---

①~②赵荣，王恩涌，张小林，等. 人文地理学［M］. 2版. 北京：高等教育出版社，2006.

语言特征：

第一，日语极富变化。书面语和口语有别，还有简体、礼体（现归类于敬体）和敬体、礼貌（现归类到郑重）和郑重、男与女、老与少的区别，不同行业和职务的人说话也不同。日语的敬语发达，它使得公共场合下的日语非常典雅。

第二，日语通常把汉字和平假名混合书写，外来词和某些其他的词（如动植物名称）用片假名书写。日语的发音主要体系为：训令式（官方体系，被认为是最完备的）、黑本式（对于以英语为母语的人更容易应用）。

第三，受外来语言影响较大。日语受汉语的影响很大，日语中的全部汉字约有几万之多，常用的也有几千个。每个汉字一般都有两种读法：音读（模仿汉字读音，根据来源地不同分为“汉音”“吴音”和“唐音”）、训读（按照日本固有语言的读法）。此外，还用英语和其他欧洲语言借来一些词汇。

第四，日本利用汉字创造自己的文字，因这些文字假借汉字字形，称为“假名”，可见，它是以汉字为基础创造的表音文字。根据假名的书写方法不同，取自汉字楷书偏旁的称为“片假名”，从汉字草书演变来的称为“平假名”，两者一一对应，读音相同或相似，但写法不同。一般书写和印刷采用平假名，片假名则用来表示外来语和特殊词汇。第五，典型的日语句式结构一般是主语-宾语-谓语。

朝鲜语

朝鲜语和韩语是同一门语言，是朝鲜民族的语言，朝鲜半岛的朝鲜和韩国以其为母语，占到全世界使用者的90%，但其归属语系未定。

语言特征：

第一，朝鲜文和汉语关系密切。历史上，朝鲜半岛长期使用汉语，15世纪中叶，国王李祹（世宗）以汉字为基础创制了朝鲜文字，亦即全新的拼音文字——朝鲜文（称为训民正音）。第二次世界大战后，朝鲜废除朝鲜文中的汉字采用朝鲜拼音文字；韩国也逐渐采用朝鲜拼音文字，朝鲜文字有自己的书写规则。

第二，朝鲜语和韩语的惯用表达方式不同，但字母排列顺序、子音字母数目上完全相同，但是由于语言环境不同，现在的韩语比朝鲜语的外来词汇特别是英语、日语词汇要多些，朝鲜语则保存了更多的原有古语。在朝鲜和韩国内部也有相应的方言。

第三，训民正音创制了28个基础字母：元音和辅音，现缩减为24个。文字组字时以音节为单位，一个音节组一个字，遵循“从左到右、自上而下”的规则组字。

第四，朝鲜语是一种无声调但音韵多变的语言，最常见的音韵变化有连读、鼻音化、有气音化和颚音化四类。

第五，朝鲜语的词汇可分为五组九类词：体语（名词、代名词和数词）、修饰语（包括冠词与副词）、独立语（感叹词）、关系语（助词）、谓语（动词和形容词）。

第六，朝鲜语是黏着语言，主要依靠词尾的变化来表现其文法关系，是表现力很丰富的语言，文法结构为：主语-宾语-谓语。

越南语

越南语，是越南的官方语言，以河内腔（北方方言）为标准，其归属语系存在争论。主要分布在越南沿海平原越族（也称京族）聚居地区，中国广西东兴市沿海京族聚居地区也使用，使用人口有9000多万。

语言特征：

第一，文字以拉丁字母为基础。越南文字经历了汉越词、喃字（本民族发明的文字）、国语字。

国语字在法国殖民时期极力推广，后被越南国民接受采用。

第二，语音包括单元音 11 个，辅音 25 个，构成 162 韵。元音字母通过上加或下添符号来表达声调种类，国语字用了 5 个符号表达 6 个声调。各音节之间界限分明，声调起区别词义的作用。

第三，越南语是一种孤立语，动词无变化，词没有文法上的性别和数的形式及格的变化，形容词不需要跟被修饰的名词保持文法上的性、数、格上的一致。其文句结构为：主语-谓语-宾语。

汉语方言

汉语有 7 个方言区：①北方方言区。②吴方言区。③闽方言区。④粤方言区。⑤客家方言区。⑥湘方言区。⑦赣方言区。汉语方言的地理分布特征是北方比较统一，南方比较繁杂。7 个汉语方言区有 6 个分布在东南一隅，这 6 种方言之间难以互通。

汉语方言南繁北齐的态势，有深远的历史和社会背景。北方方言区内自然灾害和战乱较多，人口流动的频率较高、规模较大，使语言的统一性逐步增加。北方是政治中心所在地，也加速了语言的统一。东南一带战事和自然灾害较少，加上丘陵起伏、地形破碎，人们在鱼米之乡的三角洲、盆地、河谷平原长期沉淀下来，容易产生语言分歧。

对汉语方言本身以及对方言使用者的研究水平的高低往往是评价一个刑事侦查员是否优秀的重要标准。无论刑事侦查员是否具备认知各类方言的天赋，对方言及其使用者的认知敏感度无疑会影响该侦查员隐性知识的积累。

我国少数民族语言

我国少数民族的语言十分复杂，共有 5 个语系（表 2-1）。由于地理分布的阻隔，有些少数民族使用两种或三种语言。目前已经确认的少数民族语种在 30 种以上。有些使用同一个语种的少数民族，也存在不少方言，方言间的差异可以达到难以通话的程度。少数民族在族内除了可以用民族语言交际外，还能用汉语和其他民族语言进行族际交流。

表 2-1　中国少数民族语系和语族（1998）

语系语族	人数（万人）	比重（%）	主要语言
汉-藏语系	4 114	72.2	
壮-侗语族	1 977	34.7	壮语、布依语、侗语、傣语、黎语、水语
藏-缅语族	1 516	26.6	彝语、藏语、哈尼语、白语、拉祜语、纳西语、土家话、羌语
苗-瑶语族	621	10.9	苗语、勉语、布努语
阿尔泰语系	1 499	26.3	
突厥语族	866	15.2	维吾尔语、哈萨克语、柯尔克孜语、撒拉语
蒙古语族	416	7.3	蒙古语、东乡语、达斡尔语、土族语
朝鲜语族	211	3.7	朝鲜语
满-通古斯语族	6	0.1	锡伯语、鄂温克语
南亚语系	47	0.8	
孟-高棉语族	47	0.8	佤语、德昂语、布朗语

续表

语系语族	人数（万人）	比重（%）	主要语言
南岛语系	34	0.6	
印度尼西亚语族	34	0.6	高山语
印欧语系	6	0.1	
塔吉克语族	6	0.1	塔吉克语
俄罗斯语族			俄罗斯语
合计	5 700	100.0	

官话方言

官话方言，亦即北方方言，是以北京话为基础的我国北方部分语言的统称，即广义的北方话（晋语等除外）。在汉语各大方言中，官话方言有它突出的地位和影响力。以洛阳为中心的北方话通行地区一直是中国政治的心脏地带，因而有“官话”之称。官话又分为：东北官话、北京官话、冀鲁官话、胶辽官话、中原官话、兰银官话、江淮官话、西南官话等。

分布地区：官话方言通行于长江以北各地汉族地区（除山西）；长江下游镇江（除丹阳、丹徒）、南京北部及皖南部分沿江地带；湖北除东南角以外的全部地区；广西北部和湖南西北角地区；云南、四川、贵州三地少数民族区域以外的全部汉族地区。在非官话方言区还有由于历史原因而形成的官话方言岛，如海南三亚市、儋州的“军话”，福建南平城关的“土官话”、长乐洋屿的“京都话”等。使用人口7亿以上。

语音方面的特征：

第一，塞音和塞擦音声母大都有清声送气与清声不送气之分，而没有清声与浊声的对立，反映出清声母多而浊声母少的特点。古全浊声母字在现代官话方言各支系中几乎都念为清声母字，很少有例外。一般古全浊平声念送气清声母，古全浊仄声念不送气清声母。

第二，韵母方面最突出的特点是辅音韵尾比较少。

第三，声调方面最突出的特点是调类的数目比较少。除江淮官话、西南官话岷江小片、华北官话中河南黄河以北地区、西北官话中山西南端和陕西的陕北及内蒙古西部部分地区有入声调外，其余各地官话大都没有入声调。整个官话方言区的声调以4~5个为最多，尤以4个声调最普遍，少于4个或多于5个的都比较少。古四声中，平、上、去三声在各地官话中的分化、发展情况大体相似，即：古平声清声母字各官话大都念为阴平，如包、周、基、夫、甘、尊、当、江、光等；古平声浊声母字各地官话大都念为阳平，如爬、徒、锄、奇、条、林、沉、群、同、红等；古上声清声母字和次浊声母字各地官话大都念为上声，如补、早、胆、粉、党、井、榜、选、暖、染、老等；古上声全浊声母字和古去声字，各地官话多念去声，如古上声全浊声母字部、父、道、愤、荡和古去声字过、怕、步、带、共、耀等。

大致说来，华北官话跟北京话一样，入声消失后入声调的字分派平、上、去各声，即所谓“入派三声”：全浊声母入声字归阳平，次浊声母入声字归去声，清声母入声字分派到阴平、阳平、上声、去声各调中去。少数地方（如济南、大连）与北京略有不同：古入声清声母字或全归阴平（如济南），或全归上声（如大连）。西北官话没有入声的地方，古入声调字的分派有两种情况：或是古全浊声母入声字归阳平，其余归阴平，如西安；或是古全浊声母入声字归阳平，其余归去声，如兰州。西南官话（除灌赤片外）古入声字的分派最为划一：只要是古入声字，不论声母是什么，一律念阳平调，几乎没有例外。

词汇方面的特征：官话方言的词汇和现代汉民族共同语普通话的词汇大同小异。官话方言中通行范围比较广的语词，大都已进入共同语，作为基本词汇，没能为共同语吸收的官话方言词，大都只流行于某一个官话方言片或方言小片，南北各地官话在词汇上的差异，比官话和其他各大方言之间的差异小。但官话方言通行范围如此辽阔，有的地方也有与众不同的方言词语。例如，北京土话“二乎”意为“犹疑”，“咋呼”意为“嚣张”，“冲道”意为“敢做敢说”；天津话“广”意为“打”，“老公”意为“乌鸦”，“罢了”意为“了不起”；西安话“瞎了”意为“浪费”、“糟踏”；山东聊城话“毁”意为“打”；河南洛阳话“连连儿”意为“赶快”；新乡话用“乱”表示“住”，用“红”表示“卖力气”；成都、昆明等地“聊天”说成“摆龙门阵”；武汉、重庆等地“倒霉”说成“背时”，“可怜”说成“造孽”；……如此等等，都各具一格。“太阳”一词在官话方言区有各种不同的称呼：北京、保定称“老爷儿”（北京也称“太阳”）；沈阳、西安称“日头”；太原、呼和浩特称“阳婆”；合肥称“热头”；成都、武汉、昆明称“太阳”；光是河北一省，对“太阳”的称呼就有“老爷儿、爷爷儿、爷爷、日头、日头爷、日头影儿、阳婆儿、阳婆、前天爷、佛爷儿”等，可见词汇上的分歧，即使是在官话方言内部，仍然不容忽视。

官话方言的词汇跟其他方言比较，还显示出以下一些特色：

第一，双音节词特别占优势。双音节词在汉语中是整个词汇里占比重最大的一部分，在官话方言中表现得尤为突出，如许多在官话方言中加“子”而成为双音节词的，在其他方言中往往是没有“子”的单音节词，如“稻子”在南方方言或叫“稻”（吴方言、闽方言），或叫“禾”（客家方言、湘方言、赣方言、粤方言）；“谷子”在南方方言或叫“谷”（吴、湘、赣、客家、粤等方言），或叫“粟”（闽方言）；“相片”一词官话方言区各地大都叫“相片”或“相片儿”，而南方各方言，除客、赣方言仍用双音节“相片”外，吴方言、粤方言、闽方言都是单音节词，或叫“照”（吴方言苏州话），或叫“相”（粤方言、闽方言）。

第二，古代语词保留得比较少。尽管每个汉语方言都继承了不少古代汉语的语词，但是相对而言，官话方言区各地方言保留古语词的现象比较少。例如“眼睛”一词，官话方言区各地大都说“眼睛”，而闽方言至今仍叫“目”，粤方言仍叫“眼”，保留了古代汉语对这一人体器官的名称；又如“站立”一词，除官话方言区及湘方言外，吴方言叫“立”，闽、粤、客家、赣等方言叫“企”，都沿用了古代汉语的说法；此外，还有一批极常见的生活用词，南方各方言保留了古代的说法，而官话方言则采用了跟现代汉语普通话一致的说法。如“看”是官话方言普遍通用的；而粤方言、闽方言（部分地区）却用古代的语词“睇”。

第三，外来借词比较少。和南方诸方言比较，官话方言中外来的借词比较少。第四，语气词比较少，用法比较概括。和南方各方言比较，官话方言的语气词比较少，用法更加概括，分工不那么细。例如常见的语气词“呢、吗、啊”之类，官话方言跟共同语是一致的，而南方的吴、粤等方言的语气词则丰富得多。

语法方面的特征：

第一，构词方面，修饰性的词素一般在前。如，各地官话大都是“公鸡”“母鸡”“客人”“拖鞋”等说法；南方某些方言把修饰性的词素加在后面，如“鸡公”“人客”“鞋拖”（闽方言）之类，西南官话偶有“鸡公”“鸡母”一类说法。

第二，运用语音内部屈折变化表现语法意义的现象比较少。除个别地方外，官话方言很少有语法学上所谓的“构形法”，即“狭义形态”的东西，和粤方言、闽方言不同。

第三，结构助词“的、地、得”的运用。官话方言中不少地方有结构助词“的、地、得”，用途各不相同，而北方官话用得最普遍，已进入共同语的语法体系中。而南方各大方言中，却很少见。

第四，重叠式的运用范围相当广。官话方言的重叠式内容相当丰富，使用范围相当广泛。例如亲属称呼，南方闽、粤、客家、吴等方言一般都不用重叠式，多用单音节词素前加“阿”来称呼，如

"阿爸""阿弟""阿嫂"之类。而在官话方言中，则普遍用重叠音节的方式来称呼人，如"哥哥""舅舅""爸爸""嫂嫂""叔叔"之类。又如某些常用的名词，在南方各方言中是不能重叠的，在官话方言中却以重叠的形式出现，如"星星"一词。在西南官话、西北官话中，重叠表示附加的小义。如成都话"盘盘"意为"盘儿"，"眼眼"意为"眼儿"。"豆豆"意为"豆儿"，西安话"帽帽"意为"帽儿"。西北官话有的地方量词和指示词也可以重叠，如西安话度量词重叠表示计量方式："这米不卖升升"（不按升卖）；指示词重叠表示所指的具体位置："你的站在这这等着"（你们站在这儿等着），这些重叠的用法在南方各大方言中都是没有的。

第五，量词的使用比较广泛。官话方言中最常用的量词"个"用途很广，可以用在许多事物上面，虚的实的，都能和"个"配搭。称人一般在官话方言中用"个"和"位"（尊称），而在其他各大方言中，却用各种不同的量词，并往往在量词的选用中体现出一定的感情色彩和修辞风格。

第六，官话方言中一个句子里可出现两个"了"字，前者表示动作、行为的完成，后者作为句末的语气词。如："他吃了饭了"。

第七，表示被动的介词比较多。在被动句里，表被动的词在官话方言中除了用"被"以外，还可以用"给"（他给人骂了）、"受"（小张受人欺负）、"让"（老鼠让猫逮住了）、"叫（教）"（我今天叫雨淋了一场）等。

第八，官话方言疑问句有两类不同的格式。一类是北方官话用的，跟共同语一样，有"是什么?""好吗?""是不是?"等句式；另一类是西北官话、西南官话（云南、贵州）及江淮官话用的，跟共同语不一样，有"ke（果）是?（或'可是?'）""ke（果）好?""是不?"等句式。

东北官话

东北官话，属于汉语方言，是官话方言的分支之一，说话腔调接近近现代汉语普通话。

地区分布：分布于黑龙江、吉林全境，辽宁大部分地区，内蒙古的东部，河北东北部，约170多个市县旗，使用人口约1.2亿。

东北官话可分为辽沈片（主要分布为辽河以东、辽东半岛以北及长白山腹地大部分地区），以沈阳话为代表；松辽片（主要分布为松辽平原大部分地区），以哈尔滨话、长春话为代表；松锦片（辽河以西的东北地区），以锦州话为代表。

语言特征：首先，东北官话具有官话方言的共同特征：

第一，古微母字今不读双唇音声母 m-；第二，古日母字今不读鼻音声母 ȵ- 或 n- 等；第三，古浊上字一分为二，次浊上字随清上字走，全浊上字随去声字走；第四，无 -m 尾韵。同时，它也具有自己独特的特征：第一，腔调方面，古入声的清音声母字今分归阴平、阳平、上声和去声，且并无明显规律，这点与北京官话类似。但东北官话里的古清音入声字转为上声的比北京官话多，阴平的调值音比北京官话低。东北官话阴平调是33，普通话则是55，使得听起来调值很低。

第二，词汇方面，东北官话有不少区别于其他方言的独有方言词，一些来自满语、蒙古语、黑龙江一带的也有一些来自俄语的借词。来自满语的借词主要有嘎拉哈（ha四声，动物的膝盖骨）、哈拉巴（halba，肩胛骨）、拉忽（lahu，马虎）、咋呼（zahu，聒噪）、秃噜（tūlu，食言）等；源自蒙语的借词主要有呼啦，盖（贼）；源自俄语的借词主要有列巴（俄式面包）、布拉吉（裙子）、马神（机器）、魏德罗（桶）、哈拉少（shao四声，好）、笆篱子（警察局，转义为监狱）等。

第三，东北官话具有一定的艺术特点：①生动形象性。由静态的语言转化为动态的语言，将抽象的语言转化为形象生动的语言。将人们编排没有根据的谎言，方言称作"扒瞎"，"扒瞎"来自于农村秋收劳动扒苞米，扒出来没长粒儿的空棒子，称"瞎苞米"，用"扒瞎"来指责并替代扯谎，不仅生动准确，而且带有很浓的感情色彩。②东北方言有着巨大丰富性。如喝酒，不说喝，说"搬""整""扪""倒""抿"等。"感情深，一口扪；感情浅，舔一舔"。在酒桌上，猜拳行令，最显性格。属"打""揍""闹""搞""抓""整"等内涵最丰富。常见的"这嘎达""那嘎达"。③幽默感。东北人的语言中饱藏着“苦中作乐”的调侃、幽默、滑稽的歇后语、俏皮嗑、疙瘩话，经过游戏化、诗化处理。所以，二人转文学里，宁用古语，不用官话，宁用土语，不用僵硬的概念话。感情最浓的是乡土乡音，一经二人转艺人嘴里说出来，就感到幽默、滑稽（感情“贼”重）的东北方言。

北京官话

北京官话又称华北官话，是官话方言的分支之一，准确说是热河地区的方言，以北京音系为代表。北京官话在清代中后期逐渐取代南京官话成为中国的标准语，又称为“国语”或“普通话”。

地区分布：主要分布于北京市，河北的承德市、廊坊市、涿州市，内蒙古的赤峰市，辽宁的朝阳市、葫芦岛市建昌县、阜新市部分地区，可分为京师片、怀承片、朝峰片、石克片四片。使用人口约 1500 万。

京师片：分布在北京市中心城区、怀柔区中部和南部、昌平区、房山区、石景山区、门头沟区、顺义区、大兴区、通州区、固安县、涿州市。

怀承片：分布在北京市密云区、怀柔区北部山区、天津市武清区、承德市区、鹰手营子矿区、承德县、滦平县、兴隆县、丰宁县、宽城县、隆化县、廊坊市区、三河市、香河县、大厂县。

朝峰片：分布在朝阳市区、凌源市、朝阳县、建平县、喀喇沁左翼蒙古族自治县、赤峰市区、宁城县东部、林西县、喀喇沁旗、敖汉旗、翁牛特旗、克什克腾旗、巴林左旗、巴林右旗、阿鲁科尔沁旗、阜新市阜新蒙古族自治县西部部分乡镇、葫芦岛市建昌县、承德市围场满族蒙古族自治县、平泉县。

石克片：分布在库尔勒市、石河子市、克拉玛依市、温泉县、托里县、和布克赛尔蒙古族自治县、富蕴县、吉木乃县、福海县、布尔津县、哈巴河县。

语音特征：

第一，北京话中存在丰富的方言词，一如其他汉语方言，但这些方言词不被视为标准普通话中可接受的词汇而在非北京地区广泛使用。有些北京话的方言词很容易理解，如“打这儿”（从这里起）、“放话”（公布消息）、“末了儿”（最后）；有些则不易理解，如“白斋”（吃喝不付钱）、“跌份”（丢面子，尴尬的）、“棒槌”（门外汉）和“发小儿”（从小一起长大的朋友）。一个较极端的例子是，北京话中“吃、餐、啃、开、捋、填补”六个词，实际表示的都是“吃”的意思。

第二，北京话在会话中用词更为简练。

第三，北京话中存在广泛的吞音等语流音变的现象（原文称“音节聚变”）。如“不知道”/pu tʂʅ taʊ/在北京话中变为 /pʅ taʊ/，一些韵母的实际发音（尤其是在快速的语流中）与普通话有别。

第四，北京话的语速比普通话更快，并且讲话含混不清的情景更多。

第五，北京话者说话的音域高于说普通话的人的音域，阴平、阳平调更高，上声的折调更加明显，去声的降调也更加强烈，但是这并不会造成沟通上的障碍，只是北京话的一个明显的特点。

第六，北京话中存在一些不被普通话承认的字音异读。例如：“和”作“与、及”一意时，北京话亦读 /xan/，但此音普通话基本不用。

语言特点：北京话的儿化音现象比普通话强得多，语言绵软，而且还有相当一批地方性词汇，老北京居民中保留更多，称为“胡同儿的话”。主要用来表达：①表示细小、喜爱、亲昵的语义色彩。如“老伴儿”。②表示灵巧、俏皮、诙谐等语义特征。如北京儿歌中，“小小子儿，坐门墩儿”，小孩的顽皮在儿话音中有了充分体现。③带有轻蔑、鄙视、厌恶等感情色彩。如“老炮儿”。④表示幽默、随意、亲切等风格特点。常把熟人的人名儿化后表示亲切，如家里排行老三的称为“三儿”，对生人为表尊敬不儿化。⑤暗示虚化、抽象化的称呼。如“头儿”指的是领导。北京话中的儿化音比较复杂，有些必须加，有些又必须不能加，而且要加对地方。

冀鲁官话

冀鲁官话，是汉语官话方言的分支之一，是除东北官话外，与北京官话最为接近的官话。

地区分布：分布于河北省大部、山东省西部、北京市平谷区、山西省广灵县和内蒙古宁城县，使用人口9000余万。可分为三个片：保唐片、石济片、沧惠片。可再细分为12个小片。

语言特征：大都有阴平、阳平、上声、去声四个声调，古平上去三声和古入声浊音声母字的演变情况各地相同。即古平声清音声母字今读阴平，浊音声母字今读阳平；古上声清音声母字和次浊声母字今读上声；古上声全浊声母字和古去声字今读去声；古入声次浊声母字今读去声，全浊声母字今读阳平。冀鲁官话和北京官话的主要差别在于古入声清音声母字的今调类和今四声的调值。

胶辽官话

胶辽官话，是汉语官话方言的分支之一。从它的根据地——山东半岛地区，跨海散播到东北地区，完全是由于历代山东人口大量迁移东北而造成的。

地区分布：山东省的胶东半岛、辽宁省的辽东半岛，鸭绿江下游地带及连云港的赣榆区，在黑龙江的二屯、虎林存有方言岛。

胶辽官话内分登连片、青莱片和盖桓片，登连片又细分为烟威小片、蓬龙小片、大岫小片；青莱片又细分为胶莲小片、莱昌小片、青临小片、黑龙江抚远县的二屯方言岛；盖桓片又细分为辽宁小片和黑龙江小片。

语言特征：全清：汉语拼音b、d、g；次清：汉语拼音p、t、k；次浊：汉语拼音m、n、ng。

语音特点：

第一，古清入字读上声，是胶辽官话的标志性特征，也是划分胶辽官话与周边方言的首要标准，胶辽官话中古清入字读上声的比例有相当一部分在70%以上。

第二，全浊入声大部分转为阳平，次浊入声大部分转为去声。

第三，古日母字今多读零声母：止摄开口字多读［əɭ］（胶莱河平原以西）或［ər］，如“人”读作“因”、“然”读作“言”、“认识”读作“饮食”等。

第四，其他字大多数地区大多数字读零声母齐齿呼或撮口呼，少部分读如来母字。一些古疑、云、以母字，如“阮、荣、锐、融、容”等，在胶辽官话中也多读同日母字。

中原官话

中原官话，是汉语官话方言的分支之一，代表方言为河南方言。

地区分布：河南大部分（除去河南北部太行山地区晋语区）、陕西关中、江苏西北部、山东西南部、河北南部、山西南部、甘肃东部、新疆天山以南地区等，共390个县市，中原官话的使用人口仅次于西南官话。

中原官话又分为郑开、洛襄、兖菏、漯项、商阜、关中、南鲁、秦陇、陇中、南疆等10片。

语言特点：

第一，平舌音与翘舌音，知照组字与精组字的分合。中原官话中大致存在三种模式：①知照组读舌尖后音（即翘舌音），精组读舌尖前音（即平舌音），郑州、开封等地属于此类。②合口字读翘舌音，开口字中，止摄知组（如知、池）读翘舌音，照组（如纸、翅）读平舌音；除止摄外，知组三等字（如张、场）、章组（如周、手）读翘舌音，知组二等字（如罩、茶）、庄组（如查、沙）、精组读平舌音，洛阳属于此类。③知照组、精组字均读平舌音。河南东南部、山东南部部分地区及其他一些零星区域属于此类，如驻马店、济宁等地。

第二，区分尖团音。即见组细音与精组细音发音不同，见组细音颚化，精组细音不颚化而仍保持舌尖音的读法。大部分区域能够区分尖团音，但也有部分区域不区分。何谓尖团，即“箭zian—剑jian”

有别、“小 siao—晓 xiao”有别、“酒 ziu—久 jiu”有别、“亲 cin—钦 qin”有别、“心 sin—欣 xin”有别、“积 zi—鸡 ji”有别、“先 sian—掀 xian”、“千 cian—牵 qian”有别……前者尖音，后者团音。

第三，入声字的读音与普通话差异较大。整个中原官话区内，入声字都已经失去塞音尾，而归入舒声字。在声调上，清入声、次浊入声字归入阴平，全浊入声字归入阳平，在全区内高度一致。不少入声字韵母也与普通话差别较大。

第四，蟹摄、止摄合口三等非组。“非、飞、费、肥、肺”等字，除信蚌片外，其余大多发为 fi 音。

第五，部分区域（如开封、郑州、洛阳）存在子变韵现象，即普通话中的“-子”尾词，在这些地方的方言中不加“-子”尾，而增加一个［au］音作结尾。如开封：鸭子［iau］，骡子［luau］，鼻子［biou］，筷子［k‘iau］。濮阳、清丰、南乐及附近各县，则将子读为得 dê［te］，如车子、票子、房子、孩子，一律读为车得、票得、房得、孩得。

第六，知组、照组合口字，在中原官话区东部（鲁南、豫东、苏北、皖北）和西部（关中、晋南、陇东、南疆、川北）等地有唇音读法。分布较广的是将 shu-音读为 f-音，如书、水、双读作夫、匪、方；有一部分区域（如西安、枣庄），还将 zhu-、chu-分别读作 pf-、pf‘-。如抓读作 pfa，吹读作 pf‘ei。

兰银官话

兰银官话，是汉语官话方言的分支之一，在我国西北部方言中占有重要地位。

地区分布：主要分布在甘肃、青海、宁夏、内蒙古西部、新疆的部分地区，共69个县市。

兰银官话分为金城片、银吴片、河西片、新疆北疆片等4个片区。

金城片：包括甘肃兰州市所辖的3县5区；银吴片：分布在宁夏境内同心县以北的银川平原，共13个县市；河西片：分布在河西走廊的17个县市；新疆北疆片：分布在新疆东部的哈密盆地和天山北麓地区，共22个县市。

语言特征①：

第一，声母方面，兰银官话中古知庄章组区分［ts］组和［tʂ］组的方式大致有三种类型：①庄开三流摄读［ts］组，其余知庄章组字读［tʂ］组；②庄组三等读［ts］组，其余知庄章组字读［tʂ］组；③知开二和庄组开口字读［ts］组，知组三等和庄组合口、章组字读［tʂ］组；日母止摄开口三等字读零声母，其余日母开口字读［z］，合口字读［v］；不分尖团；少数古全浊声母字的白读音，全浊声母清化，塞音、塞擦音声母仄声送气，如，舵~手。

第二，韵母方面，中古果摄合口一等见系字“科、棵、颗、稞、和、禾”，蟹止摄合口来母字“内、雷、累、累、垒、泪、类”今兰银官话多数读合口呼韵母；中古的效摄、蟹摄和止摄微韵是有韵尾的，兰银官话不同程度地失落韵尾，成为单元音韵母；中古不同的韵类在兰银官话发生了大规模的归并，阳声韵的深臻、曾梗通五摄，除了中卫以外，都合并为一套韵母。

第三，声调方面，古入声清音声母和次浊声母字今读去声，全浊声母今读阳平。其中永登、皋兰、古浪、天祝四个地点平声不分阴阳，只有平声、上声、去声三个调；其余地点阳平与上声同调，只有阴平、上声、去声三个调；在普通话里阴平的调在兰银话里发阴平；普通话里的阳平在兰银话里发去声；普通话里的上声在兰银官话里发阳平；普通话里的去声在兰银官话里发上声。当然有一部分字词不遵循这个规律，而且兰银官话在不同地区之间还是有一定的差异的。

第四，词汇方面，比较显著的一个特点是方言词汇中有不少借词。

第五，语法方面，兰银官话普遍存在利用长短音的对比来表示指示代词中近指、远指、更远指的区别；还有一些特殊句式，比如，“给”的用法，兰银官话的“给”除了和普通话一样具有动词和介

① 张燕来．兰银官话语音研究［D］．北京：北京语言大学博士学位论文，2003.

词的性质外，还可以附着在动词后面，使该动词结构具有交付、给出、传递、施与等意义；最常见的是附在动词“给”后面，“给给”连用，其他常见的既有给予义的动词“送、借、捐、卖”等，也有非给予义的动词、甚至形容词“吃、喝、喂、帮、跑、看、说、做、打、揪、掐、切、亮、忙、高兴”等。例如，我给他给给一本书（酒泉地区用语）。

江淮官话

江淮官话，旧称下江官话、江北话，是汉语官话方言的分支之一，现在，一般以扬州话作为江淮官话的代表音。

地区分布：主要分布在江苏省的南京、扬州、泰州、淮安、镇江、南通、连云港、宿迁、常州，安徽省的合肥、安庆、芜湖、马鞍山、铜陵、滁州、六安、池州、宣城、淮南、蚌埠，江西省的九江、景德镇，湖北省的武汉、黄冈、孝感、随州、黄石、鄂州，河南省的信阳部分地区，使用人口大约为7000万。

江淮官话又可分为通泰片、洪巢片、黄孝片。

语言特征：

第一，区别于其他官话方言的主要特点是保留入声，洪巢片、通泰片有入声韵和入声调类，黄孝片多数地区无入声韵但有独立的入声调类。

第二，声母浊音清化，古全浊声母逢塞音、塞擦音，洪巢片、黄孝片平声读送气清音，仄声读不送气清音；通泰片不论平仄一律读送气清音。

第三，除通泰片及盐城地区和湖北的蕲春、黄梅、武穴外大部分地区［n］、［l］不分，疑母［ŋ］、影母［ø］混同。

第四，江淮官话人群尤其是新派的语音、词汇及语法向普通话迅速靠拢，误读、异读层出不穷，地方文化特色词汇逐渐消失。

西南官话

西南官话，也称上江官话，是汉语官话方言的分支之一。

地区分布：四川、云南、贵州、重庆的绝大多数汉语地区及临近的湖北大部、湖南西部、广西北部、陕西南部、河南信阳也有一些乡镇存在西南官话，另外，在江西、福建、广东、海南、安徽存在方言岛，邻近云南的缅甸果敢、佤邦也有人使用西南官话。使用西南官话的人口超过2亿，占整个官话区人口的三分之一。

西南官话又可分为川黔、西蜀、川西、云南、湖广和桂柳6个片区①。

语言特征：

第一，语音特征，西南官话的声母系统的内部差异十分巨大。西南官话主流浊音清化，但部分地区仍然保留浊音，如四川遂宁拦江话。西南官话部分地区无尖团对立，但部分地区仍然保留尖团对立，如桂柳片部分、渝蓉片部分、岷赤小片部分等。

第二，西南官话多数不分平舌音、翘舌音（zh、ch、sh、r分别读作z、c、s、/z/，有的地区仅将中古汉语发音为zi-、ci-、si-的入声字读作翘舌；也有极少数地区严格区分平翘舌音）；多数不分fu和hu（甚至f与hu颠倒），部分不分n和l，同时不分ing和in、eng和en（b、p、m、f后的eng读ong），但是，也有部分片区进行区分。

第三，声调特征，西南官话古入声未发生分化，整体保留或整体混入他调（主要混入阳平），多数方言的调值也非常接近。除了古入声字外，阴平、阳平、上声、去声四个声调的调值各地都很相近。西南官话声调调值大致可分为10个类型，各类型之间差异显著，其中四川话和重庆话的声调类

---

① 李蓝. 西南官话的分区［J］. 方言，2009（1）：72-87.

型（阴平是最高调，阳平是最低调，上声是次高降调，去声是低降升调，这是西南官话最具代表性的声调类型），内部一致性很高，是西南官话最具代表的类型。

河南话

河南话，即河南省境内的方言，简称豫语。

古代洛阳话作为“国语”在中华数千年灿烂历史文明长河中做出了卓著贡献。从汉朝起，凡洛阳作为首都或陪都的朝代，洛阳城内太学的“读书音”，自然而然地成为士族阶层的标准音。作为古代的“标准普通话”，皇帝、官员、知识分子等上层社会人士均以会说“洛阳音”为荣，认为这是身份和地位的象征。由于汉族在经济、文化、军事等方面都体现出强大的实力，逐渐形成一种颇为强势的文化，汉语也随着汉族影响力的扩大，逐渐从中原地区扩展到全国各地并影响周边国家。由于汉字作为汉语的载体，是夏、商时期在中原地区形成和成熟的，所以其读音就反映了中原音。

河南方言分为3个片区：①通行于河南大部分地区的中原官话，即狭义的河南话，又细分为兖菏片、郑开片、安新片、洛嵩片、南鲁片、漯项片、商阜片、汾河片8片。②通行于豫北太行山一带的晋语（邯新片），分布在济源、焦作、新乡、安阳的各辖县。③通行于豫南地区的江淮官话（黄孝片），分布在信阳的新县、光山县。

河南方言的主要特点是：

第一，发音方面，豫北方言较其他地区变音现象更为突出。变音有分音，也有合音。前者为将一个单字音节的本音变化两个音节，如，“孔”变化为“窟窿”这样的嵌L词或联绵词。后者为将两个或多个单字音节合为一个音节。如，“弄啥”“顶上”“底下”“出来”在河南话中都是连读的（读成一个字，取首字声母和第二个字的韵母和声调）；儿化韵也是合音的一种。

第二，词汇方面，河南话总体特点是通俗化、简练化；河南话的标志性字为：中（可以的意思）；词音有差别，比如，水好深（chen）——深（shen）渊，拖（tǔ）拉机——拖（tuǒ）鞋；在地名方面的用词频度不一，用词频率由大到小为：庄（张庄，李庄）——楼（马楼，李楼）——店（流水店，沙河店）——庙（玉皇庙，三皇庙，胡庙）——集（李集，臧集）——平（遂平，西平）；指示代词：两指法，近指——这儿，远指——那儿。第三，语法方面和普通话很相似。

案例：2000年12月，蒙面歹徒持枪抢劫了位于河南某市的广东发展银行某营业部，抢劫金额达200多万（12.9案件）。根据侦查人员对其他相关案件的梳理，该案件与在1997年（11.19案件）和1999年（3.3案件）发生的另外两起持枪抢劫案在现场物证、作案工具和犯罪嫌疑人语音等方面极为相似，遂进行并案处理。据警方获得的案发现场音频视频资料显示，歹徒在现场让人趴下，在“1997·11·19”案件中，歹徒曾经高喊“磕搭头”（意为“低头”），这应是河南豫西口音，“2000·12·9”案件中口音为带有河南口音的普通话。经聘请的语言方言专家辨析后确定，认为是平顶山、许昌、漯河一带的口音。最终案件侦破结果表明，该犯罪团伙为平顶山人（郑州“2000·12·9”特大抢劫银行案侦破纪实）。

吴方言

吴方言即吴语，以上海话为共通语、以苏州音为标准音、以吴语区的江南群城方言为基础方言、以八调清浊等正统存古的自然语言为古典语法规范、以江浙民系作家（绍兴鲁迅、嘉兴茅盾、苏州叶圣陶等）开创的白话文为现代语法规范的江左江南汉民族共同语。

分布地区：现广泛分布于浙江、江苏南部、上海、安徽南部、江西东北部、福建北部。代表语言有苏州话、上海话、杭州话、无锡话、温州话、绍兴话与江北吴语①。

吴方言的特点：

第一，保留古汉语全浊声母。中古汉语字分全清（不送气）、次清（送气）、全浊、次浊四类。古代的《切韵》《韵镜》中提到清浊概念。声带振动的音为浊音，世界各国均有大量浊音。全浊为浊阻碍音（塞音、塞擦音和擦音），次浊为响音（鼻音、边通音和通音）。除吴语外的所有汉语方言都无浊辅音（仅湘、闽南有少许），吴语有全部浊音。如浊音的词有：稻、坐、狂、平、强、愁、特、白、寺、条、像、地、抱、乏、道、助、造、桥、绍、跪、绝、豪、皮、头。

第二，具有汉语整齐八声调。吴语沿袭传统八声调。吴语四声八调举例：【阴平】东——【阳平】同、【阴上】懂——【阳上】动、【阴去】冻——【阳去】洞、【阴入】督——【阳入】毒。四声中，平为平声，上去入三声为仄，此为格律之基础。传统官话和现代官话不同。普通话（三声四调）所谓一阴平、二阳平、三上声、四去声，谬也。普通话的阴平和阳平是按照声调起降来分的，但古汉语并非如此，阴阳是因声母的清浊而分阴阳，阳四声都是浊音。唐代人说话就是八声调。这些汉语要素环环相扣。

第三，保留古汉语平仄音韵，保留全部入声。吴语有深厚的汉语资历，读诗朗朗上口，平仄合韵。而普通话因丢入声等多方面原因导致不分平仄。舒促音为汉语语音的一种划分，入声为促音，短而刚劲有力，是最基本的仄音之一，是汉语的重要组成部分。入声譬如：立（lih）、宿（suh）、独（duh）、色（seh）、黑（heh）、灭（mieh）、贼（theh）、阔（kuoh）、戳（chuoh）、憋（bieh）、百（bah）、骨（guh）、仄（zeh）、药（yah）、贴（tieh）等较多。今北方仅晋语系（山西、陕北、河南西北、内蒙西）存在入声。一、六（luh）、七（cih）、八、十发成爆破音。今北人（除晋人）以及西南官话人则需死记硬背住入声字集方能辨平仄。吴语“舒缓”时悠扬绵长，“短促”时真正“石骨铁硬”，“石”“骨”“铁”三字全部入声，够“硬 ngen”。白日依山尽/仄仄平平仄，黄河入海流/平平仄仄平，欲穷千里目/中平平仄仄，更上一层楼/仄仄仄平平。平仄体现汉语的韵律之美，大多诗词用普通话则不能匹配格律。

第四，保留古汉语中强制性的规则连续变调。江南汉语讲究的就是个声调。汉语的连续变调原则使得句子能够连成一个整体，显得不突兀不生硬。吴语在讲的时候，一句话或一个短语，有时只有第一个字是保持其原本的声调，后面的字根据第一个字的声调以及说话者想要表达的意思会改变声调的高低和走向，称作广式连续变调。

第五，保留古汉语尖团音分化。如：箭 zian（子贱切）—剑（居欠切）、清 cing—轻、小 siao（私兆切）—晓、西—希、息—吸、相 siang—香、酒 ziu 精 zing—久经，每对读音都不同，前者为尖音、后者为团音。“西—希、息—吸”四字为四个不同音，分别为“si—xi、sih—xih”。尖音是汉语发音重要的组成部分，普通话则丢失了尖音。尖音譬如：尖（zian）、将（ziang）、集（zih）、焦（ziao）、姐（zie）、尽进（zin）、千（cian）、切（cieh）、亲青（cin）、写（sie）、心新信星（sin）、笑（siao）、修（siu）、雪（sieh）等。但也有少许特例，如“贱”读 zian（浊），而“溅”丢失介音读 zan。今中原话（河南大部、山西南部、陕西大部、山东大部）及客家语和粤语都区分尖团音。东北、河北大部、淮河、西南等地完全不分尖团，其余是合流不合流，而且部分地区合流较严重，如宁波、绍兴等。尖音团化是全国方言普遍存在的现象。语言中分尖团是正统且相当好听的，分尖团音最好，不分者也罢，但可以尝试区分。

第六，保留鼻音、边音声母有紧喉和带浊流的区别。紧喉音譬如：我、鹅、饿、牙、碍、额、吾、芽、偶、藕、外、眼、颜等，必有 ng 声母。“我”字西安音为 ngè，吴语读 ngǒu，也有 ngǒ，不可读如普 wo、淮 wu。

第七，韵母、声母数目全国最多。吴语拥有声母 42 个、韵母 60 个。普通话仅有声母 21 个、韵

① 赵荣，王恩涌，张小林，等．人文地理学［M］．2 版．北京：高等教育出版社，2006.

母 39 个。韵母另有如英音标的 æ、e 等。元音分长短，短元音即入声，譬如“利”是长［iː］、“力”是短［i］。声母是全国最多的，因其有大量浊辅音。此外，zh/ch/sh 音近 j/q/x，称舌尖后音。普通话将大量的 z/c/s 划入 zh/ch/sh，比如扎（侧 zeh 八切）、沙（所加切）、杀（所八切）、数（所矩切）、生（所庚切）、斩（侧减切）等毫无疑问是尖音，这一改动必引起江南人的口感不适，故部分地区从上世纪开始则将大量 zh/ch/sh 划入 z/c/s 以示报复，二者都不对。吴语区部分地区有完善 zh/ch/sh，如常熟、靖江、江阴东南部、衢州、苏州标准派、杭州局地等。吴语的舌尖后音不卷舌，原胡人的语言习惯才是卷舌头。譬如一些地区“主/猪/住”读 zhu 音近 ju，“书/树/舒”读 shu 音近 xu，还有真（zhen）、重（zhong）、直（zhih）、城（cheng）、厂（chang）、深（shin）、熟（shuh）等。川、湘、淮、江汉等南方方言通通 zcs，非正朔。吴语并不全是 zcs，zh/ch/sh（如“吃/chih”）是有。吴语无 R：容（于封切）蓉（yong）、任（nyin）、肉（nyioh）、让（nyiang）等。

第八，无轻声。无多音字。无儿化音。①无轻声，字字着音，如葡萄的萄不会轻声，葡仄萄平，“萄”发声明显。②无多音字。吴语几乎都一字一音，一字多音的不超过十个字（“会”“乐”等）。如：“血”音 xueh 无 xie、“落”音 luoh 无 lao、“剥”音 boh 无 bao、“长”音 zhang（直良切）无 chang、“重”音 zhong 无 chong 等、“行”音 hang（胡郎切）无 xing、“没”音 moh（莫勃切）无 mei、“弹”音 dan 无 tan、“调”音 diao 无 tiao、“秘”音 bi 无 mi、“便”音 bian 无 pian、“曾”音 zeng 无 ceng、“还”音 wae 无 huan/hai。单字音调之变（少、将、为等）即汉语广式变调，非多音字。③无儿化音。一些地区“儿”读 ni（倪霓睨的一半为“儿”的正体字），如《题乌江亭》韵脚，凡涉儿字韵脚的诗大多押“i”，说明吴语这种读法正确。吴语一些地区“儿”也读 er，一般零儿化。

第九，语言习惯差异。无异化。不说包子饽饽（满语）说馒头，不说挺好说蛮好（ting 是满语中“很”的意思），不说胡同（源于蒙语音译）说巷陌，不说脖子说颈，不说桌子椅子说台子凳子，不说前面说前头，不说鼻子说鼻头，不说衣服说衣裳，不说喝酒喝茶说吃酒吃茶……“白（bái）”，源于满语 baibi，意为徒然、空，普通话中“白干了”即此用法。“白”字铁定非阳平，必为阳入，吴语读 boh，傍陌切。白在古语中意为白色、清楚、下对上陈述，不表示徒劳。北方话中的“妞妞”也是旗语音译。“六”“绿”二字当读作“陆”（中国绝大多数地方读陆），唐名曲《六幺》又名《绿腰》《录要》。

第十，颚化问题。颚化是指古汉语的部分 g/k/h 在普通话中衍变成 j/q/x。如“江”字，形声，工亦声，古双切，故正音读 gang，吴语人的江即读 gang，且“缸肛扛釭矼”皆读 gang。吴语的颚化判别情况和陕西秦音相近，比如吴语中“下（胡雅切）吓（ha）、闲咸鞋（hae）、蟹（hai）、项杏（hang）”等同今秦音。晋语和山东东部胶辽官话也不颚化。吴语常见的非颚化音：敲（kao）、掐（kah）、价（ga）、加（ga）、间（gae）（古苋切）、街（gie）、监（谷衔切）等。

第十一，符合韵书。宋代以来江南私塾学堂的语言教学都遵循韵书，宋后才子大多出自吴语区，吴语教学直到上世纪才停止。核心吴语有严格的用语规范，与唐代官韵《切韵》及宋代官韵《广韵》高度匹配，今一些学者呼吁让吴语再次进入教学。以下切脚来自北宋《广韵》。咬，于交切或五巧切，五 ng+巧 qiao＝咬 ngao；角，古岳切，古+岳 ngoh＝goh；各/阁，古落切，goh；重，直容切，只有一个读音，吴语沿袭之；而会（黄外切/古外切）和降（下江切/古巷切）等自古两音；夏，胡雅切，hua，上古华夏二字同音，本一字，吴语沿袭之；北，博墨切，bo；全，疾 zih 缘切；旁，步光切，bang；朋，步崩切，beng；亲，七人切，cih+nyin＝cin；夕，祥易切，siang+yi＝sih；山，所闲切，sae；风，方戎切，fong。ong 音系：风（见题都城南庄、临江仙、江南春韵脚）、逢峰（题西林壁、听蜀僧浚弹琴）、蓬（清平乐·村居）、梦/蒙/翁（示儿）。

第十二，其他区别于普通话的字音总结。人 nyin（见渭城曲、送杜少府之任蜀州、九月九日忆山东兄弟等韵脚）；si：是师事市；fi：非飞费肺；秀才读半边：晏（ae）、晚（mae）、敲（kao）、问闻（men）、淹（an）；同日本：日（nyih）、奈（na）、绝对（ziehdei）（绝浊）、二（贰腻）nyi；几个 w 声母读 m：味（mi）、忘望网（mang）；“去”：读 qi，几处读 ki/kei；“齷齪”：此二字的古文使用者，湖州孟郊、昆山归有光、诸暨王冕都是今吴语区人，屋足入声，龌龊亦入声，读“oh coh”，非普通话的“wòchuò”，龊为测角切。斜（sia）、瓜（gu）、昨（tha）、约（yah）、壳（koh）、夜（ya）、谷（koh）、过（gou）、火（hou）、鸭（ah）、眉（mi）等。

吴方言按语片划分可分为：①北部吴语：是吴语核心，北部吴语片内部通话程度非常大，合为吴语太湖片一个语片，细分六小片，有毗陵小片17市县、苏沪嘉小片30市县、苕溪小片5市县、杭州小片1市、临绍小片12市县、甬江小片12市县。②南部吴语：南部吴语分歧很大，甚至片内也有部分点不能通话，具体分为：上丽片23市县、台州片11市县、东瓯片12市县、金衢片13市县。③西部吴语：西部吴语分布于皖南、江苏西南部及浙江西北角，有宣州片24市县、徽州片20市县。

湘方言

湘语又称湘方言或湖南话，属汉藏语系、汉语族，是生活在湘江流域及其支系一带湖湘民系使用的主要语言，四川、重庆一带称作老湖广话，以长沙话和双峰话为代表。湘语又可以分为新湘语和老湘语。新湘语主要流行于长沙市和湘北，受官话和赣语的影响比较大。老湘语分布在衡阳市、湘乡（含双峰县）一带，受外部方言影响较小。

分布地区：现代湘语的使用者主要分布在湖南省大部分地区，包括长沙、株洲、湘潭、岳阳、益阳、娄底、衡阳、邵阳等。由于历史或移民原因，在陕西南部、安徽南部、广西东北部、四川以及贵州局部地区亦有分布。代表语言有长沙话、湘潭话、岳阳话、益阳话、湘乡话、双峰话、永州话等。

语言特点：

第一，长益片湘语在韵母体系上相对跟官话比较靠近。其主要特点是：古浊音系统在相当一部分地区保留得比较完整；f/hu相混；（花/发fo）；一部分n/l相混；（你ni/li/n）；新派无卷舌音；新派不分尖团；鼻韵尾-n跟-ng不分；（严/杨ian）；元音鼻化现象相当普遍；声调一般有5~6个调类，很多地方有入声，但入声字无塞音韵尾。部分新派出现的一个很严重的读音错误，即入声跟哒阳平不分，发华同调，八爬不分。比如：妈（阴平）、麻（阳平）、骂（阳去）、炸（阴去）、马（上声）、抹（入声）。

第二，从共性层次来看，判断湘语的标准，主要可概括为以下四条：①古全浊声母舒声字今逢塞音、塞擦音时，无论清浊，一般都念不送气音。②无论是否保留入声，古塞音韵尾[-p]、[t]、[k]均完全消失，也无喉塞音[?]。③部分的湘语中蟹、假、果摄主元音呈[a]、[o]、[ü]序列（也有一些变体）。④声调基本在五至七调，绝大多数去声分阴阳。⑤地域标准：地处湘江、资江流域和沅江中游部分地区或南岭地区，或者是有充分依据证明是由以上地区外迁居民造成的方言岛或方言飞地。凡是同时符合①、②标准的方言应判定为湘语，在西南官话划界时应参考④，不符合①但符合③的方言应划入湘语。

第三，由于形成历史久远以及内部分化，而且受到其他汉语方言如赣语的影响，湘语内部有比较大的差异。其中最大的差异是中古浊声母的有无。倘以浊声母的有无为标准，可以把湘语分成新老两派或两层，即新湘语和老湘语。所谓新湘语（即长益片）：是由于受官话和赣语的影响比较大，在形成过程中明显受到了官话的冲击，相对老湘语（即娄邵片）失去了一些比较古老的特征。老湘语受外部方言影响较小。比如在古汉语中：“行”与“走”在现代汉语普通话中变成了“走”和“跑”，而在老湘语中得到了保留。如湘乡话中“行路”就是“走路”的意思。由于湖南在宋元时期经历战乱以及大规模的移民，致使湘语在历史发展中逐渐在语音上发生了一些明显的变化，形成新老湘语的区别。新老湘语之间差异最大的是语音体系，多数老湘语有系列全浊声母，而新湘语多数读不送气清音。但新老湘语在词汇方面则部分互通，比如娄底方言和长沙方言。新老湘语之间存在一些过渡性质的方言，比如沅江南大膳镇归属于新湘语长益片，却保留有一套全浊声母。再比如新湘语长益片宁乡灰汤方言的部分知章声母读端，也是受到临近的老湘语湘乡方言的影响。

表 2-2　湘方言按语片划分情况

名称	特征	分布地区
长益片	全浊声母多数清化，并多读不送气清音，多数有独立入声调	又被称为“新派湘语”或“北片湘语”，主要分布在湘江、资江的中下游地区。使用人口约 1 781 万，是当今湘语内部使用人数最多的片区
娄邵片	全浊声母在舒声字保留较好，多数无入声调，古入声字已归并到舒声调类，一些方言存在元音高化	又被称为“老派湘语”或“南片湘语”，主要分布在湘中丘陵及原宝庆府、靖州府一带。使用人口约 1 152 万，是当今湘语内部使用人数第二多的片区。有研究将其拆分为娄涟片和祁邵片两片
辰溆片	古全浊声母舒声字今逢塞音、塞擦音时平声读不送气浊音，仄声（上、去）基本读不送气清音；全浊入声字多数清化	本片主要分布于沅江中游，核心区包括辰溪、溆浦和泸溪三县的大部分地区，湘西州南部和怀化市北部县市方言也时常被划入此片。使用人口约为 347 万
衡州片	古全浊声母多数清化不送气，许多地方有微母读非的现象，具有向赣语过渡的特征	在早期文献中被归入长益片，本片主要分布于原衡州府的北半部，使用人口约 430 万
永全片	古全浊声母保留较完整，阳声韵白读韵尾失落。该片包括部分具有湘语特征的湘南土话	在早期文献中分别被归入湘南土话和娄邵片（祁东、祁阳）。此片主要分布于湖南永州大部、两祁地区以及广西北端湘、资两江的源头地带。使用人口约 647 万

省外湘语有：①四川湘语：四川境内有湖南移民带来的湘方言岛存在，它们分布在 46 个县。在这些地方仍然保留着湘方言，主要集中在四川盆地中部地区，包括德阳市。同时这些方言岛散布在沱江、涪江、长江和嘉陵江沿岸。另外加上湘民后裔分布的地方及新都、邛崃等 18 个县市，一共 63 个县市。在四川的湘方言根据声韵的特点也分为新老湘语。四川的“新湘语”如达县的“长沙话”和乐至的“靖州腔”，古全浊声母逢塞音和塞擦音不论平仄，今一般读不送气清音。而老湘语如中江、金堂的“老湘语”以及营山的“安化腔”，此外还有西南官话化的湘方言，其自身特点大量丢失，如新派的“永州腔”。②广西湘语：广西境内的湘语主要分布在兴安、全州、灌阳、资源和龙胜 5 县，主要属于湘语永全片，其他市县也有湘方言岛分布。资源和龙胜有所谓“新化话”和“溆浦话”，分别来源于湘语娄邵片和辰溆片。这一地区还有土话分布。③贵州湘语：贵州境内的湘方言分布在相隔很远的东西两部分：东部主要分布在黔东南州天柱东部清水江沿岸的白市、河东等乡镇，与湖南境内锹里地区的酸汤话连成一片；西部主要分布在西部的晴隆、普安，呈方言岛分布。④其他湘语：分布在陕西、安徽、台湾。

粤方言

粤语又称广东话，属汉-藏语系、汉语族的声调语言，也是汉族广府民系的母语。粤语根源于秦汉官话，含完整的九声六调，较完美地保留着古汉语特征，拥有完善的文字系统，可以完全使用汉字（粤语字）表达，是唯一除普通话外在外国大学有独立研究地位的汉语。粤语是香港、澳门的官方语言，美国、加拿大的第三大语言，澳洲的第四大语言。

分布地区：

粤语以珠江三角洲为分布中心，在广东省珠江三角洲地区、广东西部、广西中南部及东南部地区、海南省西部地区（说儋州话、迈话的村落）、香港、澳门等地区和东南亚的新加坡、印度尼西亚北苏门答腊省棉兰市、圣诞岛、马来西亚、越南东北部（山由族聚居地）以及北美、英国和澳大利亚、新西兰等华人社区中广泛使用，在粤语核心地区广东省 8 000 万本地人口中，粤语使用者近 4 000 万。

粤语在两广地区分布上的突出特点是沿江分布。它以广州、香港为中心，分四条渠道向东、西、南扩展。第一条渠道是西江—珠江，即沿西江向东至番禺（广州）一带即包括广西梧州、贺州和广东肇庆、封开、德庆、佛山、广州、中山、珠海、东莞、深圳、江门等市，以及香港、澳门两个特别行政区。第二条渠道是西江—郁江，即溯西江、浔江、郁江直抵交趾郡，包括广西南宁、崇左、贵港、梧州四市及其所属大部分县。第三条渠道是北流江—南流江。包括广西玉林、北海、钦州、防城港等市及其所属各县。第四条渠道是南江—鉴江，即溯南江而上，越过云开山脉到鉴江流域。包括广东云浮、茂名两市及其所属的郁南、罗定、信宜、高州、化州，湛江市及其所属的吴川、廉江。

语言特点：

第一，词汇：粤语的词汇分为汉字词、粤语词、外来词三种。汉字词最常用，占词汇的大部分，如“时间”；粤语词指的是粤语专有词汇，如“得闲”；外来词指由外国语言组成的词，如粤语日常用语中的“士多”表示英文中的“store”。

第二，常用词语：我（我），你（你），佢（他、她），我哋（我们），你哋（你们），佢哋（他们、她们），人哋（人家），阿爸、老豆（爸爸），妈咪、妈子、阿妈（妈妈），阿哥、大佬（哥哥），家姐（姐姐），细妹（妹妹），细佬（弟弟），阿嫂（嫂嫂），阿爷（爷爷），阿嫲、嫲嫲（奶奶），阿公（外公），阿婆、婆婆（外婆），系（是），谂（想），唔（不），咁（这、这样、那样），嚟（来），噏（说），无、冇（没有），俾（给），睇（看），咗（了），揾（找），着（穿），攞（拿），企（站），嗰（那），咪（不要），点（怎样），系咪（是不是），嘢（东西），食（吃），饮（喝），边（哪），喺边（在哪），边度（哪里），讲嘢（说话），呢度（这里），第日（改天、第二天），第次（下次），乜嘢、咩（什么），乜（什么），几多（多少），咁好（这么好），好知、点解（为什么），翻归、翻屋企（回家），谂住（打算），颈渴（口渴），唔使（不用），嘅、噶、嘎、架（的），啰、咩、啵、吖、喇（语气助词），激气（生气），着数（好处），揾笨（被人骗了、骗人的），得闲（有空），唔单止（不仅仅），定系（还是），抑或（或者），于是乎（于是），然之后（然后），同（和），为咗（为了），啫（而已），好攰（很累），氹（哄），好似（好像），话之你（懒得理你），讲笑（开玩笑），吹水（聊天、开玩笑、吹牛），扮嘢（装蒜），闭翳（令人担心），咪咁啦（不要这样），系咪咁（是不是这样），放飞机（放鸽子），赖猫（说话不算话）。

第三，日常用语：普通话与粤语对照的日常用语举例如下。你好！（你好!），你叫什么名字？[你叫咩名（呀）?]，谢谢!（唔该！多谢晒!），对不起/不好意思（对唔住/唔好意思），不好意思打扰你一下（唔好意思阻你一阵），在哪里呀？（喺边度呀?），现在是 2 点（宜家两点），2 点 45 分［2 点 3 个字（这里的字指的是 15 分钟）］，你在干什么？（你喺度做乜?），你吃饭了没？（你食咗饭未?），看电影（睇戏）。

第四，助词：喇（了），谂（想），乜（什么），掂（定），嘅（的），咁（这/这么）。

第五，指代、人物：我（我），你（你），佢（他），我哋（我们），你哋（你们），佢哋（他们），人哋（人家），呢度（这里），嗰度（那里），边度（哪里），呢（这），嗰（那），咁样（这样、那样），点解（为什么），第日（改天），第次（下次），乜嘢（什么），乜（什么），甘多（这么多），几多（多少），边（哪），咁好（这么好），阿爸（爸爸），阿妈（妈妈），阿哥（哥哥），阿嫂（嫂嫂），阿爷（爷爷），阿嫲（奶奶），阿公（外公），阿婆（外婆、老婆婆），阿叔（叔叔），老豆（爸爸），老妈子（妈妈），家姐（姐姐），大佬（哥哥），细佬（弟弟），心抱（媳妇），舅父（舅舅），孙（孙子），仔仔（儿子），囡囡（女儿），契爷（干爹），契仔（干儿子），寡佬（单身汉），仔（儿子），女（女儿），后仔乸（继母），太子爷（少东家），契弟（王八蛋），老坑（老头），老嘢（老东西，老家伙），老姑婆（老处女），基佬（男同性恋者），老细（老板），老千（骗子），后生仔

（年轻小伙子），后生女（年轻姑娘），靓仔（漂亮的小伙子），靓女（漂亮的姑娘），细路（小孩），细蚊仔（小孩），须虾（婴儿），马仔（打手），事头婆（老板娘），事头（老板），失（孙子的儿女），麦（孙子的儿女的儿女），老襟（两姐妹的老公互称老襟），老顶（上司），乸型（娘娘腔），乜水（什么东西）带有鄙视，但在高阳方言片表示为边个（谁）的意思。

第六，工作、交际：返工（上班），收工（下班），揾食（谋生），人工（工钱），出粮（发工资），搞掂（搞妥当），搞妟（弄糟糕），就手（顺利），捱夜（熬夜），空姐（飞机女服务员），钟点工（计时工），揾工（找工作），做嘢（干活），捞边行（搞什么行业），一脚踢（一人承担），轮更（轮班），看更（看门），起屋（盖房子），揸车（驾驶汽车），熟行（内行），熟手（老练），车衫（缝衣服），夹手夹脚（一起动手），执头执尾（收拾零碎的东西），搏命（拼命），瘡（累），差池（差错），撞板（碰钉子），松人（溜走），走人（溜走），炒鱿鱼（解雇），开OT（加班），秘捞（兼职、外快），手信（小礼物），人客（客人），生埗（陌生、生疏），老友记（老朋友），仇口（仇人），托大脚（拍马屁），危（求），俾面（给面子），制（肯），得闲（有空），冇几何（不常），冇相干（没关系），唔觉意（不留心），唔话得（没说的），倾（谈），倾偈（聊天），早晨（早上好），早唞（晚安），揾人（找人），拍拖（谈恋爱），挂住（想念），隔篱（隔壁），掟煲（恋人分手），好夹（很合得来），探（拜访），讲笑（开玩笑），羞家（丢脸），抄更（早上正职，晚上兼职），偷鸡（上班工作时间溜走），蛇王（工作偷懒），嗱嗱啉（快点），沙沙滚（随便应付），易嘿（马虎、危险），拿西（粗枝大叶），督背脊（打小报告），二五仔（出卖兄弟的人），啱（适合），横掂（反正），侧侧膊（蒙混过去），踢爆（揭发），数围（利润得益），啱（有默契），甘化学（不耐用），牙烟（危险），劈炮唔捞（辞职不干）。

第七，用品：起身（起床），着（穿），除（脱），浪口（漱口），飞发（理发），电发（烫发），洗面（洗脸），屙屎（大便），屙尿（小便），闩门（关门），熄灯（关灯），水喉（水龙头），食（吃），食晏（吃午餐），食烟（抽烟），滚水（开水），煲（煮），焗（焖），饮胜（干杯），颈渴（口渴），餸（下饭的菜），腍（软），宵夜（夜宵），饮（渴），台（桌子），梳化（沙发），雪柜（冰箱），家俬（家具），皮篋（皮箱），夹万（保险箱），刀仔（小刀），花樽（花瓶），香枧（香皂），镬（锅），咪（麦克风），插苏（插座），火水（煤油），遮（伞），地拖（拖把），电芯（电池），洋烛（蜡烛），花洒（①莲蓬头，用于沐浴；②喷壶，用于浇花），壳（勺子），番枧（肥皂），扫把（扫帚），匙羹（小勺子），褛（外套），大褛（大衣），衫（衣服），T恤（针织或棉质上衣），裤（裤子），鞋（鞋子），底衫（内衣），底裤（内裤），高踭鞋（高跟鞋），领太（领带），荷包（钱包），唇膏（口红），浪衫（晾衣服），冲凉（洗澡），一旧水（一百元），一草（十元），一撇（一千元），一蚊鸡（一元），一皮（一万元），豆拎/斗零（少量钱），鸡碎（一点点），装饭（添饭），要唔要饭/添唔添饭（添不添饭），食大茶饭（吃香喝辣），系唔系（是不是）。

第八，人体、疾病：头壳（脑袋），头皮（头屑），面珠墩（脸蛋儿），酒凹（酒窝），下爬（下巴），眼（眼睛），眼眉（眉毛），眼核（眼珠），耳仔（耳朵），耳屎（耳垢），大牙（槽牙），鼻哥（鼻子），鼻哥窿（鼻孔），身子（身体），心口（胸口），膊头（肩膀），毛管（毛孔），罗柚（屁股），手板（手掌），手瓜（胳膊），脚（脚、腿），背脊（脊背），尾龙骨（尾骨），肚腩（小肚子），睇医生（看病），驳骨（接骨头），联针（缝针），埋口（合口），执药（抓药），燥火（上火），好翻（好了），唔精神（不舒服），冻亲（着凉），头赤（头痛），打冷震（发抖），打噎（打嗝），呕血（吐血），浊亲（被水呛着），心口翳（胸闷），豆皮（麻脸），血压高（高血压），落晒形（憔悴不堪），病猫（病鬼），生萝卜（长冻疮），热痱（痱子），痕（痒），黐线（神经失常），发羊吊（发羊角疯），盲佬（瞎子），甩皮（脱皮），损（破），香港脚（脚气），撞聋（听觉不灵），作呕（恶心），肚屙（拉肚子），滞（消化不良），身庆（身体发热），咳（咳嗽），焗亲（中暑），晕酡酡（晕乎乎），兴合合（很热），生痱孜（溃疡）。

第九，动作、行为：岳高头（仰起头），拧头（摇头），目及（盯），眯埋眼（闭眼），瞌（闭），啜（嘬，吻），嘸（嚼），唞气（呼吸），渺嘴（撇嘴），擘大口（张大口），嘟手（动手），笃（戳），笠（套），弗（鞭打），抰（抖），揞（蒙，捂），搣（掰），擝（攀，扳），搉（拔），豆（碰，摸），掟（扔），抠（掺杂），抠乱（搞混了），抄（搜，翻），挤（放），搦（拿），搲（揉），掴（用掌打），省（擦），吉（扎，刺），批（削），濑（洒），枳入去（塞进去），走（跑），走夹唔唞（拼命走），标（冲），坎头埋墙（把头撞在墙上，形容人自讨苦吃），企（站），嗌（叫，喊），嗌交（吵架），撩（逗），单单打打（说风凉话，含沙射影，讽刺攻击），诈假意（假装），诈娇（撒娇），扭拧（扭捏），睇衰（看不起，看扁），索气（吸气），揩油、索油（占便宜），储储埋埋（攒起来），打交（打架），打横（横着），打掂（竖着），打底（垫底），打赤脚（赤着脚），打大赤肋（赤着上身），折堕（做孽，遭遇悲惨），惊（害怕），发姣（指女性卖弄风骚，淫荡），锡（疼爱），得人惊（令人害怕），得个吉（一场空），厄水（骗钱），邓（替），抵（应该，动词。值得，名词），翻嚟（回来），打个冷（走/转一回），骑呢（古怪），揾笨（占人便宜），典地（撒赖），碌（滚动），睇水（把风），大洗（花钱过度），撇（走，离开），头（不停地晃动脑袋，类似唱摇滚的人的动作）。

第十，歇后语：神台猫屎——神憎鬼厌，火烧旗杆——长叹（炭），牛皮灯笼——点极唔明，阿崩（兔唇的人，讲话漏风）叫狗——越叫越走（不听使唤的意思），黄皮树鹩哥——唔熟唔食，单眼佬睇老婆——一眼睇晒（一目了然的意思），阿茂整饼——无个样整个样，海底石斑——好瘀（鱼），十月芥菜——起心，冇耳茶煲——得把嘴，冇毛鸡打交——啖啖到肉（切肤之痛的意思），山草药——噏得就噏（噏：发音同英语中的 up，意思是讲），番薯跌落灶——该煨（难逃此劫的意思），寿星公吊颈——嫌命长，老公扑扇——凄（妻）凉，老婆担伞——阴公（可怜的意思）。

粤方言按语片划分如下。

（1）广府片：广府片粤语也称粤海片粤语，即通常指的广府话。粤语的官方标准音——广州话即属于粤海片。粤海片内部差异不大，彼此一般能较流畅地通话。例如广州话、香港粤语。香港粤语和广州话之间差异极小，只有部分用词习惯不同，这跟两地所处语言环境和社会制度有关。

（2）莞宝片：莞宝方言分布在东莞、深圳（宝安）和香港新界一带，与粤海方言之间通话有较大的困难，主要有东莞方言（分布在东莞市）、宝安方言。

（3）四邑片：四邑方言是指江门市新会、恩平、开平、台山等地的方言，当中以台山话为代表。江门及四邑城区流行广府片粤语。珠海有一半人讲四邑方言（特别是斗门一带），而其他地区则使用香山片粤语，但两者现在已慢慢融合，是四邑方言中最接近广州方言的一种，但四邑方言是粤语系统中跟广州方言差异最大的方言之一。

（4）罗广片：罗广粤语，分布于罗定、德庆、肇庆、郁南、广宁、怀集、阳山、连山等县市。罗广粤语特点有：①影母字多保留零声母读法，如亚［a3］，爱［ɔi3］，乌［u1］，意［i3］，乙［yt8］。②疑母洪音保留［ŋ］而细音多混为［j］，如我［ŋɔ］，勾［ŋau］，疑［ji］，月［jyt］。③阴平调的高降调与高平调有明显差别，阴入调须重读（高降），如肇庆话。④北部多数点无韵母［im］［em］［ip］［ep］，混入［in］［en］［it］［et］。⑤声母基本保留［n］［l］对立，但东部若干点趋向［n］［l］合流。

（5）高阳片：高阳粤语方言主要分布于粤西的阳江、茂名、湛江及其所管辖的部分县市，以高州话为代表。另外，粤西地区各县市之间的民众交流一般用带当地口音的广州话。

（6）勾漏片：勾漏粤语主要分布在玉林全市、贵港市区、岑溪、蒙山、藤县和广东怀集县。使用人口有 1 000 多万，属于比较大的一个粤语支系。勾漏粤语特点有：①古全浊声母今多读不送气清音。②古不送气清音今多读浊内爆音。③精组声母读塞音及边擦音（或齿间音）。④声调数目一般有 9~10 个。词汇也很有特点。与广州话差别较大，操语双方对话沟通交流比较困难。勾漏粤语的代表有玉林话、北流话、藤县话、蒙山话等。

（7）邕浔片：邕浔片粤语在广西分布范围很广，除南宁及周边地区外，广西西部的百色、龙州粤语亦属邕浔片。邕浔粤语与梧州粤语和广州话都比较接近。主要流行于邕州、浔州（桂平市古称）两岸交通便利的城镇。

（8）钦廉片：钦廉粤语主要分布钦州市、合浦县（旧称廉州）、浦北县、防城县、灵山县及北海市。此外还有南番顺方言、吴化片、疍家话。

闽方言

闽方言又称闽语，俗称"福佬话"，是汉语七大方言中语言现象最复杂、内部分歧最大的一个方言。

分布地区：闽方言主要通行于福建、广东、台湾三省和浙江省南部以及江西、广西、江苏三省（区）的个别地区。使用人口约 4 000 万。具体分布地点如下。

（1）福建省的 54 个县市：福州、闽侯、长乐、福清、平潭、连江、罗源、闽清、永泰、古田、屏南、宁德、霞浦、周宁、寿宁、福安、柘荣、福鼎、莆田、仙游、厦门、金门、泉州、晋江、南安、惠安、同安、永春、安溪、德化、漳州、龙海、长泰、华安、南靖、平和、漳浦、云霄、东山、诏安、龙岩、漳平、大田、尤溪、永安、三明、沙县、建瓯、南平（城关除外）、建阳、崇安、松溪、政和、浦城（南部）。以上地区约占全省面积的 3/4。

（2）广东省东部的 12 个县市：汕头、潮州、澄海、饶平、南澳、揭阳、揭西、普宁、惠来、潮阳、陆丰、海丰等，以及惠东、丰顺、大埔等县的一部分。

（3）海南省的 14 个县市：海口、琼山、文昌、琼海、万宁、陵水、三亚、崖县、琼中、屯昌、定安、澄迈、昌江、东方（少数民族地区除外）；雷州半岛的 5 个县市：湛江、遂溪、廉江、海康、徐闻。主要通行粤方言的中山市和阳江、电白等县也有部分区、乡说闽方言。以上地区约占全省面积的 1/3。

（4）台湾省的 21 个县市中，除约占人口 2% 的高山族地区说高山语，台北、彰化之间的中坜、竹东、苗栗、新竹等地和南部屏东、高雄等县市，以及东部花莲、台东的部分地区通行客家方言外，其余各地的汉族居民都说闽方言，占全省人口的 3/4 以上。

（5）浙江省南部泰顺、苍南、洞头、玉环等县的大部分和平阳县西部的少数地区，以及舟山群岛普陀、嵊泗县的一部分地区也说闽方言。此外，还有江西省东北角的玉山、铅山、上饶、广丰等县的少数地方，广西省中南部桂平、北流等县的少数地方，江苏省宜兴、溧阳等县的少数地方，也有人说闽方言。散居南洋群岛、中南半岛的华侨和华裔中，数百万人祖祖辈辈也以闽方言作为"母语"。在新加坡、马来西亚、菲律宾、印度尼西亚、泰国、缅甸以及印度各国的华裔社区中，闽方言也是主要的社会交际语之一。

闽方言分区：闽方言按其语言特点大致分为 5 个方言片：闽南方言、闽东方言、闽北方言、闽中方言和莆仙方言。

（1）闽南方言：是闽方言中使用人口最多、通行范围最广的一片。包括福建省内以厦门、漳州、泉州三市为中心的 24 个县市。福建省以外各地通行的闽方言，基本上也属于闽南方言。闽南方言以厦门话为代表，潮州话、文昌话也分别在广东东部和海南有较大的影响。

（2）闽东方言：通行于福建省东部，包括以福州为中心的闽江下游地区和以福安为中心的山区，共 18 个县市，以福州话为代表。

（3）闽北方言：通行于福建省北部建瓯、建阳、南平（乡区）、崇安、松溪、政和、浦城（南部），以建瓯话为代表。

（4）闽中方言：通行于福建省中部永安、三明、沙县，以永安话为代表。

（5）莆仙方言：通行于福建省东部沿海的莆田、仙游，以莆田话为代表。

语言特点：

第一，语音方面。

（1）声母：各地闽方言的声母比较一致，大都只有15个，称为“十五音”系统。不少声母保留了上古汉语的特点：①没有唇齿声母f，古非敷奉声母字口语中一部分读为p-、读书音则为h-（或x-），即所谓“轻唇归重唇”。②古知彻澄声母字，多读t-、即所谓“舌上归舌头”。③古全浊声母并奉定从澄群字多读为不送气清音声母，少数读为送气的也很一致。④古匣母部分字闽方言口语读为k-或零声母。⑤古照组声母字与古精组字混读。

（2）韵母：闽方言各地在韵母方面存在着较大的差别，主要表现为：①闽方言的韵母不同程度地保留了古音中的鼻音韵尾和塞声韵尾。其中闽南方言保留较为完整，闽东方言、莆仙方言保留较少，闽北方言和闽中方言则几乎已无塞声尾韵而只有鼻音尾韵了。②闽方言中不同程度地存在着文、白异读现象，闽南方言特别突出，几乎文、白两读各成系统。③闽方言不少地区（尤其是闽南方言）有丰富的鼻化韵。④闽方言不少地区没有撮口呼韵母。如闽南方言中的厦门、潮州、台北等地都没有y-韵。⑤闽方言中部分地区存在着“双韵尾”的现象，主要表现在闽东、闽北、闽中三个方言区。

（3）声调：闽方言各地都有入声调，声调数目6~8个，以7个为多见。闽南方言的潮州话有八声：平、上、去、入各分阴、阳；闽北建瓯话、闽中永安话都只有六声：闽北是平、上不分阴阳，而去、入分阴阳；闽中是平、上分阴阳而去、入不分阴阳。七个声调的地方遍布闽南方言的厦门、台北、海南、浙南等地和莆仙方言的莆田、仙游，以及闽东方言的福州、福安等地。闽方言中还普遍存在着复杂的音变现象，其中闽南方言、闽中方言有相当整齐的连读变调规律，闽东方言、莆仙方言在连读时音变涉及声母、韵母的变化。

第二，词汇方面。闽方言有一大批属于本方言区常见而其他方言区少见的方言词。这些方言词有两个特点：一是继承古代的语词多，二是单音节词多。例如“卵”（蛋）、“目”（眼睛）、“涂”（泥土）、“曝”（晒）、“拍”（打）等，都可以从古籍中找到出处，也都是单音节词。此外，也有一部分闽方言词借自外语。这些外来词大都借自印度尼西亚-马来语，形成了闽方言词汇中的独特色彩，例如厦门话“雪文”（肥皂）来自sabon，“道郎”（帮助）来自tolong，“洞葛”（手杖）来自tongkat，“斟”（接吻）来自chium。也有一些来历不易判明的方言词，例如“扬”（抽打）等。在闽方言的五个片中，有许多方言词是各片共有的，但也有不少方言词只存在于某一些地方。大致说来，在五个闽方言片中，闽东、闽南、莆仙三个沿海片词汇上比较一致，而闽北、闽中两个片，则有不少和闽东、闽南、莆仙不一样的语词。

第三，语法方面。①名词附加成分的运用。②人称代词单复数的运用。③数词“一”和指示词“这”“那”的省略。量词前面的数词“一”或指示代词“这”“那”在闽方言中往往可以省略，量词直接与名词组合。例如：潮州话“张画雅绝”（这张画很漂亮），“只鸡肥死”（这只鸡很肥）。与此相关，指示代词“这”“那”不能直接修饰名词，如普通话“这人很好”在闽方言说成“只个人很好”，不能说“只人很好”；同样，“这书”也只能说“只本书”，不能说“只书”。④形容词—量词—名词的结构形式在闽方言各地普遍存在，但能和量词直接组合的形容词不多，最常用的是“大”和“细”（小）。例如：厦门话“大只牛”“细泡灯”等。⑤动词“有”的特殊用法。闽方言动词“有”的用法很多，其中之一是放在动词的前面，表示完成时态。例如：福州话“我有收着汝个批”（我收到了你的信），厦门话“伊有食我无食”（他吃了我没吃），台北话“我有买”（我买了），潮州话“你有睇电影阿无?”（你看了电影没有）。⑥宾语提前的现象比较常见。如“苹果买两斤”（买两斤苹果）的说法就很普遍。普通话“主语—动词—宾语”的句式在闽方言中常加上一个介词“共”（或“甲”），并把宾语提到动词前面，例如“我共汝讲”（我告诉你）。⑦动词“去”常用作补语，表示动作行为已成为结果，相当于“已经”的意思，例如“飞去了”（已经飞了），“死去了”（已经死了)，“碗破去了”（碗已经破了）。⑧特殊的比较方式。闽方言的比较句有特别的结构，福建、台湾的闽方言多用“甲—较—形容词—乙”表示，如厦门话“伊较悬（高）我”，台北话“高雄较大新竹”。也有简单一点的表达方式：“甲—形容词—乙”，如福州话“伊悬（高）我”。广东省内的闽方言（潮州话、海南话）比较的方式略有不同：“甲—形容词—过—乙”如潮州话：“牛大过猪”。闽方言的等式比较，常用形容词“平”的重叠来表示“一样”，如“我共伊平平悬”（我跟他一样高）。⑨“把”字句的表达方式。闽方言“把”字句的表达方式是把宾语提到最前面，后面跟一个“甲伊”（把它）即：“宾语—甲伊—动词”，闽南方言片各地普遍通行这种说法。

赣方言

赣语是江右民系使用的主要语言，也为中国日常生活中主要运用的汉语七大方言之一。赣语以南昌话、抚州话、宜春话为代表语或标准音。同时赣语内部的各方言之间互通程度亦非常高。

分布地区：使用赣语的人口在 5 500 万左右，约占中国人口的 5%，世界排名第 38 位，分布于江西（赣北、赣中、赣东、赣西）、湖南东线（包括洞口县以及绥宁和隆回的北部）、湖北东南部、安徽、福建、浙江、陕西等地区。

赣语分区：赣语分为九片方言，有昌都片、宜浏片、吉茶片、抚广片、鹰弋片、耒资片、洞绥片、大通片、怀岳片等。

（1）昌都片：以南昌话为代表，通行于江西的南昌市、南昌县、新建、安义、永修、德安、星子、都昌、湖口和修水、高安、奉新、靖安、武宁、铜鼓的部分地区，景德镇市城区以及湖南的平江。特点是去声分阴阳。入声多数地方分阴阳，阴入调值高，阳入调值低。多数地方今声母送气与否影响到调类的分化。

（2）宜浏片：以宜春话（也有以新余话）为代表，通行于江西的宜春市、上高县、樟树市、新干县、新余市、分宜县、萍乡市、丰城市、万载县和宜丰县的部分地方，以及湖南的醴陵和浏阳的部分地方。特点是去声不分阴阳。大部分地方入声不分阴阳（分宜、萍乡市无入声，丰城、万载声分阴阳）。除新余市外，声母送气不影响到调类的分化。止摄开口三等精、庄组字和知三、章组字因为声母的不同韵母而有差别，但丰城例外。

（3）吉茶片：以吉安话为代表，通行于江西的吉安市、吉水、峡江、莲花、安福和泰和、永丰、吉安县、永新、宁冈、井冈山、万安、遂川的部分地方，以及湖南的酃县和攸县、茶陵的部分地方。特点是绝大部分地方（永丰例外）没有入声，去声不分阴阳（茶陵、酃县例外）。“八、发”等字韵母多位崀、崂。有丰富的鼻化韵，吉安市、峡江例外。韵母数目较少，一般在三十几个到四十多个。古清声母入声字除遂川外，今都读作阴平。古全浊声母入声字今大多读作去声。遂川古清声母入声字今读作阴去，古全浊声母今读作阳去。万安、永丰、醴陵有入声调而无入声韵。

（4）抚广片：以抚州话为代表，通行于江西的临川、丰城（东部）、进贤、东乡、崇仁、宜黄、乐安、南城、黎川、资溪、金溪、南丰和广昌的部分地区，以及福建的建宁、泰宁、光泽、邵武等 16 个市县区。特点是古透定母今开口呼字度作声母［h］，多数地方来母齐齿呼字读作声母［t］，与端母读法相同。阴去或去声大都读作降调。入声调值大都是阴入低、阳入高。古透定母开口一等字声母白读为［h］。部分方言开口四等声母白读为［h］或崂，合口一等白读为［h］或［f］。宜浏片和吉茶片少数方言也有此特点。入声分阴阳入的方言，阴入调值低，阳入调值高，但广昌例外。古全浊上声今有部分字读作阴平。吉茶片和鹰弋片少数方言也有此特点。抚广片有些方言次浊上声今也有一部分读阴平，如南丰、广昌。东乡、资溪、抚州市、黎川、南丰、广昌韵尾-m、-n、-ā、-p、-t、-k。古来母字今齐齿呼多数方言读作声母［t］。

（5）鹰弋片：以鹰潭话为代表，通行于江西的鹰潭市、贵溪、余江、万年、乐平、景德镇市（部分）、余干、鄱阳、彭泽、横峰、弋阳、铅山。特点是："佢"读作送气清音［k］，但余山、弋阳、铅山例外。第一人称代词多说"阿""阿俚"。多数方言梗摄字没有［a］、［ia］、［ua］荒绝读系统。

（6）耒资片：以耒阳话为代表，通行于湖南的耒阳、常宁、安仁、永兴、资兴市（此处有争议，资兴方言，属于湘南土话，混合型方言，不属于赣语范围）。特点是"搬班"同音。安仁、永兴、资兴等地古全浊声母今读塞音、塞擦音时，少数字读不送气音。

（7）洞绥片：洞绥片远离江西本土，而且其周围地区通行的都是湘语和西南官话，但仍然保留了赣语的特色。以洞口话为代表，通行于湖南的洞口、绥宁、隆回等地。特点是古透定母字今白读声母［h］。古透定母读［h］与抚广片相同，但来母齐齿呼不读［t］声母，有的地方没有入声，与抚广片不同。

（8）大通片：以咸宁话为代表，通行于湖北的大冶、武汉市江夏区、鄂州市梁子湖区、咸宁市、嘉鱼、蒲圻、崇阳、通城、通山、阳新和监利的部分地方，以及湖南的华容和临湘、岳阳的部分地方。特点是六个声调。古平声、去声按古声母清浊各分化成两个调，即现今的阴平和阳平、阴去和阳去。古上声全浊声母归属阳去，清声母和次浊声母今读上声。入声不分阴阳。入声字的塞音韵尾脱落，读成开尾韵，但有少数地点例外。大冶的阳去和阴平归并，只有五个声调。古入声全浊声母字，咸宁、通山两地归属阳去；嘉鱼部分归属阴平，部分读入声。通山、蒲圻两地入声韵带有喉塞音韵尾［-ʔ］，通城则有［-ʔ］、［-l］两个入声韵尾。遇摄合口一等端系字与帮、见系字韵母不同。大通片靠近昌都片的赤壁、崇阳、通城、平江、岳阳等地有浊音声母，亦称为"浊音走廊"。阳新、大冶、通山同一韵见系和非见系韵母不同，都是一些哈子音。

（9）怀岳片：以怀宁话为代表，通行于怀宁、岳西、潜山、太湖、望江、宿松、东至、石台、贵池等地。其特点是古入声和上声的全浊声母今读阳去。说"我的"，不说"我个"。

语言特点：赣语虽然内部百里不同音，但是表现在音韵方面，却仍有不少彼此相通之处，各赣语方言大多拥有大量的文白异读和频繁的连音变调，并且皆无唇齿咬合发声的唇齿音。

第一，声调。赣语各方言大体上都继承了古汉语平、上、去、入四声调的分类，并因古清浊分类而再分阴、阳二类。上阴入、中入、阳入声调的音高，与阴平、阴去、阳去是一样的，不过是用-p、-t、-k 韵尾的入声字加以区分的。由于声调的定义，是包括抑扬性（即实际音高）和顿挫性。而入声韵尾-p、-t、-k 正是影响了其顿挫性。因此，即使只以 1~6 标示，我们仍然要说是有九个声调，或者说有"九声六调"，不能称作只有六个声调。

第二，音韵。赣语是一种典型的声调语言，声调在语句中起到辨义的功能，但亦有一些变调规则。①古汉语的"平上去入分阴阳"的特点在赣语中得到体现，四声分阴、阳二类，共八个声调。部分方言阴平、阴上、阴去、阴入、阳平、阳上、阳去、阳入八个声调全部保留。在数量上赣语的各方言声调多少不一，声调最少的如宁冈，只有三类；声调最多的如永修、德安、都昌等地，多达十类。古代的平、上、去、入四声在赣语中或有分化，或有归并。主要特点是古全浊声母今读塞音、塞擦音时，不论平仄多为送气清音；多数次方言晓、匣合口字混入［f-］母，影母开口呼读［婴-］母，不读零声母；梗摄字一般有文白异读；除江西西部吉安、莲花等处基本无入声外，其他绝大部分地区都不同程度地保留入声韵尾；连读变调现象不很突出。②有不少词语与邻近方言相似。③语法上人称代词复数一般在单数后加词缀，不少方言也逐渐通用"们"作复数标志；语助词"倒"的作用与普通话的"着"相仿，如"坐着吃"南昌话说成"坐倒吃"，南昌话的"到"还相当于普通话连动式"拿一本书给我"中的"给"，如"拿一本书到我"；有些方言词重叠后作状语时，词尾用"子"，相当于普通话的"地"，如南昌话："慢慢子走"（慢慢地走）。

第三，语法。赣语的语序大多数以"SVO 型"（主语—动词—宾语）为主，在一些语境下也可以把宾语置于语句的不同部位。赣语中名词表示动物性别的方式和普通话是不一样的，表示动物性别的形容词被置于动物名之后，这与南方大部分少数民族的表达方式是相同的。例如：牛牯、狗公、鸡婆。

第四，词汇。赣语存在相当数量的单音词，例如：颈（脖子）、迹（痕迹）、掐（节省）、谷（水稻）等。赣语的状况大体上则是单音词和多音词并用。单音词基本上都是赣语早已故有的，多音词则大多是借用于现代汉语。此外，赣语不但有固有单音词和借用多音词的并用，其固有词还有新旧两种说法，词素的位置却与其相反，例如：欢喜（喜欢）、私自（自私）、牢监（监牢）、宵夜（夜宵）、齐整（整齐）、陀螺（螺陀）、气力（力气）、口胃（胃口）、机司（司机）、紧要（要紧）、闹热（热闹）、张慌（慌张）、面前（前面）等。

赣语中的人称词汇除了以上“文法”章节里所提及的人称代词以外，还有诸如敬语、谦辞、昵称等诸多词类。敬语中的一大部分都用于书面语，但口语中亦会使用，例如：“贵宝店”“府上”“台甫”“大号”“好意走/好生走”等都是日常生活经常使用的词汇。至于口语中亦有一套敬语体系，例如：称呼长者为“师傅”“老爷子”；称呼妇女为“孺人”；称呼成年男子为“大兄”“老弟”“老坐”；称呼成年女子为“大姐”“妹子”，对老年女子也有“老妪”这一沿袭古制的称谓，等等，对于木匠更有“博士”的雅称。与此同时，谦辞诸如“敝姓”“舍间”，谑称诸如“何老”“秧子”“雀子”等亦使用在赣语当中。赣语的亲族词汇除了书面语中使用的“祖父”“母亲”之类的正式用语以外，还有一套属于自己的白话体。

客家方言

客家语（Hak-kâ-ngî）简称客语（Hak-ngî），在粤东、珠三角、闽西等地区非正式场合又称客话、客家话等，在其他部分地区还称涯话［（人话）“人话”的“人（亻厓）”拼音为 Ngai］、新民话、广东话（或土广东话）、粤东语、怀远话、惠州话（广西等地）等，是汉藏语系下汉语族内一种声调语言。一般认为，客语在南宋便初步定型，而被定名为客家语是 20 世纪的事情。客家语于 2009 年被联合国教科文组织定义为一门语言（非方言）。但是在中国国内，它被认为是汉语七大方言之一。

分布地区：客家语主要集中分布在粤东、闽西、赣南，并被广泛使用于中国南方（含台湾），以及马来西亚等国一些华人社区。语言学术研究中，它以梅县话为代表，但现实中惠阳话影响较大；在台湾，则一般以四县腔为代表。

语言特点：

第一，客语各方言地方特色很强，环绕梅县的有平远、大埔、蕉岭、兴宁、五华、丰顺等县，几乎每个县的客家语都有其各自特色，可以看成一种独立的方言。如兴宁话并没有以［-m］或［-p］声结尾的字，而是把它们融入了［-n］及［-t］音里。再如，远离梅县的香港口音，中元音［-u-］已经消失了。因此，以“光”为例，梅县读作［kuɔŋ］，香港的客家人会把它读成［kɔŋ］，与邻近的深圳的客家人的口音相近。

第二，在不同的客语方言里，声调也有所不同。绝大多数的客语都具有入声，共有 6~7 个声调。在长汀城关话里，入声消失了；东江本地话（水源音）等方言则保留了早期客语去声分阴阳的声调特点，而共有 7 个声调。台湾的海陆客家人迁自海丰与陆丰。海陆腔有汉语难找的后齿龈音（［ʃ］，［ʒ］，［tʃ］）。而台湾的另外一种主流客语四县腔，则是来自嘉应州（现为梅州市）的蕉岭、平远、兴宁和梅县四个县的腔口。

声纹

声纹，是用电声学仪器显示的携带言语信息的声波频谱。

声纹具有三个显著特征：

第一，声纹具有特定性或可区分性。在语言学上被称为语音“四要素”的音高、音强、音长、音色，可分解成九十余种特征，这些特征表现了不同声音的不同波长、频率、强度、节奏，借助语图仪可以把声波的变化转换成电讯号的波长、频率、强度、节奏变化，并把这些电讯号的变化绘制成波谱图形，即为声纹图。由于人的发声控制器官（声带、软颚、舌头、牙齿、唇等）和发声共鸣器（咽腔、口腔、鼻腔等）存在着大小、形态及功能上的差异，这些器官的微小差异都会导致发声气流的改变从而造成音质、音色的差别；人发声的快慢、用力差异造成音强、音长的差别。不同人的发声器官和发声习惯的差异，就可以绘制不同的声纹图。

第二，声纹具有相对稳定性的特点。成年以后，人的声音可保持长期相对稳定不变。实验证明，无论讲话者是故意模仿他人的声音和语气，还是耳语轻声讲话，即使模仿得惟妙惟肖，其声纹却始终不相同。

第三，语音特征的变异性。个人的语音特征在一定条件下具有变异性，个人语音受年龄、生理状态、心理情绪、言语环境和记录、传输器材性能的影响发生变化，利用语音的变异可以进行人身分析，分析说话人的年龄、性别、体态、情绪、生理和语言环境等。

基于声纹的基本特征，从理论上讲，声纹同指纹一样具有身份识别（认定个人）的作用。虽然由于技术和经验的问题，声纹鉴定暂时不能完全达到指纹鉴别那样的精确程度，但它已经被越来越多的国家认可为法庭科学的一项新技术，目前，许多国家已经将声纹鉴定作为辨认犯罪嫌疑人的重要手段，为刑事侦查工作提供新的线索和证据。声纹的使用范围为：①在获得了犯罪嫌疑人的语声（录音）资料时，如在电话中进行的恐吓、勒索，或在其他性质的犯罪中录到了犯罪嫌疑人说话的声音，那么可以通过收集犯罪嫌疑人语音样本进行声纹鉴定，为认定或否定犯罪嫌疑人提供鉴定结论。②在案件的侦讯或审理中（包括民事案件），通过声纹鉴定可以审查录音证据材料的真伪。③通过声纹分析，判断说话人的性别、年龄、方言（生活地区）特征，为侦查工作提供方向和范围。

声纹鉴定的主要程序和要求为：①采集检材和样本语声（录音）。在采集犯罪嫌疑人或证人的语声作为检材时，录音宜采用高保真录音机（录音设备），录音应当尽量在不被对方发觉的情况下进行，以减少假象的干扰，保证语声的真实；应尽量防止环境噪声和录音设备的干扰，“麦克”与被录对象保持适当距离，保持电流稳定；电话录音时应使用传感器，不要将听筒直接对着“麦克”录音。对于样本语声，除了遵照采取检材语声时要求的器材和注意事项外，应尽量保持同采集检材语声时相同、相近的语声环境、距离、设备及速度；并建议在样本语声中有与检材语声相同的词句，以供特征比对。②审听和选择。鉴定人员要先对检材和样本分别反复审听和记录，从中选择正常而清晰的语声段落，再进一步选取相同的字、词、句，作为供比较的部分，然后使用语图仪分别将选好的检材与样本中的字、词、句做出声纹图。③声纹特征的选择。在被比较的两种声纹图谱中，分别选取明显、稳定的特征作为比较特征。一般说，共振峰的频率值及其走向是最稳定的特征，而且具有很强的特定性，利用价值最高；而时长、音强、波形等特征稳定性较差，可做参考。具体实践中，还可以从同一个人的语声中选择多个相同字、词或句的声纹图，在分析比较中抓住其稳定而特殊的特征作为依据。④比较。比对检材与样本中相同字、词的声纹图中的同类特征（如共振峰频率、走向及波形），进行比较分析，找出相同点和差异点。⑤综合判断。如果被比较的全部特征完全吻合；或者稳定性强的特征完全吻合，而只是稳定性差的特征有些差异，均可做同一认定结论。如果被比较的稳定性强的特征差异较大，还可以补充样本再做声纹图比较，倘仍有差异，又无法解释，则可做否定结论。需要注意的是，说话人在不同的环境和不同的心态下，以及不同的语气、不同的健康状况都会引起语音的某些变异，录音环境（噪音、回声、距离）的干扰及录音设备不良，也会使录制的语音产生假性变异。送检时，要把录制检材和样本时的环境状况、录制距离、录制方式、使用机器及在什么情况下录制等情况加以详细记载，一并提交鉴定人，以便对差异点进行客观的分析评断。

当前，声纹技术广泛应用于信息安全、银行和证券业务、公安司法、军队和国防、保安和证件防伪等领域，并借助计算机、网络等电子信息技术建立声纹识别信息系统。比如，在公安司法方面的具体应用主要有以下几个方面①：

第一，对作案人进行个人语音人身分析。在以电话录音为主要线索的绑架、敲诈、诬陷等刑事案件侦查中，对未知作案人个人特点的分析捷径是运用语音学原理与语音人身分析技术，分析推断未知说话人的性别、年龄、身高、体态等，刻画嫌疑人特征，为侦破案件提供线索，缩小或确定嫌疑人范围。国外已开展了根据语音声学特征分析体态、身高的研究。我国语音界也提出了普通话语音共振峰频率有助于分辨性别的观点，成年女性共振峰频率为成年男性的 1.25 倍，儿童共振峰频率为成年男性的 1.35 倍。此外，根据说话人的言语习惯和言语欠缺及病理性语音、方言等声学特征，如利用方言、语调、词汇、语法、习惯语、口头语等对未知嫌疑人的生活地域、文化水平、职业特点等进行分析推断，来确定犯罪嫌疑人的长住地或出生地，也有助于确定嫌疑人的特征，从而为侦查工作及时查明和证实犯罪提供方便。语音人身分析技术的日臻完善将为仅有声音线索的案件侦查初期分析刻画犯罪嫌疑人特征提供一条崭新的途径。

第二，对作案人变异、伪装语音的识别。声纹鉴定技术可以通过研究语音在不同因素条件下的变异规律，如研究嗓音的病理变化、不同的录音器材影响、方言性变异、耳语性变异等相应的变异规律，得出判别的实验依据和鉴定方法，应用于案件检材的语音变异性分析。通过对伪装语音研究，找出不同声学特征中被改变程度和变异较小、较稳定的声学特征，建立对案件中常见的方言性伪装、模仿性伪装语音的鉴定方法。此类技术可应用于案件语音检材的伪装语音识别与分析。

第三，改善语音内容的听辨效果。刑事案件侦查中获取的语音材料由于录音设备与录音环境的影响往往效果不佳，往往会出现信号微弱或存在噪音干扰，导致内容不清、噪声较大，从而影响听辨的效果。利用先进的声纹鉴定技术进行切分、反复播放可以改善听辨效果，同时声纹鉴定技术具有的信号放大与信号降噪功能可以解决上述问题，改善听辨效果。信号放大是利用声纹鉴定技术对录音材料中的微小信号进行放大，提高鉴定中的分辨率。信号降噪是利用降除噪音、提高信噪比的操作，对整个音频文件上某一频率范围的噪音降除或对指定时间段上某一频率范围的噪音降除，从而取得比较满意的消噪效果。

第四，语音同一性鉴定。即对视听资料中说话人的同一性认定，确定检材和样本是否为同一人所言。这是“电话犯罪”类案件犯罪嫌疑人出现后审查、认定的必要环节，为确定其刑事责任提供证据。比如，通过采集犯罪嫌疑人的语音声样，与案件中作案人的声音检材进行比对、分析、统计，综合评定，确认其是否为同一人，达到认定犯罪嫌疑人的目的。再如，在建立违法犯罪嫌疑人语音检材库的基础上，采集现场语音检材，运用声纹鉴定识别技术将现场声样与语音声样档案比对，确定该嫌疑人是否有前科，或确认或辨认其真实身份。

第五，语音材料完整性检验。在某些案件侦查过程中，当事人或犯罪嫌疑人会出示声音材料提供有关犯罪行为的信息或作为证明自己作案时间不在现场的证据，对这些由当事人提供的声音资料，首先要进行真伪甄别。可以从检材的完整性角度检验语音内容是否存在增删、编辑、复制和人为消磁，利用声音图谱观察与话音听辨相结合，检查录音中有无开始、结尾的话音，有无开、关机声音及其相应的声谱突变现象，从技术上审查录音材料的真伪程度，以证明其证据的真实性与有效性。

第六，噪声分析。利用声纹鉴定仪器对一些绑架、敲诈、恐吓案件中电话、录音检材中的各种环境噪声进行分析，如对录音背景中的汽车笛声、机器轰鸣声、钟声、鸟鸣声等进行分析，推断相关时间与地点，为侦查破案中推断案发地点、分析作案条件、寻找解救人质提供线索。同时噪音分析与电磁分析相结合，可以进行原始录音带的确定。

案例：2010 年 5 月，在河南某市发生了一起抢劫杀人案，被害人简短的叙述：“……我的钱包……si（发音）个孩……坐车上去的……”。“si 个孩”为侦查员提供了案件的基本信息，犯罪嫌疑

---

① 吴毓青，陈建民．声纹鉴定技术在刑事案件侦查中的应用［J］．上海公安高等专科学校学报，2003，13（4）：37-40.

人应为：年纪较轻的男性；但是，作案人员是四个，还是几个？如果不懂当地方言，极有可能将侦查方向引向团伙作案。当地，在该语境下，“si个孩”，应为“是个孩”，即为单个男性作案。专案组依据当地方言特点结合受害人语境，判断犯罪嫌疑人应为一个年轻的男性，这为案件的侦破提供了精准的目标方向，从而使得案件最终顺利侦破。案件最终侦破结果表明，犯罪嫌疑人确为一个年纪不到30岁、身高不到170厘米的男性。

语言环境

语言环境即指说话时，人所处的状况和状态。语言环境有多种：一般来说，有自然语言环境、局部语言环境和自我营造的人工语言环境。自然语言环境是指以该语言为母语的生活环境。局部的语言环境是指学习者部分时间生活或学习于该门语言环境中。而人工语言环境主要指学习者在头脑中用该门语言复述、描述、记忆或营造某些场景。语言运用包括听、说、读、写四个方面。从交际过程来说，听、读是理解语言的过程，属于接收信息；说、写是语言表达的过程，属于发送信息。理解和表达虽属于交际过程的不同阶段，但都受制于语言环境。

狭义的语境对语言的理解和表达影响最大。同样一句话，在这个场合由这个人说出，与在另外一个场合由同一个人说出，表达的意思可能不同；同样一个意思，在这个场合对这个对象说，与同样在这个场合对另外一个对象说，使用的语言也可能不同。一般来说，在口语交际中，有了狭义的语境，再加上谈话时的一些辅助性的非语言手段，如表情、手势、态度、语调等，要达到相互理解并不难。但是把语言写到书面上就不同了，孤立的一句话，如“你怎么回来得这么晚呀”就很难理解，是谁对谁说的？到哪去了？是责备、爱护，还是撒娇？这时就要依靠狭义的现实语境来理解。

广义的语境对语言的理解和表达也有较大的影响。比如一个人说话粗声粗气，可能有几种情况：对对方有意见；刚刚生过气，心情还没有平定下来；性格、语言习惯就是这样；等等。到底是哪一种意思，需要根据广义的语言环境去理解。

语言传播

从空间上来看，语言的传播是由迁移扩散和扩展扩散造成的。总的说来，语言传播的最直接的影响因素是人口的迁移和流动。影响人员空间流动以及媒体传播语言信息的因素主要分为两种：自然因素和人文社会因素。

第一，自然因素的影响。自然因素主要是通过影响人口迁移流动来对语言扩散施加影响的，表现为自然地理条件良好、通达性强的地理区域语言扩散传播状况好，而在自然条件差、通达性弱的地理区域语言扩散传播状况差。①在地理位置偏僻的区域语言传播较困难：区域外的语言难以进入，区域内的语言也难以对区域外的语言产生大的影响。例如，高加索地区地形崎岖，沟壑纵横，山高谷深，人员往来交流十分不便，那里的居民语言就十分复杂。其中，属于印欧语的有4种，属于伊比利亚-高加索语的有6种，属于乌拉尔-阿尔泰语的有7种，因此该地也被称为语言博物馆。中国云南多山，山间盆地、谷地、山脉相间分布，地形破碎，且较为封闭，因此有苗、彝、哈尼、纳西、拉祜、傈僳、基诺、白语、傣语等多种语言存在。②平原及港口地区、交通要道、铁路、公路及河流附近等地区由于位置优越，同外界交往频繁，有利于语言的传播扩散。例如，广东省的英德以北地区本来是客家方言的优势分布区，由于粤汉铁路的开通，铁路沿线的一些城镇和广州的交往日益加强，所以广州话也就扩散到这些城镇，如韶关已通行广州话。上海郊县一些城镇或乡村的方言日益接近上海市区语言，则是现代公路发展的结果。地中海一些港口，使用由法语、西班牙语、希腊语、意大利语、阿拉伯语等混杂而成的混合语，则是同港口在现代国际交通运输中重要的地位密切相关。从地理条件看，平原和草原给交通提供了方便。这点在闪-含语系与乌拉尔-阿尔泰语系的分布情况中表现得十分明显。显然，西亚、北非地理相连的草原环境有利于阿拉伯语的形成及保持其语言内部的一致。乌拉尔-阿尔泰语分布区东西相距十分遥远，如果不是草原使中亚与西亚和欧洲东部连接，形成方便交通的地理环境，则这个语言区是不可能相连的。中国的华北平原地形开阔平坦，与东北、西北联系方便，这样的地理环境为北方方言的形成及内部一致性提供了重要条件。与北方相比，南方在地形上多为丘陵，其崎岖的地形为方言提供条件，各方言彼此的内部差异远大于北方。马来-波利尼西亚语系横跨印度洋与太平洋的辽阔海域，而且各岛也相距甚远，如果不是海洋提供了便利的交通条件促进其扩散，很难想象在起源上比较接近的语言为何彼此的分布又那么遥远。

第二，社会人文因素的影响。语言既是一种特殊的社会现象，其本质特点在于语言是一种社会交际工具，是为整个社会服务的①。因此，语言的传播与扩散受社会人文因素的影响更大。主要包括以下几方面：①行政区划的影响。行政区域的划分和建制往往对语言的传播扩散具有决定性的影响。同一行政区内，不仅要求经济管理等方面的一致，而且往往要求使用语言上的统一。每一个国家或地区都有自己所使用的共同语言。语言界线与国界有着极大的一致性。再如，我国很多省区方言的分布也同省区界线相一致。政治区域的分化和统一常常引起语言的分化和统一，使语言在分化和统一中得到发展。一个原本完整统一的地区由于政治、经济和战争等原因分化成几个独立或半独立区域，各区域间交往减少或完全断绝，这种环境的变化使本来通用的语言的共同点逐渐减少，差别越来越大，进而形成各有特点的语言分支——方言。行政区划的中心往往也是该区经济、文化、时尚的中心，一般人们的语言心理总是尽量接近行政中心，这样促使行政中心的语言很快传播到周围地区。例如，嘉兴和苏州曾先后作为上海经济区的中心，因此，嘉兴话和苏州话就曾先后成为上海经济区最流行的地方话，后来上海成为这个地区的中心，上海话又成为这个地区人们最崇拜的地方话，人们以会说上海话为荣。②经济条件的影响。不同地区在政治经济上的联系越来越小，语言的差别就会越来越大，往往造成地域方言的形成，比如德语是方言最多的语言之一，是由于德意志民族在历史上曾经分裂为许多封建公国，各国之间由于缺少政治、经济的联系，语言逐步分化，形成方言，这是语言传播扩散的一个反过程。反之，经济越发达的国家和地区，同其他国家或地区在经济、文化等方面的交流就越频繁，其语言对外的影响也就越大，其他国家的人民为了学习他们先进的科学技术知识，为了促进和他们的经济、技术、文化等方面的交流，学习他们的语言是十分必要的，这也促进了发达地区语言的传播和发展。③人口迁移的影响。人是语言的载体，语言的传播扩散是通过人的交谈、移动完成的，没有人口移动，在通信条件比较落后的时代，语言的传播扩散几乎无法实现。移民作为人口迁移的一种方式，促进了语言的传播发展。如果外地的移民较当地的土著居民有较优越的政治、经济、文化地位，同时迁移时间又较集中，那么移民所带来的语言就有可能取代当地土著居民的语言。例如，英语取代印第安语在北美洲的地位。移民所带来的语言优势虽不能取代当地的语言，但其语言成分往往能渗透到当地语言中，对当地语言产生影响。如辽宁西部的语言中带有河北味，就是因为河北人曾大批移居至辽西地区②。

语言扩散

语言扩散属于文化扩散的内容之一。

---

① 郭古兮．语言学教程［M］．西安：陕西人民教育出版社，1987.

② 赵荣，王恩涌，张小林，等．人文地理学［M］．2 版．北京：高等教育出版社，2006.

语言扩散分类：

第一，在语言学中，人们通常采用的是谱系扩散和波形扩散的分类。所谓谱系扩散（由施莱哈尔提出），是将某个时间段内的所有语言看作是从几个基本的根生长出来的不同树枝，各种语种是“根”语言扩散后的变异结果。因此有人也将这种扩散称为根式扩散。所谓波形扩散，是将一种语言或语言要素作为波源，它的扩散如同波一样向四周散开，两种或两种以上的波源的波相遇后，便形成了一个新的语言现象的生长点，这些新的语言生长点发展成熟后又可能成为新的波源。前者着眼于时间的演变和突发性的变化，后者则着眼于空间上的渐进性的扩散。

第二，根据语言扩散的主体——“人”的空间移动距离长短，将语言扩散划分为迁移扩散和扩展扩散。迁移扩散一般指使用该种语言的人或集团由甲地迁往乙地的过程中，语言也被传播到该地，人的空间移动距离较大。例如，欧洲移民向美洲新大陆的迁移造成的英语向美洲的传播。扩展扩散则是指语言通过其居民，从该地向四周不断地传递，其所占据的空间也越来越大的现象。在这种扩散中，人的空间移动距离相对较小，因此文化特质在空间上有连续性，新的分布区由旧的文化区扩大而形成，旧的分布区较小，位于新的文化区内。

第三，根据语言扩散的内容，语言扩散还可以分为语言要素扩散，如语音、词汇、语法的扩散等。

语言传播和扩散过程的特性：

第一，外延性和连续性。语言是呈波状向外放射，逐渐扩大语言圈域的，这是语言传播和扩散的外延性。通常语言圈域都是由小到大向外延伸的，也有个别语言圈日渐缩小。在语言向外延伸的过程中，语言逐渐向相邻地区扩展，再通过外延地区向其相邻地区传播，是通过人的移动和相互接触来实现的。

第二，距离衰减性。文化现象在一地开始后，在其扩散过程中，随时间和距离的延长而衰减，一般说来，离起源地或中心越近，这种文化现象越强烈，越远则越弱。这种现象可称为距离衰减现象，或时间-距离衰减现象。语言扩散过程也是这个规律。

第三，层序性和阶层性。由于语言呈波状扩散，对某些地区来说就有多次重复的层序性。早期传入的古老语言和后来传入的新语言有着不同的层序性，往往新语言是在古老语言基础上发展起来的，但差别很大。如有些青年人不懂古语，有些老年人不懂现代语。语言在传播过程中，随着人类活动身份的不同而具有了明显的阶层性。

第四，复合性。复合性是指语言在扩展接触中，一种语言吸收其他语言成分，形成复合语言，如日语用片假名书写的外来语就是复合语。语言复合性的另一种表现是双语现象。在民族杂居或贸易交往频繁的商业地区，或因战争等原因造成的民族迁徙都将不可避免地发生语言接触。凡有语言接触的地区必先出现双语现象，即某个人或某个语言集团同时使用两种语言的现象。

第五，竞争性和同化性。在传播过程中，两种以上语言同时存在就会产生竞争和排他现象，语言作为工具本身在竞争中互相融合，导致自身异化而后趋于同化。代表“优势文化”的语言对代表“弱势文化”的语言影响日益彰显，小语种似乎更加边缘化。语言的同化是指一个民族或几个民族放弃自己的语言而选用另一个民族语言作为交际工具，包括自愿同化和强制同化两种。

第六，演化性。语言通常是由单纯表现进入复杂表现的。以“雨”来说可演化为“春雨”“梅雨”“暴雨”等，使其含义发生很大的变化，并随着经济、文化、技术的进步逐渐增加了新义，例如“酸雨”一词是随着人们对环境状况的认识而出现的①。

① 赵荣，王恩涌，张小林，等．人文地理学［M］．2版．北京：高等教育出版社，2006.

语言融合

语言融合，也称为“语言替代”或“语言换用”。不同民族在同一地区长期密切接触以致渐渐趋向融合，语言融合并不是指产生“混合语”，而是指相互接触中的一种语言排挤代替了其他语言，即其中某一种语言成为胜利者，保留自己的语法构造和基本词汇，并且按自己发展的内在规律继续发展，成为趋向于融合的各民族人民的共同交际工具，而其他语言则由于无人使用而消亡。消亡的语言通常会在胜利者的语言中留下一些痕迹，如某些发音方式的特点，当地某些地名或特有地貌、物产的名称等①。

语言融合的原因：哪一种语言能够代替其他语言而成为全社会的交际工具，是由社会历史条件决定的。在语言融合过程中并不是政治上处于统治地位的民族语言成为胜利者，语言融合的结果是经济文化地位高的一方排挤、替代经济文化地位低的一方。

发生语言融合的必要条件：发生语言融合的必要条件是这些不同民族必须在同一地区有较长时期的杂居生活。不在同一地区生活的民族或虽生活在同一地区但保持独立聚居的民族，一般不会发生语言融合。

语言融合的分类：

第一，自愿融合。在汉语和其他语言的融合过程中，有些民族顺乎历史发展的规律，自觉放弃使用自己的语言，选用汉语作为共同交接语。

第二，被迫融合。在汉语和其他语言的融合过程中，有些民族为保持本民族的语言进行了艰苦的斗争，但迫于经济、文化发展的需要，也不得不放弃自己的语言，学会汉语，实现语言的融合。

语言融合的过程：

第一，语言融合的过程大体上是先出现双重语言现象，最后导致一种语言排挤、替代另一种语言而完成语言的统一。

第二，双语现象，是指被融合民族的成员一般会讲两种语言：本族语和在融合过程中占优势的那种语言。

第三，双语现象的出现是融合过程中富有特征性的重要现象，是两种或几种语言统一为一种语言的必经的过渡阶段。

第四，双语现象发展的结果有两种：①如果两个民族向融合的方向发展，相互间的关系越来越密切，其中一个民族就会放弃自己民族的语言而使用经济文化水平较发达一方的语言，最后完成语言的融合。②如果两个民族向分离的方向发展，那么，他们就会继续说自己的语言，语言各自发展，最后也不融合。

世界文字

世界文字主要有拉丁字母表、斯拉夫字母表、阿拉伯字母表、印度音节文字、汉字、日本词符音节文字、朝鲜连字音素文字、希腊文字等十多种文字。

（1）汉字：汉字是世界上历史最悠久的文字之一，它不依附于任何其他文字体系，而是独立形成和发展的。汉字是从图画发展而来的，其历史至少有五千年，最早的汉字产生于原始社会末期。汉字是以象形为基础，以会意、指事和形声为构造新字的手段，以转注和假借来丰富文字体系的巨大文

---

① 叶蜚声，徐通锵. 语言学纲要［M］. 2 版. 北京：北京大学出版社，2010.

字体系。在汉字进化过程中，无意识或有意识地运用了一些造字的规律或条例，现代人将这些规律总结为六种（又称六书）：象形——把字画成所指物的大致模样；指事——用具体的笔画表示抽象的意思；会意——用两个以上的字或字形结构单位组成，以它们的结构关系表示字义；形声——是用两个偏旁组成一个字，一个表义，一个表音；转注——是指一类意义相同的字，它们可能具有相同的部首，或同属一韵，或同属一声；假借——对一种根据语义造不出来的字，用字形和字义不相干，但语音相同的字来表示。一些少数民族也多使用汉字，古代东亚、东南亚地区的一些文字也是以汉字为基础或直接在它的影响下产生的。目前全世界约有25%的居民使用汉字。

（2）阿拉伯文字：阿拉伯文字的前身是“那巴泰文字”。那巴泰文字是公元前最后几百年在阿拉米-巴拉米拉文字的基础上产生的。最初，那巴泰文字表达阿拉米语，从3世纪起，这一文字出现了阿拉伯语，从4世纪起它开始用来表达阿拉伯语。现在，所有的阿拉伯国家都使用阿拉伯文字，某些相邻的国家继续使用以阿拉伯文字为基础创制的文字。全世界约有10%的居民使用阿拉伯文字。

（3）希腊文字：希腊文字形成于公元前10世纪末到公元前9世纪初，即腓尼基文明的繁荣时期。希腊人借用了腓尼基文字之后，对它进行了很大的改进，创造了元音字母，根据希腊语的特殊语法结构改变了辅音字母的成分，部分改变了腓尼基字母的形状和书写的方向。

（4）拉丁（罗马）文字：拉丁文字又叫罗马文字，产生于公元前8~前7世纪，起源于希腊文字。公元前2世纪中叶，罗马帝国征服了希腊后，希腊国家的语言和文字对罗马的影响显著加强，在此基础上基本形成了拉丁标准语言。到公元前5世纪中期，拉丁语和拉丁文已在几乎整个欧洲、北非和西南亚广泛流行开来。现在以拉丁文为基础的字母表共有70多种，其中，欧洲有30多种，亚洲有20多种，非洲将近有20种。有30%以上的世界人口使用这些字母表①。

地名景观

地名是一种典型的非物质语言景观，虽然地名不一定具有可视的物质形态，但是它们满足景观的空间特征，即指示着地表特定的空间。地名不仅是一个简单的名称，也是人类文化不可分割的一部分。“地名是人们赋予各个地理实体的专有名称”。

地名景观的特点：

第一，特殊性。每一个地名都与具体的所指的地域相联系。

第二，符号性。用于地名的语言与普通的词汇不同，它们大都失去了在语库中原有的含义，主要作为一种特别的符号。

第三，变异性。地名的特殊性发生程度不同的偏离，产生不同地域同名的现象。如叫张家村、李家村的同名村庄很多。汉语地名的结构一般为“专名+通名”。

地名景观的作用：

第一，地名景观的时代性、空间性决定了它们可以反映出其所分布地区的文化空间过程，可以推断出文化事务或现象的扩散过程。

第二，地名是一种典型的语言景观，由于许多学者意识到地名研究应“着眼于用，立足于实”，因此利用地名景观分析文化空间扩散过程的例子很多，并逐渐成为一种比较成熟的方法，如壮族、华北城镇。

第三，地名景观具有很强的社会功能。地名是语言符号的一种，同其他语言符号一样都具有任意性和规定性的特点。语言符号的任意性是指符号的表示者和被表示者之间的关系是任意的，而不是必

① 赵荣，王恩涌，张小林，等．人文地理学［M］．2版．北京：高等教育出版社，2006.

然的，是由社会约定俗成的，而这种感觉约定俗成一旦被社会所公认，就不能随便更改①。

中国地名景观

中国地名从意义上讲可以分为历史地名、变迁地名和意愿地名等不同类别。

第一，在反映自然环境方面。①地名主要是反映地点的相对位置。我国古代就有“山北为阴，山南为阳”和“水南为阴，水北为阳”的说法。与此有关的地名有华阴、蒙阴、衡阳、凤阳、淮阴、沈阳、洛阳等②。②以自然地理实体为中心，取东南西北方位的地名有河北、河南、山东、山西、湖南、湖北、淮北、鸡西、鸡东等。③也有表示相邻位置关系的，如以河流的不同流段为参考系。如河之源：漫源、婺源、凌源；河之中：扬中、辽中、漫中；河之口：丹江口、裕溪口、汉口；河之岸：临汾、临潼等。④与地形有关的地名有：鞍山、巫山、平顶山、赤峰、黄冈、虎丘、茨坪等。⑤与水体有关的地名有：黑龙江、浙江、松江，漠河、沙河、白河，赤水、吉水，洛川、经川、合川，慈溪、兰溪、屯溪，岳池、贵池、神池，酒泉、甘泉、阳泉等。

第二，在反映经济活动方面。①反映商业、集市贸易特点的地名有：茶店、酒店、牛市屯、牛街、马市、马街、马场、柴树店等。这种命名反映了该地商业活动的特点。②利用十二生肖来命名的地点如鼠街、牛场、虎街、兔场、龙场、蛇场、马街、羊街、猴场、鸡街、狗街、猪场（以上地名都在云、贵、桂）等。这些地名表示该地经济不发达，交通条件差的特点，每12天才有一个集市，与其他地区相比次数少。另一方面也反映了过去用生肖表示日期，便于记忆集市日期。③有很多地名反映了某些地区矿产资源的地位：如金沙江、铜官山、锡矿山、铁岭等。在交通方面，反映水运的有天津、孟津、江津、风陵渡、通辽、通渭等。以店、铺、驿站为名的有驻马店、三十里铺、三站等。

第三，在反映历史方面。有许多地名反映了历史上的重要事件。例如明朝时建都于北京，为改善当地农业经济，增加粮食供应，从人口较多的山西移民到此来开垦种田。当时，来北京开垦的移民都以原来居住地的地名命名新的开垦地点，故村名就以山西的故乡县名命名。如北京大兴区东南的凤河两岸的霍州营、长子营、河津营、潞城营、屯留营等。在延庆的官厅水库有的村也以营为名，而且相当集中，这些则是明朝为守卫边防设置的军屯。这两地虽都以营为名，但历史背景不同，其含义亦不同。

第四，在反映少数民族文化方面。如壮族地区称田为“那”。以“那”作地名，不仅限于广西（那陈、那琴、那岭），而且也出现在广东（那条、那霍）、云南（那洒、那街）的部分地区。在傣族中，“勐”代表村，故其傣族聚居地区有大量勐字地名出现。在蒙语中，“浩特”是指城，故有呼和浩特（蒙语为青色的城）、乌兰浩特（红色的城）等地名。西藏自治区首府拉萨，藏语中是“圣地”之意。新疆的“塔里木”在维吾尔语中意为“脱缰之马”。

第五，在反映祥瑞或祈福意愿方面。表示祥瑞或祈福意愿的地名很多，如陕西省的长安、凤翔、宝鸡、扶风、绥德、安康、宁陕、镇安、定边、靖边等。

西方地名景观

由于过去是印第安人居住的土地，在美国，很多地名仍保留着原地名。如美国的州名中，Idaho（爱达荷）印第安语意为“高山上的亮光”；Massachusetts（马萨诸塞）意为“大山冈”；Michigan

① 赵荣，王恩涌，张小林，等．人文地理学［M］．2版．北京：高等教育出版社，2006.

② 牛汝辰．中国地名文化［M］．北京：中国华侨出版社，1993.

（密歇根）意为“广阔的水面”，也是指“大湖”。从印第安语含意中可以了解其地理特征。在美国，汽车多，高速公路也多，人们开着汽车在高速公路上疾驰。路上往往有大型路标，上面写着：“Huntsville City Limits”，“Harrisburg 25”，“Ohio River”，“Newfound Cap Elevation 5 048”，“Entering Cape Hatteras National Seashore”。这些路标上表明的是：“这里是亨特斯维尔市区”“这里距离哈瑞斯堡25英里”“前面是俄亥俄河”“前面是纽芬兰隘口，高5 048英尺”，或“这是进入哈特拉斯海角国家海滨公园”。人们从这里可以获得很多地理信息。这里的地名可以分为两部分，如Hunts，Harris，Ohio，Newfound，Hatteras，它们代表地名。ville，burg，river，gap，cape是表明地理特征村、堡、河、隘口、海角。两部分结合起来代表的地名就可以反映出地理特征。

同样，在欧洲了解古时的地名对了解历史文化有很大价值。在易北河（Elbe）和萨尔（Saale）以东，在今天德国的村庄、城镇和城市的地名中有后缀ow、in、zig是很普遍的（如Teterow，Berlin，Leipzig）。这些后缀来源于斯拉夫语而不是德语，它反映了8世纪时斯拉夫人的分布情况。在此以后，斯拉夫人才南迁离开这片土地。在莱茵河以西和多瑙河以南是罗马人曾经统治的地方。那里后缀有weiler的地名（如Eschweiler）很普遍，这些后缀来源自拉丁语，意为小村，由villare拉丁字转化而来。过去欧洲森林面积很大，经砍伐后，有不少已消失。这种历史环境特征在地名上亦有反映。如德国，后缀有roth，reuth，brunn的Neuroth，Bayreuth，Grasbrunn，表示这里过去是森林。这几个字根是表示“根除”“掘出”“火烧后开垦”，反映出当时破坏森林的方式和目的。在新西兰，也有不少引起人们注意的地名。那里原住居民是毛利人，今天他们只居住在少数地区，毛利人的地名在聚落上呈有规律变化。新西兰四个最大的城市全是欧洲名字，可是在人口为1万~10万的城镇中，毛利人地名占40%，低于1万人的小镇，毛利人地名则占60%，这说明毛利人的居住地在欧洲人进来后的变化①。

① 赵荣，王恩涌，张小林，等．人文地理学［M］．2版．北京：高等教育出版社，2006.

第 3 部分　聚落地理

聚落地理学的两个子支——城市地理学与村落地理学从来也没有真正融为一体，形成一门真正的、完整的学科。故现代人文地理学将城市和乡村当作完整而统一的聚落系统中的不同类型的空间地理单元，并充分注意它们之间的共性、连续性和关联性。

按照金其铭先生对聚落的理解，“聚落是人类活动的中心，它既是人们居住、生活、休息和进行各种社会活动的场所，也是人们进行劳动生产的场所。”这个定义指出了各种聚落的一个重要共性：聚落的功能，是为人类提供工作劳动、生活居住、休息游乐和生活交往的空间场所。但是聚落还有两个重要的共性：第一，人是聚落的主体，人的存在与聚集人的需要和活动，人的意识与行为，是聚落形成发展的主要因素。第二，聚落环境是高度人工化的环境，它包括人工次生自然环境和人工建筑环境。

聚落分类体系和聚落分类方法是聚落地理学研究的基础课题之一。从纵的方向看，聚落可分为城市、乡镇、乡村三大类。其中，乡镇处于中间过渡的地位，因此，文献中常有城镇并提、村镇并提的情况。从横的方向看，聚落存在着规模尺度、职能性质和地域形态的差别，而且这些差别在城市、乡镇、乡村内部都有明显反映，这就给聚落的横向分类提供了线索。本文则从城市聚落、乡镇聚落和乡村聚落的三个方面进行阐述。

综合性城市

随着世界城市化进程的加快，一些地理位置优越和产业优势明显的城市经济功能趋于综合型，金融、贸易、服务、文化、娱乐等功能得到发展，城市的集聚力日益增强，从而使城市的经济能级大大提高，成为区域性、全国性甚至国际性的经济中心和贸易中心（“大都市”）。商业由单纯的商品交易向综合服务发展，商业活动也扩展延伸为促进商品流通和满足交易需求的一切活动。这类城市在中国比较典型的有直辖市、省会城市。综合性城市就是规模较大的政治、经济、文化、交通和信息服务的枢纽。这类城市拥有保持国家长远利益和核心竞争力的产业集群；具有强大的引领和辐射带动能力，能够携领区域一体化发展；可以展示民族精神与现代文化，不断探索经济开放、体制改革、社会和谐和生态文明的道路；能够与周边城市优势互补、分工合作、协同发展。

这类城市综合性强，经济发达，从而能够吸引大量人口聚集，是社会问题和犯罪活动的多发地。按照综合型城市自身的辐射范围，可将其分为三类：①全国性超大型综合城市，以北京、上海、广州、深圳为典型代表。②大区级特大型综合城市，主要代表城市有武汉、哈尔滨、成都、南京等。③省区级大型综合城市，以石家庄、郑州、兰州等省会城市为代表。随着城镇化进程的加快，我国城镇的数量、规模在不断扩大，各城市也会不断向高级别城市演进，外来流动人口不断增多，人口文化差异大，就业、上学、医疗、居住等问题都需解决，出现违规违法行为的概率较高。

综合性工业城市

工业城市是产业革命后随着现代工业的发展而产生的以工业生产为主要职能的城市，在英国等国有以单一工业为主的“专业性工业城”。在工业化国家中，工业是促使大多数城市发展的主要因素，也是城市的主要经济基础。除特殊情况外，一般城市是综合性的，大多是有工业的。我国习惯上称以工业为主的城市为工业城市。工业城市可分为综合性工业城市和专业性工业城市两类。工业城市形成的初期，往往具有专业性的特点。随着城市的扩大和工业生产分工协作的发展，城市工业的部门结构往往经历从简单到复杂的发展过程。在地理、资源等条件优越的地区，专业性工业城市会逐步演变为综合性工业城市。中国辽宁素有“煤都”之称的抚顺市，就经历了从专业性煤矿城市逐步发展为兼有石油、钢铁、机械、炼铝、电力等工业的综合性工业城市的过程。

工业有轻工业和重工业之分，基于少数工业种类而形成的工业城市，需要的工人类型也比较单一，这往往就造成了男女比例失调的问题。比如，在城市的重工业区男性工人的比例很高，在我国东北一些重工业基地，这一问题比较明显。而在一些适合女性的制造业基地，女性工人的比例较高，目前在东莞这一问题非常突出，男女比例长期失调。男女比例失调，会对未来社会的良性稳定运行以及社会伦理道德体系造成一定的冲击，如婚配失当、人口拐卖、性行为犯罪等，影响和谐社会的构建尤其是婚姻的稳定。所以工业型城市在建设过程中应当注重避免产业单一化，适当调整人口性别比例。

铁路枢纽城市

在铁路网中，几条铁路干线相交或衔接的地点，由若干个车站、站间联络线、进站线和信号等组成的总体，称为铁路枢纽。铁路枢纽是铁路运输网的心脏，它对保障铁路运输网的畅通运行起着关键作用。在铁路枢纽的强大带动和刺激下，铁路十字交叉点城市成为我国区域经济发展格局中的快速生长点，取得了超常的发展。很多大城市的形成就是依靠铁路作为有力支撑发展起来的。我国铁路枢纽有500多个，一般也是全国或者省区的政治、经济、文化中心或工业基地和水陆联运中心等。目前中国铁路总公司将重点建设的8个铁路枢纽城市如下。

（1）北京铁路枢纽：是连接八个方向的全国最大的铁路枢纽。有京广、京沪、京九、京沈、京包、京通等铁路呈辐射状通向全国，并有国际列车通往朝鲜、蒙古和俄罗斯。

（2）上海铁路枢纽：是东部沿海地区最大的枢纽站。既是京沪线和沪杭线的终点，又是我国远洋航运和沿海南北航线的中心，客流量和货运量极大。

（3）广州铁路枢纽：是我国华南地区的水陆交通中心，京广、广深铁路与珠江航运在此会合。黄埔港是广州的外港，经这里的海内外旅客和进出口货物流通量很大。

（4）郑州铁路枢纽：地处我国中原地带，陇海、京广两大干线在此相交，沟通了东西南北十几个省的货物，是全国铁路网的“心脏”。

（5）武汉铁路枢纽：是京广、襄汉、汉九（江）铁路和长江、汉水航运交会的交通中心，素有“九省通衢”之称，以水陆中转联运为其特色。武汉铁路枢纽为我国铁路八大枢纽之一、六大客运中心之一和四大机车客车检修基地之一。届时，将有京广线、京广客运专线贯通南北，武九线、汉丹线和沪汉蓉客运通道承东启西，成为全国铁路通道的交会点。

（6）西安铁路枢纽：是目前西北地区最大的铁路枢纽，连接陇海、西康、宁西、包西、侯西、咸铜和西户等铁路线，是西北地区主要的客、货集散地和中转中心，也是连接华北、华东、中南等地区与西北、西南各省的纽带。

（7）重庆铁路枢纽：在成渝、襄渝、川黔、遂渝、渝怀五条铁路干线以及长江和嘉陵江航线的交会处，是西南地区最大的水陆联运中心。

（8）成都铁路枢纽：由两条环形线组成，即北大环和南大环。北大环：清白江站—成都北站—成都东站—龙潭寺站—金堂站—清白江站。它连接了宝成、成渝、达成三条线路。现有成都北站（客运）和成都东站（货运），现在正在修建成都北编组站和清白江工业编组站两个编组站，并有一些工矿专用线。南大环：天回镇站—成都北站—成都东站—成都南站—成都西站—天回镇站，其中东环线成都北—成都东—成都南是成昆线的一部分。

铁路枢纽城市最应注重火车站片区的治安问题。密集的人流、物流使火车站成为利益纷争的场所。同时，火车站流动人口多、情况复杂，也是各类违规违法行为容易发生的地方，尤其在假期前后、春运期间，火车站的治安问题都是社会关注的焦点问题。如郑州火车站日均客流量达到数十万，各类违规违法行为层出不穷。火车站周边喊客拉客、围站叫卖现象突出，有周边小旅社、小饭店招揽生意的，有职业乞讨的，也有非法运营黑车的，还有倒卖车票、发票、假证的。这一切混乱的现象有可能会逐渐演变成敲诈、诈骗、抢夺、抢劫等犯罪行为，也为犯罪嫌疑人的罪后逃逸提供了极大的方便。

商业城市

商业城市是担负一定区域商品流通的中心城市，如国外的纽约、巴黎和我国的广州、上海等。作为组织区域商品流通的城市，一般都是区域内较大的商品生产基地，拥有较完善的商品流通体系及信息交换的设施和手段，以及便利的交通运输条件，是一定区域内的物资集散中心和商品消费中心。现代的商业城市往往又是该区域的经济中心和交通枢纽。由于商品生产与交换的集中，引起银行、保险、信托等金融企业的集中，科学技术和文化教育也相当发达。商业城市分为全国性和地方性两级。

商业城市的侵财型犯罪案件持续高发。此类城市商贸业发达，民资丰富，但随着外来人口的大量涌入，这些人基本是城市的贫困人群，处于社会的最底层，这就形成了严重的贫富差距，致使社会阶层矛盾显化，也会滋生仇富心理，在特定情况下，还潜藏着社会不稳定因素。

风景旅游城市

这类城市在其市区或近郊区拥有规模较大、质量优异、富于特色的风景名胜等旅游资源（包括自然风景和人文景观）。风景旅游城市的自然风景往往与城市融为一体。风景旅游城市的服务对象主要是外来的旅游者。城市具有较完善的旅游服务设施，旅游以及与之相关的各种服务性劳务收入在城市经济结构中占较大比重。中国著名的风景旅游城市有杭州、苏州、桂林等；以其他职能为主，兼具旅游职能的城市有北京、广州、西安、南京等。风景旅游城市的旅游职能必须与其他社会、经济职能协调发展，相互配合。除了发展为旅客服务的交通、住宿、饮食等行业，以及生产土特产品、纪念品等行业以外，风景旅游城市同其他城市一样，可根据资源、技术力量以及在所在地区中的地位等条件，适度地发展工业和从事其他经济活动。

与旅游城市美好标签相反的是其常见的犯罪问题，一般都是针对游客的犯罪行为。旅游城市共性的犯罪类型有宾馆、旅店的入室盗窃，砸轿车玻璃偷盗游客财物，当街扒窃游客财物，“黑的士”“黑导游”“乱宰客”等。节假日期间，一些不法分子趁着人多混乱的局面，实施违法犯罪活动。这几类犯罪行为持续高发，不仅严重威胁游客的生命财产安全，而且影响旅游城市的形象，带来诸多负面影响。

港口城市

港口城市是指位于江河、湖泊、海洋等水域沿岸，拥有港口并具有水陆交通枢纽职能的城市。港口城市的形成和发展，在很大程度上受自然地理条件、社会经济条件以及国家经济政策等的影响和制约。中国封建社会后期在水运交通要冲（多在河口区）形成了一些著名的港口城市，如番禺（今广州）、明州（今宁波）、泉州等。其中地理位置和港口条件优越的城市（如广州）得到了持续的发展，成为今日重要的经济贸易中心。近代工业、交通的发展，航海技术的进步和国际经济联系的加强，促进了原有港口城市的繁荣，也促进了新的港口城市的成长，如我国的大连、青岛、烟台、湛江、珠海等。港口是城市发展的有利条件。

港口城市的突出特点就是沿海沿江的特殊对外通道带动了整个城市的发展。港口作为进出口贸易的重要集散地，是我国改革开放和加快经济发展的前沿，在推动整个城市的发展中发挥着举足轻重的作用。然而，伴随着港口的高速发展，侵财犯罪案件居高不下，犯罪分子为了获取非法经济利益，利用物流行业在法律指导、制度管理和规范程度等方面存在的漏洞和薄弱环节，不顾一切将黑手伸向港口运输物资。沿海港口物流领域侵财犯罪案件大多与社会上普遍发生的侵财犯罪案件不同，具有显著的区域性、行业性特征，其作案形式千变万化，犯罪手段五花八门，犯罪规模逐渐扩大，集团化、智能化趋势明显，危害程度日益加剧。侵财犯罪行为已经渗透到了沿海港口物流活动的各个环节，给保持我国经济平稳较快发展和港口现代化建设带来了严重的负面影响。

城镇化

城镇化是指农村人口不断向城镇转移，第二、第三产业不断向城镇聚集，从而使城镇人口数量增加、城镇规模不断扩大的一种历史过程，它的主要表现是：随着一个国家或地区社会生产力的发展、科学技术的进步以及产业结构的调整，其农村人口居住地点向城镇迁移和农村劳动力从事职业向城镇第二、第三产业转移。城镇化的过程也是各个国家在实现工业化、现代化过程中所经历社会变迁的一种反映，是人类生产、生活方式由农耕文化向工业文明转变，由乡村型向城市型转化的必然过程。城镇化不仅扩大了享受城市文明的人口数量，而且提高了所有居民的生活质量。中国已经步入了城镇化的加速阶段（30%~70%），从河南省历年的城镇化水平（图 3-1）就可以看出这一特点，城镇化水平历年来持续增长。特别是 20 世纪 90 年代以来，城镇化的增长速率明显提高，城镇化水平飞速提升。

当前，我国进入了经济增长、结构转换的关键时期，经济增长的驱动力将由投资变为创新和效率，城镇化面临着土地利用、社会平衡、环境资源、城市发展四大问题。由于固有的农村生活背景、受教育水平、技能等的局限，进城农民在城市中的收入水平普遍较低，既要承受相对较高的房价等城市生活成本，还要承担在农村的家庭责任等，能够享受的社会保障又有限。因此，他们并没有真正摆脱贫困，在内涵型城镇化中贫富差距被放大，在城市中形成了“城中村”“蚁族”“鼠族”等区域分异现象，这些现象的出现也阻碍了城镇化的进程，同时也增加了社会的不稳定因素，违规违法行为层出不穷。

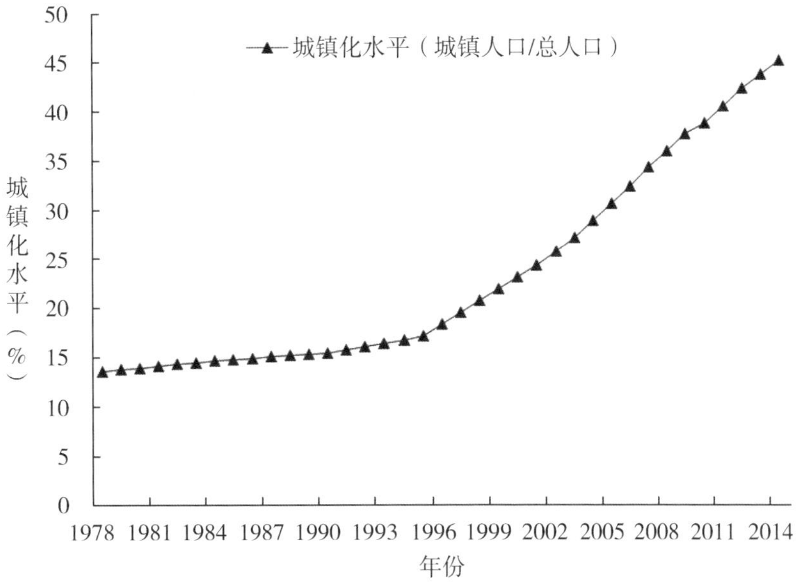

图 3-1　河南省城镇化水平的变化（1978~2014）

半城镇化

半城镇化是特指中国城市化进程中的一种现象：农村人口向城市人口转化过程中的一种不完整状态。其表现为：农民已经离开乡村到城市就业与生活，但他们在劳动报酬、子女教育、社会保障、住房等许多方面并不能与城市居民享有同等待遇，在城市没有选举权和被选举权等政治权利，不能真正融入城市社会。由此，半城镇化会产生很多的社会问题。

半城镇化带来的直接社会问题主要表现在农民工的“非市民化待遇”“非同城待遇”和社会保障不公平等方面。具体表现在以下六个方面：一是农民工收入的“非同城待遇”，表现为工资拖欠和低收入等问题。农民工的就业主要集中在建筑、纺织服装、电子机械制造和餐饮服务四个行业，较大一部分的农民工在私营企业或个体工商户就业，农民工获取报酬的方式存在极大的不规范性，农民工工资被拖欠的事件时常发生。同时农民工平均月收入不及同期城市在岗职工平均工资的一半。二是农民工劳动保障和劳动环境的“非同城待遇”。较多农民工未签订劳动合同，工作环境普遍存在高危险、高强度、脏乱差的状况。三是农民工住房的“非同城待遇”。大多数农民工普遍存在居住面积较小、居住环境较差、居住区位边缘化、无法享有住房保障等问题。四是农民工社会保障缺失。根据《中国流动人口调查报告 2011》统计，80% 以上的进城务工人员就业于制造业、批发零售业、住宿餐饮业、建筑业等工作时间长、工资水平低、工伤保险参保率严重不足的行业。这些农民工日平均工作时间达 9.6 小时，但月收入却不足 2 500 元，有 1/3 的进城务工者未与用人单位签订劳动合同。在采掘业、制造业、建筑业等高风险行业中，外来务工人员的工伤保险参保率仅分别为 58.4%、48.9% 和 25.1%，远低于国家标准。五是农民工子女教育的“非同城待遇”。主要表现在学前教育阶段的入学难和教育成长环境的不平等，后者主要是指农民工子弟学校存在的教育资源的不平等、农民工子女的家庭教育不平等、压力承受不平等以及普遍意义的教育结果不平等。六是农民工自我认同和社会认同的“非同城待遇”。前者主要表现为农民工对城市的心理不适应和拒绝融入，后者主要表现为农民工经常会受到歧视。

新型城镇化

新型城镇化是指坚持以人为本，以新型工业化为动力，以统筹兼顾为原则，推动城市现代化、城市集群化、城市生态化、农村城镇化，全面提升城镇化的质量和水平，走科学发展、集约高效、功能完善、环境友好、社会和谐、个性鲜明、城乡一体、大中小城市和小城镇协调发展的城镇化建设路子。新型城镇化的“新”，就是要由过去片面追求城市规模扩大、空间扩张，改变为以提升城市的文化、公共服务等内涵为中心，真正使我们的城镇成为具有较高品质的适宜人居之所。新型城镇化的核心是农村人口转移到城镇，且完全实现农民向市民的转变，提升人口市民化质量，而不是建高楼、建广场等景观方面的外在城镇化。

郊区城镇化

郊区化亦称郊区城镇化，是指当代特大城市因人口和各种职能迅速向郊区扩散转移，从而使郊区变为具有市区多种职能的城镇化地域的过程。其根本原因是急速膨胀的城市人口超过市区地域的负荷容量，致使城市内部土地利用紧张、交通拥挤、居住和环境条件恶化；而郊区空间开阔，高速公路、地下铁道等现代化交通工具和设施为移居提供了方便。故郊区化以人口和住宅为先行，后为商业、办事机构。工业企业，特别是大型企业或因地价或因环境、交通运输、劳动力供应、专业化和协作配套生产等需求，为扩大再生产，也相继趋向于条件更好的郊区。在此基础上，逐步实现多种职能的郊区化。

郊区城镇化进程中由土地征用、房屋拆迁引发出来的社会不稳定问题也随之增多。例如，在征地拆迁方面，有的征地手续不全，有的拆迁程序不规范。群众在对这些问题进行诉求时，往往会表现出串联组织化、问题复杂化和行为过激化。少数群众在信访活动中，抱着“信上不信下，信访不信法”的错误思想，往往采取一些过激、极端的行为。此类问题，不妥善及时处理，极有可能小事拖大，大事拖“炸”。

逆城市化

“逆城市化”是相对于“城市化”而言的。“城市化”是一定区域的政治功能、经济功能、文化功能、社会功能以及居住和消费功能向城市聚集的过程。在这些聚集过程中，一个突出的现象是农村人口向城市转移。“大城市化”的必然结果是愈来愈强大的聚集效应，同时也带来了聚集空间趋近极限和难以持续的种种“城市病”。当城市集聚到了一定极限，就得调整和优化城市的功能结构和空间结构以解决各种“城市病”，由此，中心城市的各种功能，比如政治中心、经济中心、文化中心以及居住和休闲娱乐等功能纷纷向有条件的中小城镇及乡村分解。这些功能分解就是“逆城市化”。

而我国出现的“非转农”现象，由于和城镇化大趋势相反，很多人将这种现象称为“逆城市化”现象，其实我国的“非转农”与国际上的逆城市化现象是有区别的。我国的“非转农”呈明显的地域性，并非全国的普遍现象。“非转农”高发地区主要集中在农村社会经济发展良好、与城市差距较小的地区，具体而言，可以分为三类。

（1）第一类是以高度的农村工业化为特征，主要集中在长三角地区，长三角地区的广大农村作为城市的腹地，形成了高度专业化的农村工业，农村工厂和市场遍地开花。

（2）第二类则是以发达的县域经济为基础的村庄分红为特征，主要集中在珠三角地区，这些地区土地收益根据社区户籍每年分红，这意味着拥有当地的农村户口，就能够取得从当地的土地经营收益中分一杯羹的权利。

（3）第三类“非转农”高发地区大量集中在北京、上海、广州等超大城市周边，城市的辐射带动作用拉动了周边地区的经济发展，大城市周边的土地也不断增值。

“非转农”的背后蕴藏着深刻的社会问题，主要表现在：一部分人进入城市之后，支出增加、就业不稳定、城市融入情况差，总体来说就是在城市生活没有在农村好。同时，这一现象也说明了我国在资源配置上的严重失衡。“非转农”过程中的现实问题都增加了爆发社会问题的隐患，因此必须正视这些存在的问题，努力突破各种制度障碍并建立一些约束机制，才能实现良好的城乡互动。

城市地域结构

城市地域结构指各种城市功能分区及其空间组合，是城市发展过程中由职能分化带动形态分化而形成的结构。城市内部一般可分为工业区、居住区、商业区、行政区、文化区、旅游区和绿化区等功能区。各个功能区有机地构成城市整体，但城市的性质、规模不同以及离心力和向心力的差异，使其内部结构的复杂性也不同。城市地域结构诸要素中，最重要的是工业区、居住区和商业区。一般来说，工业区是城市形成和发展的主要动力，也是城市内部空间布局的主导因素；居住区是城市居民生活和社交文化活动的地方；商业区是城市各种经济活动特别是商品流通和金融流通的中枢。城市地域结构的各种组成要素，在空间布局上虽然可以划分出功能区，但并不是截然分开的，往往交叉和混杂在一起。如在居住区内往往有一些对居民生活影响不大或无污染的工业企业；而在工业区也常常有一些住宅和公共服务设施。

根据城市内部地域空间的分异规律和功能组织的客观需要，一个城市内部可划分为若干个功能区。王益澄等通过对浙江省宁波市典型辖区派出所进行调查，得出的结果显示：宁波市内部不同功能区的犯罪案件具有不同的特点（表3-1）。①

表3-1 宁波市内部不同功能分区各类犯罪案件的百分比统计（2005）（单位:%）

城市功能区	盗窃	诈骗	两抢（抢夺、抢劫）	吸毒	赌博	非法携带管制刀具	打架斗殴	其他
CBD区域	84.81	3.26	1.76	1.59	2.01	1.19	0.68	4.7
新旧城交界区域	56.67	3.47	1.64	19.56	7.51	0.55	2.19	8.81
居住区	75.1	7.48	4.23	0.98	1.57	1.67	4.23	4.74
风景名胜区	87.77	1.22	3.65	0.38	1.02	0.64	0.96	4.36
经济技术开发区	70.81	6.84	5.02	0.51	2.03	0.35	9.92	4.52

资料来源：2006年宁波市公安局公安综合报表。

从统计数据来看，各区域最主要的犯罪形式是盗窃，占到该功能区发案总数的50%以上，其中市中心CBD区域和风景名胜区发生的盗窃案占该功能区发案总数的84.81%和87.77%；其次是诈骗和吸毒犯罪，不同区域的发案情况有差别，其中新旧城区交界区域发生的吸毒案占该功能区发案总数的19.56%，人流和交通流量大的居住区内发生的诈骗案占该功能区发案总数的7.48%；此外，“两抢”案件基本占到该功能区发案总数的2%~5%，赌博、非法携带管制刀具和打架斗殴案件则在不同区域有所不同。根据以上数据分析，宁波市内部主要功能区的城市犯罪活动具有以下几个特点。

---

① 王益澄，林玲．东部沿海城市犯罪问题的城市地理学研究［J］．宁波大学学报（人文科学版），2009，22（1）：109-113.

（1）开放性商贸商务区容易滋生盗窃犯罪：宁波市中心CBD区域是全市的休闲购物消费中心。其中以天一广场为中心的购物圈，是全市商贸商务区，也是盗窃犯罪频繁发生的“重灾区”。通过对调查数据再细分可以发现，在餐饮集中地段多发拎包盗窃；购物集中地段多发扒窃；写字楼群多发溜门盗窃；而在一些开放性管理或者没有物业管理的老小区则多发入室盗窃。

（2）人口流量差较大的交通道路附近容易发生“两抢”和诈骗犯罪：人口流量差是指同一地点的人口流动量在一天之内的最大差值。一般来说，广场、公园、菜场等是人口流量差较大的地方。这些地方附近的交通道路的共同特点是：在人口流量大的时候，会出现道路拥挤的情况，而在人口流量小的时候，则交通非常顺畅。同时，广场、公园和菜场等公共休闲场所的存在，为犯罪分子提供了隐蔽的藏身点。因此，“两抢”和诈骗犯罪往往会在人口流量高峰出现前或者出现后的时间发生。

（3）娱乐场所较为集中及其周围租住人口较多的新旧城区结合部容易发生吸毒犯罪：宁波市东柳社区属于新旧城区结合地段，辖区内城中村、老居住小区和新建的居住社区交错分布，大小酒店、KTV娱乐场所和酒吧较为集中。由于城中村和老小区的本地居民纷纷向新小区迁移，于是这里就成为外来租住人员的集中地。酒店和KTV娱乐场所吸引了一大批外来务工人员在其周围租住，辖区内外来人员的情况较为复杂，给吸毒犯罪提供了滋生的条件，吸毒犯罪达该区域立案总数的19.56%。

城市景观

城市是人类所创造的一种文化景观。大多数城市都是长期历史发展而形成的，因此，它有丰富的内涵。第一，在城市景观中，最明显的是城市建筑高度。第二，城市景观往往与著名的建筑物相联系，该建筑就成为该城市的标志与特征。第三是城市格局，一些经过规划和建设的城市往往表现得尤为突出，不仅是重要建筑物的单体和组合，而且整个城市的道路系统都反映出其独特的风格和内涵。第四是城市与环境的协调所形成的风格。由于一些城市的地理环境不同，因而形成其独特的风格。总之，城市景观具有丰富的内涵。

城市感知

城市感知是指对城市景观的一种感觉，不同本国文化背景、不同的族群对此有不同的感觉。就城市景观来说，给人的感知留下深刻印象的是路、界、节点、区和路标。路是指城市的道路，如商业街、高速路、步行街。道路两旁的商店、建筑、街景都会给人留下印象。人们的头脑对城市的图形就是一条条路形成的框架。界是指城市不同区之间的界限，往往以河流、岸线、高地、街道等各种标志来区分，它是人们对城市的视域范围。节点是指会合处，如道路的重要交叉口。区是指某种特征的地区，如不同类型人的居住区。路标是景观的参考点。各个城市的参考点是不同的，有的是某个建筑物，有的是某个具有历史意义的地点，有的是某一个繁华的地段等。

城市群

城市群是城市发展到成熟阶段的最高空间组织形式，是在地域上集中分布的若干城市和特大城市集聚而成的庞大的、多核心、多层次的城市集团，是大都市区的联合体。城市群是指在城镇化过程中，在特定的城镇化水平较高的地域空间里，以区域网络化组织为纽带，由若干个密集分布的不同等级的城市及其腹地通过空间相互作用而形成的城市-区域系统。世界级的城市群包括美国东北部大西洋沿岸城市群、北美五大湖城市群、日本太平洋沿岸城市群、英国城市群、欧洲西北部城市群、中国长江三角洲城市群、中国珠江三角洲城市群。中国城市群分别为珠三角城市群、长三角城市群、以京津冀为核心的环渤海城市群、长江中游城市群、中原城市群、成渝城市群、哈长城市群，共 7 个国家级城市群。

城市是一个区域的中心，通过极化效应集中了大量的产业和人口，获得了快速的发展。随着城市规模的扩大，实力的增强，对周边区域产生辐射带动效应。在这种辐射作用的带动下，以核心城市为中心，形成一个又一个城市圈或都市圈。伴随着城市规模的扩大和城际之间交通条件的改善（尤其是高速公路的出现），相邻城市辐射的区域不断接近并有部分重合，城市之间的经济联系越来越密切，相互影响越来越大，这些相邻的城市就可以认为形成了城市群。以核心城市集聚为主导，围绕中心带动战略，我国形成了多极化、组团发展的城市群格局。这些地区的经济将会吸引更多的人口集聚，相应也会伴随着更多的社会问题和违法行为。

中央商务区

中央商务区（英文简称 CBD），是指一个国家或大城市里主要商业活动进行的地区。CBD 集中了大量金融、商业、贸易、信息及中介服务机构，拥有大量商务办公、酒店、公寓、会展、文化娱乐等配套设施，具备完善的市政交通与通信条件，吸引了大量的公司、金融机构、企业财团在这里开展各种商务活动。它是一个城市现代化的象征与标志，是城市的功能核心，是城市经济、科技、文化的密集区，一般均位于城市的黄金地带。中央商务区的复合功能导致该区域存在大量的流动人员，存在大量的现金交易，容易成为犯罪的空间盲区。

城市新区

随着社会经济的发展，世界各地因工业化推进城市化，城市化伴随着经济的发展、人口的增加和用地规模的扩大，城市中出现了一系列经济问题、社会问题和环境问题。建设城市新区，成为现代城市发展的必然选择。城市新区是在旧城之外规划新建的具备相对的独立性和完整性的城区，它是以某一个或几个城市功能为主导的新城区。城市新区具有自我的独立性，又依托于城市整体与旧城区密切相联，因此城市新区具有“新旧”结合的复合功能。我国城市新区是城市郊区化发展的产物，是承接中心城区产业、人口迁移的重要载体，具有国外新城的基本特点，但也有其独特性，具体来说表现为：①为缓解中心城区社会、经济、生态环境压力而开发的城市拓展空间；②一般设有一级政府或准政府机构，是在政府有组织的干预和推动下开发的；③开发规模一般较大，在地域空间上位于城乡结合地区；④新区与中心城区之间存在紧密的社会、经济联系。

在城市新区用地变化的动态过程中，也给犯罪活动提供了新的机会。例如宁波市江东区东柳社区，以前是城乡交界地带，在城市东扩的影响下，近几年发展迅速，建成了多个商务和住宅楼群，同时还配套了大型超市和医院。因此，这一区域迅速吸引了大量的人口，同时也造成各类盗窃和抢劫案件的不断增加。新城居住区的建设给犯罪活动提供新的机会，也给城市建设和管理提出了新的要求。

科技城

科技城，是指依托丰富的教育、科技资源形成的高智力的、高创造力的集中区或新城区。中关村，位于北京市西北部的海淀区，中心位于西北三环与西北四环中间，向各个方向有所延伸。中关村比邻中国最著名的两所大学（北京大学与清华大学），是北京的高科技中心，它发展自20世纪80~90年代的“电子一条街”，现在被誉为“中国的硅谷”，其周边高校的学生们习惯玩笑地简称它为“村子”。中关村国家自主创新示范区，是中国高科技产业中心，是中国第一个国家级高新技术产业开发区，第一个国家自主创新示范区，第一个“国家级”人才特区，是我国体制机制创新的试验田。中关村有一区多园的空间格局，其中包含了海淀园、丰台园、昌平园、电子城、亦庄园、德胜园、雍和园、石景山园、通州园、中关村大兴生物医药基地等十个园区。“十二五”期间，中关村完善了其“一区多园”各具特色的发展格局的建设，重点建设“两城两带”，即中关村科学城、未来科技城和由海淀北部、昌平南部、顺义部分地区构成的北部研发服务和高技术产业带，以及由北京经济技术开发区、大兴和通州、房山的部分地区构成的南部高技术制造业和战略性新兴产业带，促进高端产业集群发展。

位于四川盆地西北部的绵阳是由党中央、国务院命名建设的唯一的中国科技城，素有“西部硅谷”和“智慧之城”的美誉，是中国重要的国防科研和电子工业研发与生产基地。绵阳也是全国首批“促进科技和金融结合”试点市和全国首批“三网融合”试点城市，还是全国文明城市、全国创业先进城市、国家卫生城市、国家园林城市、国家环保模范城市、全国双拥模范城和中国最佳宜居城市。

卫星城

卫星城是指在大城市外围建立的既有就业岗位又有较完善的住宅和公共设施的城镇，是在大城市郊区或其以外附近地区为分散中心城市的人口和工业而新建或扩建的具有相对独立性的城镇。因其围绕中心城市像气象卫星一样，故得其名。卫星城的建设旨在控制大城市的过度扩展，疏散过分集中的人口和工业。卫星城虽有一定的独立性，但是在行政管理、经济、文化以及生活上同它所依托的大城市有十分密切的联系，与母城之间保持一定的距离，一般以农田或绿带隔离，但有十分便捷的交通联系。卫星城的概念产生于英国，美国学者泰勒正式提出并使用“卫星城”这一形象性的概念。

田园城市

田园城市，也称花园城市，是19世纪末英国社会活动家霍华德（E. Howard）在其著作《明日，一条通向真正改革的和平道路》中提出的关于城市规划的设想，目的是建设一个兼具城市和乡村优点的理想城市，避免“城市病”的发生，以使人们更好地在其中工作生活；田园城市实质上是城市和乡村的结合体。在田园城市理论指导下，英国建设过新城韦林。这一理论随着各国城市规划的发展得以传播开来，如成都、洛杉矶等。

城中村

“城中村”是指在城市高速发展的进程中，由于农村土地全部被征用，农村集体成员由农民身份转变为居民身份后，仍居住在由原村改造而演变成的居民区，或是指在农村村落城市化进程中，由于农村土地大部分被征用，滞后于时代发展步伐、游离于现代城市管理之外的农民仍在原村居住而形成的村落，亦称为“都市里的村庄”。随着城市规模的扩展，新型住宅小区如雨后春笋般建成，促使城市居民向新型小区迁移。由此造成原居住小区成为外来人口租住的主要选择，也容易成为犯罪分子的聚居场所，同时旧城区内许多居住小区由于人口流量大、人员复杂、房屋防盗性能差等特点，往往成为犯罪分子的重点目标。因此，旧城居住区容易成为犯罪活动的高发场所，这也是当今城市管理的一大难题。

城中村是城市的一块“夹缝地”，这种独特的地位和现象，必然会带来一系列的社会问题：

（1）人口杂乱。城中村由村民、市民和流动人口混合构成。流动人口成为主要犯罪群体，治安形势严峻。

（2）城市规划滞后。违法违章建筑相当集中，“一线天”“握手楼”“贴面楼”风景独特。由于房屋密度高、采光通风条件差，村民居住环境差。

（3）基础设施不完善，卫生条件太差。各种管线杂乱无章，排水排污不畅，垃圾成堆。街巷狭窄、拥挤，存在严重消防隐患。

（4）土地使用存在诸多问题，宅基地、工业用地、商业用地相互交织，非法出租、转让、倒卖，管理混乱等。“城中村”不仅影响城市的美观，也阻碍城市化进程，制约着城市的发展，已成为困扰许多城市发展的“痼疾”。这些问题综合在一起，成为一种公共安全隐患和犯罪温床。

棚户区

棚户区是一种特殊居住区，是指城市建成区范围内、平房密度大、使用年限久、房屋质量差、人均建筑面积小、基础设施配套不齐全、交通不便利、治安和消防隐患大及环境卫生脏、乱、差的区域和“城中村”。所谓“城中村”，是指城市建成区仍然存在的、在集体土地上建造的、属于棚户区性质的区域。从面积上讲，棚户区一般拆迁面积在3万平方米以上，占地面积一般在5万平方米左右。

我国各类棚户区改造任务艰巨。据调查，2012年末我国仍有超过1 200万户城镇低收入和少量中等偏下收入家庭居住在棚户区中①。此外，各地还有不少“城中村”、城镇危旧房。棚户区房屋破旧拥挤，厨卫设施不全，有的甚至存在安全隐患。

城市边缘区

城市边缘区是一种在土地利用、社会和人口特征等方面与中心城区相比发生变化的地带，它位于连片建成区和郊区及几乎完全没有非农业住宅、非农业占地的纯农业腹地之间的土地利用转换地区，是兼具城市和乡村的土地利用性质的城市与乡村地区的过渡地带，又称城乡接合部。

城市边缘区人地系统具有明显的城乡过渡性特点：

（1）受城乡之间特定的空间扩展因素与空间过程的影响，其地域表现出一定的过渡性。城乡交错带内城市与乡村各要素、景观及功能的空间变化梯度大，是城市与乡村两类性质不同的区域之间的“急变带”，人地关系的空间差异远较城市、城乡、城域内部大，同时城乡接合部地区存在着频繁的能量与物质对流，分别来自城市与乡村的人口、物质、技术、信息等在这里相互作用与竞争互生。

（2）城乡接合部是城市与乡村两种社区相互接触、混合及交融的地区，其人口与社会结构特征的过渡性也十分明显。在这里不仅有城市居民与农村居民的相互混杂，而且还存在着本地常住人口与外地流动人口的异质反差，各种不同职业类型、不同生活方式、不同信仰、不同价值观念、不同需求以及不同心理文化素质的人群相互形成强烈的对比与共存。

① 蒋彦鑫（新京报记者）. 全国1200万家庭住棚户区［N］. 新京报，2012-10-12（A09版）.

（3）由于同时受到城市与乡村经济的双向辐射，城乡接合部经济发展具有明显的多样化特点，经济的发展对城市的依附性不断加强，城市性产业及城市需求导向产业在增加。城市边缘区在户籍管理、行政区划、外来人口、土地管理和物业管理方面存在一系列的问题①。这使得这一被称为“都市里的村庄”的特殊社区，土地开发支离破碎，原有的道路、水系等被打乱，垃圾成堆，排水不畅，违章搭建十分严重，环境卫生恶化，社会治安形势严峻，无论是在社区景观或是在社区精神文明建设方面都与市区形成强烈的反差。

农业镇

农业镇的农业资源较为丰富，人均耕地多，无论是产值构成还是就业构成，农业均占绝对的支配地位。因此，这类镇以发展农业生产为其主要功能，多分布于我国的中西部地区，在东部沿海地区也有不少这类镇。对这类镇再细分，可分为特色农业镇和生态农业镇。

（1）特色农业镇，又称农业产业化基地镇，其特点是根据本地农业自然资源最佳利用方式，围绕市场需求，重点发展当地优势农产品生产，实行适度规模化经营，强化基地专业化生产，同时着重发展以优势农产品加工为主的系列加工业与流通业，走产加销、农工贸一体化经营的农业产业化道路。

（2）生态农业镇，其特点是在保护、改善农业生态环境的前提下，按照农业生态系统内物种共生、物质循环、能量多层次利用的生态学原理，因地制宜地把现代科学技术与传统农业技术相结合，运用系统工程方法，全面规划、合理组织农业生产，实现农业高产、优质、高效持续发展，达到生态和经济两个系统的良性循环和“三个效益”的统一。

工业镇

工业镇的乡镇企业比较发达，形成了一定规模，吸纳了大批的农村劳动力，乡镇工业企业的收入构成该镇的经济基础，工业是其主导产业。因此，这类镇以发展工业生产为其主要功能，多分布于我国的东部沿海地区。如广东顺德的容奇镇、东莞的虎门镇，江苏吴江的盛泽镇、张家港的塘桥镇、江阴的新桥镇，浙江慈溪的宗汉镇就属于这种类型。

对这类镇再细分，可分为特色工业镇和一般工业镇。特色工业镇的主要特点是：形成了以品牌为核心的特色品、特色企业、特色产业，进而形成特色工业经济。如江苏常熟白茹镇主要围绕康博集团生产的“波司登”羽绒制品发展镇域经济；锡山港下镇则以红豆集团为核心带动全镇经济发展；江阴新桥镇以阳光集团为核心引领全镇经济发展；广东三水西南镇以健力宝集团为核心带领镇域经济发展，顺德容奇镇以科龙集团为核心组织发展全镇经济；安徽当涂县博望镇按照“立足刃具、发展刃具、突破刃具”的发展思路，优先发展与刃具制造密切相关的机床制造业，成为“中国刃具第一镇”“中国机床第一镇”等。一般工业镇的主要特点是特色不明显，主导行业不明确，行业体系“小而全”，多元均衡发展，行业集中度较低。

商贸镇

这种类型的镇大多处于传统商品集散地和集市贸易区，拥有优越的区位条件和便利的交通，市场

① 顾朝林．中国大城市边缘区研究［M］．北京：科学出版社，1995.

体系发育相对完善，物流覆盖数个县、数个省，甚至全国。因此，这类镇以发展商业贸易为其主要功能，多集中于我国东部沿海地区，少量分布于中西部地区。如被誉为“东方第一纽扣市场”的浙江温州桥头镇就属于这种类型。

旅游镇

这种类型的镇一般都有悠久的历史，有丰富的古建筑物、深厚的文化底蕴或美丽的自然景观，以旅游业为核心的第三产业十分发达，旅游收入成为该镇的主要收入。因此，这类镇以发展旅游业为其主要功能，在全国各地都有分布。如江苏昆山的周庄镇就是一个以旅游业为主的镇。目前，不少镇充分利用本地独特的地域风貌和景观特色优势，开发旅游产业，推动镇域经济的繁荣和发展。例如，陕西乾县的城关镇凭借乾陵而发展成为一个旅游重镇，江西九江的枯岭镇则凭借庐山而成为庐山风景名胜区的游览中心，四川大邑的安仁镇依托现存的清末民初旧式街坊建筑而成为川西历史文化名镇，还有不少地方正在规划打造农业观光型旅游镇。

边界镇

这种类型的镇位于地区与地区、国与国的交界处，是区域间或国际通商、交往的主要门户。因此，该类镇以发展边际口岸贸易为主要功能。如江苏北部的新安镇位于苏鲁交界处，陇海铁路横穿该镇东西，临沂至宿迁的公路纵贯该镇南北，该镇已成为苏北和鲁南一部分地区工农业产品的重要集散地。此种类型的镇还有广东深圳的沙头角镇、云南的畹町镇、新疆的阿拉山口镇、黑龙江的爱辉镇等。这类镇往往具有特殊的区位优势、资源优势或政策优势。

城郊镇

这种类型的镇位于大中城市的边缘地带，与中心城区的距离较近，承担大中城市的部分功能和作用。因此又称“卫星镇”，它主要依托和接受大中城市的技术、产业、经济和社会各方面的辐射来发展全镇经济。按其形成的方式，可分为自然形成的镇和人为形成的镇两类。前者是由于大中城市的影响，使得城市边缘区原来的村落自然晋升为小城镇；后者则是根据居住、工业或科研文教的需要，人为地、有计划地建造的新镇。在我国，大中城市边缘区卫星镇以自然发展起来的占多数。这类镇按承担大中城市功能的不同，又可分为农业型、工业型、旅游型、居住型、科教型城郊镇。农业型城郊镇主要发展郊区农业和都市型特色农业，为城市提供丰富的优质无公害农产品，满足城市居民日益提高的生活需求。如贵州都匀市的甘塘镇就是典型的农业型城郊镇，该镇是当地集奶牛、蔬菜、稻鱼、鲜花为一体的产业大镇。工业型城郊镇，如天津的杨柳青、军粮城，上海的安亭、吴淞等。旅游型城郊镇，如北京的八达岭镇和十渡镇等。居住型城郊镇，如北京的清河、高碑店等。科教型城郊镇，如陕西咸阳的杨陵镇等。

工矿镇

工矿镇是依托邻近的大中型企业和矿山而发展起来的小城镇。其主要特点是通过大力发展为工矿服务配套的第二、第三产业，来促使自身的基础设施和各项事业快速发展，与工矿企业共生共荣。因此，这类镇以为大中型工矿企业协作配套生产服务为其主要功能。四川省绵竹汉旺镇就是这类镇。它是随着三线搬迁项目而出现的一座新型小城镇。

交通枢纽镇

交通枢纽镇一般是所在区域（县或区）的交通中心，地处交通要道，交通便捷，以交通运输业为核心的第三产业发达。这类镇再细分，又可分为铁路—公路枢纽型镇、公路枢纽型镇和港口型镇等。铁路—公路枢纽型镇，如甘肃酒泉地区的柳园镇，地处兰新铁路中段，几乎所有进出新疆的列车都要在这里停靠，另外，它还是乘火车去历史名胜敦煌的必经之地。公路枢纽型镇，如江苏吴江的平望镇，位于沪湖（上海—湖州）公路、苏杭（苏州—杭州）公路的交会处，地处上海、苏州、杭州的几何中心，东达上海、北达苏州、南达杭州，均在2小时的车程之内。港口型镇，如山东日照的岚山头镇，江苏张家港的港区镇、常熟的浒浦镇、太仓的浏河镇等，都有千吨级甚至万吨级泊位，有的还开通了直达欧洲、北美、日本等国际远洋航线。

移民镇

这种类型的镇是由他处迁移而来的居民新建、改建或扩建而成的小城镇。因此，这类镇又可分为新建型移民镇和接纳型移民镇两类。因兴修水利工程、退田还湖和平垸行洪等方面的需要，将原来位于洲滩湖区民垸的居民进行整体迁移而形成的镇，称为新建移民镇或移民建镇，如湖北省长阳县的都镇湾镇就是一个移民新镇。1987年因清江隔河岩电站建设工程需要，将都镇湾镇选址迁建庄溪。因兴修水利工程、退田还湖和平垸行洪等方面的需要，而将原来位于洲滩湖区民垸的居民有计划地移到附近具备容纳能力的镇，这类镇称为接纳型移民镇，如安徽省石台县的七里镇就属这种类型。自1998年长江洪水以后，国家出台了退田还湖、平垸行洪、移民建镇等政策，几年来，长江流域移民百万以上。就移民建镇而言，从近年的实施情况看，基本上属于安全建设，即在较安全的地点集中建设住宅，将原来位于妨碍行洪或蓄洪的洲滩湖区民垸的居民迁移出来安置于此，而非实际意义上的移民建镇即重建新镇。

综合型镇

这种类型的镇一般是县（市）的中心镇或城关镇，有较长的发展历史，基础设施条件较好，社区结构较为完整，产业门类多，第一、第二、第三产业都比较发达，城镇功能较为齐全，辐射能力较强。如广东省中山市的小榄镇就属于这类镇，近年来，小榄镇先后被授予和评为“中国乡镇星”“全国乡镇企业出口创汇五强镇”“中国五金制品产业基地”“中国电子音响行业产业基地”“中国花木之乡”等荣誉称号，被联合国开发计划署确定为“中国可持续发展小城镇试点”。

乡村镇聚落

如前面所述，乡村里的镇，又称小城镇、农村城镇等。目前对于乡村里的镇的外延即范围到底有多大，大家认识不一。笔者认为，乡村里的镇包括建制镇与非建制镇两类。根据乡村城镇化的程度和水平，我们把乡村里的镇分为县镇、普通建制镇、集镇、工业化或贸工农一体化的超级村庄。

县镇

县镇又称县城关镇、县城。它是县（市、区）政府和县镇政府机关所在地，一般有较长的发展历史，是小城型的建制镇。与普通建制镇和集镇相比，县镇具有如下基本特点：人口规模和密度一般更大，居民的文化素质更高，异质性更强；区位条件一般更优越；经济结构一般以非农产业为经济支柱；社会组织更加多样，社区组织结构更复杂；居民住宅、生产设施、服务设施和基础设施更健全；社会功能更加齐全，聚集能力和辐射能力更强，等等。由此可以看出，县镇的城镇化程度和水平更高，是建制镇的最高的一个层次。

普通建制镇

普通建制镇即县镇以外的其他建制镇，数量多，分布广，是建制镇的主体。据住房和城乡建设部提供的数据，截至2015年末，全国共有建制镇20515个①。普通建制镇按不同标准可分为多种类型，除前文的类型划分外，还有其他分类法。如根据行政隶属关系，可分为省（自治区、直辖市）辖市的镇、地（地级市）辖市的镇、县（县级市、市辖区）辖的镇；根据历史发展情况，可分为古镇和新兴镇；根据镇的建设状况，可分为新建型镇、改造型镇、扩大型镇和综合建设型镇。

集镇

集镇是指乡（镇）人民政府所在地和经县人民政府确认由集市发展而成的作为农村一定区域经济、文化和生活服务中心的非建制镇。因此，集镇又可细分为乡（镇）集镇［即乡（镇）政府驻地集镇］和其他集镇。从城镇建设方面看，集镇与建制镇存在一定的差异。主要表现在：一是集镇的镇区面积一般要比建制镇小一些。二是建制镇的基础设施建设水平一般要比集镇高一些。从两者关系看，既有联系又有区别。联系表现在：建制镇是在集镇的基础上建立起来的，绝大多数的建制镇以一个集镇为中心。区别表现在：其一，镇是一种人为设置的行政建制，是政治、法律概念，而集镇是社会经济发展到一定阶段的产物，不以人的意志为转移，是社会、经济、地理概念。其二，从产生时间看，集镇古已有之，而建制镇在我国直到20世纪初才开始形成。其三，集镇具有边界模糊性，本身没有确切的范围，而镇是国家设置的行政区域单位，它有明确的边界，有确切的管理范围。

超级村庄

20世纪90年代以来，在我国农村社会发展中出现了为数不少的工业化或贸工农一体化的超级村庄。如天津静海的大邱庄、浙江萧山的航民村、江苏江阴的华西村、深圳宝安的万丰村、山东临沂的沈泉庄和淄博的岜山村、河南临颍的南街村和新乡的刘庄村、福建晋江的岭畔村、北京的韩村河等。

① 住房和城乡建设部.2015年城乡建设统计公报［J］.城乡建设，2016（8）：58-63.

其基本特征如下：第一，以乡镇企业为主体的非农经济结构。非农产值一般占村庄全部产值的90%以上，农业产值小，农业生产机械化程度高。第二，村域范围内发达的集体经济。在相对封闭的村域内，形成了发达的集体经济。这种集体经济在企业模式上以村级所有的大型集团公司为基本组织形式，在发展目标上以本村村民的充分就业为主要目标，在分配体制上以共同富裕为基本目的，一般实行“低工资、高供给”的政策。第三，以职业和身份多元化为基本特征的社会分层结构。这类村庄的职业构成是除了非农职业外，还有与其产业结构相一致的其他职业，村里尚存有“农业车间”或农场工人、专业养殖大户和种粮大户。这类村庄一般聚集有大量的（有的已超过村民人口总数几倍乃至十几倍）外来劳动力，这些外来人口与村民有严格的社区身份上的差别，村籍作为新的社区身份的特征凸显。第四，党、政、经三套班子一套人马的治理结构。在超级村庄里，一般由基层党组织（村党委会）、村委会和村农工商总公司三套管理机构，一套农产品生产管理系统。实行适度规模化经营，强化基地专业化生产，同时着重发展以优势农产品加工为主的系列加工业与流通业，走产加销、农工贸一体化经营的农业产业化道路。

生态农业镇

生态农业镇的特点是在保护、改善农业生态环境的前提下，按照农业生态系统内物种共生、物质循环、能量多层次利用的生态学原理，因地制宜地把现代科学技术与传统农业技术相结合，运用系统工程方法，全面规划、合理组织农业生产，实现农业高产、优质、高效持续发展，达到生态和经济两个系统的良性循环和“三个效益”的统一。

村落界定

从人口数量上讲，镇与乡村的分类规模并无统一的指标，所谓大小，只是一个相对的概念。金其铭认为，200人以下为小村，200~1 000人为中村，1 000人以上为大村，比较符合我国的实际情况，但是，随着社会的发展，其标准也会发生变化以适应经济发展和社会进步以及人口数量变化的情况。

按照乡村的经济活动内容，可分为农村（农业聚落）、山村（林业聚落）、牧村、渔村以及拥有较多乡村企业、家庭工副业的中心村和乡村集镇，或具有上述两种以上经济活动的兼业村落。在农区和林区，聚落通常是固定的。按其形态特征分为点状聚落（又称散漫型村落或散村）、线状聚落（路村、街村）及块状聚落（又称团聚型村落、团村或集村）。在牧区，除定居聚落外，还有季节性聚落和游牧的帐篷聚落；在水乡和江河，有以舟楫为家的水上人家。聚落分类的目的是认识和掌握不同类型聚落的基本特点和分布规律，以便采取不同的村落整治措施和科学地制订村落规划，协调村落分布与环境的关系，为村落建设服务。

村落一般有集聚型和散漫型两种。集聚型村落又称集村，多数住宅集聚在一起，不同聚落的规模相差极大，从数千人的大村到仅一二十人的小村不等。散漫型村落也称散村，住宅零星分布，其间距因地而异。聚落形态受自然、社会、经济及风俗文化等多种因素影响，不同的乡村聚落形态体现了人类生产、生活与周围环境的相互关系。

根据村落延展形式的不同，分为3种：①团状（或块状）村。房屋比较集中，平面形态呈近圆形或不规则的多边形，多以道路交叉点、泉水或寺院等为中心集聚众多住宅自然形成，位于平原和盆地地区。②带状（或列状）村。沿河流、山谷、交通线或为避免洪水浸淹而沿高地呈条带状分布的村落，有时若干村首尾相接成串珠状聚落。③环状村。山区沿山麓以及湖塘区沿岸的聚落常呈环状分布，实际上也是带状或串珠状聚落的一种。

村落选址

早期人类的栖居地一般都选择在地形、气候等自然条件比较优越、自然资源比较丰富的地点。例如，中国陕西蓝田猿人的遗址，就在一条河流最高的阶地上，当时那里的气候温暖湿润，有较多的动物可供捕猎（考古发现被捕猎的动物种类就有 42 种）。随着人类利用和改造自然的能力不断提高，人类活动的领域不断扩大，由热带、温带逐渐扩展至寒带，创造出各种形式的村落环境。

村落的民居建筑，是当地居民为适应当地的自然环境和便于从当地取得建筑材料而创造出来的，其不仅有明显的时代特征，也有显著的地方色彩。例如，北极地区的因纽特人用当地便于取得的冰块构筑的小冰屋，墙体很厚，有利于保持室内的温度；中国黄土高原有堆积很厚的黄土层，那里的气候相对比较干燥，当地居民便就地取材，利用黄土层挖凿成窑洞；中国新疆地区气候干燥，风沙大，建成平顶房，其屋顶可以用来晒庄稼；中国及世界上的一些热带地区，因炎热多雨，比较潮湿，一般都建成双层木楼或竹楼，通风较好，人居住在楼上不仅比较凉爽，而且也相对比较干爽；中国东北地区因气候寒冷，一般都建成墙体较厚且有火墙火炕的居室，那里风比较大，所以窗纸都贴在窗外。有的民居则是适应于当地居民的生活习俗而创造的，如中国福建客家人因聚族而居，创造出大土楼的特色建筑。

村落形态

（1）街道式村落：沿着一条道路的两边，一家一户依次排列，每家农户的住房大体相似，住宅后面是长条形的农田，归其前面的农户所有。主要分布在新垦区或旱作农业区，大道连接着田间地头，方便居民的耕作和外出。

（2）棋盘式村落：房屋排列比较整齐，外形如同天阵，村内街道平直，成直角相交，形如棋盘。这些聚落往往是新中国建立以后经过设计与规划，或者是改建而形成的，非自然形成的。

（3）环形村落：围绕村中的一块绿地而形成，农舍围绕中心绿地排列成环形。中心绿地是村中的共有财产。该类村落聚落一般位于平原地区，地形相对完整、宽阔和平坦，村中居民的生产生活、娱乐休闲与村中的中心绿地关系密切。

八卦村

诸葛八卦村位于浙江省兰溪市境内，市区偏西 17.5 千米，330 国道从村的东侧通过，通往龙游、衢州的省道从村子的北侧通过。诸葛八卦村整个村落以钟池为核心，八条小巷向外辐射，形成内八卦，更为神奇的是村外八座小山环抱整个村落，形成天然的外八卦，村内现保存完好的明清古建筑有 200 多座。村落景观多样而优美，既有鳞次栉比的古建筑群，又有环水塘而建的古商业中心，全村形成了一个变化丰富而统一的整体。

土家吊脚楼

吊脚楼为土家族人居住生活的场所，吊脚楼半为陆地，半为水。多依山就势而建，呈虎坐形，以

“左青龙，右白虎”中间为堂屋，左右两边称为饶间，为居住、做饭之用。饶间以中柱为界分为两半，前面为火炕，后面为卧室。吊脚楼上有绕楼的曲廊，曲廊还配有栏杆。“前朱雀，后玄武”为最佳屋场，后来讲究朝向，或坐西向东，或坐东向西。其中西江千户苗寨，位于贵州省黔东南苗族侗族自治州雷山县东北部的雷公山麓，由十余个依山而建的自然村寨相连成片，是目前中国乃至全世界最大的苗族聚居村寨。西江有远近闻名的银匠村，苗族银饰全为手工制作，其工艺具有极高水平。西江是一个保存苗族“原始生态”文化较完整的地方，是领略和认识中国苗族漫长历史与发展的首选之地。西江的牯藏节、苗年闻名四海，西江千户苗寨是一座露天博物馆，展览着一部苗族发展的史诗，成为观赏和研究苗族传统文化的大看台。

福建土楼，包括闽南土楼和一部分客家土楼，总数约 3 000 个。通常是指闽西南独有的利用不加工的生土，夯筑承重生土墙壁所构成的群居和防卫合一的大型楼房，形如天外飞碟，散布在青山绿水之间。主要分布在客家人和闽南人聚居的福建、江西、广东三省交界地带。福建土楼是世界独一无二的大型民居形式。土楼是东方文明的一颗明珠，是世界上独一无二的神话般的山村民居建筑，是中国古建筑的一朵奇葩，它以历史悠久、风格独特、规模宏大、结构精巧等特点屹立于世界民居建筑艺术之林。

窑洞

我国是一个窑居比较普遍的国家，从新疆吐鲁番、喀什到甘肃兰州、敦煌、平凉、庆阳、甘南，再到宁夏银川、固原，陕西乾县、延安和山西临汾、浮山、平陆、太原，直到河南郑州、洛阳、巩义以及福建龙岩、永定和广东梅县等地区都有窑洞存在。

窑洞是一种民居建筑形式，是中国大陆黄土高原地区（如陕西省和山西省）的特色建筑。主要特点是顶上覆土，内部下面方形上面拱形（应天圆地方之意）。陕西窑洞主要分布在陕北，指陕西省延安、榆林等地的窑洞式住宅。它建在黄土高原的沿山与地下，是天然黄土中的穴居形式，因其具有冬暖夏凉、不破坏生态、不占用良田、造价低等优点，被当地人民群众广泛采用。陕北窑洞有靠山土窑、石料接口土窑、平地石砌窑等多种形式，一般城市里以石砌窑、砖窑居多，而农村则多是土窑或石料接口土窑。主要形式有地坑窑、沿崖窑、锢窑。

窑洞一般有靠崖式窑洞、下沉式窑洞、独立式窑洞等形式，其中靠山式窑洞应用较多，它是建筑在山坡、土塬边缘处，常依山向上呈现数级台阶式分布，下层窑顶为上层前庭，视野开阔。下沉式窑洞则是就地挖一个方形地坑，再在内壁挖窑洞，形成一个地下四合院。

庆阳窑洞的种类很多，细算可分十多种，但按大类分，有 3 种，即明庄窑、土坑窑、箍窑。

（1）明庄窑：也叫崖庄窑，它一般是在山旁、沟边，利用崖势，先将崖面削平，然后修庄挖窑。“陶复陶穴”中的“陶复”，指的就是明庄窑，有一庄三窑和五窑，也有五窑以上的，宁县瓦斜乡有一个千年大窑洞，占地 200 平方米，一门五窗，窑内可容纳数百人集会。在董志原、草胜原等大原上，也有利用胡同修庄的，由于崖势不高，需要下挖几米再挖窑，往往形成三面高，一面低，这种庄子被称为半明半暗庄。

（2）土坑窑：这种窑都在平原大坳上修建，先将平地挖一个长方形的大坑，一般深 5~8 米，将坑内四面削成崖面，然后在四面崖上挖窑洞，并在一边修一个长坡径道或斜洞子，直通原面，作为人行道。“陶复陶穴”中的“陶穴”即为这种下沉式地坑庄。这种窑洞实际上是地下室，“冬暖夏凉”的特点更为显著。

（3）箍窑：箍窑一般是用土坯和麦草黄泥浆砌成基墙，拱圈窑顶而成。窑顶上填土成双坡面，用麦草泥浆抹光，前后压短椽挑檐，有钱的人还在卜面盖上青瓦，远看像房，近看是窑，用长方形或正方形石块箍的窑洞称石箍窑。庆阳窑洞按用途分还有很多种，在正窑面或在庄子崖面正面两窑口之间的上部，挖小窑一孔，修阶梯而上，可以高瞻远瞩，多为防盗而用，称为高窑。在窑内一侧挖一小窑洞，多为储藏贵重物品或粮食而用，叫拐窑。住家窑洞因用途不同，名称也有所不同，有什么客屋窑、厨窑、羊窑、中窑、柴草窑、粮窑、井窑、磨窑、车窑等。“土打的窑洞丈二宽，夏天凉来冬天暖”。

陕北的窑洞大体上可以分为三类：即土窑洞、石窑洞和砖窑洞。利用黄土的特性，挖洞造室修成的窑洞叫土窑洞，一般深7~8米，高3米多，宽3米左右，最深的可达20米；石窑洞是用石头做建筑材料，深7~9米，宽、高皆为3米左右的石拱洞；砖窑的式样、建筑方法和石窑洞一样，外表美观。另外还有一种接口窑洞，是介于土窑洞和石、砖窑洞之间的窑洞，一般是在土窑洞前开大窑口，加砌石料或砖砌窑面，外观类似石窑洞和砖窑洞。

碉楼

广东开平碉楼：开平市内，碉楼星罗棋布，城镇农村，举目皆是，多者一村十几座，少者一村二三座。从水口到百合，又从塘口到蚬冈、赤水，纵横数十千米连绵不断，蔚为大观。这一座座碉楼，是开平政治、经济和文化发展的见证，它不仅反映了侨乡人民艰苦奋斗、保家卫国的一段历史，同时也是活生生的近代建筑博物馆，一条别具特色的艺术长廊。

开平碉楼的独特之处在于它几乎是毫无规则的中西合璧。碉楼的下面完全是碉堡造型，四方的笔直的扶摇而上。而在笔直的简约之上，才是繁复的造型。像一棵有着顽强生命力的植物，在超越周围的阴霾之后，再释放树冠。就是在这个“冠”上，巴洛克式的、罗马式的、哥特式的、拜占庭式的种种风格争奇斗艳。丹巴藏寨指的是居住在丹巴县的居民形成的藏族村落，丹巴的山寨，旧称碉楼寨房。碉楼和寨房，原本是两类不同风格的建筑，在时光的流逝中，二者已有机地结合在一起。外形上，既有寨房的特征，又有碉楼的形态。碉楼寨房一般为三层，也有四层的，一侧还配有厢房。但不论房屋和厢房如何建造，顶层外缘都环围着黄、黑、白三种色带，形成了嘉绒藏寨的一大特色。

深山聚落

（1）广东连南瑶寨：藏于深山，难为人知的南岗瑶寨位于距连南县城20千米的南岗镇，它是目前所存不多的较为古老原始的瑶寨之一，寨中街道横直有序，民居古朴整齐，有“大哥排”“首领排”的称誉。这里山势宏伟，古道蜿蜒，沿途可见古树古墓，寨旁的千顷梯田，由山脚向山脊层层延伸，连绵而去，充满韵味，是摄影迷和丹青好手采风的胜地。

（2）三排瑶寨：位于连南县城南部11千米处风光绮丽的三排山脉半山腰上，它是一个集中反映排瑶族历史、文化艺术、生活习俗、居住建筑、服饰特色、民间歌舞、体育娱乐等民族风情最为丰富、最为全面的旅游景区。哈尼族村坐落于半山腰，占地约0.05平方千米，全村有150户人家，800多人。村寨树林异常茂密，鸟啼蝉鸣，充满了浓郁的原始乡土气息。民俗村集中体现哈尼梯田文化的共性，即森林、村庄、梯田和江河四度同构的特征，所以又被称为哈尼族四度同构展示区。哀牢山的地势险峻，山高谷深，海拔在3000米与600米间变化，形成了一个寒温带、亚热带和热带的立体气候。

（3）丹巴山寨是嘉绒藏寨中最具特色的。尤以甲居、聂呷、革什扎和巴底乡最为突出，几百幢民居依山就势、错落有致地融于自然环境中，体现了天人合一的理念。远远看去，充满灵气的山谷中，翡翠般的青草绿树之中，是那沉甸甸的田地和隐在密林深处的寨房，伴着时有时无的潺潺溪流，一幅富有动感的绝妙山寨画卷随之展示在你的眼前。

遗留聚落

遗留聚落主要是指由于各种历史原因而保存下来的各种近代建筑。比如康百万庄园（又名河洛康家），位于河南省巩义市（原巩县）康店镇，始建于明末清初。康氏家族前后十二代人在这个庄园生活，跨越了明、清和民国三个时期，共计400余年，庄园也从最初的山腰建至山顶，是一处典型的17~18世纪封建堡垒式建筑。它背依邙山，面临洛水，因而有“金龟探水”的美称，是全国三大庄园（康百万庄园、刘文彩庄园、牟二黑庄园）之一。与山西晋中的乔家大院、河南安阳的马氏庄园并称“中原三大官宅”，被誉为豫商精神家园，中原古建典范。1963年6月，康百万庄园被河南省人民政府公布为重点文物保护单位，2001年6月，又被国务院公布为全国重点文物保护单位。

淘宝村

淘宝村是指活跃网店数量达到当地家庭户数10%，电子商务年交易额达到1000万元以上的村庄。进一步地，将拥有三个及以上淘宝村的乡镇街道称之为淘宝镇。

截至2016年8月，中国淘宝村数量增加到1311个，中国淘宝镇数量增加到135个，广泛分布在18个省区。淘宝村、镇如今已经成为中国农民经济转型的新引擎。根据阿里研究院的结果显示，截至2016年8月，中国淘宝村涵盖超过30万家活跃网店，且1个淘宝村网店大约创造2.8个直接就业机会。可以说，以淘宝村为代表的农村电子商务，在提高农民收入、发展农村经济、提升农村居民幸福指数、促进社会主义新农村建设方面发挥着越来越重要的作用。

新时代聚落

在新的时代下，农村以旅游为基调的生态农庄和庄园快速融入人们的生活中，各地的生态农庄如雨后春笋般快速地崛起。

（1）龙泉山庄：因电视剧《刘老根》而闻名，龙泉山庄位于辽宁省铁岭市清河区境内。龙泉山庄以清河旅游度假区和清河水库为依托，自然环境得天独厚，依山傍水，风光艳丽。山庄多采用北方民间木制建筑风格，装饰古朴自然，瀑布、人工湖、吊桥、浮桥、曲桥、回廊及水坝构成了完美的庄园盛景。龙泉山庄附近的清河旅游度假区地处辽河平原和辽东丘陵地带，同时具备山地和平原的特征，起伏的丘峦和成片的松林秀丽迷人，在辽北独树一帜。

（2）长隆野生动物园：位于番禺区化龙镇金山大道农业大观园西侧，东接莲花山旅游胜地，北靠香江，庄园以提高学生的身体素质、激发学生的参与兴趣与动手能力为主题，新奇的军事训练，返璞归真的大型水上活动，不仅让学生提高了身体素质，更让学生在得到欢乐的同时获得了知识。另外，全国各地以不同的主题新建的农庄，为现代人的生活提供了新的乐趣。

（3）走高端路线的庄园：

1）私人庄园：私人庄园是一种比较高端的庄园经济，主要作为高端人群的休闲度假和商务会客的地点，由度假庄园、私人农场和私家运动场几个基本要素构成。

2）企业庄园：企业庄园是未来发展的一种重要的庄园经济模式，作为企业的形象展示和体验中心，我们坚信未来的世界500强企业和中国500强企业都需要给自己建设一座企业庄园，将企业文化、企业商务和企业度假结合起来，企业庄园将成为企业的一个重要对外展示窗口。

3）博览庄园：博览庄园主要是针对区域来讲的，每一个地方都需要有自己的一个特色鲜明的博览庄园，比如洛阳需要建设一个世界牡丹博览庄园、开封需要建设一个菊花庄园，将博览展示、休闲度假和观光游憩等功能进行组合。

第 4 部分　农业地理

原始农业

原始农业也称迁移农业，是农业的起始阶段。人类早期，社会生产力水平极端低下，生产工具极其简陋，人们顺应自然，以采集、渔猎为生。随着人口繁衍，食物匮乏，更由于人类对植物生长及动物繁衍的基本规律认识的提升，就开始利用自然，产生了种植业和饲养业，从而形成了原始农业。其特征是使用简陋的石制工具，采用粗放的“刀耕火种”的耕作方法，实行以简单协作为主的集体劳动。这种最原始的农业生产方式至今仍然保留在南美洲的亚马孙地区、非洲中部的刚果地区以及东南亚地区的热带雨林中①②。

传统农业

传统农业是在自然经济条件下，采用人力、畜力、手工工具、铁制农具等为主的手工劳动方式，靠世代积累下来的传统经验发展，以自给自足的自然经济居主导地位的农业生产方式。传统农业生产多是依靠经验的积累，缺乏科学和技术的指导，生产方式较为稳定，逐年变化不大。因此，农业生产水平低、剩余少、积累慢。其产量受自然环境条件的影响深远，风调雨顺才可丰收，遇到水旱等自然灾害就会减产，甚至绝收。同时，传统农业具有低能耗、低污染等特征，在当今时代依然发挥着重要作用。传统农业的特点是精耕细作，农业部门结构较单一，生产规模较小，商品经济较薄弱，基本上没有形成生产地域分工。传统农业从奴隶社会起，经封建社会一直到资本主义社会初期，甚至现在仍广泛存在于世界上许多经济不发达国家。中国的传统农业，历来注重精耕细作，大量施用有机肥，兴修农田水利发展灌溉，实行轮作、复种，种植豆科作物和绿肥作物以及农牧结合等①②。

现代农业

现代农业是广泛应用现代科学技术、现代工业提供的生产资料和科学管理方法的社会化农业。产业革命之后，随着动力机械的广泛应用、农业技术的快速提升，农业生产效率大大提高。特别是第二次世界大战后的经济发达国家，其农业生产机械化、专业化、地域化程度越来越高，进入现代农业生产阶段。现代农业与自给自足的传统农业不同。它的产品不是以供给自己消费为主要目的，而是作为商品进入市场以获得利润为目的。所以，现代农业也称商品农业。

---

① 赵荣，王恩涌，张小林，等．人文地理学［M］．2 版．北京：高等教育出版社，2006.

② 周立三．中国农业地理［M］．北京：科学出版社，2000.

现代农业的产品主要为居住在城镇中的非农业人口提供生活消费品，保证制造业、服务业等第二、第三产业顺利进行。从事现代农业的人口占该国或该地区总人口的比例比传统农业要低得多，如美国农业劳动人口只占全国的 2%。由于生物技术和基因工程等的广泛应用，现代农业的单产大大超过传统农业。专业化生产使得现代农业的农场规模比传统农业生产规模大得多。

中国农业发展阶段

（1）原始农业阶段：在距今一万年至四千年的新石器时代，中国农业处于原始农业时期。随着生产的发展，经历了三种农作制：距今一万年至八千年的刀耕火种农作制；距今八千年至五千年的锄耕或耜耕农作制；距今五千年至四千年的较为进步的锄耕或耜耕农作制。中国自然条件复杂，原始农业一开始就有显著的地域差异，大致形成四个最早的农业类型区：①黄河流域旱作农业区，作物以粟、黍为主，次为麦、大麻、苎麻、葛、大豆等。②长江流域稻作农业区，主要作物是稻谷，有籼、粳之分。③长城以北和西部地区，狩猎与游牧结合的原始农业。④华南和滨海地区，以稻作和渔猎为主。

（2）传统农业阶段：中国春秋战国时期实现了由奴隶社会向封建社会的过渡，极大地促进了农业发展，实现了由粗放农业向精耕细作的转变，进入传统农业阶段。在这一阶段，铁制农具、畜力、肥料、灌溉、抗旱保墒耕作技术、间作、套作、轮作技术等得到广泛应用。黄河流域两年三熟制的基本耕作制度始于唐，臻于明清，宋代长江流域的双季稻渐多，华南普遍推行一年三熟制。自此，中国的耕作制度大格局基本形成。

（3）近代农业的萌芽：鸦片战争以来，受西方工业的冲击，中国传统的丝茶外贸衰落，廉价的洋货充斥中国市场，使中国延续两千多年、与传统农业相伴的小农经济开始瓦解。随之，中国在农业方面开始向西方学习，创办农业学术刊物、创办农业学校和农事试验场、开办新式农场、引进西方农机和优良作物品种，农业商品性、专业性生产得到发展。

（4）现代农业阶段：①改革开放前农业的曲折发展时期。在这一阶段，中国农业先后经历了土地改革、农业合作化运动、农业“大跃进”、人民公社化运动、“文革”时期的“农业学大寨”运动，农业生产曲折发展。②改革开放后现代农业逐步形成时期。在 1979～1984 年，由于包产到户、包干到户，家庭联产责任制得到迅速推广，生产力得到大解放，农业发展迅速。但在 1985～1989 年的农业体制改革过程中，由于理论准备不足和缺乏经验，改革实践受到一定干扰。家庭联产承包责任制刚刚建立，农民对新体制的长期性和稳定性认识不足，不愿对土地投入过多，并且对农业生产形势判断有误，导致在这五年里农业生产徘徊波动。1990 年以来，农业持续发展。农村打破了传统农业的格局，第二、第三产业也得到大发展，工业反哺农业，城市支持乡村，也促进了现代农业的快速发展。自给自足型的传统模式得到改变，逐步形成了开放外向型的农业格局。一批农产品商品基地的建设促进了商品农业经济的发展，洞庭湖平原、成都平原、江汉平原、华北平原、鄱阳湖平原、松嫩平原、三江平原、银川平原等成为中国重要的商品粮生产基地①。

农业现代化

农业现代化是传统农业向现代农业转化的过程。其内涵为：①以现代工业装备、现代科学技术为支撑，促进农业走向机械化、规模化、集约化、产业化。②农民科学文化素质的提升。③运用先进的

① 周立三．中国农业地理［M］．北京：科学出版社，2000.

管理理念和经营方法来建立优质高效的农业生产、经营体系。④农村环境优美、人民富裕、社会和谐①。中国农业现代化发展水平在东部、西部、中部以及东北地区具有明显的地域差异性，在空间上呈现出从东部→东北部→中部→西部依次递减的趋势②。

世界粮食生产布局

世界主要的粮食作物有小麦、水稻和玉米。

1. 世界小麦的生产布局

小麦在世界粮食作物中居首要地位，种植面积最大，分布范围最广。小麦是温带作物，主要集中分布在北纬27°~57°和南纬25°~40°，除南极洲外，各大洲均有种植，特别是在以下地带：①自西欧平原经中欧平原、东欧平原南部到西伯利亚平原南部。②西起地中海沿岸，向东经土耳其、伊朗到印度河—恒河平原。③北起中国的东北平原，经华北平原、黄土高原到长江中下游平原。④自加拿大中南部至美国中部。⑤自南非向东经澳大利亚（西南部、东南部）、新西兰的坎特伯里平原到南美阿根廷的潘帕斯草原，为不连续的生产地带。世界上小麦产量最丰富的国家主要有：中国、印度、美国、俄罗斯、法国、澳大利亚、加拿大、德国、巴基斯坦、土耳其、英国、伊朗、哈萨克斯坦等③。

2. 世界水稻的生产布局

水稻主要生长在水热条件优越的温带、热带季风和热带雨林气候区，大致介于北纬35°~南纬30°之间，尤以北纬10°~35°的亚热带季风区最为集中。集中产区有：①亚洲东部和南部的季风气候地带，特别是该地带内的大河三角洲、江河冲积平原和沿海平原，如中国的长江中下游平原、印度的恒河流域和东南亚的国家。②墨西哥湾沿岸、密西西比河下游各地区。③拉丁美洲部分地区、非洲和地中海地区。就国家而言，水稻产量居前的国家有：中国、印度、印度尼西亚、孟加拉国、越南、泰国、缅甸、菲律宾、巴西等④⑤⑥。

3. 世界玉米的生产布局

玉米对自然条件适应性强，其分布范围极其广泛，北自北纬60°，南至南纬40°，下自沿海平原，上至海拔4 000多米的秘鲁安第斯山，玉米都能良好生长。世界玉米种植主要集中在三大地带：①美国中部的玉米带，生产了占世界2/5以上的玉米。②中国的华北平原、东北平原、关中平原、四川盆地等，占世界玉米产量的1/6以上。③欧洲南部平原，西起法国，经意大利、塞尔维亚，到罗马尼亚。玉米产量最多的国家是美国，其次为中国、巴西、墨西哥、印度、法国、南非、阿根廷、罗马尼亚、加拿大等④⑤。

中国粮食生产布局

1. 中国水稻的生产布局

水稻是中国最主要的粮食作物之一，其播种面积和产量始终占中国粮食作物的第一位⑦⑧⑨。水

① 丁志伟. 中原经济区“三化”协调发展的状态评价与优化组织［D］. 开封：河南大学博士学位论文，2014.

② 龙冬平，李同昇，苗园园，等. 中国农业现代化发展水平空间分异及类型［J］. 地理学报，2014，69（2）：213-226.

③ 陈才，李文华. 世界经济地理［M］. 北京：高等教育出版社，1999.

④ 赵荣，王恩涌，张小林，等. 人文地理学［M］. 2版. 北京：高等教育出版社，2006.

⑤ 陈才，李文华. 世界经济地理［M］. 北京：高等教育出版社，1999.

⑥ 张同铸，毛汉英. 世界农业地理总论［M］. 北京：商务印书馆，2000.

⑦ 李振泉，杨万钟，陆心贤. 中国地理［M］. 上海：华东师范大学出版社，1999.

⑧ 刘玉，冯健. 中国经济地理：变化中的区域格局［M］. 北京：首都经济贸易大学出版社，2008.

⑨ 周立三. 中国农业地理［M］. 北京：科学出版社，2000.

稻是一种喜温好湿的短日照植物，在中国生产布局范围很广，除少数高寒和水资源匮乏的干旱区以外都有分布，南起海南岛的三亚市，北至黑龙江省呼玛县三卡乡，东达乌苏里江河口的抚远县（黑龙江省），西抵新疆边陲的疏附县。但根据水热组合状况来看，以秦岭—淮河一线为界，此线以南水稻种植多而集中，此线以北少而分散。水稻的生产在全国的分区如下：

南方稻谷集中产区。①长江中下游稻区：跨湖南、湖北、安徽、江西、江苏、浙江、上海7省市，以长江三角洲、里下河、皖中沿江平原、鄱阳湖平原、洞庭湖平原和江汉平原最为集中。该区面积和产量差不多占全国的一半以上，该区年≥10 ℃积温为4 300~6 500 ℃，年降水量1 000毫米，水、热、土资源匹配好，粳稻、籼稻均能种植，单、双季稻兼有，是中国水稻类型最多、种植制度最复杂的地区。本区20世纪80年代以前双季稻种植曾有很大发展，近年随着消费市场对稻谷品质要求的提高，单季晚粳稻增加较多，早中稻仍以籼稻为主。2012年，本区产稻谷10 250万吨，占全国总产量的50.2%。②华南稻区：包括福建、广东、海南3省。该区地处热带和南亚热带，是全国水热条件最好的地区，年≥10 ℃积温为6 000~8 000 ℃，年降水量在1 500毫米以上，有利于发展双季稻，海南可发展三季稻。2012年，本区产稻谷1 786.2万吨，占全国总产量的8.7%。③西南稻区：包括重庆、四川、贵州、云南、西藏5省（市、区）。2012年，本区产稻谷3 081.6万吨，占全国总产量的15.1%。

北方稻谷分散产区。①东北早熟粳稻区：包括黑龙江、吉林和辽宁3省，主要分布在辽宁省的辽河中下游平原、吉林省的东部山间盆地、黑龙江省牡丹江半山区谷地平原及三江平原等地。这里生产季节短，均为一熟早粳稻。2012年，该区稻谷产量为3 211万吨，占全国总产量的15.7%。②华北单季稻区：主要零散分布在渤海沿岸的海河下游低洼地区，沿黄河灌区，河南的沙河、汝河、颍河、洪河的沿岸洼地，山东济宁、菏泽的滨湖洼地和临沂地区，山西太原、榆次河谷盆地等地。这些地区的水稻田绝大部分位于沿河湖洼地、盐碱地和低产土地区，种植水稻对于改良当地土壤，提高粮食产量十分有利。③西北干旱稻作区：包括新疆、甘肃、宁夏、陕西、青海5个省区。水稻主要分布在有灌溉条件的盆地和平原上，如宁夏银川平原，甘肃河西走廊张掖一带，新疆的乌鲁木齐、玛纳斯、阿克苏、喀什、库车、莎车等绿洲灌区。由于西部地区干旱少雨，水稻种植全靠灌溉，水稻以抗旱品种为主。中国名优稻米品种主要有：广东的增城丝苗米、韶关黑米；广西的靖西香糯，东兰、隆林、乐业等地的东兰墨米；云南德宏和保山一带的云南软米、广南县的八宝米、墨江一带的云南紫米；贵州的惠水黑糯；江苏的常熟鸭血糯；福建的云霄紫米；江西的万年贡米、南城麻姑米、奉新柳条红；湖南永顺颗砂御米、江永源口香米；湖北省蕲春县的湖北珍米、荆门市十里铺镇的纪山龙米；山东的鱼台大米、曲阜香稻、章丘明水香稻、临沂塘稻、高青大米；天津南郊的小站稻米、宝坻区黄庄大米；黑龙江省宁安市的响水大米、五常大米、泰来大米、方正大米、通河大米、富拉尔基温水大米、建三江大米、珍宝岛大米、阿城大米、庆安大米、富锦大米、桦川大米、东宁大米、绥滨大米、虎林大米、肇源大米、延寿大米、查哈阳大米、嘉荫水稻、汤原县梧桐河大米；吉林的柳河大米、公主岭大米、柳河县姜家店大米、集安贡米、舒兰大米、前郭尔罗斯大米、榆树大米、梅河口市梅河大米、永吉县万昌大米、西江大米、延边大米；辽宁的盘锦大米、沈阳清水大米、桓仁大米、东港大米、营口大米、铁岭大米；河南的原阳大米、武陟大米、渑池仰韶贡米、范县大米；山西太原的晋祠大米；陕西的洋县黑米、洋县红米、汉中黑糯；新疆温宿县的阿克苏红米、察布查尔大米；四川的宣汉桃花米、南江翡翠米、仪陇大山香米、岳池县黄龙贡米。

黑米是一种特种水稻，在中国主要分布在云贵高原一带，以云南、贵州、广东、广西等地较为集中。在漫长的种植岁月里，黑米栽培范围扩展到江苏、浙江、江西、四川、山西、陕西、湖南、湖北等地，垂直分布在海拔200~1 000米地带①。

2. 中国小麦的生产布局

小麦为温带作物，适应性强，分布范围广，在中国是仅次于水稻的主要粮食作物。按照播种季节

---

① 汪芳安．中国黑米资源的利用概况［J］．陕西粮油科技，1993，18（2）：22-24.

不同，小麦分为冬小麦和春小麦两种。中国以冬小麦为主，约占85%。小麦种植遍及全国，大致上可分为3个不同的生产区域：①春小麦区：主要分布在长城以北，岷山、大雪山以西地区。这些地区大部分处在高寒或干冷地带，冬季严寒，小麦不能安全越冬，故种植春小麦。因无霜期多在200天以内，栽培制度绝大部分为一年一熟。②北方冬小麦区：主要在长城以南，六盘山以东，秦岭—淮河以北的地区。这里是中国最大的小麦集中产区和消费区，小麦播种面积和产量均占全国2/3左右。本区大多实行一年两熟或两年三熟耕作制度。③南方冬小麦区：该区位于秦岭—淮河一线以南，折多山以东，播种面积和总产约占全国的30%。本区人民多以稻米为主要口粮，因此，小麦的商品率高，是中国商品小麦的重要产地。

3. 中国玉米的生产布局

玉米是一种喜温作物，是中国北方旱作地区及南方丘陵山区的主要粮食作物，也是重要的精饲料。2012年，中国玉米的总播种面积为3 503万公顷，产量为20 561.4万吨。玉米晚熟品种需150天成熟，早熟品种80天即可成熟，所以在生产期短促的高纬度和高海拔地区也可栽培。玉米根据播种季节可分为春播、夏播、秋播和冬播4种，东北、内蒙古和黄土高原为春玉米，黄淮海平原以夏玉米为主，西南地区为春夏玉米交错，南方丘陵地区为秋冬玉米主要种植区。中国玉米栽培分布很广，主要产区集中在东北、华北和西南地区。2012年，东北三省的玉米产量占全国的33.5%，华北的冀、鲁、豫三省的玉米产量占全国的26.2%，西南的云、贵、川三省的玉米产量占全国的8.5%。从播种面积的密度分布来看，中国玉米产地大致分布在黑龙江大兴安岭—辽南，冀北—晋东南—陕南，鄂北，豫西—四川盆地四周—黔贵西部—滇西南一带，呈东北西南走向的弧形分布①。

4. 中国薯类的生产布局

薯类品种多，对中国粮食供求影响较突出的是甘薯和马铃薯。甘薯是喜暖、湿的作物，对土壤要求不严，有一定的抗旱能力，主要分布在北纬42°以南的黄河、淮河、长江、珠江等大河中下游以及四川盆地的岗地、坡地的砂土、沙壤土地区。甘薯在中国栽培制度复杂：春薯以黄河中下游各省及南方山区较多；夏薯以江淮地区较多；长江以南无霜期长的地区，甘薯栽插可推迟到立秋处暑，至晚冬收获；广东、广西、福建等终年无霜地区，除可以栽培春薯和秋薯外，还有越冬薯的栽培，至翌年3~4月收获。中国甘薯生产分布甚广，主要集中的地区有四川、山东、河南、河北以及安徽、江苏的淮北地区，其次为广东、广西、福建及长江中游的一些丘陵山区。马铃薯是喜温凉的作物，生长期短、成熟快，是热量不足的高纬度地区和山区的重要粮食作物。它主要分布于东北北部、内蒙古西部、晋北、冀北、川西北高原以及南方的一些高山地区。马铃薯是一种营养全面、平衡的粮食作物，有“地下苹果”之美誉，也是食品工业的重要原料②。

5. 中国大豆的生产布局

中国是大豆原产国，大豆含蛋白质达40%左右，含油脂20%，故此，它既是粮食作物，又是油料作物。大豆是喜温作物，适于中国北方温带地区栽培。就分布地区而言，大豆生产几乎遍及全国，而以东北松辽平原和华北平原最为集中。松辽平原大豆品质商品率高，是中国最大的商品大豆生产基地。松辽平原的大豆多半与春小麦轮作，也有的和玉米间作、混作。华北平原大豆生产主要集中在淮河以北、石德铁路以南、京广铁路以东的平原地区，一般与冬小麦轮作换茬。秦岭—淮河以南、长江中下游和华南各地，大豆多半夏播或秋播，基本上是分散性生产区③。

6. 中国小米的生产布局

小米亦称粟米，古代叫禾，为五谷杂粮之首，是谷子去壳后的产物，因其粒小，直径大约1毫米，因此得名。小米是一年生禾本科属植物，原产于中国北方黄河流域，为中国古代的主要粮食作

① 李振泉，杨万钟，陆心贤．中国经济地理［M］．上海：华东师范大学出版社，1999.

② 林婉如，李萍．中国经济地理［M］．大连：东北财经大学出版社，2000.

③ 李振泉，杨万钟，陆心贤．中国经济地理［M］．上海：华东师范大学出版社，1999.

物，主要分布在中国北方干旱、半干旱地区，集中分布在黄河中下游地区、东北、内蒙古等地。目前，全国小米年种植面积约为 140 万公顷，年产量约 400 万吨，种植面积较大的省份有山西、陕西、内蒙古、甘肃、河北、辽宁、河南、山东等。中国小米的名优地方产品有：陕西的米脂小米、安塞小米、延安小米、府谷黄米；山西的沁州黄小米、榆社河峪小米、寿阳小米、翼城县隆化小米、黎城县洪井三皇小米、平定县西回小米、广灵小米、阳曲小米、大宁红皮小米、阳城县析城山小米、泽州县鲁村黄小米；内蒙古的赤峰敖汉小米、突泉县太和小米、赤峰夏家店小米、土默特小香米；甘肃的庆阳小米；辽宁的大石桥市博洛铺小米、建昌小米、营口小米、朝阳小米；河南的渑池坻坞小米、林州东姚小米；山东的金乡县金谷米、章丘市龙山米、胶州柳沟小米、高密毛家屋子小米、沂南县孙祖小米、招远金岭小米、临淄边河小米、邹平县青阳小米；河北的蔚州贡米、曲周小米、南和金米、武安小米、清河小米；黑龙江的龙江小米、肇州县托古小米、甘南小米、肇源县古龙小米；吉林的乾安黄小米、农安县红石砬小米①。

7. 中国青稞的生产布局

青稞是中国青藏高原地区对多棱裸粒大麦的统称，由于它的籽实没有外壳，所以又称米大麦或裸大麦，是大麦的一种特殊类型，在植物分类上属于禾本科小麦族大麦属大麦的变种之一。青稞在中国具有悠久的栽培历史，在距今 3 500 年的新石器时代晚期的西藏昌果沟遗址内发现了青稞破化粒。青稞是一年一熟的青藏高原高寒农业区的主要粮食作物，80%左右的藏族同胞以青稞为主食。作为小宗粮中的大作物，青稞的覆盖面广，总播种面积约 38 万公顷，青藏高原是青稞的适生区和主产区，占全国青稞种植面积的 98%以上，年总产量为 56 万～60 万吨。青稞占青藏高原粮食作物面积的 60%以上和粮食总产量的 58%～60%。青稞耐寒性强，生长期短，高产早熟，适应性广。在海拔 4 200 米以上的高寒地带，青稞是唯一能正常成熟的谷物。青稞在栽培史上称为春性裸大麦，对寒冷和贫瘠适应性强，一般 3～5 月播种，7～9 月收割，生产期为 100～130 天。青稞的种植范围包括整个西藏自治区、青海省和四川阿坝、甘肃西南部、云南西北部，新疆的塔什库尔干、和田县、伊吾县、巴里坤、乌恰县、阿合奇县、阿克陶县、温宿县、库车县等地也有零星种植。不同产区因生态环境、生产条件差异，栽种的品种不同。按青稞的棱数分，可分为二棱青稞、四棱青稞和六棱青稞，中国主要以四棱青稞和六棱青稞为主，其中西藏主要栽培六棱青稞，而青海主要以四棱青稞为主②。

8. 中国绿豆的生产布局

绿豆属喜温作物，主要分布在温带、亚热带及热带地区。绿豆在中国有两千多年的栽培历史，在中国分布广泛，主要的产区是黄河、淮河流域及东北地区。从播种面积看，主要集中在内蒙古、吉林、安徽、河南、山西、陕西和湖南，合计占全国播种总面积的 78. 8%；从产量看，吉林和内蒙古最多，合计占全国总产量的 42. 2%，其次是河南、湖南、山西、新疆、重庆、四川和湖北；从单位面积产量看，新疆、湖南和四川都在每公顷 2 000 千克以上，位居全国前列③。

中国纤维原料的生产布局

1. 中国棉花的生产布局

中国是世界上头号产棉大国，产量居世界首位，2012 年，全国棉花播种面积 468. 8 万公顷，产量为 683. 6 万吨。棉花原产于亚热带，喜温、好光、生长周期长，需水量为 450～500 毫米，其中从开花到成熟期需水量占总需水量的 50%～60%；棉花是深根作物，要求土壤为深厚疏松、保水、保肥的

① 周文超 . 中国不同地区特色品种小米淀粉理化性质的研究［D］. 大庆：黑龙江八一农垦大学硕士学位论文，2013.

② 龚凌霄 . 青稞全谷物及其防治代谢综合征的作用研究［D］. 杭州：浙江大学博士学位论文，2013.

③ 刘慧 . 中国绿豆生产现状和发展前景［J］. 农业展望，2012（6）：36-39.

耕层，酸碱度中性至微碱性，质地以中壤、轻壤和砂土壤最为适合。中国棉花生产分布很广，主要集中在西北内陆棉区、黄河中下游棉区和长江流域棉区[①]。①西北内陆棉区包括新疆和甘肃河西走廊等地区。2012 年，本区棉花总播种面积为 177. 9 万公顷，总产量为 362 万吨，分别占全国的 37. 9%和 53%。新疆的棉田主要分布在南疆的喀什地区、阿克苏地区、巴音郭楞州北部，北疆棉田主要分布在玛纳斯河流域、奎屯河和博尔塔拉河下游，东疆棉田主要分布在吐鲁番盆地和哈密平原。河西走廊的棉田主要分布在敦煌、安西一带。西北内陆棉区热量、光照条件优越，分布在绿洲灌区，灌溉条件好，是中国优质棉区。尤其是新疆棉花除含糖量高外，其他指标与埃及、美国棉花相近或超出，是中国优质棉和长绒棉基地。②黄河中下游棉区分布在六盘山以东，长城以南，秦岭—淮河以北的河北、山东、河南、山西、陕西、北京、天津五省两市，以及江苏、安徽两省的淮北部分。本区自然条件有利于棉花生长，棉花生产历史悠久，棉田面积广，以麦棉套种的两熟栽培为主。2012 年，鲁、豫、冀、晋、陕、京、津棉花总播种面积为 166. 62 万公顷，总产量为 169. 1 万吨，分别占全国的 35. 5%和 24. 7%。③长江流域棉区地处秦岭—淮河以南、南岭以北，川西高原以东，东至滨海的广大地区，包括上海、浙江、江西、湖北、湖南、四川、重庆 7 省市和江苏、安徽两省除淮北以外的全部，河南信阳、南阳，以及陕西南部等。本区棉花与粮食套种一年两熟，精耕细作，水平较高，以江苏、湖北两省最为主要。棉花主要分布在长江及其支流沿岸的河湖平原和滨海平原。主要棉区包括长江下游滨海沿江棉区、江汉平原棉区、四川盆地棉区以及南襄盆地、洞庭湖平原、鄱阳湖平原和安徽沿江平原棉区等。由于春末夏初的连续梅雨和秋季的连阴雨，棉花的产量和质量均受到较大影响。

2. 中国蚕丝的生产布局

中国蚕丝生产包括桑蚕丝和柞蚕丝，以桑蚕丝为主。2012 年，中国产蚕丝 90. 6 万吨，其中桑蚕丝为 83. 1 万吨，约占总产量的 92%[①]。中国桑蚕丝生产的传统产地主要集中在四川盆地、太湖平原和珠江三角洲。2012 年，传统桑蚕产地的四川、广东、江苏、浙江、重庆 5 省市桑蚕茧产量为 36. 1 万吨，占全国桑蚕茧产量的 43. 4%，比历史时期所占比重大幅下降。近年来，传统桑蚕产区之外的广西、山东、安徽、云南、河南、陕西等省区的桑蚕茧的产量大幅提升，2012 年，这 6 省区的桑蚕茧产量达到 44. 6 万吨，占全国的 53. 7%，超越了传统产区。就主要生产桑蚕茧的省区而言，按其产量在全国的高低次序排列，依次为：广西，产量为 31. 6 万吨，占全国的 38. 1%；四川，产量为 11. 4 万吨，占全国的 13. 7%；广东，9. 7 万吨，占全国的 11. 7%；江苏，6. 8 万吨，占全国的 8. 2%；浙江，6. 1 万吨，占全国的 7. 3%；山东，3. 3 万吨，占全国的 4%；安徽，3. 3 万吨，占全国的 4%；重庆，2. 1 万吨，占全国的 2. 5%；河南，1. 9 万吨，占全国的 2. 3%；陕西，1. 9 万吨，占全国的 2. 3%。中国共有柞林资源 700 多万公顷，利用率仅 10%，2012 年，全国产柞蚕茧 5. 5 万吨，辽东半岛、胶东半岛和豫西山地是中国的传统柞蚕产区，除处于传统产区的辽宁、河南、山东三省之外，内蒙古、辽宁、吉林三省区也有柞蚕养殖业。

中国油料作物的生产布局

1. 中国花生的生产布局

花生是喜温耐瘠作物，对热量要求较高，而对土壤要求不严，以排水良好的沙土质最为适宜。2012 年，中国花生总播种面积为 463. 9 万公顷，产量为 1 669. 2 万吨。花生分布广泛，除西藏、青海、宁夏外，其余省、直辖市、自治区都有种植，是分布最广泛的油料作物。花生生产以北方为主，山东半岛、鲁中南丘陵、冀东滦河下游、豫东黄泛区以及苏皖的淮北地区是中国花生的重点产区。就省区而言，主要分布在河南、山东、河北三省，这三省的播种面积与总产量分别占全国总数的一半以

① 李振泉，杨万钟，陆心贤. 中国经济地理［M］. 上海：华东师范大学出版社，1999.

上，其中河南分别占21.7%和27.2%，山东分别占17%和20.9%，河北分别占7.6%和7.6%①。

2. 中国油菜的生产布局

油菜是喜凉作物，也是油料作物中唯一能冬种的作物。油菜是中国重要的油料作物，新中国成立以来，其产量基本上逐年提升，2012年，中国油菜播种面积为743.2万公顷，油菜籽产量达1400.7万吨，皆为历年来的高值。目前，中国油菜生产主要集中在长江流域各省，在南方各省中，油菜生产遍布各地，而以广大的冲积平原、山间盆地及其附近的低山丘陵区最为集中，其中长江三角洲、皖中沿江平原、鄱阳湖平原、洞庭湖平原、江汉平原、汉中盆地、川西平原及川中浅丘地区、贵州中部及西北部地区、云南中部及东部地区等都是主要集中产区。就省区而言，湖北、四川、湖南、安徽和江苏五省最为集中，2012年，五省油菜的播种面积为438.1万公顷，油菜籽产量为874万吨，分别占全国总量的58.9%和62.4%①。

3. 中国芝麻的生产布局

芝麻是优质的油料作物，但它喜温怕涝，也不耐长期干旱，适宜在中性沙壤土或轻壤土上种植。2002年，中国芝麻产量达到历史峰值的89.5万吨，之后有所增减，至2012年产量为63.9万吨。中国芝麻生产的地域广泛，除西部少数高寒地区外，各地均有种植，但主要集中在河南的洪河、汝河流域及南阳盆地、湖北的襄阳盆地、安徽的淮北平原。2012年，河南、湖北和安徽三省芝麻产量为47.7万吨，占全国总产量的74.6%。此外，江西、陕西、江苏、湖南、吉林五省的产量介于1万~4万吨，其余产量很低，呈零散分布①。

4. 中国向日葵的生产布局

向日葵是喜凉作物，耐寒、耐瘠薄、耐盐碱、耐干旱，适于中国北方半湿润地区和干旱地区种植。中国向日葵产地主要分布在东北、西北和华北地区，以内蒙古、吉林最为集中，栽培面积约占全国的70%。其中内蒙古集中在东部农区和河套平原，吉林以白城子地区最为集中，新疆向日葵发展也很快②。

5. 中国椰子的生产布局

椰子属棕榈科单子叶多年生常绿乔木，是一种典型的热带木本油料作物。主要分布于赤道两侧20°以内的广大热带滨海地区，其次在南北纬20°~23.5°也有大面积分布。椰子在中国热带地区作为一种重要的经济作物，已有2 000多年的栽培历史，主要种植于海南东南沿海，在西沙和南沙群岛、广东的上川与下川岛、云南的西双版纳、广西的北海、钦州与台湾南部也有少量种植。以海南省的种植面积和产量最大，占全国总种植面积的97%和总产量的92%③。

中国糖料作物的生产布局

1. 中国甘蔗的生产布局

甘蔗是喜高温、喜强光照、需水量大、吸肥多、生长期长的热带、亚热带作物，中国南方中亚热带、南亚热带和热带水热条件较好的河谷平原、三角洲是最适宜种植甘蔗的地区④。2012年，中国大陆有17个省市区种植甘蔗，甘蔗种植面积达179.5万公顷，产量为1.23亿吨。其中种植面积在5万公顷以上的仅有广西（112.8万公顷）、云南（33.15万公顷）、广东（16.54万公顷）、海南（6.24万公顷）四省区，此四省区甘蔗种植总面积为168.73万公顷，总产量为1.19亿吨，分别占全国的94%和95.5%。除这四个省区之外，种植面积大于1万公顷的还有贵州、四川、湖南、江西和浙江

① 李振泉，杨万钟，陆心贤．中国经济地理［M］．上海：华东师范大学出版社，1999.
② 周立三．中国农业地理［M］．北京：科学出版社，2000.
③ 魏金鹏，于高波，赵松林．中国椰子产业经济发展分析［J］．热带农业工程，2011，35（5）：46-49.
④ 李振泉，杨万钟，陆心贤．中国经济地理［M］．上海：华东师范大学出版社，1999.

五省。

2. 中国甜菜的生产布局

甜菜为喜冷凉、耐低温、耐干旱和耐盐碱的作物。中国东北、华北和西北等北纬40°以北地区，是甜菜最适宜的种植区。中国甜菜种植面积在1991年达到峰值，达到78.3万公顷，之后呈下降趋势，2012年的种植面积为23.6万公顷。中国甜菜的种植主要集中在新疆（8.26万公顷）、黑龙江（7.3万公顷）、内蒙古（4.37万公顷）和河北（1.42万公顷）四省区，这四省区种植面积占全国的90.5%。此外，山西、甘肃、吉林、辽宁也有种植。甜菜种植主要分布在新疆的石河子、昌吉、伊犁、塔城、巴州、阿克苏，黑龙江的松花江、嫩江、三江平原地区，内蒙古的河套、土默特川地区、阴山山前地区，河北的张家口，山西的大同盆地，甘肃的河西走廊等地①。

中国嗜好作物的生产布局

1. 中国烟草的生产布局

烟草生长期长，是高温作物，需水多，要求土壤质地疏松、富含有机质、通风良好、土层深厚、排水良好。中国烟草种类多样。按加工方法和用途不同，可分为烤烟、晒烟、凉烟、白肋烟、香料烟和黄花烟等，以烤烟为主。2012年，全国烟草种植面积为159.7万公顷，生产烟叶340.7万吨，其中烤烟分别为148万公顷和312.6万吨，烤烟种植面积和产量分别占全国烟草总量的92.7%和91.8%。中国烤烟生产地域分布广，3/4的省区均有种植，但烟叶质量却有很大差别。以云南、贵州、河南三省为主，分别占全国烤烟总产量的35.5%、11.9%和9.8%；湖南、四川、福建、湖北、陕西、山东、重庆、黑龙江等省市亦占有一定比重。云南的玉溪、曲靖、楚雄、大理、昭通，贵州的贵定、遵义、瓮安、毕节，河南的许昌、三门峡、洛阳，福建的三明、龙岩、永定，山东的青州、昌乐、潍坊是中国优质烤烟基地，烤烟产量高、品质好②。

2. 中国茶叶的生产布局

茶叶原产中国，是世界性饮料。茶树是热带、亚热带多年生常绿树，越冬不耐低温，生长期内要求相对湿度在80%左右，多云雾；宜于土壤深厚肥沃、排水良好的酸性沙壤土，不能在碱性土壤中生长。中国是茶树的原产地，茶叶产量较大，长期在世界市场上占有重要地位。2012年，中国茶园总面积228万公顷，产量179万吨。我国茶区辽阔。新中国成立前，茶树大致分布在北纬18°~33°和东经100°~122°的广大丘陵山区。新中国成立后，茶区范围有所扩大，向北推进到北纬35°附近的江苏云台山，向西发展到东经92°以西西藏自治区的达旺、察隅境内。中国茶树栽培主要分布于秦岭—淮河以南的丘陵山区，产量居前的为福建（32.1万吨）、云南（27.2万吨）、四川（21万吨）、湖北（20.7万吨）、浙江（17.5万吨）、湖南（13.5万吨）、安徽（9.5万吨）等省份。贵州、广东、河南、广西、江西、陕西、重庆等地的茶树种植面积和产量也较大。中国茶叶品种丰富，根据加工方法的不同，主要分为绿茶、红茶、砖茶（也称边茶）、花茶、乌龙茶五大类。绿茶产量最多，产区分布很广，浙江、安徽、江西等省以产绿茶为主；红茶产区以华南、西南各省为主；砖茶主要销向少数民族地区，以湖南、湖北、四川为主要产地；花茶产量较少，以浙江、福建、四川所产较多；乌龙茶的主要产区为福建和广东两省③。

---

① 李振泉，杨万钟，陆心贤．中国经济地理［M］．上海：华东师范大学出版社，1999.

② 周立三．中国农业地理［M］．北京：科学出版社，2000.

③ 刘玉，冯健．中国经济地理：变化中的区域格局［M］．北京：首都经济贸易大学出版社，2008.

中国水果的生产布局

1. 中国苹果的生产布局

苹果属温带水果，主要分布于渤海湾沿岸、黄河中下游各省区、苏皖北部和新疆的阿克苏、伊犁等地，云贵高原和四川的山区也有少量栽培①。2012 年，全国苹果总产量为 3 849.1 万吨，是产量最大的水果种类。其中，陕西省苹果产量最大，达 965.1 万吨，其次为山东（871 万吨）、河南（436.7 万吨）、山西（375.2 万吨）、河北（311.5 万吨）、辽宁（263.4 万吨）、甘肃（248.8 万吨）六省，分别居二至七位。上述 7 省苹果产量占全国总产量的 90.2%。中国知名的地方苹果有：陕西的洛川苹果、礼泉苹果、铜川苹果、旬邑苹果、富县苹果；山东的烟台苹果（包含栖霞苹果、蓬莱苹果、牟平苹果）、文登苹果、平阴玫瑰红苹果、文登苹果、沂水苹果、蒙阴苹果、沂源苹果、五莲苹果、乳山苹果、荣成苹果、寿光上口苹果、平度旧店苹果；河南的灵宝苹果、洛宁上戈苹果；山西的霍州苹果、吉县苹果、临猗苹果、万荣苹果；河北的保定苹果、承德国光苹果、内丘县富岗苹果；辽宁的辽中寒富苹果、盖州苹果、大石桥市汤池寒富苹果、大连苹果、兴城苹果、绥中苹果、康平寒富苹果；甘肃的静宁苹果、礼县苹果、庆阳苹果、天水花牛苹果、平凉金果；新疆的阿克苏苹果、和静苹果、伊犁苹果；江苏的丰县大沙河红富士苹果；北京的延庆国光苹果、昌平苹果；四川的阿坝苹果、盐源苹果、越西苹果；黑龙江的宝清县长林岛金红苹果；云南的昭通苹果；吉林的延边苹果。

2. 中国柑橘的生产布局

柑橘起源于中国，质优味美，营养丰富，是中国重点发展的果类之一。柑橘性喜温暖潮湿，是一种典型的亚热带常绿果树，一般年平均温度在 15 ℃以上，冬季绝对低温不低于-9 ℃，年降雨量在 1 000 毫米左右的地区，均适于柑橘的栽培。柑橘分布广泛，中国 20 个省（直辖市、自治区）有分布，2012 年，中国柑橘产量达 3 167.8 万吨，居水果产量的第二位②。2012 年，柑橘产量居前的省（直辖市、自治区）是湖南（483.5 万吨）、广东（414.5 万吨）、湖北（385.3 万吨）、广西（384 万吨）、四川（340.8 万吨）、江西（336.5 万吨）、福建（303.4 万吨）、浙江（193.6 万吨）和重庆（171.5 万吨），上述 9 省（直辖市、自治区）柑橘产量均超 100 万吨，产量占全国柑橘总产量的 95.1%。中国著名的柑橘品种有：湖南的泸溪椪柑、石门柑橘、浏阳金橘和邵阳市洞口、新宁等县的雪峰蜜橘；广东的潮州柑、普宁蕉柑、德庆贡柑、阳春马水橘、郁南无核砂糖橘、龙门年橘、清新冰糖橘、云安县南盛砂糖橘、江门新会柑（又称广皮柑或陈皮柑）、四会柑橘；湖北的宜昌柑橘（又称“三峡柑橘”）、丹江口柑橘、襄阳柑橘；广西的南丹椪柑、阳朔金橘、柳城蜜橘、西林砂糖橘、融安金橘、恭城椪柑；四川的自贡红橘、资阳雁江蜜柑、青神椪柑；江西的全南椪柑、南丰蜜橘（又称金钱蜜橘、贡橘）；福建的永春芦柑、漳州芦柑（又名“八卦芦柑”）、尤溪金柑、福州福橘、长泰状元蜜橘、长泰芦柑、安溪县的福前芦柑；浙江的黄岩蜜橘、临海蜜橘（以涌泉镇的涌泉蜜橘最为著名）、衢州柑橘、温州瓯柑、镇海金橘、丽水椪柑、象山柑橘；重庆的江津广柑、合川大红袍；云南的华宁柑橘；陕西的城固柑橘；台湾的新竹柑橘。

3. 中国橙子的生产布局

甜橙是柑橘类水果中的一个主要品种，原产中国南方及亚洲的中南半岛，喜温暖湿润，耐寒性稍差，在热量达不到要求的地方发展，冬季易受冻寒。适宜发展的地方要求年平均气温 16~22 ℃，≥10 ℃的年积温 5 800~8 000 ℃，最冷月均温在 6 ℃以上，极低温在-3 ℃以上。中国甜橙的生产区域基本分布在赣南、长江上中游和湘西南三大产区，甜橙产量居前的省（直辖市、自治区）有四川、

① ②周立三．中国农业地理［M］．北京：科学出版社，2000.

广西、江西、重庆、湖南、广东、湖北、福建、浙江、云南、贵州、海南、陕西等省区，这13个省区的甜橙总产量几乎占全国甜橙总产量的100%，尤以四川、广西产量居高，四川和广西两地甜橙产量约占全国总产量的41%。知名的地方橙子有：四川的邻水脐橙、蓬安锦橙、金堂脐橙、峨眉香橙、雷波脐橙、资中血橙、江安夏橙、盐边县红格脐橙、武胜脐橙、西凤脐橙；广西的富川脐橙、临桂夏橙、阳朔夏橙；江西的信丰脐橙、寻乌脐橙、安远脐橙、兴国甜橙；重庆的奉节脐橙、长寿夏橙、开县锦橙、渝北统景梨橙；湖南的新宁脐橙、洪江冰糖甜橙（也称黔阳冰糖橙）、永兴冰糖橙、麻阳冰糖橙；广东的平远脐橙、廉江红江橙、萝岗甜橙、平远慈橙；湖北的秭归脐橙、宜昌红橙、秭归桃叶橙；福建的顺昌红肉脐橙；浙江的温岭高橙；海南的澄迈福橙、琼中绿橙①②。

4. 中国柚的生产布局

柚果形硕大，果肉晶莹脆嫩，风味独特，甘甜清香，维生素C含量位于柑橘类之首，且耐储运，有天然罐头的美称。柚在中国各柑橘产区均有分布，根据地理、气候和品种类型的自然组合，中国柚类形成三个中心产区，即东南沿海柚产区，主要省（直辖市、自治区）为福建、浙江、台湾；华南柚产区，主要省（直辖市、自治区）为广东及广西；西南及长江流域柚产区，主要省（直辖市、自治区）为四川、重庆、湖南、贵州、云南、江西、湖北等。地方名优品种有：福建的平和县琯溪蜜柚、平和红柚、仙游县度尾文旦柚、建阳橘柚、闽清县梅溪蜜柚、华安县坪山柚、长泰坂里龙柚、云霄县下河蜜柚、福鼎四季柚；浙江的常山胡柚、永嘉早香柚（以碧莲镇的碧莲香柚最为著名）、玉环柚、苍南县马站四季抛、平阳的水港文旦；广东的梅州金柚（亦称“梅州沙田柚”）、大埔蜜柚、仁化县长坝沙田柚；广西的容县沙田柚、融水糯米柚、平乐柚、恭城沙田柚、阳朔沙田柚、昭平县沙田柚；四川的广安龙安柚、南部脆香甜柚、安岳通贤柚、苍溪脆香甜柚、垫江白柚、广安白市柚、中江柚、金堂无核柚、自贡龙都早香柚、合江真龙柚、大邑安仁柚、成都新都柚、仪陇元帅柚、纳溪县护国沙田柚；重庆的长寿沙田柚、梁山柚（亦名“梁平柚”）、巴县五布柚（又称五布红心柚）、丰都三元红心柚；湖南的江永香柚、洪江市的安江香柚、慈利金香柚；贵州的岑巩文旦柚、荔波卜柚、正安柚子；云南的西双版纳东试早柚；江西的赣州南康甜柚、玉山红心柚、金兰柚（产于双金、永新一带）；湖北的宣恩贡水白柚（又称宣恩白柚）、鄂州沼山胡柚③。

5. 中国柠檬的生产布局

中国柠檬种植主要分布在四川、重庆、海南、云南、广西、广东、福建7省（直辖市、自治区），其他省份只有零星种植。主要的种植区有：四川的安岳、内江、简阳、蓬溪、遂宁、自贡；重庆的潼南、万州、江津、渝北、大足、永川；海南的海口、三亚、万宁、文昌；云南德宏州的瑞丽市、陇川县、泸西县；广东的惠州、清远、河源、广州等；广西的南宁、防城港、钦州等；福建的同安区、云霄、南安④。以四川安岳最为集中，安岳为中国柠檬之乡，柠檬产量约占全国总产量的70%。广东的连南无核柠檬也较知名。

6. 中国梨的生产布局

梨是中国大宗水果之一，20世纪70年代以前产量一直位居第一，之后苹果、柑橘发展迅速，至1986年梨的产量降至第三位。2012年，中国梨的产量达1 707.3万吨，在水果中依然居第三位。梨树耐寒喜湿，适应性强，分布广泛，除海南省外，其余各省区均有分布。2012年，梨的产量超百万吨的省份有河北（445.1万吨）、辽宁（154.7万吨）、山东（119.1万吨）、安徽（106.9万吨）和河南（104.4万吨），5省梨的产量占当年全国梨总产量的54.5%⑤。此外，梨产量超50万吨的省区有四川、新疆、陕西、江苏、山西和湖北。中国著名的优良梨品种有：山东的莱阳梨、冠县鸭梨、烟台

① 余艳锋，祁春节．中国甜橙产业发展现状及对策［J］．世界农业，2006（4）：21-23.
② 余艳锋，祁春节．中国甜橙国际竞争力实证分析［J］．新疆农垦经济，2007（7）：13-19.
③ 刘勇，周群，刘德春，等．中国柚类生态分布多样性研究［J］．江西农业大学学报，2006，28（3）：332-335.
④ 彭长江．中国柠檬产业现状［J］．柑橘与亚热带果树信息，2005，21（6）：4-6.
⑤ 周立三．中国农业地理［M］．北京：科学出版社，2000.

的巴梨、平邑天宝山黄梨、淄博池梨（又称“淄博酥梨”）、荣成砂梨、文登砂梨、乳山巴梨、阳信鸭梨、曲阜纪庄大青梨；河北的泊头市泊镇的鸭梨、魏县鸭梨、藁城皇冠梨、赵县雪花梨、晋州鸭梨、宁晋鸭梨、沙河市马场秋梨、辛集鸭梨、定州鸭梨；辽宁的鞍山南果梨、绥中白梨、北镇鸭梨、辽阳香水梨、辽西秋白梨、延边苹果梨、大石桥张官南果梨、大连旅顺洋梨、鞍山尖把梨；北京的门头沟京白梨、大兴梨、大兴大城子红肖梨（北京红梨）、密云黄土坎鸭梨；天津的鸭梨；安徽的砀山酥梨、亳州苏赵梨、歙县徽州雪梨、寿县郝圩酥梨、萧县水晶梨；新疆的库尔勒香梨；陕西的彬州梨、礼泉酥梨、蒲城酥梨、隰县细肉酥梨、富平红珊梨；山西的忻州原平梨、晋城高平黄梨、同川酥梨、王过酥梨、祁县酥梨、平遥酥梨、隰县酥梨、运城酥梨；河南的宁陵县金顶谢花酥梨、孟津梨、洛宁金珠果；四川的金川雪梨、苍溪雪梨、汉源雪梨；天津孩梨（又称“天津鸭梨”）；湖北的钟祥旧口砂梨、枝江市百里洲砂梨、建始六月雪梨；江西的金溪蜜梨、广丰天桂梨、上饶早梨；甘肃的兰州冬果梨、兰州软儿梨、兰州酥木梨、礼县八盘梨、白银香水梨、张掖圆梨；湖南的湘西金秋梨；青海的贵德长把梨、民和县冬果梨、化隆酥梅梨；广东的深圳石岩沙梨、南澳包冬梨、五华禾梨、清远洞冠梨；广西的灌阳雪梨、南丹瑶山红梨（也称“南丹糖梨”）；云南的大理雪梨（亦称“海东雪梨”）、昆明呈贡宝珠梨、安宁县红梨（又称“滇臼红梨”）、会泽宝珠梨、泸西县高原梨、巍山红雪梨、文山他披梨；江苏的丰县大沙河白酥梨；浙江的平湖千福蜜梨、建德严州雪梨；福建的建宁黄花梨；上海的仓桥水晶梨；西藏的昌都醉梨、昌都酸梨。

7. 中国香蕉的生产布局

香蕉是中国热带、南亚热带水果。2012 年，全国香蕉总产量达 1 155.8 万吨，位居全国水果产量第四。广东、广西、云南、海南、福建 5 省（区）是中国香蕉主产区，5 省（区）香蕉产量占当年全国香蕉总产量的 99.6%。广东以粤西、粤东及珠江三角洲为主产区；广西以南宁、钦州、凭祥、玉林等市县为主产区；云南以河口、元阳、开远、元江、西双版纳等市县为主产区；海南的香蕉主要分布在东方、澄迈、临高、儋州、昌江、乐东、三亚等市县，其中产量最多的是东方；福建主要集中在龙海、漳州、尤溪、晋江、诏安、莆田等县市；台湾的香蕉以高雄、屏东为主栽区，其次是台中和台东等地。已经形成了海南—雷州、粤西—桂南、桂西—滇南、珠三角—粤东—闽南等四个主要的优势产业带。名优香蕉主要有：广东的高要粉蕉、东莞麻涌香蕉、茂名高州香蕉；广西的浦北香蕉、南宁香蕉、田东香蕉；云南的河口香蕉、德宏香蕉、西双版纳香蕉、金平香蕉；海南的海南粉蕉、乐东香蕉；福建的漳州天宝香蕉、平和香蕉、南靖香蕉；台湾的高雄旗山香蕉①。

8. 中国葡萄的生产布局

葡萄属浆果类果树，适于温带栽培。2012 年，葡萄总产量为 1 054.3 万吨，产量居水果产量的第五位，主要分布于新疆（209.1 万吨）、河北（124.2 万吨）、山东（105 万吨）、辽宁（76.9 万吨）、浙江（60.6 万吨）、河南（55.2 万吨）、云南（54.3 万吨）、江苏（48.6 万吨）、陕西（46.5 万吨）等省（区）。新疆是中国最大的葡萄产区，其中吐鲁番等地的无核葡萄享誉中外，阿图什、库车、石河子、喀什、霍城县等地的葡萄也全国著名。此外，河北的张家口、沙城、怀来，北京的昌平，山东的平度、即墨、烟台，辽东半岛，山西的清徐，河南的民权、兰考、偃师、孟津，陕西的商洛，浙江的上虞等地也都是中国著名的葡萄产区②。

9. 中国山楂的生产布局

中国是山楂的原产国之一，山楂种植历史悠久。山楂树耐寒、耐干燥、耐贫瘠，但以在排水良好、湿润的微酸性砂质壤土上生长最好。中国山楂分布广泛，很多省区都有种植，以华北、东北各省最多，主要的产区有辽宁的辽阳、本溪、开原，山东的青州、泰安、莱芜、平邑、费县、临朐、邹城，河北的兴隆、青龙、遵化、抚宁、涞水，山西的晋城、临汾、运城，河南的林州、辉县，北京的

① 李玉萍，方佳．中国香蕉产业现状与发展对策研究［J］．中国农学通报，2008，24（8）：443-447.

② 周立三．中国农业地理［M］．北京：科学出版社，2000.

房山；天津的蓟县。

10. 中国石榴的生产布局

中国石榴栽培历史悠久，分布较为广泛，北界为德州—元氏—临汝—洛川—陇县—天水一线。南界为梧州—个旧一线，在海南岛最南部的三亚有庭院栽培。东界为枣庄—南京—萧山一线。西界为芒康—贡觉一线。山东、安徽、河北、山西、陕西、甘肃、新疆、云南、四川、浙江、江苏等省区都有分布。特别是新疆的叶城和疏勒，山东的平邑县、枣庄市峰城、薛城区、菏泽市牡丹区，安徽的怀远县、萧县、濉溪、巢湖，河南的荥阳市、开封县、封丘县，陕西西安临潼区、乾县、三原、礼泉，山西的临猗县，四川的会理县，云南的蒙自、巧家、建水、呈贡、元谋、禄丰、会泽、开远、个旧，西藏的贡觉、左贡、芒康，江苏的苏州、南京、徐州、邳州。以上区域石榴产量大、品质好。名优石榴主要有：陕西的临潼石榴、乾县和礼泉县的御石榴；河南的荥阳河阴石榴、信阳平桥石榴、封丘石榴；山西的临猗石榴；山东的平邑县沂蒙红石榴、菏泽牡丹石榴、枣庄石榴；云南的蒙自石榴、巧家石榴、建水酸石榴、会泽县盐水石榴；四川的丹巴石榴、会理石榴；安徽的怀远石榴；新疆的叶城石榴、喀什石榴、策勒石榴、皮山县皮亚勒玛甜石榴①。

11. 中国柿子的生产布局

柿子，柿科植物浆果类水果，成熟季节在10月前后。柿树为落叶乔木，大多为热带、亚热带植物，原产于中国长江流域及其以南地区，在中国已有三千多年的栽培历史。柿树现主要分布在中国北纬41°以南及甘肃的武山、天水和四川的峨眉山、大凉山、雅砻江和云南的沅江一线以东，尤以黄河流域的山东、河北、河南、山西、陕西5省栽培较多。中国是世界上产柿最多的国家，年产鲜柿70万吨。在长期的风土驯化和生产实践中人们培育出不少优良品种，特别著名的有：河南渑池的牛心柿、栾川白土无核柿，产于华北的“世界第一优良种”的大盘柿（如天津盘山磨盘柿、北京房山磨盘柿、河北满城磨盘柿等），河北、山东一带出产的莲花柿、镜面柿，陕西泾阳、三原一带出产的鸡心黄柿、富平的尖柿、临潼的火晶柿、华县的陆柿、彬县的尖顶柿，山西的永济青柿、临猗县北景柿子，浙江永嘉县东皋红柿、杭州古荡一带的方柿，山东青岛的金瓶柿、益都的大萼子柿、邹城张庄牛心柿等，河北元氏县的大红袍，北京的密云柿子，云南的华宁柿子、石林柿子、保山甜柿，甘肃的陇南柿子，广西的恭城月柿，湖南湘西的永顺红柿（以该县的“王村红柿”最为著名），湖北的罗田甜柿，福建的沙县郑湖水柿，四川的九寨沟柿子②。

12. 中国枇杷的生产布局

枇杷是蔷薇科、枇杷属植物，原产于中国，因叶子形状似琵琶乐器而得名。枇杷与大部分果树不同，在秋天或初冬开花，果子在春天至初夏成熟，比其他水果都早，因此被称为“果木中独备四时之气者”。枇杷原产亚热带，喜光、喜温，稍耐阴，不耐严寒，生长缓慢。在中国四川、福建、浙江、江苏、广西、广东、台湾、云南、贵州、江西、湖北、湖南、安徽、河南、陕西、甘肃都有分布，云南、四川、湖北、广西、广东有野生枇杷。中国枇杷的收获面积和产量均居世界第一位，其中，以四川和福建产量最高，两省产量占大陆总产量的80%③。中国知名的枇杷有：四川的米易枇杷、仁寿枇杷、文宫枇杷、资中枇杷、龙泉驿枇杷、双流枇杷、攀枝花枇杷、泸州天仙硐枇杷、石棉枇杷、荣县新桥枇杷；福建的莆田枇杷、云霄枇杷；浙江的余杭塘栖枇杷、路桥枇杷；江苏的东山白沙枇杷；安徽的歙县三潭枇杷。

13. 中国桃子的生产布局

桃是蔷薇科、桃属植物，落叶小乔木，树冠宽广而平展；原产中国，除黑龙江省外，其他各省区均有栽培。主要经济栽培地区在华北、华东各省区，较为集中的地区有北京海淀区、平谷区；天津蓟

---

① 陈德均，侯尚谦，翟洪轩，等．中国石榴的种质资源及地理分布［J］．河南科技，1989（10）：18-19.

② 蔡健，宋华，徐良，等．柿子资源开发利用［J］．食品研究与开发，2005，26（6）：115-117.

③ 编辑摘编．中国枇杷产业概况［J］．世界热带农业信息，2008（5）：12-14.

县；山东蒙阴、肥城、益都、青岛；河南商水、开封；河北抚宁、遵化、深州、临漳；陕西宝鸡、西安；甘肃天水；四川成都；辽宁大连；浙江奉化；上海南汇；江苏无锡、徐州。根据果实和结果习性等征状，中国桃的品种可划分为五个品种群：①北方桃品种群。果实顶端尖而突起，缝合线较深；树形较直；中、短果枝比例较大；耐旱抗寒。主要分布于华北、西北和华中一带。②南方桃品种群。果实顶端圆钝，果肉柔软多汁；树冠开展；通常长枝结果；花芽多为复芽。抗旱及耐寒力较北方品种群稍弱。主要分布于华东、西南和华南等地。③黄肉桃品种群。果皮和果肉均金黄色，肉质较紧密强韧，适于加工和制罐头。中国西北、西南地区栽培较多，华北和华东较少。④蟠桃品种群。果实扁平形，两端凹入；树冠开展，枝条短密；花多，丰产。江苏和浙江栽培最多，华北和西北较少。⑤油桃品种群。果实外面无毛。产于西北各省区，尤以新疆、甘肃栽植较多。

中国优质的地方桃品种主要有：北京的平谷大桃，山东的青州蜜桃、蒙阴蜜桃、安丘蜜桃、沂水毛桃、冠县华光油桃、肥桃（也称“肥城桃”）、荣成黄桃、莱芜黄金蜜、平邑县武台黄桃、垦利县黄河口蜜桃、青岛北梁蜜桃、莱西市王家庄油桃、平度麻兰油桃，河南的桐柏朱砂红桃、郑州蜜桃、夏邑县王河白蜜桃，河北的深州水蜜桃、顺平桃、遵化秋蜜桃、高邑桃子、文安蜜桃、满城县红岗山桃，陕西的安康冬桃、泾阳和礼泉等地的沙红桃、周至老堡子鲜桃、西安王莽鲜桃、铜川孟姜红甜桃、永寿桃子、富平杨屯大桃，山西的临汾贺家庄鲜桃，甘肃的秦安蜜桃、宁县黄甘桃、兰州香桃，四川的龙泉驿水蜜桃、蓬溪仙桃、西充县充国香桃、简阳晚白桃，重庆的潼南黄桃，湖北的孝感早蜜桃、枣阳四井岗油桃，辽宁的大连黄桃、普兰店棚桃、桓仁大白桃，浙江的奉化水蜜桃、金华源东白桃，福建的福安穆阳水蜜桃，上海的南汇水蜜桃、金山蟠桃、奉贤黄桃（又被称为“锦绣黄桃”），江苏的沛县冬桃、无锡阳山水蜜桃、常熟水蜜桃，广东的连平鹰嘴桃、翁源九仙桃，云南的丽江雪桃、开远蜜桃，贵州的镇远接桃，新疆的阜康蟠桃。

14. 中国枣子的生产布局

枣原产于中国，是鼠李科、枣属植物，为落叶灌木或小乔木，高可达 10 米，是暖温带阳性树种，有三千多年的栽培历史。枣喜光，好干燥气候，耐寒，耐热，又耐旱涝，对土壤要求不严，除沼泽地和重碱性土外，平原、沙地、沟谷、山地皆能生长，以肥沃的微碱性或中性砂壤土生长最好。中国现有枣树面积约 60 万公顷，年产鲜枣 110 万吨。中国枣分布广泛，南北方皆有，产区可分为南方枣区和北方枣区。鲜食品种在南方枣区主要分布于湖南、湖北、安徽、江苏、浙江等 5 个省；北方枣区是中国鲜食枣的主要分布区，包括宁甘新、陕晋、河南、冀鲁、辽宁 5 个区域，其中以冀鲁、陕晋 2 个区域的鲜枣品种规模最大，并且著名的品种也较多。中国优良鲜食枣产区包括：黄河下游山东、河北冬枣产区，山西南部、陕西东部、河南北部黄河中游鲜枣产区，陕晋黄河沿岸黄土丘陵鲜枣产区，山西汾河上游交城、太谷鲜枣产区，新疆环塔里木盆地沿线鲜枣产区，敦煌哈密和河西走廊鲜枣产区，靖远—中宁黄河上游沿岸鲜枣产区，山东南部、河南东部和苏皖北部区域鲜枣产区①。

中国著名的枣子主要有：山东的乐陵小枣、沾化冬枣、宁阳大枣、无棣冬枣、沂水雪枣、枣庄店子长红枣、峄城大枣、茌平圆铃大枣、邹城市香城长红枣、商河县魁王金丝小枣、济宁灰埠大枣、寿光小枣、灰埠大枣，河北的赞皇大枣、沧州金丝小枣（又称“西河红枣”）、黄骅冬枣、阜平大枣、玉田金丝小枣、邢台酸枣、南宫大枣，陕西的清涧红枣、延川红枣、佳县油枣、大荔冬枣、彬县大晋枣、府谷红枣、吴堡红枣、永寿大枣、临渭冬枣、延安酸枣，天津的金丝小枣、天津酸枣，河南的内黄大枣、新郑大枣、灵宝大枣、淇县无核枣、嵩山绵枣、西华田口大枣、南阳金梅枣、南乐牙枣、永城枣干，山西的永和条枣、襄汾官滩枣、稷山板枣、交城骏枣、运城相枣、太谷壶瓶枣、闻喜梨枣、兴县油枣、佳县油枣、黎城俊枣、临县红枣、柳林大红枣、中阳木枣、保德油枣、应县金瓶枣，新疆的哈密大枣、和田玉枣、若羌红枣（又称“楼兰红枣”）、阿克苏红枣、托克逊红枣、民丰大枣，甘肃的临泽小枣、敦煌鸣山大枣，宁夏的同心圆枣、灵武长枣，浙江的义乌响铃枣，安徽的贵池西山焦枣、宣城水东

① 郭满玲．我国鲜食枣品种资源及分布研究［D］．杨凌：西北农林科技大学硕士论文，2004.

蜜枣、桐城丝枣，广西的灌阳红枣，四川的三台县崭山米枣，辽宁的北票金丝王大枣、朝阳大枣。

15. 中国杏的生产布局

杏原产于中国，栽培历史悠久，对土壤和地形的适应能力强，在壤土、黏土、微酸性土、碱性土上甚至在岩缝中都能生长，耐寒，耐旱，耐高温。杏在中国分布广泛，分布的南界为雁荡山—武夷山—南岭—越城岭—九万大山—云南省的大雪山（耿马县）一带，大多数省区皆有种植，以河北、山东、山西、河南、陕西、甘肃、青海、新疆、辽宁、吉林、黑龙江、内蒙古、江苏、安徽等省区较多，其集中栽培区为东北南部，华北、西北等黄河流域各省区①。著名的集中产区和品种有：河北的张家口大扁杏、邯郸大名杏，巨鹿、广宗的串枝红杏，山东的招远红金榛杏、崂山关爷脸杏，历城、长清、泰安一带的红玉杏，历城红荷苞、曲阜大果旦杏、青岛少山红杏，山西的清徐红杏（亦称“沙金红杏”）、阳高京杏、运城席张白水蜜杏、运城金太阳杏，河南的渑池仰韶红杏、灵宝贵妃杏、华县大接杏、南乐县西邵红星，甘肃的敦煌李广杏、东乡唐汪大接杏、灵台牛心杏、宁县曹杏，新疆的英吉沙色买提杏、策勒黄杏、库车白杏、轮台白杏、克州阿克陶县巴仁杏、疏附县木亚格杏、托克逊杏，辽宁的葫芦岛市南票区黄土坎大杏，宁夏的彭阳山杏，北京的平谷北寨红杏、门头沟区火村红杏、海淀区水晶杏，四川成都青白江区福洪杏。

16. 中国李子的生产布局

李树是蔷薇科、李亚科灌木或乔木，在中国主要分布在温带，除海南省外，其他各省区均有分布。中国李树栽培的南线大体与≥10 ℃年积温为 8 000 ℃的等值线相吻合，在此线以南为无李区，包括海南省、雷州半岛、台湾南部等。而在年积温为 7 000~8 000 ℃的地区李树生长不良，为不适宜区，包括广东南部、广西南部和云南南部。但在这些地区的高海拔处仍可栽培李树①。中国分布的主要省区有辽宁、陕西、甘肃、四川、贵州、湖南、湖北、江苏、浙江、江西、福建、云南、广东、广西和台湾。地方知名李子品种主要有：辽宁的复县香蕉李，贵州的贵定县盘江镇酥李、贵阳清镇酥李、安顺市关岭六月李，湖北的随州红梅李、孝感玉皇李，浙江的舟山金塘李子、嘉兴秀洲檇李，福建的永泰芙蓉李，广东的信宜市钱排三华李、韶关市翁源三华李、乳源香蕉李，北京的密云李子，重庆的歪嘴李，山西的应县李子，四川的宜宾茵红李。

17. 中国樱桃的生产布局

樱桃喜温喜光，适宜在中国的半湿润性气候区生长。樱桃宜在北纬 33°~39°的山坡阳处或沟边栽培种植。中国栽培的甜樱桃品种主要为欧美品种，在中国北方地区表现很好，在中国南方省区仍以中国樱桃为主栽品种。中国北起辽宁，南至华中及两广，皆有樱桃种植。

中国引种的欧美甜樱桃主要集中分布在山东的烟台，辽宁的大连，河北的秦皇岛等地。新疆的塔城、阿克苏、喀什也有栽培。20 世纪 90 年代，北京、山西、江苏、安徽、河南、四川、甘肃等省（市）也已引种栽培，山东相继发展的地区有威海、青岛、泰安、临沂、济宁以及潍坊的临朐②。

中国樱桃发源于长江流域，距今已有三千多年历史。中国北至华北各省（直辖市、自治区），南至华中及两广，皆有中国樱桃分布，尤以浙江、山东、河南、江苏、陕西、四川、安徽、河北最多。中国樱桃主要集中分布在浙江的萧山、桐庐、临安、余姚、新昌、嵊州、诸暨、金华等县市，山东的福山、莱阳、平度、崂山、安丘、诸城、莒南、临沂、费县、平邑、滕州、枣庄、莱芜、泰安等县市，江苏的南京、镇安、连云港等市郊等，河南的栾川、卢氏、新安、罗山、镇平、信阳、内乡、西平、遂平、确山、正阳、平舆、泌阳、上蔡、新郑、修武、淮阳、洛阳市郊、周口市郊和郑州市郊等县市，陕西的蓝田、商州、丹凤、商南、镇安、汉中、西乡、镇巴等县市，四川的泸州、叙永、江津、西昌等县市，重庆市郊县市，安徽的太和等县市③。

---

① 张加延，何跃，李体智．关于中国李与杏分布南界的考察报告［J］．辽宁果树，1986（1）：9-11.

② 张力思．甜樱桃的起源、分布及栽培现状［J］．北方果树，2000（4）：31.

③ 胡正刚．中国樱桃的分布及生产现状［J］．落叶果树，1996（3）：29-30.

18. 中国杨梅的生产布局

杨梅原产于中国，是中国的特色水果，栽培历史悠久。杨梅主产于中国，大致分布在北纬 18°~33°，东起台湾东岸，西至云南瑞丽，北至陕西汉中，南至海南三亚，地跨北、中热带和北、中、南亚热带。经济栽培主要集中在浙江、福建、江西、广东、安徽、江苏、贵州、湖南、四川、重庆、云南、海南等省市，其中浙江省的栽培面积、产量、品种、品质均为全国之首。主要分布的市、县、区有：浙江的余姚、慈溪、黄岩、瓯海、萧山、余杭、兰溪等，福建的南安、福鼎、建阳、建瓯、泉州、三明等，江西的上饶、南昌、鹰潭、赣州、抚州等，广东的从化、潮州、韶关、海丰、连州、梅县、汕头等，安徽的歙县、黄山、芜湖、安庆、合肥等，江苏的吴县、无锡、常熟、溧阳等，贵州的贵阳、习水、遵义、罗甸、凯里等，湖南的城步、武冈、靖县等，四川的西昌、成都、雅安、南江、万源等，重庆的渝北、涪陵、南川、江津等，云南的思茅、昆明、曲靖、楚雄等，海南的澄迈、儋州、琼海、保亭、万宁等①②。

19. 中国荔枝的生产布局

荔枝是无患子科最重要的果树之一，中国是荔枝原产国，有两千多年的发展历史，目前种植面积和产量位居世界第一。荔枝的栽培主要集中在中国的岭南亚热带地区至热带地区。其中，广东栽培最多，具有荔枝品种多达 67 个，著名的有糯米糍、桂味、妃子笑以及名优品种增城挂绿、南山荔枝、五华焦核荔枝、白糖罂荔枝、新兴香荔、惠来荔枝、阳东双肩玉荷苞荔枝和花县焦核淮枝等③。广西栽培规模仅次于广东，主要优良品种有禾荔（怀枝）、尚书怀、黑叶、桂味、糯米糍和大造等，共有 62 个品种。福建也是中国荔枝的重要产区，有 40 个荔枝品种，主要有乌叶、兰竹、陈紫、下番枝、宋家香、绿荷苞和元红等。海南荔枝品种主要以妃子笑为主。台湾荔枝品种以黑叶居多，约占 71%，玉荷苞约占 23%，糯米糍、桂味等品种种植面积较少。另外，云南、四川、贵州等地也有少量的栽培④。

20. 中国龙眼的生产布局

北纬 18°~31°是中国龙眼的分布范围，广东、广西、福建东南部、台湾西南部和海南是主要产区，云南南部、四川南部、贵州西北部也有小规模栽培，香港新界和浙江有零星栽培。2008 年，广东产量占大陆总产量的 45.24%，广西占 31.36%，福建占 19.73%，海南占 2.34%，其他省区合计仅占 2.34%。2008 年，广东龙眼产量达 57.48 万吨，广西为 39.85 万吨。福建龙眼产量仅次于广东和广西，居大陆第三位，云南产量近 1 万吨，四川产量约 0.5 万吨，重庆、贵州的产量最低。中国台湾的产量较为稳定，年产量约 10.6 万吨，约占广东产量的 20%，占广西产量的 25%。其中台南县产量最高，达 3.52 万吨；台中县排第二，达 2.20 万吨；排在第三位的是南投县，达 1.35 万吨⑤。

21. 中国草莓的生产布局

草莓是多年生常绿草本植物，属于蔷薇科、草莓属植物。中国野生草莓丰富，是野生草莓原产国之一，但大果型栽培草莓品种全部是近百年来从欧美和日本引进而来的。近年来，草莓作为一种新兴水果在全国各地备受欢迎，北起黑龙江，南到广东，东起山东，西到新疆几乎都有草莓栽培。中国草莓产区可划分为秦岭—淮河以北的北方区、秦岭—淮河以南的长江流域区和南岭以南的华南区三大区域。目前河北和辽宁是全国最大的草莓产区，其次是山东、江苏、上海、浙江、四川、吉林等。河北的保定和辽宁的丹东是全国最早发展起来的两大草莓基地。目前全国有名的草莓产区有河北的满城，辽宁的东港和凌海，山东的烟台和安丘，江苏的连云港和句容，北京的昌平，上海的青浦和奉贤，浙江的上虞、建德、温岭和诸暨，四川的双流，安徽的长丰，台湾的苗栗等⑥。

---

① 缪松林，黄寿波，梁森苗，等．中国杨梅生态区划研究［J］．浙江农业大学学报，1995，21（4）：366-372.

② 何新华，陈力耕，陈怡，等．中国杨梅资源及利用研究评述［J］．果树学报，2004，21（5）：467-471.

③ 江小凤，张俊，吴小龙．中国荔枝产业发展现状与趋势分析［J］．吉林农业，2011（3）：9.

④ 张慧坚．中国荔枝产销概况及发展［J］．世界热带农业信息，2007（5）：5-8.

⑤ 杨玉映，庄丽娟．中国龙眼生产和贸易格局特征［J］．中国热带农业，2012（1）：22-24.

⑥ 王玉坤，张放，祝庭耀．国内草莓生产现状与发展趋势［J］．烟台果树，2003（3）：1-2.

22. 中国树莓的生产布局

树莓属蔷薇科落叶小灌木，主要分布于北半球的温带与寒带。中国原产树莓有数十种，但均为野生状态分布。20 世纪初开始先后从美国、匈牙利、日本、波兰等国引入栽培。目前，中国有辽宁、黑龙江、江苏、山东、吉林、江西、北京、河南、河北等近 20 个省市种植树莓，树莓生产主要集中在辽宁、黑龙江、江苏和山东①。

23. 中国西瓜的生产布局

西瓜是一年生蔓生藤本，品种甚多，外果皮、果肉及种子形式多样。西瓜在中国各地栽培，2011 年，中国西瓜播种面积达到 180 万公顷以上，产量达 6 889 万吨。全国西瓜生产布局依然是以华东和中南两大地区为主导，华东 6 省 1 市西瓜总播种面积和产量分别占全国的 35%和 36%；中南 6 省的西瓜总播种面积和产量分别占全国的 33. 9%和 33. 8%，华东和华中两大区合计播种面积和产量均占全国 70%左右。就省区而言，西瓜产量排列前 10 位的是河南、山东、安徽、河北、江苏、湖南、湖北、浙江、广西和新疆。中国地方著名的西瓜有：河南的开封西瓜、中牟西瓜、孟津西瓜、息县西瓜、正阳西瓜、新乡市大沙村西瓜、商丘李口西瓜、漯河召陵西瓜、宜阳县韩城西瓜，山东的沂南县双堠西瓜、德州西瓜、昌乐西瓜、东明西瓜、济阳县仁风镇西瓜、平度明村西瓜、平度大黄埠西瓜、枣庄黑峪西瓜、胶州和睦屯西瓜、招远官地洼西瓜、商河县河沟西瓜、武城西瓜、高青西瓜、莘县西瓜、东营麻湾西瓜、临沂方城西瓜、章丘黄河乡西瓜、泗水西瓜、齐河西瓜，河北的新乐西瓜、廊坊西瓜、阜城县漫河西瓜、威县三白西瓜、南宫西瓜，江苏的邳州艾山西瓜、溧阳西瓜、东台西瓜、江宁横溪西瓜，湖南的岳阳西瓜；湖北的荆州西瓜，北京的大兴西瓜、昌平昌蜜红少籽瓜，天津的静海县台头西瓜，辽宁的新民小梁山西瓜、盖州西瓜，陕西的大荔西瓜、渭南西瓜，浙江的温岭西瓜、平湖西瓜、乐清岩头西瓜，新疆的吐鲁番西瓜、哈密西瓜、阿克苏西瓜、尉犁西瓜；广西的南宁无籽西瓜、北海无籽西瓜、藤县无籽西瓜，甘肃的金昌双湾西瓜、兰州西瓜、兰州籽瓜、瓜州西瓜、金川双湾西瓜、嘉峪关野麻湾西瓜，宁夏的中卫香山压砂西瓜，山西的大宁西瓜、太谷西瓜、万荣三白瓜，贵州的黄平西瓜、榕江西瓜，海南的冬季西瓜，广东的雷州西瓜、台山西瓜、云安白石西瓜，黑龙江的集贤县板子房西瓜、兰西西瓜、宁安兰岗西瓜、双城西瓜，上海的三林崩瓜，吉林的白城黑水西瓜，青海的民和旱砂西瓜②。

24. 中国甜瓜的生产布局

甜瓜是一年生匍匐或攀缘草本，在全国各地广泛栽培。2011 年，中国甜瓜种植面积达到 39. 74 万公顷，产量达到 1 278. 5 万吨，占世界甜瓜总产量的 46. 84%，是世界最大的甜瓜生产国。近年来，中国甜瓜生产有进一步向局部集中的发展趋势，形成了以华东、中南、西北产区为主的“三足鼎立”格局。2011 年，华东、中南、西北地区甜瓜产量分别为 353. 7 万吨、332. 9 万吨和 265. 9 万吨，分别占全国甜瓜总产量的 27. 67%、26. 04%和 20. 80%，合计占全国甜瓜总产量的 74. 5%。2011 年，甜瓜产量排名前五位的省区依次为：河南、山东、新疆、河北、内蒙古，其中，仅河南、山东、新疆 3 个省区的甜瓜产量就占到全国甜瓜总产量的 47. 49%③。地方知名甜瓜有：河南的滑县八里营甜瓜，山东的青州银瓜、莱西马连庄甜瓜、招远西罗家铁把瓜、平度祝沟小甜瓜、济阳县崔寨香瓜、莘县香瓜、金乡白梨瓜，新疆哈密瓜（其产区主要包括鄯善县、哈密市、伊吾县、吐鲁番市、托克逊县）、伽师瓜、五家渠市一〇三团甜瓜、尉犁甜瓜、喀什甜瓜、布尔津县喀纳斯蜜瓜、和田阿克恰勒甜瓜，河北的宣化土山洼香瓜、廊坊安次甜瓜、乐亭县大黑坨甜瓜，甘肃的兰州白兰瓜（又称“兰州蜜瓜”）、瓜州蜜瓜、民勤蜜瓜，山西的义井甜瓜、定襄甜瓜，陕西的阎良甜瓜、旬邑土甜瓜、大荔县高石脆瓜，宁夏的银川甜瓜，内蒙古的河套蜜瓜、额济纳旗居延密瓜、磴口华莱士瓜，海南的三亚西

---

① 张海军，王彦辉，张清华．国内外树莓产业发展现状研究［J］．资源保护与开发，2010（10）：54-56.

② 王琛，张琳，赵姜．中国西瓜市场形势分析与展望［J］．农业展望，2013（4）：27-30.

③ 王志丹，赵姜，毛世平．中国甜瓜产业区域优势布局研究［J］．中国农业资源与区划，2014，35（1）：128-133.

州蜜瓜，黑龙江的兰西香瓜、阿城香瓜、双城甜瓜，辽宁的桓仁甜瓜。

25. 中国菠萝的生产布局

菠萝学名凤梨，属凤梨科凤梨属多年生单子叶常绿草本果树，在世界上广泛分布于南北回归线之间。中国是世界上菠萝主产国之一，产量居世界前列。2011年，菠萝种植总面积超5.5万公顷，总产量112万吨。中国菠萝的种植分布在广东、海南、云南、广西、福建等省区，但以广东、海南为主，云南、广西、福建三省区南部也有分布，但面积和产量相对较少。2011年，广东菠萝产量为68万吨，占全国总产量的60.7%；海南为30万吨，占全国总产量的26.8%；云南、广西和福建三省共产菠萝14万吨，仅占全国的12.5%。广东是中国菠萝的第一大主产区，主要分布在粤西南、粤东南地区，其中湛江的菠萝种植面积占全省的70%以上，总产量占广东省菠萝产量的85%以上，特别是湛江的徐闻县，菠萝产量达到30多万吨，占中国菠萝总产量的33%；其次是粤东南的揭阳、潮州和汕尾，这三个地方菠萝种植面积占广东省的20%以上，产量接近广东省菠萝产量的10%；其余地区有零星分布。海南是中国菠萝的第二大主产区，最适宜区为万宁、琼海等南部地区，万宁、琼海两市的菠萝产量合计为18.9万吨，占海南省总产量的62.9%，另外海口、定安县、文昌市、昌江县也有部分种植。地方知名菠萝有：广东的徐闻县愚公楼菠萝，福建的龙海市程溪菠萝、漳浦县大南坂菠萝①。

26. 中国火龙果的生产布局

火龙果是仙人掌科量天尺属多浆植物，原产于中美洲热带沙漠地区，是一种典型的热带水果。20世纪90年代初中国台湾开始引进火龙果试种，之后，火龙果已引种到广西、海南、广东、贵州、福建、云南等省区种植。近年来，由于火龙果温室大棚栽培技术的发展，火龙果的大棚种植在中国众多省区迅速推广，东北到黑龙江、西北至新疆都有零星种植。火龙果商品化种植主要集中在广西、海南两省区，两省区火龙果种植面积可占到全国总种植面积的70%，贵州、广东、福建、云南等省也有一定的种植面积。广西的南宁市、钦州市、防城港市和北海市种植较多，贵港市、崇左市、梧州市等地有少量种植；海南火龙果的种植分布在全省10多个县市；广东主要分布在珠海、惠州和徐闻；贵州主要分布在罗甸县；福建的火龙果种植主要分布在福清、莆田、泉州、厦门、漳州等沿海一带；云南的火龙果种植主要分布在思茅、河口、元江、景洪等②。

27. 中国杧果的生产布局

中国是世界杧果的主产国之一。杧果主要分布在海南、广西、广东、云南和台湾5个地区，四川、福建也有少量分布。海南省是中国最大的杧果生产基地，其收获面积和产量均居全国第一位。海南全省都有杧果种植，主要分布在昌江、东方、三亚、陵水、乐东、万宁等市县，昌江县是全省规模最大的杧果生产基地。广东省杧果主产区分布在雷州半岛南部的徐闻、雷州、电白、吴川等地，特别是徐闻、雷州的西部地区，降水量比其他地方明显偏少，对杧果生长特别有利。广西的杧果主产区在百色、钦州、南宁、玉林及柳州市南部等地，其中以百色地区的右江河谷栽培最为集中，百色地区被誉为"杧果第一乡"。云南省是全国杧果的老产区和主产地之一。云南杧果宜植区集中分布在金沙江、怒江、澜沧江、元江等干热河谷区，临沧、华坪、红河、普洱、玉溪、西双版纳等是主要的杧果生产基地。台湾省杧果主产区集中在屏东、台南和高雄，这3个县的杧果种植面积占全台湾杧果种植总面积的90%以上。福建省杧果主要产区集中在安溪、莆田、福州等地。四川省杧果主要分布在攀枝花市及凉山彝族自治州的会东、会理、宁南县等地。著名的地方杧果有：海南的三亚杧果、昌江杧果，广东的雷州覃斗杧果，广西的田东香杧、田阳香杧，云南的永德杧果、华坪杧果③④。

28. 中国猕猴桃的生产布局

中国是猕猴桃的主产区，从东北至海南岛，从西藏至台湾均有分布。中国猕猴桃适宜栽培区是：

---

① 刘海清，李光辉，黄媛媛，等.2011年中国菠萝产业发展现状分析［J］.热带农业科学，2012，32（3）：79-83.

② 郑文武，刘永华.中国火龙果生产现状及发展前景［J］.中国热带农业，2008（3）：17.

③ 梁伟红，李玉萍，董定超，等.中国杧果产业发展现状及对策［J］.热带农业，2008（3）：18-20.

④ 黄艳.中国杧果产业的发展概况［J］.世界热带农业信息，2008（5）：1-3.

北起陇海铁路天水以东沿线、南到南岭、西至横断山脉的中国广大中、南部地区。尤其理想的范围是：北缘沿秦岭—伏牛山、桐柏山—大别山—皖南—浙江，南缘到南岭的中国中部和南部的山区和丘陵区。以河南伏牛山、陕西秦岭山区、湖南西部山区为最多。中国猕猴桃的栽培面积和产量均居世界之首，主要的猕猴桃栽培省区有陕西、湖北、河南、湖南、四川等。著名的地方品种有：陕西的周至猕猴桃、眉县猕猴桃，湖北的赤壁猕猴桃、建始猕猴桃、神农架金丰猕猴桃、宜昌猕猴桃，河南的西峡猕猴桃、嵩县猕猴桃、栾川猕猴桃，湖南的泸溪猕猴桃，四川的沐川猕猴桃、苍溪猕猴桃、都江堰猕猴桃、广元紫云猕猴桃、蒲江猕猴桃，安徽的黄水猕猴桃，江西的南昌猕猴桃，甘肃的陇南猕猴桃，河北的承德猕猴桃，天津的蓟县猕猴桃①②。

29. 中国无花果的生产布局

无花果属桑科无花果属，又名寿果、天仙果、明目果、阿驿、映日果等，为多年生落叶小乔木，其小花隐生于囊状花托内，为隐头花序，故名无花果。无花果的原产地，一说是土耳其，一说是阿拉伯南部的沙特及也门。无花果大约是在汉代传入中国的，最早在新疆各地栽培，至唐代由新疆经丝绸之路传入甘肃、陕西诸地，以后渐渐传入中原。到宋代，岭南诸地已栽培。目前，除东北、西藏和青海外，中国其他省区均有无花果分布。虽然分布面广，但集中成片栽种的极少，大多零星分布。中国无花果的栽培主要分布地区为新疆、山东、江苏、上海、福建、陕西、四川、河南、广西等地，其中，以新疆为中心，阿图什、疏附、库车、疏勒、喀什等地栽植最多，阿图什被称为“中国无花果之乡”，疏附一地至今仍留有上百年的老树。陕西关中、江苏、上海也有较多栽培。山东的青岛、烟台、威海、荣成、福山等地栽培也较多，被称为无花果沿海栽培中心。江苏省主要分布在南通、盐城、丹阳、南京。福建省集中栽培主要在福州，上海市郊也有一定栽培面积。近年来，由于无花果的应用价值得到社会的普遍承认，无花果生产迅速发展，长江流域和沿海各地无花果栽培也正在蓬勃发展③④⑤。

30. 中国杨桃的生产布局

杨桃，又名阳桃、洋桃、三廉、五敛子、三捻、五棱子，是酢浆草科五敛子属热带常绿乔木，原产于亚洲东南部热带地区，主要分布于一些东南亚国家。据历史考证，杨桃从马来西亚及越南传入中国，已有两千多年的栽培历史，主要分布在中国广东、广西、福建、海南、台湾、云南等省区。广东过去以广州市郊栽培最多而且集中，为广州六大名果之一⑥。此外，广东的高州、化州、湛江、江门、佛山、惠阳、潮州等地也普遍栽培。广西在北纬23°以南各市县都有分布，其中平南、玉林、浦北、南宁市郊较多。福建省主要分布在漳州、泉州、厦门、福州、莆田等地，其中漳州是主产区，栽培面积占福建省的80%，漳州杨桃种植面积最大的县是云霄县；其次为漳浦县、长泰县，其余的县种植面积较小⑦。泉州、漳州以外地区甜杨桃合计约有266.7公顷，年产量0.5万吨。杨桃在海南的栽培历史已逾千年，主要产地有三亚、陵水、海口、文昌、万宁、琼海等市县。台湾省杨桃栽培主要分布在中南部平地，以彰化县最多，屏东、高雄、台南、台中、苗栗次之⑧。云南也有少量种植，在西双版纳、元谋、元阳、耿马、金平、开远、新平、镇康、景洪、瑞丽、富民、保山、双江山等地都有分布⑨。

31. 中国百香果的生产布局

百香果，学名西番莲，属西番莲科、西番莲属植物，为热带、亚热带多年生常绿藤本浆果类果树。因其果汁散发出番桃、草莓、柠檬、杧果、菠萝、香蕉、石榴、酸梅等百余种水果的香味而得名

---

① 邱武凌，卢开椿．中国珍贵的果树资源“猕猴桃”［J］．福建农业科技，1980（1）：16-17.
② 黄贞光．中国猕猴桃品种结构、区域分布及调整意见［J］．果树科学，1988（3）：193-197.
③ 曹尚银，郭俊英，张俊昌，等．无花果产业化现状及发展对策［J］．果农之友，2005（9）：4-5.
④ 张华英．无花果的研究与产业化发展对策［J］．资源开发与市场，2003，19（5）：314-316.
⑤ 王文凤，李春立，张林平．无花果栽培及利用的研究进展［J］．河北林果研究，1997，12（4）：390-396.
⑥ 李瑞梅，胡新文，郭建春．我国杨桃研究文献的计量分析［J］．福建果树，2007（2）：42-44.
⑦ 韦金菊，何凡，朱朝华．杨桃主要栽培品种与丰产管理［J］．广西热带农业，2007（2）：13-15.
⑧ 廖汝玉，刘韬，蔡元呈，等．福建省甜杨桃产业现状、存在问题及发展对策［J］．中国农学通报，2009，25（20）：213-215.
⑨ 吴越，李赓．台湾杨桃的栽培现状及其产业发展方向［J］．台湾农业探索，2004（4）：28-30.

“百香果”。传说百香果就是亚当、夏娃所吃的“神秘果”，因此又叫“爱情果”“情人果”“相思果”。该类水果原产于巴西、阿根廷和智利等南美洲国家，经过引种驯化，在中国台湾、福建、浙江、海南、广西、广东、四川、云南、江西等省区均有种植，其中大陆地区以广西地区发展最快，主要产区集中在柳州、钦州、桂平和北海等丘陵地带①。

32. 中国槟榔的生产布局

槟榔为棕榈科槟榔属常绿乔木。是中国四大南药（槟榔、砂仁、益智仁、巴戟）之一。在中国台湾省，槟榔被列入果树类。槟榔主产于中非和东南亚，中国引种栽培槟榔已有 1 500 多年的历史。海南和台湾两省是中国槟榔的主产区，云南、广东、福建、广西等省区也有少量种植。海南省占中国大陆槟榔栽种面积的99%，东部的主要槟榔产区是琼海市、万宁市和陵水县，中部主产区是屯昌县、琼中县和五指山市，西部主产区是白沙县、东方市和儋州市。台湾的槟榔号称“绿色黄金”，全岛均有种植，以屏东、嘉义、南投、花莲、台东等地为多，合计占全岛总产的 74.5%。广东的徐闻和电白、广西的东兴、福建的诏安和厦门以及云南的河口和西双版纳等地均有小面积种植。在中国嚼食槟榔地区，居民嚼食槟榔的方式不尽相同②③。在湖南，嚼食槟榔者通常直接嚼食商店出售的干槟榔；在海南、台湾，通常嚼食的是鲜果，嚼前将槟榔切成块，涂上石灰或牡蛎粉，再用蒌叶包裹后即可嚼食④。

33. 中国菠萝蜜的生产布局

菠萝蜜为桑科木菠萝属植物，又称木菠萝、树菠萝、大树菠萝、蜜冬瓜、牛肚子果。菠萝蜜是世界著名热带果树，原产印度，目前在缅甸、泰国、斯里兰卡、印度尼西亚、菲律宾、澳大利亚、孟加拉国等热带国家均有栽培。中国引入菠萝蜜已有一千多年历史，现在广东、广西、海南、云南、福建和四川南部以及台湾均有栽培。以海南种植最多，其他地区多为分散性栽培⑤。

34. 中国榴莲的生产布局

榴莲，是热带最珍贵的特产水果，素有“热带果王”的美称。榴莲产于泰国、菲律宾、马来西亚、新加坡、印度尼西亚、柬埔寨、缅甸和斯里兰卡等东南亚和南亚的热带国家。近年来，中国广东、广西、海南、云南南部和台湾南部也有少量引种栽培⑥。

中国坚果的生产布局

1. 中国板栗的生产布局

板栗属壳斗科、栗属植物，原产于中国。板栗栽培在中国分布很广，分布地区达 24 个省级行政区域，北自吉林省的集安，南到海南，东起台湾及沿海各省，西至内蒙古、甘肃、四川、云南、贵州等省区，地跨温带和热带，但以黄河流域的华北各省和长江流域各省栽培最为集中，产量较大。板栗在中国垂直分布，海拔最低的是山东郯城，江苏新沂、沭阳等平原地区，海拔不到 50 米，海拔最高的是云南维西，海拔高达 2 800 米。目前，中国板栗绝大部分栽培在丘陵山地的谷地、缓坡和河滩地。板栗在年平均气温 8～22 ℃，极端最高气温 35～39.1 ℃，极端最低气温-25 ℃，年降水量 500～1 500 毫米的气候条件下都能生长，但以在年平均气温 10～14 ℃，年降水量 600～1 400 毫米的地方生长最好。中国板栗产量居世界之首，其中栽培面积大、产量高的省区主要有山东、河南、河北、湖

① 李明江，李慧，魏练平．关于百香果可持续性综合开发利用的思考［J］．安徽农学通报，2010，16（20）：136-138.

② 陈良秋．中国槟榔栽培与产业发展现状［J］．现代农业科技，2007（22）：60.

③ 卢琨，李国胜．中国槟榔产业现状及其发展对策分析［J］．热带农业工程，2010，34（3）：34-37.

④ 张启文，符永健，许开宁，等．中国嚼食槟榔地区居民槟榔使用问题及对策探讨的研究现况［J］．现代预防医学，2013，40（5）：828-829.

⑤ 毛琪，叶春海，李映志，等．菠萝蜜研究进展［J］．中国农学通报，2007，23（3）：439-443.

⑥ 阳君．南国水果之王——榴莲［J］．中国果菜，2000（1）：25.

北、安徽、浙江、湖南、江西等。中国的名优板栗有：北京的怀柔板栗、密云板栗、房山良乡板栗，山东的诸城板栗、泰安板栗、莱西大板栗、乳山板栗、莒南板栗、莱芜板栗、费县板栗、枣庄市徐庄板栗、临朐板栗、五莲板栗、淄博博山板栗、章丘射垛板栗、费县蒙山板栗，河南的信阳板栗、确山板栗、嵩县板栗、卢氏板栗，河北的遵化板栗、宽城板栗、兴隆板栗、迁西板栗、青龙板栗、邢台板栗、承德板栗，湖北的恩施沙地油栗、大悟板栗、京山板栗、罗田板栗、麻城板栗、谷城县庙滩板栗，安徽的广德板栗、金寨板栗、宣州板栗、六安三皇王板栗、舒城板栗、安庆红皮板栗，浙江的庆元锥栗、桐庐板栗、安吉板栗、长兴板栗、富阳三山板栗、新昌板栗、永嘉板栗、建德寿昌板栗、云和板栗，江西的龙南板栗、鹰潭天师板栗、靖安板栗，江苏的宜兴板栗、新沂市邵店板栗、灌南县云台板栗、天宁南山板栗、赣榆板栗、盱眙县水冲港板栗、常熟虞山桂花栗，辽宁的丹东板栗、辽阳板栗、塔城板栗、凤城板栗、桓仁板栗，福建的建瓯锥栗、龙岩长汀板栗，贵州的兴义市仓更板栗、铜仁玉屏板栗、镇远大板栗，云南的寻甸板栗、禄劝板栗、贡山丙中洛板栗、易门板栗、宣威板栗，广东的阳山板栗、东源板栗、五华县双华板栗，山西的凤城板栗、吉县板栗、夏县板栗、稷山板栗，广西的隆安板栗、东兰板栗，四川的岳西板栗，湖南的张家界湘西板栗，陕西的镇安大板栗，天津板栗，吉林的集安板栗①②。

2. 中国松子的生产布局

松子为松科植物油松、马尾松、云南松、红松等的球果，又名松子仁、海松子、罗松子。松子呈倒卵状三角形，无翅，红棕色，长12~16毫米，宽7~10毫米，种皮坚硬，破碎后可见卵状、长圆形种仁，有松脂样香气，味淡，有油腻感，其中又以红松子粒最大、质量最佳、营养最丰富且食用价值最高。松科植物在陕西秦巴山区、东北等地都有广泛的分布，其对生长环境要求不高，山涧、坡地、沟壑、河流两岸一般都可生长。其中东北的长白山和小兴安岭山区是红松的自然分布区，生态环境极其适合红松的生长发育。中国松子种植生产的历史悠久，但仅东北地区有大量种植和生产。中国的名优地方松子主要有：黑龙江的伊春松子、呼玛松子、林口松子、饶河松子、阿城松子，吉林的磐石红松籽、临江松子、浑江松子、抚松露水河松子、梅河口松子、白山松子，辽宁的桓仁红松子、本溪草河口红松子，天津的蓟县松子等③④。

3. 中国核桃的生产布局

核桃，又称胡桃、羌桃，属胡桃科、胡桃属植物，是世界四大著名坚果之一。中国是核桃的原产地之一，已有两千多年的栽培历史，核桃栽培面积和产量均居世界第一位。核桃在中国分布广泛，其分布范围为：从北纬21°29′的云南勐腊到北纬44°54′的新疆博乐，纵跨纬度23°25′，西起东经75°15′的新疆塔什库尔干，东至东经124°21′的辽宁省丹东，横跨经度49°06′。从新疆吐鲁番处于海平面以下约30米的布拉克村到海拔4 200米的西藏拉孜，均有核桃自然生长，核桃的生长地相对高差非常突出。2010年，中国产核桃97.94万吨，其中云南（19.12万吨）、新疆（12.42万吨）、四川（12.37万吨）、陕西（8.96万吨）、河北（7.05万吨）、山西（7.04万吨）、辽宁（6.78万吨）、山东（4.82万吨）、甘肃（4.82万吨）、河南（4.48万吨）、浙江（2.07万吨）、北京（1.5万吨）、安徽（1.53万吨）、贵州（1.35万吨）、吉林（1.18万吨），其余省区产量皆小于1万吨。中国著名的核桃有：云南的昌宁核桃、漾濞核桃、大姚核桃、宾川拉乌核桃、马关核桃、牟定铁核桃，新疆的和田薄皮核桃、叶城核桃、阿克苏核桃、巩留核桃，四川的广元朝天核桃、空山核桃、南江核桃、石棉核桃、理县卡子核桃，陕西的黄龙核桃、宜君核桃、商洛核桃、山阳核桃、柞水核桃、洛南核桃、丹凤核桃、旬邑核桃，河北的卢龙县石门核桃、涉县核桃、临城薄皮核桃，山西的左权绵核桃、汾州核桃、古县核桃、孝义核桃、黎城核桃、蒲县核桃，辽宁的建昌核桃，山东的章丘曹范核桃、邹城市石

① 田应秋，梁及芝．中国板栗生产现状、存在问题及发展对策［J］．柑橘与亚热带果树信息，2005，21（6）：11-12.

② 许天龙，冯永巍，吴智敏，等．中国板栗生产现状与发展对策［J］．浙江林业科技，2000，20（5）：79-82.

③ 陈宝，南江，王星．松子的开发与利用［J］．现代农业科技，2010（20）：160.

④ 崔红，于红革．红松低产用材林和幼林改培松子专营林技术［J］．林业科技开发，2002（6）：45.

墙薄皮核桃、日照核桃、泗水核桃、淄博博山核桃、东平大羊薄皮核桃、费县芍药山核桃、平度大田薄皮核桃，甘肃的华亭核桃，河南的卢氏核桃、灵宝市朱阳核桃。

4. 中国榛子的生产布局

榛子原产于中国，属桦木科、榛属植物，是世界四大著名坚果之一。中国榛属植物资源十分丰富，分布广泛，北达黑龙江省呼马县，南到云南省安宁县，西到西藏的聂拉木，东达吉林省的图们。榛子在中国的自然分布区有四大区，即北方区、秦岭中原区、华中—华东区和西南区，一般生长在海拔200~500米处。这四大区中只有北方区有商品性生产。在黄河以北的北方区中主要分布有平榛和毛榛2个野生种，平榛利用价值最高，分布范围广，占野生榛树资源总量的95%。在北方区的黑龙江省、内蒙古自治区、吉林省、辽宁省和河北省的东部地区自然分布最为密集，其中在大兴安岭和小兴安岭有几十公顷乃至几百公顷的野生平榛林。在辽宁省的营口、鞍山、辽阳、沈阳、抚顺、本溪、丹东、铁岭、阜新、锦州、葫芦岛、朝阳等地市的丘陵山地、缓坡地常有大面积野生平榛灌丛分布，内有少量的毛榛资源。中国有平榛林面积10.58万公顷，已改造利用平榛林面积达7.27万公顷，其中已有产面积4万公顷。中国原产的平榛果实小、果壳厚、出仁率低、产量低。欧洲榛果实大、果壳薄、出仁率高、产量高，但抗寒性差，不适合在中国北方广大地区栽培；在长江中下游地区的安徽、湖北等地因气温偏暖不能完成花芽分化，只长树不结果，也不适宜栽培。后由辽宁林业经济所经过20年的努力，把平榛和欧洲榛杂交，于2000年培育出抗寒能力强、果实大、果壳薄、出仁率高、产量高的新品种——平欧杂种榛（俗称大果榛子），且其风味优于欧洲榛。之后，平欧杂种榛迅速在辽宁、山东、山西、河北、黑龙江、吉林10多个省区推广栽培。中国知名的榛子有：辽宁的铁岭榛子、抚顺大果榛子、辽阳大榛子、富顺县三块石大果榛子、昌图榛子、西丰大榛子、桓仁大榛子、岫岩榛子、沈阳永合水漏榛子，黑龙江的伊春榛子、鸡西榛子、林甸榛子、绥芬河榛子、鹤岗榛子、爱民榛子，吉林的通化榛子、永吉榛子、公主岭榛子，产于呼伦贝尔市、兴安盟、赤峰市、阿拉善盟的内蒙古榛子，河北的坝上榛子①②③。

5. 中国扁桃的生产布局

扁桃属蔷薇科、桃属植物，又名巴旦杏、巴旦姆、巴旦木、美国大杏仁，落叶乔木或小乔木，木本油料果树，是世界四大著名坚果之一。扁桃栽培遍及南北半球，集中分布于北纬30°~45°的亚热带和暖温带地区，以地中海气候区分布最多。中国的扁桃是唐朝时期经“丝绸之路”由波斯国（现在的伊朗）引入长安，沿途的新疆、甘肃、宁夏、陕西均曾栽培，但因为内地湿度过高而在关内绝迹，仅在新疆南部保留了下来，至今已有1 300年多年的历史。由于长期以来中国的扁桃未得到应有的重视和发展，栽培区仅集中在新疆天山以南绿洲区，主要分布在喀什地区的莎车、英吉沙、疏附、疏勒、泽普、麦盖提、伽师、岳普湖、巴楚、叶城等县和喀什市、和田地区、阿克苏地区、阿图什、库尔勒等地④。

6. 中国腰果的生产布局

腰果属漆树科、腰果属植物，又名鸡腰果、介寿果等，是世界四大著名坚果之一。腰果原产巴西东北部地区，16世纪引入亚洲、非洲和南美洲的热带国家和地区。目前腰果在全球南北纬20°以内地区都有栽培，但主要分布在南北纬15°以内地区。腰果在中国有60多年的引种栽培历史。20世纪50年代末，云南、福建、四川、江西、广东、海南和广西等省区都曾引种试种过，但由于寒害影响，除海南省和云南省外，其他省区引种腰果均不成功。目前中国腰果的种植主要分布在海南和云南两省。海南的腰果种植主要分布在南部和西南部的乐东、东方、昌江、三亚、陵水等县市，其中，乐东是海南腰果主产区。云南的腰果种植主要分布在滇南地区的红河州和滇西南地区的西双版纳州。红河州的腰果种植区处在红河流域和李仙江、金平河流域的干湿热河谷400~600米的低海拔山地，果园规模

---

① 侯智霞，原牡丹，刘雪梅，等．中国榛子生产研究概况［J］．经济林研究，2008，26（2）：123-126.

② 黄钦才．中国榛子产业在发展（二）［J］．林业实用技术，2013（1）：3-6.

③ 冀爱青，吴国良，郝瑞玉，等．中国榛子生产现状及发展对策［J］．山西果树，2003（1）：31-32.

④ 梅立新，郭春会，乌宝利．中国北方地区扁桃引种现状及产业发展前景分析［J］．西北农业学报，2007，16（6）：137-141.

多在10公顷以下，且分散。西双版纳州现存腰果树为零星分布，多集中在勐腊县南腊河600~700米的低海拔地区。由于中国腰果的种植范围有限，腰果产量低，每年需大量从国外进口。2010年，中国腰果产量仅720吨，但腰果仁进口量达23 441吨，壳腰果进口量达1 365吨①②③。

7. 中国开心果的生产布局

开心果为漆树科黄连木属落叶小乔木，是世界珍贵的木本油料果树，阿月浑子是其商品名称。开心果具有抗寒、抗旱、耐热、耐瘠薄、抗风、抗污染的优良特性，原产亚洲中部及西南部海拔500~2 000米的干旱山坡及半沙漠地区，中国是其原产地之一。尽管中国开心果栽培历史有1 300多年，但至今未有规模生产，开心果品种少，产量低，品质差。在中国仅局限于新疆南部的喀什、疏附、泽普、麦盖提、和田等地有少量栽培。近年来，中国在甘肃、河北、山东等北方地区推广黄连木嫁接开心果技术，但成效甚微④⑤⑥。

中国农业耕作制度

耕作制度是指人们在从事农业生产过程中形成的一套用地与养地相结合的农业生产技术体系总称，它由作物种植制度和农田土壤管理制度两部分组成，前者包括间作、混作、套作、再生作、复种、轮作、连作等，后者包括土壤耕作制（如少耕、免耕等）、农田施肥制、病虫杂草防除制、农田灌溉制等⑦。按照自然条件与社会经济条件、作物种类与熟制以及区域特征，中国耕作制度可粗略分为3个带（即一熟带、二熟带和三熟带）。熟带的划分主要以热量（积温）条件为依据。一熟带为大于0 ℃积温在4 000~4 200 ℃以下的地区；二熟带为大于0 ℃积温为4 000~4 200 ℃至5 900~6 100 ℃地区；三熟带为大于0 ℃积温在5 900~6 100 ℃以上的地区。一熟地区主要是东北、西北地区以及华北、西南丘陵旱地；二熟地区主要是华北、西南、江淮、长江中下游、东南丘陵地区；三熟地区主要是西南盆地、长江中下游、东南及华南水田地区⑧。

中国农业发展的区域差异

中国国土辽阔，自然条件复杂，农业发展的区域差异显著，各地区的农业类型也存在显著差别⑨。

1. 东西之间差异

以大兴安岭、张家口、沿古长城一线到兰州，由此向南沿青藏高原东南边缘止于中缅国境线（此线大致相当于400毫米等降雨量线）一线为界，分东西两部分。此线以东为湿润、半湿润的季风区域，土地面积占全国土地总面积的47.6%，人口占全国总人口的93%，是中国粮棉油主产区及林业、渔业、副业等集中的产地。本区耕地、林地比重大，土地利用程度高，牧草地相对较少。此线以西为

---

① 左亚文，郭兴峰，王雨辰，等．中国腰果生产加工业发展现状与前景［J］．中国果业信息，2013，30（11）：13-18.

② 赵丽，黄海杰．中国腰果研究概况［J］．中国南方果树，2012，41（2）：41-46.

③ 梁李宏，郝永禄，乔光明，等．滇南与滇西南地区发展腰果产业探讨［J］．华南热带农业大学学报，2005，11（9）：12-19.

④ 辛国．开心果嫁接育苗技术［J］．西北园艺，2001（3）：21-22.

⑤ 余仲东，张刚龙．开心果栽培研究进展［J］．陕西林业科技，2003（1）：70-76.

⑥ 周莉．我区加紧开心果嫁接工作确保产业布局有序展开［N］．喀什日报（汉），2007-8-2：2.

⑦ 黄国勤．中国南方稻田耕作制度的发展［J］．作物与栽培，2006（3）：1-5.

⑧ 王铁生．中国农业耕作制度的区划及成就［J］．农业技术与装备，2013（5）：84-85.

⑨ 周立三．中国农业地理［M］．北京：科学出版社，2000.

半干旱、干旱及高寒地区，土地面积占全国土地总面积的52.4%，人口占全国总人口的7%。由于水热土条件配合较差，草原、沙漠及寒漠等分布较广，因此以发展牧业为主，牧业用地占本区面积的45.5%，占全国同地类面积的80%，因此本区牧业发达，是中国肉、奶、毛、皮等产品的主要产地；未利用地面积较大，占本区面积的45.5%，占全国同地类面积的84%；而耕地、林地、园地、水域等比重小，且农业以旱作农业为主，水稻农业只在有充足水源灌溉的局部地区有所发展。

2. 南北之间差异

南北差异是在东西之间差异的基础进一步划分的。

在东部地区，以秦岭—淮河为界分为南北两地区。①旱作农业为主的北部地区，包括东北、华北及黄土高原地区，土地面积约占全国土地总面积的20.5%。因处于寒温带、中温带及暖温带，热量条件稍差。水分条件也稍差，且东多西少。因此，旱地面积较广，约占全国旱地面积的70%，是中国主要的旱作农业区。②以水稻农业为主的南部地区，包括长江中下游平原、东南丘陵、西南地区及华南地区，土地面积占全国土地总面积的27.1%，处于亚热带及热带地区，水热条件较好，低山、丘陵面积较广，因此，耕地以水田为主。本区水田面积占全国水田面积的90%。水域面积较大，约占全国水域面积的42.9%，淡水渔业发达。

在西部地区，以祁连山、阿尔金山、昆仑山为界分南北两部分：①北部地区，主要包括西北地区及内蒙古地区西部等，土地面积占全国土地总面积的34.2%。由于本区处于干旱、半干旱气候区，降水少，因此耕地面积较小，多集中于河谷、平原等水源丰富的地区，且以旱作农业为主；牧草地及未利用地面积较广，分别占本区土地总面积的45.4%和45.5%，因此，本区牧业发达。②南部地区，为青藏高原地区，土地面积占全国土地总面积的18.2%。由于本区海拔较高，热量条件较差，各类作物难以成熟。因此，本区耕地面积较小，主要分布于河谷平原等地，且以青稞种植为主。本区牧草地及未利用土地面积较大，牧草地与未利用土地面积分别占全国牧草地与未利用土地面积的28.0%和27.5%，因此，本区以发展牧业为主。

传统农业生产类型

传统农业生产类型包括旱作农业、水稻农业、地中海农业和游牧业四种①。

1. 旱作农业

旱作农业是指无灌溉条件的半干旱和半湿润偏旱地区，主要依靠天然降水从事农业生产的一种雨养农业。旱作农业主要分布于温带大陆的东岸以及副热带干旱的山地和高原地区。它包括中国的东北、华北和西北地区，中南半岛的山地、丘陵地带，印度南部德干高原及西北地区，巴基斯坦、阿富汗和西亚的一些地区，非洲的埃塞俄比亚高原，俄罗斯泰加林南缘一些地区。该类型农作物中，小麦地位最为重要，其次是谷子、高粱、玉米、大麦、大豆、甜薯、马铃薯。就小麦而言，寒温带种植春小麦，其他地区种植冬小麦。经济作物有棉花、烟草、花生、大麻、亚麻、甜菜和杂豆等。家畜中用作劳役的有牛、马、驴、骡，作为肉食的有猪和羊。家禽主要是鸡。

作物灌溉主要靠自然降水，降水量随年份或季节的不稳定性，不仅影响作物的产量，甚至造成严重的自然灾害，对人口和经济可能造成严重影响。为此，旱作农业往往利用地表水或地下水进行灌溉，解决降水不均衡的问题，对稳产和高产起到了重要作用。为了节约用水，还发明了滴灌和喷灌技术。在山区，为防止水土流失，多采用梯田。不合理的灌溉，往往由于蒸发作用而导致土地的盐渍化。

2. 水稻农业

水稻喜水热，其主要种植于热带和亚热带地区。水稻经过改良，其种植区向北甚至可延伸到北纬

① 赵荣，王恩涌，张小林，等．人文地理学［M］．2版．北京：高等教育出版社，2006.

50°的某些地区，只要水热条件合适，就可获得丰收。水稻种植的分布地区主要集中在亚洲，从日本开始，经朝鲜、中国的秦岭—淮河一线以南、越南、柬埔寨、泰国、马来西亚、缅甸、孟加拉，一直到印度的恒河流域，以及斯里兰卡、菲律宾、印度尼西亚等国家。此外，还零星分布于地中海，非洲的埃及、尼日利亚，美洲的古巴、委内瑞拉和美国的密西西比河下游地区。

水稻的生长除需要充足水分和高温以保障其生长外，还需要平整的土地、方便的灌排系统。插秧之前，需平整土地，灌水。为促进秧苗的生长，还需及时除草、供水、施肥和除虫等，需要投入大量的劳动力。

水稻是单产仅次于玉米的高产粮食作物。又由于水稻农业是劳动密集型农业，水稻农业地区也是世界上人口最为密集的地区。水稻一年可种 1~3 次。水稻农业地区的经济作物主要有茶、甘蔗、桑蚕、黄麻等。在家畜中，有作为水田耕作役畜的水牛，有供给肉食的猪。家禽除鸡之外，喜水的鸭和鹅也非常多。

3. 地中海农业

地中海农业是在夏季炎热干燥、冬季温暖多雨的地中海气候这一特殊条件下形成的一种农业类型。主要集中分布于地中海周围地区，零星分布于美国的西海岸、智利中部、南非与澳大利亚的南部沿海。地中海农业区农作物主要是小麦、大麦，也种植玉米和水稻。小麦秋天播种，第二年春末夏初收获，生长期正值雨季，基本不用灌溉。最突出的经济作物是葡萄和油橄榄。葡萄分布在地中海沿岸，特别是其西北部国家大量种植，是酿酒的重要原料。法国、意大利和西班牙是世界上产葡萄酒最多的国家。油橄榄是食用植物油的主要原料，也是地中海国家的特产。家畜中有山羊、绵羊和猪。猪饲养于农区，羊饲养于山区。平原地区，低地为农田，坡地高处种植葡萄、橄榄和无花果。

该地区新发展的主要是果品业、花卉业与旅游业。这里夏季阳光充足，是水果与花卉生长的好地方。例如美国加州的柑橘和花卉、新西兰的猕猴桃都是该地区的重要产品，智利利用南半球区位优势为北半球提供反季节果品十分成功。地中海沿岸的法国、意大利和西班牙的一些海岸气候条件优越，成为旅游度假胜地。

4. 游牧业

游牧业是在干旱地区放养食草动物的一种自给自足的农业类型。它分布于副热带和温带干旱的草原和荒漠地区。这些地区地面植被极其稀疏，多是草本植物和矮灌木，比较好的地方则是成片草原。游牧业所占据的面积很大，大约有 3 000 万平方千米，几乎等于世界农业面积的 2 倍。在世界上用于游牧业的干旱地区主要分布于北非、中东、中亚等地。

生活在非洲和亚洲干旱地区的牧民，以帐篷为住所，随着牲畜逐水草而流动。在山地地区，牧民夏季把牲畜赶往山地高处，放牧于高山的夏牧场，冬季寒冷则避风雪于低处的冬牧场。目前，完全从事游牧业的人已经不多，大多已经定居或半定居。除流动或半定居的牧民还保留着帐篷外，定居的牧民已经建立房屋。游牧者放牧的牲畜有羊、牛、马、骆驼等，但各地放牧的牲畜有所不同。东非以牛为主，西非、北非和阿拉伯半岛以羊和骆驼为主，亚洲中部则以羊和马为主。

在青藏高原和北极圈的冻荒漠上，生长着低矮贴地的灌木与苔藓或地衣，牧人则放牧着适合于该地的牦牛和驯鹿。牧人主要为中国的藏族人与亚欧大陆北部的爱斯基摩人、拉普人。他们夏季在此地放牧，秋天就把牲畜赶到南方温度较高的地方。

现代农业生产类型

1. 种植园农业

种植园主要是指在热带地区出现的新型、大规模的、单一作物型的集约化农场，主要种植经济作物，如在饮料方面有咖啡、可可和茶；在果品方面有香蕉、菠萝、杧果；在原料方面有香蕉、油棕、剑麻和烟草等。种植园农业有明显的地域特征，一般都是由这些作物生长所需的自然条件来决定的，另外也和殖民历史有关。加勒比海诸岛、美国东南部、南美东北部、中美、非洲和亚洲的一些沿海地区都有大片的种植园分布。其中，茶主要分布于东南亚，剑麻多产于东非，油棕集中于马来西亚与西非，香蕉主要产于中美与厄瓜多尔，菠萝则以夏威夷为多①。

2. 谷物农业

谷物农业是面向市场专业生产谷物的农业。其生产的谷物主要是小麦，其次有玉米、水稻。由于面向市场，为了提高经济效益，降低工资支出，适应谷物生产的强季节性，农场尽量采用高效的大型农业机械。农场经营者及少量的季节劳工在有农活时才住在农场，在农活完成之后，农场则空无一人，只剩下储粮仓库、存放机械及杂物的库房和短期住人的住房。农场主只带个提包就可进行经营活动，人们称这种形式为皮包农场。而大型的、高度机械化的商业农场往往被称为农业企业。谷物农业还有不少规模较小、以家庭为单位生产，农忙时雇用工人帮助的家庭经营农场。

谷物农业主要分布于美国、加拿大、阿根廷、澳大利亚、欧洲等国家和地区。中国的东北亦有分布，主要是生产春小麦的谷物农业。

3. 牲畜育肥农业

牲畜育肥农业是一种种植业与饲养业相结合的农业。这种农业以种植的谷物为饲料，以饲养的牲畜为最终产品投放市场。其在世界上的分布区有美国的五大湖以南的大片地区，欧洲从西班牙北部开始，经地中海沿岸与大西洋、波罗的海沿岸地区的中间向东延伸的地区和巴西东南部地区。玉米的产量高，其成分主要是淀粉，但缺乏蛋白质，大豆则富含蛋白质。这两种饲料相结合使用，就可以大大提高畜类的营养价值与产肉率。因此，牲畜育肥农场种植的主要是玉米与大豆。另外，该类型农场还生产青饲料以满足牲畜的育肥需要。在欧洲，牲畜育肥农场规模比美国的小，种植的饲料为适应低温的气候，多为饲草、马铃薯、甜菜、燕麦等。

4. 乳品业

乳品业是适应城市居民对乳制品的需求而产生的，它是专门生产流质牛奶及一些乳类加工制品的农业。影响这类农场区位选择的因素有两个，一是距离市场的远近，另一个是适宜于青饲料种植的环境。在离城市较远的乳品农场或对流质鲜奶需求量不大的地区，就需把牛奶加工成奶粉、黄油、奶酪等制品。这种情况在澳大利亚和新西兰的乳品农场中特别突出。瑞士则利用多余的牛奶生产巧克力糖果，以提高乳制品的附加值。乳品业主要分布于美国的五大湖及圣劳伦斯河南岸地区，以及澳大利亚、新西兰、瑞士和从法国往东的大西洋沿岸与波罗的海南岸地区。其他多分布在大城市的郊区。

5. 市场园艺农业

市场园艺农业是为市场提供蔬菜、水果、花卉等产品的农业。由于蔬菜的易腐性，蔬菜多在消费集中地生产。又因为保鲜技术的提升和交通的改善，使得蔬菜远距离运输已经可行，在气候条件优越之处就会成为地区性或全国性蔬菜基地。如美国东南部的佛罗里达与西部加利福尼亚州的南部，中国的山东、四川、广东、海南等省已经形成供应全国的蔬菜基地。

6. 大牧场

大牧场与一般游牧业不同。它规模大，放牧牲畜可达成千上万头；不是以家庭为单位进行放牧，而是由牧主雇佣一些牧工放牧；它不是自给自足的生产，而是将牲畜全部投向市场。这种大牧场在美国、澳大利亚、新西兰、阿根廷、南非的干旱地区较为流行。美国和阿根廷的大牧场以放牛为主，澳大利亚和南非的大牧场上既有牛又有羊，新西兰的牧场主要是羊群。

---

① 赵荣，王恩涌，张小林，等. 人文地理学［M］. 2 版. 北京：高等教育出版社，2006.

中国旱作农业

旱作农业主要分布在干旱、半干旱地区。中国的干旱、半干旱地区基本分布在秦岭—淮河一线以北的华北、东北和西北地区。旱作农业也称雨养农业，是利用天然降水而从事生产的农业，其地块大多分布在山区、丘陵坡、塬地区。在旱作农业区，具备水利设施的河流两岸、湖泊、水库周边以及地下水资源丰富的平原、盆地及绿洲地区多发展灌溉农业，以稳定地满足作物对水分的需求，达到稳产高产的目的。中国旱作农作物主要有小麦、玉米、大豆、谷子、高粱、薯类等。

中国水稻农业

水稻是中国最重要的粮食作物，对水热条件要求高。中国水稻农业主要分布在秦岭—淮河以南的湿润地区，特别是在长江三角洲、里下河、皖中沿江平原、鄱阳湖平原、洞庭湖平原、成都平原、珠江三角洲、韩江三角洲、闽江下游、西江两岸等地区最为集中。水稻在北方地区呈零星分布，主要分布在灌溉条件优越的地区。

中国畜牧业

畜牧业又称饲养业，是利用动物的生活机能来获取各种物质产品的部门，是农业生产的重要组成部分。中国大致以东北松嫩平原西部—辽河中上游—阴山—鄂尔多斯高原东缘（除河套平原）—祁连山（除河西走廊）—青藏高原东缘一线为界，此线附近是农牧交错的半农半牧区，以西是牧区，以东是农区；在大中城市及工矿区周围还有城郊畜牧业①②。

1. 牧区畜牧业

牧区畜牧业是指分布于中国东北西部、内蒙古、宁夏、甘肃、青海、新疆、西藏及川西等地干旱、半干旱地区的草原畜牧业。此区中，东部草原草类生长茂盛，以养羊为主，适宜高草环境的牛和马也较多；向西逐渐过渡到荒漠草原、荒漠地带，牲畜中羊的比例提高，并且由以细毛羊为主过渡到以裘皮羊和羔皮羊为主，大牲畜中骆驼增多；新疆及甘肃西部的山地草原地区，有新疆优质细毛羊；西藏和青海的草原盛产耐寒的藏绵羊、牦牛、犏牛。区内畜牧业发展水平差异显著，内蒙古有在全国影响很大的贸、工、牧一体化的现代企业；新疆地区畜牧业生产水平也较高；青藏牧区相对落后，多数仍是游牧型、自给型的落后经营方式。

2. 农区畜牧业

中国农区虽以耕作业为主，畜牧业仅居从属地位，但牲畜总量占全国70%以上，所提供的肉、奶、禽蛋等占全国的80%左右。农区畜产品种类齐全，猪、牛、羊、马、骡、驴及各种家禽都有，以养猪最为普遍。以秦岭—淮河一线为界，北方农区大牲畜主要是黄牛，马、驴、骡等也较多；小家畜以生猪和绵羊为主；家禽以鸡为主。南方农区以水牛为主，基本无骡、马，少有驴；小家畜以猪和山羊为主；家禽饲养量大，水禽占有一定比重。

---

① 林婉如，李萍．中国经济地理［M］．大连：东北财经大学出版社，2000.

② 李振泉，杨万钟，陆心贤．中国经济地理［M］．上海：华东师范大学出版社，1999.

3. 半农半牧区畜牧业

半农半牧区位于农区和牧区之间，兼有牧区和农区的特点。草食牲畜以放牧为主，类似于牧区，但以定居定牧为主，集约化程度高于牧区。对役畜、猪、禽等采取舍饲方式，接近于农区畜牧业生产方式。

4. 城郊畜牧业

城郊畜牧业，亦称“城市型”畜牧业，主要指城市郊区的畜牧业，也可包括受城市市场影响强烈的主要为临近城市服务的非城郊地区的畜牧业。城郊畜牧业在城郊农业中占有很高的地位，畜产品中禽、蛋、鲜奶等产品的生产比重高。随着市场经济的发展，城郊畜牧业正在向集中、大型、专业化方向发展。在经济发达区域，在交通干线沿线，已不断涌现出众多畜牧业基地和企业。

中国现代农业生产类型

随着中国生产力水平的提升，工业化、城镇化和信息化快速发展，中国农业正从传统农业加速向现代农业转型，形成了一些现代农业生产类型①。

1. 谷物农业

中国谷物农业生产的粮食主要有小麦、玉米、水稻等，其生产过程基本上实现了机械化，利用现代农业科技，在农业劳动力减少的情况下提高了粮食的产量，其生产经营方式主要有国营农场、正在兴起的家庭农场。中国谷物农业主要分布在中国粮食的主产区，如东北平原、华北平原、长江中下游平原、四川盆地、关中平原、河套平原、新疆的绿洲等地。

2. 市场园艺农业

近年来专门为市场提供蔬菜、水果、花卉等产品的市场园艺业逐渐兴旺起来，形成一批园艺产品生产基地。蔬菜是人类的必需品，山东寿光成为全国最大的蔬菜生产基地，河北的张北是夏季蔬菜生产基地，广西的荔浦是水生蔬菜生产基地，海南是中国冬季时的蔬菜供应基地，河南中牟、山东金乡等是重要的大蒜生产基地。水果也是人们日常生活的重要食品，中国水果种类众多，主要的有山东烟台，陕西洛川、富县、礼泉和新疆阿克苏等地的苹果；湖南、广东、湖北、广西、四川、江西、福建等是柑橘生产大省（区）；广东、广西、海南、云南、福建是中国香蕉的生产基地。随着人民生活水平的提升，中国对花卉的需求日益增多，云南是中国花卉生产的集中地区，新疆伊犁的薰衣草，河南洛阳、山东菏泽等地的牡丹，山东平阴、甘肃永登、湖北枣阳等地的玫瑰都声名远播。

3. 可持续农业

可持续农业是一种在经济上、生态上都能持续，既满足当代人的需求，又不对后代人构成危害的农业。强调节省资源，保持环境和生态平衡，追求低耗费、高产出和高效益，以保持农业的可持续发展。中国可持续农业的主要表现形式有生态农业、有机农业和绿色农业。

4. 特色农业

特色农业就是将区域内地理、气候等独特的农业资源及特有的名优产品开发为特色商品的现代农业。中国的区域差异比较大、自然资源丰富多样，特色农产品种类繁多，大量的地方特色产品生产已形成了各具特色的农产品优势产区。

5. 观光农业

观光农业又称旅游农业，是农民利用农村的设备与环境、农田、农产品、农村文化等农村资源，经过规划设计，发挥农业与农村的休闲旅游功能，游客不仅可以住宿、度假、休闲，还可以采摘、观赏、垂钓、参加农业劳作，体验农业生产和乡村生活的乐趣。

---

① 魏艳丽，蒋会利. 浅析中国现代农业的内涵及主要类型［J］. 安徽农学通报，2011，17（19）：1-2.

我国农牧业的现代化发展为广大农牧民带来了经济上的彻底改观，同时也招致了一些不法分子的觊觎。涉农的犯罪和针对农民、农村的犯罪日益增多。其中生产、销售假冒伪劣的农用种子、化肥等生产物资坑农害农的案件时有发生，而打着养殖种植旗号进行的非法集资活动也往往以巨额的涉案金额考验着刑事侦查人员的神经。

农业景观

农业景观是地球表面在人类农业活动作用下形成的地理现象的综合体。由于不同地域的人们的农业生产活动方式不同而具有不同区域特征。农业景观包含的内容广泛，包括农田景观、农村聚落形式与建筑形式等①。

农田景观反映所在地区的自然环境，不同的自然环境条件下土地的利用方式也不同，中国水热条件好的南方地区的农田景观多水田，而北方多旱地，在干旱、半干旱地区，土地利用形式则以牧业为主。不同的地形条件的农田景观也大不一样，山区多梯田，丘陵地块破碎，平原阡陌纵横。

农田景观也能反映出所在地区的社会人文环境。在农耕区，农田地块的大小往往由地界决定。在中国、日本、印度等国家与地区，由于人多地少，对土地进行集约化经营，一般由田埂（图 4-1）、浅沟、界石作为地界。但在土地广阔，每户经营的土地面积广，居住分散的情况下，需要把地界明显标志出来，建立栅栏或围篱，所用材料也与当地的环境紧密相关。如法国和英国，气候湿润、植物生长条件好，往往采用种植成排的灌木作为地界，形成一种绿色围篱。在靠近林区的地方，人们往往砍伐树木制成一种特殊形状的围篱，既作为标志，也防止人、畜的侵犯。在干旱的草原地区，往往采用木桩架铁丝网作为栅栏。(图 4-2~4)

图 4-1　田埂

图 4-2　呼伦贝尔草原围栏

图 4-3　巴音布鲁克草原围栏

图 4-4　新疆那拉提草原围栏

① 赵荣，王恩涌，张小林，等．人文地理学［M］．2 版．北京：高等教育出版社，2006.

种植业景观

种植业是利用植物的生活功能，通过人工栽培农作物以取得粮食、副食品、饲料和工业原料的农业生产部门。在中国，种植业通常指粮、棉、油、糖、麻、丝、烟、茶、果、药、杂等作物的生产事业，为狭义的农业。种植业同林业、畜牧业、副业和渔业合在一起，为广义的农业。

种植业景观是人们在地球表面进行种植业活动而形成的地表景象。不同区域自然环境条件各异，栽培的农作物种类不同，也就形成了各种具有区域特色的种植业景观。根据发展种植业的条件、种植制度、作物结构、生产布局和商品化程度，以及发展种植业生产的方向、措施，按照区内相似性与区间差异性，并保持一定行政区界完整性的原则，中国农作物种植业区域划分为10个一级区和31个二级区。其中一级区分别为：东北大豆、春麦、玉米、甜菜区，北部高原小杂粮、甜菜区，黄淮海棉、麦、油、烟、果区，长江中下游稻、棉、油、桑、茶区，南方丘陵双季稻、茶、柑橘区，华南双季稻、热带作物、甘蔗区，川陕盆地稻、玉米、薯类、柑橘、桑区，云贵高原稻、玉米、烟草区；西北绿洲麦、棉、甜菜、葡萄区，青藏高原青稞、小麦、甜菜区①。

林业景观

1. 寒温带针叶林景观（图4-5）

寒温带针叶林主要分布在北纬49°以北的大兴安岭北部地区。这里是中国最寒冷区，多年冻土层分布广泛。代表性的植被类型是耐寒的兴安落叶松，群落外貌是冬季落叶，结构简单。此外，有小片的樟子松林。落叶松喜光、耐寒、适应性强，在大兴安岭，它从河岸、沼泽地、沟塘一直到山坡和山顶均有分布，形成浩瀚林海。落叶松林生长挺直、高大，林冠稀疏，常形成大面积纯林。落叶松林经采伐后，大部分为桦木、山杨等阔叶树次生林代替②。

（a）　　（b）

图4-5　黑龙江呼中国家级自然保护区寒温带针叶林景观

2. 温带针阔叶混交林景观（图4-6~8）

温带针阔叶混交林主要分布在长白山与小兴安岭。这里距海较近，气候湿润，分布着以海洋性针叶林为主的针阔叶混交林，例如红松，阔叶树种有枫桦、紫椴、槭、水曲柳、花曲柳等。原始林经采伐后，生长山杨、白桦林。如果再经破坏则成为杂木林，在山麓南坡尚有蒙古栎纯林。

---

① 中国农业科学院《中国种植业区划》编写组．中国种植业区划［M］．北京：农业出版社，1984.

② 赵济，陈传康．中国地理［M］．北京：高等教育出版社，1999.

（a）

（b）

图 4-6　长白山红松阔叶混交林

图 4-7　张广才岭温带针阔叶混交林景观

图 4-8　长白林海

3. 暖温带落叶阔叶林景观（图 4-9）

暖温带落叶阔叶林主要分布于辽东半岛及华北的山地丘陵地。这里夏热多雨，冬季干冷，阔叶林冬季落叶，故又称夏绿林带。其建群种主要是由包括辽东栎、槲栎、栓皮栎、麻栎等各种落叶栎类与其他落叶阔叶树组成的地带性森林植被。此外，还有温性针叶林，如赤松、油松等。

（a）

（b）

图 4-9　太行山景观

4. 亚热带常绿阔叶林景观

亚热带常绿阔叶林分布在包括秦岭—淮河以南，南岭以北，横断山脉以东的广大地区，又可分为北、中、南三个景观地带。

（1）北亚热带落叶、常绿阔叶混交林景观（图 4-10）：分布于长江以北，秦岭—淮河以南的低山丘陵区。以含有青冈栎等常绿阔叶树的落叶林（麻栎、栓皮栎、白栎等）为主；针叶树以马尾松林为主。在现状植被中，由于群落的次生性较强，因而外貌近似落叶阔叶林。

(a)

(b)

图 4-10　北亚热带落叶、常绿阔叶混交林景观 [(a) 湖北罗田　(b) 湖北安陆]

(2) 中亚热带常绿阔叶林景观（图 4-11）：是亚热带的典型部分。主要分布于江南丘陵及云贵高原东部等地。植被由常绿青冈栎、栲栎、古栎和茶科、樟科、木兰科、金缕梅科等种为主组成，叶面多革质、光滑而发亮，亦称"照叶林"。针叶树有马尾松、云南松、杉树、柏树等。毛竹林分布也很广。本地带适宜发展茶、油桐等亚热带经济林。

(a)

(b)

图 4-11　中亚热带常绿阔叶林景观

(3) 南亚热带季风常绿阔叶林景观（图 4-12～13）：分布于滇、粤、桂三省区南部，闽东南及台湾中南部。天然植被为偏湿性的季风常绿阔叶林，森林上层以樟科、壳斗科为主，中下层种类繁多，以大戟科和芸香科最多，并有藤本和附生、寄生植物。

图 4-12　亚热带季风常绿阔叶林景观（象头山国家级自然保护区）

图 4-13　南亚热带季风常绿阔叶林景观（广东江门古兜山省级自然保护区）

5. 热带雨林、季雨林景观

热带雨林、季雨林分布在包括广东、广西、云南、台湾诸省区的南部，西至西藏南部的亚东附近。本带的典型植被类型为热带季雨林、热带雨林、珊瑚岛热带常绿林和红树林。

（1）热带常绿阔叶雨林景观（图 4-14~15）：主要分布于台湾南部、海南岛东南部、云南和西藏南部局部湿热的山谷或低地。雨林的乔林层结构复杂，一般可以分为三层或四层，乔木高大，通常在 30 米以上，甚至达 50 米，分枝很高，树皮光滑而薄，具有板状根。树叶多为大、中型，常形成显著的滴水叶尖。林内藤本植物丰富，树上密生附生植物。老茎生花现象不仅见于乔木，也见于灌木及藤本植物。在种类组成上有龙脑香科的龙脑香和坡垒、青皮、望天树、娑罗树。此外有梧桐科、肉豆蔻科、橄榄科、棕榈科、茜草科、楝科、无患子科、山龙眼科、藤黄科等植物，种类十分丰富。

图 4-14 榕树形成的独木成林

图 4-15 “空中走廊”架设在西双版纳雨林之中的望天树上

（2）热带季雨林景观（图 4-16）：分布于热带周期性干湿季节交替的地区，包括滇南谷地、海南岛、雷州半岛、台湾等地。中国热带季雨林面积比热带雨林广阔。季雨林的群落结构和雨林相比，上层乔木层较矮，一般在 30 米以下。树干尚直，但分枝较低。树皮较厚而粗糙，除榕属外，其他板根多不发达。藤本植物及附生植物的数量与种类都比雨林少。群落外貌的一个重要特点是，上层乔木层以落叶或半落叶树为主。所以，林冠有旱季稀疏、雨季郁闭的季相变化，这与雨林终年郁郁葱葱的景象迥异。构成季雨林的树种很多，其中以无患子科和楝科的属种特别丰富。柿科的种属也不少。而雨林中常见的龙脑香科、肉豆蔻科等则较为少见。滨海地带是中国红树林分布的地区，种类丰富。在享受着大自然无私馈赠的同时，对珍稀林木资源的保护和对盗伐林木的犯罪行为的打击已经深深地根植于刑事侦查人员的内心深处。

（a）

（b）

图 4-16 海南澄迈县加笼坪热带季雨林

畜牧业景观

根据饲料资源、自然环境、饲养技术和社会需要等因素，可将中国的畜牧业划分为青藏高原区、蒙新高原区、黄土高原区、西南山地区、东北区、黄淮海区和东南区七个区①。

① 中国畜牧业综合区划研究组. 中国牧业综合区划［M］. 北京：农业出版社，1984.

1. 青藏高原区

青藏高原区位于中国西南部，西面和南面到边界，东南靠西南山地，北连蒙新高原。境内有巴颜喀拉山、昆仑山、冈底斯山和喜马拉雅山等大山脉，地势最高，号称“世界屋脊”。本区包括西藏自治区的全部，青海省的大部和四川、甘肃的部分地区，土地面积中可利用天然草地面积约占 52%，为高寒牧区。

天然草地是本区畜牧业的物质基础。在本区中部和西北部高原湖盆地带，主要是高山草原和高山草甸，约占本区草地总面积的 60%。高山草原多在湖盆外围较高的山坡部位和分水岭，以旱生性禾本科牧草为主，也有莎草科、菊科、蔷薇科牧草，株高 10~30 厘米，覆盖度 50%左右，这类草地最适于放牧绵羊，也可放牧牦牛；高山草甸多分布在湖盆阶地，山间凹地，背风向阳，气候较暖，以莎草科、禾本科及杂类草为主，株高 20~50 厘米，覆盖度 70%，适于放牧牦牛和马。

在本区西部及柴达木盆地，主要是高原宽谷半荒漠草场和山地荒漠草场，气候寒冷干旱，风沙大，饮水缺，以旱生的小半灌木及禾草、杂草为主，也有菊科和豆科牧草，植被稀疏，覆盖度 20%，株高 10~30 厘米，可发展山羊、裘皮羊和骆驼。

在本区东部和东南部，主要是高山草甸草场、沼泽草甸草场和灌丛草甸草场。高山草甸草场、沼泽草甸草场多分布在山体的中上部，海拔高，寒冷潮湿，牧草茂密，产草量高，以莎草科、禾本科牧草分布最广，也有菊科、蔷薇科、蓼科和少量豆科牧草，株高 20~30 厘米，覆盖度 80%以上，草质优良，适口性强，营养成分较高，适于放牧牦牛、马和绵羊；灌丛草甸草场多分布在阴坡、河滩，气候寒冷潮湿，日照较短，以杨柳科、蔷薇科、豆科小灌木为主，灌丛覆盖度 50%左右，株高 40~180 厘米，山羊可以利用；灌木下分布着禾本科、菊科、蓼科牧草，株高 15 厘米，覆盖度 40%，黄牛、藏羊、毛驴均可利用。

本区自然条件复杂，物种分布因地而异。在高山草甸地带，牦牛、藏羊及马都有分布，但以绵羊、牦牛占绝对优势；在高山荒漠地带，牦牛减少，绵羊、山羊比重增加，并出现一些骆驼；在疏林草场、河谷阶地，黄牛、犏牛、山羊、藏猪、藏鸡及驴、骡均有分布，并有少数驼峰牛及水牛。

图 4-17　青海省海北藏族自治州

图 4-18　西藏日喀则

图 4-19　柴达木盆地

图 4-20　青藏高原

2. 蒙新高原区

本区包括内蒙古、新疆两自治区全部，甘肃和河北省的部分地区。境内有塔克拉玛干、古尔班通古特、巴丹吉林、腾格里、乌兰布和、库布齐、毛乌素等大沙漠和阿尔泰山、天山山脉。土地面积约308.32万平方千米，其中可利用天然草地面积约占36%，是北方的干旱牧区。骆驼是本区特有的家畜。本区地域辽阔，地形、地貌复杂、东西绵延3 000千米，南北宽400～1 300千米。天然草地自东至西随降水减少地带性差异明显，依次分布着草甸草原区、干旱草原与荒漠草原区和荒漠区。

（1）草甸草原区：位于内蒙古东部，包括呼伦贝尔市、通辽市、赤峰市、锡林郭勒盟东部地区。主要牧草有羊草、线叶菊、大针茅、小针茅等，生长旺盛，覆盖度可达60%～80%，草高60～80厘米。刈草场面积大，人工种草较易。宜养乳肉兼用的牛、马和毛、肉兼用的绵羊。

（2）干旱草原与荒漠草原区：位于内蒙古中部及河北坝上地区。主要牧草有大针茅、小针茅、羊草、冷蒿、冰草、小艾菊、隐子草、芨芨草、沙篙等。干旱草原草高30～50厘米，覆盖度30%～50%。荒漠草原草丛稀疏，覆盖度10%～15%，草高15厘米。宜养细毛羊、裘、羔皮羊。

（3）荒漠区：主要分布于内蒙古西部、甘肃河西走廊山前戈壁和新疆的盆地四周戈壁及半固定沙丘。植被以旱生的灌木、半灌木为主，主要有假木贼、麻黄、盐蓬琵琶柴、优若黎、矮梭梭、猪毛莱等。宜养骆驼、山羊、裘、羔皮羊。境内中西部高大山地，因海拔高度不同，降水量多寡不一，分布着各类山地草场，以阿尔泰、天山北坡垂直结构较完整，从低到高分布如下：山地荒漠→荒漠草原→山地草原→森林与山地草甸（高寒草原）→高寒草甸。

（a）

（b）

图4-21 呼伦贝尔草原

图4-22 河北丰宁坝上草原（1）

图4-23 河北丰宁坝上草原（2）

图 4-24　内蒙古西部

图 4-25　河西走廊山前戈壁

图 4-26　塔里木盆地半固定沙丘

图 4-27　天山脚下草场（达坂城附近）

图 4-28　那拉提草原

本区的畜禽种类主要有：①绵羊。蒙古羊、哈萨克羊，属肉脂兼用粗毛羊，夏秋季增膘迅速，储脂于尾部，以备冬春之需，是当地恶劣环境长期自然选择的结果。蒙古羊的地方良种有乌珠穆沁羊、巴音布鲁克大尾羊、滩羊；哈萨克羊的地方良种是阿勒泰脂臀羊。此外，优良的地方绵羊品种还有：和田半粗毛羊（其毛是和田地毯的原料）、策勒黑羊、库车羔皮羊、塔什库尔干大尾羊等。②山羊。品种有蒙古山羊、新疆山羊。③黄牛。乌珠穆沁牛是地方良种，三河牛是蒙古牛与许多国外品种相互杂交育成的乳肉兼用牛。新疆著名的地方品种有哈萨克牛、新疆褐牛等。此外，本区还有少数牦牛。

④马。地方良种有乌珠穆沁马、乌审马、伊犁马、三河马。⑤骆驼。适应性最好的优良品种是阿拉善双峰驼。畜禽地方品种还有产仔多的内蒙古大耳黑猪，适宜放牧的伊犁白猪，体格较大的吐鲁番驴，性情温顺易使役的凉州驴，以及吐鲁番鸡、金宝屯鸡、边鸡和新疆鹅等。

3. 黄土高原区

本区位于中国内陆中部的黄土高原上，它东起太行山，西至乌鞘岭，南连秦岭，北抵长城。包括山西省和宁夏回族自治区的全部，青海、甘肃、陕面、河南和河北省的部分地区。土地面积约68.16万平方千米，其中，天然草地面积约占31%。本区的饲料作物主要有大麦、苜蓿、燕麦、豌豆等。全区有草地面积3亿多亩，草原类型多样，牧草种类繁多。根据陕西省草原调查资料显示，草原植被的结构大致是：禾本科有100余种，豆科50余种，菊科58种，蔷薇科26种，其他科190多种。其中优良牧草60余种，有毒有害植物20多种，占全部牧草种类的4.7%。但总体来说，目前本区草原的牧草覆盖率不高，草原退化，生产能力很低。

本区牧业历史悠久，劳动人民培育出了许多适应本地条件的优良畜禽品种，如主产于关中地区的秦川牛；主要分布在关中地区的关中马、关中驴与关中奶山羊；产于陕北佳县、米脂、绥德等地的佳米驴；分布在宁夏黄河沿岸十余个县以及甘肃、陕西与宁夏相邻部分地区的滩羊；主要分布在宁夏的中卫县及其相邻的中宁、同心、海原和甘肃省的景泰、靖远等地的中卫山羊；主要分布在陕西渭北塬的富平、大荔、合阳、白水和浦城一带的同羊。

4. 西南山地区

西南山地区位于中国南部边境，南到国界，东至雪峰山，西边是青藏高原区，北面是黄土高原区。包括云南、贵州、重庆的全部，四川、甘肃、陕西、湖北、湖南和广西的部分地区。境内有秦岭、大巴山、巫山、武陵山、雪峰山、苗岭、乌蒙山、大娄山和横断山脉形成的高原山地。土地面积约110.2万平方千米，其中可利用天然草地面积约占26%，分布在盆地、坡地和山顶上。本区有草山草坡4亿多亩，比耕地面积大两倍以上，占南方草山草坡面积50%以上。其中，宜牧草山草坡面积约2.4亿亩，占本区草山草坡总面积的50%以上。本区因地形地貌的差异，家畜的分布具有垂直地带特点，形成了四个不同特点的区域：①丘陵平坝区，家畜结构以猪和水牛为主，家禽也占很大比重。②低山、低中山区，黄牛、山羊比重最大。③中山区，山羊比重较大。④亚高山、高山区以绵羊为主，部分高山地区有牦牛。

由于本区特殊的自然生态环境和社会经济条件，形成了十分丰富的畜禽品种资源，不少品种都以特有的经济价值而著称于世。牛的主要地方品种有德宏高峰黄牛、思南黄牛、关岭黄牛、文山黄牛、西郑黄牛、荥经黄牛、宣汉黄牛、邓川黄牛、湘西黄牛、中堡黄牛、德宏水牛、涪陵水牛、德昌水牛、西林水牛、思南水牛、中甸牦牛等。猪的主要地方品种有内江猪、荣昌猪、乌金猪、香猪、滇南小耳猪、关岭猪、雅南猪、成华猪、湖川山地猪、隆林猪等。山羊的主要地方品种有成都麻羊、建昌黑山羊、贵州白山羊、陕南白山羊、马头羊、路南山羊、龙陵黄山羊等。绵羊分布在川、滇、黔三省及陇南等地的高山、亚高山和部分中山地区，主要有威宁绵羊、昭通绵羊、丽江绵羊等。西南马是中国马种中一个独立的类群，主要的地方马种有百色马、黔西马、丽江马、建昌马、利川马、文山马、腾冲马等。家禽的主要地方品种有金阳丝毛鸡、旧院黑鸡、武定鸡、茶花鸡、斗鸡、米易鸡、峨眉黑鸡、彭县黄鸡、云南麻鸡、建昌鸭等。

5. 东北区

东北区包括辽宁、吉林、黑龙江三省的全部。境内张广才岭、长白山和千山山地列于东侧，大兴安岭、努鲁儿虎山列于西侧，中间为松辽平原。土地面积约79.3万平方千米，其中可利用天然草地面积约占20%，主要分布在西部草原、东部丘陵山区和中部平原河滩地、沼泽地、盐碱地。西部的松嫩草原盛产羊草，羊草适口性良好，营养丰富，覆盖度为60%~80%，草层高度40~60厘米。东部丘陵山区多为中湿性牧草，沼泽性草地以苔草、大叶章为主，伴生有杂草，覆盖度为90%。草山草坡主要生长着小叶章、胡枝子、榛、柞等，覆盖度80%以上，是夏季的主要放牧场。三江平原、盘锦平原沼泽地草场，盛产小叶章等，是禾本科的优良牧草。

本区畜禽品种资源丰富。当地民猪与国外优良品种杂交，育成肉脂兼用型的哈尔滨白猪、东北花猪和新金猪等。鄂伦春马产于大小兴安岭山区；培育的新地方品种有铁岭挽马、吉林马、黑龙江马和金州马。延边黄牛主要分布在延边、牡丹江、宽甸一带，体躯高大。辽宁省的复州牛以役用为主，吉林省西部的草原红牛以肉用为主。辽宁绒山羊为绒肉兼用型的地方优良品种，中心产区在盖州，分布于毗邻的复县、庄河、岫岩和风城、宽甸、辽阳等地；被毛全白，绒毛洁白有丝光，绒长 5 厘米，是优良的精纺原料。东北细毛羊为毛肉兼用型的优良品种，主要产区是松辽平原，广泛分布于中西部地区。大骨鸡以骨骼粗大、体高腿长而得名，产于辽宁省庄河、安乐、风城和新金等沿海诸县。豁鹅在本区分布于东北的辽宁昌图、吉林通化地区以及黑龙江延寿县等地。

6. 黄淮海区

黄淮海区包括北京、天津两市和山东省的全部，河北、河南两省的大部，以及安徽、江苏的部分地区。境内有燕山、太行山、泰山和伏牛山等。土地面积约 48.96 万平方千米，其中可利用天然草地面积仅占 6.5%，畜牧业主要以农作物秸秆、糠麸以及油粕作饲料。此外，海滩、河滩、湖滩、草山等资源也得到了一定开发，促进了本区畜牧业的发展。

本区的自然条件优越，适宜多种畜禽生长繁殖，拥有众多地方良种。鲁西黄牛是中国著名的黄牛地方良种之一，历史上即以“山东膘牛”而驰名国际市场，分布于山东菏泽及南四湖周围。南阳牛分布于河南省境内唐河、白河流域，以方城、唐河、邓州等 9 个县市为中心产区，因集中产于南阳盆地而得名，是中国著名的黄牛地方良种之一。德州驴是中国著名的大型驴种，产于鲁北、冀东平原沿渤海湾各县，以无棣、庆云、阳信、盐山等县为中心区，因德州为集散地而称德州驴，又因产于渤海湾，又被称为渤海驴。泌阳驴是中国比较好的中型驴种，因产于河南省泌阳县一带而得名。寒羊（原大尾寒羊）是中国著名的脂尾羊，以脂尾发达而著名，主要分布在山东省聊城的临清、冠县、高唐、茌平等县市，以及河北邯郸、邢台以东的临西、馆陶、大名等 10 个县。在河南郏县、禹州、宝丰等县市也有分布。小尾寒羊是短脂尾羊，分布在河南省东部和东北部，山东省南部，河北省南部及苏北、皖北一带。青山羊产于山东省济宁、菏泽运河以西各县市，饲养历史悠久，是中国唯一山羊羔皮名贵品种。白山羊分布在黄河以南、淮河以北的广大范围，主要集中产于河南的周口及安徽的阜阳。深州猪原产于河北省深州，现已分布到宁晋、冀州、赵县等广大地区。北京鸭、五龙鹅、寿光鸡是中国比较著名的家禽地方良种。

7. 东南区

东南区位于中国东南部，包括上海市和浙江、福建、台湾、广东、江西 5 省的全部，广西、湖南、湖北、江苏、安徽的大部，河南的信阳与南阳两市。本区境内有南岭、武夷山、罗霄山、幕阜山、大别山等丘陵起伏，河流湖泊极多，形成“七山一水二分田”的格局。土地面积约 130.08 万平方千米，可利用天然草地约占 10%。畜牧业饲料主要来源于农作物秸秆、山区草场、粮食加工副产品、糖酒业的副产品等。

经历悠久的生产实践，本区培育了众多优良的地方畜禽品种。优良的猪种有太湖猪、金华猪、陆川猪、巴马香猪、定远猪、姜曲海猪、南汇白猪、东串猪、监利猪、宁乡猪、沙子岭猪、大花白猪、东山猪、莆田黑猪、玉江黑猪、乐平猪、浙皖花猪、虹桥猪、槐猪、灶猪、淮南猪等。优良的水牛品种主要有浙江的温州水牛、安徽的东流水牛、福建的福安水牛、广东的兴隆水牛，产于苏、沪、浙北沿海的海子水牛，产于江西、湖南的湖滨水网地区的滨湖水牛和湖北江汉平原的江汉水牛。优质的黄牛品种主要有江西的吉安黄牛、海南的高峰牛、湖北的黄陂黄牛和产于上海和浙江舟山的荡脚牛等。地方优良鸡种主要有产于浙江江山市和湖北郧县等地的白羽乌鸡，产于江西泰和县和福建莆田、晋江等地的丝毛乌鸡，产于福建长汀、上杭、永定等县的河田鸡。优良的鸭种有绍兴绍鸭、高邮麻鸭、金定鸭、巢湖鸭、娄门鸭等。

渔业景观

中国国土面积庞大，海域面积广阔，河流湖泊众多，为中国发展渔业奠定了良好的基础，也形成了中国多姿多彩的渔业景观，按渔业水域来分的话，有海洋渔业景观、河流渔业景观、湖泊渔业景观、稻田渔业景观、坑塘渔业景观等。

1. 海洋渔业景观

全世界海洋面积约占地球总面积的71%，是渔业生产的主要场所。邻近中国的海域有渤海、黄海、东海、南海以及台湾以东太平洋洋面。海区总面积约为473万平方千米。中国大陆海岸线长约18 000千米，海洋岛屿岸线长约14 000千米，是世界上海岸线最长的国家之一。海洋岛屿有6 500多个，广布于渤海、黄海、东海、南海，大陆和岛屿岸线蜿蜒曲折，形成许多优良的港湾，沿岸有长江、黄河、珠江等众多江河注入大量有机物质，水质肥沃，形成海洋动植物栖息、生长、繁衍的良好场所，构成了世界上最好的浅海渔场之一。水深200米以内的大陆架渔场面积约150万平方千米，合计22.5亿亩。沿岸适宜人工养殖的10米水深以内的浅海和滩涂面积有2 000多万亩①②。

中国近海海域鱼类1 694种，其中150多种属重要经济鱼类。仅分布于中国海域的特有鱼类主要有广东鳐、中华鲟、白鲟、中华小公鱼、尖头银鱼、短头鳗鱼、黄唇、中华马鲛等。

黄海、渤海区的鱼类约291种，主要经济鱼类约50种，以暖温性种类为主。在北纬34°以北海区以小黄鱼、白姑鱼、东方鲀、鲈鱼、鳕鱼等为主；活动在北纬32°~34°海区的有大黄鱼、小黄鱼、黄姑鱼、白姑鱼、东方鲀、鳐鱼等。洄游于黄海、渤海与东海的种类主要为中、上层鱼类，如始鱼、带鱼、马鲛鱼、鲳鱼，以及少数底层鱼类，如大黄鱼、海鳗、真鲷等。

东海大陆架渔区的鱼类有727种，外海有346种，重要的鱼类有大黄鱼、小黄鱼、带鱼、马面鲀、银鲳、鲐鱼、鳗鱼、海鳗、鲽鱼等。东海区经济鱼类按其分布特点和生物学特性，可划分为三大生态类群：①栖息于水深40米以内的沿岸水系的类群，有大黄鱼、黄鲫、梅童鱼、鳀鱼、石斑鱼等。②栖息于水深40~80米沿岸水与暖流水系相交汇海区的类群，有带鱼、小黄鱼、鲳鱼、鳓鱼、梅鳗、马鲛鱼、蓝圆鲹、金色小沙丁鱼等。③主要栖息于水深80米以外的暖流水系的类群，有鲐鱼、绿鳍马面鲀、短尾大眼鲷等。

南海北部大陆架海域的鱼类有1 064种，其中经济鱼类有125种。按鱼类分布特点和生物学特性，可划分为三大生态类群：①主要栖息于近岸、海岛周围水域的类群，有圆腹鲱、青鳞鱼、鳓鱼、小公鱼等。②主要栖息于大陆架海域的类群，有鲨、蓝圆鲹、鲳鱼、鲐鱼、鲷、带鱼等。③主要栖息于岩石礁丛之间、珊瑚礁之间的类群，有石斑鱼、骨鳞鱼、笛鲷等。

南海大陆坡海域的鱼类有200多种，南海诸岛海域的鱼类有520多种，主要有金枪鱼、鲣鱼、箭鱼、鲨鱼等。

中国近海海域的虾类有300多种、磷虾类42种、蟹类600多种，产量最多的是对虾、毛虾、鹰爪虾、白虾、龙虾及三疣梭子蟹、青蟹等。

对虾是中国近海的特产，每年冬季在黄海南部越冬，初春成群向北作生殖洄游。渤海是主要捕捞对虾的场所。鹰爪虾以黄海北部产量最大，龙虾主要产于南海和东海。三疣梭子蟹是中国产量最大的食用蟹，沿海均有分布，以渤海、黄海、东海较多，青蟹产于浙江、台湾、福建、广东沿海。

2. 内陆水域渔业景观

中国是世界上内陆水域最多的国家之一，水域总面积约2666×10^4公顷。其中，江河面积1 200×

---

① 《中国渔业经济研究》编写组. 中国渔业经济研究［M］. 北京：农业出版社，1990.

② 赵济，陈传康. 中国地理［M］. 北京：高等教育出版社，1999.

10^4 公顷，约占水域总面积的 45%；湖泊面积 800×10^4 公顷，约占水域总面积的 30%；池塘、水库面积为 666×10^4 公顷，约占淡水水域面积的 25%。江河是内陆水体中最重要的组成部分和自然资源。

中国内陆水域的鱼类有 700 多种，有经济价值的鱼类有 200 种之多。可以作为重要捕捞对象的有草鱼、青鱼、鲢鱼、鳙鱼、鲤鱼、鲫鱼、鳊鱼、刀鲚鱼、银鱼、鳗鲡鱼、白鱼、密鲴鱼、鲌鱼、红鲌鱼、哲罗鱼、细鳞鱼、狗鱼、圆头鱼、裸鲤鱼等，其中青鱼、草鱼、鲢鱼、鳙鱼为中国四大家鱼。虾、蚌、螺、蚬、蟹、甲鱼等种类也颇为丰富。由于各地自然环境不同，内陆水域中鱼类的地理分布也存在明显的差异。东北地区既有平原地区的代表种，如草鱼、白鲢、鳜鱼、鳊鱼等，也有北方地区的冷水性鱼类，如哲罗鱼、细鳞鱼、狗鱼、鲑鱼等；华北地区主要是平原性鱼类，主要经济鱼类有鲫鱼、鲤鱼、鳊鱼、草鱼、鳜鱼等，以及虾、蟹等；华中地区是中国鱼、虾资源最为丰富、发展潜力较大的优良渔业基地，除平原地区的代表种鲤科鱼类外，还有不少名贵种类；华南地区则以热带、亚热带性鱼类为代表；青藏高原以裂腹亚科和条鳅属鱼类等为其经济鱼类的代表①。

（1）河流渔业景观：中国是世界上河流众多的国家之一，流域面积在 1 000 平方千米以上的河流大约有 5 000 多条，其中，主要的有 2 000 余条。这些河流大多水量丰富，水质肥沃，适宜于水生生物的繁殖生长。长江的鲟鱼、鲥鱼、银鱼、团头鲂，黄河的鲤鱼，黑龙江的鲑鱼等都是名贵种类。长江中的白鳍豚、扬子鳄、中华鲟等都是珍稀水生动物。长江是中国的第一大河，水系支流众多，流域面积广阔，鱼类资源极为丰富。历来盛产青鱼、草鱼、鲢鱼、鳙鱼、铜鱼、圆口铜鱼、长吻鮠、鲥鱼、刀鲚鱼、风鲚鱼、鳗鲡鱼等多种经济鱼类，是著名的“四大家鱼”、中华绒螯蟹、鲥鱼繁殖产卵场。长江上游渔获物主要由适应于较急水流条件的种类组成，如铜鱼、圆口铜鱼、吻鮠、长鳍吻鮠、圆筒吻鮠、岩原鲤、中华倒刺鲃、白甲鱼、墨头鱼、胭脂鱼等。长江中游渔获物中，适应于缓流或静水条件，食性多样化种类居多，如草鱼、青鱼、鲢鱼、鳙鱼、鳡鱼、鯮鱼、鳤鱼、赤眼鳟、长春鳊、三角鲂、蒙古红鲌、翘嘴红鲌、黄尾鲴、细鳞斜颌鲴等。长江下游河口渔获物中，以洄游性鱼类为主，如鲚属（刀鲚、凤鲚）、前颌间银鱼、鲥鱼、河豚、鳗鲡等②。珠江流域面积约 45 万平方千米，跨越中越两国，在中国境内流经滇、黔、桂、粤、湘、赣六省区，水系主要由西江、北江、东江及珠江三角洲诸河段组成。支流众多、水系发达的珠江，具有流域多样性、生物多样性、生态多样性等特点。20 世纪 80 年代，珠江水系记录鱼类有 385 种，主要经济鱼类有 53 种；名贵鱼类有鲥鱼、卷口鱼、斑鳠等 23 种；有中华白海豚、中华鲟、鼋等国家一级保护动物，大头鲤、金线鲃、花鳗鲡、唐鱼等国家二级保护动物十几种，还有珍稀鱼类及水生动物淡水赤魟、佛耳丽蚌等③。黄河是中国第二大河，流经九省区，流域面积 79.5×10^4 平方千米。黄河上游鱼类种类少，组成简单，仅鲤科、鳅科两个科。中游鱼类与下游的鱼类基本相似，均以鲤科鱼类为主，但是原来中游没有的鲢、鳙、鳊等鱼类，由于人工移植驯养，这些鱼类也成为中游鱼类区系组成部分。下游鱼类种类数量较多，共有 81 种，分别隶属于 12 目 24 科，其中河口性鱼类和半咸水鱼类都是中上游没有的鱼类，是下游鱼类区系组成的一个特点④。钱塘江沿岸土质肥沃，江中营养物质丰富，素以盛产富春江鲥鱼、塔鳊（三角鲂）、子陵鱼久负盛名。其鱼类资源除鲢鱼、鳙鱼、鲤鱼、草鱼、青鱼、团头鲂、鲫鱼等常规品种外，还有三角鲂、翘嘴红鲌、花鲷鱼等名特优品种⑤。

（2）湖泊渔业景观：中国是世界上湖泊最多的国家之一，据初步统计，全国天然湖泊有 2.4 万多个，其中绝大部分是小型湖泊，大型湖泊主要有：青海湖、鄱阳湖、洞庭湖、洪泽湖、巢湖、呼伦湖、纳木错湖、兴凯湖、奇林湖、南四湖、博斯腾湖、艾比湖和扎日南木错等，湖泊渔业在内陆水域渔业中占有越来超重要的地位。中国共有水库 89 221 座，其中大型水库 573 座，中型水库 3 379 座，

① 《中国渔业经济研究》编写组．中国渔业经济研究［M］．北京：农业出版社，1990.

② 陈大庆．长江渔业资源现状与增殖保护对策［J］．中国水产，2003（3）：17-19.

③ 韩乐悟．水坝建设成珠江渔业资源衰退重要原因［N］．法制日报，2010-12-6：6.

④ 韩明轩．黄河流域渔业资源调查及可持续利用研究［D］．北京：中国农业科学院研究生院，2009：8.

⑤ 郭未央，张婉平，童奇烈，等．加强渔业资源增殖管理促进钱塘江渔业持续发展［J］．杭州农业与科技，2010（3）：16-18.

小型水库 85 269 座。水库的总库容达 7 211 亿立方米，其中大型水库的库容为 5 609 亿立方米，中型水库的库容为 955 亿立方米，小型水库的库容为 647 亿立方米。水库是面积较大的人工水体，库水经常缓慢地交替，给鱼类生长提供了良好的自然环境，为渔业的发展开辟了广阔的天地①。

（3）稻田渔业景观：中国水田面积约有 3.7 亿亩，其中 90%以上分布在秦岭—淮河一线以南，约有 10 772 万亩可用作养鱼。浙、闽、赣、黔、湘、鄂、川等省区的稻田养鱼较普遍，养殖鱼类以草鱼、鲤鱼为主，也养殖鲫鱼、鲢鱼、鳙鱼、鲮鱼等。养鱼前须将稻田堤埂加宽、加高，并拍打结实；同时挖鱼沟、鱼溜或鱼坑，并设置鱼棚。放养时间一般在插秧后 7~10 天为宜，每亩可养殖鱼种 1 000 尾左右。稻田养鱼后应保持较高水层，关键是防止大雨时逃鱼②。

（4）池塘渔业景观：池塘星罗棋布，是内陆水域的主要组成部分之一，池塘养鱼多以混养为主，混养的鱼类应为习性相关，对水质和水温（在生长季节）要求相似。混养的理想鱼类有鲢鱼、鳙鱼（上层鱼类），草鱼、鲂鱼（中层鱼类），鲤鱼、鲫鱼、鲮鱼、青鱼（底层鱼类）等。中国各地因气候、所养鱼种、饵料资源等的不同而形成了多种混养类型。最普遍的是以鲢鱼、鳙鱼为主和以草鱼、鲢鱼为主的类型，其次是以鳙鱼、鲮鱼、草鱼为主的类型，多见于珠江三角洲；青鱼、草鱼并重和以青鱼为主的混养类型多见于太湖地区；华北、东北、西北各省区则多以鲤鱼为主。

图 4-29　浙江省青田县稻田养鱼

图 4-30　云南省富民县稻田养鱼

（a）

（b）

图 4-31　河源市东源县漳溪畲族乡中联村汶水塘捕鱼节

① 《中国渔业经济研究》编写组．中国渔业经济研究［M］．农业出版社，1990：3.

② 百度百科．稻田养鱼［EB/OL］．http：//baike.baidu.com/view/782914.htm？fr=aladdin.

图 4-32　河南省汝南县三门闸乡叶庄村池塘养鱼

图 4-33　云南省勐海县勐遮镇捕鱼赛

(a)

(b)

图 4-34　广东省佛山南海区九江镇池塘养鱼

图 4-35　陕西省山阳县户垣镇莲池养鱼

图 4-36　湖南省益阳市池塘养鱼

农具

农具是农民在生产生活中为了有效提高劳动效率，减轻劳动负担而制作和使用的具有传承性的器具，是人们为适应自然、改造自然所进行的造物活动的对象和物质结果。农具包括整地工具、播种移栽工具、除草工具、收割工具、脱粒工具等。

整地工具

耕地整地工具是用于耕翻土地、破碎土垡、平整田地等作业的农具①。各地整地工具特点如图 4-37~88 所示。

图 4-37　圆尖铁搭（江苏省吴江市，高 31 厘米，宽 20 厘米）

图 4-38　方尖铁搭（江苏省吴江市，高 30 厘米，宽 27 厘米）

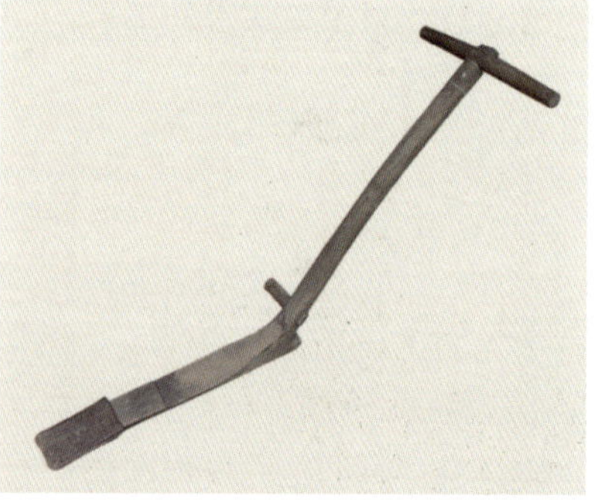

图 4-39　翻撬（贵州省麻江县，高 85 厘米，撬床长 65 厘米，撬刃宽 15 厘米）

图 4-40　枘锨（陕西省三原县，柄长 167 厘米，锨刃宽 28 厘米）

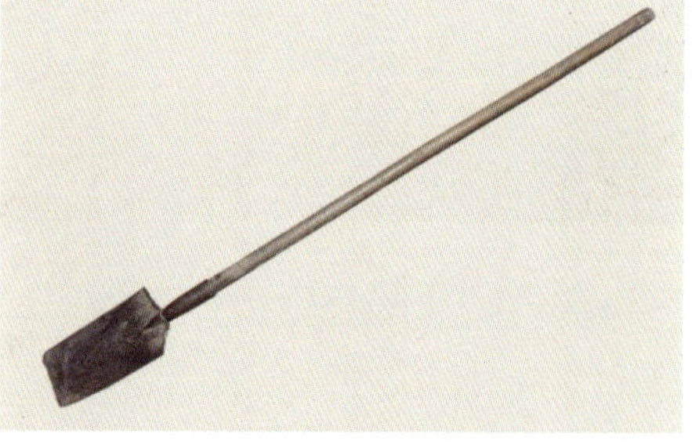

图 4-41　条锨（山西省垣曲县毛家镇，柄长 179 厘米，锨宽 18 厘米）

图 4-42　铁锹（广西壮族自治区罗城县东门镇，柄长 140 厘米，锹刃宽 14 厘米）

① 胡泽学．中国传统农具陈列内容与形式设计解析［J］．古今农业，2009（3）：88-95.

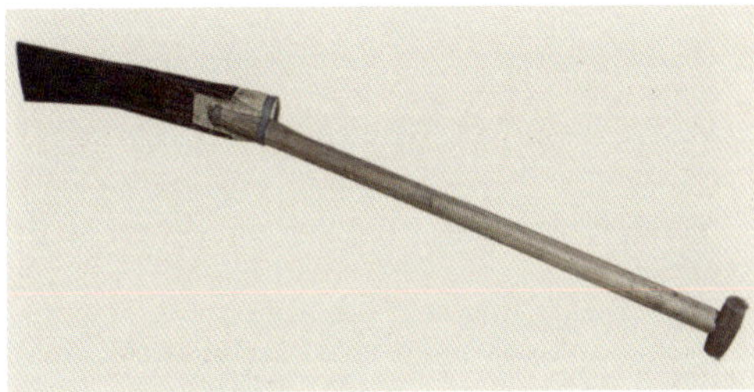

图 4-43　铁锹（江苏省新沂市，柄长 136 厘米，锹刃宽 14 厘米）

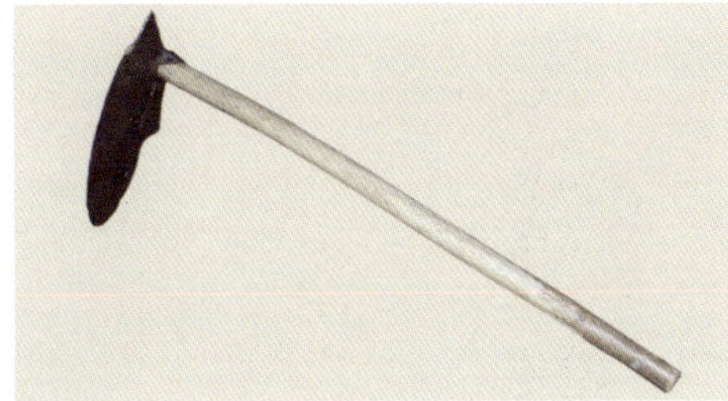

图 4-44　砍土曼（新疆维吾尔自治区柯坪县，柄长 93 厘米，铁制部分宽 24 厘米）

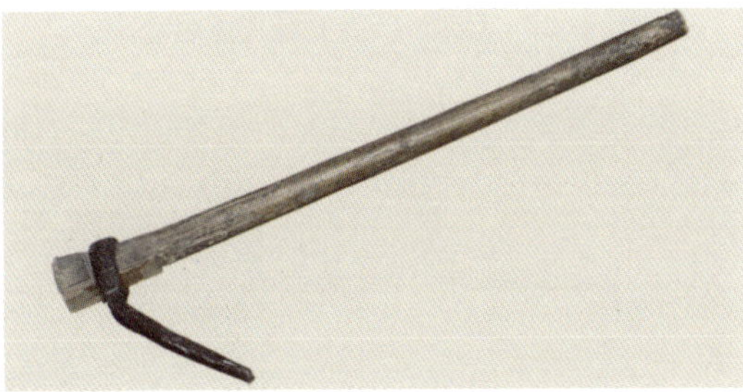

图 4-45　尖镢（山西省代县，柄长 95 厘米，铁制部件长 30 厘米）

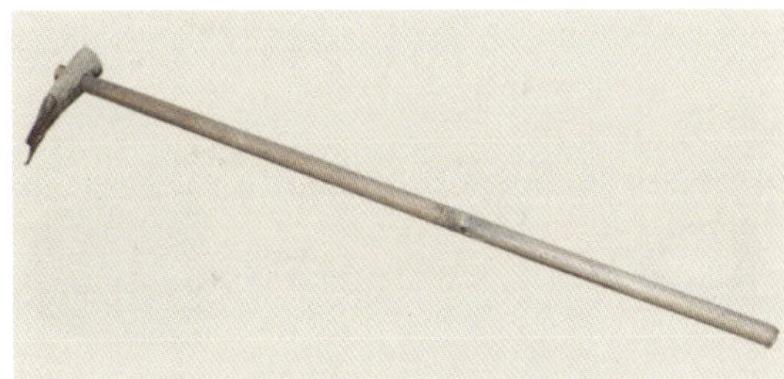

图 4-46　梆脚（广东省吴川市覃巴镇，柄长 140 厘米，镢长 28 厘米）

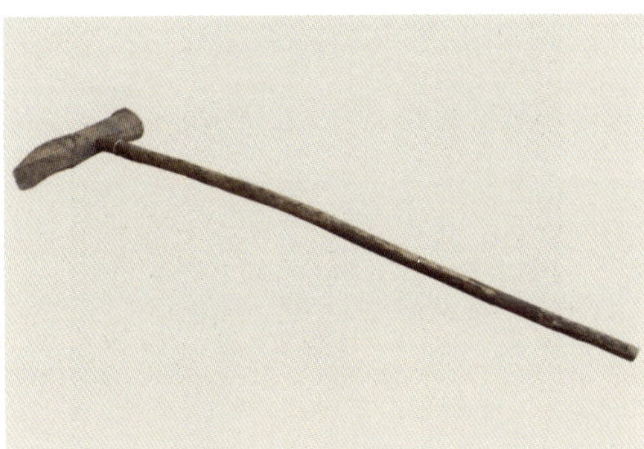

图 4-47　木榔头（广西壮族自治区武鸣县城乡，柄长 112 厘米，榔头长 32 厘米）

图 4-48　铁镢（山东省平度市）

图 4-49　坎土曼（新疆维吾尔自治区）

图 4-50　铁镢（四川阿坝州诺尔盖草原）

图 4-51　铁锹（1）（河北省唐山市）

图 4-52　铁锹（2）（河北省唐山市）

图 4-53　钢锹（河北省唐山市）

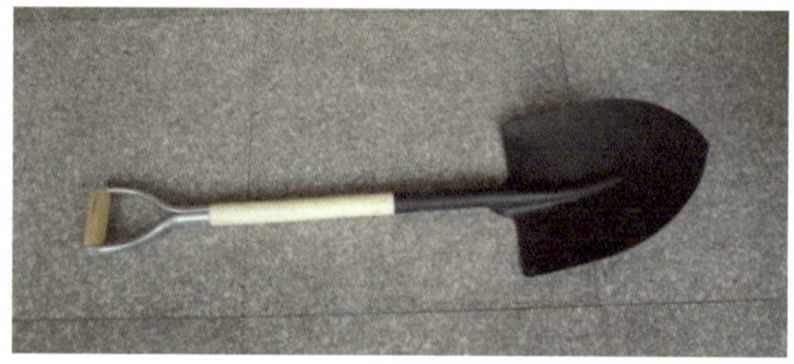

图 4-54　西班牙大铲（河北省石家庄市）

图 4-55　园艺铲子（山东省临沂市）

图 4-56　铁锹（广东省广州市）

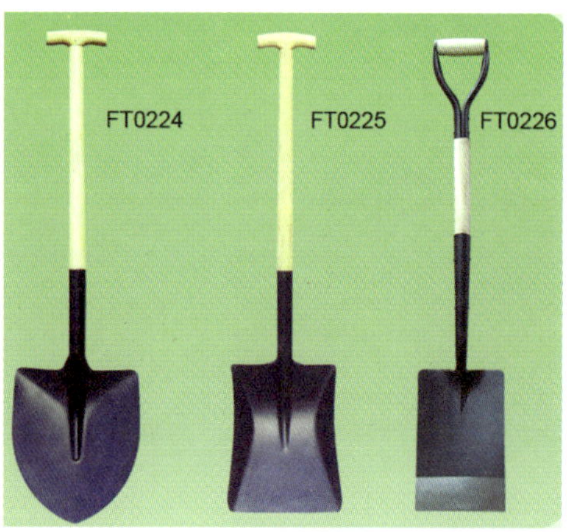

图 4-57　铁锹（山东省临沂市）

图 4-58　木柄折叠铲（浙江省永康市）

图 4-59　铲（江苏省宿迁市）

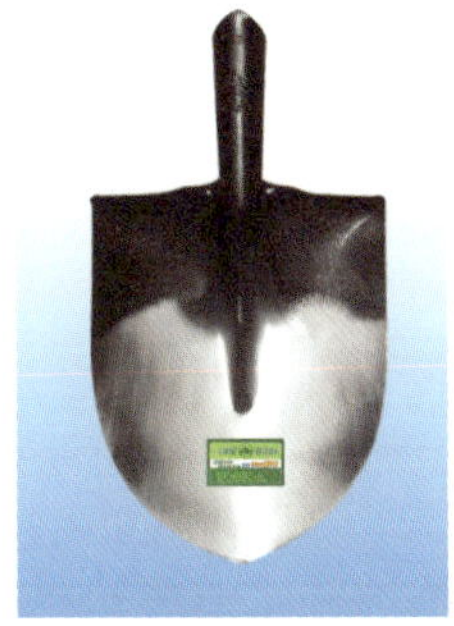

图 4-60　尖锨（河南省许昌市）

图 4-61　钢锹（1）（河北省滦南县）

图 4-62　钢锹（2）（河北省滦南县）

图 4-63　铁柄锹（河北省唐山市）

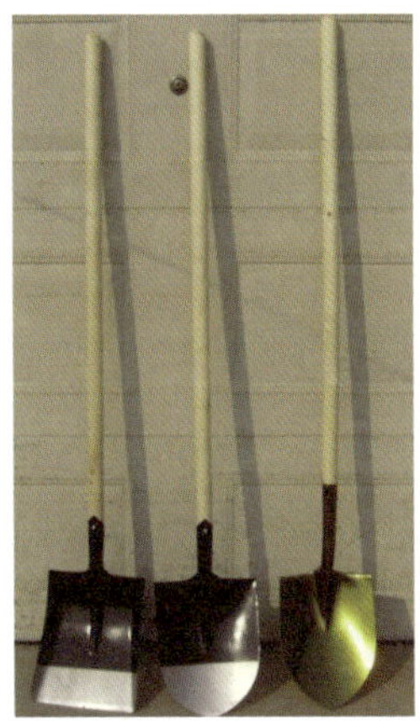

图 4-64　木柄钢锹（河北省唐山市）

图 4-65　锹（浙江省苍南县）

图 4-66　钢锹（山东省临沂市）

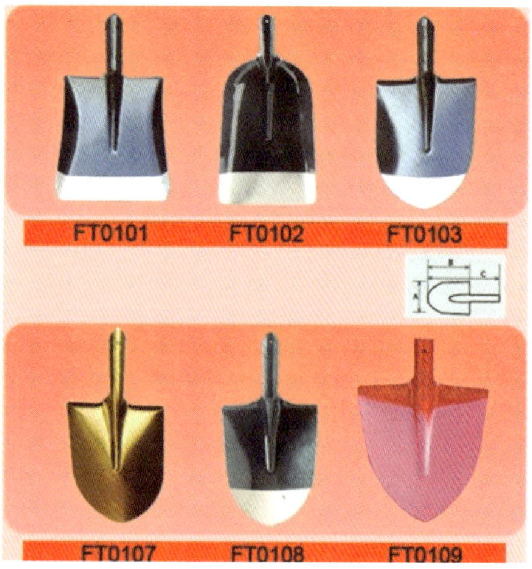

图 4-67　铁锹头（1）（山东省临沂市）

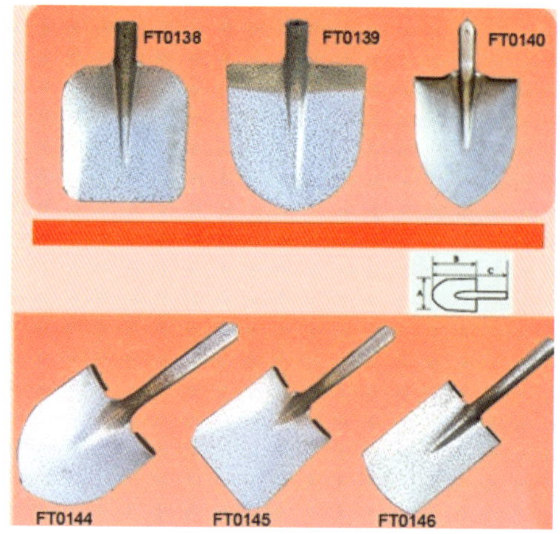

图 4-68　铁锹头（2）（山东省临沂市）

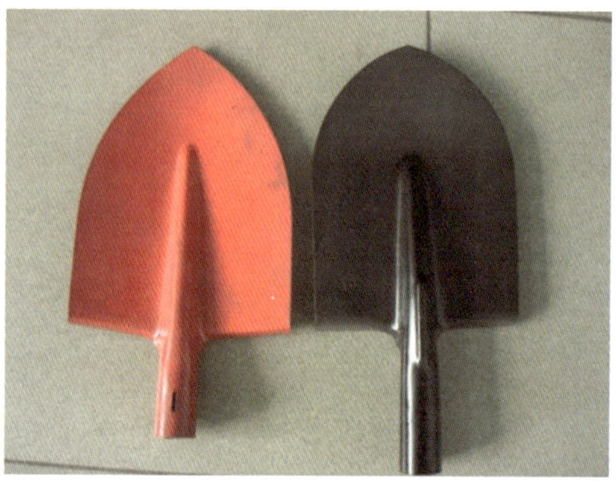

图 4-69　钢锹头（河北省唐山市）

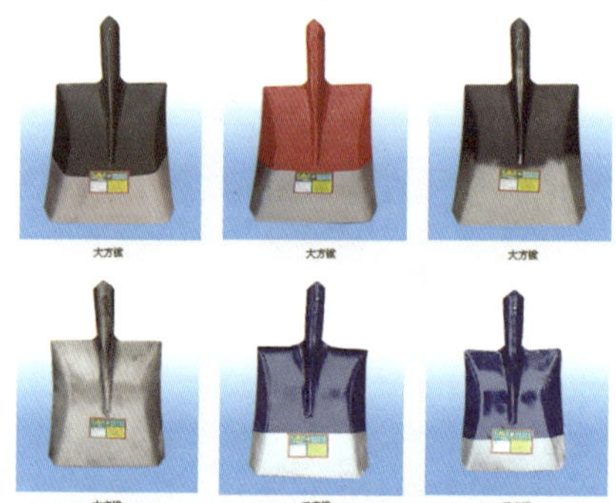

图 4-70　钢锨（河南省长葛市）

图 4-71　不锈钢锨（河北省衡水市）

图 4-72　锹头（河北省唐山市）

图 4-73　辊煅铁锹（河北省衡水市）

图 4-74　钢锹（1）（辽宁省营口市）

图 4-75　钢锹（2）（辽宁省营口市）

图 4-76　联体钢锹（浙江省金华市）

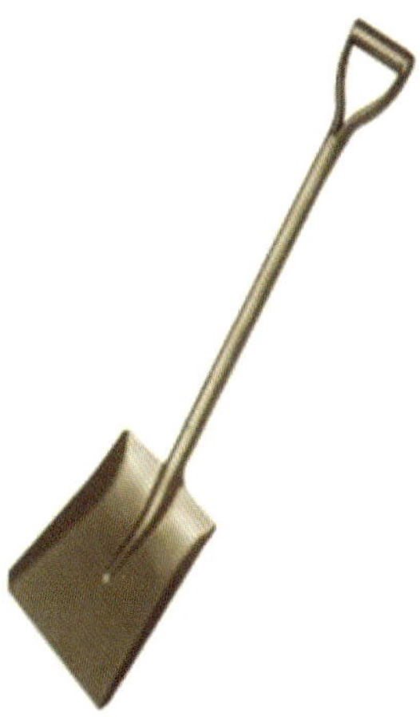
图 4-77　方锹（辽宁省营口市）

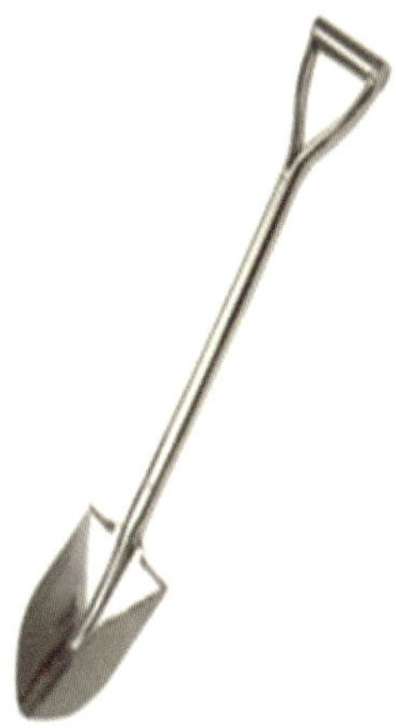
图 4-78　不锈钢锹（辽宁省营口市）

图 4-79　钢锹（河北省滦南县）

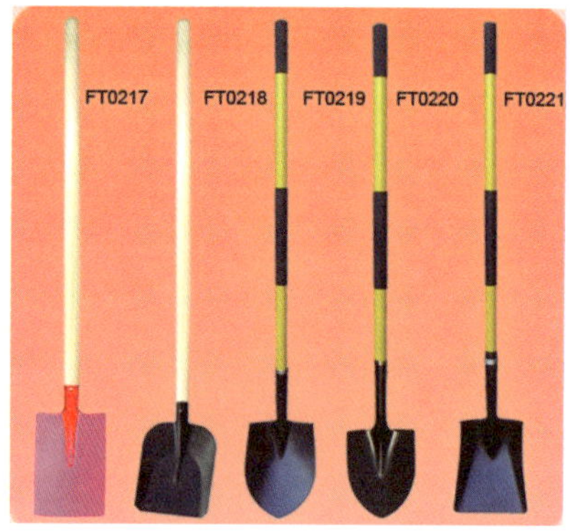

图 4-80　铁锹（山东省临沂市）

图 4-81　铁锹、铁叉（河北省唐山市）

图 4-82　长柄锹（河北省唐山市）

图 4-83　园艺叉（1）（山东省青岛市）

图 4-84　园艺叉（2）（山东省青岛市）

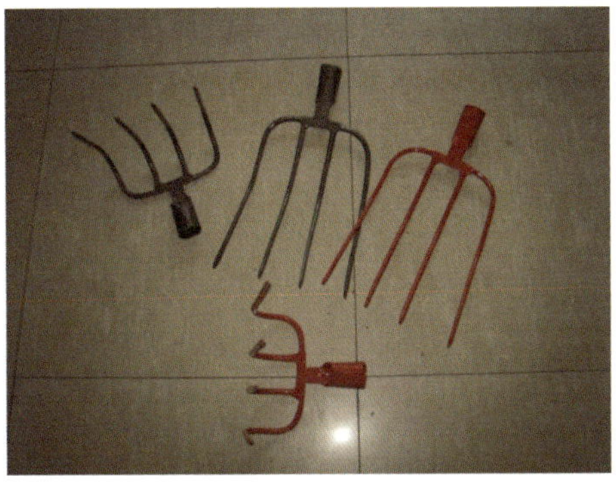

图 4-85　钢叉（1）（河北省滦南县）

图 4-86　钢叉（2）（河北省滦南县）

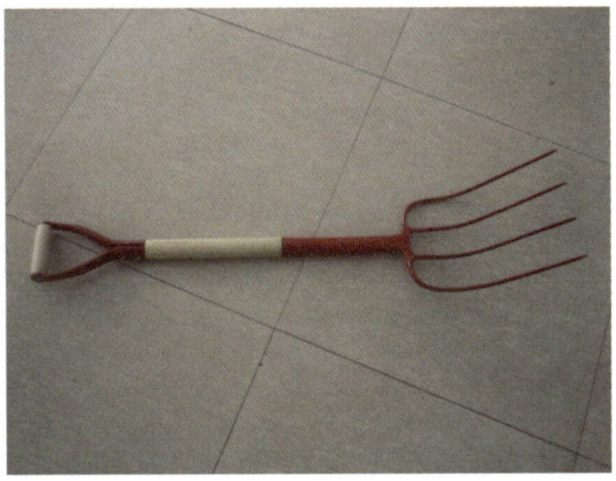

图 4-87　钢叉（3）（河北省滦南县）

图 4-88　1.8 米地耙（浙江省杭州市）

播种移栽工具

播种移栽工具是指耕整田地后，播种、移栽用的工具①。各地播种移栽工具如图 4-89 ~ 106 所示。

图 4-89　笋锹（浙江省慈溪市掌起镇，通长 43 厘米，手柄长 12 厘米）

图 4-90　豆斧（浙江省丽水市石牛乡，通长 18 厘米，铁制部件长 11 厘米）

① 胡泽学．中国传统农具陈列内容与形式设计解析［J］．古今农业，2009（3）：88-95.

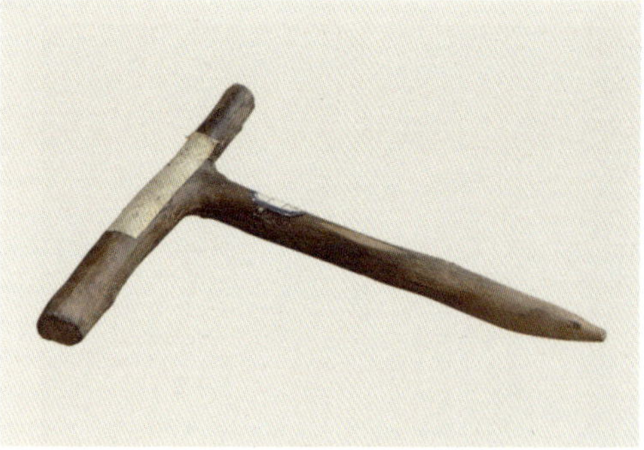

图 4-91　豆钻（1）（云南省禄劝县，通长 20 厘米，手柄长 15 厘米）

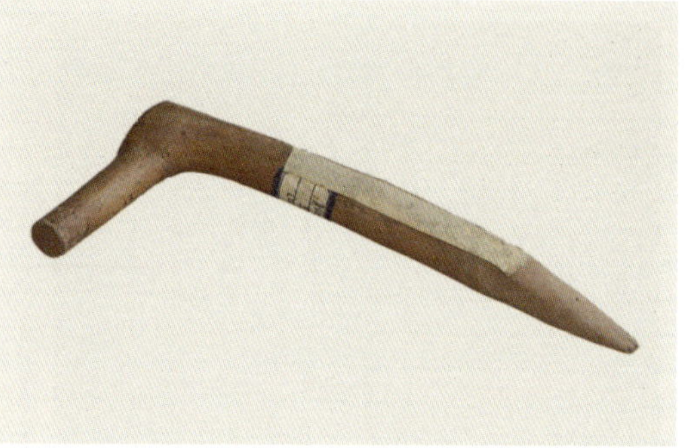

图 4-92　豆钻（2）（云南省禄劝县，通长 22.5 厘米，手柄长 9.5 厘米）

图 4-93　立式地钻/种植机（浙江省金华市）

图 4-94　立式地钻/种植机（福建省福州市）

图 4-95　种植机/地钻（浙江省永康市）

图 4-96　地钻（1）（浙江省永康市）

图 4-97　地钻（2）（浙江省永康市）

图 4-98　地钻（浙江省台州市）

图 4-99　地钻（安徽省芜湖市）

图 4-100　钻孔机（山东省泰安市）

图 4-101　地钻（种地机）（广西壮族自治区桂林市）

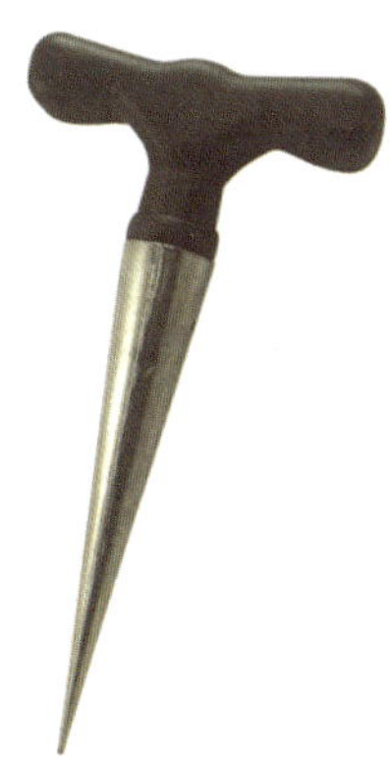

图 4-102　挖洞器（1）（台湾省台中市）

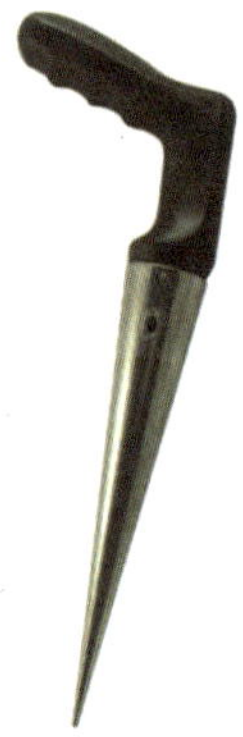

图 4-103　挖洞器（2）（台湾省台中市）

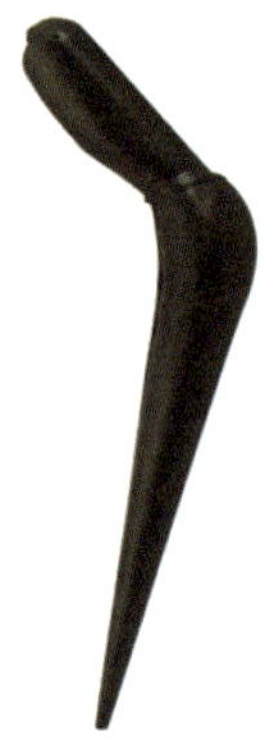

图 4-104　挖洞器（3）（台湾省台中市）

图 4-105　移苗器（1）（浙江省金华市）

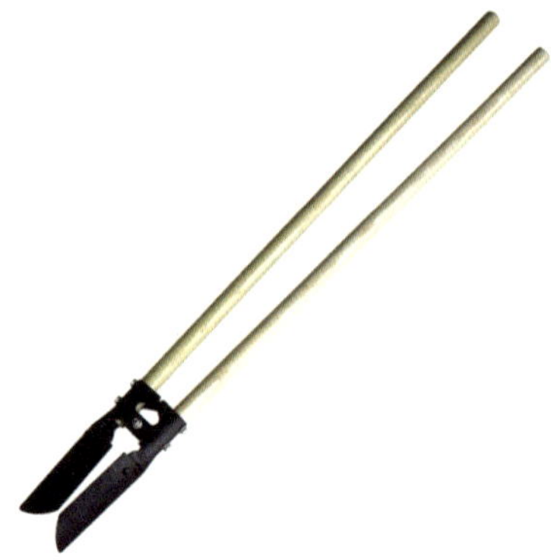

图 4-106　移苗器（2）（浙江省金华市）

中耕除草工具

中耕工具用于除草、间苗、培土作业，分为旱地除草工具和水田除草工具两类。铁锄是最常用的旱地除草工具，耘荡是水田除草工具①。各地中耕除草工具特点如图 4-107~132 所示。

图 4-107　漏锄（陕西省延安市柳林镇，柄长 42 厘米，铁制部件长 13 厘米）

图 4-108　锄（安徽省阜阳市，柄长 211 厘米，铁制部件长 25 厘米）

① 胡泽学．中国传统农具陈列内容与形式设计解析［J］．古今农业，2009（3）：88-95.

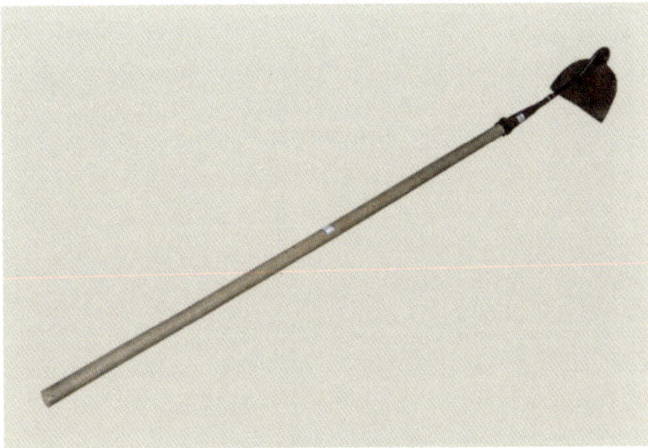

图 4-109　锄（陕西省三原县，柄长 173 厘米，铁制部件长 20 厘米）

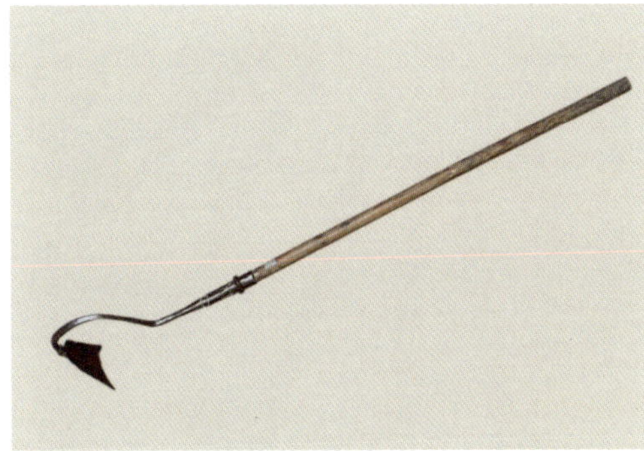

图 4-110　锄（山西省代县，柄长 152 厘米，铁制部件长 16 厘米）

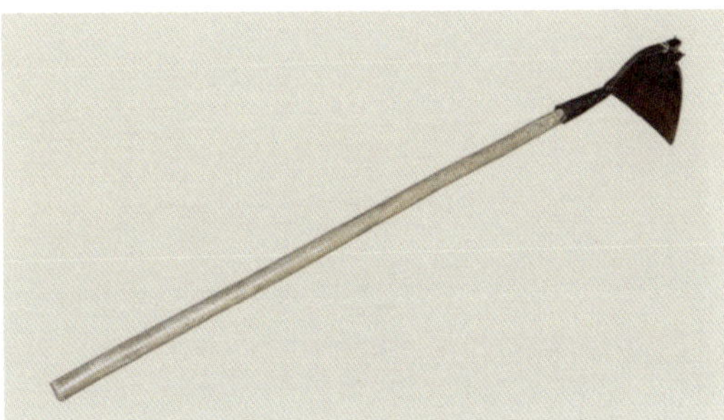

图 4-111　锄（陕西省延安市柳林镇，柄长 143 厘米，铁制部件长 24 厘米）

图 4-112　月芽锄（云南省丽江市石鼓镇，柄长 115 厘米，铁制部件长 26 厘米）

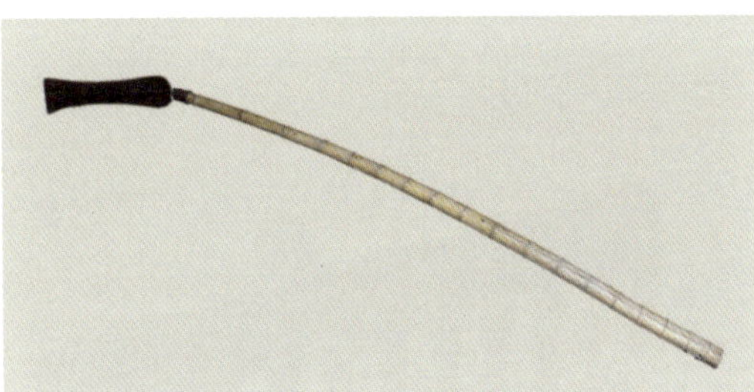

图 4-113　横刀（浙江省鄞县占岐乡，柄长 160 厘米，铁制部件长 22 厘米）

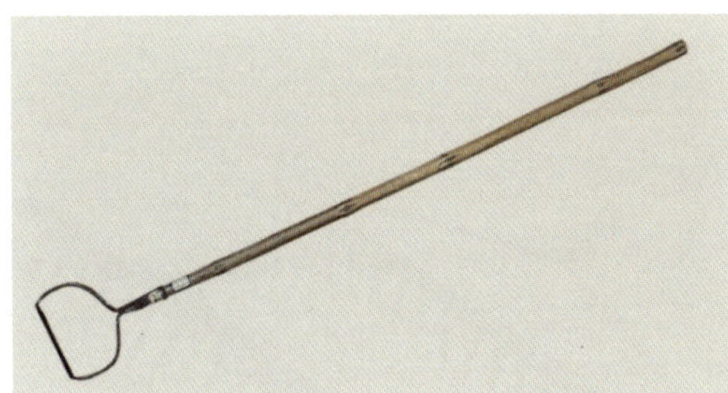

图 4-114　秧刮（四川省名山县紫霞，柄长 130 厘米，铁制部件宽 17 厘米）

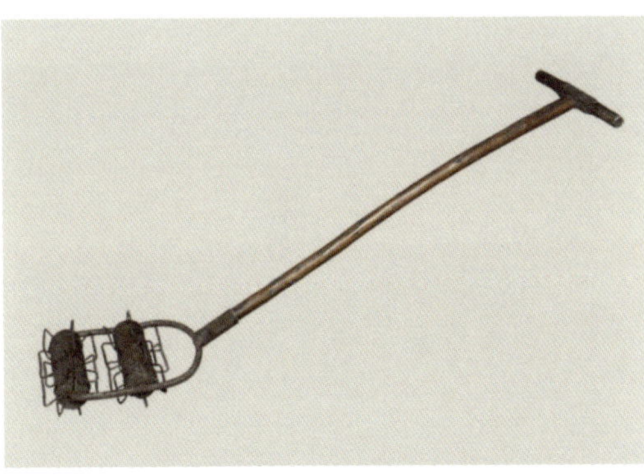

图 4-115　除草耙（广东省始兴县刘家乡田心村，柄长 160 厘米，手把长 36 厘米，耙头宽 28 厘米）

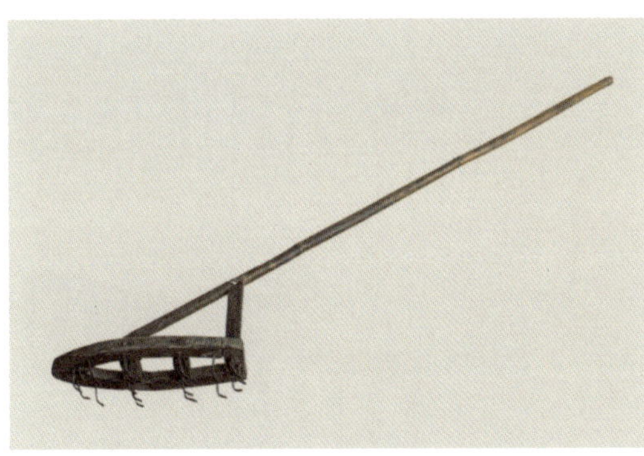

图 4-116　薅耙（陕西省洋县城关，柄长 160 厘米，耙头长 25 厘米）

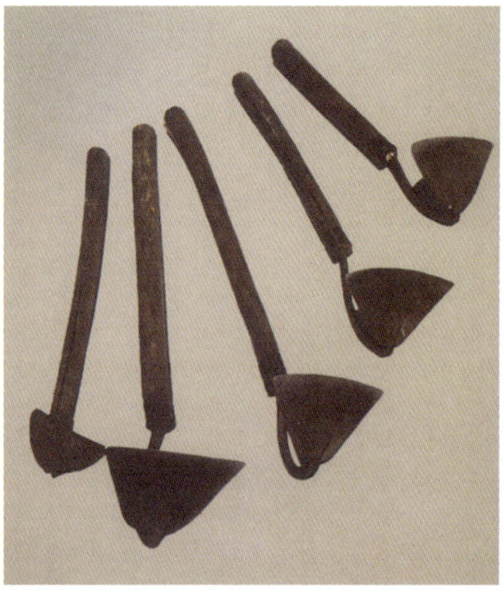

图 4-117　高丽锄头（吉林省延吉市）

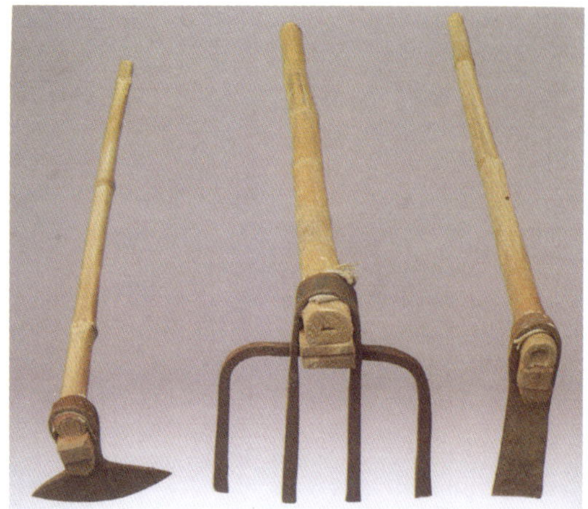

图 4-118　锄（江苏省无锡市）

图 4-119　落田耙（浙江省鄞县占歧乡，耙头长 30 厘米，宽 24 厘米）

图 4-120　铁耙子（河北省霸州市）

图 4-121　草耙（浙江省永康市）

图 4-122　园林耙（浙江省永康市）

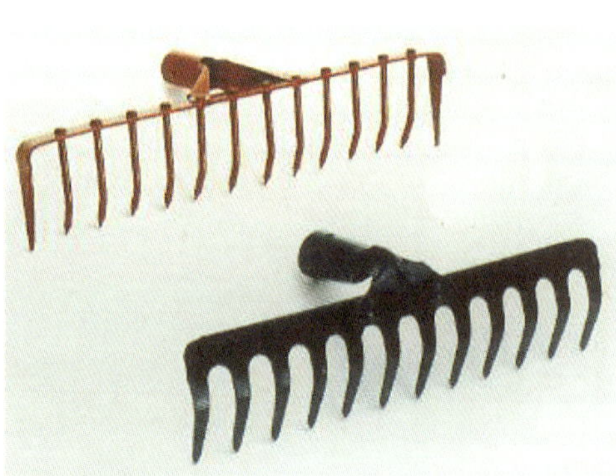

图 4-123　耙子（浙江省永康市）

图 4-124　锯齿耙（浙江省永康市）

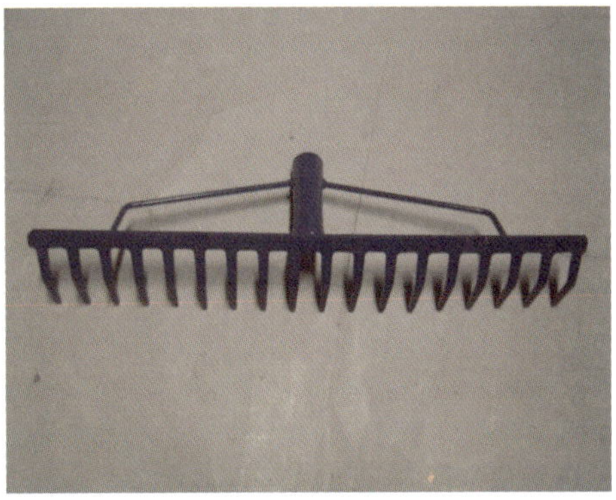

图 4-125　钉耙（1）（浙江省永康市）

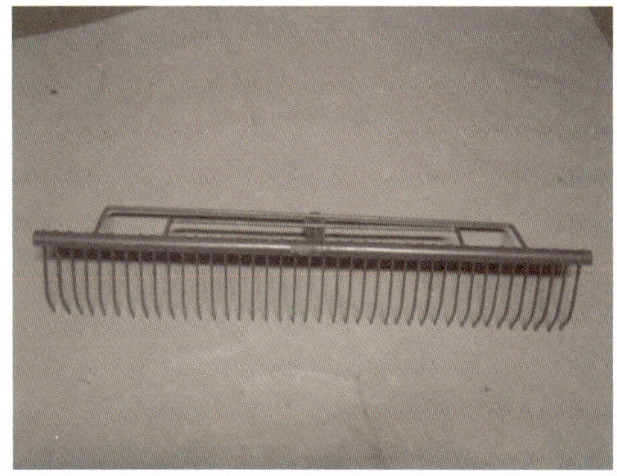

图 4-126　钉耙（2）（浙江省永康市）

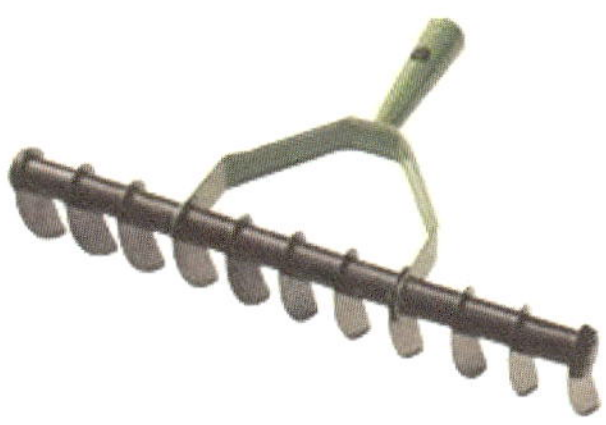

图 4-127　耙（浙江省永康市）

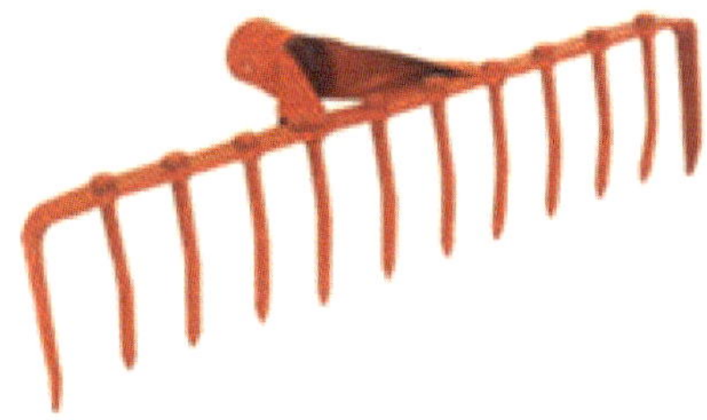

图 4-128　草耙（浙江省杭州市）

图 4-129　园林耙（河北省唐山市）

图 4-130　小农具——草铲（1）（左斜）
（河南、河北、山东、山西等地）

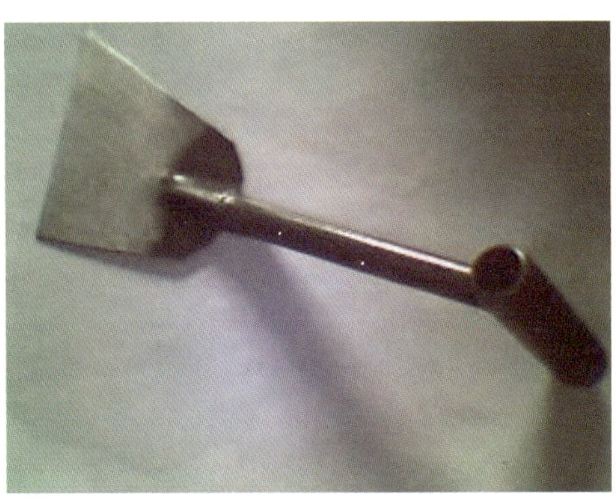

图 4-131　小农具——草铲（2）（右斜）
（河南、河北、山东、山西等地）

图 4-132　小农具——草铲（3）（方铲）
（河南、河北、山东、山西等地）

收获工具

收获工具用于收割禾穗、秸秆，是从古老的石镰、石刀发展起来的，收割用具包括收割禾穗的掐刀、铚和收割茎秆的镰刀、短镢等①。各地收获工具特点如图 4-133~163 所示。

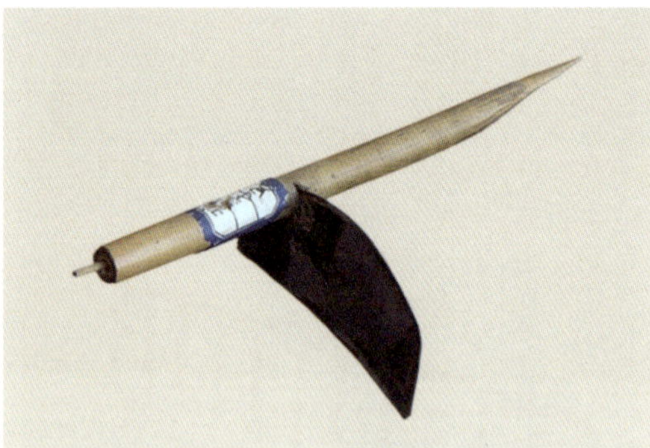

图 4-133　手捻刀（海南省通什县冲山乡，柄长 76 厘米，铁制部件长 20.5 厘米）

图 4-134　手捻刀（海南省昌江县太坡乡，柄长 16.5 厘米，铁制部件长 6.8 厘米）

图 4-135　手捻刀（海南省保亭县保城乡，柄长 12 厘米，刃部长 14.5 厘米）

图 4-136　韭菜刀（辽宁省建平县万寿乡，柄长 14.5 厘米，铁刃长 18 厘米）

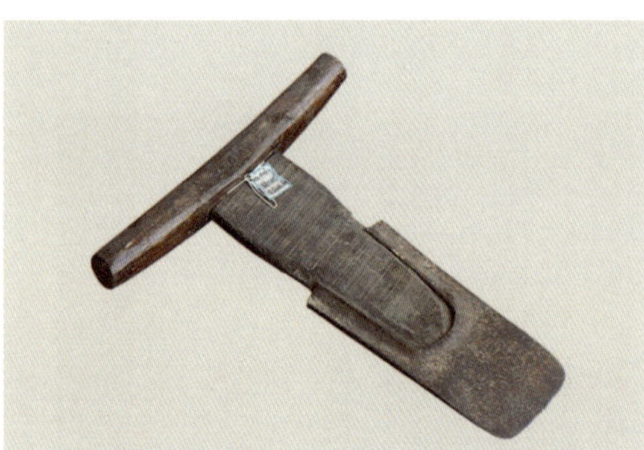

图 4-137　梭（广西壮族自治区隆安县，长 34 厘米，铁刃宽 8.5 厘米，手把长 27.5 厘米）

图 4-138　镰刀（海南省，柄长 53.5 厘米，铁刃长 16 厘米）

① 胡泽学．中国传统农具陈列内容与形式设计解析［J］．古今农业，2009（3）：88-95.

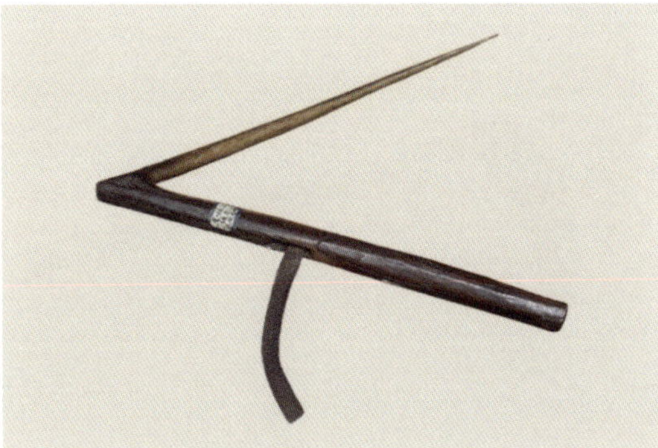

图 4-139　镰刀（广东省，柄长 46 厘米，铁刃长 16 厘米）

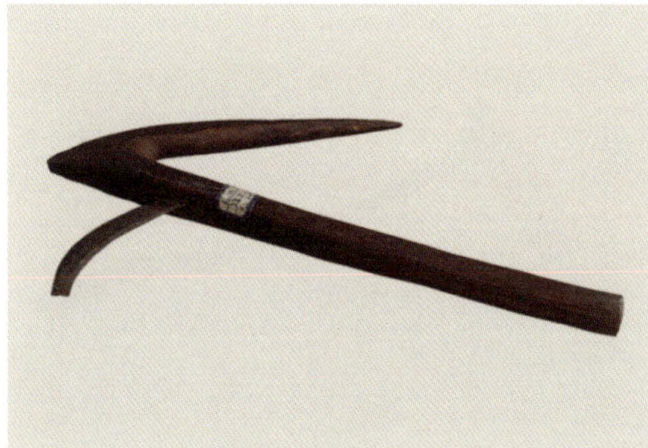

图 4-140　镰刀（海南省，柄长 42.5 厘米，铁刃长 14 厘米）

图 4-141　镰刀（贵州省安顺市，柄长 35 厘米，铁刃长 20.5 厘米）

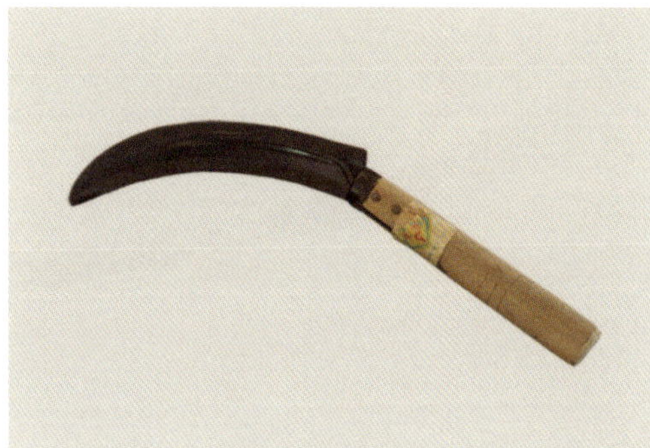

图 4-142　锯镰（浙江省，通长 35 厘米，铁刃宽 3 厘米）

图 4-143　砍刀（云南省盈江县，通长 60 厘米，铁刃端宽 11 厘米）

图 4-144　弯刀（广西壮族自治区巴马县东山乡，通长 38 厘米，铁刃最大宽度 5 厘米）

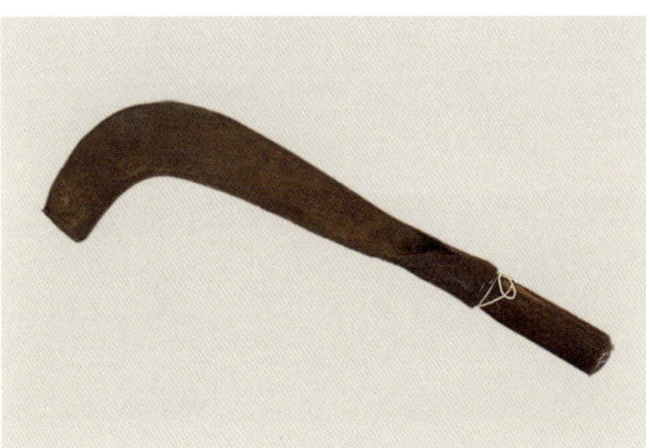

图 4-145　弯刀（广西壮族自治区巴马县东山乡，通长 34.5 厘米，铁刃最大宽度 6 厘米）

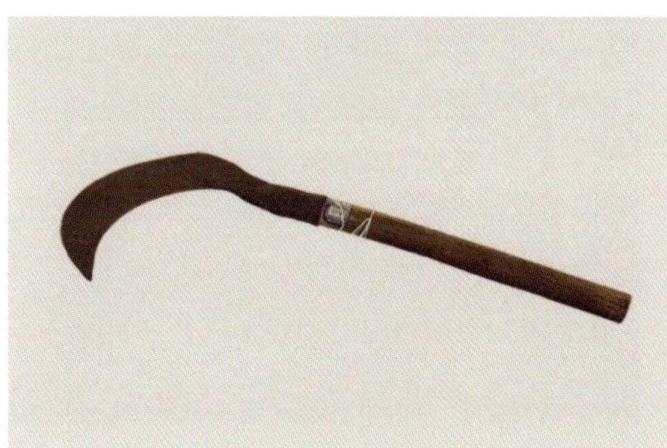

图 4-146　镰刀（陕西省三原县，柄长 53 厘米，铁刃通长 20 厘米）

图 4-147　麦镰（陕西省汉中市，柄长 63.5 厘米，铁刃长 25.5 厘米）

图 4-148　镰刀（陕西省洋县四郎乡，柄长 52 厘米，铁刃长 15 厘米，刃最大宽度 6 厘米）

图 4-149　砍刀（贵州省，通长 47 厘米，铁刃端宽 7 厘米）

图 4-150　弯刀（云南省丽江市白沙村，通长 127 厘米，铁刃宽 6 厘米）

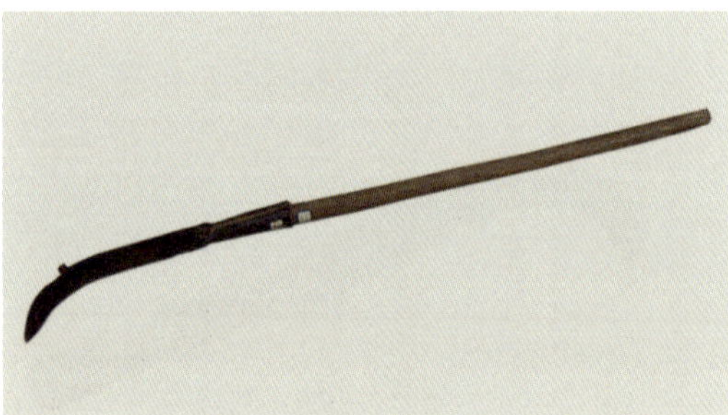

图 4-151　砍刀（云南省昆明市，通长 76 厘米，铁刃宽 9 厘米）

图 4-152　牧草镰（新疆维吾尔自治区，通长 206 厘米，铁刃长 70 厘米，宽 6 厘米）

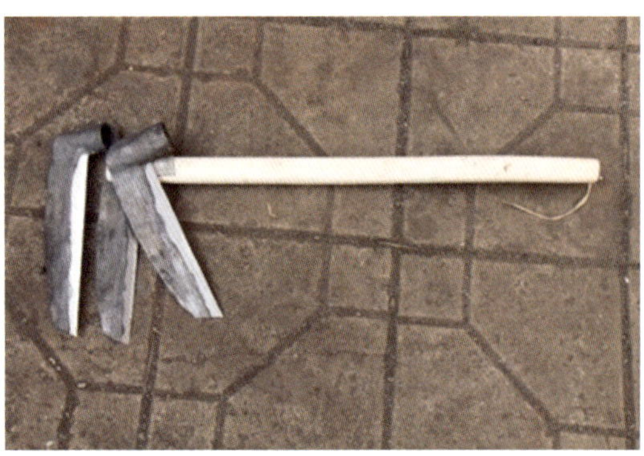

图 4-153　镰刀（山东省寿光市）

图 4-154　镰刀（安徽省颍上县）

图 4-155　镰刀（1）（河南省宜阳县）

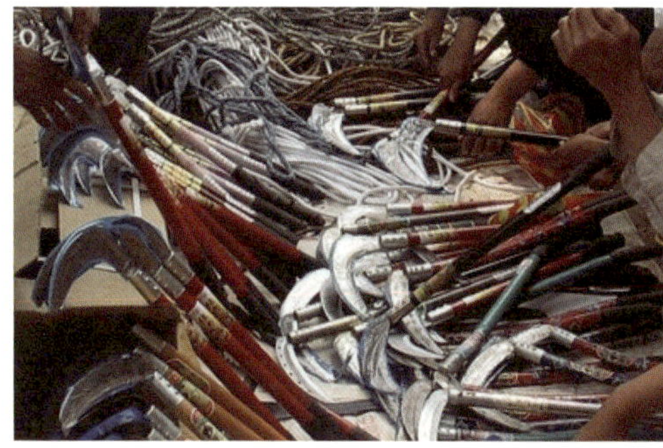

图 4-156　镰刀（2）（河南省宜阳县）

图 4-157　甘蔗镰（广东省雷州市）

图 4-158　镰刀（贵州省从江县）

图 4-159　镰刀（江苏省溧阳市）

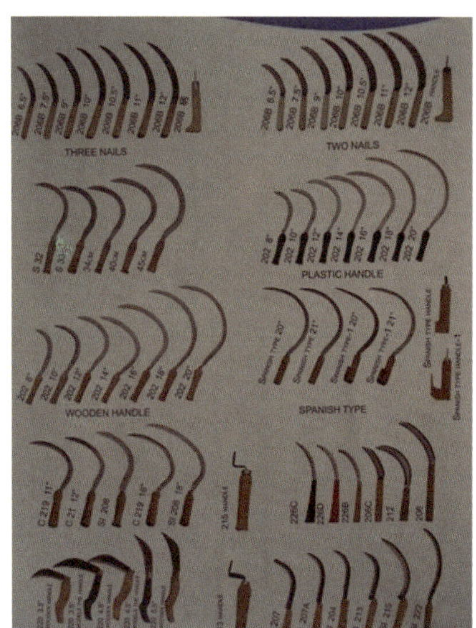

图 4-160　镰刀（河北省唐山市）

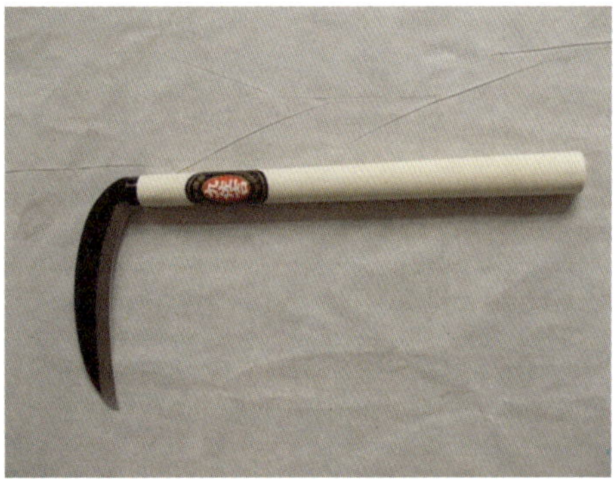

图 4-161 镰刀（河南省洛阳市）

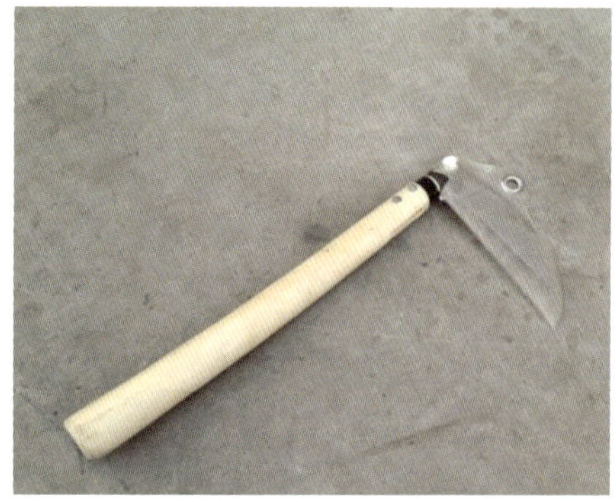

图 4-162 镰刀（江苏省南京市）

图 4-163 广西壮族自治区桂林市灌阳县农具节上的镰刀等农具

案例：1997 年 7 月 29 日下午，湖北省谷城县石花镇彭家岭村村民袁大金被人杀死在一孤山野洼中。现场附近遗弃 3 袋杜仲树皮和一把杀人用的镰刀。调查发现刘正友有作案嫌疑，经过一夜的审讯，审查人员认为刘正友的作案可能性较小，随即放行。警方对现场遗留的塑料编织袋再次进行仔细检查，在其中一只袋子的补丁缝隙中发现了两朵当地产中草药——牯牛菀花。随后重点围绕采药人展开调查，发现刘正友曾几次携带塑料编织袋上山采摘过这种中草药，当初搜查刘正友家时，共找到 6 把镰刀，刀刃都有锈迹，长久没有使用过，警方认为他家应该有一把常用的镰刀，在刘家楼梯间角落处也发现了一小块陈旧的杜仲树皮。据此，警方推断刘正友很可能就是作案人。当晚再次把刘正友抓获，在周密的审讯措施下，仅用了 40 分钟，刘正友就交待了盗窃杜仲树皮时，被袁大金发现并杀人灭口的过程。

脱粒工具

脱粒工具是使谷物颗粒从谷穗上脱离并汇集在一起的整个过程所用到的农具。各地脱粒工具特点如图 4-164~184 所示。最原始的脱粒方法是用手搓磨谷穗，后来用木棍敲打，再后来出现了梿枷。南北朝以后，北方用碌碡碾压谷穗脱粒，而南方则在掼桶或掼稻簟上掼打水稻脱粒。脱粒后清除杂质又有木叉、铁叉、木锨、簸箕等扬场工具①。

① 胡泽学．中国传统农具陈列内容与形式设计解析［J］．古今农业，2009（3）：88-95.

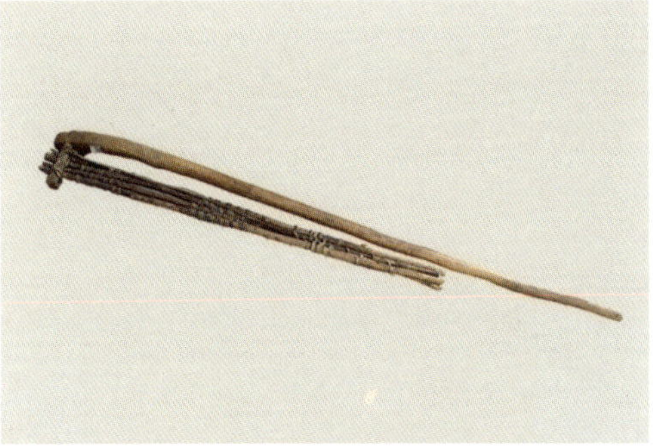

图 4-164　梿枷（甘肃省，柄长 160 厘米，枷长 100 厘米，枷宽 8 厘米）

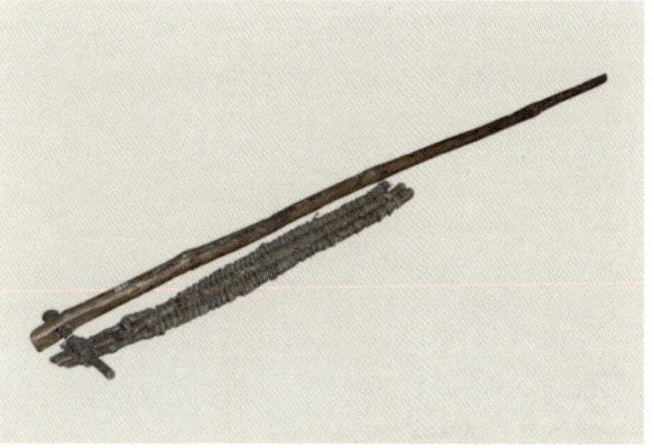

图 4-165　梿枷（山东省荣城县，柄长 160 厘米，枷长 90 厘米，枷宽 9 厘米）

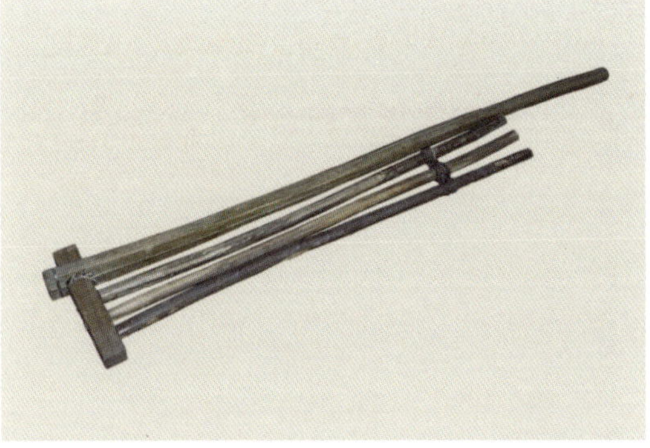

图 4-166　梿枷（广西壮族自治区巴马县西山，柄长 127 厘米，枷长 94 厘米，枷宽 11 厘米）

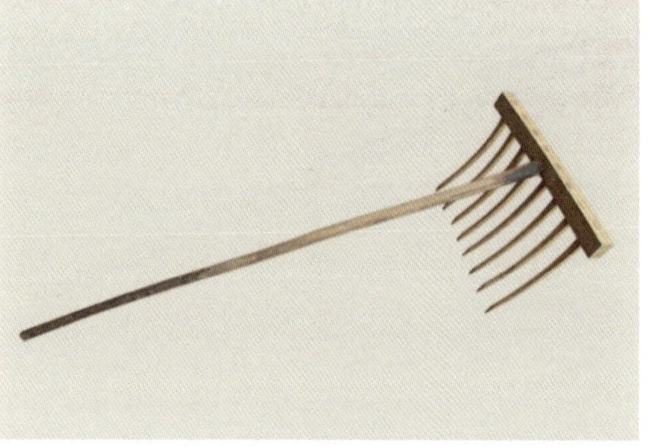

图 4-167　谷耙（山西省闻喜县，通长 161 厘米，耙头长 20 厘米，耙头宽 14 厘米）

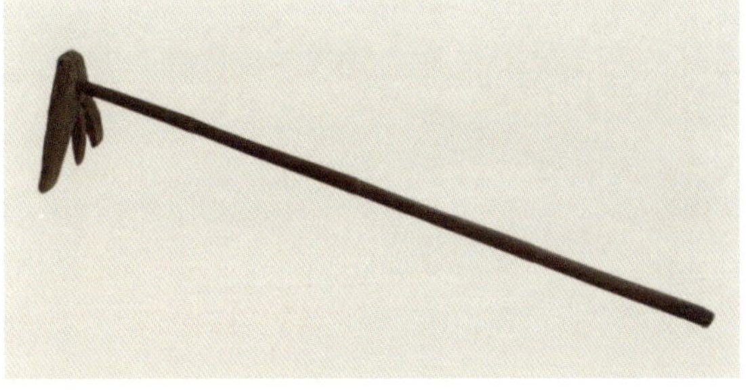

图 4-168　谷耙（云南省腾冲县，通长 108 厘米，耙头长 23 厘米）

图 4-169　谷耙（安徽省旌德县白地乡大川村，通长 154 厘米，耙头长 44 厘米）

图 4-170　二齿杈（云南省丽江市白沙村，通长 177 厘米，杈端部宽 22 厘米）

图 4-171　丫丫杈（四川省甘孜藏族自治州，通长 154 厘米，杈端部宽 13 厘米）

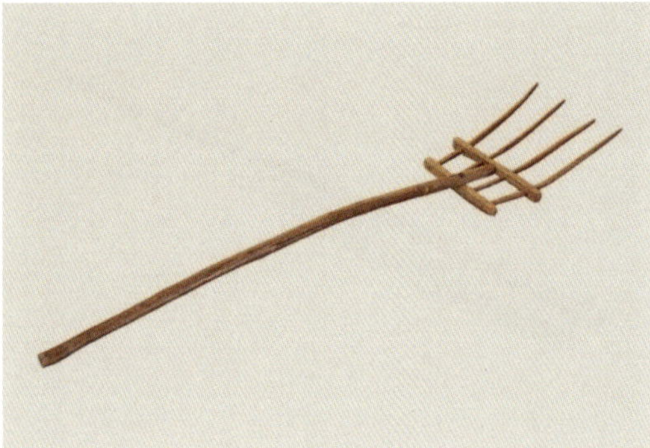

图 4-172　木杈（新疆维吾尔自治区阿克苏市，通长 170 厘米，杈端部宽 37 厘米）

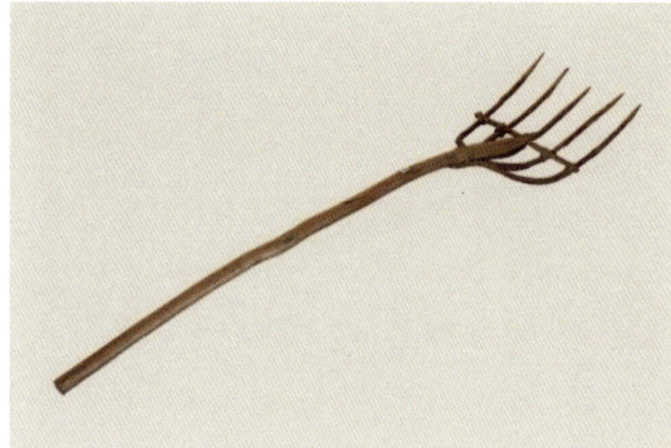

图 4-173　四股杈（陕西省，通长 170 厘米，杈端部宽 40 厘米）

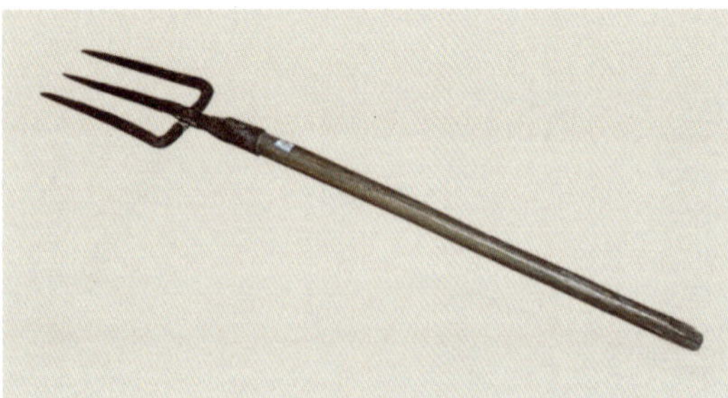

图 4-174　垛叉（辽宁省营口市水源镇，通长 120 厘米，叉金属端部宽 18 厘米）

图 4-175　垛钩（辽宁省建平县，通长 61 厘米，铁钩长 11 厘米）

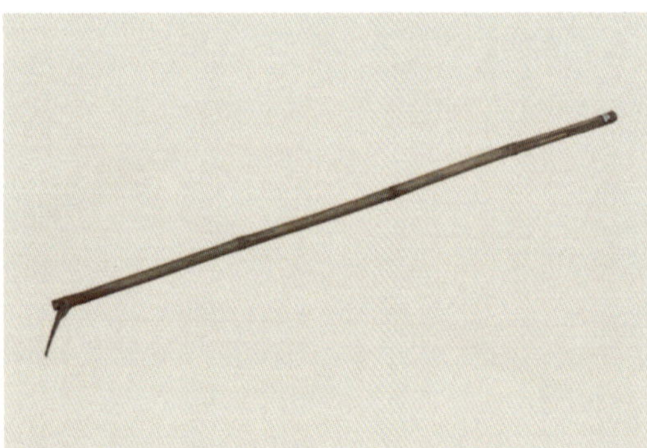

图 4-176　扬钩（云南省瑞丽市，通长 164 厘米，钩端部宽 14 厘米）

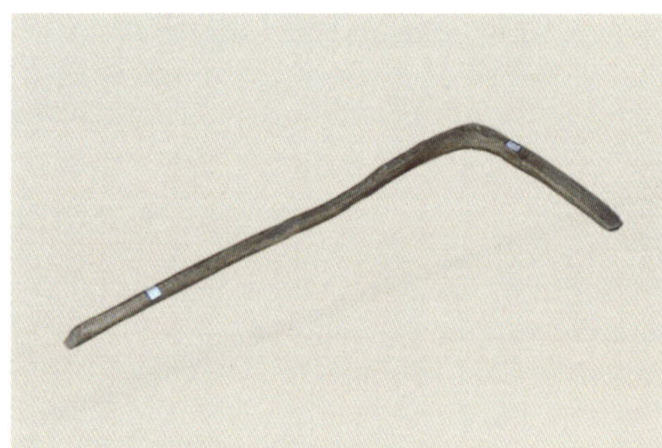

图 4-177　弯棍（云南省临沧县，通长 110 厘米，通宽 42 厘米）

图 4-178　推板（贵州省安顺市，柄长 133 厘米，板端部长 58 厘米，宽 18 厘米）

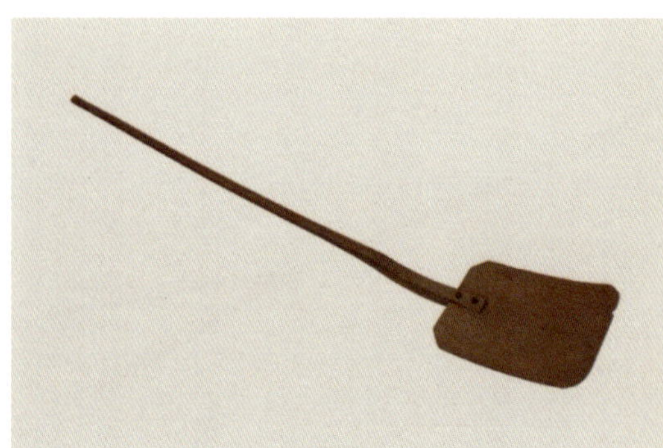

图 4-179　扬锨（河北省保定市，通长 170 厘米，端部长 42 厘米，宽 31 厘米）

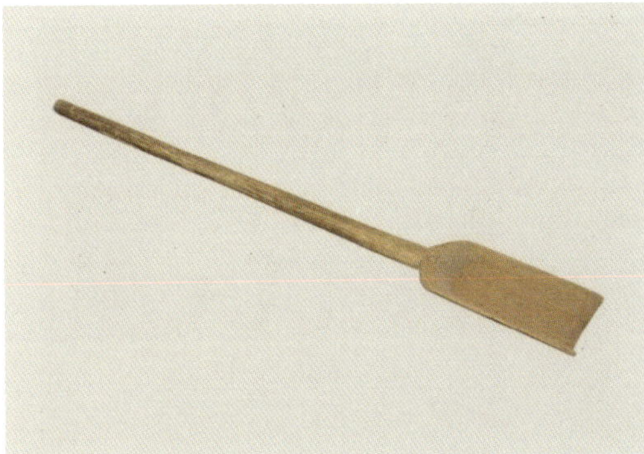

图 4-180　木锨（云南省瑞丽市，通长 127 厘米，端部长 34 厘米，宽 19 厘米）

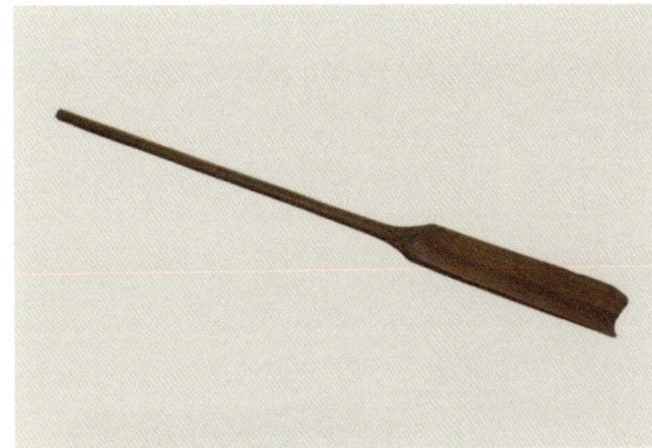

图 4-181　木锨（云南省泸西县法帕乡，通长 150 厘米，端部长 51 厘米，宽 16 厘米）

图 4-182　铁叉（安徽省颍上县）

图 4-183　木杈（河南省新密市）

图 4-184　木叉（河南省宜阳县）

园艺工具

园艺工具是在花园、果园、草坪、城市园林绿化等中用到的各种工具的总称。各地园艺工具特点如图 4-185~288 所示。

图 4-185　手耙（浙江省上虞市）

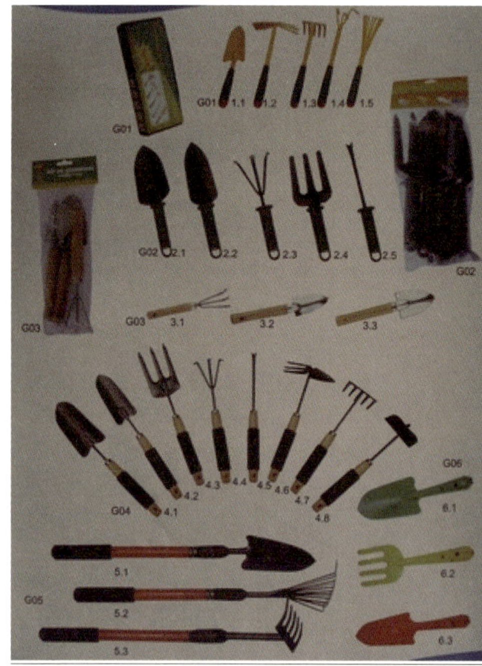

图 4-186　园林工具（河北省唐山市）

图 4-187　耙、铁铲（广东省广州市；规格：26 厘米，27 厘米，27.5 厘米；材质：铁+杉木）

图 4-188　铁锹、耙（广东省广州市；规格：18.5 厘米，18.5 厘米，16 厘米 ；材质：铁+杉木）

图 4-189　花园铲子（浙江省永康市）

图 4-190　园林铲（浙江省金华市）

图 4-191　铁锹（河北省唐山市）

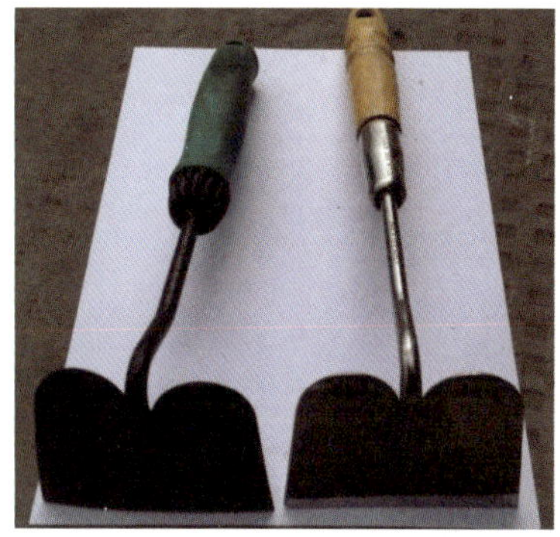
图 4-192　铲子（江苏省南京市）

图 4-193　铁铲（山东省青岛市）

图 4-194　短把铁铲（山东省青岛市）

图 4-195　园林铲（浙江省金华市）

图 4-196　锄头（浙江省金华市）

图 4-197　耙、铁铲（广东省广州市；规格：26 厘米，24 厘米；材质：铁+杉木）

图 4-198　铲（广东省阳江市）

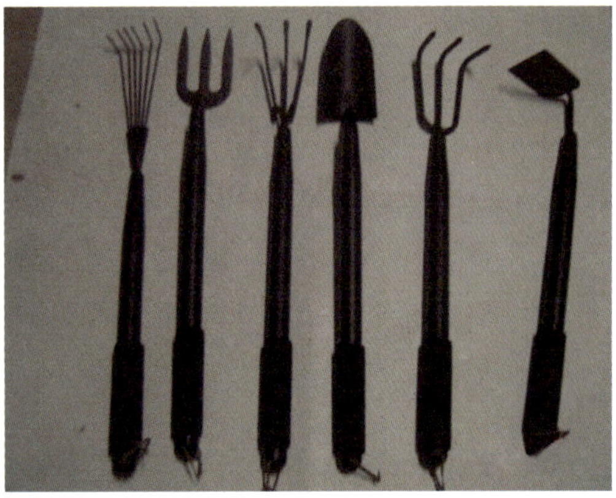

图 4-199　园林工具（1）（浙江省永康市）

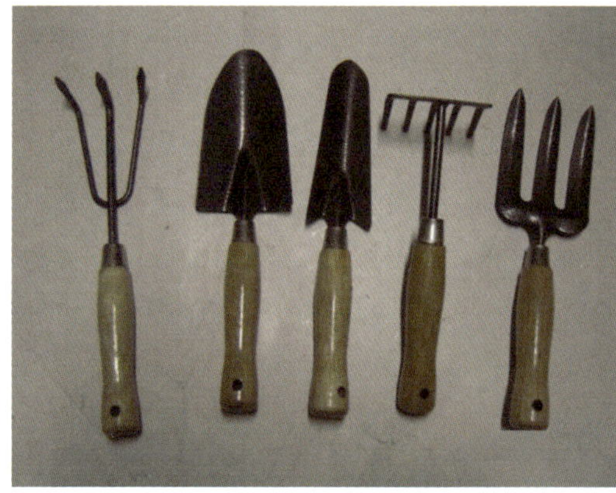

图 4-200　园林工具（2）（浙江省永康市）

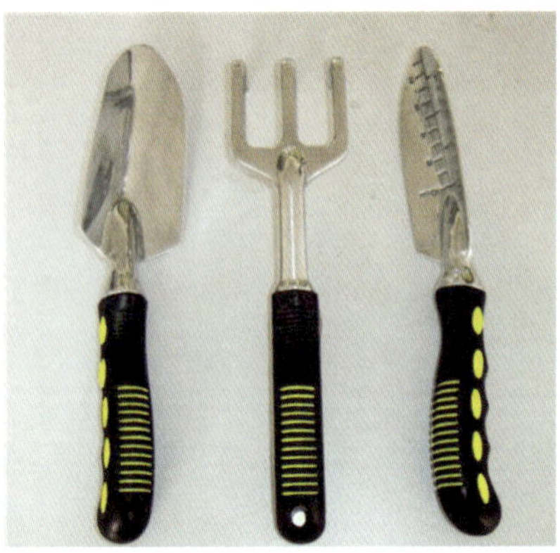

图 4-201　园林工具（3）（浙江省永康市）

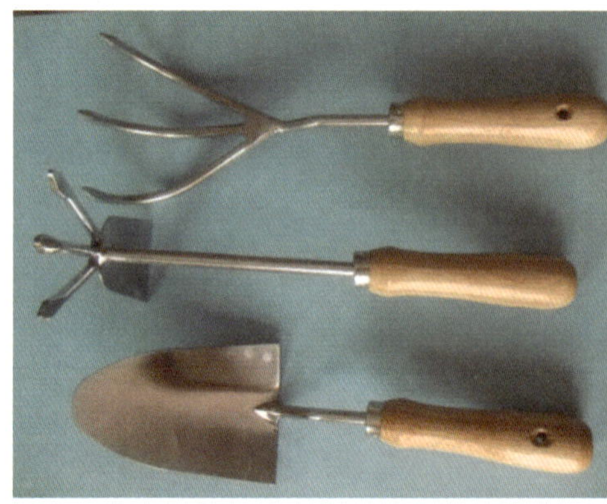

图 4-202　园林工具（山东省济南市）

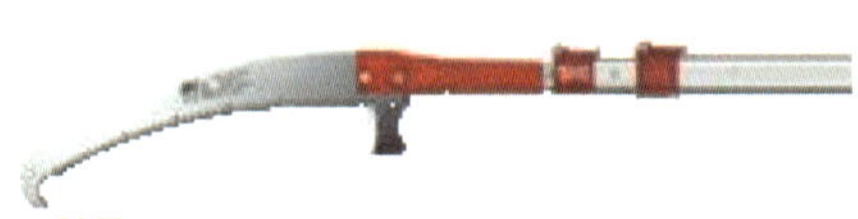

图 4-203　高枝锯（广东省佛山市）

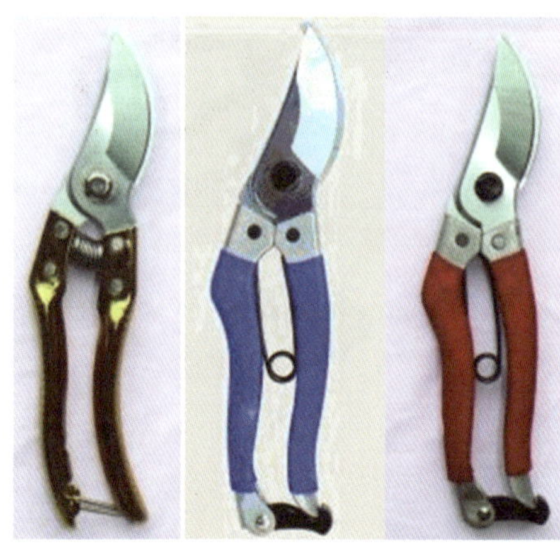

图 4-204　园林剪刀（山东省临沂市）

图 4-205　修枝机（浙江省金华市）

图 4-206　嫁接器（广东省广州市）

图 4-207　一本爪、二本爪、三本爪（广东省阳江市）

图 4-208　园艺工具（1）（广东省阳江市）

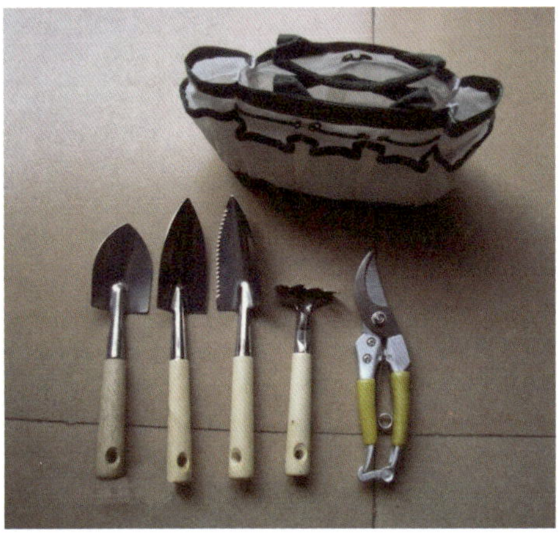

图 4-209　园艺工具（2）（广东省阳江市）

图 4-210　园林工具（1）（广东省广州市）

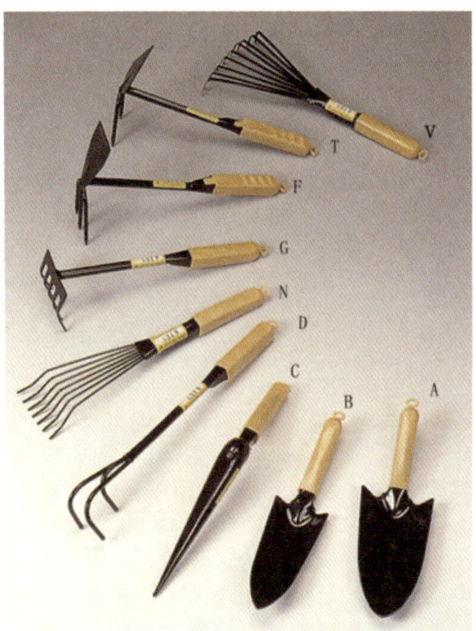

图 4-211　园林工具（2）（广东省广州市）

图 4-212　园林套装工具（广东省广州市）

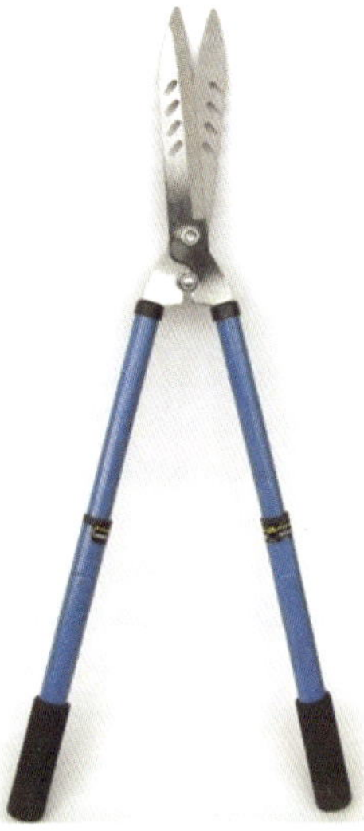

图 4-213　园林剪（广东省广州市）

图 4-214　园艺剪（广东省广州市）

图 4-215　园林剪（陕西省西安市）

图 4-216　园林工具（河北省石家庄市）

图 4-217　园林工具（1）（广东省阳江市）

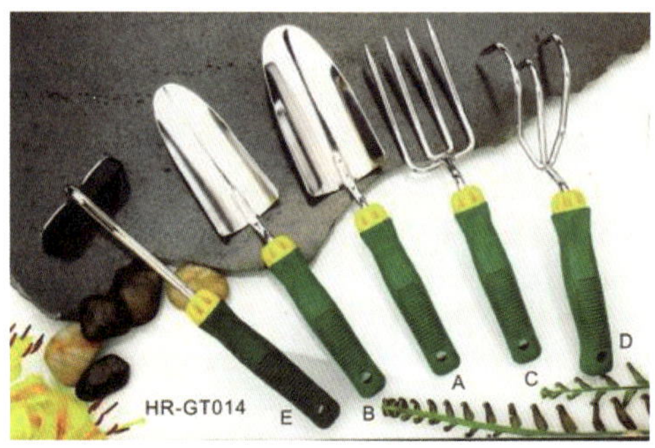

图 4-218　园林工具（2）（广东省阳江市）

图 4-219　园林工具（3）（广东省阳江市）

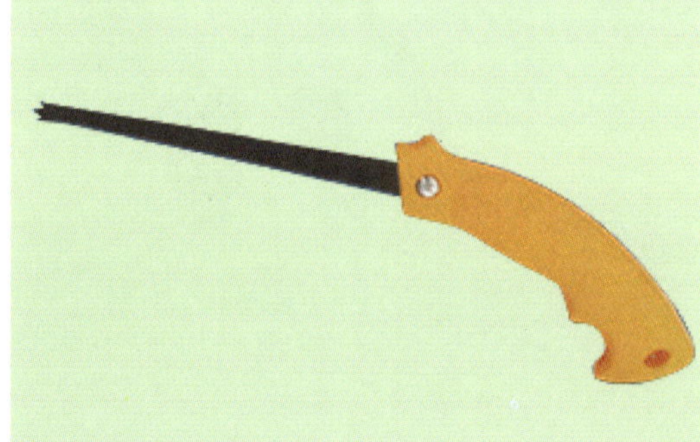

图 4-220　园林锯（浙江省永康市）

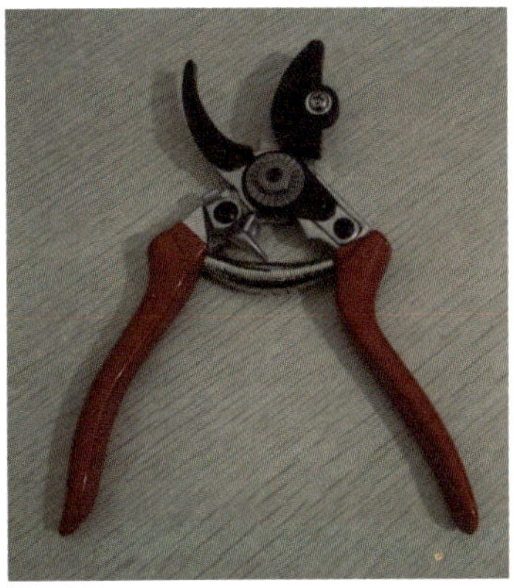

图 4-221　园艺剪（浙江省永康市）

图 4-222　嫁接机（浙江省永康市）

图 4-223　园艺剪（1）（广东省中山市）

图 4-224　园艺剪（2）（广东省中山市）

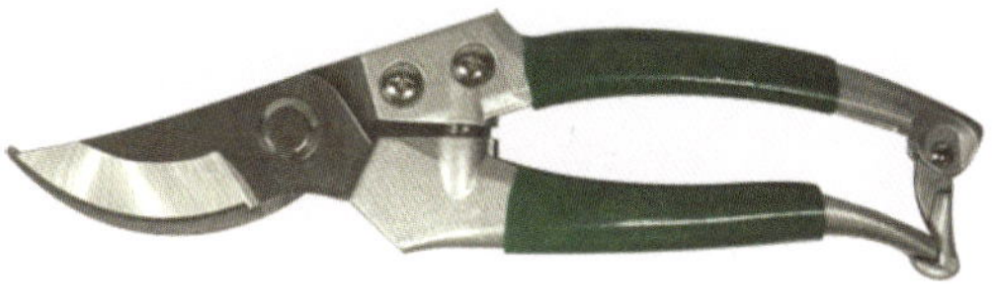

图 4-225　园艺剪（3）（广东省中山市）

图 4-226　园艺剪（4）（广东省中山市）

图 4-227　园艺剪（5）（广东省中山市）

图 4-228　园艺剪（6）（广东省中山市）

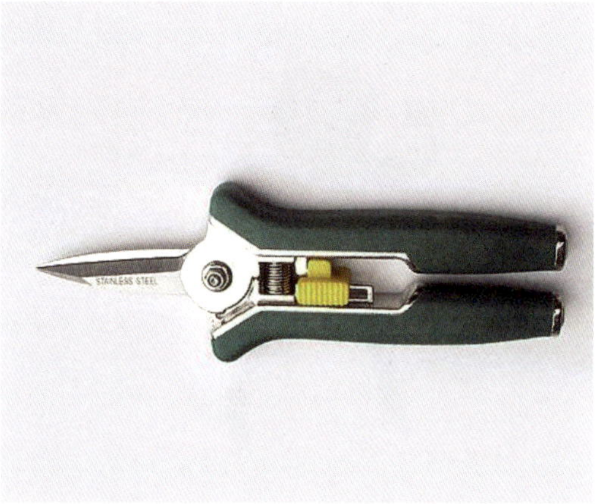

图 4-229　园艺剪（7）（广东省中山市）

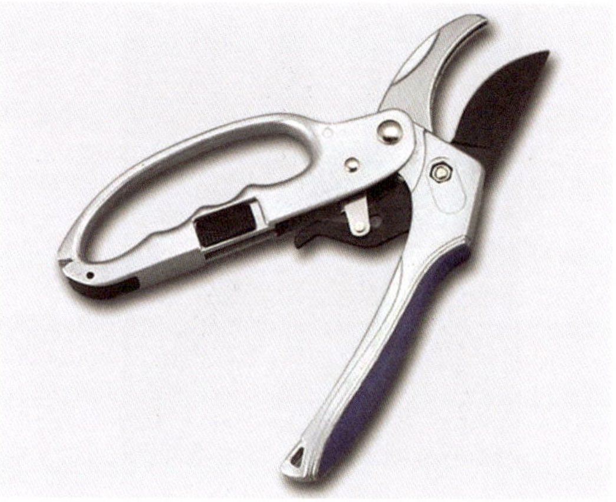

图 4-230　园艺剪（8）（广东省中山市）

图 4-231　园艺剪（9）（广东省中山市）

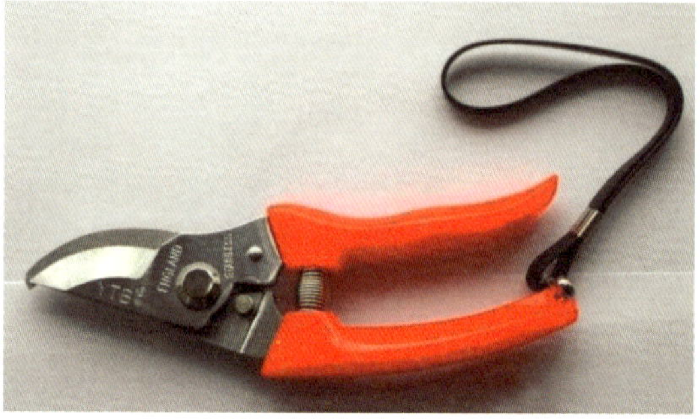

图 4-232　园艺剪（10）（广东省中山市）

图 4-233　园艺剪（11）（广东省中山市）

图 4-234　园艺剪（12）（广东省中山市）

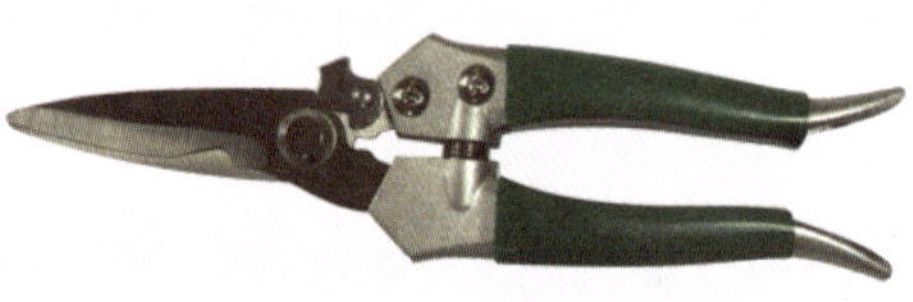

图 4-235　园艺剪（13）（广东省中山市）

图 4-236　园艺剪（14）（广东省中山市）

图 4-237　园艺剪（15）（广东省中山市）

图 4-238　绿篱修剪机（浙江省永康市）

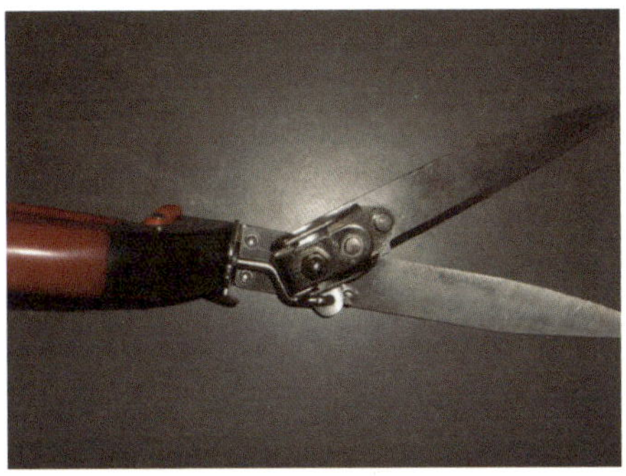

图 4-239　园林草坪剪（江苏省南京市）

图 4-240　整枝剪（1）（浙江省永康市）

图 4-241　整枝剪（2）（浙江省永康市）

图 4-242　园艺剪（广东省深圳市）

图 4-243　园艺剪（1）（山东省济南市）

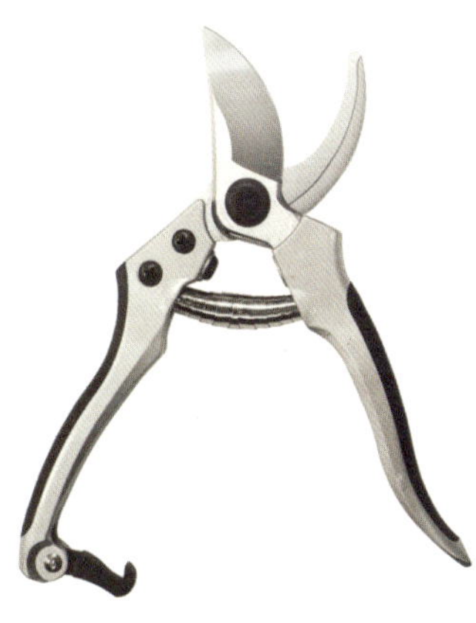

图 4-244　园艺剪（2）（山东省济南市）

图 4-245　园艺剪（3）（山东省济南市）

图 4-246　园艺剪（4）（山东省济南市）

图 4-247　高枝剪（1）（山东省济南市）

图 4-248　高枝剪（2）（山东省济南市）

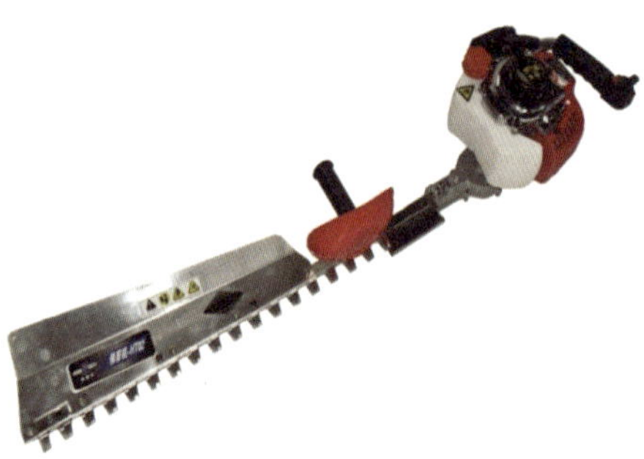

图 4-249　修剪机（福建省福州市）

图 4-250　果树修枝剪（陕西省西安市）

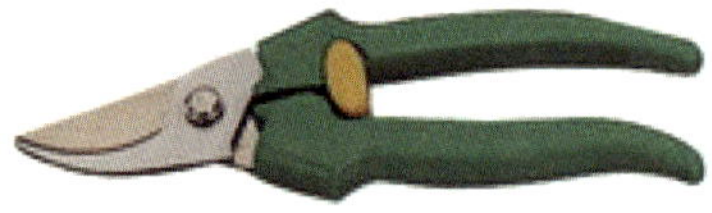

图 4-251　园艺剪（1）（江苏省江阴市）

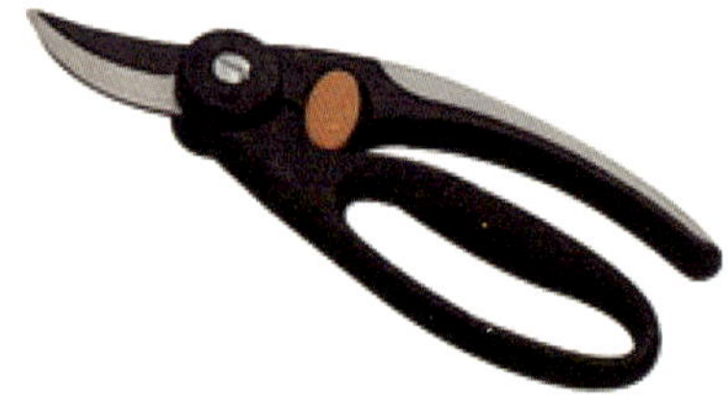

图 4-252　园艺剪（2）（江苏省江阴市）

图 4-253　园艺剪（3）（江苏省江阴市）

图 4-254　园艺剪（浙江省杭州市）

图 4-255　锰钢园艺剪（浙江省杭州市）

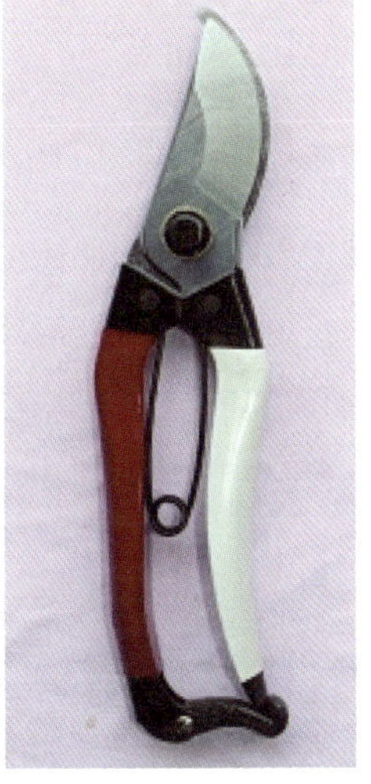

图 4-256　园艺剪（1）（山东省临沂市）

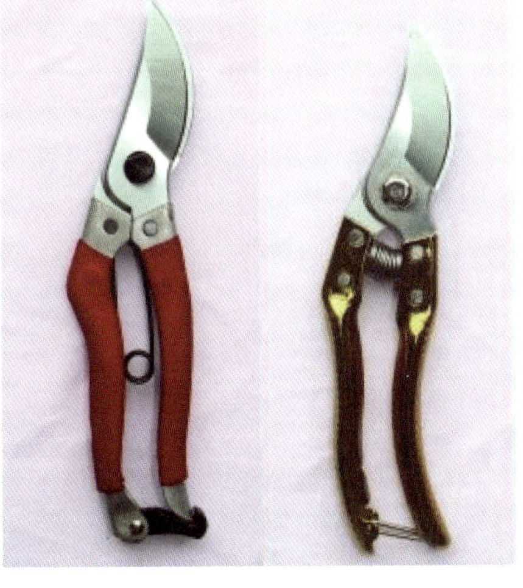

图 4-257　园艺剪（2）（山东省临沂市）

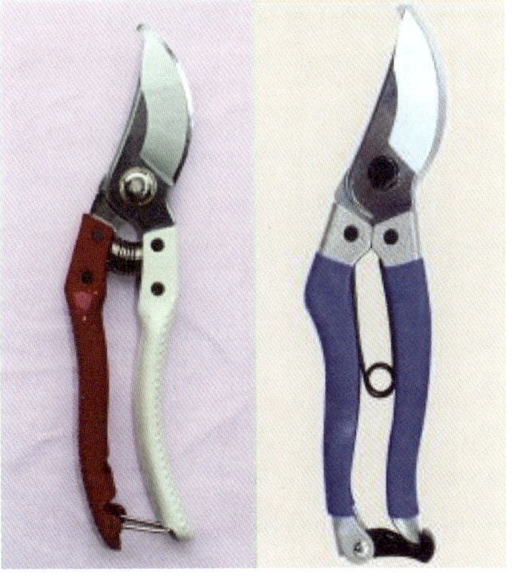

图 4-258　园艺剪（3）（山东省临沂市）

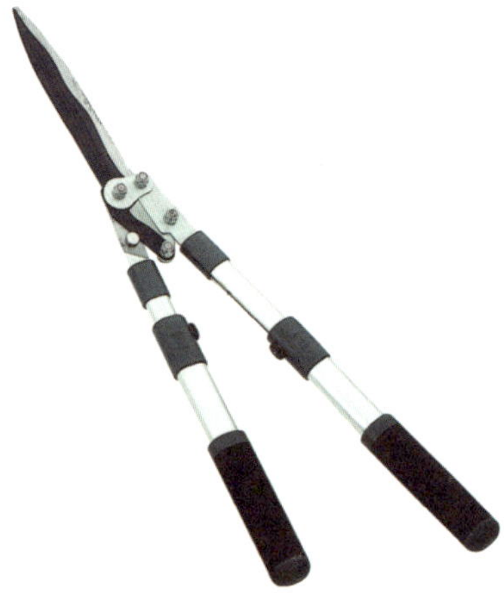

图 4-259　可伸缩篱笆剪（江苏省江阴市）

图 4-260　园艺剪（江苏省张家港市）

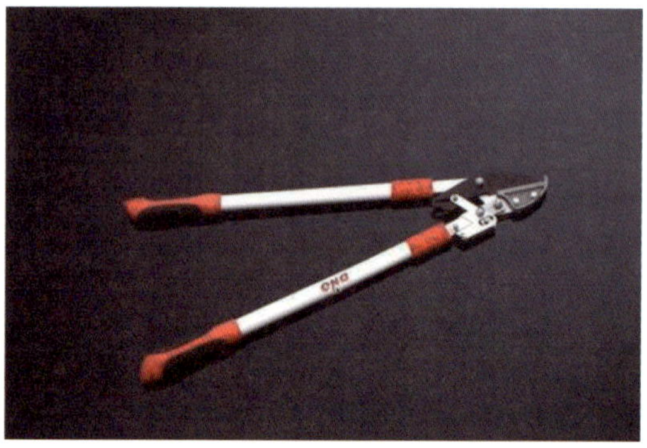

图 4-261　整枝剪（1）（浙江省永康市）

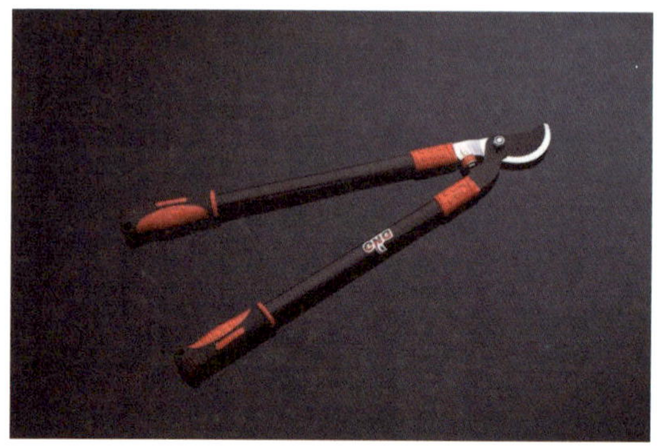

图 4-262　整枝剪（2）（浙江省永康市）

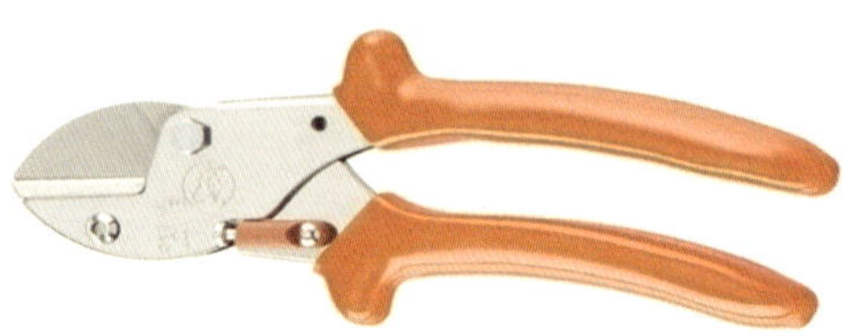

图 4-263　园艺剪（1）（山东省龙口市）

图 4-264　园艺剪（2）（山东省龙口市）

图 4-265　园艺剪（3）（山东省龙口市）

图 4-266　园艺剪（1）（台湾省台中市）

图 4-267　园艺剪（2）（台湾省台中市）

图 4-268　园艺剪（3）（台湾省台中市）

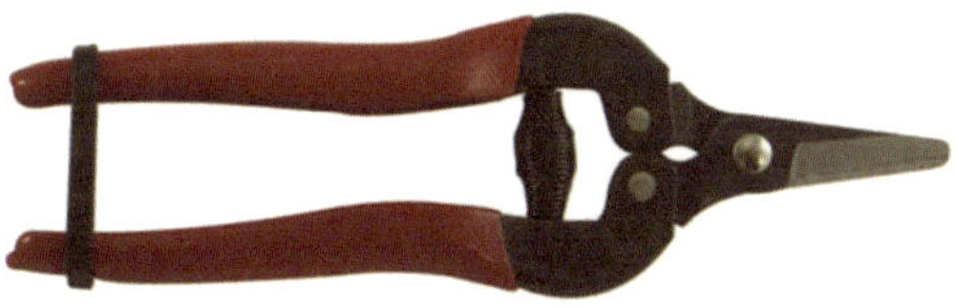

图 4-269　园艺剪（4）（台湾省台中市）

图 4-270　园艺剪（5）（台湾省台中市）

图 4-271　园艺剪（6）（台湾省台中市）

图 4-272　修枝剪（台湾省台中市）

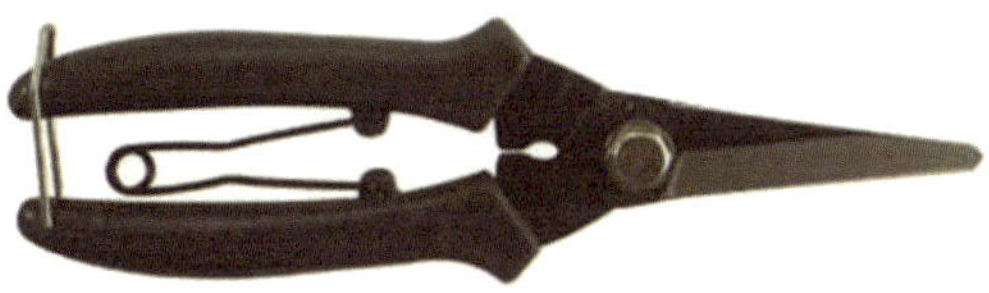

图 4-273　花剪（台湾省台中市）

图 4-274　剪定铗（1）（台湾省台中市）

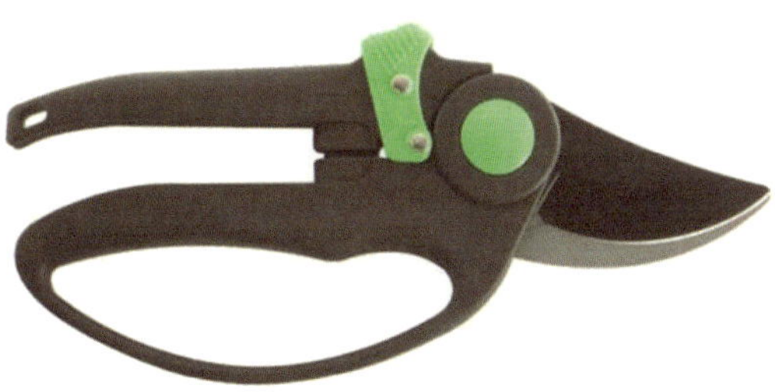

图 4-275　剪定铗（2）（台湾省台中市）

图 4-276　可旋转三段式草剪（台湾省台中市）

图 4-277　草皮修整剪（台湾省台中市）

图 4-278　铝合金修枝剪（台湾省台中市）

图 4-279　直刀树篱剪（台湾省台中市）

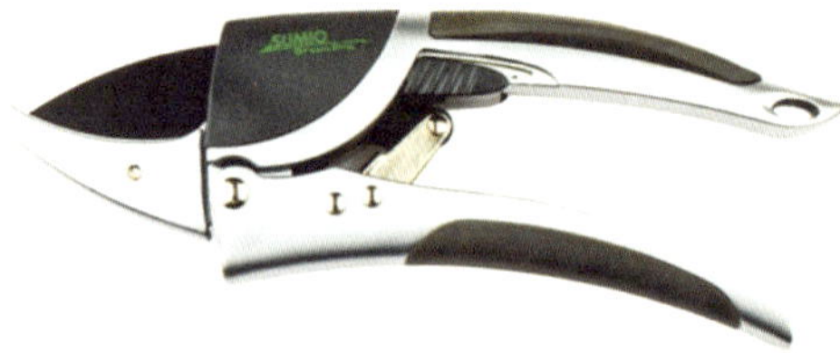

图 4-280　省力修枝剪（台湾省台中市）

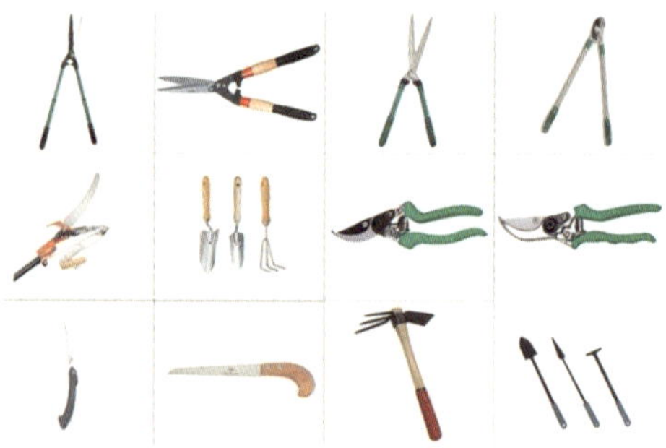

图 4-281　园艺工具（浙江省余姚市）

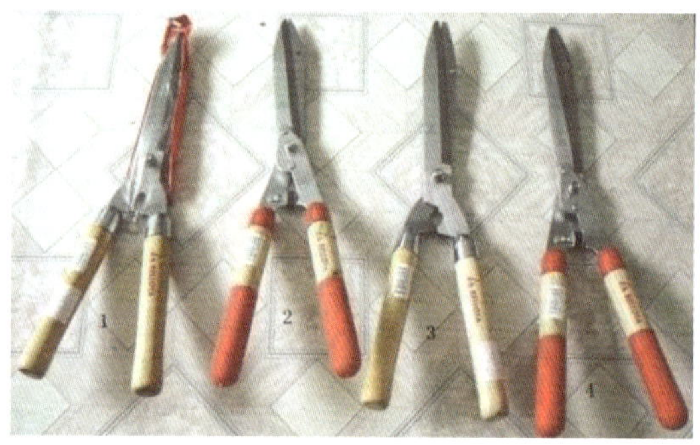

图 4-282　园林剪刀（广东省深圳市）

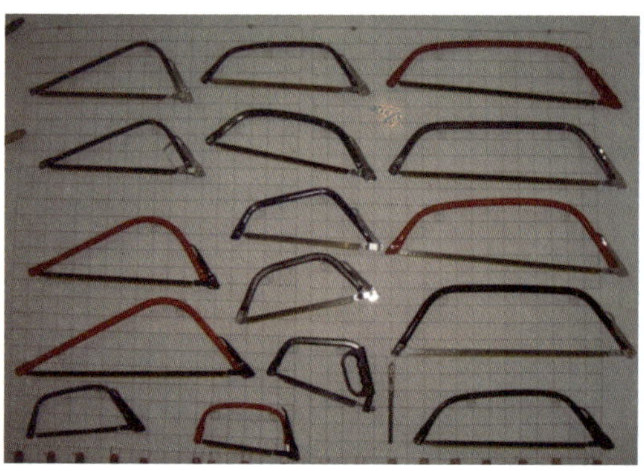

图 4-283　园林锯（1）（浙江省东阳市）

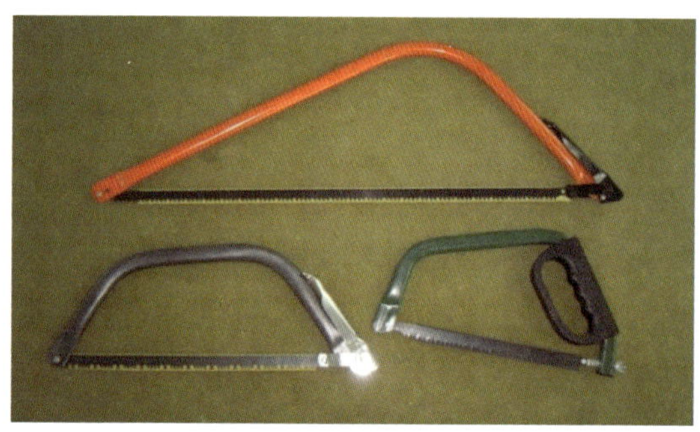

图 4-284　园林锯（2）（浙江省东阳市）

图 4-285　便携式挖树机（广东省珠海市）

图 4-286　双头锄（河南省洛阳市）

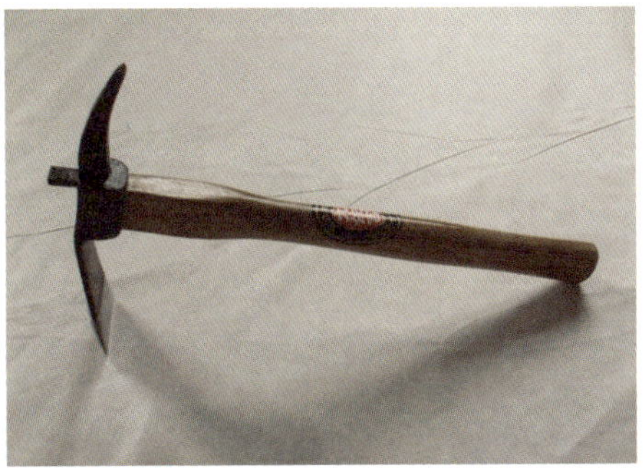

图 4-287　锄镐（河南省洛阳市）

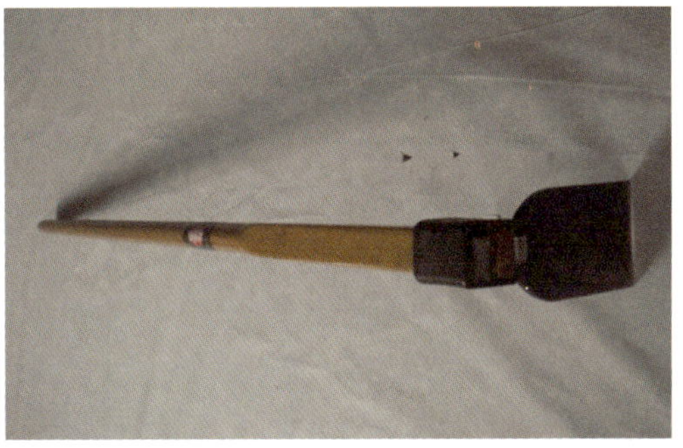

图 4-288　窄锄（河南省洛阳市）

案例：2014 年 7 月，某铁路段线路发生一起轨面固定置障物的破坏案件，犯罪嫌疑人通过破坏铁路防护栅栏进出现场。警方在现场提取到了钢筋断头 4 个、钢丝断头 24 个，综合剪切痕迹的特点，判定现场断头均为断线钳剪切形成。对于断线钳刀片的加工，不同品牌的厂家或同一品牌不同规格的刀片在加工方法和设备上都会有区别，有的会在刃顶和刃侧形成某品牌某型号断线钳特有的加工花纹特征，这对通过剪切痕迹特征识别某品牌、型号断线钳提供了依据。经对衡阳市区及现场周边县、乡（镇）五金市场、店面开展调查取样，共排查了 27 个品牌的断线钳，发现某公司生产的“顺利”牌断线钳与嫌疑工具的加工特征接近，经对该品牌 350、450、600、750、1050 型断线钳的加工特征进行检验，发现仅 450 型断线钳与嫌疑工具的各项特征相符。最终确定现场剪痕为“顺利”牌 450 型断线钳剪切形成。①

其他农具

各地其他农具特点如图 4-289~306 所示。

① 崔军，杨宇波，王泳辉，等．利用剪切痕迹特征推断剪切工具［J］．刑事技术，2015，40（4）：272-274.

图 4-289　小刀（海南省海口市儒鸿村）

图 4-290　铡刀（山东省平度市）

图 4-291　椰棕棒（福建省厦门市）

图 4-292　层压木柄锤（河北省定州市）

图 4-293　小铡刀（广东省阳江市）

图 4-294　松土工具（江省苏无锡市）

图 4-295　撬棍、大扁铲（山东省德州市）

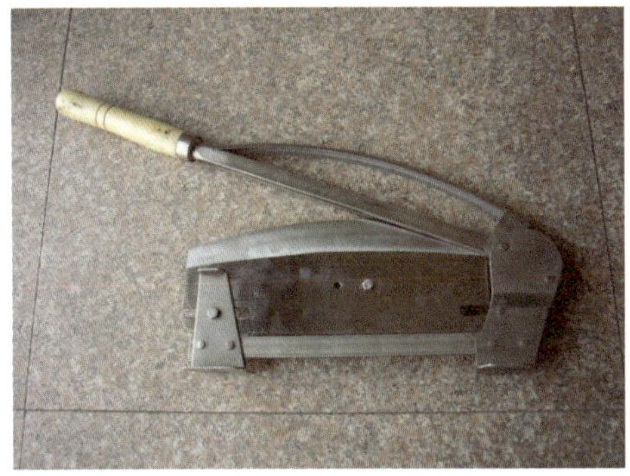

图 4-296　小铡刀（山东省即墨市）

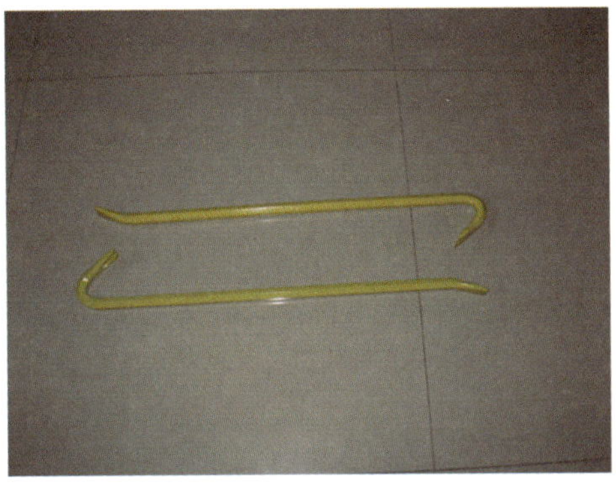

图 4-297　起钉器（山东省莱芜市）

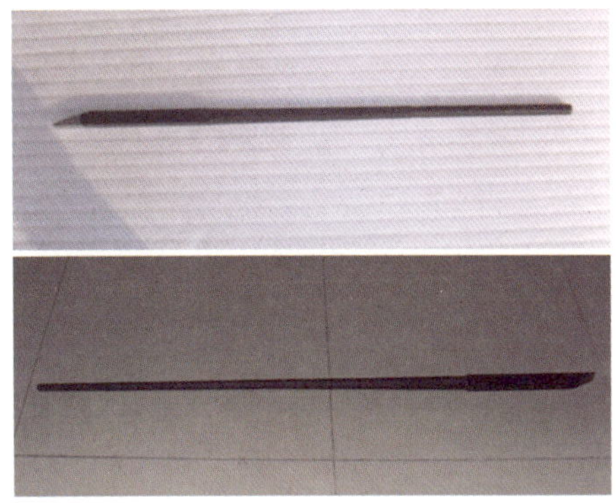

图 4-298　撬棍（山东省莱芜市）

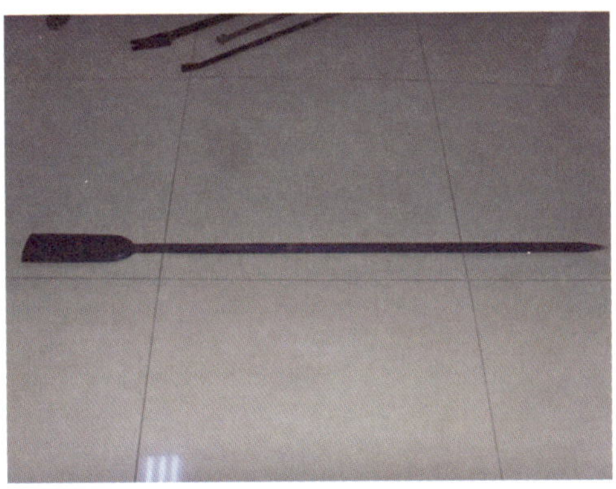

图 4-299　大扁铲（山东省莱芜市）

图 4-300　六角尖刃石工凿（山东省莱芜市）

图 4-301　斧头（河北省唐山市）

图 4-302　斧头（山东省德州市）

图 4-303 钢镐（江苏省宿迁市）

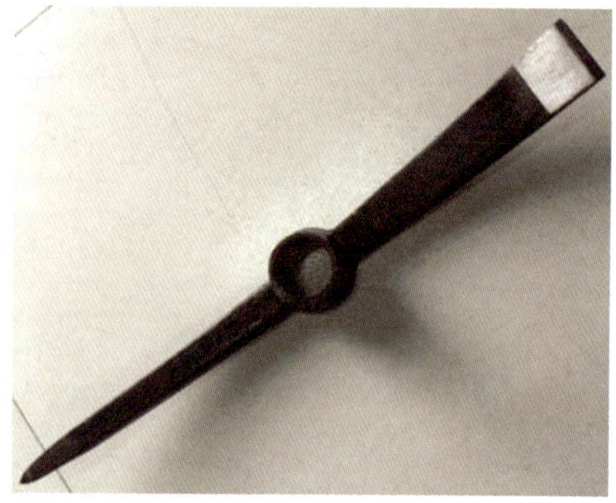

图 4-304 钢镐（河北省唐山市）

图 4-305 双印月牙树铲（山东省临沂市）

图 4-306 双刃大号树铲（山东省临沂市）

对犯罪现场及时且精准的勘查是三定侦查法①的现实依据，也往往是案件最终能否成功破获的关键所在。在现场出现的或者意外出现的任何一种痕迹或者物品都可能与案件存在着千丝万缕的联系，或多或少影响着案件的进展。现场勘查人员凭借着丰富的人文地理知识，快速准确地判断出生长于某一特定区域的某一类特定的农副产品，或属于某一类特定人群使用的某一类特定的生产生活工具在现场的出现是否异常，从而为侦查指挥人员的进一步判断提供可靠的依据。

案例一：1986 年 10 月，某部管理员李某在宿舍被杀，头部有 8 处伤，18 000 元现金被抢。5 天后，在距现场 300 米处的一下水井内提取到一把斧子，斧柄和敲击面沾有血迹。结合现场留下的带有血迹的塑料袋和工痕分析，推断出犯罪嫌疑人是先将被害人用拳击昏后，将塑料袋套在被害人头上，后用斧头敲击面连续打击被害人头部致其死亡。经组织辨认，认定斧子是志愿兵王某家的，破案后证实办案人员的分析、推断是正确的。②

案例二：2005 年，在哈尔滨植物园附近有 3 名年轻人被杀，现场没有抢劫的痕迹，除了一把斧头现场再无证据。以物找人，虽然麻烦，但效果明显。警方拿着这把斧头，开始在植物园附近的五金商店寻找。找到卖斧头的人，就能找到买斧头的人。经过几天的寻找，香坊区幸福路上的一家五金商店的老板认出了这把斧头，他说，当时买斧头的两个人很年轻，都不到 20 岁，他还详细地描述了两个人的长相。根据这些信息，警方绘图，把两个犯罪嫌疑人的画像勾勒了出来。很快，在 3 个死者的单位，警方发现了这两个人，一个 17 岁，一个 22 岁，他们与死者都是看井人，因为产生矛盾残忍地杀死了 3 个同样年轻的同事。

① 杨玉章．三定侦查法——犯罪心理画像实证研究［M］．北京：群众出版社，2008.

② 丁德军．浅谈如何利用犯罪现场遗留的工具痕迹［J］．刑事技术，1998，(2)：16-18.

第 5 部分　工业地理

新型工业化

新型工业化是相对于传统工业化而言的，是指在全球化、市场化、信息化背景下科技含量高、经济效益好、资源消耗低、环境污染少、人力资源优势得到充分发挥的工业化①。党中央根据世界经济科技发展的新趋势和走新型工业化道路的要求，针对我国经济建设中的突出问题，在 2002 年党的十六大报告中提出了走新型工业化道路的战略部署，主要发展方向和要求是：以信息化带动的、能够实现跨越式发展的工业化，能够增强可持续发展能力的工业化，能够充分发挥我国人力资源优势的工业化②。

传统工业化（Industrialization），通常被定义为工业（特别是其中的制造业）或第二产业产值（或收入）在国民生产总值（或国民收入）中比重不断上升的过程，以及工业就业人数在总就业人数中比重不断上升的过程③。传统工业化主要强调经济增长与产业结构升级，忽视资源过度开发、环境污染、生态破坏等带来的环境影响，较少注重生活质量、社会福利的提升等社会问题。伴随大规模工业化而产生的日益严重的大气、海洋和陆地水体等环境污染，大量土地被占用、水土流失和沙漠化加剧等，对社会、自然、生态造成巨大破坏，甚至危及人类自身生存，迫使各国对工业化的发展进行某种限制和改造。

在可持续发展和以人为本的新观念注视下的当代社会，为新型工业现代化提出了难以回避的命题。伴随着环境污染、生态破坏等行为的刑事入罪，这一领域的犯罪也必定被纳入侦查人员的视线。

工业化进程

工业化程度的变化主要反映一个国家或地区的国民经济产业结构变化和所处的阶段。一般认为，中国的工业化阶段经历了社会主义工业初步发展时期和社会主义工业曲折前进时期、社会主义工业大发展时期（图 5-1）。国外学者对工业化进程的量化测评研究一般是从工业结构、产业结构、从业结构、人均收入水平、城镇化率等方面进行测度，主要代表人物有 W. G. 霍夫曼（W. G. Hoffmann）、S. S. 库兹涅茨（S. S. Kuznets）、J. 科迪（J. Cody）、K. 克拉克（K. Clark）、H. B. 钱纳里与 M. 赛尔奎因（H. B. Chenery and M. Syrquin）等人。这些典型的量化测度方法取得了国际社会的普遍认可和

---

① 吕政．我国新型工业化道路探讨［J］．经济与管理研究，2003（2）：3-6.

② 江泽民．全面建设小康社会，开创中国特色社会主义事业新局面——在中国共产党第十六次全国代表大会上的报告［J］．求是，2002（22）：3-19.

③ 黄范章．从世界的视野看我国新型工业化道路［J］．中国工业经济，2003（6）：50-54.

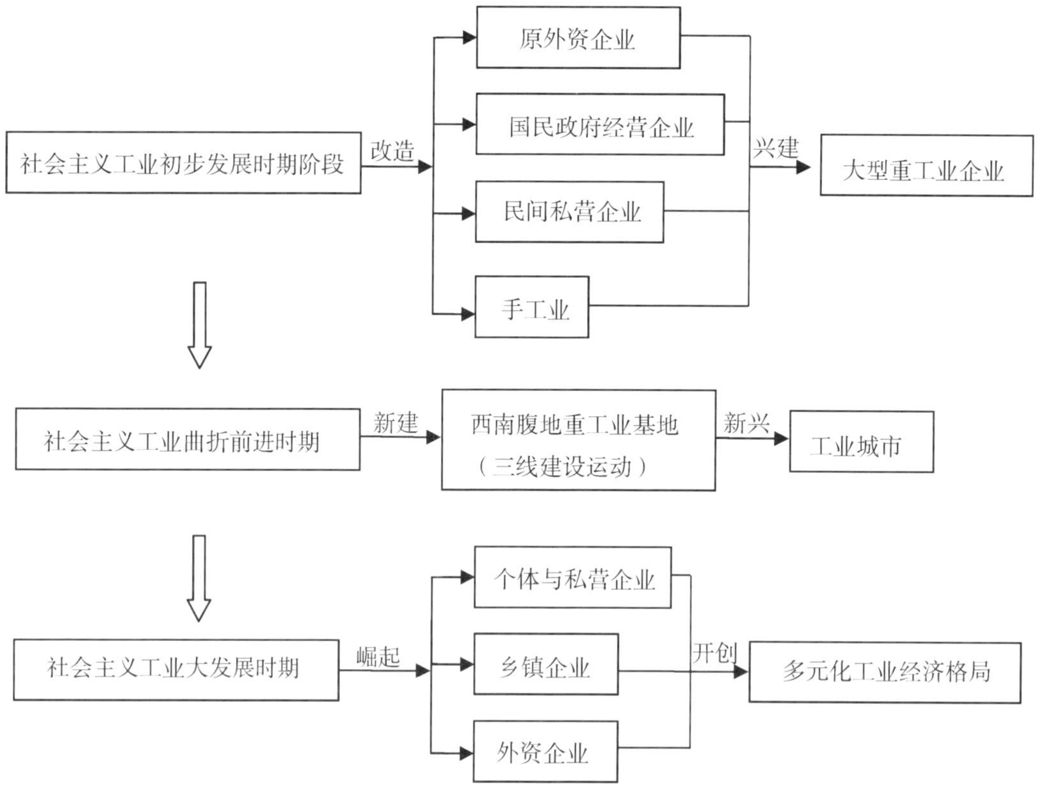

图 5-1　中国的工业化阶段

广泛采纳。

1. 霍夫曼定理

1931 年由霍夫曼提出，它揭示了一个国家或区域的工业化进程中工业结构演变的规律。他使用了近 20 个国家的工业结构方面的时间序列资料，重点分析了制造业中消费资料工业和资本资料工业的比例关系，这个比例被称为“霍夫曼比例”或“霍夫曼系数”①。霍夫曼定理的核心思想就是在工业化的进程中，霍夫曼比例呈下降趋势：在工业化的第一阶段，消费资料工业的生产在制造业中占主导地位，资本资料工业的生产不发达，此时，霍夫曼比例为 5（±1）；第二阶段，资本资料工业的发展速度比消费资料工业快，但在规模上仍比消费资料工业小得多，这时，霍夫曼比例为 2.5（±1）；第三阶段，消费资料工业和资本资料工业的规模大体相当，霍夫曼比例为 1（±0.5）；第四阶段，资本资料工业的规模超过了消费资料工业的规模。

2. 库兹涅茨标准

库兹涅茨根据实证研究得出一般模式：从三次产业 GDP 结构的变动看，在工业化起点，第一产业的比重较高，第二产业的比重较低；由于市场经济国家在工业化开始时市场化已得到较大进展，以商业、服务业为基础的第三产业的比重较高。随着工业化的推进，第一产业的比重持续下降，第二产业的比重迅速上升，而第三产业的比重只是缓慢提高。当第一产业的比重降低到 20%以下、第二产业的比重上升到高于第三产业而在 GDP 结构中占最大比重时，工业化进入中期阶段；当第一产业的比重再降低到 10% 左右、第二产业的比重上升到最高水平时，工业化就到了结束阶段。

3. 科迪指标

在联合国工业发展组织和世界银行联合主持的一项研究中，科迪等（1990）学者根据工业的主体部分——制造业的增加值在总商品生产部门增加值中所占的份额来衡量工业化水平，后人把这种方

① 李小建，李国平，曾刚，等．经济地理学［M］．北京：高等教育出版社，2006.

法称作科迪指标。科迪等人把工业化水平划分为非工业化（20% 以下）、正在工业化（20%~40%）、半工业化（40%~60%）、工业化（60%以上）等四类。

4. 配第–克拉克定理

英国经济学家克拉克依据 20 个国家一定时期劳动力在三次产业之间转移的统计资料，计量和比较了不同收入水平下就业人口在三次产业中分布结构的变动趋势，得出的结论是：随着人均收入水平的提高，劳动力首先由第一产业向第二产业转移；当人均收入水平进一步提高时，劳动力便由第二产业向第三产业转移。克拉克认为，他的发现只是印证了配第在 1691 年提出的观点而已，故后人把克拉克的发现称为配第–克拉克定理。该定理通过工业化过程中劳动力由生产率低的部门向生产率高的部门转移，反映了经济增长方式的转变过程，表明就业结构是一个国家或地区经济发展阶段的重要标志。

5. 人均 GDP 水平划分方法

钱纳里等人通过对多国工业化的研究认为，经济增长是经济结构的全面转变，工业化可用人均 GDP 水平来衡量，人均 GDP 水平越高，工业化水平也就越高。钱纳里等人按人均 GDP 水平将所研究国家的工业化分为 4 个不同的阶段①。该划分方法被称为钱纳里一般标准工业化模型。在使用人均 GDP 水平测度工业化水平时，学者们大多采用钱纳里一般标准工业化模型。

在工业化快速推进的同时，也会对生态环境造成一定的破坏，其中影响严重的污染事件有：1930 年的马斯河谷烟雾事件、1943 年的洛杉矶光化学烟雾事件、1948 年的多诺拉烟雾事件、1952 年的伦敦烟雾事件、1953 和 1956 年的日本水俣病事件、1955 和 1972 年的日本骨痛病事件、1968 年的日本米糠油事件、1984 年的印度博帕尔事件、1986 年的切尔诺贝利核泄漏事件以及 1986 年的剧毒物污染莱茵河事件，以其中的伦敦烟雾事件为例（图 5-2）来进行说明。1952 年 12 月 5 日开始，伦敦连续数日空气寂静无风，当时伦敦冬季多使用燃煤采暖，市区内还分布有许多以煤为主要能源的火力发电站。由于逆温层的作用，煤炭燃烧产生的二氧化碳、一氧化碳、二氧化硫、粉尘等气体与污染物在城市上空蓄积，引发了连续数日的大雾天气，从 1952 年 12 月 5 日到 12 月 8 日的 4 天里，伦敦市死亡人数达4 000人。而在 12 月 9 日之后，由于天气变化，毒雾逐渐消散，但在此后两个月内，有近 8 000 人因为烟雾事件而死于呼吸系统疾病。

（a）　　　　　　（b）

图 5-2　伦敦烟雾事件

（图片来源：新华网等．中国将上演伦敦烟雾事件 2013-12-06）

犯罪是对社会规范的严重背离，从人类社会形成起，犯罪就与社会共存，但在人类社会的早期，犯罪只是局部现象，而它发展成为一种普遍的社会问题，是与现代工业社会的出现相联系的。以英国为例：作为世界上第一个工业化国家，英国不仅率先享受到工业革命带来的繁荣与富足，也首次尝到

① 贾百俊，刘科伟，王旭红，等．工业化进程量化划分标准与方法［J］．西北大学学报（哲学社会科学版），2011，41（5）：59-64.

犯罪问题的苦果。工业化时期的英国亦被猖獗的犯罪活动所困扰，18 世纪后期，英国犯罪案件开始呈现逐渐增长趋势，根据英国内政部每年公布的犯罪案件统计，仅在英格兰和威尔士，因刑事犯罪而被捕的人数为：1805 年 4605 起，1815 年 7898 起，1825 年 14437 起，1835 年 20731 起，1842 年达到 31309 起，在短短的 37 年期间，犯罪量增长了将近 7 倍。究其原因，除了纷繁复杂的个人因素外，更有其深刻的社会原因，如贫困、人口流动、失业、财富分配不均及管理机制等。

工　业

工业是指采取自然物质资源，制造生产资料、生活资料，或对农产品、半成品等进行加工的生产事业。习惯上，把为国民经济部门提供燃料、动力、原材料和技术装备的工业部门称为基础工业。如煤炭工业、石油工业、电力工业、钢铁工业、石化工业等。

1. 工业的产业与发展

工业产业是社会分工发展的产物，经历了手工业、机器大工业、现代工业几个发展阶段。在古代，手工业只是农业的副业，经过漫长的历史过程，工业是指采集原料并把它们在工厂中生产成产品的工作和过程。直到 18 世纪英国出现工业革命，使原来以手工技术为基础的工场手工业，逐步转变为机器大工业，工业才最终从农业中分离出来成为一个独立的物质生产部门。随着科学技术的进步，19 世纪末到 20 世纪初，进入了现代工业的发展阶段。从 20 世纪 40 年代后期开始，以生产过程自动化为主要特征，采用电子控制的自动化机器和生产线进行生产，改变了机器体系。从 20 世纪 70 年代后期开始，进入 20 世纪 80 年代后，以微电子技术为中心，包括生物工程、光导纤维、新能源、新材料和机器人等新兴技术和新兴工业蓬勃兴起。这些新技术革命，正在改变着工业生产的基本面貌。

2. 工业分类

在以往的产业经济学领域中，往往根据产品单位体积的相对重量将工业划分为轻工业和重工业①。属于重工业的工业部门有钢铁工业、有色冶金工业、金属材料工业和机械工业等。由于在近代工业的发展中，化学工业居于十分突出的地位，因此，在工业结构的产业分类中，往往把化学工业独立出来，同轻工业和重工业并列。这样，工业结构就由轻工业、重工业和化学工业三大部分构成。有人常常把重工业和化学工业放在一起，合称重化工业，同轻工业相对。另外一种划分轻工业和重工业的标准是把提供生产资料的部门称为重工业，生产消费资料的部门称为轻工业。以上这两种划分原则是有区别的。国家统计局对轻工业和重工业的划分接近于后一种标准，《中国统计年鉴》中对重工业的定义是：为国民经济各部门提供物质技术基础的主要生产资料的工业（如采矿、机械、电力、建材、电子工业等）；轻工业的定义是：主要提供生活消费品和制作手工工具的工业（如纺织、食品、家电等）。当然，重工业中也有部分是供生活消费需要的，轻工业中也有部分是供生产方面需要的。按生产对象划分，可分为采掘工业（包括矿石开采、石油开采、太阳能利用等）、加工工业（如食品加工）、制造业（机械制造）、纺织工业等。

（1）采掘业：是指从自然界直接开采各种原料、燃料的工业部门，主要包括各种金属和非金属矿（如煤炭、铁矿、石油与天然气、化学矿等）采选，以及木材采伐和自来水的生产与供应等②。其特点为：以自然界的天然物质为劳动对象，其产品是制造业必需的原材料；建设周期长，投资大，产品运输量大；矿床资源的有限性。发展采掘工业必须考虑其资源、储量、品位、赋存条件及其分布、国家急需程度、所处的交通地理位置等，以决定其合理的开采规模、年限和开发时序。按行业状况来分，主要有石油与天然气开采、煤炭开采、矿产开采三类。

---

① 李小建，李国平，曾刚，等．经济地理学［M］．北京：高等教育出版社，2006.

② 车莹．工业化：概念、发展理论和衡量指标［J］．安徽工业大学学报（社会科学版），2008（3）：25-27.

（2）机械工业：亦称机械制造工业，是指制造机械产品的工业部门。主要包括：农业机械、矿山设备、冶金设备、动力设备、化工设备和工作母机等的制造工业。

（3）制造工业：一般指其产品不需再加工，可供最终消费和使用的工业部门，它是与采掘工业、原材料工业并列的工业部门。另有一种解释即“加工工业”，指对采掘工业产品和农产品进行再加工的工业部门，包括除采掘工业外的几乎所有工业部门。

（4）加工工业：是指对采掘工业和农业所生产的原料进行加工或再加工的工业部门的总称，如冶金工业、机械工业、化学工业、纺织工业、食品工业、机械修理业等。其主要特征是以过去劳动的生产物作为劳动对象。

（5）基础工业：指为发展国民经济提供原材料、燃料、动力和重型机械等的工业。

（6）信息工业：又称“信息产业”或“情报工业”，一般指与电子计算机有关的工业。广义的信息工业还包括从事信息交流的各个行业，如出版、印刷、新闻、广告、办公自动化等。

3. 工业部门

工业是唯一生产现代化劳动手段的部门，它决定着国民经济现代化的速度、规模和水平，在当代世界各国国民经济中起着主导作用。中国的工业主要以基础工业部门为主，包括能源工业、钢铁工业、机械工业等。能源工业主要包括煤炭、石油与天然气和电力三个部门①。钢铁工业亦称黑色冶金工业，是重要的基础工业部门，是发展国民经济与国防建设的物质基础。机械工业是其他经济部门的生产手段，也可以说是一切经济部门发展的基础，按照其服务对象，可分为工业设备、农业机械、交通运输设备等制造业。高新技术产业以高新技术为基础，产品的主导技术必须属于所确定的高技术领域，而且必须包括高技术领域中处于技术前沿的工艺或技术突破。根据这一标准，目前高新技术产业主要包括信息技术、生物技术、新材料技术三大领域。

改革开放以来，我国的经济发展水平得到了快速提高，尤其是随着产业结构的调整，工业成为推动经济发展的主动力。在产业结构的调整过程中，发生在不同工业领域的犯罪数量明显上升，犯罪形式亦趋于复杂化，而且，此领域的犯罪案件所造成的社会危害、财产损失也较大，如有人为谋取不法利润私开煤矿，在攫取国家矿产资源的同时亦存在重大生产安全问题，煤矿安全事故时有发生。据统计，2008年，我国煤矿事故死亡人数达759人，2012年该数学为435人，可以看出，煤矿安全事故给社会尤其是遇难者家庭造成了不可弥补的伤害和损失，依法取缔非法煤矿、严惩事故责任人刻不容缓。另外，偷油犯罪、食品生产使用非法添加剂、毒胶囊事件等违法犯罪问题曝光以后，引起政府部门及全社会的关注。针对此类犯罪，我国公安机关也开展了专项打击整治行动，如打击涉煤犯罪、涉食药造假犯罪等，并取得了显著的成效。

案例一：2012年4月15日，中央电视台《每周质量报告》节目中，对河北省一些企业用生石灰处理皮革废料，并熬制成工业明胶向企业出售，买家再将其制成药用胶囊，从而流入药品企业，出售给患者的现象进行了详细报道。经对药用胶囊进行取样分析，根据患者提供的样品购买线索，相关刑侦人员经过调查取证破获了该起案件。相关犯罪嫌疑人为谋求非法利益，使用国家明令禁止用作食品药品原料的工业明胶制作药用胶囊，对人民的生命健康造成威胁，在社会上产生了恶劣影响，相关责任人已受到法律的严惩。

案例二：2013年5月11日14时15分，桃子沟煤业公司3111采煤工作面生产作业过程发生瓦斯爆炸事件，致使28名井下工人遇难，另有18名工人受伤。四川省泸县人民法院一审判决认为：被告单位桃子沟煤业公司违反法律法规规定，危害公共安全，情节严重，行为已构成非法储存爆炸物罪，对其判处罚金人民币50万元，被告人罗剑、李贞元、胡德友、徐英成等人分别被判处16年到20年的有期徒刑。

案例三：2014年11月，山东临沂民警破获一起偷油大案，据犯罪嫌疑人交代，因为东营的石油

① H. B. Chenery, M. Syrquin. Patterns of development, 1950-1970［M］. Oxford: Oxford University Press, 1975.

管道暴露地段太多，所以才考虑在临沂的这个石油管道上进行盗窃。并交代出，从两个月前开始作案，前前后后偷窃运输原油15次左右，每次将近20吨，5名犯罪嫌疑人因涉嫌破坏易燃易爆设备罪被警方依法刑事拘留。

案例总结与启示：在分析违法企业进行危险品生产或者违反安全生产管理制度的案件时，要加大对潜在危险品的侦查力度，联合工商管理、安检等职能部门进行突击检查，认真分析群众的举报材料，防患于未然，将这类易引发安全事故企业的危害程度降至最低。在分析重大的偷盗案件时，要加强对现场遗留物的取证分析，加强对作案方式、作案工具的深入细致的研究，必要的时候进行并案处理，如通过包装纸、塑料袋、破碎的衣物等进行锁定范围搜索，往往能有重大突破。

工业布局因素

工业布局因素又称工业布局条件，指影响工业空间分布过程与特点的因素或条件①。主要有以下四个方面的影响因素：

（1）自然因素：分为自然资源与自然条件两类，它们是影响工业生产发展与布局的物质基础和重要的外部条件。前者包括矿产、土地、水与生物资源等；后者主要包括工程与水文地质、地形、气候、陆地水文、自然灾害（如地震、滑坡与泥石流）、生态环境条件等。例如，受煤炭形成地质原因和成矿条件的影响，我国煤炭资源在地理分布上的总格局是西多东少、北富南贫，而且主要集中分布在目前经济还不发达的山西、内蒙古、陕西、新疆、贵州、宁夏等6省区。

（2）社会经济因素：包括地区已有的经济基础与经济发展水平、运输条件、劳动力条件、市场消费因素、经济管理体制、区域政策、价格及税收制度、信息网络的通达度等。它们对工业布局、特别是工业企业选择最优区位有着重要作用。

（3）生产技术因素：包括生产工具（设备）和与它相适应的工艺流程与方法，以及劳动者掌握生产工具的技能，三者相互影响而又紧密联系。生产技术进步会相应地改变自然和社会经济因素对工业布局影响的程度，如地质勘探及矿物采选冶炼技术的进步，可扩大对自然资源开发利用的广度和深度，减少工业布局对自然资源依赖的程度；能源利用与输送技术和交通运输技术的进步，为工业在地域空间的广泛分布创造条件。

（4）投资喜好、个性化追求、心理、行为等因素也在一定程度上影响工业布局（如区位的选择等）。

合理的工业布局能够促进区域经济的发展，但企业的生产及排放需严格执行国家相关标准，否则就会对当地环境造成不可逆转的破坏，对当地居民的健康造成威胁，这就违背了人地和谐、可持续发展的理念。但是，许多企业主为了节省排污处理装置的费用、获取不法利益，直接将超标污染物进行排放，当地的河流、土壤、空气等遭到严重污染，居民健康问题频发甚至发生集体致病事件，对于此类违法犯罪现象，我国公安、环保等部门对其进行了严厉的打击和查处，对不合格企业进行停业整顿直至取缔。

案例一：2005~2008年，云南澄江锦业工贸有限责任公司长期将含砷生产废水通过明沟、暗管直接排放到厂区最低凹处没有经过防渗处理的天然水池内，并抽取该池内的含砷废水进行洗矿作业；雨季降水量大时直接将天然水池内的含砷废水抽排至厂外邻近阳宗海的磷石膏渣场放任自流，造成阳宗海水体受砷污染，水质从Ⅱ类下降到劣Ⅴ类，饮用、养殖等功能丧失，县级以上城镇水源地取水中断。云南省澄江县法院一审判决、玉溪市中级法院二审裁定，以重大环境污染事故罪判处被告单位云南澄江锦业工贸有限责任公司罚金1600万元，被告人李大宏、李耀鸿、金大东有期徒刑3年至4年，

① 赵志远．中华辞海［M］．北京：印刷工业出版社，2001.

并处罚金。

案例二：2010年7月3日，紫金山金铜矿所属铜矿湿法厂污水池防渗膜破裂，导致9176立方米含铜酸性废水流入汀江，汀江局部水域受到铜、锌、铁、镉、铅、砷等污染，造成重大环境污染事故。福建省龙岩市新罗区法院一审判决、龙岩市中级法院二审裁定，以重大环境污染事故罪判处被告单位紫金山金铜矿罚金3000万元，分别判处负有直接责任的被告人刘生源、林文贤、王勇有期徒刑3年至3年零6个月，对被告人陈家洪、黄福才宣告缓刑。

案例三：2013年6月，四川省兴文县人民法院依法对重庆云光化工有限公司向土地倾倒危险废物案件进行了审理，经查，该公司违反国家关于化工危险废物的处置规定，将工业污泥和工业废水交给不具有化工危险废物处置资质的被告人张必宾处置，导致环境严重污染，构成污染环境罪，判处重庆云光化工有限公司罚金50万元，被告人夏勇有期徒刑2年，并处罚金2万元，张必宾有期徒刑1年零6个月，并处罚金2万元。

案例总结与启示：在分析与化工企业相关的危险废物案件时，一方面要充分调研污染区域的损害程度，为客观地对案件定性和处罚金额取证；另一方面要对污染区域的水、土地、生物等进行现场取样，进而通过实验仪器测定或者根据各种物理化学反应追根溯源，为找到污染企业提供科学支撑。

在工业布局过程中，上述各因素都在不同程度上发挥作用，故应将它们同各地区的具体条件相结合，进行深入细致的综合分析，并通过一定的经济指标计算布局的经济效果，如单位基建投资、劳动生产率、原材料与燃料动力供应成本、各项运输费用、环境保护费用、产品销售成本与利润等。工业布局诸因素对不同时期的该地区的各工业部门及企业布局影响的程度亦有轻重缓急之分，故应动态地研究不同历史时期对该地区某工业部门和企业布局起决定作用的主导因素，亦即工业企业选择最优区位的指向。如原料和燃料动力因素是影响当前中国钢铁工业及多数有色金属工业布局的主导因素；劳动力、市场和技术协作因素是影响多数轻纺工业部门及汽车、造船、机床、仪表、农机等工业布局的主导因素。

以我国为例，一方面，我国钢铁产业已连续多年保持20%左右的高速增长，产量已连续9年居世界第一位，是排名第二至第四位的日本、美国和俄罗斯三国钢产量的总和。另一方面，我国距离钢铁强国仍然遥远。就产品而言，目前，我国所需大量高附加值产品还需要进口。进口钢材中，90%都是冷轧薄板、不锈钢板等高附加值板带材产品。国产钢材中，产品实物质量标准低，产品档次不高，轴承钢等产品使用寿命短。

我国钢铁工业产业集中度低，2004年，我国钢铁企业已达871家，一个城市有几家十几家钢铁企业已不是个别现象，甚至有的城市有几十家钢铁企业。钢产量600万吨以上的企业集团只有11家，产业集中度低，不仅会造成严重的环境污染和市场混乱，而且制约了企业自主创新能力和竞争力的提高。2010年，钢铁产业布局不合理的局面得到改善；到2020年，形成与资源和能源供应、交通运输配置、市场供应、环境相适应的比较合理的产业布局。2010年，形成两个3 000万吨级，若干个千万吨级的具有国际竞争力的特大型企业集团；国内排名前十的钢铁企业钢产量占全国比重要达到50%以上，到2020年力争达到70%以上。中国钢铁产业布局不合理问题由来已久，受历史条件限制，绝大多数企业靠近原料产地，属资源内陆型布局。

我国钢铁工业布局城市型特征明显，全国除西藏外，每个省、自治区、直辖市都有钢铁企业。74家重点钢铁企业中有18家建在省会城市，有34家建在百万人口以上的大城市。这不但给城市环境容量造成很大压力，而且也制约了企业自身的发展。“遍地开花”的产业布局模式将遭遗弃，东部沿海地区将有可能成为钢铁产业发展的重要板块。

战略性新兴产业

在关于战略性新兴产业的界定上，很多学者都给出了自己的观点。综合相关研究认为，战略性新兴产业是指关系到国民经济社会发展和产业结构优化升级，具有全局性、长远性、导向性和动态性等四大特征的产业①。

战略性新兴产业是以重大技术突破和重大发展需求为基础，对经济社会全局和长远发展具有重大引领带动作用，知识技术密集、物质资源消耗少、成长潜力大、综合效益好的产业②。战略性新兴产业是指建立在重大前沿科技突破的基础上，代表未来科技和产业发展新方向，体现当今世界知识经济、循环经济、低碳经济发展潮流，目前尚处于成长初期、未来发展潜力巨大，对经济社会具有全局带动和重大引领作用的产业。

根据战略性新兴产业的特征，立足我国国情和科技、产业基础，现阶段重点培育和发展节能环保、新一代信息技术、生物技术、高端装备制造、新能源、新材料、新能源汽车等产业。

战略性新兴产业是指那些利用先进科技成果而建立起来的一系列对经济发展具有战略意义的产业（这些产业普遍采用先进的生产技术，是科技创新最为集中的生产领域），因为其创新性突出，具有较高的劳动生产率，正处于产业生命周期曲线中的成长期阶段；同时这些产业需求旺盛，其对经济增长的拉动作用十分明显③。从理论渊源看，早在 20 世纪中后期，人们就开始研究战略性新兴产业的发展。从国内现有理论研究来看，学者们主要从发展和培育战略性新兴产业的战略意义、产业特性、主要风险和发展思路几个方面展开研究。

战略性新兴产业对整个区域经济发展方向起着决定性的作用，它不仅具有主导产业所应具备的经济效益和发展潜力优势，更是可持续性发展、关联效应强的产业。国内学者一般从产业和科技两方面来观察战略性新兴产业。一是从产业方面来看，战略性新兴产业应具有成为支柱产业和主导产业的能力，它具备强劲的增长势头，可以带动经济综合发展，推动产业结构优化，对国民经济起支撑作用；战略性新兴产业同时又必须是具备产业发展先导性、可持续发展、值得扶持培育的新兴产业。二是从科技方面来看，战略性新兴产业应是新兴科技和新兴产业的深度融合，既是全局性、支柱性产业，又是适应市场需要、以科技创新为灵魂的新兴产业。我国战略性新兴产业由新材料、新能源、高端装备制造业、新能源汽车、生物产业、节能环保产业、新兴信息产业等构成（图 5-3）。

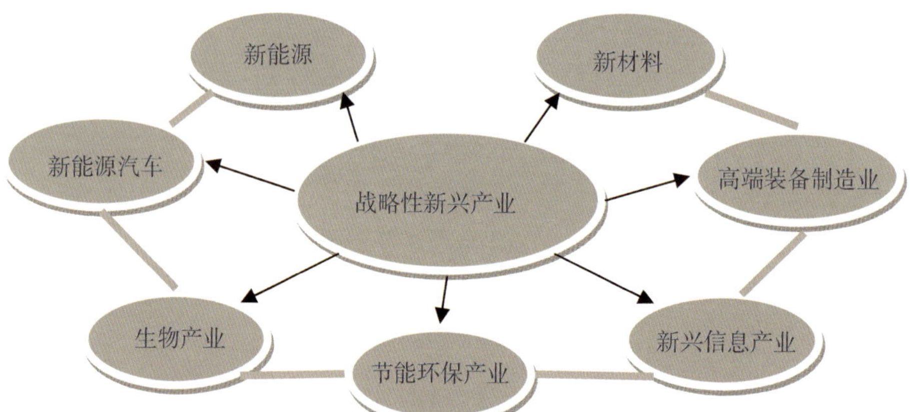

图 5-3　我国战略性新兴产业的构成

新兴产业的兴起在给社会发展带来巨大红利的同时，亦成为犯罪分子利用的对象，如生物医药行业的假疫苗事件在社会上造成恶劣影响；也有不法分子打着高科技、新经济、先进营销模式等幌子，蒙骗投资者，此类犯罪手法的隐蔽性、欺骗性和诱惑性强，导致许多受害者上当受骗，等等。

案例一：2012 年宁波有百余名老人陷入了辽宁鼎旭生态农业发展有限公司一手策划的疑似"庞

① 谷建全．加快培育发展河南战略性新兴产业［N］．河南日报，2010-05-13（6）．

② 梅晓文，雷欧．中部崛起的战略产业选择［J］．南昌航空大学学报，2007，9（4）：96-103．

③ 冯长根．选择培育战略性新兴产业的几点建议［J］．科技导报，2010，28（9）：19-21．

氏骗局（借新债还旧债）中，这家在当地号称食用菌龙头企业的公司，以打造食用菌航母、企业准备上市为由，在各地吸收投资，对象大多是七八十岁的老人。宁波的 150 多名老人在听了该公司组织的投资讲座后，掏出 1200 余万的养老钱入股。2012 年 5 月，接到群众举报后，辽宁省鞍山市台安县公安局联手盘锦市公安局经侦支队经过详细调查和取证，一举破获了辽宁鼎旭生态农业发展有限公司特大非法集资案件。最终宁波市海曙区人民法院以非法吸收公众存款罪，判决刘某有期徒刑 7 年，并处罚金 20 万元；判决王某有期徒刑 6 年，并处罚金 20 万元。

案例二：2016 年 3 月，媒体曝光庞红卫等人非法经营疫苗案，披露庞红卫未经批准从事人用疫苗买卖，从全国十余省份低价购进疫苗，放置在没有任何冷藏设施、不符合国家疫苗存放要求的仓库内，并通过快运物流将疫苗加价销售到全国二十多个省份，从中获取非法利益。新闻媒体曝光山东济南庞红卫等人非法经营疫苗案后，最高人民检察院也立即挂牌督办，山东、福建等地检察机关强化与食品药品监督管理部门和公安机关工作衔接，第一时间介入侦查、引导取证。该案涉嫌非法经营疫苗销售金额 7500 多万元，涉案人数众多，经批准逮捕的人数达 324 人，立案侦查相关职务犯罪 100 人。

案例三：2015 年 5 月 28 日至 29 日，广州市公安局经侦支队根据广东省公安厅经侦局前期掌控的案件线索，在经侦局的组织指挥下，成功侦破某发油脂公司涉嫌非法集资案，捣毁 3 个窝点，抓获公司主要负责人、经理、财务、业务员等涉案人员 210 名，审查后刑事拘留包括主犯在内的 31 名主要犯罪嫌疑人、取保候审 1 人，其余予以教育遣散、登记信息并入库管控，查封涉案土地 250 亩、房产 22 套，冻结股权、账户一批。

案例总结与启示：在分析大型非法企业敛财盈利的案件时，要加强对关键人物、关键链条的侦查，分析该类型企业的产业链条、上下游网络，通过逐级式、渗透式的排查将其一网打进，确保不动则已，动则必胜，形成严查严打的威慑之风。要加强对同类型案件的对比与总结，形成破案的数据库、线索库，为日后打击该类型的犯罪提供数据支撑。

高新技术产业

高新技术产业通常是指那些以高新技术为基础，从事一种或多种高新技术及其产品的研究、开发、生产和技术服务的企业集合，这种产业所拥有的关键技术往往开发难度很大，但一旦开发成功，却具有高于一般产业的经济效益和社会效益①。对高新技术产业范围的界定，是研究高新技术产业各种问题（包括政策问题）的基础。然而，由于高新技术产业依托于高新技术，而人们对高新技术的认识往往还不能达成一致，这使得目前业界对于高新技术产业的界定也存在不同的看法。美国商务部提出的判定高新技术产业的主要指标有两个②：一是研发与开发强度，即研发与开发费用在销售收入中所占比重；二是研发人员（包括科学家、工程师、技术工人）占总员工数的比重。此外，产品的主导技术必须属于所确定的高技术领域，而且必须包括高技术领域中处于技术前沿的工艺或技术突破。根据这一标准，高新技术产业主要包括信息技术、生物技术、新材料技术三大领域。

我国国内学者认为，高新技术是指能带来高效益、具有高增殖作用，并且能向经济和社会广泛渗透的技术，它是第二次世界大战以后涌现的新技术群的核心②。王伯鲁提出枚举定义法，即当代高技术领域是指：微电子与计算机技术、信息技术、自动化与机器人技术、生物技术（包括制药技术）、新材料技术、新能源技术（包括核技术）、航空和航天技术（空间技术）、海洋开发技术。总体来看，我国国内对高新技术有四种不同的理解：①高新技术就是高级技术、未来技术、尖端技术、新兴技术。②高新技术就是以科学技术新发现为基础的新技术、科学工业技术，处于科学成果向生产力转化

① 赵西萍．高新技术相关问题的界定研究［J］．科技进步与对策，2002（9）：59-60.

② 游达明．高新技术企业技术创新能力评价指标的构建及应用［J］．中南工业大学学报（社会科学版），2003（8）：53-55.

途中的技术。③高新技术是知识密集、技术密集、智力密集的技术，科技人员和研究开发投资占有高比例的技术。④国家科委1991年颁布的《国家高新技术产业开发区高新技术企业认定条件和办法》中规定：从科学技术领域来定义高新技术，即认为高新技术包括通常公认的近几十年发展起来的微电子科学和电子信息技术、空间科学和航空航天技术、光电子科学和光机电一体化技术及生命科学和生物工程技术等10项高新技术及其他在传统产业基础上应用的新工艺、新技术。

分析战略性新兴产业和高新技术产业的特征，不难发现它们的共同之处，即它们都属于知识产权和高新技术密集型的产业。随着新技术的不断创新和经济投入的增加，我国新兴产业在各自专属的领域都取得了可喜的成果，并且拥有了一大批处于国内国际领先水平的自有知识产权。而围绕这些先进的知识产权所展开的纠纷及进而实施的知识产权犯罪却一刻也未曾停止过。

随着高新技术产业的发展，利用高科技进行违法犯罪的案件数量也逐渐增加，如电子信息犯罪、窃听窃录犯罪、手机短信犯罪、网络信息犯罪、信用卡犯罪、生化科技犯罪、生物恐怖犯罪、经济生物科技犯罪、克隆和辅助生殖犯罪以及化学毒品犯罪等，相对于传统犯罪行为，其直接和间接产生的危害更大，对社会的和谐稳定与国家长久发展的影响更加严重。以短信诈骗为例，2014年6月以来，江苏省淮安市公安局清河分局陆续接到群众报警，称自己银行卡上的钱被盗刷。经查，2014年5月以来，犯罪嫌疑人朱某自己制作手机木马病毒伪装成“移动积分兑换”等文件，并将病毒销售给郑某、王某、李某、谢某等，由王某架设钓鱼网站，伪装成移动公司积分兑换激活客户端，套取受害人的个人信息及银行卡资料，利用受害人下载到手机上的木马软件拦截验证码短信，最后通过快捷支付的方式大肆盗刷银行卡，涉案金额200余万元，受害群众达10万余名。另外，网络犯罪的类型以及案发率也呈快速增长趋势，人民群众需要提高警惕，增强防范意识，了解相关知识，并且积极举报相关违法犯罪行为。

1998年	142件
2008年	3.5万件
2012年	12.5万件
2013年	21.6万件

图5-4 网络犯罪增长趋势

中国工业产业结构转型

中国工业已经进入必须依靠结构转型升级推动发展的新阶段：①从轻、重关系看，工业结构呈重型化趋势，重制造业比重进一步上升。②从行业结构看，轻纺工业比重下降，金属加工业比重上升，装备制造业比重基本稳定。③从所有制结构看，内资企业比重上升，但国有企业比重进一步收缩。④从产业组织结构看，大型企业比重下降，小型企业比重上升。⑤从要素结构看，资本密集型行业比重下降，劳动密集型行业比重上升。⑥从地区结构看，中、西部地区工业发展速度加快，地区差距有所缩小①。

大部分学者用三次产业产值比例的变化来描述产业结构的变化，认为第二、第三产业占国内生产总值的比例的上升即为产业结构转型升级，中国的第二、第三产业比重整体呈上升趋势（表5-1）。实际上，产业结构转型升级的根本目的是改变以往高投入、高耗能、高污染和低收益的“三高一低”的粗放式经济增长模式，优化产业结构，走新型工业化道路，实现国民经济又好又快发展。用以下两个层次来界定产业结构转型升级：第一，产业结构转型即产业结构比例的合理化，包括产值结构的合理化（即第一产业产值占GDP的比例不断下降，第二、第三产业产值占GDP的比例不断上升）和就业结构的合理化（即第一产业从业人口逐渐减少，第三产业从业人口比例逐渐提高）。第二，产业结构升级即产业结构质量的高级化，包括产业发展的总体规模的扩张、产业间比例是否合理、产业发展的效率、科技创新在产业发展中的作用及对环境的影响等方面。现阶段，我国产业结构优化的目标是促进第一、第二、第三产业健康协调发展，逐步形成以农业为基础、高新技术产业为先导、基础产业和制造业为支撑、服务业全面发展的产业格局，并坚持节约发展、清洁发展、安全发展，实现可持续发展②。

表5-1　中国大陆地区31省（自治区、直辖市）三次产业比重变化

地区	2003年三次产业比重（%）			2013年三次产业比重（%）		
	第一产业	第二产业	第三产业	第一产业	第二产业	第三产业
北京	2.6	35.8	61.6	0.8	22.3	76.9
天津	3.6	50.9	45.5	1.3	50.6	48.1
河北	15.0	51.5	33.5	12.4	52.2	35.5
山西	8.8	56.6	34.7	6.1	53.9	40.0
内蒙古	19.5	45.3	35.2	9.5	54.0	36.5
辽宁	10.3	48.3	41.4	8.6	52.7	38.7
吉林	19.3	45.3	35.4	11.6	52.8	35.5
黑龙江	11.3	57.2	31.5	17.5	41.1	41.4
上海	1.5	50.1	48.4	0.6	37.2	62.2
江苏	8.9	54.5	36.6	6.2	49.2	44.7
浙江	7.7	52.6	39.7	4.8	49.1	46.1
安徽	18.5	44.8	36.7	12.3	54.6	33.0
福建	13.3	47.6	39.1	8.9	52.0	39.1
江西	19.8	43.4	36.8	11.4	53.5	35.1
山东	11.9	53.5	34.6	8.7	50.1	41.2
河南	17.6	50.4	32.0	12.6	55.4	32.0
湖北	14.8	47.8	37.4	12.6	49.3	38.1
湖南	19.1	38.7	42.2	12.6	47.0	40.3
广东	8.0	53.6	38.4	4.9	47.3	47.8

① 黄茂兴，李军军．技术选择、产业结构升级与经济增长［J］．经济研究，2009（7）：143-151.

② 邵波，赵景阳，徐其东．我国产业结构现状与战略性调整对策［J］．产业经济，2006（2）：29-30.

续表

地区	2003年三次产业比重（%）			2013年三次产业比重（%）		
	第一产业	第二产业	第三产业	第一产业	第二产业	第三产业
广 西	23.8	36.9	39.3	16.3	47.7	36.0
海 南	37.0	22.5	40.5	24.0	27.7	48.3
重 庆	15.0	43.4	41.6	8.0	50.5	41.4
四 川	20.7	41.5	37.8	13.0	51.7	35.2
贵 州	22.0	42.7	35.3	12.9	40.5	46.6
云 南	20.4	43.4	36.2	16.2	42.0	41.8
西 藏	22.0	26.0	52.0	10.7	36.3	53.0
陕 西	13.3	47.3	39.4	9.5	55.5	34.9
甘 肃	18.1	46.6	35.3	14.0	45.0	41.0
青 海	11.8	47.2	41.0	9.9	57.3	32.8
宁 夏	14.4	49.8	35.8	8.7	49.3	42.0
新 疆	22.0	42.4	35.6	17.6	45.0	37.4

重工业布局

重工业往往是资源制约型的产业，其对于原材料、能源、劳动力等的依赖性很强，同时其原辅料、产品的运输是其生产过程的一个重要组成部分，所以，传统工业区往往要考虑接近原材料产地、接近市场、接近水源、劳动力资源丰富、交通便捷、形成大规模的占地、建立企业横向联合、配套综合发展的密集型工业地带。

重工业布局要考虑传统的自然、社会经济、生产要素等方面的因素，特别要注意以下6个方面：

(1) 从污染物的类型考虑，大气污染严重的工业部门应布局在居民区盛行风向下风地带的郊外。在季风区要布局在与当地主要风向相垂直的郊外，使工厂排放的大量烟尘、有害气体不至于吹到居民区。在厂区与生活区之间应有绿化带，以便净化空气。需要大量工业用水、又要排放大量污水的工矿企业，工厂污水排放口要远离水源地和河流上游，避免工厂排放的污水污染居民区的生活用水和农业灌溉用水。

(2) 城市工业布局要符合工业布局的原则。如用地规模小、无污染的工业可以有组织地布置在城区；用地规模大、对大气有轻度污染的工业可以布置在城市边缘或近郊区；有严重污染、一时又难以治理的大型企业，宜布置在远离城市的郊区（具体地说，应布置在由于城市“热岛效应”造成的“城市风”范围以外）并考虑到盛行风向的影响。

(3) 要有利于环境污染的区域综合治理。某些工业部门产生的“三废”有可利用的部分，可在附近布局配套工厂就近加以利用，将污染物有效地控制在生产过程之中，使一个工厂的废物成为另一个工厂的资源，达到“化害为利、变废为宝、综合利用”的目的。如某地区，铜矿和煤矿资源都比较丰富，拟建铜矿冶炼厂，同时建火电厂为其提供电力。但铜矿冶炼厂排放的“废气”中，含有大量的二氧化硫，火电厂排放的“废气”中，有大量的粉煤灰，严重污染大气环境。因二氧化硫是制硫酸的原料，而粉煤灰也可用来制造建筑材料，所以在附近建硫酸厂和粉煤灰建筑材料厂。

(4) 要考虑到地形的影响。大气污染严重的工厂不要布局在盆地或谷地中，要布局在通风良好的地区，以免污染物难以扩散而造成污染事故。

（5）设置卫生防护带。在工业区和居民区之间设置防护带，植树造林，可吸烟除尘、净化空气、减弱噪声、美化环境。

（6）做无害化处理。建立污水处理厂处理污水；建立焚烧炉或深埋废物；增加除尘装置和化学手段，清除烟尘和有害气体。有些工业部门对环境有特殊的要求。例如，电子、感光器材、精密仪表、航天工业等，需要建立在空气比较洁净的地区；又如自来水厂应布局在河流的上游，周围可种植防护林加以保护。在工业布局时，应充分考虑环境因素，使经济效益、生态效益和社会效益三者达到统一。随着经济的发展，中国的轻、重工业比重和工业布局发生了巨大的变化，如轻工业的比重由2002年的39.10%下降到2011年的28.10%，而重工业的比重则由2002年的60.90%上升到2011年的71.90%。

由于重工业高耗能、高排放的特点，在进行工业布局时要重点考虑其对环境的影响，尤其是距居民区或城区较近的企业，其排放物要严格按照国家标准执行，但是，部分企业主为缩减排污处理装置费用，将不达标甚至未经处理的废弃物直接排放至周边区域，致使当地环境遭受破坏、居民健康受到威胁。

案例一：自2003年6月起，聂胜等149户辛庄村村民因本村井水达不到饮用水的标准，而到附近村庄取水。聂胜等人以平顶山天安煤业股份有限公司五矿（以下简称五矿）、平顶山天安煤业股份有限公司六矿（以下简称六矿）、中平能化医疗集团总医院（以下简称总医院）排放的污水将地下水污染，造成辛庄村井水不能饮用为由提起诉讼，请求判令三被告赔偿异地取水的误工损失等共计212.4万元。法院依据鉴定报告及专家意见，结合查明的生产污水与生活污水对损害发生所起的主次作用和五矿、六矿职工及其家属所排生活污水约占致损生活污水总排量的60%等事实，认定三被告对因其排放生产污水造成的本案误工损失共同承担40%的赔偿责任；五矿、六矿就其职工及其家属排放生活污水造成的其余60%误工损失共同承担六成的赔偿责任。2011年7月法院作出判决，判令五矿、六矿、总医院因排放生产污水共同赔偿聂胜等人误工费17.65万元，五矿、六矿因其职工及其家属排放生活污水共同赔偿聂胜等人误工费15.89万元。

案例二：温州市华宇电源制造有限公司（以下简称华宇公司）于2000年11月间注册登记。未经环保部门审批，华宇公司在乐清市乐成镇盛岙村建造厂房，主要生产汽车铅酸电池。由于其未进行环境影响评估及环保审批，未建立废水、废气防治设施，2005年4月间，根据村民举报，环保部门对此立案，并于同年6月7日向华宇公司送达行政处罚决定书，责令其停止生产，并处罚款。浙江省环境监测中心站对华宇公司车间周边河道、农田、水沟的污染情况进行了监测，监测结果显示，监测地点铅含量基本超标，且部分水域、农田铅含量严重超标。此后，华宇公司将厂房和生产设施迁出盛岙村。2006年10月，盛岙村村民委托农业部环境质量监督检验测试中心（天津）对受污染农田、农产品铅、镉含量进行监测。经监测，受污染农田、农产品的铅含量基本超标，农产品基本不合格。乐清市人民法院判决温州市华宇电源制造有限公司赔偿村民承包地收益损失共计140.52万元。

案例三：2012年11月以来，徐某、赵某伙同王某将乐清市清江镇清南村山上废弃的小学改造成酸洗冶炼厂，并提供给被告人罗某、杨某等人从事非法酸洗冶炼。被告人罗某、杨某等人在明知此酸洗冶炼厂没有经过有关部门的批准且没有废水、废气处理设施设备的情况下，经王某介绍，将废旧金属从台州市运到乐清市清江镇此酸洗冶炼厂，通过硝酸、硫酸等化学物质进行酸洗后，提取溶液中的银，将剩下的含有铜的溶液给被告人徐某、赵某等人利用、处置。因非法酸洗冶炼厂产生的废水没有经过处理直接排放，导致邻近的清江镇谢屏村外岙自然村小水库水源被污染，致使部分村民出现腹痛不适，部分家畜死亡。乐清市疾病预防控制中心等部门对水库、水池和村民黄道旺、连郭友家等处的水源、土壤进行了监测，发现pH值、硝酸盐、铁、铜、锰、锌、铅和镉等多项监测项目不合格，不符合《生活饮用水卫生标准》等国家标准。乐清市人民法院判处被告人徐某有期徒刑3年零6个月，并处罚金3万元；赵某有期徒刑3年，并处罚金3万元；罗某有期徒刑2年，并处罚金3万元；杨某有期徒刑2年，并处罚金3万元。

案例总结与启示： 在分析重工业企业对周边环境产生危害的案件时，一方面要加强对受害群众身体各项指标的检测，对受害群众的当前危害、长远危害、潜在危害等进行深入剖析，为量罪量刑提供定量的科学支撑；另一方面要加强对周边土地、农作物的危害评估，对周边生态环境的损害进行预测分析，提供合理的赔偿额度，为该区域的绿色化发展提供补偿支撑。在破获该类型案件时，要注重周边群众提供的线索，加强对污染设施的排查与处罚，让周边群众成为监督者、排查者和举报者，制定合理的奖励机制，从而倒逼该类型企业形成遵守标准的生产模式。

世界工业布局特点如下：

(1) 工业生产向大型化、系列化和综合化方向发展，是第二次世界大战后工业布局规模的主导方向。根据地域条件，以一两个工业部门为主导，多发展成为综合性联合生产基地，是工业地域部门结构的特点。

(2) 工业地域不同层次的集中与相对分散。集中与分散是产业空间运动的形式，工业地域在不断集中与分散中形成，而集中是主导方面。自资本主义工业化以来，工业地域集中是突出特点。第二次世界大战后又有所增强，并出现了不连续的带状世界性大工业地带。发展中国家的集中程度更高，呈点状分布，如各国首都多发展成为最大的工业中心。世界工业生产由高密度区向低密度区扩展是工业空间运动的总趋势。第二次世界大战后，特别是20世纪60年代以来更加明显，世界工业地域自西向东、向北、向南扩散着，同时在一国内同样存在着相对分散的趋势。如美国向西部、南部发展，日本向南北两端和日本海侧发展，俄罗斯工业地域东移等。在许多大工业城市周围出现了工业卫星城镇，一些发展中国家新的加工出口区的建立等都是例证。

(3) 随着世界经济的发展，工业布局在原有的煤铁复合体型和战后发展起来的临海型的基础上，又出现了临空型、临陆型的新布局类型。以机场和四通八达的高速公路的中心点为中心，依托中心城市，在其周围或外围地区，发挥人才、交通信息等软环境的优势，发展起各种类型的高科技产业，以美国的“硅谷”和日本的“硅岛”为典型代表。

(4) 世界各国各地区工业发展不平衡状态依然存在。工业生产集中在发达国家和几个发展中国家。如美国、俄罗斯、日本、西欧经济共同体合占世界工业生产的3/4以上。

(5) 近年来亚洲太平洋地区工业发展迅猛，已经成为世界新的工业基地。

轻工业布局

(1) 自觉运用经济发展的不平衡规律：地区经济发展是在不平衡中求平衡，在拉大发展差距中求缩小差距，即不平衡发展是暂时的、相对的。由于每个地区在一定时期内发展经济的条件不同，加上财力、物力有限，投入产生的效果也不同，平均投入、平衡发展的效果远不如有重点、不平衡发展的效果，也就是说，只有每个时期有重点、不平衡发展，一个国家、一个地区工业经济的发展才能实现相对均衡。例如，日本先发展了基础较好的“京—滨”地区后，才带动了其他地区的经济发展；美国也是先发展了东部大西洋沿岸地区后，才逐步向中西部推进，使中部密西西比河流域、西部太平洋沿岸地区和南部地区快速发展起来；中国也是先发展沿海经济，后向中西部地区倾斜的。

(2) 遵循工业布局地域分工规律：工业布局地域分工的自然基础是各地自然资源和自然条件存在优劣；经济基础是各地现有经济水平、特点和经济地理位置不同。工业布局要分析各地的要素价格和产品成本，找出各地适合布点的工业部门。

(3) 有利于提高社会劳动生产率：工业布局要充分考虑社会劳动的节约，从减少原材料、燃料和产品的不合理运输及节约中间环节、中转仓储的投资费用等入手，促使劳动生产率和经济效益的提高。工业布局要选择生产费用、运输费用和流通费用的总和为最小的点作为建厂地点。

（4）适宜分散和必要集中相结合：工业布局应充分利用现有中、小城镇或在资源较丰裕的地区分散布点，这有利于改变原有不合理的工业分布，充分利用各地的自然资源，使各地区经济协调发展，这也有利于国防安全、环境保护和生态平衡。当然工业布局分散要适当，不能搞“大而全”或“小而全”，即在坚持适当分散的同时，坚持必要的集中；这可使企业共同利用各种资源要素，有利于建立共同的专业化协作配套厂以及供电、供水、交通、通信等厂外公共工程，从而获得生产费用的节约和较高的集聚效益，有利于国内统一市场的形成和建立合理的国民经济整体运转机制。

（5）充分考虑政治和国防安全要求：工业布局还要充分照顾少数民族地区和经济落后地区的发展，逐步缩小地区发展差距，防止因经济发展严重不平衡造成社会动荡，甚至出现分裂。例如，苏联各加盟共和国经济发展水平极不平衡，民族矛盾不断激化，最后作为重要因素之一，加速了苏联的解体进程。从国防安全考虑，工业布局在宏观上要处理好国防前沿和战略腹地的关系，重要工业和产品的生产能力要有纵深配置；在中观布局上，要防止过度集中，要适当分散布置；同时，要有利于战备动员计划的迅速实施。

（6）遵循生态平衡规律：工业布局时要正确处理工业生产和环境保护的关系，实行“三同时”方针，积极防止工业发展带来的环境污染，使生态环境与国民经济和社会发展相协调，不断提高工业布局的经济效益、社会效益和生态效益。

与重工业布局所要考虑的环境因素相类似，轻工业布局亦要考虑其对周边环境的影响，如食品、纺织、皮革、造纸、日用化工、文教艺术等企业若不按照要求对排放物进行处理，就会对当地水域造成污染，破坏当地的生态系统，对人类健康构成威胁。

案例一：为了省下每吨50元的排污费，自2013年起，徐州市鸿顺造纸有限公司连续3年偷排废水至少2600吨，被环保部门两次罚款，此案随后进入检察机关视线。2016年4月11日，由徐州市人民检察院直接提起诉讼的徐州市鸿顺造纸有限公司环境污染民事公益诉讼案，一审在徐州市中级人民法院公开审理。法院依法判决徐州市鸿顺造纸有限公司承担生态环境修复费用及生态环境受损至恢复原状期间服务功能损失共计105.82万元。

案例二：2015年11月以来，邢台市南和县某运输公司雇佣犯罪嫌疑人李某行，先后两次从南和县某钢管厂拉运废酸共60余吨，倾倒至辛集市辛深排干渠内。经群众举报和调查取证后，2015年11月28日凌晨，辛集市公安局在锚营制革工业区某洗毛厂南侧一闲置院内，将正在利用暗管向辛深排干渠排放废酸的犯罪嫌疑人李某行当场抓获，查扣解放牌作案罐车一辆，经进一步深挖细查，警方将与外地企业勾结倾倒废酸的辛集本地组织者杜某、中间人张某兵成功抓获；赴邢台将另一名邢台市南和县倾倒废酸的司机王某勇抓获；对邢台市南和县组织倾倒废酸的杨某强和另一名罐车司机任某超上网追逃。

案例三：贵阳市乌当区定扒造纸厂（以下简称“定扒纸厂”）自2003年起经常将生产废水偷偷排入南明河或超标排放锅炉废气，多次受到当地环境保护行政主管部门处罚。但该纸厂仍采取夜间偷排的方式逃避监管，向南明河排放污水。中华环保联合会、贵阳公众环境教育中心提起诉讼，请求判令定扒纸厂立即停排污水，消除危险并支付原告支出的合理费用。贵州省清镇市人民法院受理案件的同时，即依原告申请采取了拍照、取样等证据保全措施，固定了证据，并裁定责令定扒纸厂立即停止排污。经法院委托贵阳市环境中心监测站对定扒纸厂排放的废水取样检测，废水中氨氮含量等指标均严重超过国家允许的排放标准，其排污口下游的南明河水属劣五类水质。清镇市人民法院确定由一名审判员和两名环保专家担任人民陪审员共同组成合议庭。审理过程中，合议庭充分发挥专家作用，召开专家咨询委员会会议对被告的排污行为进行论证，依法采信了专家意见。该院还针对其他几家纸厂的排污行为提出由环境保护行政主管部门对这些纸厂进行查处的司法建议，将南明河的污染问题一并解决。

案例总结与启示：在分析造纸、皮革等轻工业企业对周边环境产生危害的案件时，一方面要加强对污染物在水中、土壤中的监测，为破获案件提供科学的数据支撑；另一方面要加强对受害群体身体的检查，对潜在的受害群体进行例行检查，为科学处罚提供支撑。此外，要对各单位排放的各种污染物造成的生态破坏、环境污染进行处罚，同时要求其承担修复生态环境、改善生态环境的费用，从而达到改善生态、优化环境之目的。

高新技术工业布局

高新技术工业布局主要考虑的是科技区位，其次是市场区位，主要从以下几个方面考虑：在大学集中的地区、在大型科研院所比较集中的地区、在大企业周边①。其他要考虑的因素是：人居条件，能否吸引高层次的人才；交通区位条件等。而经济技术开发区的布局，重点考虑的是市场区位、交通区位②。

高新技术产业所需原材料与传统工业相比要少得多，对资源的依赖性不像传统工业那么强，其产品体积小、重量轻、运输方便，运量自然就较小；另一方面，它要求较高的智力资源，对信息的依赖性强，对资金的需求大，对环境质量要求高，对各种服务的需求多③。也就是说，高新技术产业对于软环境的要求远比对于硬环境的要求高得多。特别是在选择高新技术工业这样一种集约发展模式时，这些软要素的影响更加突出，这些特点对高新技术工业的空间布局几乎起到决定性的作用。

高新技术工业就其本身来说，它在空间上一般由五个方面构成：工业、研究与开发、高等教育、居住以及城市服务，其空间布局特点如下：①高新技术产业开发区的组成以教育、研究与开发、生产企业三者为其核心，其产业区的最主要功能是生产功能，这是产业区得以生存和发展的动力源，也是产业区作为一种社区形式日常生活最突出的功能。因此，在规划中应该在位置、规模、对外联系、环境等各方面首先满足生产功能的需要。它们往往在产业区中占据最主要的位置，形成产业区整体布局的核心，以利于高技术企业的正常运转。②高新技术产业开发区还要满足服务功能的需求。这些功能包括行政管理、社会服务（金融、信息、科技、贸易、房地产等）、市政配套等方面。由于它们是为生产职能服务的，其布局的第一原则是方便、高效，比如，产业区的行政管理机构应该布局在便于生产企业与之进行业务联系的位置，方便各种管理活动；而市政设施的布局则以满足生产职能的需要为第一目标，同时考虑设施本身的运营成本和进一步扩展的可能性④。

中国的高新技术产业发展迅速，2011 年全国 88 家高新区上报统计的高新技术企业总计 5.96 万家，实现营业总收入 131 595 亿元，工业总产值 104 931 亿元，工业增加值 27 432 亿元，净利润达 7 672亿元，上缴税额 6613 亿元。

随着高新技术产业的发展，人们在享受科技进步带来的诸多成果及巨大社会变革的同时，亦处于被犯罪分子利用高科技手段进行侵害的危险之下，以电信诈骗为例，2010 年以来，我国共发生 6534 件电信诈骗案，涉及的被告人数达 15332 人，在电信诈骗案件中最常见的电话诈骗中，以“中奖”为欺骗理由的占了 40%，以“补贴”为欺骗理由的占了 35%；而在另一种电信诈骗方式——网络诈骗中，QQ 成为最常用的犯罪工具，占全部网络诈骗的近 60%，其次是微信诈骗，占 15%左右。

案例一：2013 年 2 月以来，上海警方连续接到因酒吧消费纠纷而报警的多起案件，报案人称在网上结识了网名为“风中的云”的女子后，随后要求约见该女子，后被该女子带至长宁区某酒吧消费，并被收取超出正常消费价值 80%以上的高额费用。警方立即展开调查。发现来该酒吧的客人络绎不绝，每日均有多名固定的年轻女子带领不同男性进出，行迹十分可疑。警方推断，该酒吧很可能是一个实施高额消费欺诈的犯罪窝点。于是，民警就从被害人的被害经历着手开展调查，发现被害人由

---

① 雷明．厂址选择［M］．北京：科学技术文献出版社，1992.

② 魏心镇，王缉慈．新的产业空间——高技术产业开发区的发展与布局［M］．北京：北京大学出版社，1993.

③ 中国科学院地理研究所．城镇与工业布局的区域研究［M］．北京：科学出版社，1986.

④ 芦咏梅．高新技术产业开发区的规划建设［J］．城市规划，1993（4）：31-34.

于猎奇心理，在网上认识了一个叫“风中的云”的单身女性，被其花言巧语所诱，将自身的基本情况和联系方式都告诉了她，迫不及待想见到该女子，并约定地点进行会面，最终被骗。然而，随着案件思路的逐渐清晰，一个庞大的诈骗团伙浮出水面。原来，与多位被害人网上聊天的“风中的云”，根本不是女性，而是照着“剧本”聊天的“键盘手”，其中大部分都是男性。该犯罪团伙在网上发布招聘信息，招聘“键盘手”，与被害人通过QQ聊天骗取被害人的基本信息。专职“键盘手”冒充单身女性在互联网上搭识男性网民，然后将骗取的被害人的基本信息等资料贩卖给团伙组织者，再由团伙中的所谓“发号女”通过QQ、微信、短信等工具把这些信息传递分配给各组“酒托女”，将被害人带至酒吧进行高额酒水消费，骗取被害人“买单”。经审讯，该团伙主要犯罪嫌疑人谢某如实供述了利用“酒托女”以消费酒水为名对顾客进行高额消费欺诈案值达10万余元的犯罪事实。目前，依据《中华人民共和国刑法》第266条规定，将该团伙25人批准逮捕，现检察机关已提起公诉。

案例二：俞先生上班很忙，很少有时间关心股票。有一次，他无意间发现一家投资网站，可以代为投资股票，而且每天的账面情况都会在收盘后公布，宣传内容十分吸引人，手续费也不贵。“2个月至少赚3成”，网站的保守宣传，反而让俞先生感到非常真实，便尝试着关心了一下该网站连续几天的投资信息，发现他们购买的股票第二天都会涨，于是决定投资。他在网站注册了一个账号，并与客服联系咨询相关事宜，并先后共投资了50余万元。接着，便隔三差五上网看看账号情况。看着账面盈利节节高，俞先生很满意，两个月后，账面总资产已达到130余万元。俞先生决定见好就收，便联系该投资网站，希望能拿回本钱及盈利的钱。不料，“专属经纪人”反复劝说，股市正遇千载难逢的好机会，再多放几个月肯定能有更高的收益，甚至还能在130余万元的基础上翻一倍。俞先生反复思考后，仍决定兑现离场。不料，此后就再也联系不上“专属经纪人”了。直到向上海警方报案，俞先生依然还没意识到自己被骗了。警方在长春市一幢高档写字楼内，成功抓捕了李某等两名犯罪嫌疑人。经审讯，二人均交代了在投资网站上班期间，以提供虚构账户信息等手段，骗取被害人俞某50余万元的犯罪事实。

案例三：据张女士介绍，她在“猪八戒”网上看到一则招网络兼职的信息后，很感兴趣，便加了该信息下公布的一个QQ号。当天晚上，张女士就收到该QQ号发来的信息：淘宝商品的价格是600元，佣金30元，拍下商品后5分钟会把本金和佣金一起返回支付宝。张女士表示，当时她还是有点担心，但对方连续将淘宝店家的截图等信息发过来，并再三强调已将各种信息发布在网上，根本就没法骗人。随后，张女士帮对方刷了第一单，价值600元。可当她要求对方返还本金及佣金时，对方却表示，默认拍的数量都是两个，张女士只买了一个，没法返现，除非继续购买。张女士为了追回先前的600元，便再一次进行了购买，但对方仍然以张女士操作有误为由，拒绝返现，并诱惑张女士继续购买。最终，张女士连续购买了四次，共计被骗2400元。同样的案例中央电视台社会与法频道报道过，在正规公司担任行政助理的小王也收到了类似的淘宝网刷单挣取外快的QQ招聘。刚开始小王按照自称张经理和王经理的要求完成了刷单任务并收到了约定的返现金额。之后张经理让小王考虑刷个大单，一单1万元，之后返利2000元作为酬金，但有个条件，必须要连续刷三单才算一笔。小王觉得这是个发财的机会，就铤而走险，利用公司账户上的资金进行操作，连续刷了四笔（12万元），张经理和王经理说因为有其他账号加入，四笔都没有联系成功，让小王继续尝试刷一笔。小王告知对方，刷单用的是公司的钱且公司急需用，让刷单的公司能不能先将刷单的费用返还，张经理、王经理之后就态度恶劣，直至后来连消息都不回复了。后来小王意识到自己上当了，就躲到外边不再上班，公司发现账户上的货款不见后报警。警察找到小王的住处，根据其提供的线索并结合其他线索破获此案。小王虽然是受害者，但因其挪用了公司的货款最终被判决有期徒期1年6个月，令人唏嘘不已。

案例总结与启示：近年来，随着宽带、光纤、WiFi、4G等各种互联网接入方式的普及，网络变得触手可及，使得传统的诈骗手段开始在网络上出现并不断演变、升级，网络的非直接接触式的信息传播和交流方式使得网络诈骗不受地理范围的限制，危害性更大、隐蔽性更强、骗术也更加多种多样，但其本质仍是编造虚假信息或隐瞒真相骗取他人财物。在侦破该类型的案件时，一定要根据受害人的经历认真剖析诈骗环节，详细研究案件细节，寻找破案线索，之后模拟受害人的经历，采用技术手段进行案件侦破，从而达到一举抓获犯罪嫌疑人之目的。

工业布局趋势

工业布局趋势指工业在地域上的动态分布或工业生产的地域组合的未来态势①。区域政策、投资水平、对外开放度和市场化水平等因素都会对工业布局趋势产生影响②。关于工业布局研究的基本理论主要有：工业区位理论、增长极理论、产业梯度推移理论、“点—轴”开发理论、产业集群理论、新经济地理理论③④。

（1）工业区位理论：德国工业区位经济学家韦伯（Webber）在1909年出版的《论工业的区位》一书中对工业区位进行了系统研究。抽象地分析工业生产分配过程，以推导出纯区位规则的演绎方法来研究工业区位问题，并明确提出了“区位因子”这一概念，将区位因子划分为一般性区位因子和特殊区位因子，且着重研究一般性区位因子中运输成本、劳动力成本以及集聚力等几种最重要的因子对工业区位的作用，认为工业布局主要受运输成本、劳动力成本和集聚力三个因素的影响，其中运输成本对工业布局起决定作用，工业部门生产的地区差别主要是由运输成本造成的。

（2）增长极理论：由法国经济学家佩鲁于1955年提出，其核心内容是：在一国经济增长过程中，由于某些主导部门和具有创新力的企业或者行业在某些特定区域或者城市聚集，从而形成一种资本和技术高度集中、增长迅速并且有显著经济效益的经济发展机制，其对邻近地区的经济发展有着强大的辐射作用，其中增长迅速、辐射作用强大的地区被称为“增长极”。随后，法国经济学家布德维尔把佩鲁的产业增长极理论扩展到地域空间增长极理论。增长极理论是区域开发中不均衡开发理论的一个典型。佩鲁的增长极理论实际上是一种结构理论，它是建立在对产业部门和企业进行结构分析的基础之上的，并强调了先导产业对其他产业的带动作用。而增长一般通过四个方面发挥作用：一是技术的创新与扩散；二是资本的集中与输出；三是产生规模经济效益；四是形成“凝聚经济效果”。佩鲁还指出，增长极效应是一种多种效应的复合体。

（3）产业梯度推移理论：区域经济发展中的梯度推移理论是建立在产品生命周期理论上的，而产品生命周期理论是由弗农于1966年提出的。基本观点是：一个区域的经济兴衰，取决于它的产业结构，进而取决于它的主导部门的先进程度。与产品生命周期相对照，可以把经济部门分为三类：①产品处于创新到成长阶段的是兴旺部门；②产品处于成长到成熟阶段的是停滞部门；③产品处于成熟到衰退阶段的是衰退部门。因此，一个区域的主导部门是兴旺部门，则被认为是高梯度区域，反之，主导部门是衰退部门，则属于低梯度区域。推动经济发展的创新活动（包括新产品、新技术、新产业、新制度和管理方法等）主要发生在高梯度区域，然后依据产品生命周期循环的顺序由高梯度区域向低梯度区域推移。

（4）“点—轴”开发理论：最初是由波兰的萨伦巴和马利士提出来的。该理论的核心是，社会经济客体大都在点上集聚，通过线状基础设施而联成一个有机的空间结构体系。该理论的主要依据是：生产力地域组织的演变过程与生产力发展水平相关，事物相互引力和扩散方式的普遍性。“点—轴”开发理论就是运用网络分析方法，把国民经济看作由点、轴组成的空间组织形式，点就是增长极，轴线就是交通干线。随着经济的发展、工业点的增多，点与点之间由于经济联系的加强，必然会建设各

---

① 陈仲常，丁加栋，郭雅．等．中国工业布局变动趋势及其主要影响因素研究——基于省际面板数据的实证分析［J］．上海财经大学学报，2010（5）：50-56.

② 丁加栋．中国工业布局变动趋势及其主要影响因素研究［D］．重庆：重庆大学，2010.

③ 龙开元．中国工业布局演变驱动机理研究［M］．北京：知识产权出版社，2008.

④ 陆大道．中国工业布局的理论与实践［M］．北京：科学出版社，1990.

种形式的交通、通信线路使之相联系，这一线路即为轴。这些轴线首先是为点服务而产生的，但它一经形成，对人口和产业就具有极大的吸引力，吸引企业和人口向轴线两侧聚集，并产生新的点。“点-轴”理论就是根据区域经济由点及轴发展的空间运行规律，合理选择增长极和各种交通轴线，并使产业有效地向增长极及轴线两侧集中布局，从而由点带轴、由轴带面，最终促进整个区域的经济发展。

（5）产业集群理论：1990 年，波特对产业集群进行了详细的研究，形成了集群学派区域发展理论。他提出，产业集群是按照比较优势，整合区域内各种资源要素，促进区域经济的内源性发展，培育和提高区域内经济的自我发展能力，从而实现跨越式发展。产业集群理论强调产业集群是内生的，其内部主体是企业，而政府只是充当集群的催化剂和润滑剂，必须以现有的或者新兴的集群为前提制定规划。波特的产业集群理论可以说是迄今为止影响最大、最为系统的有关产业集群的竞争理论，其产业集群概念已经成为评估地区的竞争优势、制定公共政策的一种新思维，培育和构建产业集群已成为各国、各地区参与全球和区域竞争，提高产业竞争力的重要战略。

中国工业空间结构

工业空间结构是工业发展不均衡在空间上的表现形式，是工业企业相互作用、相互联系所形成的空间集聚规模和集聚形态，是区域发展状态的重要指示器①。

我国工业的空间分布随着时间的推移发生了很大变化：①在新中国成立初期，我国工业集中的省区主要分布在东北、华北地区以及华东沿海地区，拥有重工业发展条件和资源优势的中部省区的集中度也在提高，而东部沿海地区的工业集中程度还不高，这与这一时期我国的产业政策和中央高度重视重工业发展的思想是密切相关的。②改革开放前期与新中国成立初期相比，我国工业的省际分布状况变化不大，工业集中的省区主要还是分布在东北、华北和华东沿海地区，但是沿海省区工业的集中程度提升了。③从 1978 年改革开放开始到 1992 年邓小平同志南巡讲话的十几年间，沿海地区特别是珠江三角洲地区充分发挥了体制灵活的优势，积极进入轻工业领域，工业经济蓬勃发展。由于以往长期压抑轻工业生产，一旦开始发展轻工业，人民群众的需求量突然释放出来，拉动了轻工业的发展，并且轻工业的进入门槛较低，容易起步，家电、服装、纺织等产业发展速度很快，这使得广东、浙江、福建等沿海省份的工业集中程度大大提升了，而辽宁、黑龙江等以往的“重工业明星”由于政策的转向以及自身体制的原因，其排名迅速下滑。④到 2004 年，改革开放进行了二十多年，我国工业已经明显地向沿海发达地区集中，呈现出以东部沿海地区为中心的局面。长江三角洲地区、珠江三角洲地区以及环渤海湾地区，这三大工业产业集中区域已经形成，三大区域的工业总产值占全国工业总产值的 60%。这一时期发展最为迅速的是长江三角洲地区，上海、浙江、江苏三省（直辖市）的工业总产值占全国工业总产值的 23.4%。长三角地区的工业支柱是深加工工业、重化工业、轻纺工业，形成了一大批工业产业集群，浙江的特色产业集群有：纺织、制衣、电器、机械、医药等，江苏的特色产业集群有：机械、纺织、轻工、食品、电子信息等。环渤海湾地区的起步虽然较珠三角和长三角地区晚，但是环渤海湾地区以往的工业基础雄厚，地理位置优越，区域基础设施互通，其工业发展速度很快，其主导产业为装备制造、化工、冶金、纺织等②。

---

① 程坚．中国工业的空间结构：对省际工业分布变迁的研究［D］．杭州：浙江工商大学，2007.

② 杨上广，丁金宏，刘振宇．等．中国产业结构的空间差异研究［J］．开发研究，2004（3）：91-94.

产业空心化

产业空心化指以制造业为中心的物质生产和资本大量地迅速地转移到国外，使物质生产在国民经济中的地位明显下降，造成国内物质生产与非物质生产之间的比例关系严重失衡①（图 5-5）。在一些高度发达的国家和城市，产业结构在一定发展阶段会出现的一种趋势：非物质生产的服务性产业部分的比重远远超过物质生产部分的比重而成为国民经济的重要部门②。出现产业空心化的原因主要是：高度发达的国家和城市，由于追求完善的经济服务，使得大部分物质生产部门都转移到了欠发达的国家和城市。以制造业为代表的第二产业占国民生产总值的比重大幅下降，第三产业的比重迅速上升，超过了第二产业，以至大于第一、第二产业之和。有人认为第三产业比重超过60%，即是产业空心化。对发展中国家而言，产业空心化一般指“离制造业现象”，指处于国民经济核心地位的制造业由于制度因素或成本因素转移出去而导致的空心化，即产业结构失衡③。

图 5-5　产业空心化

产业空心化包括几层含义：首先，产业空心化从根本上讲是生产要素的空心化。其根源在于生产要素的比较劣势，包括资本、技术、劳动力、资源等。其次，随着空心化程度的加深，将逐渐波及同类产业乃至上下游产业，最终导致整个产业结构的失衡。最后，产业空心化属于市场失衡。产业空心化是资源全球化配置效率提升与产业安全之间冲突的集中体现，是一种“新型的市场失衡”。因而，随着产业空心化而来的必然是一系列的包括资金、人力、市场等社会各种要素的失衡和重新配置，在这一重置过程中各方面的利益诉求未必能够得到完善的满足，由此则必定会激发相关环节的矛盾，相伴而生的一些犯罪活动则需要得到足够的关注。

改革开放以来，东部沿海地区的工业发展水平迅速提升，经济实力不断增强，城市基础设施、居民生活环境都得到了巨大改善，吸引了中西部地区劳动力的大量流入，成为我国人口的高聚集地带。但是，在繁荣经济的背后，城市犯罪问题也在悄然滋生、成长和蔓延，由于东部沿海地区城市经济快速发展，生活水平显著提高，城市发展环境和生活质量与中西部地区形成鲜明反差，加上经济与社会发展异常活跃，使得以图财为目的的侵财性案件频发，而大量外来务工人员的超常规涌动，也给城市治安带来了严重隐患，另外，高科技犯罪也成为东部沿海地区的高发案例，如被媒体称为“诈骗之乡”的福建安溪，参与诈骗的人数多、涉案金额大、社会影响恶劣。

案例一：2014 年 8 月，江苏省淮安市公安局网安支队在工作中发现：犯罪嫌疑人使用南京、扬州、淮安等地的无线上网卡，登录维护管理 46 个虚假的高等教育院校网站，并伪造该批虚假高等教育院校的学历证书、学位证书在网上兜售。经过工作，专案组派出 21 个抓捕组、110 余名警力分赴 11 省 24 市，先后抓获岳某、程某、杜某等犯罪嫌疑人 50 名，上网追逃 4 人，扣押各类假资质证书和假学历证书成品、半成品 1200 余份。在抓捕的同时，专案组还抽调人员梳理出全国“虚假大学”945 所。

案例二：2014 年 6 月以来，江苏省淮安市公安局清河分局陆续接到群众报警，称自己银行卡上

① 蒋志敏，李孟刚．产业空心化新论［J］．产业分析，2006（10）：75-78.

② 乔家君，吴殿廷，赵玉明．等．开封市产业空心化的历史考察［J］．人文地理，2008（4）：116-122.

③ 刘威，栾贵勤．警惕东北地区的产业空心化［J］．商业研究，2005（10）：173-175.

的钱被盗刷。经查，2014年5月以来，犯罪嫌疑人朱某自己制作手机木马病毒，并将其伪装成“移动积分兑换”等文件，随后将该木马病毒销售给郑某、王某、李某、谢某等，由王某架设“钓鱼网站”，伪装成移动公司积分兑换激活客户端，套取受害人的个人信息及银行卡资料，利用受害人下载到手机上的木马软件拦截验证码短信，最后通过快捷支付的方式大肆盗刷银行卡，涉案金额200余万元，受害群众达10万余名。

案例三：根据台湾警方通报，2013年8月以来，传播手机木马病毒盗取电信资费类案件在台湾频繁发生，犯罪嫌疑人向受害人发送含有木马病毒的网址链接，受害人使用手机访问链接后，木马会自动植入并控制受害人的手机。犯罪嫌疑人通过控制受害人的手机来购买游戏点卡，并通过互联网销售这些游戏点卡变现。根据线索，公安部迅速锁定在浙江金华活动的主要犯罪嫌疑人。2014年8月28日，浙江警方出动170余名警力，在浙江金华、福建龙岩等地开展抓捕行动，共抓获犯罪嫌疑人32名。经查，自2013年起，犯罪嫌疑人杨某组织“黑客”王某、孙某等人制作、传播木马程序，盗取被控制的手机电信资费2000万元。

案例四：2016年5月，林某、王某以应聘服务员为幌子“潜伏”餐馆中，当顾客将银行卡交由他们结账时，他们使用相关设备复制银行卡信息，短短3天就作案28起。2016年6月，玄武警方通报了这起团伙复制银行卡信息案。林某、王某都是广东电白人，90后，这次到南京来，是受上家指派，来南京复制银行卡信息的。林某交代，复制银行卡信息的设备、生活费等都是由上家提供。他们到南京后，需要找可以接触到银行卡的工作，所以就选择了到餐馆当服务员。林某称，上班后，他们随身带着复制银行卡信息的设备，一旦拿到顾客的银行卡，他们便先进行复制，然后偷窥顾客输入的密码，记录下来。账本上记录的数字，前4位是银行卡的尾号，后面6位则是银行卡密码。这些银行卡信息收集好后，两名犯罪嫌疑人便以每条200元的价格卖给上家。两人在餐馆只干了3天便被抓，但已经复制了28条银行卡信息。根据两名犯罪嫌疑人的交代，他们的上家藏身广东电白。警方于是立即赶往当地，经过近半个月的摸排，最终在2016年6月中旬将犯罪嫌疑人周某抓获。据周某交代，他并不会克隆银行卡，获得银行卡信息后也是倒卖给上家，每条信息加价100~200元不等。3名犯罪嫌疑人均已被警方以涉嫌窃取、收买、非法提供银行卡信息罪依法刑事拘留。

案例总结与启示：近年来，制作虚假网站、制作传播木马程序、复制银行卡信息等案件频发。在分析该类案件时，一定要联合计算机专家、信息技术专业人士甚至“黑客”，通过分析其作案流程和关键环节，顺藤摸瓜，最终达到破获案件之目的。此外，公安机关可以制作相关的普法节目，提升普通民众的警惕意识，从而避免不法分子轻而易举地达到犯罪目的。

产业转移

产业转移较早就引起学术界的关注，但在对其概念的界定上，迄今尚无统一的定义。目前，大家比较认同的是：产业转移是指产业由某些国家或地区转移到另一些国家或地区，是一种产业在空间上移动的现象①。这个概念只是从地域或空间角度来表述，并没有从概念的本质上加以阐述。顾朝林认为产业转移不仅仅是一个空间概念，它是一个具有时间和空间维度的动态过程，是一个历时与共时兼容的经济现象，它既是对生产要素的空间移动的描述，也是对不同产业部门形成与演进历史的梳理②。王文成等人认为顾朝林这样理解产业转移并不全面，产业转移应该是一个资源流动的过程，也是一个资源优化配置的过程③。卢根鑫认为产业转移是一种新质的经济运动过程④。王先庆认为产业转移的实质和关键问

① 李松志，杨杰．国内产业转移研究综述［J］．商业研究，2008（2）：22-25.
② 顾朝林．产业结构重构与转移——长江三角地区及主要城市比较研究［M］．南京：江苏人民出版社，2003.
③ 王文成，杨树旺．中国产业转移问题研究：基于产业集聚效应［J］．中国经济评论，2004（8）：6-20.
④ 卢根鑫．试论国际产业转移的经济动因及其效应［J］．上海社会科学院学术季刊，1994（4）：33-42.

题是资本转移，但产业转移的主轴是技术转移①。李新春认为产业转移是指整个产业从一个经济地区向其他地区的转移，指出国内对香港的制造业大规模向大陆的投资设厂不能称之为产业转移②。

有关产业转移的研究，比较典型的有：日本经济学家赤松要提出的“雁阵模式论”，对东亚区域内依据各自经济发展水平不同形成的产业结构错落有致的“雁阵形态”进行了分析和总结③。1966年，美国经济学家弗农提出了产品生命周期理论，对地域间和国际的产业与产品的周期性发展进程以及由此导致的产业和产品的转移做了系统的描述和理论的总结。20世纪70年代末，邓宁提出国际生产折衷理论（OLI模型），其理论创新的一个重要方向就是关注通过FDI获取竞争优势的问题，其间接地阐释了产业在国家间的梯度转移④。当前，国际的产业转移主要是由欧美等国向东亚、东南亚及其他新兴经济体转移，中国的区域间的产业转移模式是由东部沿海—中部—西部的梯度转移模式。

国际间的产业转移加快了全球化的进程，促进了国际间的交流合作及人员往来，对于交易主体都具有一定的积极作用。与此同时，随着国际分工合作的开展，贸易往来日益频繁，跨国犯罪成为一种新的犯罪形式，《联合国打击跨国有组织犯罪会约》将跨国犯罪分为17大类，分别为：洗钱、恐怖行动、盗窃文物和艺术品、侵犯知识产权、非法买卖武器、劫机、海盗、抢劫地面交通工具、骗保、计算机犯罪、生态犯罪、贩卖人口、人体器官交易、非法贩卖毒品、虚假破产、参与违法经营、贪污受贿及行贿等。近年来，跨国犯罪也成为各国联合打击的重要对象。

案例一：2013年，辽宁省公安机关打掉一个非法入侵韩国网站、盗窃网民银行存款的犯罪团伙。2013年1月，辽宁省公安机关网安部门在工作中发现，网上有人高价收购韩国银行账户信息。经调查，自2012年起，黑龙江网民王某在丹东市成立游戏工作室，通过互联网买卖韩国游戏币和韩国银行账户信息牟利，其贩卖的韩国游戏币主要来自王某、孙某犯罪团伙。警方进一步调查发现，王某、孙某犯罪团伙自2012年起从事盗窃韩国网民银行存款犯罪活动，半年时间先后入侵100余家韩国网站，盗窃韩国网民银行账号和密码4000余组，盗窃资金折合人民币1000余万元。

案例二：2014年5月，越南警方向中国警方通报：多名中国籍犯罪嫌疑人在越南运营一个专门针对中国人的赌博网站。此案交由江苏省徐州市公安机关办理。徐州警方经缜密侦查，查获一个跨中国、越南、缅甸3国运营网络赌博网站的犯罪团伙。2014年9月，中国、越南、缅甸警方统一开展打击跨国网络赌博联合执法行动，共抓获犯罪嫌疑人119名。其中，中国公安机关出动300余名警力，分别在江苏徐州、浙江杭州、广东珠海、云南德宏等地抓获周某等赌博代理团队犯罪嫌疑人86名，查扣涉案计算机423台，冻结涉案赌资人民币6400余万元。越南、缅甸警方及时将抓获的33名犯罪嫌疑人和查扣的物品移交中国警方。

案例三：2011年8月至9月间，被告人吉秀燕、李开琴、欧阳秀真、夏凤仪、夏秋怡、赖炳同、赖庆汉、陈冬冬、赖韩韩、庄敬意、林智强、杨剑、张西、张叶伙同赖伟城（已判刑）先后出境前往印度尼西亚，于2011年9月16日至9月26日期间，在印度尼西亚雅加达市一别墅内，分别作为一线、二线、三线人员，冒充中华人民共和国公安机关工作人员，通过电信技术手段，采用向中国居民拨打电话的方法，向被害人虚构个人信息泄露、涉嫌犯罪、资产需要保全等事实，诈骗48名被害人共计人民币462万余元。北京市东城区人民法院经审理认为，被告人吉秀燕等人以非法占有为目的，共同通过电信技术手段，采取虚构事实、隐瞒真相的方法，骗取他人钱财，且数额特别巨大，14名被告人的行为侵犯了公民的财产权利，均已构成诈骗罪，依法应予刑罚处罚。

案例总结与启示：在分析跨国网络诈骗案件时，一方面要对受害人的被骗经历认真分析，通过梳理案例和对比分析，借助计算机手段演示出其作案手法。另一方面要在摸清作案方式和诈骗手段的同时，通过各种刑侦技术加强对国外非法基站位置的锁定，进而展开国际联合办案，找准作案地点一举

---

① 王先庆．产业扩张［M］．广州：广东经济出版社，1998.
② 李新春．企业联盟与网络［M］．广州：广东人民出版社，2000.
③ 魏后凯．产业转移的发展趋势及其对竞争力的影响［J］．福建论坛（社会经济版），2003（4）：11-15.
④ 孙华平．产业转移背景下产业集群升级问题研究［D］．杭州：浙江大学，2011.

破获该类案件。

传统工业行业

传统工业又称夕阳工业，一般是与高新技术工业相对而言的，但二者之间并没有明确的划分界限。我国目前所说的传统工业，大体上是指技术密集度较低、劳动密集度较高的产业，按照统计的工业分类来分，大概包含食品饮料、烟草、纺织服装、皮革羽绒、木材及竹藤棕草、家具、造纸及印刷、文体用品、机械、电气设备等①。随着现代科学技术和经济结构的发展需要，新兴工业不断兴起，发展迅速，如石油化工、合成材料、电子技术、原子能、宇航工业等，极大地冲击和改变了原有的工业结构，使传统工业生产停滞不前，甚至衰退。但传统工业目前在经济发达国家的经济中仍占主要地位，在较短时间内还不可能被新兴工业所取代。在发展中国家，传统工业仍处于兴起、兴盛时期，尚待大力发展。故传统工业只是一个相对概念。通过引入、采用新技术，对其进行改造，提高其生命力，是传统工业继续发展、适应工业现代化要求的重要途径。在区域工业发展规划中，必须重视对传统工业的技术改造与引导，重视其在现代工业结构中的地位与特点，在许多落后地区的经济发展中，传统工业仍将是工业发展的主体。

目前，我国传统工业所面临的主要问题有：供过于求导致积压；产品质量不合格、不适应市场需求；政策不合理；进口商品在国内市场上的竞争将逐渐加强。为摆脱传统产业所遭遇的困境，各地企业需要强化管理和营销、削减冗员、进行技术改造和产品更新、提高产品附加值②。

在对传统工业推陈出新，大力发展新兴工业的同时，传统工业中对生产力的改造是一个非常重要的环节。其中的一部分技术型产业工人经过短暂的培训和适应期可以尽快地融入新的工作岗位中去。而另外一大批适应于劳动密集型产业中的工人由于年龄、受教育水平、经济条件、接受能力等的限制，未必能够尽快地参与到新的岗位中去。由此可能产生一系列的诸如难以就业、就医和生活不继等问题，尤其是一些规模性群体事件或事态未得到很好地控制而导致犯罪的发生。

太空工业化

太空工业化作为人类在太空基地的重要活动，贯穿于空间飞行和星际航行的全过程③（图 5-6）。它一方面要通过太空工业满足太空人的日常生活需求；另一方面要研制地球所没有的或紧缺的产品，由飞船或航天飞机运回地面；此外，还要研制新型运载工具、卫星、探测器、射电望远镜、太阳能电站、空间站构件与分段等，作为下一步星际航行所需要的装备与设施。太空工业包括：太空电站产业、太空制药产业、太空建筑产业、天空旅游业、机器人产业、太空农牧产业、太空环保产业等。

目前，世界主要大国都积极展开了太空探索和开发。太空工业化的生产方式包括太空开发，太空开发的实质是人工创造和利用化学物质和生命物质。我国的太空工业化，必须从新工业化的视角把握太空发展战略，积极实现社会价值观的转变，真正重视太空事业；要有计划、分步骤地积极展开太空探索和开发，重点建设月球基地、火星基地和太阳系探索体系；要抓住运载技术、人工智能技术、太空网络技术等重点环节，努力实现关键技术创新④。

太空开发有三个基本方向和途径：①资源利用型开发。从本质上讲，这种类型的太空开发是为了

---

① 凌孟波，邹蓝．当前中国传统产业发展的若干问题［J］．开发研究，2000（1）：12-15.

② 郭克莎．我国传统工业的改造升级［J］．经济管理，2001（1）：18-20.

③ 林一平．太空基地和太空工业化［J］．江苏航空，2000（1）：46-48.

④ 韩民青．中国新工业化太空发展战略［J］．山东社会科学，2004（6）：27-31.

图 5-6　太空空间站

地球文明（即为了地球人类生活而获取有用资源），如空间资源、能源、原材料等。当然，这其中也包含探索太空奥秘的科学研究（图 5-7）。②生存扩展型开发。这种类型的太空开发表现为地球移民，把地球上的人类文明扩展到其他适宜人类生存的天体上，这种开发和资源利用型开发一样，都是满足人类谋生存的需求（即维持和扩展生存的需求而进行的太空开发）。③非生存拓展型开发。这种开发既不是为了获取资源，也不是为了地球移民，而是为了深入认识宇宙和改造宇宙，它缘起于人类谋自由的终极追求。

图 5-7　太空种子

（图片来源：新华网．神舟三号飞船上搭载的农作物）

全球工业发展空间格局

全球工业的分布主要集中在北半球中纬度地区，呈东西向不连续的带状分布，包括北美、西欧、东欧、日本和亚洲东部沿海。南半球比较重要的工业区则集聚在南非、澳大利亚及南美中东部地区。

（1）北美工业区：主要位于美国东北部和加拿大东南部，是世界上最大的工业区。那里的煤、铁资源丰富，交通运输便利，农业发达，人口稀疏，工业部门齐全，尖端技术和高新技术居世界领先地位。20 世纪 50 年代以来，在国际市场上由于欧盟、日本等的竞争，这里的许多工业部门在世界工业中的优势逐渐降低，但仍然是世界上最重要的综合型工业区。

（2）西欧工业区：位于欧洲西部，主要包括英国、法国、德国、荷兰、比利时、意大利北部等重要工业区，是现代工业的发源地。这里经济基础雄厚，交通便利，劳动力质量高，煤、铁资源丰富，核能、航空、汽车、化工等技术密集型工业发达，钢铁、机床、船舶、电力等产量居世界前列。工业地域逐渐从内陆向沿海地区发展。

（3）东欧工业区：主要包括俄罗斯、乌克兰、捷克、波兰等国的主要工业区。这里资源丰富，基础工业实力雄厚，属资源密集型重工业地区，工业也多布局在靠近原料和燃料产地的内陆。第二次世界大战后，电子、宇航等新兴工业发展较快。

（4）日本太平洋沿岸工业区：分布在日本太平洋沿岸长达 1 000 千米的地区，约占全国面积的 30%，人口的 66%，工厂的 72%，工业产值的 75%。工业多属依靠进口原料和燃料的加工贸易型，是世界上著名的临海工业带。钢铁、汽车、造船、电子、化学、家用电器在世界上占有重要的地位，近年来技术密集型产业发展迅速。

（5）亚洲东部沿海工业区：北起韩国东南沿海和中国东部沿海，向南延伸到东南亚一些国家。20 世纪 50 年代以来，这一地区的国家竞相发挥各自的优势，根据国情实施对外开放战略，推动了各国工业的发展。进入 20 世纪 80 年代后，各国工业的发展更为迅速。工业类型逐渐从劳动密集型向技术型过渡。各国纷纷建立出口加工区、自由贸易区、经济特区等，使这一带成为第二次世界大战后新兴的工业区。

河南省的工业布局特征

河南省的工业行业布局则较为分散，由于河南省的工业发展主要依托资源、交通和原有产业基础，故在空间上形成了较为明显的区域特色。从第二产业的空间分布上看，中原城市群核心发展区（郑州、开封、洛阳、焦作、新乡、许昌、漯河、平顶山、济源等 9 市）主要产业部门为：通信设备、计算机及其他电子设备制造业，黑色金属冶炼及压延加工业，烟草制品业，电气、机械及器材制造业，橡胶制品业，专用设备制造业，通用设备制造业，石油加工炼焦及核燃料加工业，有色金属冶炼及压延加工业，食品制造业，电力、热力的生产和供应业，煤炭开采和洗选业等。豫北地区的重点产业有石油和天然气开采业，黑色金属冶炼及压延加工业，纺织业，石油加工炼焦及核燃料加工业，化学原料及化学制品制造业，医药制造业，烟草制品业，天然气生产和供应业，电力、热力的生产和供应业等。豫西南地区着重发展了有色金属矿采选业，工艺品及其他制造业，有色金属冶炼及压延加工业，纺织业，纺织服装、鞋、帽制造业，煤炭开采和洗选业，非金属矿物制品业，医药制造业，金属制品业，饮料制造业等主导产业。黄淮地区则是以发展农产品深加工、精加工，建设以农产品精深加工为主的绿色农产品加工制造基地为中心，重点发展了皮革、毛皮、羽毛（绒）及其制品业，木材加工及木竹藤棕草制品业，纺织服装、鞋、帽制造业，医药制造业，家具制造业，食品加工业，纺织业，食品制造业，塑料制品业，饮料制造业等主导产业。

河南省高成长性产业特点及发展引导

高成长性产业是具有较大市场空间、增长速度快、转移趋势明显的产业，是拉动经济增长的主要动力。近几年来，河南省为适应消费结构升级和城镇化进程加快的新要求，大力发展汽车、电子信息、装备制造、食品、轻工、建材等六大高成长性产业，选择竞争力最强、成长性最好、关联度最高、支撑条件最优和见效最快的领域，依托产业集聚区和骨干企业，加快承接产业链式转移，着力培育新的经济增长点，成为推动经济增长的主要动力。

（1）汽车工业：指生产各种汽车主机及部分零配件或进行装配的工业部门。主要包括生产发动机、底盘和车体等主要部件并组装成车的主机厂和专门生产各种零部件的配件厂。

近年来，河南省的汽车工业实现了快速发展，产业规模不断壮大。呈现出快速发展的态势。公路客车、高档皮卡和专用半挂车的国内市场占有率均居同行业首位，转向器总成、减震器总成、传动轴总成等 10 多种零部件产品的产量位居全国前列。以郑州宇通、郑州日产等整车企业和新航集团、中

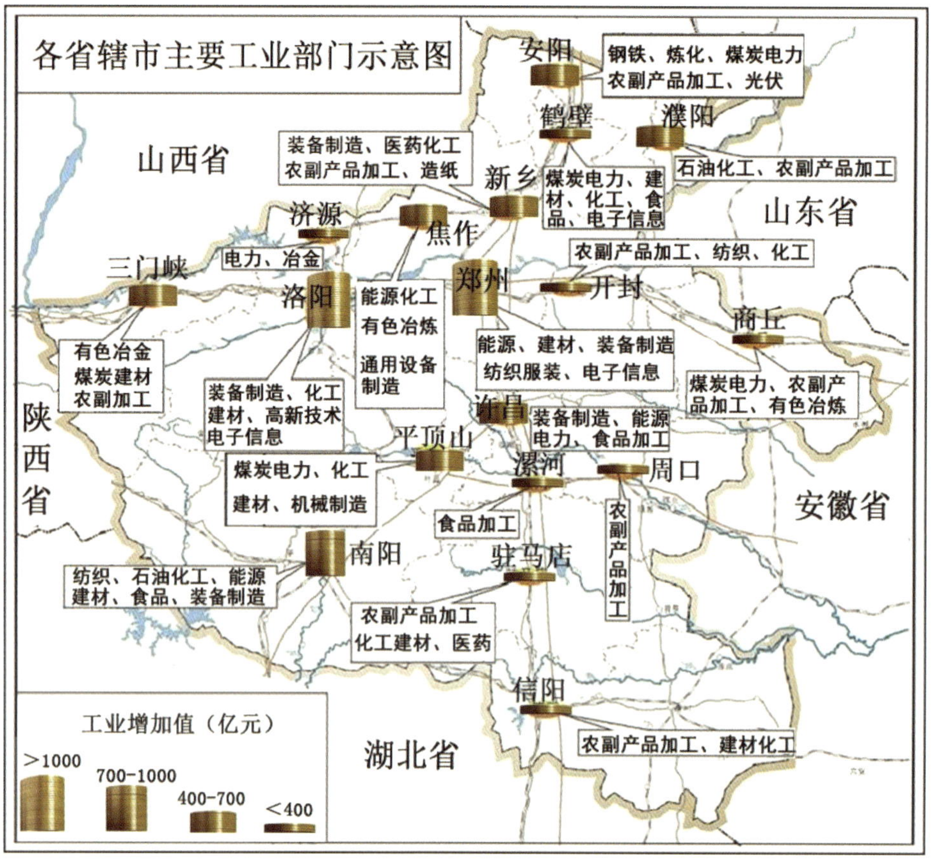

图 5-8　河南省各省辖市主要工业部门示意图

［图件来源：中原经济区国土规划（河南部分，2011～2030 年）］

轴集团、中原内配等零部件企业为代表的企业群体迅速壮大，产品研发能力不断提高，郑州日产、海马、宇通等汽车产能提升工程正在加快建设。但是制约河南省汽车产业发展的瓶颈问题仍然比较明显，由于河南省汽车工业起步晚、基础弱，整车产量仅位列全国第 20 位。特别是周边省份的汽车工业基础较好，发展较快，南边有武汉，东边有安徽、山东、江苏、上海，北边有河北、北京、天津，西南有重庆，已经形成了以大型优势企业为支撑、产品各具特色的生产格局。面对竞相发展的竞争态势，在汽车产业大格局已经形成的背景下，由于河南省骨干企业制造体系不完善、研发能力不强，产业的核心竞争力较弱，特别是产业规模小、自主创新能力弱、产品档次较低、产业布局分散、区域配套水平不高等问题尤为突出。

汽车及零部件产业属于装备制造业的一部分，是一个资金、资源等高度集中的行业，在布局上主要围绕一个（或多个）大型的整车制造企业，往往会在一定的区域内形成一个庞大的产业聚集区，甚至形成一条完整的产业链，从而带来巨大的经济效益。其生产过程对资源、环境的影响较少，其布局主要考虑的是产业基础、市场区位和科技实力等因素。因此，今后一段时期河南省汽车产业的发展，要充分发挥比较优势和产业基础，坚持以专促通、以零促整、以市促产、联合发展的“三促一联”发展路径，积极引进战略投资者，以壮大产业规模和增强核心竞争力为主线，重点发展乘用车、轻型商用车、中高端客车、中重型载货车四大系列优势产品，壮大郑州日产、郑州海马、郑州宇通、郑州少林、驻马店中集华骏等一批龙头企业的规模，推进开封奇瑞、恒天重工和华晨金杯等整车项目产品尽快进入市场。大力发展专用车，扩大冷藏保温车、市政用车、石油专用车、道路工程养护车、特种运输车等优势专用汽车生产规模，坚持以整带零、以零促整，推动整车与零部件集聚发展和互动发展，积极引进国内外汽车制造企业建设生产基地，重点加快推进郑州百万辆汽车基地建设和汽车零部件产业“一园六基地”建设（一园：郑汴汽车零部件产业园；六基地：焦作高新技术特色汽车零部件基地，许昌汽车传动轴制造基地，豫西汽车水泵、进排气管、减震器制造基地，新乡汽车转向器、三滤、汽车空调器、制动器制造基地，鹤壁汽车电子制造基地，安阳汽车铸造件基地），形成布局合理、结构优化、具有较强竞争力的汽车产业新格局。到规划期末，初步建立现代汽车产业体系，成为我国重要的汽车制造基地和辐射中西部的汽车服务贸易中心。

案例一：犯罪分子采用传统手段盗车后，利用微信，在全国同类犯罪的“朋友圈”里发赃车信息，以实现快速销赃。河南省开封市通许县警方经过2个多月的辛苦工作，成功打掉一个40多天就疯狂盗销19辆汽车的犯罪团伙。2016年8月3日，通许县某市场的一名老板急匆匆跑县公安局刑侦大队报案，称停放在市场里的一辆价值29万多元的新日产汽车被盗。接到报案后，侦查员立即赶赴现场勘查，同时调集监控视频寻找线索，办案人员发现盗窃分子作案手法老练，使用整套工具，面部遮挡严实。据调查，被盗汽车于当日凌晨沿通许县城西环路向南驶向大岗李乡方向，继而转向周口，而后消失。为找到线索，通许县公安局刑侦大队大队长耿宇、教导员宋林生带领侦查员一连多日摸排调查。调查发现，尽管在日产汽车被盗时周围没有任何车辆出现，但在此过程中，一辆“牧马人”吉普却始终跟随。经调查，这辆“牧马人”系通许县竖岗乡人费某非法购买的被盗车辆。2016年9月12日，警方获取一条重要线索：当日上午，李某、费某要在宾馆的包间内与两名福建人交易李某在外地盗窃的一辆本田轿车。民警迅速出手将费某、李某擒获。经过突审，一个以李某为首的盗销高档汽车团伙的犯罪事实浮出水面。原来，这是一个分工明确、手段老道、涉及地区和人员众多的犯罪团伙。经查，每次作案皆是李某和其他四五人动手盗窃，费某负责驾车接送团伙成员和“望风”。最终得手后，由懂技术的高某发拆除被盗汽车上的定位设施，从王某花处买来自制的假牌照，再由李某欣负责销赃。其销赃手段则是把被盗车辆的信息在同类犯罪群体的微信圈里发布，圈中的“中介”再通过各自渠道一级级“推销”，从中获利。

案件二：2016年春节临近，许昌南关辖区接连发生8起盗窃高档汽车后视镜敲诈勒索案件。对此，许昌市公安局南关分局果断行动，迅速成立专案组，组织精兵强将进行高频率、快节奏追踪侦查。经过一系列的探访摸排，很快掌握了犯罪嫌疑人的作案轨迹、作案手段、隐蔽方式、活动场所和假身份状况。当获悉犯罪嫌疑人使用假身份证在郑州一家宾馆住宿时，该分局主管刑侦工作的副局长刘春杰和案件侦办大队教导员丁大勇带领专案组民警立即转战郑州，但到达郑州时犯罪嫌疑人已离开。后来犯罪嫌疑人很快又在鹤壁市区出现，专案组民警又转战鹤壁进行抓捕，结果犯罪嫌疑人又离开了。经过紧急追踪，最后锁定犯罪嫌疑人在濮阳市出现，民警们又立马转战濮阳。为避免打草惊蛇，民警们四面布控、蹲点守候。6名民警瞅准时机合围出击，飞身向前，终在濮阳市金堤路与益民路交叉口将犯罪嫌疑人成功抓获。经审讯，犯罪嫌疑人石某（男，31岁，山西省新绛县人）如实供述了其在山东、山西、安徽、江苏、河南（许昌、洛阳、郑州、鹤壁、商丘、漯河）等地流窜作案100余起的犯罪事实。

（2）电子信息产业：电子信息产业是信息技术产业的权威管理部门——信息产业部在统计和分析时通常采用的词，电子信息产业具体细分可分为投资类产品、消费类产品和元器件产品三个大类。出于部门隶属渊源的原因，有时人们分析电子信息产业时也用“电子工业”一词代替。

电子信息产业发展应以转方式、调结构为主线，强化原始创新、集成创新和引进消化吸收再创新，提高产业核心竞争能力，以关键技术为突破口，以产业集聚为抓手，着力发展电子元器件、信息安全、绿色照明、应用电子、软件及服务外包等五大特色产业，积极发展消费电子、新型网络通信、新型显示三大潜力型产业，重点打造手机及关联配套、光电产业、LED（发光二极管）照明、新型平板显示4条产业链。在产业空间上，优化发展环境与区域布局，形成以郑州、洛阳、漯河、鹤壁、南阳、信阳、济源、许昌、新乡为重点的产业集聚发展格局。推进与富士康合作重点项目建设，突出抓好手机生产，大力提升精密模具、精密刀具、超硬材料等关联产业。到规划期末，河南省电子信息产业将继续保持健康发展、协调推进的基本格局，产业结构更加优化，创新能力大幅提升，掌握一批关键核心技术，培育一批在国际国内有影响力的重点骨干企业和名牌产品；建成一批产业链完善、创新能力强、特色鲜明的产业集聚区，成为河南省战略性新兴产业的主要力量，为经济社会可持续发展提供强有力的支撑。

（3）装备制造业：装备制造业是为国民经济和国防建设提供生产技术装备的制造业，是制造业的核心组成部分，是国民经济发展特别是工业发展的基础。建立起强大的装备制造业，是提高中国综合国力，实现工业化的根本保证。

装备制造业是为国民经济各行业提供装备的战略性产业，产业关联度高、吸纳就业能力强、技术和资金密集，是产业升级、技术进步的重要保障和综合实力的集中体现。河南省装备制造业的主要优势表现为有潜力、有基础、有市场。①有潜力，即有需求前景，具备成长性。目前我国已经进入工业化和城市化的快速发展阶段，对机械设备制造业产品的需求大幅增长；且随着国内装备制造业技术水平的提高，替代进口的趋势在加大，一些优势领域的产品已逐渐进入国际市场，国外需求在稳步增加。②有基础，即河南省机械设备制造业曾经具有雄厚的基础，仍有一批骨干企业，有一定的规模基础，形成了一定的配套能力，具有一定的人才科技力量。装备制造业占全区工业的比重超过10%，位居全国第7位，在输变电装备、农业机械、矿山装备、基础件等领域具有较好的产业基础，拥有世界上最大的自磨机和球磨机、支护高度最大的矿用液压支架、第一套特高压开关和直流输电控制保护系统等一批重大标志性产品和技术装备。③有市场，即河南省有一定的区位市场优势，自身的煤炭、电力、有色、化工、食品等产业发展潜力较大，对机械设备制造业的需求较大，同时，河南作为中西部规模最大的装备制造业省份，对周边地区具有较强的辐射能力。

因此，今后河南装备工业的发展，要围绕增强自主创新能力、服务增值能力、先进制造能力和产业配套能力，坚持重点突破，有所为有所不为的原则，重点建设冶金矿山大型成套装备、工程机械及轨道交通装备、现代农业装备和输变电及智能电网装备4条优势产业链，着力打造石油化工装备、纺织食品专用装备、新型能源装备、数控机床和新型环保装备等5条特色产业链。到规划期末，形成布局合理、优势明显、特色突出的产业发展新格局，把河南省建成全国重要的装备制造、创新和服务基地。

装备制造业属于低资源消耗、低污染排放类产业，其生产过程对资源禀赋和环境容量要求较少，其布局主要考虑的是产业基础和所在区域的科研实力。因此应积极引导影响装备制造业发展的各类生产要素向优势区域、优势产业、优势企业集中，促进龙头企业与配套关联企业良性互动，培育一批具有较强市场竞争力、产品特色突出的产业集聚区和产业集群。就河南省而言，结合现有产业情况，产业集聚区和产业集群应重点布局在郑州、洛阳、许昌、新乡等高校和科研单位密集区周围，重点建设好洛阳动力谷、中原电气谷和郑州、洛阳、许昌、新乡的装备制造业基地，推动特色装备制造业集群发展。

1）洛阳动力谷：依托洛阳新区，以技术创新、节能环保、集群发展、开放带动为基本途径，巩固提升以农用大功率柴油机、船用高速大功率柴油机为重点的非道路发动机产业优势，拓展柴油车用发动机及动力电池等新能源动力，规模化、集群化发展农机、工程机械、发电装备及配套产业，形成国内技术优势突出、配套能力强、具有国际竞争力的现代动力机械产业基地。

2）中原电气谷：以许昌、平顶山两市为依托，以中原电气谷产业集聚区、平高电气城、许继电气城为载体，以深化与国家电网战略合作为主要途径，坚持自主创新、引进技术、联合设计、合作制造相结合，巩固提升超特高压开关和电力二次设备的自主化设计和成套化水平，做强做大智能电网设备、直流输电及电力自动化、高压变压器、风力发电成套设备及配套产业，以节能电动机、特种电动机为重点，引进壮大电机产业，积极拓展配用电、民用机电设备领域，形成完整的输变电装备制造体系，建设成为我国重要的电力装备研发中心、制造中心、系统集成中心，发展成为面向世界的产业发展平台和重要的电力装备出口基地。

3）郑州装备制造基地：扩大煤矿机械、纺织机械、工程机械的竞争优势，着力提高产品的大型化、成套化和系列化水平；积极培育建筑机械和阀门等特色产业集群，实现产品结构由低档为主向中高档为主转变；以郑州国家智能仪器仪表高新技术产业化基地为依托，改造提升仪器仪表、输变电设备、磨料磨具等传统优势产品，形成以汉威电子、永邦电气、郑煤机、郑纺机、宇通重工等骨干企业为龙头，特色产业集群为支撑的装备制造基地。

4）洛阳装备制造基地：加快国企改制和资产重组，发挥大型骨干企业和科研院所集中的优势，推进产学研一体化，加强专业化分工协作，提高产业配套能力，完善产业链条，壮大企业群体，不断提升在大型专用成套装备、新型农业机械、工程机械、精密轴承等领域的竞争优势，形成以一拖集团、中信重机、洛轴集团等大型企业为主体，以中色科技、北玻公司、轴研科技等一批特色企业为依托的装备制造基地。

5）许昌装备制造基地：不断增强输变电装备的生产研发优势，扩大配网自动化主站系统、终端系统等关键设备的产业化规模，加快建设国家级电力电子信息产业园，吸引带动相关企业集聚发展。积极推进高压超高压电缆、新型农机及配件、超硬工具、电梯、压滤设备和烟草机械等产品发展，形成以许继集团、黄河实业、森源集团、阳光集团等骨干企业为支撑的装备制造基地。

6）新乡装备制造基地：加快提升产品档次，壮大集群规模，做强做大起重机械、振动设备两大优势产业，大力发展环保设备、矿山设备、印刷设备、轻钢结构装备等产品，形成以卫华集团、太行振动、天丰集团、新机集团等骨干企业和特色产业集群为支撑的装备制造基地。

（4）食品工业：指主要以农业、渔业、畜牧业、林业或化学工业的产品或半成品为原料，制造、提取、加工成食品或半成品，具有连续而有组织的经济活动工业体系。

河南是我国重要的小麦、棉花、花生、玉米、大豆产区，经济林果和农副土特产品较为丰富，河南省生产的小麦、玉米等与全国其他地区相比，质量很高，便于食品优质化，目前已形成了一些农业产业化基地，为食品工业的发展提供了原料保障，具有较好的产业基础，拥有一大批名牌产品和名牌企业。食品工业的发展要按照消费升级、精深加工、创新引领、食品安全的总体要求，增强资源加工

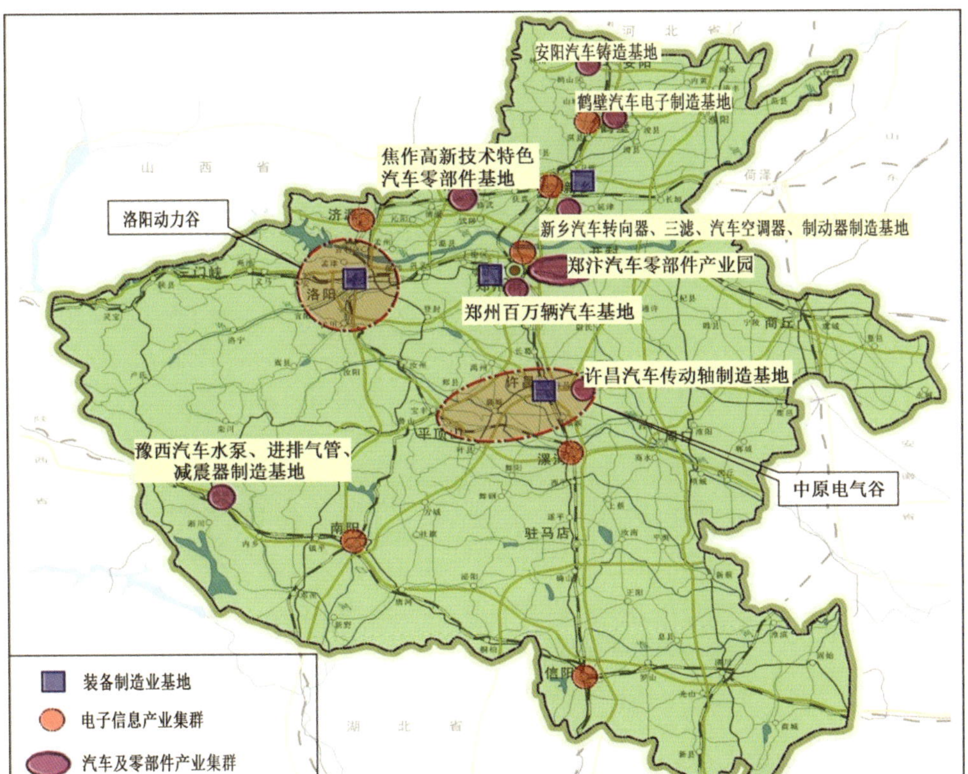

图 5-9　河南省汽车、电子信息、装备制造业空间布局引导图
［图件来源：中原经济区国土规划（河南部分，2011~2030 年）］

增值能力，提高速冻、方便、绿色产品的比重，重点打造粮食和畜禽加工两大基地，做大做强面制品、肉制品、淀粉和奶制品四个精深加工产品链，培育壮大果蔬、油脂、调味品和添加剂、休闲食品四个高成长性行业，推进漯河、淇县、汤阴等产业基地建设，重点建设沿京广食品工业产业带，将河南省建成具有国际竞争力的食品工业强区。

食品工业的发展应充分发挥河南省作为全国最大的粮食生产基地和畜禽养殖大省的优势，加快推进原材料环节标准化、加工环节规模化、终端环节品牌化和配套环节专业化，实现优质原料基地和加工制造一体化发展，提升主食工业化水平，支持企业开发中高端突破性创新产品，提升绿色食品、有机食品、功能食品的比重。以构建食品工业产业链为导向，巩固具有国际竞争力的面制品、肉制品和速冻食品三大传统优势产业，做强国内具有较强竞争力的乳制品、饮料、休闲食品、果蔬、油脂五大新兴优势产业，积极发展调味品、淀粉制品、茶产品、食品添加剂四大高附加值产业。

1）面制品产业链：围绕“小麦—面粉加工—面制品加工”全产业链，重点发展小麦—面粉、胚芽蛋白、食品制造—综合利用—饮料及维生素 E 等产业链，大力发展速冻食品，提升速冻水饺、汤圆、粽子等产品的品质和档次，大力发展各种速冻菜肴、炒饭、面条、油炸食品、烘焙食品、微波套餐等产品。

2）肉制品产业链：围绕“畜禽养殖—屠宰加工—肉制品”全产业链，重点发展畜禽养殖—屠宰—肉制品加工、内脏综合利用—生物制药等产业链，大力发展冷鲜分割肉、调理肉食品、熟肉制品等主导产品，推进西式肉制品中式化改造及传统中式名牌肉制品工业化生产，鼓励研发与肉类工业相关联的人造肠衣和新型包装材料、生物医药，开发高效能的香精香料、增稠剂、乳化剂、防腐剂等肉制品添加剂。

3）乳制品产业链：重点发展奶牛养殖、奶站集奶和鲜奶、酸奶、奶饮料、奶制品等产品，加强巴氏杀菌乳、超高温灭菌乳、酸乳等液态乳制品的生产，突出发展配方乳粉、全脂乳粉、脱脂乳粉等产品，加强干酪、奶油、乳清粉、乳糖等产品的研发和生产。

4）油脂加工产业链：重点发展原料—压榨、浸出—提纯分级、副产品综合利用等产业链，加快发展具有资源优势的花生油、芝麻油、大豆油等产品，鼓励发展菜籽油、棉籽油、茶油等特色产品，提高精制油和专用油的比重；提高油料副产物的综合利用水平，促进米糠精深加工，生产高等级食用米糠油和米糠油维生素 E 等高附加值产品。

5）休闲食品产业链：围绕原料—烘烤、焙炒、膨化、腌渍—包装等产业链，重点开发威化饼干、果蔬饼干、无糖低热量饼干等产品，扩大糖果、巧克力、蛋糕、派类食品的生产规模，扩大粮谷类、薯类、豆类膨化食品的生产规模，并提升产品档次，研发早餐麦片、玉米片、杂粮膨化食品等新产品，满足市场细分需求。

6）果蔬加工产业链：以提高果蔬采后加工转化率和产品附加值为重点，积极发展特色果蔬加工新品种，加快发展浓缩果汁、果肉原汁、果酒、果醋以及罐头产品，积极开发果蔬功能产品、方便食品和休闲食品等新型果蔬加工产品。

7）饮料产业链：重点发展果蔬汁饮料、葡萄糖饮料、含乳饮料和植物蛋白饮料等产品，加快功能型和运动型饮料的开发，提高浓缩果汁的产量和出口比重，稳步发展碳酸饮料、饮用矿泉水、苏打水和固体饮料，积极开发茶饮料，积极发展黄酒、葡萄酒、保健酒等产业。

8）调味品产业链：重点发展传统调味品、复合香辛料、方便汤料、骨素、糖醇类产品等，实现各类香辛料与传统酿造调味品的融合，发展高活力新型酶制剂、营养强化剂、天然防腐剂、品质改良剂、乳化增稠剂等系列产品。

依托龙头企业和优质原料基地，引导食品工业向大中城市和农产品主产区聚集，推动销地加工和产地转化并进，形成优势产业突出、配套体系完善、规模效益显著的产业密集区。支持优质农产品主产区的县（市、区）加快食品工业园区建设，按照土地集约、产业关联的要求，科学规划，为食品工业发展提供必要的服务和基础设施，形成一批特色食品工业园区。基于中原经济区产业空间适宜性评价结果，应加大漯河、许昌等水环境承载力较弱区域的食品工业污水处理能力，引导新增食品产业规模向具有较强承载能力的郑州、周口、安阳等区域布置，构建漯河、郑州、许昌、商丘、周口、驻马店六大产业密集区，打造在全国具有重要影响的沿京广食品产业带和若干个重要的食品产业集群。

（5）轻工产业：指主要提供生活消费品和制作手工工具的工业。轻工业是中国的传统优势产业，是国民经济的重要组成部分。包括食品、造纸、家电等十九大类45个行业，是涵盖衣、食、住、行、用、娱乐等消费领域的产业组合群，是满足人民物质文化生活水平日益提高的民生产业，是承启第一、第三产业的重要消费品工业，具有“满足内需型、出口外销型、就业支柱型、服务三农型”的显著特征。

河南省发展轻工业既有优势，又有劣势，总体上说优势条件在不断加强。从市场优势看，河南省是近一亿人口的大省，随着人均收入水平的提高和城镇化进程的加快，居民对轻工产品的消费需求持续上升。从区位优势看，河南地处中原，随着交通体系和物流通道的建设，有利于形成辐射周边的区域性或全国性轻工消费品专业市场，降低出口产品物流成本。从要素成本看，河南具有长期的劳动力资源和成本优势，土地、电力等要素供应相对充足，对承接劳动密集型轻工产业转移优势突出。从发展基础看，造纸、皮革、塑料等行业在国内具有一定的地位，PVC、电池等原材料产业发展迅速，玉雕、钧瓷、三彩、汴绣、丝毯等工艺美术资源丰富，家电、家具专业市场发展迅速，产业集聚区规划建设步伐加快，为轻工业发展创造了良好的条件；目前，河南省轻工产业规模位居全国第六位，发制品、毛皮制品、箱板纸产量居全国第一位，农用薄膜、纸浆、搪瓷制品居全国第二位，家具、冰箱、冷柜、日用陶瓷居全国第六位。拥有新飞电器、许昌瑞贝卡、漯河银鸽、新乡新亚、焦作隆丰等一批行业龙头企业，形成了许昌发制品、偃师钢木家具、虞城钢卷尺等一批特色产业集群。从制约因素上看，一是产业布局分散，集聚程度不高。轻工行业特别需要集群式发展，这是省外先进地区的成功经验，也是河南轻工业的主要差距所在。加快发展轻工业，必须遵循产业发展规律，着力推进由分散布局向集聚发展转变。二是技术工艺落后，规模不合理，环境污染严重，部分企业面临被淘汰的危险，特别是造纸、皮革行业问题尤为突出。三是龙头企业和品牌带动能力薄弱。轻工业是消费品产业，品牌效应非常显著。河南不仅缺乏自主品牌，而且能够贴牌的产品也不多，主要原因在于骨干企业少，品牌支撑能力弱。

因此，今后河南省轻工产业的发展，要进一步发挥比较优势，以产业集聚区为载体，以集群链式发展为途径，着力提升塑料制品、家具、造纸等三个产业竞争优势，培育壮大皮革制品、包装印刷、电动自行车、家电等四个特色产业，积极承接玩具、文体用品、五金工具、洗涤用品、陶瓷、灯具等产业转移，培育发展一批行业龙头企业、优势品牌和产业基地，形成空间布局合理、高中端产品主导、配套体系完善的产业发展格局，建设国内低成本、创新型、绿色环保的轻工产品制造中心。

由于轻工产业具有对资源消耗少、污染排放量小等特征，其发展主要依托产业、成本、区位等经济要素，在发展中应以产业集聚区为载体，通过政策引导、环境营造、平台搭建和信息服务等方式，构建高水平产业转移载体，培育集群发展优势，积极引进国内外知名品牌，带动产业升级。在产业布局上，应依托现有产业基础，加大产业整合力度，促进产业集聚发展，推进郑州、新乡、民权家用电器产业集群和郑州、洛阳、信阳、濮阳等家具产业集群建设，重点建设孟州桑坡毛皮、鄢陵箱包皮具、平舆制革、周口制鞋等基地，大力推进濮阳灯具、许昌箱包、信阳小家电等特色产业集群的快速发展。到规划期末，河南省轻工产业规模进一步扩大，产品结构得到优化，科技对产业发展的支撑得到明显提升，成为全国重要的消费品制造基地和具有国际竞争力的轻工产业大区。

（6）建材工业：是生产建筑材料的工业部门的总称。是中国重要的基础原材料工业。

建材工业是为国民经济建设提供基础原材料的重要行业之一，主要包括建筑材料、无机非金属料和非金属矿物材料三大部分，涉及水泥、墙材、混凝土及水泥制品、化学建材、平板玻璃及深加工、建筑卫生陶瓷、石材加工等行业。经过多年发展，河南省拥有规模以上建材工业企业3 300余家，从业人员60余万，完成工业总产值4 400亿元，初步形成耐火材料企业群体、卫生陶瓷产业集群、平板玻璃制造和深加工产业基地、冶金功能材料产业集聚区、非金属矿产业集聚区、棕刚玉产业集群和建筑装饰材料、防水材料、密封材料集中生产区等一批各具特色的建材产业聚集区和产业集群，培育出天瑞水泥、中联水泥（河南管理区）、同力水泥、西保集团、王楼特种水泥公司、登封熔料有限公司、洛玻集团、洛阳耐火材料研究院有限公司、濮阳耐高温材料（集团）股份有限公司、方浩实业有限公司和河南华泰建材开发有限公司等一批龙头企业。

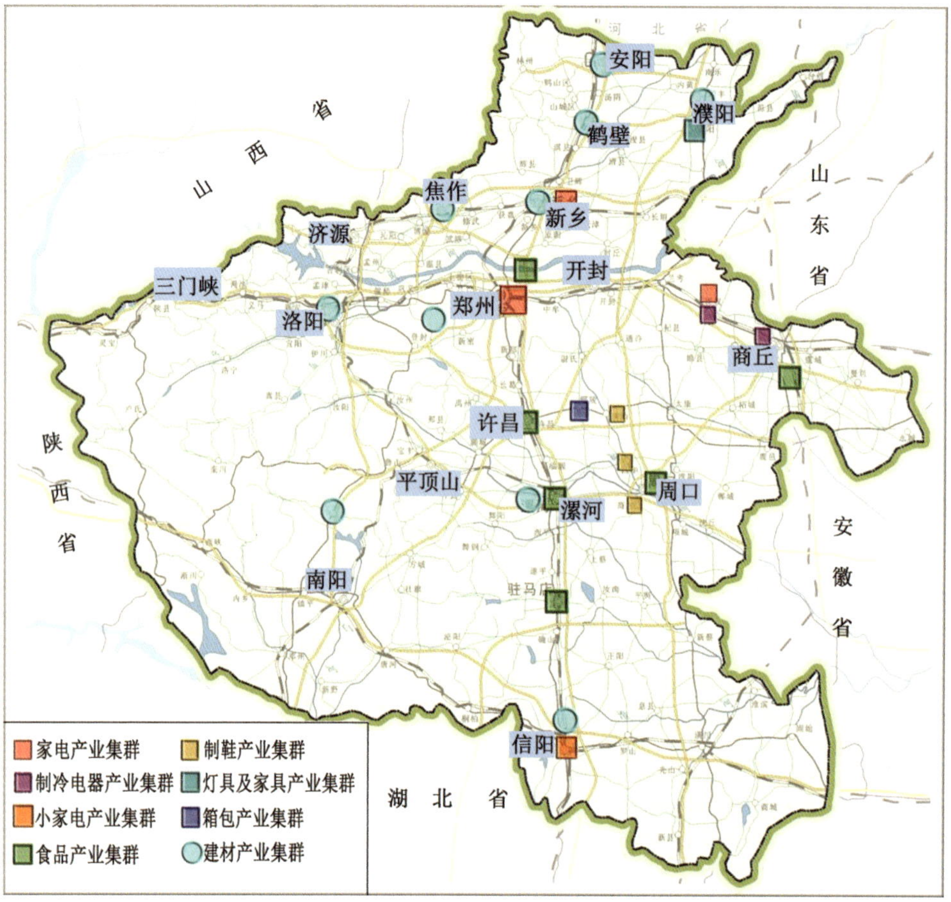

图 5-10　河南省食品、轻工、建材行业空间布局引导图

［图件来源：中原经济区国土规划（河南部分，2011~2030 年）］

但是，建材工业仍存在以下问题：一是产业链短，附加值低。大宗低档产品和初加工产品产能过剩，高端、终端产品和知名品牌少，建材深加工制品尤其是安全环保节能的新型绿色建材和无机非金属新材料产品比例不高。二是节能减排任务艰巨。仍存在一定数量的能耗高、污染严重的落后产能，大多数非金属矿山采掘选矿工艺落后，资源综合利用率、土地复垦率和生态恢复率不高，污染治理工艺及水平有待进一步提高。三是产业集中度低。企业规模偏小，大部分产业仍处在“多、小、散”状态，导致一些行业企业没有市场话语权，没有规模经济效益。四是自主创新不足。企业发展仍以规模扩张和产品模仿跟进为主，科技研发投入低，对成长性高新技术企业、技术成果工程转化和高新技术产业化的支持力度不够。五是行业管理水平亟待提高。政府行业监管和服务等调控职能有待进一步加强，大多数建材企业缺乏现代管理意识和品牌意识。

因此，河南省建材工业的发展应以提高产业发展质量和效益为目标，大力发展节能、环保和绿色建筑材料，通过技改提升水泥、耐火材料产业优势，努力提高平板玻璃、非金属矿产品精深加工率。重点发展中高端建筑陶瓷、卫生洁具陶瓷、化学建材、高档石材、石膏轻质复合板等新型建材，全面提高建筑卫生陶瓷产品的档次和技术含量，优先发展新型墙体材料、装饰装修材料、隔热隔音材料等节能环保绿色建筑材料。做大做强水泥产业，扩大水泥制品规模，推进利用水泥窑协同处置城市垃圾和污泥工程建设。着力发展优质浮法玻璃、超薄超厚超白玻璃、超薄电子基板玻璃以及光伏太阳能玻璃等产品，大力发展支撑军工、环保、新能源和建筑等产业发展的非金属矿制品。到规划期末，河南省建材产业要构建起技术先进、资源消耗少、节能、低污染、附加值高、市场竞争力强的产业体系，实现河南省由建材大区向建材强区的转变。

在产业布局上应结合适宜性评价结果，充分考虑产业所在地的能源、资源、环境和市场需求、地域分布、交通条件等影响产业发展的基础条件，重点建设豫北、豫西、豫中三大水泥生产基地，洛阳、濮阳、安阳玻璃及玻璃深加工产品集群，安阳内黄和鹤壁石林建筑陶瓷园区陶瓷产业集群，新乡、焦作、漯河新型建筑材料生产基地，新密市、巩义市耐火材料产业集群，信阳上天梯和南阳南召非金属矿深加工基地。

河南省传统工业特点及发展引导

（1）化学工业：化学工业又称化学加工工业，泛指生产过程中化学方法占主要地位的过程工业。化学工业是从19世纪初开始形成，并发展较快的一个工业部门。

化学工业是重要的能源和原材料工业，在国民经济中具有举足轻重的地位和作用。化学工业是河南省的六大优势行业之一，拥有规模以上化学工业企业1 176家，化工产品中的甲醇、尿素、纯碱、烧碱、聚氯乙烯和尼龙66盐等产量居全国前列，在大型煤制甲醇及醋酸、节能型尿素、联碱、高压法三聚氰胺、尼龙化工等产品技术水平方面处于国内领先地位，培育出河南煤化、中平能化、洛阳石化等一批大型企业集团和心连心化肥、安棚碱矿、昊华宇航等行业骨干企业。

今后河南省化工产业的发展，要大力推进煤化工、盐化工、石油化工融合发展，重点打造煤—焦炉煤气—甲醇—二甲醚、甲醇—二甲醚—烯烃—化工产品、焦化苯制已二腈、甲醇—醋酸—醋酸纤维等四大煤化工产业链，化工轻油—烯烃、烷基苯、甲苯等石油化工产业链，盐—烧碱（氢氧化钠）—PVC（聚氯乙烯）、氯气—盐酸、偏硅酸钠、AC（偶氮二早酰胺）发泡剂、环氧丙烷、环氧氯丙烷等盐化工产业链，同时，加快化肥、农药等农用化工技术改造，实施以颜料和涂料、化学添加剂、化学助剂、感光材料四大产业链为主的精细化工产业提升工程。到规划期末，通过技术创新使行业技术达到国际先进水平，扭转目前产品结构中基础产品多、高端产品少的局面，形成主要产品生产能力继续保持行业领先地位，煤化工、石油化工、盐化工三个产业较为均衡，高端石化产品比重较高的化工产业体系。

基于中原经济区产业空间发展适宜性评价结果，煤化工、盐化工、石油化工产业都属于中高耗水耗能和污染型产业，对新建基地方面具有一定的环保方面的要求。因此，在产业布局上应充分考虑到资源保障和生态环境容量等问题，引导产业向集群化方向发展，新增产能应逐步向现有基地布置，同时应加强其生产过程所造成污染的治理力度；依托永城、义马、驻马店、濮阳、获嘉、襄城等的煤炭资源，建设永城、义马、驻马店、濮阳、获嘉、襄城六大煤化工产业集聚区，重点发展烯烃、二甲醚、乙二醇、1，4—丁二醇、聚甲醛、醋酸、高比例混合汽油等甲醇深加工产品；依托舞阳、叶县、濮阳等的盐矿资源，建设平漯、焦济、鹤壁、濮阳和南阳五大盐化工产业集聚区，完善烧碱产业链，壮大纯碱产业链；依托中石油商丘千万吨炼油厂、中石化洛阳分公司和中原油田石化总厂等的石油资源，建设洛阳、濮阳、商丘三大石油化工基地。

案例一：2014年10月至2015年5月，被告人潘某龙在聊城东染化工有限公司（以下简称东染公司）营销部工作，负责三个车间废酸的处理。期间，将东染公司的废酸交给不具备危险废物处置能力的他人处置并支付费用。陈某玲、李某根等人运出废酸后，深夜将废酸随意倾倒在南乐县境内的潴龙河、王落沟、柴庄村北河沟和清丰县韩村乡李沙窝村西的河沟内。经鉴定，此次环境污染财产损失金额总计为3.08万元，地表水环境损害受损金额为1491.78万元，应急处置费用总计为8300元。被告人潘某龙、陈某玲等8人犯污染环境罪被分别判处一到四年不等有期徒刑，并处五千元至五万元不等罚金。

案例二：2016年10月11日，河南省濮阳县人民法院公开开庭审理一宗跨省危险化学品环境污染犯罪案件。该案犯罪嫌疑人达12名，涉及河南、山东两省，影响十分恶劣，对倾倒地的土壤、水资源等生态环境破坏极其严重，损失达1800余万元。无危险化学品处理资质的郭某某在利益的驱使下，联系其好友王某甲、宋某某，雇佣司机高某甲、高某乙，通过王某和孟某某的联系，与山东某化工公司的白某某、杜某某签订了处理废硫酸合同。自2014年11月至案发，以每吨360元的价格从该化工公司拉走废硫酸，再以每吨140元的价格让同样没有危险化学品处理资质的楚某某拉走，通过魏某某、王某乙的联系，倾倒在濮阳县某镇王某丙的废弃工厂内，利用4个渗坑，将废硫酸渗入地下。经查明，该团伙前后共往该废弃工厂内倾倒废硫酸600余吨。经河南省分析测试研究中心检测证实该废酸 $pH<1$，属于有毒物质中的危险废物。经河南生态环境损害司法鉴定中心评估，本次污染事故造成各种财产损害共计1801.52万元。濮阳县人民法院此次公开审理的环境污染案件被告人达12名，污染波及河南、山东两省，属于跨省市有组织作案，人员多、范围广，系河南省高级人民法院环境资源庭成立以来全省审理并宣判的第一起跨省环境污染刑事案件。

（2）有色金属工业：我国有色金属工业经过多年建设和发展，已经形成了包括矿山、冶炼、加工和地质勘探、工程勘察设计、建筑施工、科研教育等部门构成的完整工业体系。

河南省是矿产资源大区，部分有色金属矿产资源在全国优势明显，经过多年发展，有色金属已成为河南省重要的优势产业，是河南省工业的重要经济支柱之一。河南省的铝、铅锌、钼等有色金属加工生产在国内外占有重要地位，铜、镁等深加工也在国内外具有重要影响，钛及有色金属再生利用产业正在迅速崛起。目前，河南省已经形成以铝土矿、氧化铝、电解铝和铝加工为主线，发电、碳素、氟化盐等辅助产业配套齐全的完整产业链，郑洛工业走廊形成了国内最大的铝工业集聚区；鹤壁已经成为全球最大的镁粉、镁粒生产中心，占据了世界70%以上的市场份额；济源的铅锌产业在设备、工艺、技术等方面都处于国内领先地位，已成为亚洲最大的铅冶炼生产基地；洛阳地区的钼产业正在把资源优势转化为产业优势和经济优势；长葛市也已初步形成了再生金属回收利用产业群。

河南省有色金属工业的突出问题是产业竞争力还不强，主要表现在：一是技术支撑和由技术决定的产品档次问题。有色金属材料技术要求高、用量少、合金化趋势明显，高端技术还主要掌握在发达国家手中，目前河南省有色金属精深加工技术与国际先进水平差距较大。二是资源保障问题。河南省钼矿资源丰富，但铝土矿资源保障度较低，铅锌、铜矿资源匮乏，钛矿资源品质较差，已成为制约河南省有色金属工业发展的主要瓶颈。三是节能降耗和环境保护问题。有色金属开采冶炼属高污染高排放产业，对环境的影响非常之大，也是河南省节能减排的重点领域。四是市场抗风险能力问题。有色金属行业市场需求有限，产品价格和需求弹性大，是市场风险较大的行业。

河南省的有色金属产业要以提高产业国际竞争力为目标，通过实施企业规模化、产品高端化、经营国际化、原料多元化发展思路，进一步优化产业结构，积极延伸产业链条，以精深加工和终端产品为主攻方向，不断延伸加工链条，努力提高中高端精深加工产品的比例，鼓励发展有色金属终端加工产品，提高有色金属回收利用比例，着力发展铝、铜、镁、铅锌、钛、钨钼六大产业链。

1）铝工业产业链：完善煤—电—铝—铝加工产业链，重点发展高精度宽薄板、CTP（在机直接板）印刷板、轨道交通用大型铝板和型材、罐料、电解电容器中高压阳极箔、汽车用铝合金复合材料等铝加工材料等。

2）铜加工产业链：重点打造电解铜—铜带、铜线、铜箔—集成电路引线框架，电解铜—铜管、铜板，铜合金—铜合金型材、铜合金结构件等产业链，重点发展电子信息用引线框架铜带、高档铜箔、高速列车及铁路电气化专用异型铜导线、电网用铜母线、异型材、变压器带箔、高性能无氧铜杆等铜加工材料。

3）镁产业链：重点打造镁矿采选—金属镁冶炼—高纯镁—镁合金、金属镁冶炼—镁粉（屑）—

镁牺牲阳极产业链，巩固镁粉、镁粒和镁牺牲阳极产品优势，扩大镁合金挤压型材和压铸件生产规模，配套发展原镁冶炼和镁合金。

4）铅锌产业：围绕产业链下游产品的需要，积极开发短流程生产铅、锌合金和深加工产品，提高产品附加值。推广直接还原炼铅等先进生产技术，加强铅锌多品种金属综合回收和废旧蓄电池回收网络建设。

5）钛产业链：重点打造海绵钛—钛铸锭—钛铸件、钛板带—钛加工部件产业链，加快发展换热器、钛板带、钛焊管等高端产品，形成海绵钛—钛铸锭—钛加工材—钛制品完整产业链。

6）钨钼产业链：重点打造钨钼矿采选—焙烧精矿—氧化钼、钼铁、钼粉等深加工—钨钼制品产业链。重点发展超粗、超细及纳米粉末与硬质合金制备、功能梯度涂层硬质合金（含数控刀片及刀具）、无钨或少钨超硬工具材料、微型钻头、盾构刀等精深加工与成套工具、特种钨丝、高性能超薄或超大钨板材、钨基复合材料等特色材料。

基于资源环境承载力评价结果显示，有色金属产业属于一般水耗、一般水污染、高大气污染产业，其新建企业对大气环境具有较高要求，其布局应在矿产资源丰富且大气环境容量较大的区域或者在产业基础较好、具有较强大气污染处理能力的区域。在有色金属基地方面，应重点建设洛阳、焦作、郑州三大氧化铝基地和洛阳、焦作、平顶山、商丘等电解铝基地，加快建设巩义百万吨铝深加工示范基地、长葛大周百万吨金属铝再生利用示范基地及上街铝工业园区、巩义市产业集聚区、长葛市大周产业集聚区等特色园区，推进济源玉川产业集聚区、安阳再生铅回收利用基地、鹤壁鹤山产业园区、洛阳新安县产业集聚区、栾川县钼钨产业集聚区等有色金属加工基地的建设。形成以洛阳为主体，以安阳、焦作、新乡为辅的有色金属产业发展格局。

（3）钢铁工业：是指生产生铁、钢、钢材、工业纯铁和铁合金的工业，是世界所有工业化国家的基础工业之一。经济学家通常把钢产量或人均钢产量作为衡量各国经济实力的一项重要指标。

河南省拥有钢铁企业 31 家，粗钢产量居国内第六位。目前河南省钢铁产业呈现“一优三劣”局面：一方面，能源优势突出，发展钢铁产业能源保证条件较好。另一方面，存在三大劣势。一是铁矿石资源缺乏。自身铁矿资源禀赋差，进口铁矿石依赖度高；二是技术水平较低。钢铁产业整体装备水平不高，技术研发能力较弱；三是市场开拓不足。产业链延伸不够，安钢、济钢等骨干企业的产品需要大量销往省外，省内市场占有率较低，市场优势没有充分发挥。

因此，河南省钢铁产业的发展，要坚持以增强产业核心竞争力为目标，立足技术进步、精深加工，弥补产业短板，加快产品结构升级换代，推动组建产业联盟，加快战略合作与战略重组，提高产业集中度，实现钢铁企业由生产经营型向生产服务型转变。加快骨干钢铁企业装备大型化、工艺现代化改造，重点发展高强度建筑和机械用钢，扩大专用宽厚板、优质棒线材、汽车大梁用板、容器板、高强度耐腐蚀耐超低温等特宽厚板和精密钢管、耐腐蚀钢管等优质钢系列品种，形成“高、特、专、精、深”为主导的产品结构。到规划期末，钢铁产业粗放发展方式得到明显转变，形成产业结构改善、布局合理、创新能力增强、企业综合竞争力显著提高的产业发展局面。

钢铁产业属于高耗能、高耗水、高污染产业，同时也是我国产能过剩和限制发展的产业之一，因此河南省钢铁产业发展应严格执行《钢铁行业污染排放标准》，根据中原经济区产业空间发展适应性评价，河南省钢铁产业发展应通过技术革新，大力发展循环经济，减轻对资源环境所造成的压力。在空间上，按照集约集聚发展的要求，推动资金、资源等生产要素向优势地区和重点企业集中，形成“一区五点”的钢铁产业布局及专业化生产基地，根据产品批量合理规模、生产工艺和循环经济的要求，合理确定重点企业的生产规模。

“一区”为具有区位发展优势的安阳地区，依托安钢集团、沙钢永兴、凤宝钢铁等重点企业，重点发展冷轧板和涂镀层板等精品板材产品、建筑和机械制造用高强度棒材、大无缝油井管、中低压锅炉管等，将该区域建设成为我省的精品钢生产基地、专业化棒材生产基地、专业化钢管生产基地。

“五点”包括平顶山的舞钢公司、济源的济钢集团、南阳的龙成集团、信阳的信钢公司、郑州

（洛阳）的永通特钢等五个钢铁企业。舞钢公司重点发展国家重大工程急需的特厚特宽专用板，加快铁前系统改造，巩固提升行业领先地位，建成国内外一流的专用宽厚板生产和研发基地。济钢集团重点发展高强度机械用钢和高强度建筑钢材，建成专业化优质钢长材生产基地。信钢公司建成专业化建筑长材和 H 型钢生产基地。龙成集团建成专业化中厚板生产基地。永通特钢建成专业化不锈钢生产基地。

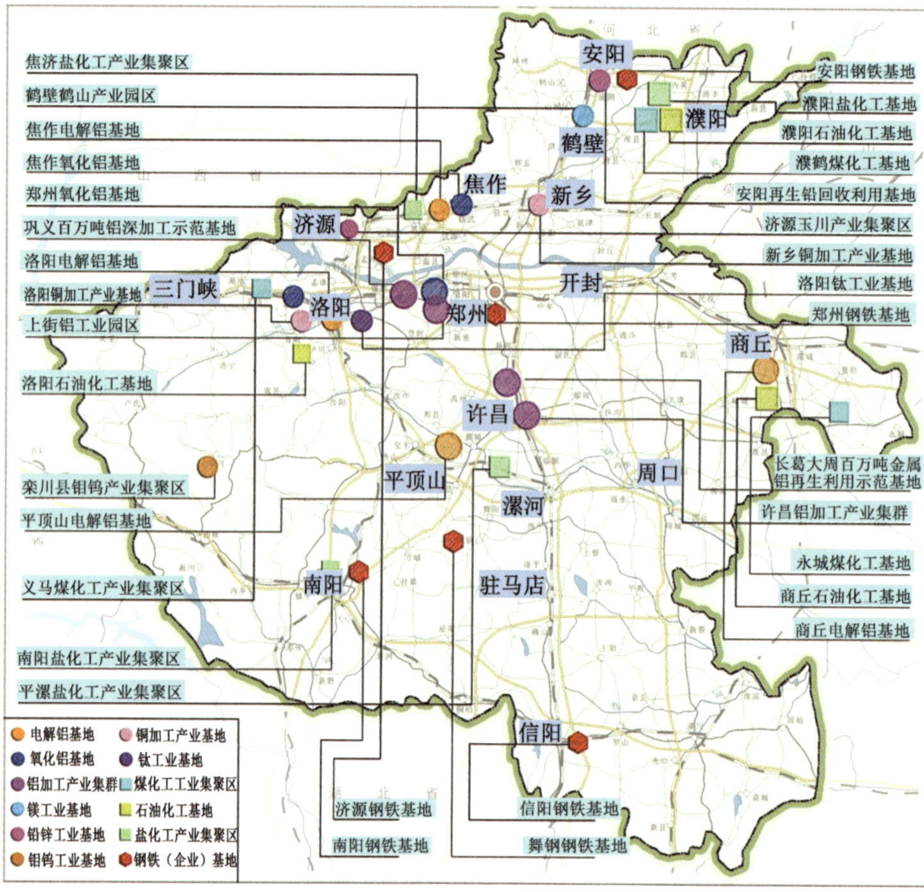

图 5-11　河南省化工、有色、钢铁行业空间布局引导图

［图件来源：中原经济区国土规划（河南部分，2011~2030 年）］

（4）纺织工业：是指生产织物和生产制成织物的纤维、纱、线和其他原料，将自然纤维和人造纤维原料加工成各种纱、丝、线、绳、织物及其染整制品的工业部门。

纺织服装产业是国民经济传统支柱产业和重要的民生产业，在吸纳社会就业、增加财政收入、繁荣市场、出口创汇、促进城镇化发展等方面发挥了重要作用，是河南省六大优势产业之一。近年来，河南省发挥自身优势，纺织工业实现了快速发展。纱和化纤产量分别位居全国第三和第五位，其中针织纱线产量占全国的 1/3，是我国最大的针织纱线生产基地；服装工业增加值比重不断提高，以裤业为特色的郑州服装产业年销售收入突破 100 亿元，以针织内衣为特色的安阳针织产业年销售收入超过 50 亿元，新野、尉氏、新密、扶沟、虞城等一批特色纺织园区初具规模。纺织工业在快速发展的过程中，也积累了一些结构性矛盾。主要表现为：产业链发展不平衡，呈现前大后小的特征；新产品开发和品牌建设相对滞后，创新型人才缺乏；产业配套体系发展滞后，对行业持续发展造成影响；产业集群处于萌芽和初级阶段，集聚程度不高。

因此，今后河南省纺织服装工业的发展，要按照发挥优势、优化结构、龙头带动、培育品牌的总体要求，强化企业提升、节能环保、设计创意、品牌塑造、产业配套关键环节，突出发展服装、面料、家用和产业用纺织品等终端产业，改造提升棉纺织和化纤等传统产业，高起点适度发展印染产业，大力承接中高档面料和服装产业转移。到规划期末，河南省纺织产业将全面融入国内和全球供应链体系，产业结构进一步优化，自主创新能力明显提高，产品质量显著改善，基本形成现代纺织产业体系，将河南省建设成为全国重要的纺织工业基地和具有国际竞争力的纺织工业强区。

基于空间适宜性评价结果和各省辖市的产业发展定位，郑州应重点发展对环境污染较少的纺织服装制造业，南阳、新乡、周口可发展纺织业和纺织服装制造业等产业。集中要素资源，加快建设郑州、安阳、新乡、南阳、睢阳、扶沟等六个印染行业染整集群和郑州中原纺织服装产业园、新密曲梁服装工业园、二七区服装园、淇县新纯服装产业园、商丘市睢阳区服装园、安阳纺织产业园、滑县产业集聚区、镇平县产业集聚区等八个服装加工产业集群。鼓励其他地区根据产业基础和资源条件，积极发展特色纺织产业，形成分工合理、特色鲜明、优势突出的产业布局。

（5）新能源产业：新能源产业主要是源于新能源的发现和应用。新能源指刚开始开发利用或正在积极研究、有待推广的能源，如太阳能、地热能、风能、海洋能、生物质能和核聚变能等。因此，开发新能源的单位和企业所从事的工作的一系列过程，叫新能源产业。

河南省煤炭资源保有储量为260亿吨，约占全国的2.4%，居全国第十位。根据我省煤炭工业中长期发展规划，煤炭产量将维持在2亿吨左右。综合各种资料，我省煤炭产需将由目前的基本平衡略有缺额，转变为今后的新增煤炭需求均需从外省调入，且调入量呈逐年加大的态势。从宏观上讲，在全球能源如此紧张的今天，我省水力资源已基本开发完毕，石油资源短缺，占全国2.4%的煤炭资源要支撑全国6%的GDP和7.5%的人口，压力较大。同时我国经济发展的重点是调整经济结构和转变发展方式，从能源结构调整来讲，将会加快可再生能源和新能源发展，控制煤炭过快增长。因此，河南省能源产业发展控制煤炭生产，以大型能源基地建设为重点，优化火电布局，同时，积极发展生物质能源、核能，丰富能源供应体系。到规划期末，将河南省打造成为全国重要的综合能源生产基地，构筑清洁、高效、稳定、经济的能源供应体系。

在产业发展空间上，河南省规划建设的六大煤炭基地和三大火电集群，其所在区域的资源环境承载力不足，但考虑到能源产业布局的资源导向性和河南省作为我国主要的能源基地，负有保障国家能源安全的责任，因此能源产业在布局上应紧紧围绕能源资源的布局而进行，重点加强对能源产业的污染处理能力，以减轻其对周边环境所造成的环保压力。在能源基地方面，应重点建设现有的鹤壁、焦作、义马、郑州、平顶山、永夏等六个大型煤炭基地，积极推进具有较强环境承载力的周口煤炭基地建设。在火电集群建设方面，应控制大气环境承载能力较差的豫北、豫南火电集群的发展规模，向具有较强大气环境承载力的新乡、南阳、信阳、周口等区域布置。

1）集约利用煤炭资源：加强煤炭资源勘察和大中型矿井建设，优化配置煤炭资源，培育壮大骨干煤炭企业，大力开展煤层气和煤矿瓦斯抽采利用，提高煤矿安全水平，稳定提升煤炭产能，增强煤炭供应保障能力。加大对焦作、平顶山、义马等老矿区深部及外围资源的勘察力度，增强现有生产矿井的资源接续能力。加快区内已设立勘探区块资源勘察，提高勘探级别，增强建设大型煤炭基地的资源保障能力，重点开发郑州、平顶山矿区，稳步开发焦作、鹤壁、义马、永城矿区，逐步将勘探范围扩展到豫中东和豫东南区域，增加煤炭资源后备储量。加强煤层气资源勘察，依托省煤层气公司和骨干煤炭企业，加快焦作、安阳—鹤壁、平顶山等高瓦斯、高地压矿区煤矿瓦斯（煤层气）地面抽采和利用工作，重点建设平顶山、焦作、安阳—鹤壁、义马、郑州等五个煤层气（煤矿瓦斯）规模化抽采矿区，推进平顶山等矿区煤层气地面开发试验工程。

2）增强电力保障能力：立足本省保障、兼顾省间调剂，坚持适度超前、区域平衡、集约高效、安全环保的原则，加快电力结构调整和布局优化。继续以南太行、豫南煤炭矿区及陇海线原有“两点一线”电源布局为主，同时在宁西、晋豫鲁等新建重要输煤铁路通道沿线，以现有电源扩建为主重点发展60万千瓦以上超临界机组路口、坑口电源，重点围绕豫北、豫南和沿陇海线三大火电集群规划建设火电项目。鼓励煤电联营和煤电一体化发展，积极支持省内外骨干煤炭企业建设大型燃煤发电项目和煤矸石等低热值煤发电项目。依托专业核电开发公司，加快推进南阳、信阳、洛阳、平顶山等核电项目前期工作。密切跟踪国家内陆核电开发政策，积极争取将建设条件较好的核电项目纳入国家规划并做好核电厂址保护工作，力争将南阳核电项目列入国家第一批开工的内陆核电项目并尽早开工建设。

3）加强油气供应保障体系建设：加大中原油田、河南油田勘探开发力度，提高开发效率，努力稳定石油产量。积极开展页岩油等资源评价和工业化试采。进一步扩大原油加工能力，开工建设洛阳石化公司 1 800 万吨/年扩能改造工程，争取将商丘千万吨炼化项目列入国家规划并尽早开工建设，积极推进河南油田精蜡厂炼能的提升和中原油田炼厂产品质量的升级，加快配套原油管道及省内成品油管道和油品储备库建设，构建以郑州为枢纽的油品输送网络。实施“气化河南”工程，建设中原油田和叶县地下储气库及西气东输三线、四线（河南段）和省内配套支线项目。

4）加快新能源发展：加快发展风电。统筹风电资源勘测开发管理，深入开展风能资源详查与评估，以豫西沿黄山地、伏牛山东部丘陵山地、大别山区和太行山东部等风能资源相对丰富的地区为重点，支持有实力、有经验的企业开展风能资源勘测开发，加快一批风电场项目建设。

合理开发利用生物质能。以非粮替代和综合利用为重点加快燃料乙醇发展，优先在南阳等区域开展纤维乙醇产业化示范、规模化生产和集约化经营，新增燃料乙醇产能 70 万吨。推进现有生物柴油生产企业整合，优先在郑州、洛阳、南阳、商丘等地开展以工业、餐饮废弃油脂和含油林木为原料的

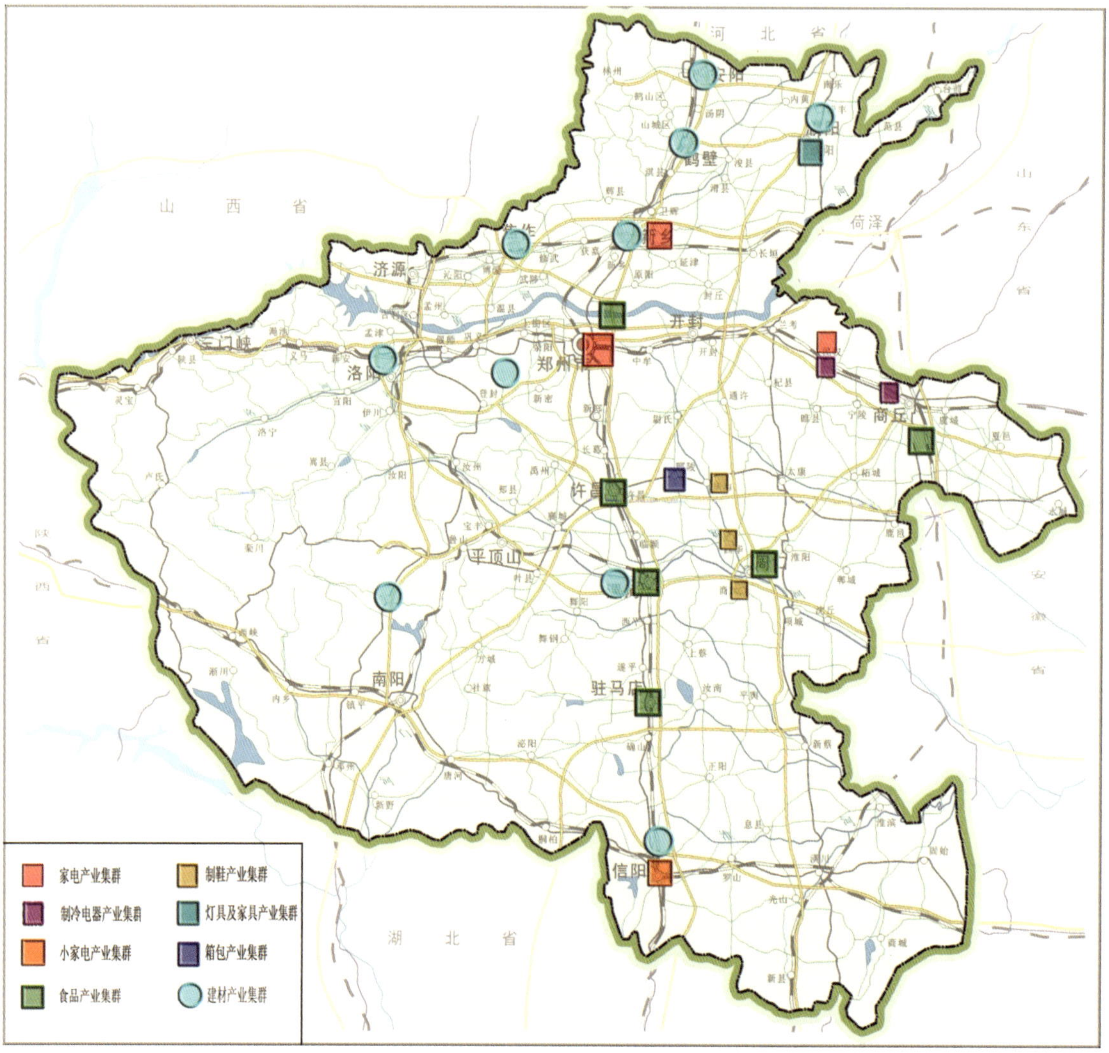

图 5-12　河南省纺织、能源行业空间布局引导图

［图件来源：中原经济区国土规划（河南部分，2011~2030 年）］

生物柴油生产示范。积极发展沼气和沼气发电，支持畜禽养殖场以及发酵、造纸、化工、食品等高浓度有机废水排放企业和城市污水处理厂建设大中型沼气工程，并配套建设沼气发电设施。以解决环境污染问题为目的，统筹推进城市生活垃圾等资源化利用。以生物液体燃料、大中型沼气工程和沼气发电等为重点，加快建设南阳国家生物质能示范区。

案例一：2013 年 4 月，西平县环保局执法人员在日常巡查中发现，二郎乡小王庄村两家小电镀厂在无证照、无污染防治设备的情况下，利用废旧厂房或废弃猪舍新建电镀生产线，非法从事鸡笼、兔笼的电镀生产，并将生产过程中产生的电镀水直接挖坑排放，严重影响当地水资源环境。此后，环保执法人员对这些电镀厂下达责令纠正违法行为通知书，责令其立即停止生产，拆除电镀设备。后县环保局联合相关执法部门对这些小电镀厂实施了强制拆除、关闭。2013 年 6 月 19 日，最高人民法院、最高人民检察院发布的《关于办理环境污染刑事案件适用法律若干问题的解释》开始施行。然而，到了 7 月份，西平县环保局工作人员在督察中再次发现这两家企业又偷偷恢复生产。经检测，这些电镀厂所排废水中，铁、锌、镉等重金属严重超标。2013 年 8 月 12 日，西平县公安局根据县环保局移交的证据材料，对涉案的犯罪嫌疑人进行立案调查。涉案的 3 名犯罪嫌疑人孙德生、王进喜和张大军，已经以涉嫌污染环境罪被当地检察机关批准逮捕。

案例二：2014 年 4 月，河南省环境监控中心经过调查询问、现场检查、现场督察等取证手段，发现河南济源钢铁（集团）有限公司 2 号、3 号烧结机部分未经处理的废气通过烟气旁路排放，规避了自动监控设施监控；烟气流量瞬间由之前的 450 000m^3/h 左右变为 1 000 000m^3/h 左右，生产工况、污染治理设施运行情况和自动监控数据相关性不一致；该公司 2 号、3 号烧结机增压风机额定风量为 1 500 000m^3/h，而历史烟气流量数据长期为 400 000m^3/h 左右，且擅自规避了自动监控设施监控。河南济源钢铁（集团）有限公司的上述行为违反了《污染源自动监控设施现场监督检查办法》和《中华人民共和国大气污染防治法》等方面的规定，参照《河南省环境行政处罚裁量标准适用规则（试行）》，责令其立即停止环境违法行为，拆除 2 号、3 号烧结机烟气旁路，给予罚款五万元的行政处罚。

案例三：2015 年 7 月 14 日，经群众多次举报反映，河南省三门峡惠能热电有限责任公司存在违法排放污染气体的问题。河南省环保厅对三门峡惠能热电有限责任公司进行第六次复查时发现，其有两台机组排出废气中氮氧化合物浓度超标，遂下达《责令改正环境违法行为决定书》，责令该公司停止超标排放污染物。2015 年 8 月 12 日，河南省环保厅再次复查时发现这两台机组排放的废气依然不达标，遂按照相关规定对该公司实施按日连续处罚：连续 29 日，每天 8 万元，共计人民币 232 万元。三门峡惠能热电有限责任公司拒不履行相关罚款。河南省环保厅向郑州市金水区法院提起申请，请求法院强制执行这一行政处罚。金水区法院准予执行河南省环保厅 2015 年 12 月 17 日作出的豫环连罚［2015］15 号按日连续处罚决定，执行罚款 232 万元。本案是一起典型的适用按日连续处罚的案件。

河南省战略性新兴产业特点及发展引导

战略性新兴产业是以重大技术突破和重大发展需求为基础，对经济社会全局和长远发展具有重大引领带动作用，知识技术密集、物质资源消耗少、成长潜力大、综合效益好的产业。根据《国务院关于加快培育和发展战略性新兴产业的决定》，将节能环保、新一代信息技术、生物、高端装备制造、新能源、新材料、新能源汽车等七个领域（23 个重点方向）列为现阶段重点培育和发展的战略性新兴产业。河南省战略性新兴产业具有良好的发展基础。目前，河南省战略性新兴产业实现产值 3 300 亿元，占河南省第二产业增加值的 24%，是河南省工业经济发展的重要力量。在电子信息产业领域，河南省可擦写 DVD 光盘产品占据全球 30% 以上的市场份额，气敏传感器产品国内市场占有率达到 53%，安全存储加密卡、光学引擎等产品技术水平国内领先；在生物产业领域，抗生素原料药、血液制品、疫苗及诊断试剂、乳酸、核苷等产品生产规模均居全国前列，小麦、玉米、肉牛等生物育种技术国内领先。在新材料产业领域，超硬材料产业规模稳居全国之首，钛合金结构件、钼钨制品、聚氨酯、高性能碳纤维、对位芳纶等多种产品技术水平国内领先。在新能源产业领域，具有完整的太阳能光伏产业链，秸秆纤维乙醇技术国内领先。在新能源汽车产业领域，大容量锂离子动力电池及动力系统集成技术国内领先。在节能环保产业领域，余热余压利用技术与装备、城市生活垃圾处理系列装备等产业优势明显，有色金属再生技术、低品（尾）矿综合利用技术、工业废水治理技术国内领先。培育和引进了华兰生物、农业高新、金丹乳酸、瑞贝卡、黄河集团、天冠集团、中硅高科、富士康、尚德、台湾友旺、保绿新能源、协鑫光伏、健康元、广济药业等骨干企业；战略性新兴产业的发展集聚趋势初步显现，出现了以电子信息、生物医药和新材料为代表的郑州高技术产业基地，以电子信息材料和先进制造业为代表的洛阳高新技术产业基地，以生物医药为代表的新乡高技术产业基地以及安阳、南阳、鹤壁电子元器件产业。另一方面，河南省战略性新兴产业发展还存在一些问题：产业集中度低，高技术企业存在多、小、散的发展局面；规模依然偏小；产业创新能力较弱，除企业科技机构数排中部第一外，其余指标如新产品销售收入、高技术产业销售收入等均居于中部其他省之后。

由于战略性新兴产业对技术源的依赖程度较高，因此要尽可能依托高新区和高技术产业基地的产业优势和技术优势，因此河南省战略性新兴产业发展应充分发挥比较优势，依托郑州、洛阳、安阳、南阳四个国家级高新区和郑州生物国家高技术产业基地、洛阳新材料国家高技术产业基地、南阳新能源国家高技术产业基地，重点发展电子信息产业、新材料产业、新能源产业、新能源汽车等战略性新兴产业，积极推进节能环保和高端制造业的发展；培育郑州、洛阳、新乡、许昌、安阳、鹤壁、南阳等战略性新兴产业集群，逐步形成郑州—洛阳和安阳—许昌两个战略性新兴产业带。到规划期末，将战略性新兴产业培养成为河南省经济社会发展的支柱产业和主导产业，将河南省建设成为全国重要的战略性新兴产业研发基地和产业化基地。

（1）新能源汽车产业：新能源汽车产业从经济学的角度描述，是从事新能源汽车生产与应用的行业。新能源汽车是指除汽油、柴油发动机之外所有其他能源汽车，新能源汽车被认为能减少空气污染和缓解能源短缺。在当今提倡全球环保的前提下，新能源汽车产业必将成为未来汽车产业发展的导向与目标。新能源汽车产业未来将成为汽车的发展方向。

在新能源汽车产业发展方面，要坚持依托基础、联合高端、强化联盟、系统运作，着力提升自主创新能力。以发展纯电动客车、轿车、低速微型车为方向，以驱动电动机、动力电池和电子控制技术为突破口，着力突破整车设计、动力系统控制、强电保护、大容量锂离子电池关键材料、超级电容模组、永磁电机及其控制系统、电池管理系统等关键技术，推动“一大两小”（电动客车、电动小轿车、微型电动车）整车制造产业化。依托郑州宇通、河南少林、河南新美景等整车龙头企业，重点发展纯电动客车及公交车；以郑州日产、三门峡速达、郑州海马为骨干企业，重点发展中高档纯电动轿车及商务车；以河南龙瑞、河南奔马、新乡新能、新乡新马企业为依托，重点发展纯电动低速车。全力打造控制系统—电池组—电机—汽车产业链，尽快形成整车生产规模。依托新乡环宇集团、金龙集团、中航锂电、科隆集团、多氟多等骨干企业，积极打造新乡百亿动力锂离子电池产业链，形成国内一流的动力电源系统生产中心。加快建设一批国内有重要影响的关键零部件生产基地，重点推进以南阳嘉远、南阳防爆、金润新动力、瑞发水电、通宇新源、三门峡速达为骨干的豫西南电动汽车电机及驱动系统生产基地和以中国电子27所、中航电动汽车为龙头的郑州电动汽车电机及动力总成生产基地，以及许继智能充电站系统生产基地等的建设步伐。探索形成裸车销售、电池租赁、充电和换电相结合以换电为主等具有商业可行性的市场推广模式。

（2）生物产业：生物产业是指以生命科学理论和生物技术为基础，结合信息学、系统科学、工程控制等理论和技术手段，通过对生物体及其细胞、亚细胞和分子的组分、结构、功能与作用机理开展研究并制造产品，或改造动物、植物、微生物等并使其具有所期望的品质特性，为社会提供商品和服务的行业的统称，包括生物医药（服务产业）、生物农业（资源产业）、生物能源、生物环保等，以及生物工业（生物制造产业），微生物工业为最早的生物工业。

生物制品产业要坚持园区发展、链式发展、龙头带动、项目支撑的发展思路，推动生物医药、生物农业、生物制造快速发展。生物医药重点发展生物技术药物、现代中药、化学创新药，积极发展新型生物医药材料等生物医学工程技术和产品，实施品牌战略，培育龙头企业，推动企业重组整合，建设国内一流的新型医药产业基地，培育千亿级生物医药产业。生物农业重点发展生物育种产业和绿色农用生物产品，加快提升重大品种创制、良种繁育、产业化及销售等育繁推一体化能力，支持采用基因工程技术培育畜禽良种，积极推进生物兽药、畜禽疫苗、生物农药、生物肥料、生物饲料等绿色农用产品发展，增强产业竞争力，为现代农业发展提供支撑。生物制造大力推进酶工程、发酵工程技术和装备创新，重点发展生物质基平台化合物、氨基酸、新型酶制剂等产品，大力推动绿色生物工艺在化工、制浆、印染、制革等领域关键工艺环节的应用示范，提高生物产业竞争力，形成以郑州、新乡、驻马店、安阳、商丘等为支撑的特色生物医药产业集群和以新乡、鹤壁、周口等为支撑的生物育种产业集群。

（3）新能源产业：新能源产业要按照创新引领、企业主导、项目支撑、集聚发展的基本思路，重点发展太阳能光伏及生物质能产业，着力突破纤维乙醇产业化、多晶硅清洁生产、薄膜太阳能光电转换效能提高等一批制约产业发展的关键技术，积极打造太阳能光伏、生物质能等特色产业链。以豫西沿黄山地、伏牛山东部丘陵山地、大别山区和太行山东部等区域风能资源开发为重点，加快三门峡、南阳、信阳、平顶山、驻马店等地风电场的建设步伐。加快南阳新能源国家高技术产业基地、洛阳国家级太阳能光伏产业基地、郑州薄膜太阳能电池产业基地和南阳、周口、新乡国家级生物质能新能源高技术产业基地及安阳国家级新能源产业示范基地等在国内有一定影响力的国家新能源产业基地的建设。

（4）新材料产业：新材料产业要以科技创新为动力，突出品级提升，延长产业链条，进一步完善超硬材料、钛合金、镁合金等新型合金材料产业，加快发展高强轻型合金、工程塑料、高性能纤维及复合材料，积极发展和培育先进高分子材料等新型功能材料；发挥产业优势，重点发展高品级金刚石、立方氮化硼、新型刀具、磨具等产品，培育壮大超硬原辅材料—超硬材料—超硬材料制品—超硬材料装备产业链。加快建设洛阳新材料国家高技术产业基地，加快培育鹤壁镁合金和郑州、长葛超硬材料核心区，形成以洛阳、鹤壁、郑州、三门峡、南阳、商丘为支撑的新型合金材料产业集群和以商丘、平顶山、洛阳、焦作、郑州为支撑的新型功能材料产业集群及以郑州、许昌、南阳、商丘为支撑的超硬材料产业集群。

（5）节能环保产业：节能环保产业应适应循环经济和低碳经济发展的新需求，围绕降低消耗、减少污染和循环利用，重点发展基础条件好、市场潜力大、整体带动性强的节能装备、水污染防治装备、大气污染防治装备、固体废弃物处理和资源综合利用装备、环境监测仪器、环保材料和药剂等产品集群。以构建技术开发、成果孵化、设备制造、工程设计、公共服务等多功能、一体化的节能环保产业集聚区为目标，重点推进郑州河南省环保节能产业园、洛阳再生资源回收利用加工、新乡环境友好产品生产、许昌大周镇再生金属回收加工国家循环经济试点园区、鹤壁金山环保科技园区等五大节能环保基地建设，形成产业特色鲜明、集聚效应明显、创新活力勃发的产业发展高地。

（6）化工工业：化工工业是以化学、物理学、数学为基础学科并结合其他工程技术、科学技术改变物质的组成结构或者合成新物质来生产科技产品的行业。它具有品种多、更新换代快、产量小、技术密度高、附加值高等特点，主要包括感光材料、催化剂、功能高分子材料、生物化工制品等几十种行业和门类。该工业是现代化经济的重要助推器，积极推动河南省相关化工行业领域的发展将会快速促进河南省经济规模的壮大。坚持淘汰高污染、高耗能的化工行业，积极发展清洁化工生产行业，促进新兴化工产业发展。

案例：2009年3月。洛阳市公安局经侦支队接到中国人民银行洛阳市中心支行反洗钱中心移交的大额可疑资金交易的报告。报告称，2008年12月至2009年3月，洛阳“丁元物资商贸有限公司”等多家公司通过网上银行频繁发生巨额不明资金从对公账户转至私人账户的交易。这些账户每天的累

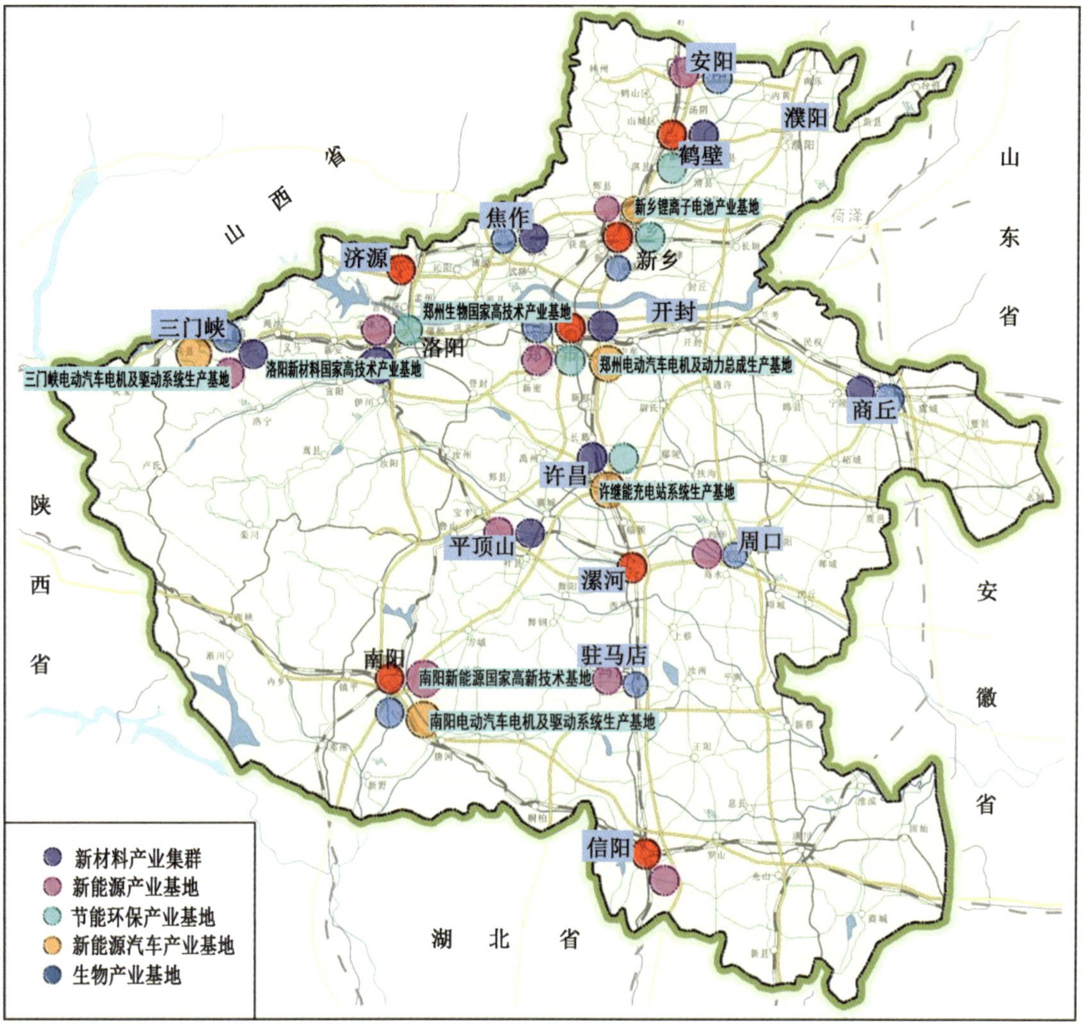

图 5-13 河南省战略性新兴产业空间布局引导图
［图件来源：中原经济区国土规划（河南部分，2011~2030 年）］

计交易量最少在 1000 万元左右，多的可达到 3000 万元左右，与他们的经营规模相比，资金交易规模极不对称。据调查，这个犯罪团伙的犯罪嫌疑人均具有较高的学历，对计算机和网络都非常精通。专案组民警首先从工商部门入手，通过对洛阳“丁元物资商贸有限公司”等 14 家涉案公司的工商注册资料分析，警方发现所有涉案公司均与一个叫王同的人有密切的关系。涉案公司法人除王同外，还有其父母、爱人、外甥、岳父母、姐夫等人。经过多方了解，警方发现王同和深圳的 11 家公司有密切关系，于是从 2010 年 4 月开始，专案组兵分两路，一组在洛阳继续调查，另一组进驻深圳。通过深圳工商、金融部门，警方了解到，一个叫王云的人与深圳的 11 家公司有密切的关系，而王云，就是王同的亲兄弟。警方确定王同和王云是两名主要的犯罪嫌疑人。2010 年 6 月 10 日上午，公安部经侦局、河南省公安厅、洛阳市公安局经侦支队、深圳市公安局经侦支队等有关人员再次在深圳召开会议，研究决定：深圳、洛阳、郑州、三门峡四地于 6 月 10 日 14 时统一行动，捣毁犯罪窝点、抓捕犯罪嫌疑人、提取和固定证据、冻结涉案公司账户。警方一举捣毁该团伙位于深圳福田区 TT 国际公寓的网银操作窝点，当场将正在进行非法资金交易操作的团伙骨干杨祥和负责网上银行转账的操盘手寇亮、王阳抓获。专案组随后顺线将与杨祥交易的犯罪嫌疑人陈红抓获，该团伙主要犯罪嫌疑人王同、杨蕊和王云也分别在洛阳、深圳相继落网。此案共抓获犯罪嫌疑人 13 名，冻结账户 700 余个，当场冻结涉案资金 9600 余万元，并查获了大量的计算机、网银 U 盾、银行卡、POS 机、公司印章及手机、轿车等作案工具。此案是我省侦破的首例“地下钱庄”案件。

第 6 部分　商业地理

加工类食品产销地域分布

1. 糖料及食糖的产销分布

（1）糖料：主要有甘蔗和甜菜，甘蔗主要分布于北纬 24°以南地区，即广东、广西、福建、四川、云南和台湾等省（自治区）。甜菜主要分布于黑龙江、吉林、内蒙古、新疆等省（自治区），宁夏、甘肃也有一定分布。

（2）食糖：广东省是食糖生产最多的省份，其次是广西、福建、黑龙江、云南、内蒙古和四川。

2. 烟草及卷烟的产销分布

（1）烟草：我国烤烟生产分布较广，其中河南、云南、山东、贵州、湖南、安徽、黑龙江等省区是我国烤烟产量较多的地区。

（2）卷烟：河南、云南、上海、天津、山东、安徽等省（直辖市）的卷烟调出最多，云南、贵州的卷烟主要运往广东、四川、青海、陕西等省，山东、安徽的卷烟以江苏、浙江、福建、江西为主要销售地区，河南、天津的卷烟多调往山西、陕西、河北、北京等省（直辖市）。

3. 茶叶的产销分布

（1）长江下游茶区：包括浙江、江西、安徽、江苏等省，浙江是我国最大产茶省。

（2）长江中游茶区：包括湖南、湖北和陕南地区，本区以产红茶和黑茶为主，湖南产茶量较大。

（3）西南高原山地茶区：包括四川、云南、贵州三省，是国内第三大产茶区，其中四川产茶量最大。

（4）华南丘陵山地茶区：包括广西、福建、广东三省（自治区），其中福建是产茶大省。

4. 名酒的产销分布

（1）白酒：主要产地有四川、山东、黑龙江、江苏、安徽、广东、湖北、广西、河南、湖南等省（自治区）。其中四川是我国白酒产量最多的省份。

（2）黄酒：产地分布比较广泛，但以江南各省区产量较多，尤以江苏、浙江最大，上海、福建次之，北方以山东、北京、黑龙江、陕西较多。

（3）葡萄酒：产地分布广泛，品种较多，北京、吉林等地都有较为优质的葡萄酒。

（4）果露酒：以山东烟台张裕酿酒公司产金奖白兰地、山西汾酒竹叶青等最富盛名，在国内外销售量都非常大。

（5）啤酒：产地分布广泛，除西藏外，各省、直辖市、自治区都有生产，产量较多的有黑龙江、辽宁、浙江、山东、吉林、江苏等省。

5. 罐头食品的产销分布

除西藏地区外，遍及全国各地区，主要集中于浙江、四川、福建、山东、广西、江苏、上海、辽宁、河北等省（直辖市、自治区）。

6. 食盐的产销分布

主要产盐地有河北盐区（过去称长芦盐区）、南方沿海地区、四川部分地区、西北及青藏高原地区。华北的长芦盐调出量最大，主要运销吉林、黑龙江、贵州等地。西北每年调出部分原盐供应河南和川北地区。内蒙古盐供应河南及西北部分地区。

纺织品产销地域分布

1. 棉纺织品的产销分布

（1）棉纺织品原料的生产和分布：棉花生产主要集中于黄河流域、长江流域及西北内陆三个棉区。

（2）棉纺工业的发展及分布：棉纺工业分布主要是以上海为中心的长三角地区；以天津、北京、石家庄、邯郸、太原、榆次为中心的华北区；以郑州、武汉、湘潭为中心的中南区；以西安、咸阳、宝鸡为中心的关中区。

（3）棉纺织品的市场销售状况：棉布调出的省（直辖市、自治区）主要有上海、天津、北京、江苏、湖北、河南、山东、安徽、新疆等，棉纺织品消费较多、消费水平较高的主要是北京、上海、广东等省（直辖市），消费较低的是西北、西南区的省（直辖市、自治区）。

2. 化纤纺织品的产销分布

（1）化纤纺织品的原料及分类：原料是化学纤维，可分为人造纤维和合成纤维两种；人造纤维以木材、芦苇、甘蔗渣等天然高聚物为原料，成品为人造毛、人造棉等。合成纤维以煤、石油、天然气低分子化合物为原料，成品为涤纶、锦纶、腈纶、氯纶等。

（2）化纤纺织品的市场销售状况：涤棉布大量运销福建、广东、浙江、湖南等27个省（直辖市、自治区）。涤纶布运销北京、天津、黑龙江等25个省（直辖市、自治区）。化纤纺织品调出量较大的有辽宁、天津、湖北、陕西等省（直辖市）。

3. 毛、丝、麻纺织品的产销分布

（1）毛纺织品的产销分布情况：毛纺织品的生产中心有上海、北京和天津三处，产品销至全国各地。

（2）丝纺织品的产销分布情况：丝绸工业主要分布在长江下游地区，以太湖流域最为集中，以省区分，浙江、江苏、上海最为发达，产量最高。丝纺织品销售范围广泛，而且出口量较大。

（3）麻纺织品的产销分布情况：国内麻类纱线、织物及制品累计出口第一大省是浙江省，出口的麻纱线、麻织物均列行业首位，其余集中在广东、江苏、黑龙江三省；麻原料进口主要集中在浙江、江苏、黑龙江、山东、广东等省。

4. 针织品与服装加工

（1）针织品的产销分布情况：全国针织品的生产能力和销售优势主要集中在华东地区和广东省，其中上海、江苏、浙江、福建、山东和广东五省一市为针织行业发达地区，浙江杭州、广东东莞、广东大朗较为出名。针织品通过各种渠道销往全国各地。

（2）服装的加工与销售情况：服装的加工和生产主要集中在长三角和珠三角地区，上海、江苏、浙江、广东等地的产量都非常大（表6-1）。

表 6-1　中国服装加工及销售情况表

地区	企业数量	比重（%）	累计比重（%）	地区	企业数量	比重（%）	累计比重（%）
浙江省	2 605	19. 31	19. 31	上海市	1 034	7. 66	80. 51
广东省	2 519	18. 67	37. 98	辽宁省	563	4. 17	84. 69
江苏省	2 465	18. 27	56. 25	湖北省	320	2. 37	87. 06
山东省	1 127	8. 35	64. 61	天津市	295	2. 19	89. 25
福建省	1 112	8. 24	72. 85	安徽省	294	2. 18	91. 42

日用工业品产销地域分布

1. 日用机械与家用电器的产销分布

（1）日用机械：目前，全国各省、直辖市、自治区，基本都有一定规模的生产部门。自行车、缝纫机、钟表等日用机械品主要产于东部发达地区，如上海、山东、江苏、广东等地，产品销往全国各地。

（2）家用电器：珠江三角洲地区主要包括广东的广州、深圳、东莞等地已成为中国新兴的电子工业基地和全国最大的家用电器产地，另外，山东青岛、江苏、浙江等地也是家用电器的主要产区。

2. 纸张的产销分布

（1）东北区：辽宁省生产纸张数最多，吉林省的木浆产量全国居首，黑龙江的造纸生产能力全国第一。

（2）华东区：上海是高级纸张的重要生产地，但纸浆不足，靠东北、浙江、江苏、福建等地供应和进口部分纸浆，江苏、浙江、安徽等省的纸浆能够自给自足。

（3）中南区：广东、河南两省纸张产量较多，除能满足本省需要外，尚能调往附近省区。

（4）华北区：主要分布在天津、北京、保定、太原，以天津为生产中心，纸张还能销往中南、西南、西北等一些省（直辖市、自治区）。

（5）西南区：四川省的纸张生产量较大，但人口较多，纸张消费量大，少部分调往邻省，云南、西藏的纸张都需从外省调入。

（6）西北区：主要是中小型造纸企业，满足不了本地区的需求，需要从外地区调入。

3. 陶瓷的产销分布

除西藏外，全国各地都能生产陶瓷，有江西、湖南、广东、河北、江苏、山东、福建、辽宁、四川等十几个生产集中地。其中，以广东、湖南、江西、河北、山东五省产量最多。调入量最大的地区是上海、湖北、黑龙江、四川、河南、云南、陕西、贵州、辽宁、内蒙古等。

4. 工艺美术品的产销分布

工艺美术品包括雕塑、织绣、漆器等。玉雕的主产区为北京、上海、江苏、广东、辽宁、湖北、河南、甘肃、黑龙江、新疆等地。北京、上海、广州是象牙雕刻的工艺品产地。泥雕以江苏、天津较为出名。刺绣主要产于上海、山东等地。漆器主要产区有福州、北京、扬州、上海、西安、重庆、甘肃天水等地。

5. 日用五金的产销分布

全国各省、直辖市、自治区都能大量生产。但主要分布在上海、天津、广州、北京、沈阳、哈尔滨、武汉、南京、重庆、杭州、青岛、西安等大中城市。

燃料及农用生产资料产销地域分布

1. 煤炭的产销分布

煤炭在我国的分布情况是西多东少，主要集中分布在山西、内蒙古、陕西、新疆、贵州、宁夏等六省（自治区）。耗用煤炭量较大的有北京、天津、河北、辽宁、山东、江苏、上海、浙江、福建、台湾、广东、海南、香港、广西等14个省（自治区、直辖市、特别行政区）。

2. 石油产品的产销分布

我国的石油主要分布在黑龙江、新疆、河北、天津、山东、河南等地，大庆油田是我国最大的石油生产基地。我国石油产品销售较为广泛，主要销售地是北京、上海、广州、杭州等大中型城市。

重工业产品产销地域分布

1. 钢材

我国钢材生产基地主要有鞍本（鞍山—本溪）钢铁基地、京津唐钢铁基地、上海钢铁基地、武汉钢铁基地，另外，还有攀枝花、包头、马鞍山、重庆等重要钢材基地。

2. 化工产品

（1）化肥：我国化肥生产主要分布在山东、东北三省等农业大省，江苏等地的生产量也比较大。化肥的销路也比较有针对性，主要是销往农业地区，如河南、安徽等。

（2）农药：农药的生产地主要分布在北京、河南、江苏、安徽、湖北等地，主要销售地是河南、安徽等种植业密集地区。

（3）橡胶：我国天然橡胶主要分布于海南、云南和广东等地。广东、广西和福建只有少量种植。橡胶的销售地主要是橡胶工业发达的山东青岛、广东广州等地。

（4）染料：染料的主产地有广东、浙江、天津、山东等地。销售地区主要是国内外大中型城市。

（5）医药化工产品：医药化工产品的生产地主要是江苏南京、湖北武汉、重庆、广东广州等地。

3. 机械工业

（1）工业设备制造品，如机床、仪表、电器等。工业设备制造品的生产地主要是工业较为发达的地区，主要有山东、江苏、广东、四川、重庆等地的大小工业基地。

（2）农业机械制造品，如拖拉机、收割机等。农业机械制造品的主要生产地有山东、辽宁、江苏、河南等省。目前，国内已有许多城市能够生产质量较高的农业机械制造品。主要销售地区也是农业、种植业较为发达的地区，尤其是地势较为平坦的平原地区。

（3）运输机械制造品，如汽车、船舶、飞机等。汽车的主要生产地有吉林长春、北京、天津、上海、湖北武汉、重庆、广东广州等地，河南、安徽等地也有汽车工业制造基地。汽车销售量随经济发展增长较快，主要销售至全国各地。船舶的生产基地主要有辽宁大连、山东青岛、湖北武汉和江苏部分地区。飞机的生产基地虽然较少，但随着我国综合国力的增强，已有许多省市引入飞机制造工业，主要还是分布在老工业基地，如辽宁沈阳、陕西西安、四川成都、上海等地。

第三产业及其重点地域分布

（1）现代物流业：东部地区已经形成了以沿海大城市群为中心的四大区域性物流圈格局：以北

京、天津、沈阳、大连和青岛为中心的环渤海物流圈；以上海、南京、杭州和宁波为中心的长江三角洲物流圈；以厦门和福州为中心的环台湾海峡物流圈；以广州和深圳为中心的珠江三角洲物流圈。

（2）信息传输、计算机服务和软件业：信息传输、计算机服务等产业属于技术产业，主要分布在北京、上海、广州、深圳等一线城市，大中城市也开始大力发展这项产业，比如武汉光谷也已成为具有特色和创新的信息技术产业基地。

（3）批发和零售业：批发和零售业主要分布在东部沿海地区、长三角地区、珠三角地区，包括江苏、上海、浙江、广东等地。

（4）金融业：我国金融业发展较晚，较发达的地区也是与国际接轨的大中城市，主要包括北京、上海、广州、深圳、天津、杭州、郑州等地。

（5）房地产产业：我国房地产产业发展趋于成熟，沿海及内地大中城市发展较快，北京、上海、广州、深圳、杭州等地较为发达。

（6）教育、卫生产业：教育、卫生产业属于我国的公共设施产业，在全国大、中、小城市甚至是农村地区发展都很快。

（7）新闻文化产业：新闻文化产业较为发达的地区主要有北京、上海、广州、深圳等大型城市。新闻文化产业欠发达的地区主要分布在西部地区，如新疆、西藏、甘肃等地。

华东商业片区

华东商业片区位于中国东部沿海至内陆一带，自然环境条件优越，物产资源丰富，商品经济发达，工业门类齐全，是中国综合发展水平最高的地区。在行政区划上包括上海、江苏、浙江、山东、江西、福建、台湾六省一市。华东商业片区内部全国性的商业中心以上海最为典型。地区性的商业中心则包括南京、杭州、台北、济南、合肥、青岛、厦门、温州、义乌、景德镇等城市。

全国性的商业中心——上海市

上海市位于长江入海口，东临东海，南濒杭州湾，西与江苏、浙江两省相接，是有名的国际化大都会，同时也是中国的经济、交通、科技、工业、金融、贸易、会展和航运中心。南京路步行街与陆家嘴金融中心是其最具代表性的商业景观。

南京路步行街（图6-1）西起西藏中路，东至河南中路，总占地约3万平方米，是上海市靓丽的城市新景观。南京路步行街借鉴国外商业街建设的成功经验，继承南京路商业街的历史文脉，用现代的设计理念和技术创造出具有鲜明时代特征的城市商业环境，现已成为集购物、旅游、商务、展示和文化五大功能为一体的全天候步行街。

陆家嘴金融中心（图6-2）位于上海浦东陆家嘴地区，现已形成五大功能组团：一是以中国人民银行、汇丰银行、中银大厦等为中心的国际银行楼群组团；二是以金茂大厦、上海证券交易所为主体的中外贸易机构组团；三是以东方明珠塔、香格里拉酒店、正大广场为核心的休憩旅游景点组团；四是以仁恒、世茂、汤臣、鹏利等滨江地带为代表的顶级江景住宅组团；五是以陆家嘴中心区西区地块为中心的跨国公司区域总部大厦组团①。

① 陶建强．上海陆家嘴中央商务区规划开发回眸［J］．城市管理，2010（06）：30-34.

图 6-1　南京路步行街夜景

图 6-2　陆家嘴金融中心

上海作为全国重要的商业金融中心，在经济高度繁华的背后，各种犯罪问题也层出不穷，尤以金融犯罪问题最为显著。据上海市检察院调查显示：2013 年上海市检察机关共受理金融犯罪案件 681 件，涉及 772 人，审查起诉案件 1 411 件，涉及 1 609 人。案件共涉及 5 类 22 个罪名，包括破坏金融管理秩序类犯罪 74 件，扰乱市场秩序类犯罪 31 件，金融诈骗类犯罪 1 301 件，其他类犯罪 10 件。其中信用卡诈骗案已连续五年居金融犯罪案件首位，占全部金融犯罪案件的 87. 3%。上海市的金融犯罪主要集中在互联网金融、信用卡诈骗、理财产品等领域，涉众性案件多发且金额巨大，呈现出新类型、新手法金融犯罪案与传统金融犯罪案并存的特征。

案例一：2010 年 12 月至 2013 年 4 月，朱某、张某、陆某采用打电话、到社区授课宣传等方式推广“本无忧”投资理财产品，以高息回报吸引社会公众投资，并以公司的名义与 30 余名投资者签订为期六个月至二年的《委托投资协议书》，承诺到期归还本金及支付 6%~10%的年息回报，吸收公众资金共计人民币 600 万余元。被告人朱某等人分别以集资诈骗罪、非法吸收公众存款罪，被判处有期徒刑两年缓刑两年至有期徒刑九年，并处罚金 2 万~30 万元。

案例二：2012 年，被告人侯某以信用卡诈骗罪被公安机关逮捕，侯某以非法方式获取大量国外 JCB、AMEX 等银行用户的信用卡资料。自 2011 年 12 月起，侯某在携程网、同悦网等网站上冒用上述信用卡信息资料订购景点门票、酒店、机票等旅游用品。截止案发，被告人侯某在上述网站订购交易 66 笔被发卡银行拒付，造成上述网站共计 25 万余元的经济损失，侯某以信用卡诈骗罪，被判有期徒刑七年，并处罚金 7 万元。

地区性的商业中心——南京市

南京市濒临长江，是长三角及华东地区第二大城市，中国国家区域中心城市，有“六朝古都”的美誉。新街口与夫子庙是其最具代表性的商业中心。

新街口商业中心（图 6-3）位于南京市中心区域，有着近百年的历史，为中国著名的商业中心。其功能街区有洪武路金融街、正洪路商业步行街、太平南路黄金珠宝一条街、王府美食街、石鼓路酒吧街、莫愁路古玩一条街、仓巷明清一条街、淮海路民国文化一条街等，该地区分布的金融机构、咨询公司、法律事务所等数量居南京之首，更有近百家世界五百强分支机构进驻，其商贸集中度超过北京王府井、上海徐家汇，为中国商贸密集度最高的地区，被称为“中华第一商圈”。

夫子庙商业中心（图 6-4）以夫子庙为中心，秦淮河为纽带，集庙市、街景、文化、旅游于一身，是庙市街景合一的文化、旅游、商业、服务等多功旅游胜地，也是南京历史上最热闹的文化、商业中心。

图 6-3　南京市新街口商业中心

图 6-4　南京市夫子庙商业中心

据南京市中级人民法院统计，2007~2013 年，南京市涉及各类经济犯罪的案件增加 22 倍，涉众商业金融案件主要以非法吸收公众存款、集资诈骗以及商业贿赂为主，2013 年，南京市中级人民法院共受理案件 46 件，涉案金额达 38 亿元。受案件数量增多的影响，该类案件所牵涉的被害人数也在增加，2013 年达到 6 923 人。受害人数过百的案件有 14 件，受害人数过千的案件有 2 件，分别是秦淮法院受理的李萍等人非法吸收公众存款案（被害人数达到 2 055 人）和张红等人非法吸收公众存款案（被害人数达到 1 602 人）。老年人群体是涉众型商业犯罪被害人的主要构成，案件的发生地域主要集中在商业较发达的秦淮区，犯罪分子采用的手段往往是通过设立证照齐全的公司，以发展观光农业、开发房地产、金融投资等为诱饵，打着招商引资、支持地方经济发展的旗号进行虚假宣传，并许以高额回报。

案例一：2015 年 1 月 24 日，据中国之声《新闻纵横》报道，在江苏南京，一个没有任何金融资质的“农村经济专业合作社”，将它的内部刻意装潢得和正规银行一模一样，并以高额的贴息款揽存，短短一年时间就有近 200 人上当受骗，涉案金额近 2 亿元。南京浦口警方介入调查后，发现这个“农村经济专业合作社”的工商营业执照上写的经营范围是农业信息咨询，与金融类没有任何关系，更没有中国人民银行颁发的从事金融业务的许可证。浦口警方于是对这家“合作社”以涉嫌非法吸收公众存款立案侦查。

案例二：南京新颐和康复医院在三年内共开展了 3 万多人次的用工体检业务，每人次费用为 90 元，其中 50%体检费为好处费，付给介绍业务的人力资源公司或用工企业的相关人员。南京市工商局公平交易局局长张家斌介绍，这种通过商业贿赂排挤竞争对手的行为，无形中增加了体检者的支出成本，损害了竞争关系和体检人的合法权益，理应受到严厉查处。这家医院被要求整改，并被没收非法所得 40 多万元。

地区性的商业中心——杭州市

杭州市位于中国东南沿海、浙江省北部、钱塘江下游北岸、京杭大运河南端，是浙江省省会、副省级市，浙江省第一大城市，长三角副中心城市，华东地区中心城市之一，浙江省的政治、经济、文化、科教、交通、传媒、通信和金融中心，华东地区重要的经济、科教、文化、金融中心及交通、通信枢纽，杭州都市圈核心城市。清河坊历史文化街区和四季青服装商业中心是其代表性的商业景观。

清河坊历史文化街区（图 6-5）位于杭州市南部景区吴山脚下，是杭州目前唯一保存较完好的旧城区。清河坊有着丰富的历史人文遗产和文化底蕴，集观赏性、艺术性、文化性、商业性于一体，成为“旅游者必到、杭州人常到”的商贸旅游特色街区。

四季青服装商业中心（图 6-6）位于杭州市主城区的中心区域，汇集了四季青服装市场、杭派精品服装市场等 15 家专业服装市场，四季青服装市场辐射全国主要大中城市，现已形成一个覆盖全国的立体销售网络。在互联网时代，四季青服装特色街区市场打造出了批发市场的“O2O”模式，借助网络交易平台，突破地域限制力拓省外市场，成为引领全国服装潮流的风向标①。

图 6-5　杭州市清河坊历史文化街区

图 6-6　杭州市四季青服装商业中心

杭州民间金融资本十分活跃，由此引发的商业金融犯罪数量也日趋增多。据浙江省人民检察院调查显示，2014 年，杭州市金融领域职务犯罪人数上升 80%，达到了 980 件，涉及 1 560 人。以 P2P 融资平台为例，杭州有 41 家 P2P 融资机构，经杭州经侦部门调查以后发现，41 家 P2P 融资机构当中只有 1 家是完全没有问题的。非法融资的存在也促使高利贷现象滋长，这类犯罪的特点是涉案人利用具有良好的贷款信誉、可以从银行获取相当数额贷款的便利条件，获取银行贷款后转贷给他人，赚取利息差，牟取不正当利益。鉴于目前社会经济状况，尤其是在金融危机之后，由于贷款条件限制，很多借款人无法从银行获取贷款。为了获取资金，往往会找到贷款信誉良好的人寻求资金，向其许诺高利息。面对高利润的诱惑，这些人便会不顾法律规定，将从银行贷出的大笔资金转借他人，从而使得银行资金处于高风险状态。

案例一：某银行分理处主任盛某，虚构银行转贷、完成银行任务的说法，“高息揽储”募集到 8 000余万元，被他用于炒期货及归还前期集资的还本付息，最终造成实际损失 6 000 多万元，盛某最终被判处无期徒刑。

案例二：2014 年 1 月 2 日，张某某（女，38 岁）报案称：2013 年 10 月 2 日，他们夫妻和艾某某签订装修施工合同，双方约定艾某某承接装修其在住房的装修工程（包工包料），工程总造价 15 万元，合同签订后，张某某于 2013 年 10 月 10 日支付 5 万元，2013 年 11 月 25 日，艾某某以买木工材料为名又让其支付 5 万元，之后艾某某就联系不上。工程只做了部分泥工和水电，木工根本未进场，材料也未买。艾某某也未支付前期施工人员的工资，也未支付前期的材料款，警方认为其涉嫌合同诈骗。

地区性的商业中心——济南市

济南市位于山东省中西部，北连首都经济圈，南接长三角经济圈，东西连通山东半岛与华中地区，是环渤海经济区和京沪经济轴上的重要交汇点，是环渤海地区和黄河中下游地区中心城市，还是美国福布斯杂志评选的中国 20 个最适宜建厂的城市。济南市英雄山文化休闲商业街（图 6-7）和泉城路商业街（图 6-8）为其商业景观的代表。

① 潘伟琳．杭州四季青服装街区：再造时尚新航母［N］．市场导报，2013-11-17.

英雄山文化休闲商业街区，位于济南市市中心，英雄山北麓，占地面积约 40 万平方米，主体构成为：两条商业道路、六大功能板块，是以齐鲁文化为基础，集餐饮、文化休闲产业为一体的国家级综合文化商业街区。

泉城路是济南市内环线内三大东西交通干道之一，连接着城市的东西两翼，是泉城特色标志区内最重要的枢纽。作为一条有着数百年历史的商业街，老字号最多的一条街，泉城路的一举一动，无不牵动着济南市民的心，引发特别的关注。在泉城路中西段的改造中，结合传统建筑整治，在现代空间环境中融入历史文化元素，在一定程度上体现了老济南的传统景观特色。北侧新建建筑设计上为具有连续门面和橱窗的多层建筑，色彩上采用老济南传统的青砖色调，立面设计结合济南传统民居形式，门窗式样采用济南特有的拱券风格，一定程度上体现了济南厚重的历史底蕴①。

图 6-7　济南市英雄山文化休闲商业街

图 6-8　济南市泉城路商业街

济南市涉众型商业犯罪案件影响范围广、危害大，近年来呈多发趋势。据济南市中级人民法院 2014 年 11 月 5 日通报，2010~2014 年，全市法院共审结包括集资诈骗、非法吸收公众存款、组织领导传销等涉众型经济犯罪案件 136 件，判处罪犯 456 人，涉案被害人、集资参与人多达 8.8 万余人，犯罪金额 88 亿余元。依法判处“济正案”“福德案”“地沟油”系列案等一批有重大社会影响的涉众型商业犯罪案件。济南市中级人民法院法官介绍，市民参与非法集资、各类传销犹如“火中取栗”，天上不会掉馅饼，一夜暴富是陷阱，大家平时与亲戚朋友要多一份互相提醒，不能奔走逐利，甚至以讹传讹，集资参与人的惨痛教训首先就是对“谨慎投资，风险自担，非法集资不受法律保护”的投资理念认识不足，经受不住高利诱惑，加剧了非理性的逐利冲动。

案例一：朱某兄弟三人自 2006 年起大量收购“泔水油”、白土等原料生产“地沟油”，在明知他人将向其购买的“地沟油”冒充食用油进行销售的情况下，仍将“地沟油”销售给 17 家食用油经营户，销售金额共计 5 000 余万元。济南市中级人民法院对两起制售地沟油案件进行宣判。其中，被告人朱某犯生产和销售有毒、有害食品罪，判处死刑，缓期两年执行。

案例二：龚某于 1996 年成立某有限公司，该公司采用与投资者签订一份产品销售合同，投资者缴纳一定金额的产品押金，替该公司销售其保健产品，三个月后该公司返还投资者的押金并给予其一定的销售费用的方式，非法吸收公众存款，涉案金额 40 亿元。

地区性的商业中心——合肥市

合肥市为安徽省第一大城市，是安徽省的政治、经济、教育、金融、科技和交通中心，皖江城市

① 张建华，张鹏．历史空间特色凸现前提下的商业街界面景观问题探讨——以泉城路商业街为例［J］．山东建筑工程学院学报，2006，21（01）：21-24.

带核心城市，合肥都市圈中心城市，长三角经济圈西翼中心城市，是华东地区最具有影响力的城市之一。淮河路文化商业步行街（图6-9）与欧洲风情街（图6-10）为其著名的商业景观。

淮河路是合肥市历史上有名的商业街，也是人文荟萃的老街，是目前合肥最具代表性的综合性商业步行街。步行街并不长，从头走到尾却集购物、餐饮、娱乐于一体。

欧洲风情街位于经开区明珠广场北侧，总建筑面积为18 296平方米，该步行街借鉴欧洲不同国家不同历史时期的建筑风格，创意组合为欧洲街景，汇成了一个别具特色的欧式建筑群。在这里，不仅可以看到富有欧洲风情的哥特式、巴洛克式的教堂和别墅，还可以领略到欧式雕塑的古典雅致和音乐喷泉。欧洲风情街建筑特色明显，已成为集婚礼产业、餐饮、娱乐、休闲、商贸等诸多功能于一体的繁华商业街。

图6-9　合肥市淮河路文化商业步行街

图6-10　合肥市欧洲风情街

2014年，合肥市公安机关严厉打击各类商业经济犯罪，共受理商业经济犯罪案件1 232件，立案1 147件，破案862件，抓获违法犯罪人员779人，挽回经济损失13亿元。其中，在打击传销犯罪专项行动中，共立案327件，破案267件，采取强制措施410人，抓获逃犯152人，教育遣返4万余人，捣毁窝点11 000余处，打击处理数位列全省第一、全国省会城市前列；在打击侵犯知识产权和制售假冒伪劣商品专项行动中，共立案113件，破案85件，抓获犯罪嫌疑人61人，移送起诉25人，参战全国打假集群战役31件，已收网20个，取得战果13个；在打击非法集资经济犯罪工作方面，2014年，共立案非法集资类案件57件，破案35件，侦破公安部督办案件3件，侦破集资人数达到300人以上的非法集资案件4件。

案例一：主犯王某自2010年8月到合肥市后，组织3名骨干在合肥市包河区等地以“资本运作”为名，不断诱骗下线人员加入传销组织。该传销组织以纯虚拟的份额作为“产品”，通过广泛发展人员购买份额，建立起上下级网络关系，再由其上线人员对所购份额按比例逐级瓜分。所谓的“资本运作”实行“五级三晋制”的发展模式。在不到3年的时间里，王某领导的传销体系共有“老总”200余人，传销人员共计8 500余人，后经法院查明，该传销团伙涉案金额高达2.4亿元。

案例二：2005年以来，原任合肥市瑶海工业园区管委会站北社区书记的方某，在协助瑶海管委会进行拆迁安置工作期间，利用其职务上的便利，单独或伙同他人骗取安置房共计价值3 243 619.1元。2007年以来，方某徇私舞弊，违规出具安置证明等材料，致使他人非法获取安置房和拆迁补偿费，共造成公共财产损失6 856 523.6元；并利用其职务上的便利收受贿赂60 000元。

地区性的商业中心——青岛市

青岛市地处山东半岛南部，有“黄海明珠”的称号。这里诞生了海尔、海信、青岛啤酒、双星等一批企业和品牌。先后荣获“中国品牌之都”“中国十大品牌城市”等称号。青岛著名的商业景观有香港路商业街和中山路商业街。

青岛香港路商业街位于青岛市东部新区，引进了众多的知名金融机构总部和新型法人金融机构，并依托青岛产权交易中心，积极培育专业化产权交易所，大力引进地方金融控股集团公司，成为具有要素定价权的国际金融商务核心区，汇聚了众多潮流前卫品牌和国际品牌，已成为青岛市新兴的购物中心。

青岛市中山路商业街曾经与上海的南京路、北京的王府井齐名，这里有许多著名的老字号商铺，店铺、商号、洋行、剧场、戏院、饭店林立，仿佛是上海滩南京路的缩小版。中山路商业街现已成为青岛的商业中心，并成为外地游客的购物首选地①。

青岛作为我国重要的港口城市，其商业犯罪以走私犯罪和侵犯知识产权犯罪较为突出。2014 年 2 月 15 日，青岛市人民检察院检察长董以志在市十五届人大四次会议上做了市人民检察院工作报告。报告中提到，2014 年全年立案侦查贪污贿赂、渎职侵权等职务犯罪 229 件，涉及 305 人，大案要案 177 件，涉及 226 人。批捕金融诈骗、制假售假、非法集资和走私等犯罪嫌疑人 452 人，起诉 1 271 人。加大知识产权保护力度，起诉侵犯商标权、专利权、著作权和商业秘密等犯罪嫌疑人 125 人。

案例一：2010 年 5 月间，被告人齐某违反与海尔集团签订的保密协议，通过邮件形式，向同行业某公司非法透露海尔洗衣机的重要生产数据，并在当年 7 月辞去海尔集团职务到另一公司就职，先后通过邮件形式，向任职公司非法提供海尔洗衣机生产和采购环节的重要商业数据，给商业秘密权利人造成数额不等的损失。经法院审定，齐某被判处有期徒刑三年。

案例二：2015 年 4 月 15 日，青岛海关开展走私成品油专案查缉行动，发现其中一家公司假借为国际航行船舶清理“油污水”的名义，大肆从国际航行船舶上收购船用燃料油，逃避海关监管，走私入境销售，以排污之名行走私之实。经初步查证，涉案公司是一家从事船舶排污业务的船舶企业，该公司名义上主营业务是为到港国际航行船舶接收油污水，为牟取不法利益，该企业伺机向船方购买保税船用燃料油，然后过驳到清污作业船上，假借所接收的“油污水”名义走私入境。

地区性的商业中心——温州市

温州市位于浙江省东南部，瓯江下游南岸，是浙江省辖市，曾经以“小商品、大市场”闻名全国，是全国个体私营经济的先发地区和股份合作经济的发祥地，温州人创造的经济格局被新闻界、学术界称为“温州模式”“民营之都”。温州区域经济特色鲜明，优势产业集群发展较快，联合国工业发展组织将温州评为全球最具有活力的城市之一。五马商业步行街（图 6-11）和纱帽河女人街（图 6-12）是温州众多商业中心的代表。

图 6-11　温州市五马商业步行街

图 6-12　温州市纱帽河女人街

① 张忠国，段义猛．传统商业街的改造与传统保护——以青岛市中山路为例［J］．城市问题，2003（06）：38-42.

五马街古称五马坊，为温州市标志性购物步行街，是温州旧城商业文化氛围最为浓厚的地域。改革开放以后，温州市对五马街进行了保护性改造，着力保持五马街原有风格，不仅融合“温州模式”，而且融入上海的现代文明气息和苏州的古朴典雅风格。五马街两侧的建筑主色调以温州地区的粉墙黛瓦为主，兼有西方特色。在道路景观的营造中，通过设置统一的建筑小品、广告牌以增强空间环境的互动功能①。

纱帽河与五马街相邻，是温州的古老街道之一，长约 270 米，宽 10 米。相比较于五马街，这条街更短，更小巧，很适合女性。因此纱帽河在温州也有女人街之称。温州纱帽河女人街以经营女装为主，兼售女鞋、女式包、小饰品，是集鲜花、摄影、婚纱等行业于一体的女性消费市场。

温州市作为中国民营企业之都，民间资本十分活跃，这也是造成温州民间融资借贷现象普遍的原因所在。活跃的市场经济，频繁地融资借贷，一方面有效地促进了温州经济的发展，另一方面也引发了一系列的商业金融犯罪活动。据统计，仅 2014 年，温州市公安局经侦支队就破获经济犯罪案件 685 件，挽回直接经济损失 42 085.2 万元。

案例一： 2010 年 12 月，陈某伙同他人，以还贷需要资金周转为由，以虚假的资金担保函骗取受害者徐某 6 000 万元。事后，陈某收到 40 万元好处费。2012 年 8 月 20 日，龙湾公安分局以涉嫌合同诈骗罪对陈某予以刑事拘留并上网追逃。陈某选择逃亡，藏身柬埔寨，靠做豆腐谋生。2014 年，通过前期排查工作掌握的线索，警方发现了陈某的落脚点，12 月 25 日下午 5 时，在柬埔寨一烟酒专卖店将陈某抓获。

案例二： 2012 年 4~9 月，因公司陷入困境，吴某虚构贸易事实，让财务人员伪造销售合同、货运提单复印件等单据，以自己公司和某贸易公司的名义与 6 家商业银行签订融资合同，以不存在的应收账款为担保，骗取贸易融资贷款达 1.2 亿美元。2013 年 10 月，因涉嫌骗取贷款恶意逃废债务，吴某被抓获归案。2014 年 4 月，该案移送检察院审查起诉，其公司也早已经被破产清算。

地区性的商业中心——厦门市

厦门市位于福建省东南端，台湾海峡西岸中部、闽南金三角的中心，南接漳州，北邻泉州，东南与金门岛隔海相望。是两岸区域性金融服务中心、东南国际航运中心、大陆对台贸易中心、两岸新兴产业和现代服务业合作示范区。厦门也是现代化国际性港口风景旅游城市，有“东方夏威夷”之称。湖里区乌石浦油画街（图 6-13）和思明区电子数码街（图 6-14）是厦门市最具特色的商业景观。

图 6-13　厦门市湖里区乌石浦油画街

图 6-14　厦门市思明区电子数码街

① 李翔，朱圣潮，刘益曦．历史商业步行街区景观营造研究——以温州五马街为例［J］．安徽农业科学，2011，39（01）：364-368.

乌石浦油画村位于厦门市湖里区，乌石浦及周边约0.25平方千米范围内，共有画师、画工4 000余人，画店近200家，从事油画后勤工作的人员约10 000人，从事油画产业配套工作（经营画布、画笔，制作画框）的人员约3 000人。油画一条街是厦门近几年新诞生的响亮名片，厦门每年的油画出口创汇都在2亿元以上，成为全球三大商品油画生产基地之一。

厦门电子数码街，是从“电子城”发展起来的，汇聚了电子城、大正电脑城、假日电子城、诚森电脑城和百脑汇五大商场及部分天湖路上的临街店面，总店面数已经超过了1 000家。几乎所有国际一流的电脑和数码品牌扎堆于此，改变了以往服务层次较低，文化氛围不足的缺陷，这里聚集软件、动漫及相关附属产业，结合旅游业，辐射和吸引各地的人群，聚焦科技、文化、创意等产业，而成为厦门的城市光廊。

厦门市是我国东南沿海重要的港口城市，商业犯罪活动以走私犯罪最为突出，震惊国内的特大走私案就发生在这里。1996年以来，赖昌星走私犯罪集团及其他走私犯罪分子在厦门关区大肆走私进口成品油、植物油、汽车、香烟等货物，价值人民币530亿元，偷逃税款人民币300亿元。在当日移送起诉的走私犯罪案件的案值中，赖昌星走私犯罪集团直接操纵下的走私物品价值达人民币252亿元，偷逃税款人民币115亿元。赖昌星之兄赖水强、之弟赖昌图，系赖昌星走私犯罪集团走私香烟主犯，偷逃税款数额特别巨大，情节特别严重，论罪应当判处死刑，因有坦白交代情节和重大立功表现，一审被减轻处罚，分别判处有期徒刑7年和15年，并分别处罚金人民币2 000万元和没收全部财产。

案例：2014年4月15日，厦门海关联合中国海警福建总队筹备组共同出击，开展“3·25”走私成品油专案厦门战区查缉行动，一举歼灭一个成品油走私犯罪团伙。经查，2011年以来，厦门某船务公司利用清理国际船舶污油的资质和便利条件，在海上大肆购买燃料油走私入境并销售牟利，累计走私燃料油26 000立方米，案值超1亿元，涉税额逾3 000万元。

地区性的商业中心——义乌市

义乌市位于浙江省中部，地处金衢盆地东部，市境东、南、北三面群山环抱。义乌是一座建在市场上的城市，中国大陆六大强县（市）之一，人均收入水平、豪车密度在中国大陆居首位，是中国最富裕的地区之一，在福布斯发布的2013中国最富有的10个县级市中排名第一。义乌是全球最大的小商品集散中心，被联合国、世界银行等国际权威机构确定为世界第一大市场。义乌国际小商品城商区（图6-15）是义乌最具代表性的商业景观。

义乌国际小商品城商区，由中国义乌国际商贸城、篁园市场、宾王市场三个市场簇群组成，营业面积470余万平方米，商位7万个，从业人员21万多，日客流量21万余次，经营十六个大类、4 202个种类、33 217个细类、170万个单品。义乌国际小商品城商区几乎囊括了工艺品、饰品、小五金、日用百货、雨具、电子电器、玩具、化妆品、文体、袜业、副食品、钟表、线带、针棉、纺织品、领带、服装等所有日用工业品。

商业活动高度繁荣的背后，义务市的商业犯罪活动频发，尤以假冒伪劣和网络交易诈骗为主。据统计，义乌市这个全球最大的小商品市场，每年有40万人次外商来此，境内外勾结的跨国知识产权犯罪近年来日益严重。有数据显示，中国大陆正成为外商假冒国际知名品牌商品的生产、组装基地，在国际上备受责难，义乌小商品市场也是其中之一。义乌市场出现的跨国知识产权犯罪先发、多发的特点，在一定程度上反映了当前中国跨国知识产权犯罪的特征和发展趋势。此外，义乌市内网店众多，许多不法商家打着退款、刷信誉、送积分等幌子从事网络诈骗活动（图6-16）。

图 6-15　义乌国际小商品城商区

图 6-16　网络诈骗犯罪现象之一

案例：2015 年 3 月 16 日，江苏人李先生在网上看中一件 65 元的衬衫，下单付款后，就等着义乌的店家发货。第二天下午，李先生接到对方自称是支付宝客服人员的来电，说："快递出了问题，你买的衬衫是货到付款的，需要再支付一笔钱。"之后，对方发来链接，说这是退款地址，请按程序申请退款。李先生点开这个链接，根据提示填写了姓名、身份证号、银行卡号、绑定的手机号等内容后，收到一条"提交失败"的信息。这时，"客服人员"发来一个短信，让李先生把这条提交失败的内容转发到银行卡开户行客服，没多久李先生又收到一条来自银行客服的验证码。"我没有仔细看就把验证码用电话告诉了对方。"等回过神来，李先生发现这是一条扣款短信的验证码，而这时，他的银行卡瞬间少了 50 668 元。

地区性的商业中心——景德镇市

景德镇是江西省重要的旅游与工业城市，世界瓷都。是中国国务院首批公布的全国 24 个国家历史文化名城之一和国家甲类对外开放地区。景德镇获得中国优秀旅游城市、国家生态园林城市、全国文明卫生城市、江西省创建文明城市工作先进城市等称号。景德镇陶瓷市场（图 6-17）是景德镇最具代表性的商业景观。

景德镇陶瓷市场是以景德镇地区实体陶瓷销售为基础的市场，可细分为日用陶瓷市场、艺术陶瓷市场、仿古陶瓷市场、创意陶瓷市场、学生陶瓷市场、园区陶瓷市场等。在当前复杂的艺术品市场中，景德镇的艺术陶瓷大致分为三大块：当代陶瓷艺术、仿古陶瓷艺术和古代陶瓷艺术。当代陶瓷艺术是景德镇艺术陶瓷的主体形；仿古陶瓷艺术在景德镇的产量非常大，主要手法为做旧，以假乱真；古代陶瓷艺术真品数量极少，主要在国贸广场的古玩城、华阳古玩城销售①。

景德镇作为中国著名的瓷都，也催生了假瓷器的生产，景德镇假瓷器的年生产量居全国之首。假瓷器的交易又引发了商业犯罪行为，这也使得景德镇的商业犯罪带有明显的地域特征。据了解，2013 年景德镇市公安经侦部门破获各类经济案件 157 起，为国家、企业和个人共挽回经济损失 1.5 亿余元。其中，破获特大团伙制售假发票案件，缴获假发票 276 万份，破获制售假冒注册商标商品案 55 起，捣毁涉假生产窝点 8 处，售假窝点 45 个。

① 董亮．瓷都的"一城三景"——景德镇艺术陶瓷市场分布全景调查［J］．艺术市场，2008，(1)：27-31.

图 6-17　景德镇陶瓷市场

图 6-18　夫妻盗挖千年古瓷片漫画

案例： 2012 年 8 月，徐某的朋友余某认识了一名古董发烧友李先生，他收藏名气很大。因为余某曾经与李先生有过交往，徐某和余某就商量着去李先生那里捞点钱。为了能发财，徐某和余某两人专程到江西景德镇“进货”，在瓷器一条街转悠了一下，挑选了几十件价格不高的工艺品。随后徐某接连 4 次找到李先生，卖了总共 6 万多元的“古董”给他。李先生事后找专家鉴定，“非文物”这几个字样让他火冒三丈，即刻报警。随后徐某被抓。

华北商业片区

华北商业片区在行政区划上包括北京市、天津市、山西省、河北省、内蒙古自治区。华北商业片区内部全国性的商业中心以北京最为典型，北京、天津联手打造华北双核，天津是华北地区综合经济副中心，地区性的商业中心则包括太原、石家庄、呼和浩特等城市。

全国性的商业中心——北京市

北京市是中华人民共和国的首都、直辖市和国家中心城市，中国的政治、文化、科教和国际交往中心，中国经济、金融的决策和管理中心，是世界上拥有文化遗产项目数最多的城市。王府井步行街（图 6-19）和秀水街（图 6-20）是北京市特色商业景观的代表。

王府井步行街是具有数百年悠久历史的著名商业区，全长 810 米，分布着 765 家大小店铺。北京市王府井步行街总体有两处建筑环境色彩较协调，即以天主教堂为中心的广场和以具有现代感的灰色基调为主形成统一风格的“东方新天地”一带（包含北京饭店、王府井书店）①。

“秀水街”作为中国最早的自由市场和最著名的商业品牌，其主要经营业态有：箱、鞋、包、皮具、品牌服装、牛仔系列、运动休闲装、童装、领带、丝巾、丝绸、蜡染、工艺品、珠宝、古玩、字画、时尚饰品、钟表、眼镜、北京烤鸭、特色小吃等。经过多年的发展，秀水街已成为北京显著的地标性景观。

北京市作为全国的政治、经济、文化中心，近年来商业、金融业发展迅速，随之而来的金融犯罪也呈现高发趋势。就案件总量来看，2008~2010 年，北京市检察机关共办理金融诈骗类犯罪案件 904 件，涉及 1 155 人。从各年度案件数量来看，金融诈骗类犯罪呈逐年上升趋势。从罪名分布来看，信

① 王灵姝，张伟一，马欣．北京城市的开放空间和景观设计——以王府井商业街为例［J］．城市问题，2007（08）：20-22.

用卡诈骗、票据诈骗、保险诈骗类案件占金融诈骗类案件总量的93.58%，其中，仅信用卡诈骗类案例一项就占77.21%。从案件审结情况来看，2008~2010年，北京市检察机关办理金融诈骗类案件的起诉率较高，起诉率最低的贷款诈骗案件也达到了84.21%。

图6-19　北京市王府井步行街

图6-20　北京市秀水街

案例一：孙某是北京塞翁信息咨询服务中心的客户服务总监，2001年10月4日，塞翁公司董事长杨某通过其他员工得知，孙某和夏某成立了一个与塞翁公司从事相同业务的公司。2001年10月5日，杨某打开孙某在塞翁公司的专用电脑，发现里面的文件都被删除了，通过采用微软公司的一个文件恢复程序，杨某将被孙某删除的文件资料恢复后，发现共有92个文件，通过阅读孙某在塞翁公司专用电脑上的被删除文件资料，塞翁公司发现，孙某在过去几个月里一直在盗窃公司收集和生产的文件资料，并将此信息提供给数个客户。最终法院以侵犯商业秘密罪判处孙某有期徒刑两年。

案例二：2011年7月27日，商某在北京市海淀区出售非法复制的微软公司计算机软件时被抓获。公安机关在其住处起获标注了假冒"微软"注册商标的计算机软件4 000余张。经鉴定，上述软件均属非法复制的侵权产品。在商某的车内起获微软公司注册商标标识36万枚，经鉴定，上述商标标识均系非法制造的注册商标标识。2012年3月9日，北京市海淀区人民法院以商某犯侵犯著作权罪和销售非法制造的注册商标标识罪，数罪并罚，决定执行有期徒刑七年零六个月，并处罚金8万元。

全国性的商业中心——天津市

天津市东临渤海，北依燕山，地跨海河两岸，是北京通往东北、华东地区铁路的交通咽喉和远洋航运的港口，是中华人民共和国直辖市、中国国家中心城市、中国北方经济中心、环渤海地区经济中心、中国北方国际航运中心、中国北方国际物流中心、国际港口城市和生态城市、国际航运融资中心。鼓楼商业街和和平路商业街是天津最具代表性的商业景观。

鼓楼商业街（图6-21）地处天津老城厢的中心，与古文化街、文庙、食品街、服装街等天津传统民俗建筑群相邻，是一条以鼓楼为中心，集旅游、文化、购物、休闲于一体的大型商贸旅游步行街。商业街以新鼓楼为中心做开敞式设计，修建鼓楼广场，并在原有建筑功能的基础上力图采取功能分区的发展策略，即以鼓楼为中心，分别向东、南、北三个方向伸展，是有名的现代天津十景之一①。

和平路商业街（图6-22）始建于1905年，经过大规模改造的和平路商业街总体风格采用了东西

① 舒秘，李吉瑞．城市空间符号意涵功能分野——天津和平路商业街与鼓楼商业街的比较［J］．城市管理，2007（29）：39-41.

合璧、中外结合的方式，既保留、恢复了建筑的历史风貌，又体现了现代建筑的时代气息，在建筑形式上既有西方古典建筑形式及其变体，又有浪漫主义、折中主义的建筑形式，从而构成了整体环境较为统一协调、富于浓郁商业氛围的建筑空间，并成为天津城市形态的代表地区之一。

据中广网消息，天津市检察机关 2011 年共受理贪污贿赂犯罪案件 488 件，立案 260 件，涉及 378 人，大案率为 81.9%。呈现出重点领域案件频发、行贿案件大幅上升、涉案领域集中、涉农贪污贿赂案件突出、工程建设领域案件数量明显上升的五大特点。以商业贿赂案为例：2011 年查办商业贿赂案件涉案人员 64 人，占立案人数的 16.9%，侦结涉案金额 2 232.8 万元。主要犯罪手段是在经济往来中为请托方牟取利益而收受好处费。

图 6-21　天津市鼓楼商业街

图 6-22　天津市和平路商业街

案例一： 2006 年年底，天津海关缉私部门获悉，天津港保税区的捷和国际贸易有限公司在其总经理梁某的指挥下，大肆走私进口高档越野汽车。经调查，办案人员发现天津捷和国际贸易有限公司存在以伪造的虚假合同、发票报关进口，通过低报进口成交价格的方法偷逃应缴税款等走私违法事实。涉及走私的进口车辆包括奔驰、宝马、保时捷、丰田等高档越野车 600 余辆，总案值近 4 亿元，涉嫌偷逃应缴税款 1 945 万元。

案例二： 2010 年 7 月 6 日，天津市公安局静海分局成功打掉了一个从四川成都到天津市贩运毒品的犯罪集团，抓获暂住天津市的河北籍男子王某等犯罪嫌疑人 8 人，吸毒人员 2 人，查获冰毒、K 粉、麻古共计 2 900 余克，缴获毒资人民币 9 万余元，收缴砍刀 3 把。

地区性的商业中心——太原市

太原市位于山西省中北部的晋中盆地，是大太原经济圈的核心城市和中部地区重要的中心城市，中国 22 个特大城市之一，为山西省的政治、经济、文化中心，也是中国最重要的能源、重工业基地之一。柳巷和南宫收藏文化广场是太原市最具代表性的特色商业景观。

柳巷（图 6-23），位于太原市中心的商业闹市区，是太原历史最悠久、最繁华的商业街，柳巷聚集了国内外著名品牌，功能齐全，业态丰富，成为集购物、旅游、休闲、餐饮、文化、娱乐于一体的知名商业街区。柳巷的街道内部，各种建筑风格都不尽相同，既有现代风格建筑，还有欧式风格建筑等。在街巷之中，绿化以乔木绿树为主，栽植部分灌木。柳巷入口处，植有大面积的景观绿化植被，增加街道的绿化率。由于路面宽度有限，路面中部并不能进行过多的绿化，只能栽植假花假草对路面进行点缀①。

① 赵帅．试论太原柳巷的现状与发展［J］．科技情报开发与经济，2010，20（24）：37-40.

太原市南宫收藏文化广场（图 6-24），位于太原市中心的迎泽大街中段，在工人文化宫南面，交通极为方便，由一条南北向的大街和一条东西向的大街相连构成。由于该市场 20 世纪 50 年代在大南门（官名：迎泽门）外，简称为南宫。南宫收藏文化广场就在大南门南侧、西侧的空地处。市场南北大街长约 100 米，东西向大街长约 200 米，街道南面有 28 家店铺，北面有 10 家店铺，主要经营瓷器、青铜器、木器、古玩、钱币、印章、奇石、中国古玉、名家书画等，以及旧书古籍等。

近年来，太原市的违法犯罪活动增多，尤以大规模贪腐案和金融诈骗案最为严重。2004 年，山西太原发生了“7・28 特大金融诈骗案”，涉案金额高达 11 亿元，这让当时山西太原的银行业几乎无一幸免，同时这也是山西省在新中国成立以来最大的金融诈骗案。

图 6-23　太原市柳巷

图 6-24　太原市南宫收藏文化广场

案例一：2008 年 9 月，太原市范家堡村村委会和世纪龙房地产开发有限公司签订合作协议，合作开发范家堡城中村改造项目“世纪公园城”，世纪龙公司在该项目并未取得预售房屋所需的国有土地使用证、建设用地规划许可证、建设工程规划许可证、建筑工程施工许可证、商品房预售许可证且没有实际施工的情况下，委托销售代理公司对项目房屋进行了预售，累计签订《房屋买卖合同》数百份、销售房屋数百套。截至案发，给群众造成了巨大的经济损失。通过调查，警方成功破获了合同诈骗案、非国家工作人员行贿案、非国家工作人员受贿案等 6 起案件，打击处理犯罪嫌疑人 5 人，查清了该案件涉及的全部资金的流向，追缴涉案赃款及涉案车辆共计价值 3 000 余万元。

案例二：2010 年 6 月，时任北瓦窑村村委会主任的牛某，利用其协助政府对北瓦窑村进行城中村改造的职务便利，代表村委会与某房地产开发有限公司签订城中村改造联合开发意向书及补充协议，打算对该村所属土地进行联建开发。随后，牛某及其妻子李某伙同村治保主任李某某，副主任牛某某和出纳王某等人，在村民、村委会不知情的情况下，以前期开发费用的名义，收取该房地产开发商好处费 500 万元。司法机关以受贿罪判处牛某有期徒刑 14 年，李某有期徒刑 11 年，李某某有期徒刑 7 年，牛某某有期徒刑 5 年，王某有期徒刑 5 年 6 个月。

地区性的商业中心——石家庄市

石家庄市地处华北平原腹地，河北省中南部，是河北省最大的城市，中国华北地区第三大城市，中国特大城市之一，新中国开国第一城。同时还是中国北方重要的物流中心，国家重要交通枢纽，被誉为“火车拉来的城市”。石家庄市最具特色的商业景观为广安大街。

广安大街位于石家庄市长安区，所处的区域是 CBD 商务区。广安大街为南北走向，20 世纪 80 年代的广安大街，是石家庄市著名的集贸市场之一，便捷的交通让广安大街具备了商务发展的基础条件。广安大街的变化日新月异，周边逐渐火爆的商业体系，以中高档的餐饮娱乐场所为主。广安大街的发展和变迁已经成为石家庄发展史的一座里程碑。

近年来，石家庄市采取了一系列措施，严厉打击商业金融犯罪等不法行为，为经济的健康有序运行提供了保障。据介绍，自 2011 年以来，石家庄市共查结商业贿赂案件 195 起，涉案金额 6 054.9 万元，38 人受到刑事处罚，10 人给予党政纪处分，罚款 279.4 万元。

案例一：原光大银行石家庄分行行长阙某，在该银行购置石家庄中铁商务广场底商和写字楼过程中，收受中铁置业石家庄分公司好处费（石家庄北国商城购物卡）99.94 万元，最终阙某一审被判处有期徒刑 5 年。

案例二：原藁城市政府驻珠海办事处主任张某某，擅自决定将珠海特区华大公司欠藁城市政府驻珠海办事处的 3 262 万余元国有资产债权以 300 万元价格低价转让，并从中收取好处费 300 万元，法院以受贿罪判处张某某有期徒刑 13 年 6 个月。

地区性的商业中心——呼和浩特市

呼和浩特市位于内蒙古自治区中部，地处内蒙古自治区中部大青山南侧，西与包头市、鄂尔多斯市接壤，东邻乌兰察布市，南抵山西省。地处环渤海经济圈、西部大开发、振兴东北老工业基地三大战略交汇处，是自治区的政治、经济、文化、教育、医疗、商业、交通、物流和金融中心，是全国特大城市和呼包鄂榆城市群中心城市。是连接黄河经济带、亚欧大陆桥、环渤海经济区域的重要桥梁，中国向蒙古、俄罗斯开放的重要沿边开放中心城市，同时也是中国北方重要的航空枢纽，还是东部地区连接西北、华北的桥头堡。中山路步行街是呼和浩特市最具代表的特色商业景观。

呼和浩特市的中山路从 20 世纪 60 年代以来，逐渐成为呼和浩特市的政治、经济中心，成为呼和浩特市在时代变迁中发展、进步的一个标志。中山路步行街街道两旁现代化的楼宇、川流不息的行人、停车场上各种品牌的私家轿车，都生动地显现出呼和浩特市这座塞外古城新的生活状态和精神风貌。在全长不到 1 千米的街道两侧，分布了已经建成并营业的 9 家大型商场和综合市场，包括上市公司——内蒙古民族商场以及规模在 2 万平方米以上的国贸商厦、百盛购物中心、维多利商厦等。

中山西路商业区是呼和浩特市最大的商业区，地理位置优越，辐射面广，商贸活动非常活跃，外来人员流动性大，扒窃、拎包、撬盗案件经常发生。回民区公安分局完善联防技防措施，从商场、居委会聘请 256 名信息员加强联络，并以商户为单位，每 10 个商户设两名治安联防员，组建了 50 人的专职保安队伍。在此基础上，建成了覆盖商圈全部重点单位、重点路段的视频监控系统；组织警力在重点部位、重点时段开展武装巡逻，专职或义务治安巡逻队在街道、社区和各居民小组、小区、家属院巡逻。并在繁华商业街区等重要区域开展“流动式”盘查，对闲散人员集中地、作息时间异常的嫌疑人员和管制刀具等进行常态化清查，最大限度地挤压了犯罪空间。据统计，截至目前，呼和浩特市中山路商业区“双抢”案件同比下降 58.3%，盗窃案件同比下降 41.7%，治安案件同比下降 46.6%，刑事案件同比下降 44.3%，各类案件得到了有效遏制。

案例：李某在军队服役转业后，通过按揭购买大货车搞货运经营，以经营所得维持生计。但事与愿违，不仅没有盈利，还有亏损。因此李某就把车辆出租，用租金偿还贷款和维持生活。车辆出租协议写明，押金 4 万元，每月租金 9000 元。承租人交付押金，连续交了 3 个月的租金后，就再也没有和李某联系，车辆不知去向，租金也不再交付。李某和朋友四处寻找车辆和承租人，也似石沉大海，杳无音讯。最终李某采取了消极的方式，躲避银行债务。担保人和银行向警方报案，警方以涉嫌合同诈骗罪，将其列为网上逃犯。2009 年 7 月 28 日，警方将其抓捕。

西南商业片区

在我国自然区划概念中，西南地区指中国西南部的广大腹地，包括青藏高原东南部、四川盆地、秦巴山地及云贵高原大部。对应的行政区划上大致包括四川省、云南省、贵州省、重庆市、西藏自治区的大部。在我国行政区划概念中，西南地区又被称作西南五省（自治区、直辖市），即四川省、云南省、贵州省、重庆市、西藏自治区，总面积达250万平方千米。西南商业片区的全国性商业中心以重庆最具代表性，成都次之；地区性的商业中心则包括昆明、贵阳等城市。

全国性的商业中心——重庆

重庆，简称巴、渝，别称巴渝、山城、渝都、桥都，地处中国西南，由于地理环境的原因，重庆多山多雾，故又有雾都、山城的别名，它是我国四大直辖市之一，五大国家重要的中心城市之一。重庆是中国面积最大的城市，其面积为北京、天津、上海三市总面积的2.39倍。解放碑是重庆市最具代表的特色商业景观。

随着城市化进程的加速和城市文明的发展，商业街也日益进入规模化和个性化的大趋势，这无疑是商业街魅力的一大提升。商业步行街是城市繁荣的象征，是城市运营的点睛之笔，是提升重庆城市形象，打造城市亮点的重要举措①。商业步行街已经成为一个地区展示其城市形象与扩大对外开放的窗口，成为城市中的亮点所在，具有城市名片的作用。

商业步行街在重庆的发展，存在其客观的必然性和必要性，随着重庆直辖，经济飞速发展，居民消费水平的提高，休闲与购物相结合的“一站式消费”作为一种全新的消费理念逐渐被人们接受，消费者在选购商品时更趋于选择卖点集中并有充分消费选择权的“街”。而重庆都市区特殊的地理环境使它不能围绕单一的中心发展，决定了它要以“多中心，组团式”的商业结构发展。因此在重庆市的商贸发展中，围绕渝中区、沙坪坝区、江北区、九龙坡区、南岸区，相继形成了解放碑、沙坪坝、观音桥、杨家坪、南坪五大商圈，而每一个商圈又带动了一条或几条商业步行街的发展。重庆最具魅力和个性的商业街当属解放碑了，解放碑商业步行街有着“西南第一街”的美誉，俗语说：“不到解放碑就等于没有来过重庆”，那里是重庆的城市经济心脏，其知名度与地位在重庆乃至整个中国西南范围内是毋庸置疑的。可见，解放碑是重庆的一张商业文化名片。

解放碑商业步行街（图6-25）是历史上形成的，是重庆市的名片，体现了城市的繁荣。现解放碑一带原叫“督邮街”，因这里的一个官办邮局而得名。当时仅有几家药铺、绸缎庄和卖文房四宝的公司，其余都是居民住宅（如杨家大院、周家大院等）。督邮街四条窄巷交会处有一仅几十平方米的空地，称“大什字”，如今就是解放碑中心一带。

（a）

（b）

图6-25 重庆市解放碑商业步行街

解放碑地区交通十分便利，有很多公交巴士线路经过或始发。交通的便捷吸引了大批人士来此，再加上在解放碑商圈主要零售业中，汇集了重庆市几大商业巨头，其均集中在解放碑碑座附近300米

① 曾庆均．重庆商业步行街发展思路探讨［J］．商业时代，2007（33）：109-110.

范围之内。以邹容路、民族路、民权路相交并以解放碑碑座为中心的商业步行街每日吸引人流达30万人次，节假日购物者逾百万，容纳大小商场（商铺）3 000余家，商业步行街对解放碑商圈无疑起到了巨大的支撑作用。

重庆历史悠久，是国家历史文化名城，此外，它还是长江上游地区的经济中心、金融中心和创新中心及政治、航运、文化、科技、教育、通信等中心。重庆商业活动繁荣的背后，经济犯罪活动的频发也不容忽视。严厉打击经济犯罪是当前全国公安机关正在开展的重要工作，对维护社会稳定、促进经济发展有着重大而深远的意义。2014年，重庆市公安机关共侦破侵权制假案件786起，开展25轮次集群战役打击行动，打击处理465人，涉案金额5.63亿元。

案例：重庆市长寿区国税局稽查局根据公安部门移交的涉税违法线索，对重庆大众城市建设集团混凝土有限公司实施了专案检查。经查，该公司采取设置内外两套账的手法偷税，并存在取得虚假发票入账列支成本问题。核实公司隐瞒增值税应税收入，少缴增值税890万元；隐瞒应纳所得税收入，少缴企业所得税762万元。重庆市长寿区国税局对该公司追缴偷逃的增值税款890万元、自查已申报但尚未缴纳的增值税款352万元，追缴企业所得税762万元；依法加收滞纳金546万元；对所偷逃税款罚款826万元。上述税款、罚款、滞纳金合计3 376万元，已全部缴入国库。

全国性的商业中心——成都

成都位于中国华西地区东部，四川省中部，西南地区最大平原——成都平原腹地，简称“蓉”，别称“锦城”“锦官城”，境内地势平坦、河网纵横、物产丰富、水系发达，自古就有“天府之国”的美誉。成都是四川省省会，副省级城市，中国国家区域中心城市（西南），是国务院确定的西南地区的科技中心、商贸中心、金融中心和交通、通信枢纽，也是四川省的政治、经济和文教中心，国家七大军区之一——成都军区的所在地，拥有中西部地区最大的航空港。2003年《中国城市发展报告》公布的数据排名中，成都综合实力位列第九位。成都先后荣获“国家园林城市”“中国最佳旅游城市”“国家森林城市”称号；并被《财富》（中文版）杂志评为“中国最佳商务城市”。2004年当选CCTV“全国十大最具经济活力城市”，经济总量在西部12个省会城市中排名第一。

成都自古便是中国西南地区的金融和商贸重镇，近年来成长为中国中西部地区商业最繁荣的城市之一。随着中国内地金融市场的开放，成都也成了外资银行进军中国西部的首要城市，10多家外资银行已在成都设立分行。成都的商贸活动十分活跃，辐射范围较广。2009年3月，国务院印发《物流业调整和振兴规划》，成都被确定为21个全国性物流节点城市之一。2010年，美国权威杂志《福布斯》发布未来10年全球发展最快城市排名，成都高居排行榜榜首。春熙路是成都最具代表性的商业景观。

春熙路（图6-26）位于成都市中心，是一条历史悠久、热闹繁华的商业街，也是成都市区几大主要的商业圈之一，始建于1924年，前身是“蜀中第一街”的一条小街。2005年底，春熙路被评为“全国第三商业街”，仅次于香港的铜锣湾和上海的南京路。直到今天，有近百年历史的春熙路仍是成都人气最旺的商业街，人们逛春熙路、说春熙路，它是这座城市永恒的话题，去成都不去逛春熙路将会是一件很遗憾的事。

历经90多年岁月的洗礼，这条取“熙来攘往，如登春台”美意的商业街，今天已经成为成都魅力的代名词，从多方面延伸着它的影响力。它是成都的时尚公告牌，一个世纪的商业人气和成都美女都流经这里；它是成都的流行文化站，全国的街头潮流和品牌在这里跳动着同一脉搏。它照亮成都的夜与昼，并点燃了整个城市的浮华，成为成都的时尚之心。有一段话曾在国内广为流传：“城市掘金哪里去，春熙路；品味时尚哪里去，春熙路；打望美女哪里去，春熙路；哪里都不想去，还是可去春熙路。”美色如织让春熙路不同于其他城市步行街的驳杂、无趣，说其“一街独秀”并不过分。春熙路堪称成都的美味小吃云集之所，价格指数和美味指数的对比绝对让你在大饱口福的同时，丝毫不担心钱包的迅速缩水。

（a）

（b）

图 6-26 成都市春熙路

成都作为中国中西部地区重要的中心城市，是全国率先建立社会主义市场经济体制的试点城市和金融对外开放城市，这“吸引”了一些不法分子为牟取不法利益，铤而走险，违反国家经济法规和刑事法律，侵害他人的经济利益。

案例一：成都市检察院依法打击伪造货币，出售、购买假币等案件，坚决遏制假币犯罪活动的蔓延趋势，在办理孟陆空等人伪造货币一案（8·11 案）中，主动出击、提前介入，在明确罪与非罪、全面分析把握证据的基础上，对涉案的 5 名犯罪嫌疑人以涉嫌伪造货币罪全部做出批准逮捕决定。最终，孟陆空、林木欣以伪造货币罪被判处无期徒刑，林惠婵等 3 人以伪造货币罪被分别判处 15 年至 8 年不等有期徒刑。

案例二：2008 年 12 月，龙海市农房开发建设公司发布龙海市拆迁安置房第二期工程招标公告后，被告人蔡某某、戴某某、张某某经预谋，欲对该工程项目进行围标。后由被告人戴某某负责组织福建省金正建设工程有限公司等 12 家具有二级以上建筑资质的企业进行挂靠并筹得该 12 家企业的投标保证金 720 万元；被告人蔡某某组织公司参与投标，并负责上述建筑企业投标报价的制定和标书制作等；被告人张某某参与组筹集投标保证金。2009 年 2 月，福建省金正建设工程有限公司以 3 400 余万元的投标报价中标。中标后，被告人蔡某某即将该工程转让给廖某某施工，从中赚取 240 万元的转让费，后与被告人戴某某、张某某将得款按 2∶2∶1 的比例分掉。最终，被告人蔡某某、戴某某、张某某犯串通投标罪分别被判处 1 年、1 年 3 个月（缓刑）、3 个月不等的有期徒刑，并处罚金。

地区性的商业中心——昆明

昆明，以“春城”而享誉中外，是中国面向东南亚、南亚乃至中东、南欧、非洲的前沿和门户，具有东连黔桂通沿海，北经川渝进中原，南下越老达泰柬，西接缅甸连印巴的独特区位优势。昆明是云南省省会，首批国家级历史文化名城，拥有悠久的历史和灿烂的文化，是云南省的政治、经济、文化、科技及交通中心，中国西部第四大城市，是中国唯一面向东盟的大都市。南屏街是昆明最具代表性的商业景观。

南屏街是昆明历史上古老的商业街，形成于 20 世纪 30 年代，乃拆除城墙、填平护城河建设而成，南屏街东起护国门，西接丽正门，因其建成时正逢抗日战争，故以“南屏”为街名，意为南方之屏障。当时，南屏街上不仅有昆明最大的银行、最高的楼，还有昆明最漂亮的南屏电影院、昆明戏院以及酒吧、舞厅等，使其成为当时盛极一时的金融、商业和娱乐中心①。

南屏街有着 4 万平方米都市休闲娱乐空间，拥有地浮雕和旱喷泉，以及昆明民间柱础特色的街头

① 李森，宋钰红，卢显伟. 商业步行街的比较研究——以昆明市南屏街与东寺街为例［J］. 中国西部科技，2008，07（15）：76-78.

图 6-27　昆明市南屏街街景组图

休闲凳，另外还拥有表现了老昆明民俗民情的“遛鸟”“挑水”“照相”“卖吆喝”“跳海牌”5 组情景雕塑（图 6-27）。“近日公园下穿工程”完工后，在街道表层行人通行，在边侧留下公交车道，东风路与南屏街接通，宝善街、正义路、三市街的商圈将连通。南屏步行街建在“近日公园下穿工程”的地面部分，街区全长 685 米，两侧的商业建筑建于 20 世纪 20～30 年代到 21 世纪初。总面积为 3.67 公顷的街区全部由正方形小青石等石材铺装，沿线设有 5 组情景雕塑；此外，西口安置有“日进斗金”标志小品，东侧设置“草帽当锅盖”喷泉水景，正义路与南屏街交叉口的核心区，则是地浮雕和旱喷泉，周围设置有街头休闲凳。

步行街的 4 根巨大的“通气柱”上镌刻着云南先贤们的格言警句，在过去老城墙的位置相对应的街道上象征性地设置了内容为“云南十八怪”的景观墙。在近日公园大花园被拆除的原址，一个 100 平方米的地浮雕成为一个罕见的“城市景观”浮雕。一幅老昆明地图地浮雕将镶嵌在昆明的传统中轴线上。10 米×10 米的地浮雕，在其中的花岗岩上镶嵌 8 米×9.6 米的“老昆明地图”，地浮雕根据完整的老昆明城区地图（绘于清末）设计制作而成。

昆明位于西南边陲，地理位置上与越南、老挝、缅甸等毗邻，这使得它长期受毒源地“金三角”的毒害，在毒品暴利的诱惑下，昆明市存在着严重的毒品泛滥现象。在2014年10月开展的“全国百城禁毒会战”中，昆明警方严厉打击走私、贩毒、网络吸贩毒等严重的毒品违法犯罪活动，半年来共破获毒品犯罪案件4 000余起，抓获涉毒犯罪嫌疑人4 371人，缴获毒品1 056千克，强制隔离戒毒6 534人。

案例：2014年3月，云南省公安厅接获举报，昆明等地多个团伙组织涉黄涉赌活动，即开展专案侦查。经前期缜密侦查，10月下旬，云南省公安厅指挥曲靖市公安机关调集警力200名，在昆明、丽江两地实施收网行动，一举打掉汪某、刘某、郑某3个团伙的15个黄赌窝点，抓获涉案人员700余人、已依法逮捕57人，查扣、冻结涉赌账户和现金等1 200余万元。该3个团伙分别在昆明、丽江的多个地点开设赌厅、组织卖淫，获取巨额非法收入。

地区性的商业中心——贵阳

贵阳市位于贵州省中部，云贵高原东部，长江流域和珠江流域分水岭地带，属全国东部向西部高原过渡地带，简称“筑”，别称“林城”，是贵州省省会，贵州省的政治、经济、文教、交通和旅游服务中心，中国西南地区中心城市，西南地区沟通珠三角、长三角的重要交通、通信枢纽和物流集散地，全国重要的生态旅游休闲度假城市，中国森林之城，中国避暑之都。中华路（图6-28）是贵阳市特色商业景观的代表。

中华路不仅历史悠久，而且它是一条南北向贯穿贵阳城区，交通最为繁忙、商业最为繁华、最具贵阳城市形象的主干道。说它历史悠久，是因为在元代贵阳还仅仅是一座土城的时候，它就已经存在了。我们今天能从史料上查证的只是明代郭子章在《黔记》中描绘的贵阳地形图，这是最早的记载了，那已用石料代替夯土筑成的如“卵”形的贵阳城内，贯穿南门和北门的路，已成为最醒目最重要的干道了，这便是中华路的前身，它叫“大街”。大街分为两段，十字街口（今大十字）以南接南门段称“南街”，以北接北门段称“北街”。南街和北街也就是中华南路和中华中路的前身。如此算来，说中华路有上千年的历史也不为过。

（a）　　（b）

图6-28　贵阳市中华路

明天启年间，贵阳城垣往北扩建至六广门。从北门连接六广门的路分为上下两段：上段因明初时南京进贵州的屯军解甲归农后，聚于此地销售粮油而闻名，故称“南京街”，下段则以广东商贩在此经营绸缎而闻名，故称“广东街”。两条街各具特色，也与大街一样繁华热闹。这两条街就是今天的中华北路了。

2013 年 1 月至 2014 年 9 月，贵阳市共立案侦查职务犯罪案件 311 件，涉及 394 人。其中，贪污贿赂犯罪案件 241 件，涉及 309 人，渎职侵权犯罪案件 70 件，涉及 85 人。在贵阳市立案侦查的职务犯罪案件中，贿赂案件呈现出涉案行业领域多元化、比例居高不下的特点。

案例一：2012 年 11 月，贵阳市公安局治安支队针对贵州省食品药品监督管理局稽查局移交来的线索（有名自称“何平”的女子，在贵阳市区向各大药店推销兜售“美克威”盐酸米诺环素胶囊和力源牌滋阴补肾丸这两种假冒伪劣药品）迅速展开侦查。经过两个多月的摸排，办案民警基本摸清了此案的脉络。“何平”姓鲁，自 2011 年 11 月以来，她与丈夫鄢某在观山湖区中天帝景传说居民小区租了一套房子，然后以此为窝点，开始向贵阳市及省内外一些药店销售药品。2013 年 3 月 5 日上午 9 时，专案组民警突袭鲁某租住处，将鲁某夫妇抓获，现场查获“美克威”92 盒、力源牌滋阴补肾丸 445 盒、药丸 140 多千克。

案例二：城管人员张某某 2012 年 8 月在调查处理郭某某、路某某在金甲村合伙修建违章建筑过程中，收受郭某某贿赂 10 万元，使该违章建筑未被及时拆除，致国家征收补偿款 1 055 万余元被套取。

华南商业片区

华南，指中国南部地区，为中国七大地理分区之一。华南地区位于中国最南部，北与华中地区、华东地区相接，南面包括辽阔的南海和南海诸岛，与菲律宾、马来西亚、印度尼西亚、文莱等国相望。华南商业片区在行政区划上包含广东省、广西壮族自治区、海南省、香港特别行政区、澳门特别行政区。华南地区凭借其毗邻港澳台的地理优势，通过港澳台进入国际竞争大市场，既密切了它们之间的经济合作关系，又以较强的实力锲入国际市场分工合作体系。同时还建立了一大批经济技术开发区、出口加工基地和开放城市。华南地区经济持续高速增长，引起世界瞩目，成为世界上经济发展速度最快的地区之一。

华南商业片区内部的全国性商业中心以广州、香港最为典型。地区性的商业中心则包括深圳、澳门、海口等城市。

全国性的商业中心——广州

广州地处华南，广东省的东南部，珠江三角洲中北缘，西江、北江、东江三江汇合处，濒临南中国海，东连东莞市和惠州市博罗、龙门两县，西邻佛山市的三水、南海和顺德三区，北靠清远市的市区和佛冈县及韶关市的新丰县，南接中山市，毗邻香港、澳门特别行政区，地理位置优越，是“海上丝绸之路”的起点之一，被称为中国的“南大门”。它是广东省省会，副省级城市，世界著名的港口城市之一。在《中国城市生活质量指数报告》中，广州被评为中国大陆生活质量最好的城市。广州也是于上海、北京之后的中国第三大城市。广州市北京路和广交会是广州市特色商业景观的代表。

商业步行街历来都是城市形象的绝佳代表，城市的天然名片。一边是古老西关，一边是新锐天河，横在中间的北京路商业步行街（图 6-29），因为汇集着深厚的传统气息与浮华的时尚元素而魅力无比。北京路常给人喧嚣之感，这里有沿街店铺店员的叫卖声、流行乐曲的轰鸣声、喷泉的射水声……。这里有密集的超大型百货店、齐备的世界品牌，在广州想买件价格划算款式新颖的衣服，北京路是一必到之处。

沿北京路一路南下，茶肆酒楼、洋服店众多，不起眼的老字号一字儿懒洋洋地排开。人们提着可乐和烤鸡翅，不经意间，就路过了广州最负盛名的致美斋酱料店、广州第一家西餐店太平馆、曾经最新潮的一新美发厅，以及广州最早的一批百货店。

自 1957 年起每年举办春、秋两届的中国出口商品交易会（简称“广交会”，现为“中国进出口

（a）

（b）

图 6-29　广州市北京路商业步行街

商品交易会”），每届展会均吸引来自全球各地逾 20 万客商，是中国目前历史最长、层次最高、规模最大、商品种类最全、到会客商最多、成交效果最好的综合性国际贸易盛会（图 6-30）。中国进出口商品交易会贸易方式灵活多样，除传统的看样成交外，还举办网上交易会。广交会以出口贸易为主，也做进口生意，还可以开展多种形式的经济技术合作与交流，以及商检、保险、运输、广告、咨询等业务活动。来自世界各地的客商云集广州，互通商情，增进友谊。自 2007 年 4 月第 101 届广交会起，广交会由中国出口商品交易会更名为中国进出口商品交易会，由单一出口平台变为进出口双向交易平台。2012 年 10 月 15 日，第 112 届广交会开幕，尽管受全球市场仍处于持续降温状态的影响，但中国外贸发展的传统优势并未根本削弱。

（a）

（b）

图 6-30　广交会现场

案例一：广州公安 2014 年 3 月接获线报，称有香港黑社会成员在内地寻觅船只，准备从广东走私大批冰毒运往东南亚，粤港警方交换情报后，合作拘捕包括 5 名香港人在内的 9 名疑犯，其中深圳警方于 2014 年 7 月 10 日，在深圳拘捕包括 3 名香港男子的 4 名疑犯，缴获 140 千克冰毒和麻古，广东警方也于 2014 年 8 月 26 日，在珠海拘捕包括 2 名香港男子的 5 名疑犯，缴获 250 千克冰毒及 1 460 千克制毒原料。

案例二：2014 年 6 月，湖南省临湘市公安机关在查处“亿马游乐园”涉赌案件中，发现该赌厅经营的赌博机来源指向广州。8 月下旬，公安部成立“9・09”专案组，指导广东、湖南两地公安机关联合办案。10 月上旬，在公安部的统一指挥下，广东、浙江、上海、江苏、湖北等 13 省市治安部门联合收网，一举摧毁“9・09”特大生产经营赌博机并开设赌场的犯罪团伙，抓获涉案人员 435 人，已依法逮捕 85 人，铲除赌博机的生产、经营窝点 4 个，打掉赌厅 68 个，收缴赌博机 1 610 台，涉案金额近 1 000 万元。

广州作为对外贸易的窗口，广佛都市圈、粤港澳都市圈、珠三角都市圈的核心城市，在它繁荣发展的经济背后，黄赌毒也猖狂到了极点。广州警方历来严厉打击黄赌毒犯罪，并取得了一定的成效。

全国性的商业中心——香港

香港的全称为中华人民共和国香港特别行政区，地处中国华南，珠江口以东，与广东省的深圳市隔深圳河相望，濒临南海。香港是全球闻名遐迩的国际大都市，是仅次于伦敦和纽约的全球第三大金融中心，与美国的纽约、英国的伦敦并称“纽伦港”。

香港是中西方文化交融之地，是全球最安全、富裕、繁荣的地区之一，也是国际和亚太地区重要的航运枢纽和最具竞争力的城市之一，经济自由度指数高居世界前列，有“东方之珠”“购物天堂”等美誉。

香港有“东方之珠”的美誉，人口约 726.4 万（2014 年末），总面积 1 104.43 平方千米，是全球人口最密集的地区之一。香港可分为四个部分：香港岛、新界、九龙半岛和离岛。九龙半岛是位于北边港口的半岛，香港岛的面积约 81 平方千米，是香港主要的金融商业区，但只占全香港陆地面积的 7.33%；新界的面积约 980 平方千米，相当于全香港陆地面积的 91%；离岛共包括 262 个岛屿，最大的离岛大屿山几乎是香港岛的两倍大。

香港是一座除海港外几乎无自然资源可言的海港城市，但拥有远东不可替代的最佳区位，是东西方文化的交融处，而且拥有大陆的支援以及港英政府的“积极不干预主义”经济政策与管理模式等人文优势。第二次世界大战以后，香港抓住英、美等发达国家产业升级的有利时机高速发展，现已率先发展成为以国际金融、进出口、制造业和旅游业为四大支柱产业的亚太地区重要的国际化大都市：世界第一集装箱港；第三大金融中心；第三大黄金市场；闻名全球的服装、钟表、电子产品及玩具出口基地和“购物天堂”。主要经济指标均居“亚洲四小龙”之首，在亚洲仅次于日本东京。铜锣湾（图 6-31）是其最具代表性的商业景观。

香港有世界级的建筑、快节奏的生活、时尚摩登的娱乐享受，无不凸显出这座城市的惊艳魅力。香港是一个生活的天堂，集各式各样的欢乐于一地。在香港，既可以观赏到美丽的自然风光，又可以获得商业文明带来的种种享受；既有现代化五光十色的琳琅满目，也有旧时代的古物古迹和朴素的生活方式。商业街的繁荣程度已成为城市繁荣的标杆，香港有着“购物天堂”的美称，自然而然就会想到铜锣湾商业街——集巴黎的奢华、米兰的典雅、伦敦的经典和纽约的简约风格于一身。现在是香港十大景点之一的铜锣湾前身是电车厂的时代广场，有着琳琅满目的美，尽显都市之魅力；在利园的名店坊，有小巧精致的街道，有小雕塑、喷泉和座椅，咖啡店精致的户外座位让欧陆情调洋溢；从时代广场、崇光百货一带让人炫目的玻璃墙进入渣甸街，一路极现代与极市井的景观相交汇，铜锣湾的风情万种让人眼花缭乱。

铜锣湾是香港最著名的流行服饰采购天堂，作为全世界租金第三贵的地段，仅次于美国纽约的第五大道及法国巴黎的香榭丽舍大街。铜锣湾名牌密度之高，让空气里都充斥着名牌的资本芳香。在时代广场连卡佛和崇光百货里，众多顶级名牌都在这里设有分店，有些品牌甚至在两处都有专卖店。当然，更重要的是，最贵的东西和最便宜的东西都可以在这块弹丸之地找到。

1997 年香港回归后，香港地区成为中国的特别行政区，与国内各地的联系更加密切。中国政府大力改革开放、颁布香港基本法，又以“一国两制”和“五十年不变”的方针进一步强化了香港作为自由港的地位，赋予了香港经济实现新一轮腾飞的强大动力。香港拥有许多世界级的酒店、餐馆和购物中心。不少大型的国际、地区性会议和会展都在这里举行。所以说，香港是跨国企业地区总部的集中地、国际金融与财务中心、地区性运输及航运中心、地区性专业服务中心、地区性旅游及地区性电子通信、大众传播和情报中心。但是香港因其区位及历史原因，一些犯罪问题也频发。据悉，2014 年香港犯罪案件共有 67 700 多件，案件数量较前年有所下降，减少约 7%，表明香港的治安情况有所

（a）　　　　　　　　（b）

图 6-31　香港铜锣湾

改善。据香港警务处商业罪案调查科披露，香港警方近年来年承办的网络与科技犯罪案件逐年增多，警方承办的案件中以商业欺诈案件、网络游戏装备失窃或账户盗用等新型案件占有较大比重，这也引起了人们的重视。

案例： 据香港《星岛日报》报道，香港入境处 2014 年成功瓦解一个家庭式运作的跨境假结婚犯罪集团，拘捕 61 人，他们主要通过亲友圈子或社交程序招揽生意。被告人陈某（57 岁），因于 2007~2013 年，安排 3 名年龄 22~28 岁的香港年轻女子参与假结婚，让福建年轻男子以配偶身份申请居港权，陈某最终于 2014 年 7 月被捕。陈某早前承认 3 项串谋诈骗罪，辩方指她非案中首脑，只是作为中间人角色，协助同乡取得假结婚证明。但法官指她是案中首脑，考虑到案情的严重性，2015 年 4 月 27 日，在香港区域法院将她判处有期徒刑 22 个月。

地区性的商业中心——深圳

深圳市位于祖国的南疆，珠江三角洲东岸，广东省南部，毗邻香港。东临大亚湾与惠州市相连，西至珠江口伶仃洋与中山市、珠海市相望，南至深圳河与香港毗邻，北与东莞市、惠州市接壤。深圳经济特区是深圳市的一部分，东起大鹏湾背仔角，西至珠江口的安乐村，南临深圳河，北靠梧桐山、羊台山山脉，面积为 327.5 平方千米，东西长 49 千米，南北宽平均 7 千米，呈狭长形。

深圳是中国口岸与世界交往的主要门户之一，有着强劲的经济支撑与现代化的城市基础设施。深圳的城市综合竞争力位于大陆城市前列。深圳已经建设成为中国高新技术产业重要基地、全国性金融中心和信息中心及华南商贸中心、运输中心和旅游胜地，现代化的国际性城市。2008 年 12 月 7 日，深圳被联合国教科文组织全球创意城市网络认定为“设计之都”，成为中国首个获此殊荣的城市。深圳入围网购城市 50 强。

第 26 届世界大学生夏季运动会

2011 年深圳世界大学生夏季运动会，即深圳第 26 届世界大学生夏季运动会（The 26th Shenzhen Summer Universiade）于 2011 年 8 月 12 日开幕，2011 年 8 月 23 日闭幕。本届大运会的口号为“从这里开始”（Start Here），主办城市是中国深圳。参赛国家及地区 152 个，参赛运动员 7 865 人，设 306 项（24 个大项）比赛项目。中国夺得 75 枚金牌创造新纪录。深圳成功举办 2011 年第 26 届世界大学生夏季运动会，是我国继北京奥运、上海世博、广州亚运之后的又一大盛事。

深圳作为中国最大的“移民”城市，在发生的抢劫、抢夺、杀人、强奸、卖淫、贩毒等恶性刑事案件中，90%以上是流动人口所为。传统的犯罪治理模式已不能适应流动人口犯罪的新特征，深圳市公安机关积极探索和建立新形势下流动人口犯罪治理的新方法，以情报信息建设作为流动人口犯罪治理的主导，预防、控制和打击流动人口违法犯罪，为深圳的社会稳定和经济发展做贡献。2014 年，深圳市公安工作围绕建设“平安深圳”和“法治公安”的目标，以改革创新为动力，以规范执法为抓手，以解决突出问题为着力点，进一步强化基层基础，转变工作作风，完善社会治安立体防控体系，提升社会治安治理能力，维护公平正义和社会稳定，努力实现社会治安的持续好转和群众满意度的持续提升。

案例：深圳市国税局稽查部门在检查深圳市利丰源供应链管理有限公司的出口退税情况时，发现该公司有骗取出口退税的嫌疑，遂与公安经侦部门联合成立工作组进行查处。检查发现，该公司在没有货物交易的情况下接受虚开增值税专用发票 1 990 份，并虚构该货物已出口，申报退税 2 726 万元。深圳市国税部门认定该公司的行为构成利用虚开增值税专用发票骗取出口退税，做出追缴该公司骗取的出口退税款 2 091 万元、处所骗出口退税款一倍罚款、已申报未退税款 635 万元不予退税的决定。该案主犯黄某某、刘某某日前已被深圳市中级人民法院以骗税罪一审判处无期徒刑。

地区性的商业中心——澳门

澳门，全称为中华人民共和国澳门特别行政区，北邻广东珠海，西与珠海市的湾仔和横琴对望，东与香港隔海相望，相距 60 千米，南临南中国海。其著名的轻工业、旅游业、酒店业和娱乐场使澳门长盛不衰，成为全球最发达、最富裕的地区之一。澳门获得“2012 年中国特色魅力城市”称号。

澳门是一个国际自由港，是世界人口密度最高的地区之一，澳门的博彩业在其经济中产生举足轻重的影响。澳门素有赌城、赌埠之称，与摩纳哥的蒙特卡洛、美国的拉斯维加斯、美国的大西洋城合称为“世界四大赌城”，澳门素有“东方赌城”之称。而赌博高利贷是依附于澳门赌业外围的一个金融黑市，是犯罪集团利用病态赌徒的心理危机而从事的债务欺诈活动。“赌博高利贷”是放债人（“大耳窿”）以赌场为活动区域、以赌徒为“服务对象”、以私刑为讨债手段、利用病态赌徒在赌场中刚刚输光时所产生的心理危机而以“借钱返本”为诱饵所从事的债务欺诈活动。

（a）

（b）

图 6-32　澳门新葡京赌场

案例一：据《珠江晚报》报道，2012 年 10 月，珠海市民李某在澳门赌博时向“大耳窿”借了高利贷，但因一时无法偿还，“大耳窿”发狠雇人将其拘禁，并致电李先生的妻子和朋友要求汇款 20 万元。珠海香洲警方得知消息后，通过周密部署，将该团伙引诱到南屏交易，最终在 2012 年 10 月 18 日将李某救出。

案例二：据《信息时报》报道，2012 年 5 月 22 日，广东省珠海市警方称，年初，珠海警方打掉一个以澳门人赖某某为首的犯罪团伙，团伙成员共 20 人，该犯罪团伙时常混迹在澳门各大赌场，以高利贷方式借给输钱的人，若当事人无钱归还，就对欠债人进行非法拘禁，手法十分恶劣，如做一个放大的狗笼，将欠债人（受害人）殴打后关进笼内，如果是女性（女受害人），还会将女事主的衣服脱光，拍裸照、强奸、轮奸，甚至进行人体侮辱等。

地区性的商业中心——海口

海口市，是海南省省会，地处海南北部，是全省的政治、经济、科技、文化中心和交通、通信枢纽，各种文化的交汇处。海口市地处热带滨海，热带资源呈现多样性，富于海滨自然特色风光景观。这里拥有“国家环境保护模范城市”“中国优秀旅游城市”“国家园林城市”“国家历史文化名城”“全国创建文明城市工作先进市”“全国城市环境综合整治优秀城市”等称号，曾获2004年度“中国人居环境奖”，2012年入选中国特色魅力城市200强名单。得胜沙街是海口市最具代表性的商业景观。

（a）

（b）

图6-33　海口跨海大桥——世纪大桥

在海南，几乎没有人不知道得胜沙街。这条具有一百多年历史、以南洋建筑风格为特色的海口老街，一直都让海南人引以为豪，更让外地游客为之好奇。

得胜沙街东起新华北路，西抵龙华路北端，长520米。得胜沙街与附近的永乐街（解放路）、大街（中山路）、新街（新华路）、长堤路等商业街的南洋建筑形成于20世纪20~30年代。主要是出海外闯南洋谋生创业的归国华侨按照南洋当地的建筑风格特色效仿兴建的，据说，当时建筑所需要的钢筋、楠木、水泥等物资是从南洋那边运输过来的，古称“外沙”，因“海口外缠一片平沙”而得名。

得胜沙路是老海口最早形成的东西走向的街道之一，其骑楼建筑是欧陆建筑与东南亚地域特点相结合的一种建筑形式（图6-34）。得胜沙的建筑基本属于“巴洛克”的风格，既带有欧洲殖民色彩，又包含了南洋华侨的爱国热情。结合了海南本地文化，形成了具有现代资本主义特征的商业街。得胜沙的老街建筑一般是两层骑楼，也有少数的建筑为三、四层。建筑的一楼为骑楼，有3米多宽的骑廊，一般用来作店铺；二楼与骑廊外侧齐平，穹顶窗，用作卧室或客厅；楼顶沿街有檐口或山墙，沿街立面有花卉、太阳、鱼、松鹤等吉祥的浅浮雕图案。

在得胜商场对面的一座骑楼，两棵年代久远的凤凰树正好生长在骑楼的走廊内。为了保护好古树，骑楼的建设者没有把树木砍掉，而是在树干的四周预留了一个空间，让树干穿过骑楼走廊的水泥楼面，伸向空中，两棵美丽苍翠的凤凰树与这风雨骑楼刚柔相济地依附生存在一起，成了这条街道上一处奇特的风景。

2014年，海口政法机关共破获各类刑事案件4 315件。共侦破处置积压命案22件，约占全省的一半。同时，海口警方查处各类治安案件6 211件，有效地遏制了赌、毒活动的蔓延。严厉打击行业犯罪，查处贪污、贿赂、挪用资金案件61件，涉及72人，查办商业贿赂犯罪30件，涉及35人，查办农村基层工作人员职务犯罪7件，涉及7人，查办在社会保障、征地拆迁领域中的职务犯罪18件，涉及31人，产生了有力的震慑作用。

案例一：2014年，海口海关开展打击武器弹药走私等专项行动，海口海关副关长童淑敏介绍，

（a）　　　　（b）

图 6-34　海口市得胜沙街建筑

海口海关继续保持打击走私高压态势，2014 年共立案侦办走私犯罪案件 8 起，案值 1.43 亿元；立案查办行政违法案件 59 起，案值 3.03 亿元。先后破获 1 起案值 7 000 万元、涉税 1 100 万元的走私进口冻品案，2 起案值 5 846 万元的涉嫌走私大米案，在邮递渠道实现了查获走私毒品、濒危物种等突破，查获冰毒、海洛因等各类毒品超过 13 千克。

案例二：自海南检察机关开展打击非法生产、销售和使用“伪基站”的违法犯罪活动以来，截至 2014 年 6 月 4 日，海口市检察院已经审查批捕涉嫌“伪基站”犯罪案件 4 起，涉及 14 人，建议追捕 2 人。“伪基站”设备是指未取得电信设备进网许可和无线电发射设备型号核准的无线电通信设备，其具有搜取手机用户信息、强行向特定用户手机发送短信息等功能，使用过程中会非法占用公众移动通信频率，局部阻断公众移动通信网络信号。近年来，非法生产、销售和使用“伪基站”设备的违法犯罪活动严重影响了公共通信秩序，侵害了人民群众的合法权益，并威胁到国家安全和社会稳定。

华中商业片区

华中商业片区是位于黄河中下游和长江中游的中国中部地区。自然资源丰富，农业发达，工业基础雄厚，交通便利，是全国经济比较发达的地区，起着承东启西、沟通南北的重要作用。行政区划上包括湖北、湖南和河南三省。华中商业片区的全国性商业中心以武汉最具代表性。地区性的商业中心则包括襄阳、宜昌、黄石、十堰、荆州、长沙、湘潭、岳阳、株洲、衡阳、永州、张家界、郑州、洛阳等城市。

全国性的商业中心——武汉市

武汉市位于中国腹地中心，长江与汉江交汇处，江汉平原东部，是中部六省唯一的副省级城市，是中部地区乃至全国的经济、交通、科研中心，被誉为中国经济地理的“心脏”。武汉工商业发达，交通便捷，其商业地位很需要，影响力也很大。两江交汇、九省通衢的地利条件是武汉商业和商业文化发达的客观条件；而历史机遇与主观动力是促成武汉城市繁荣的主观基础。目前，武汉的商业发展以传统商业中心和新兴商业中心相结合，发展繁荣。主要商业景观有光谷步行街、江汉路步行街、武汉国际广场购物中心等。

光谷步行街位于湖北省武汉市武昌光谷广场，沿旧关山路一直延伸到关山大道，长 1 350 米，是目前世界上最长的纯步行商业街，是集购物消费、餐饮娱乐、旅游观光、休闲健身、商务办公、酒店居住于一体的多功能、全业态、复合型超级商业步行街。在空间尺度和景观空间的设计上秉承趣味宜人化的原则，以全世界最大规模的炫彩激光群落，打造武汉的世界级夜空。光谷步行街采用了立体绿化，给人们提供了良好的生态休闲空间①。光谷步行街是中国第一条大型体验式的世界风情街，如彰显浪漫典雅的西班牙风情街；以浪漫婚庆为主题，个性、时尚、艺术、浪漫的意大利风情街；以餐饮娱乐休闲为主题的德国风情街……（图 6-35~38）。

图 6-35　武汉市光谷步行街

图 6-36　光谷步行街之西班牙风情街

图 6-37　光谷步行街之意大利风情街

图 6-38　光谷步行街之德国风情街

江汉路步行街成名于 20 世纪 20 年代，是中国最早的商业街之一，与北京的王府井、上海的南京路、天津的和平路以及哈尔滨的中央大街一起并称为中国大都市的“五朵金花”。在近代史上，江汉路曾是华界和原英租界商业金融区的衔接地带，至今道路两侧仍存留着十余幢近代优秀历史建筑和许多具有民族特色风格的建筑，它们是江汉路繁华商市的历史见证。目前，江汉路上不仅拥有许多百年老店，更涌现出一大批国内外知名的商业连锁店，成为武汉市民心中最负盛名的商业街②（图 6-39、图 6-40）。

① 王守富．城市立体绿化的策略与实施——以武汉市光谷步行街立体绿化为例［J］．湖北林业科技，2013，42（4）：32-34.

② 曾琎．都市传统商业街的审美再创造——以武汉市江汉路步行街为例［J］．武汉理工大学学报．2005，18（2）：51-52.

图 6-39　武汉市江汉路的西洋建筑

图 6-40　武汉市江汉路步行街

武汉国际广场购物中心（图 6-41）位于武汉市汉口中央商务区具有黄金商圈美誉的解放大道，与毗邻的武汉广场、世贸广场共同组成了武商集团的旗舰商业组群——“武商国际摩尔城”。周边商铺林立，交通十分便利，是武汉市现代商业形象的代表，如今是不可多得且不可复制的黄金地段。区内各种国际名品的橱窗构成了黄金商圈中的一道时尚的走廊。

武汉是近代中国兴办博览会的发源地之一，在改革开放之前，武汉就是全国四大会展中心城市。1909 年中国近代史上的第一个博览会——武汉劝业奖进会在武汉举行，是中国最早的并较为正规的商品博览会。武汉现拥有中西部最大、全国第三的展览场馆——武汉国际博览中心及武汉国际会展中心（图 6-42）、武汉科技会展中心、湖北省现代农业展示中心等展览会议场所。国际名酒展览会、国际家具展览会、茶业博览交易会、国际电子博展会等一些国际性、全国性的展销会都在武汉举办，对武汉商业的发展具有强有力的推动作用。

图 6-41　武汉国际广场购物中心

图 6-42　武汉国际会展中心

武汉作为极具影响力的全国性商业中心城市，经济类犯罪屡见不鲜，以金融诈骗与网络诈骗为主。据武汉市检察院调查显示，近年来，武汉市的走私、骗税、金融诈骗等严重破坏市场经济秩序的犯罪案件及非法传销活动、领导传销案、网络传销案等十分常见。2014 年，共批准逮捕破坏市场经济秩序犯罪嫌疑人 475 人，起诉 658 人。为全力维护市场经济秩序，武汉加大对金融诈骗、合同诈骗、走私、非法集资和传销等严重经济犯罪的打击力度，重视维护网上交易安全秩序。

地区性的商业中心——长沙市

长沙市位于湖南省东部偏北，湘江下游和长浏盆地西缘，是长江中游城市群中心城市之一，中南地区重要的工商业城市，也是长株潭城市群中的核心城市。长沙商业源远流长，有很好的历史条件，是我国承东启西的现代化区域性商贸中心。主要商业景观有黄兴路步行商业街、太平街商业区等。

黄兴路步行商业街（图 6-43）是位于湖南省长沙市天心区的一条核心商业街。步行街由内街和外街构成，西侧内街底层分为 A~F 六个区域，其中 A、B、C、D 四个区在黄兴广场南侧，E、F 两个区在黄兴广场北侧，两区之间是长沙著名的小吃街——坡子街（图 6-44），E 区部分区域为新街口主题商场；东侧外街分布有各类商铺，且穿插有长沙古巷①。黄兴路步行商业街是集娱乐、文化、购物、餐饮、休闲及旅游等多功能于一体的综合性场所。分布在其中的坡子街是长沙的商业老街，坡子街的建筑风格体现出中国传统文化的无穷魅力，展示出城市特有的、历史的文化个性，又提高了城市的品位与人文识别度②。现在的坡子街是以火宫殿（图 6-45）为龙头的美食一条街，可以同北京的天桥、上海的城隍庙、南京的夫子庙相媲美，是长沙乃至湖南集民俗文化、宗教文化、饮食文化于一体的代表性的大众化场所。

图 6-43　长沙市黄兴路步行商业街

图 6-44　长沙市坡子街民俗小吃一条街

太平街（图 6-46）坐落于长沙市老城区南部，是长沙古城保留原有街巷格局最完整的一条街。它承载着展示湖湘文化魅力、体现传统商业民俗风情的重任。行走古街，除了能直观感受到石牌坊、麻石路、封火墙、古戏台这些标志性古建筑符号所带来的视觉冲击之外，更多的是领略到一种历史积淀所散发的人文气息与韵味。

图 6-45　长沙市火宫殿

图 6-46　长沙市太平街

长沙作为地区性的商业中心，在经济不断发展的背后，经济犯罪案件也时有发生，主要有加盟合同诈骗犯罪、银行卡犯罪、传销犯罪、非法证券犯罪等 7 种高发性经济犯罪，包括金融、证券期货、

① 李伯华．城市主题街区旅游开发中的问题与对策研究——以长沙市黄兴南路步行商业街为例［J］．国土与自然资源研究，2011（03）：61-63.

② 陈倩澜．传统纹样在历史老街改造中的运用与价值——坡子街与饕餮文化［J］．艺苑纵横，2007（05）：118-119.

财税、商贸、传销、集资诈骗等领域常见的、多发的犯罪活动和网络经济犯罪及假冒伪劣、假币、假发票、假银行卡、商业贿赂等犯罪活动。长沙市为主动适应经济发展新常态，着力服务经济社会更好更快发展，在严厉打击严重犯罪的同时，深入开展查办和预防发生在群众身边的犯罪专项工作，坚决惩治假冒伪劣、侵吞诈骗民生资金的犯罪活动。2014 年，批准逮捕生产销售病死猪肉、“毒豆芽”、假冒消炎药等假劣食品、药品犯罪嫌疑人 92 人，起诉 133 人。针对传销、银行卡诈骗、非法集资等涉众型经济犯罪，长沙市公安经侦部门不断组织开展集中防范宣传，提高了广大群众防范经济犯罪的意识。

地区性的商业中心——株洲市

株洲市位于湖南省东部偏北，湘江下游，是新中国成立后首批重点建设的 8 个工业城市之一，中国老工业基地，中国最重要的铁路枢纽之一。株洲是长株潭城市群三大核心之一，是长株潭两型社会建设综合配套改革试验区的一部分。株洲是一座新兴的工业化城市，工业化推动了株洲的城市化发展和城市商业中心的形成。

株洲是一座新兴的商业城市，解放街（图 6–47）更是株洲商业的起源之地，现有的甚至已经成为记忆的业态在这里集中展示，勾起的不仅仅只是回忆，也是历史的再现、文化的延续、记忆的定格。位于时代广场东面的浮雕墙，让游览步行街的人们，都能感受到来自解放街遥远时代的商业气息。

徐家桥商业步行街（图 6–48）是一条由芦淞路至建设路贯穿东西的 600 米长的水景大街，是株洲市首个超大规模的综合性商业街，由两大核心街区（解放街、步行街）组成，以两大零售商业巨头——新一佳超市和国美电器为经营龙头，集购物、餐饮、娱乐、商务、旅游、休闲等功能于一体。其中解放街作为株洲的百年老街，沉淀了久远的历史情结，在整体的园林表现上，更多地突出古朴的元素；而步行街是在建宁港的基础上进行覆港改造而成的，利用建宁港原有的水流走向，形成了独特的 600 米生态水系，开全国步行街园林环境景观设计的先河，六大主题广场、情侣岛、儿童乐园、水幕电影以及以“神农氏”为主题的园艺设置，都旨在达到园林和商业的完美融合。

图 6–47 株洲市解放街

图 6–48 株洲市徐家桥商业步行街

地区性的商业中心——郑州市

郑州市位于河南省的中部偏北，黄河下游。是河南省的省会，国家历史文化名城，是中原经济区的中心城市，中国中部地区重要的中心城市和国家重要的综合交通枢纽。郑州自古至今均为交通要塞，素有“中国铁路心脏”之美誉。郑州被认为是中国商业的发祥地之一，是典型的铁路交通功能型商业城市。最具代表性的商业景观有二七商业区中的德化步行街和郑东新区 CBD（图 6–49）。

二七商业区是郑州最繁华的商业区，是河南省最大最具代表性的商业区，位于郑州市区中心。是郑州市商业最密集的地区，以二七广场（图 6-50）为中心，广场四周有华联商厦、商城大厦、百货大楼、丹尼斯商场、购书中心、德化步行商业街（图 6-51）等大型购物场所。最具代表性的即为拥有百年历史的德化步行商业街，被誉为“中国著名商业街”。这条街成为集购物、文化、娱乐、观光、休闲、餐饮等多种功能于一体的更具现代气息的步行景观街。

图 6-49　郑东新区 CBD

图 6-50　郑州市二七广场

郑州每年都举办众多全国性和地区性的展览，如中国国际农产品交易会、中国国际农业机械展览会、玉文化交易会、汽车展览会以及各种全国商品交易会等，促进了郑州商业的发展和商业中心地位的巩固。郑州拥有国际会展中心（图 6-52）、中原国际博览中心等会展场所，2010 年，郑州市获得“中国十大品牌会展城市”奖。

近年来，随着郑州经济的快速发展，经济领域一些深层次、结构性的矛盾不断出现，诱发和滋生了大量经济犯罪活动，经济犯罪发案急剧上升，这些案件涉及领域广、案值较高，给经济秩序造成了破坏，对经济安全构成了严重威胁。据郑州警方经侦部门负责人介绍，郑州市的经济犯罪呈现以下四个特点：一是信用卡犯罪、发票犯罪、金融诈骗、合同诈骗、职务侵占、挪用资金等案件呈上升趋势；二是制假贩假售假等扰乱市场经济秩序的案件突出，侵犯知识产权案件突增；三是传销、非法集资等涉众型案件多发；四是经济犯罪的作案方法不断翻新，智能化、科技化、网络化程度提高，犯罪复合化现象突出。此外，作为地区性的商业中心，在人流量集中的商业中心区域，也时常发生偷窃等犯罪行为。

图 6-51　郑州市德化步行商业街

图 6-52　郑州国际会展中心

地区性的商业中心——洛阳市

洛阳市地处九州腹地，位于中国第二阶梯与第三阶梯交界地带，欧亚大陆桥东段，横跨黄河中游南北两岸。是华夏文明的主要发源地、中华民族的重要发祥地，国务院首批公布的历史文化名城，十三朝古都，隋唐大运河的中心枢纽和丝绸之路的东方起点之一。国花牡丹因洛阳而闻名于世，洛阳被世人誉为“千年帝都，牡丹花城”。洛阳的区域商业中心是因其优越的地理位置、璀璨的历史文化以及牡丹文化而发展起来的。

目前，洛阳有代表性的商业中心有：老城十字南北大街、西工百货楼商业区、涧西景华路商业区、新区关林商贸城、南昌路商贸圈。以老城商业发展最为繁荣。商业组织大多以商业街为主要形式。其中新都汇商业步行街和洛阳市八角楼金街最具影响力。

洛阳市新都汇商业步行街（图 6-53），位于洛阳市西工区中心（中州中路与解放路交会处），是集休闲、购物、餐饮、娱乐于一体的商业一条街，总占地 3 万余平方米，地块为 L 形，南北长约 220 米，宽度可达 170 米，三层立体复式步行街，层次错落，是目前洛阳休闲、娱乐、购物配套最完善的大型商业步行街。

洛阳市八角楼金街（图 6-54）是最具传统文化气息的一条老街。位于洛阳市老城区西大街和东大街的“十字街”，自古乃是商人云集之地，新中国成立之后这里成为洛阳市重要的商业区之一，同时，这里更是洛阳小吃的汇集之地，是洛阳著名的小吃一条街——青石板的道路，古香古色的门脸，高挑的红灯笼，极具传统文化特色。

图 6-53　洛阳市新都汇商业步行街

图 6-54　洛阳市八角楼金街

近年来，为保障商业有健康良好的发展环境，洛阳市积极参与整顿和规范市场经济秩序，严厉打击扰乱市场秩序犯罪、制售假冒伪劣商品犯罪、投资担保领域和金融犯罪的集资诈骗、非法吸收公众存款等涉众型犯罪，2011 年，洛阳市公安机关共立案各类经济犯罪案件 2 066 起，同比增长 9.6%。2012 年的“毒豆芽”“病死猪肉”等严重危害食品药品安全犯罪影响较大。

东北商业片区

东北商业片区位于中国东北部，坐拥中国最大的平原——东北平原，是资源丰富、文化繁荣、经济实力雄厚、以汉族为主的多民族深度融合的区域，在全国占有重要地位。行政区划上包括黑龙江、吉林、辽宁三省。以沈阳为全国性的商业中心辐射整个东北商业片区乃至全国地区。地区性的商业中心则包括哈尔滨、长春、吉林、齐齐哈尔、大连、鞍山、大庆、营口等城市。

全国性的商业中心——沈阳市

沈阳市位于中国东北地区南部，辽宁省的中部，地处东北亚经济圈和环渤海经济圈的中心，是长三角、珠三角、京津冀地区通往关东地区的综合枢纽城市。是东北地区的政治、经济、文化、金融、科教、军事和商贸中心，国家历史文化名城，交通和通信枢纽，国家的门户城市。中国最重要的以装备制造业为主的重工业基地，沈阳市的政治、军事、金融、外交机构林立，成为东北地区最具吸引力的投资城市之一。在全国的商品交换和经济联系中占据十分重要的地位。

中街商业街（图 6-55）是沈阳最早形成的商业中心，是全国十大商业街之一。中街街道两旁店铺鳞次栉比，生意兴隆，一派欣欣向荣之意。中街商业街是沈阳人逛街、休闲的首选。虽然新兴商圈不断涌现，但中街依旧笑傲沈阳商圈“江湖”，持续发力。中街是沈阳的历史街区，位于沈阳方城，南部毗邻世界文化遗产沈阳故宫，两侧有沈阳春天、萃华楼金店、老边饺子等老字号的商业建筑，商业气氛浓郁①。它拥有夜市、金银市、铜市等特色行市，以及皮市、书市、梨市和鸟市等专业行市。还有沈阳商业城等大型商场。轨道交通，公共交通便捷，在沈阳是很受欢迎的商业中心。

太原街商业步行街（图 6-56）位于沈阳市中心地带的繁华商业区，毗邻沈阳站，是中国最著名的商业街之一。有“东北第一金街”的称号，历史悠久，是东北最有影响力的时尚潮汇地，影响力辐射整个东北亚。是集商业、饮食、文化娱乐为一体的多功能的商业社区，已经成为沈阳市最繁华的商业街区。其中不乏散发浓浓欧式风情的特色建筑。

西塔特色商业街，是集餐饮、文化娱乐和朝鲜族特色商业为主的民族风情区，成为沈阳市真正的“不夜城”，被海内外宾客称为“北方小汉城”②。

图 6-55　沈阳市中街商业街

图 6-56　沈阳市太原街商业步行街

东北老工业城市之一的沈阳市，对外开放的深度和广度不断扩大，国家间和民间的商贸往来频繁。沈阳市的传销、非法集资等涉众型经济犯罪影响范围广、危害大；与人民生活密切相关的假币犯罪，销售假冒注册商标的商品犯罪，组织、领导传销活动犯罪，信用卡诈骗犯罪等经济犯罪，近年来呈多发趋势，且跨国犯罪趋势明显。据了解，2013 年，沈阳市共破获经济犯罪案件 2 847 起，有力地维护了人民群众的生命财产安全，确保了沈阳市场经济秩序的和谐稳定。2014 年，批准逮捕走私、逃税骗税、诈骗、非法吸收公众存款、制贩假币、制售假冒伪劣产品、侵犯知识产权、生产销售有毒有害食品、金融诈骗等严重危害民生和市场经济秩序的犯罪嫌疑人 859 人，提起公诉 2 351 人。依法对有较大社会影响的走私象牙制品、贩卖运输毒品等重大案件进行审查逮捕并提起公诉，有力地震慑了违法犯罪分子，维护了市场经济秩序，促进了沈阳的经济发展。

地区性的商业中心——哈尔滨

哈尔滨处于东北亚中心位置，被誉为欧亚大陆桥的明珠，是第一条欧亚大陆桥和空中走廊的重要枢纽，也是中国著名的历史文化名城、沿边开发开放中心城市及东北亚区域中心城市。哈尔滨是黑龙江省省会，副省级市，中国东北北部的政治、经济、文化中心，也是中国省辖市中陆地管辖面积最大、管辖总人口居第二位的特大城市。有“冰城”“天鹅项下珍珠城”“丁香城”以及“东方莫斯科”“东方小巴黎”之美称，还有“文化之都”“音乐之都”“冰城夏都”的美誉。历史渊源和曲折的发展历程奠定了哈尔滨商业中心的发展基础。

哈尔滨市中央大街步行街（图 6-57）是目前亚洲最大、最长的步行街，始建于 1898 年，初称

① 张海畅，彭晓烈．塑造活力街区——沈阳中街商业步行街人性化研究分析［J］．现代城市研究，2008（12）：21-23.

② 何杨．西塔繁荣的动力：一种新型的国家与民间社会关系［J］．民族经济，2006（8）：31-33.

图 6-57　哈尔滨市中央大街步行街

"中国大街"。1925 年改称为沿袭至今的"中央大街"，是哈尔滨市最繁华的商业街。哈尔滨市中央大街是一条集商业、办公、旅游、文化和居住于一体的历史名街，全长约 1 450 米，步行区从西二道街至西十四道街。步行街设立了休憩系统，包括松雷商厦休闲区、中央商城休闲区、马迭尔休闲区、少年琴手休闲区四处主休闲区和一些零散休闲点①。全街建有欧式及仿欧式建筑，并汇集了文艺复兴、巴洛克、折中主义及现代等多种风格的市级保护建筑，是国内罕见的一条建筑艺术长廊。以其独特的欧式建筑、鳞次栉比的精品商厦、花团锦簇的休闲小区以及异彩纷呈的文化生活，充分体现出其旅游、购物、娱乐、休闲的功能，成为哈尔滨市的一道亮丽的风景线。

近些年来，哈尔滨市重点打击的商业犯罪主要有制售假冒伪劣商品、商业贿赂、合同诈骗、职务侵占、挪用资金、虚报注册资本、虚假出资、抽逃出资等，涉众型经济犯罪领域的集资诈骗、非法吸收公众存款以及利用传销和互联网进行的信用卡诈骗、保险诈骗等犯罪也较多发。

地区性的商业中心——长春市

长春市地处欧亚大陆东岸的中国东北平原腹地——松辽平原，是东北地区的天然地理中心，东北亚的几何中心，东北亚十字经济走廊核心。是吉林省省会，副省级城市，中国最大的汽车工业城市，中国四大园林城市之一，被誉为"北国春城"，近海沿边开放城市。在长春发展的过程中，中东铁路起到了至关重要的作用，围绕铁路线的各种商业逐步发展，形成了长春现在商业发展的基础。下面以重庆路商业街（图 6-58）为例来介绍长春的特色商业景观。

长春市的重庆路被称作"金街"，是长春市的一张重量级烫金"名片"，经过几年的全新改造后，背负起长春市乃至吉林省商业中心的重任，承载着长春城市形象、城市发展、城市文化和生活形态流变的标示性作用。这条长约 1 千米的商业街，云集了星级酒店、跨国连锁店、多家大型百货商场、大型超市以及大大小小的专卖店、精品店。可谓商贾云集，人口稠密，称得上是长春市引领时尚与消费的"第一商业街"②。重庆路不仅仅是购物的天堂，也是餐饮、文化、休闲、娱乐的天堂，形成了多种业态、错位经营的商业特色。置身其中，你不仅能感受到现代文化的时尚气息，更能强烈地触摸到"春城"经济跳动的脉搏。

长春是著名的国际会展城市，它是中国东北亚投资贸易博览会（简称"东博会"）的永久举办城市。东博会是国务院批准的中国东北地区规格最高的国家级展会，也是东北亚地区最大的国际盛会，又是中国长春国际农业·食品博览（交易）会举办地，长春农博会现已成为全球第一大农业博览会，另有国内著名三大车展之一的中国（长春）国际汽车博览会在此举行。各大国际性会展的举行给长春带来了更多的人流、物流、信息流，也为长春商业的发展带来了更多的商机。

---

① 宋聚生．哈尔滨步行街休闲区环境的问题与对策［J］．低温建筑艺术，2003（8）：41-43.

② 贾怀东，周潺潺．繁荣与隐忧——长春市重庆路商业街解析［J］．中国民营科技与经济，2005（3）：41-44.

图 6-58　长春市重庆路商业街

图 6-59　长春市国际会展中心

2014 年，长春市积极参与整顿和规范市场经济秩序，依法严厉打击非法集资、制假售假、侵犯知识产权、合同诈骗等犯罪，共批捕、公诉 406 人。依法公诉了涉案金额 47 亿元的东盟集团非法吸收公众存款案等一批重特大经济犯罪案件。重点服务民营经济发展，召开全市检察机关服务经济发展工作推进会，在创优法治环境、助力民营经济方面不断出台新举措、取得新成效。

地区性的商业中心——齐齐哈尔市

齐齐哈尔市是黑龙江省的第二大城市，区域中心城市，是经国务院批准的具有独立立法权的城市，也是黑龙江省西部地区政治、经济、科技、文化、教育、医疗、商贸和交通的中心。齐齐哈尔市是中国重要的以装备制造业为主的重工业基地，也是一座历史悠久的文化古城。四通八达的交通为其商业的发展创造了有利条件。目前，齐齐哈尔市基本建成布局合理、结构优化、管理规范、服务优质的商业体系，已初步实现商业现代化，是黑龙江省西部的商贸中心。

齐齐哈尔市美食步行街是 1895 年 6 月修建的，是齐齐哈尔市最大的步行街之一，该步行街是齐齐哈尔市最繁华的地段之一。共有各类商业店铺 3 238 间和数千商户。在漫长的历史长河中，逐步形成了当今商业步行街中西合璧的四大西关风情特色，并构筑成一幅独特的、绚丽多姿的西关风情画。步行街北起中市场，南到报业大厦，全长 838 米，街面宽 23 ~ 26 米，包括近万平方米的美食广场，是集购物、休闲、娱乐、餐饮、文化及旅游等多项功能于一体的综合性场所。分为内街和外街，内街又有三层，商铺众多，品牌齐全。除各种进口服装店外，这里还汇集了全国各地的小吃美食。

中国（齐齐哈尔）绿色食品博览会每年 8 月在齐齐哈尔市举行，是展示绿色食品发展成就、促进绿色食品产业交流与合作的全国性盛会。另外，齐齐哈尔市冰雪游览会是融文化艺术、观光旅游、体育竞技、招商引资、集市购物于一体的节庆活动，对齐齐哈尔市商业的发展也起到了很好的推动作用。

地区性的商业中心——大连市

大连市位于辽东半岛南端，地处黄海、渤海之滨，背依中国东北腹地，与山东半岛隔海相望，是中国 15 个副省级城市之一，5 个计划单列市之一，中国 14 个沿海开放城市之一，有“东北之窗”“北方明珠”“浪漫之都”之称，是中国东北对外开放的窗口，东北地区最大的港口城市。大连市优越的地理位置和悠久的历史渊源赋予了其商业快速发展的良好基础。

大连市天津街（图 6-60）历史悠久，始建于 1909 年，是大连市商业的发祥地。2003 年全面开发式改造后，街长 1 054 米。天津街商业步行街区位优势明显，地处“六个中心”：金融中心、商业中心、文化中心、信息中心、国际航务中心和大连市唯一的中央商务中心区。距大连火车站仅 200 米，距大连港仅 300 米。星级酒店环绕四周，五星级酒店——日航大酒店与天津街隔街相望，往西 200 米就分别坐落着香格里拉和富丽华两家五星级大酒店。天津街南面与久负盛名的中山广场相毗邻，其周围的建筑群凝聚了世界建筑之精华。与天津街相邻的友好广场中央坐落着象征着北方明珠寓意的水晶球，其周围的两大影院代表着大连历史文化和现代文明的完美结合。整条街上安装了 100 条美国环保木休闲椅，当客人购物小憩时无不感到舒适惬意。每当夜幕降临时，镶嵌在步行街地面上的 370 盏七彩地灯，随时变换着不同色彩，与镭射灯发出的巨大光束交相辉映，一幅美轮美奂的步行街夜生活犹如梦幻。

大连青泥洼桥街道位于大连市中心商业区，青泥洼桥街道是大连市最繁华的商贸、金融、旅游、娱乐、餐饮和信息服务中心。辖区内坐落着青泥洼桥商业区（图 6-61）、天津街商业区、胜利广场商业区和中山音乐广场，大连商场、大商新玛特购物休闲广场、大连麦凯乐总店、大连百年城集团有限公司、新世界百货、新天百大楼等众多驰名商家在这里云集。

图 6-60　大连市天津街

图 6-61　大连市青泥洼桥商业区

大连市商业发展迅速，对外开放度高，在经济发展的同时，滋生了很多经济犯罪问题。自 2012 年起，大连就重拳打击涉众、金融、期货、商贸、涉税、知识产权等六大领域内涉及传销、银行卡、商业贿赂、网上售假、制售假冒伪劣用品、利用传销和互联网进行的非法集资的涉众型犯罪等经济犯罪活动。2014 年，大连突出打击的经济犯罪主要有走私、制假售假、合同诈骗、非法吸收公众存款等，共批捕 286 人，提起公诉 670 人；依法惩治毒品犯罪，共批捕 724 人，提起公诉 900 人。

西北商业片区

西北商业片区深居内陆，位于大兴安岭以西，昆仑山—阿尔金山—祁连山和长城以北。行政区划上一般包括陕西省、甘肃省、青海省、新疆维吾尔自治区和宁夏回族自治区。西安作为西北商业片区的全国性商业中心，其商业辐射力覆盖整个西北地区乃至全国范围。地区性的商业中心有兰州、西宁、银川、乌鲁木齐、吐鲁番等城市。

全国性的商业中心——西安市

西安历史悠久，是陕西省省会、副省级市，陕西省的政治、经济、文化和科教中心，西北地区第一大城市，中国国家区域中心城市，是长三角、珠三角和京津冀通往西北和西南的门户城市与重要交通枢纽，国家重要的科研、教育和工业基地，世界历史文化名城，亚洲知识技术创新中心，中国重要的制造基地，也是丝绸之路经济带的经济、文化、商贸中心，新亚欧大陆桥及黄河流域的最大城市。

目前，西安市的商业中心布局基本形成了以东、西大街为主的钟楼商业中心；以长安路为主的小寨商业中心；以轻工批发市场、康复路批发市场为主的长乐路商业中心这三大商业区，基本使西安的商业中心分布形成了三足鼎立的格局。逐渐呈现出“向心分散型”的“一核、一副、一环带、九心、一区、十二圈”布局和发展结构（以钟楼商业街为核心；小寨商圈和大雁塔商圈共同组成城市的副商业中心；环城路至二环路中间板块的综合性商贸街、特色商业街组成的街区集中发展区，呈现环形带状分布；9个区级商业中心；长乐路服装轻工批发零售聚集区；12个次区级商业中心）。

具有悠久历史的西安钟楼传统商圈位于西安市中心，经过千年的洗礼，这里已经发展成为西部地区规模最大的商业中心和全国最具人气的超大型商圈。以东、西大街为主的钟楼商业街（图6-62），城墙内的东南西北四条大街，位于市中心。以时尚主题对话世界经济，是西部地区最具人气和最具规模的超大型商业中心。鼓楼街区是西安市最大一片回民聚居区中的一部分。面积约12平方千米，人口约4 200人，并且大多数居民是回民。鼓楼街区位于西安市中心，国家重点文物保护单位分布密集，区内有鼓楼和大清真寺，附近有钟楼和城隍庙，以及省市重点文物多处。这些文物、餐饮、艺术品商店、画廊等都对游客有巨大的吸引力。街上时常挤满了出租车、自行车和行人，给游客以非常地道的中国社会环境的印象，这与西安其他的更西方化的区域形成明显的对照①。

其中，位于西大街的回坊街（图6-63），长500米左右，南北走向，青石铺路，绿树成荫，路旁清一色仿明清建筑（图6-64）。街道两旁，上百种清真小吃琳琅满目，香飘四野。全街内或餐饮或器物，均为回民经营，具有浓郁的清真特色。

图6-62　西安市钟楼商业街

图6-63　西安市回坊街

书院门得名于“关中书院”。明万历年间，陕西经学大师冯从吾在宝庆寺讲学，其理论精到，治学严谨，听讲的人越来越多，最多时达到几千人。长安府的官员便下令在寺东划出一块地，建讲堂，即书院，名曰“关中书院”，之后又在书院附近修建了长安府学和文庙（即孔庙）。关中书院是明、清两代陕西的最高学府，影响很大，人们就把这里称为书院门，在当时就已经称得上是一条“文化街”了②。书院门特色商业街（图6-65）西起南门，东至柏树林街口，是西安城内现存最完整的古老街道，全长570多米，青石铺路，两侧店铺林立，粉墙青丽，楹联典雅，古色古香，门面古朴敦厚；文房四宝、民间工艺品等应有尽有，2009年获得“中国特色商业街”称号，其文化背后的商业价值与日俱增。

西安作为著名的古都城市，古代文明积淀深厚，人文资源丰富，地上、地下的宝贵文物一直是犯罪分子垂涎的目标③。西安特殊的历史文化特征使其走私、倒卖文物案较为典型。一直以来，西安的文物犯罪常有发生。目前，虽然犯罪分子的猖獗势头有所下降，但是受暴利的驱动，以文物为侵害目标的盗掘、盗窃、倒卖案件还是时有发生，文物犯罪形势依然严峻。2014年，以西安为重点的陕西省共破获各类文物犯罪案件347起，抓获犯罪嫌疑人442人，追缴各类文物1 701件（套），其中二级文物12件、三级文物158件，有力地打击和遏制了文物犯罪，有效地保护了文物安全。一些民间古玩市场和文物黑市成为犯罪分子销赃的场所，沦为倒卖、走私文物犯罪的地下通道，客观上刺激了

① 肖莉，王涛．西安鼓楼历史街区保护与发展［J］．国外城市规划，2002（3）：26-29.

② 张军．西安书院门［J］．中国西部，2005（01）：20-22.

③ 王发曾．城市犯罪分析与空间防控［M］．北京：群众出版社，2003：13.

文物犯罪的发展蔓延。

图 6-64　西安市西大街的仿古建筑

图 6-65　西安市书院门特色商业街

地区性的商业中心——兰州市

兰州是甘肃省省会，甘肃省的政治、文化、经济和科教中心，西北地区的第二大城市，黄河上游重要的工业城市。兰州既是中国古代对外开放的必经之地，又是保障中国西部安全的关键节点，具有悠久的历史文化，也是西陇海兰新经济带支点，新亚欧大陆桥中国段五大中心城市之一，中国东中部地区联系西部地区的桥梁和纽带。交通条件是兰州商业中心城市形成的重要条件。

目前，兰州市的商业组织形式大体有三种：一是商业街发展形式；二是分散商业组织形式；三是商业组团发展形式，以组团发展最为普遍。目前形成南关—西关商业区、新村商业区、东方红广场、火车西站商业区。下面以几个著名的商业街区为代表介绍一下兰州的商业组织特点。

张掖路商业步行街（图 6-66）是一条延伸兰州地域文化的纽带，位于兰州老城区最大的商业密集区的中心地带，是宣传兰州丰富内涵的名片。它的建立改变了西北地区缺乏真正意义的休闲购物步行街历史，装点出兰州市极具代表性的时尚化元素。改造后的张掖路商业步行街是兰州最大的商业中心辐射地，是以休闲时尚、体验购物、观光旅游为主题的黄金链圈，成为名副其实的“兰州第一街”。兰州不仅是一个商埠重镇，更是一个充满文化底蕴的古城。张掖路作为兰州为数不多的商业老街之一，迄今已有 100 多年的历史，有着“陇原第一街”的美称，它既是兰州最重要的中心商务区，又是兰州的城市标志①。

中心广场又称“东方红广场”（图 6-67），位于兰州市中心地带，总面积 92 172 平方米，广场正南有东方红地下商城，东口为广场购物中心，西口有风味小吃一条街。是市民主要的娱乐场所，汇集民俗百味，是游览观光、购物、品尝美食的理想场所。中心广场以百盛国际博览中心为核心，因地理位置与周遍环境的优势，一直称雄于兰州市百货零售界。东方红广场是以文化、娱乐、休憩为主，兼有集会活动用途的多功能、综合性城市中心广场②。

近年来，经济犯罪日益成为主流犯罪，呈现出总量多、增长快、危害大的严峻形势。兰州市的涉众型经济犯罪涉及范围在不断扩大，涉众型经济犯罪的犯罪手法越来越狡诈、越来越具有欺骗性，并呈现“金额巨大、涉及面广，手法多样、不断翻新，虚假许诺、高利回报，合法掩护、编织光环”等特点。传销等涉众型经济犯罪呈逐年上升趋势，据了解，2013 年，兰州市公安机关各级经侦部门已破获各类经济犯罪案件 968 起，涉案金额总值达 11.9 亿元，抓获犯罪嫌疑人 424 名。数据显示，自 2008 年起的 5 年来，经济犯罪案件的数量和涉案金额以每年平均 10%和 37%的幅度增长。经济类案件的发案类型已经由以前的职务侵占、合同诈骗、假发票犯罪等常见多发型经济犯罪，拓宽到刑法

---

① 冯丹．基于旅游视角的兰州市张掖路商业街打造初探［J］．丝绸之路，2012（16）：61-65.

② 朱玉奇．兰州市东方红广场绿化美化改造规划设计［J］．草原与草坪，2001（2）：52-54.

分则规定的86种经侦部门管辖的经济犯罪，特别是新型经济犯罪增多，且案发领域不断拓深。重点对制售假冒伪劣名牌产品、高新技术产品等阻碍科技创新的犯罪，制售假冒伪劣日化、家电、日用消费品等影响百姓生活的犯罪，制售假冒伪劣食品、药品、妇幼用品等危害群众生命健康的犯罪，制售假冒伪劣汽配、机电、消防器材等妨害公共安全的犯罪，制售假冒伪劣种子、农药、化肥等坑农害农的犯罪等五类重点犯罪进行了全领域、高强度的打击，取得了显著的战果，有效地净化了市场环境，弘扬了正气，打击了邪恶势力，全力维护市场经济秩，促进了社会平安和谐。

图6-66　兰州市张掖路商业步行街

图6-67　兰州市东方红广场

地区性的商业中心——西宁市

西宁是青海省的省会，是青海省第一大城市，全省的政治、经济、文化、教育、科教、交通和通信中心，是国务院确定的内陆开放城市。是青藏高原的东方门户，古“丝绸之路”南路和“唐蕃古道”的必经之地，自古就是西北交通要道和军事重地，素有“西海锁钥”“海藏咽喉”之称，西宁历史文化源远流长，得天独厚的自然资源，绚丽多彩的民俗风情，使其成为青藏高原一颗璀璨的明珠。

西宁市的商业组织形式主要是以组团形式发展，在商业组团内部以主要商业街道和大型商业百货商场来组织。老店“大十字百货”和新崛起的“西单”“王府井百货”共同构成了西宁最繁华的商业中心。西大街作为核心商圈的主要街道，两侧品牌店众多，购物人流量大，是西宁人购物的首选区域。

图6-68　西宁市商业巷步行街

商业巷步行街（图6-68）最早形成于20世纪80年代初期。以河湟文化为主题特色，布局上分为两街、四门、八巷及中央不夜城广场，其中北门青唐、东门西平、南门鄯州、西门湟中，均以古城西宁不同历史时期的称谓命名，融汇了青海历史上特有的八大文化现象，将传统文化与时尚联姻，步行街的建筑风格体现了西宁厚重的历史文化，也突出了现代商贸服务的特征。开辟了青海休闲文化商业街的先河，构筑成省会核心区大型城市智能化综合体，填补了青海没有真正意义上商业文化街的空白。商业巷步行街2012年获批“中国著名商业街”。全面的商业空间理念，多样化的消费层次，人性化的休闲领地，商业巷步行街备受老百姓的青睐。

东西大街一直承担着西宁政治、经济、文化核心区的功能。作为最早的商业中心，东西大街商业因子沉淀长达30年。城市重心的政策性西移，将为西区及西区商圈的迅猛发展带来机遇。目前，西宁以城中区的大十字为焦点，北大街、南大街、西大街、东大街四个较繁华的商街组成“十”字形的商街，向西以西大街为射线到中心广场，并且与西宁市的主要路段西关大街相连。其中，王府井百货二店位于城西区新宁广场西北角，属城西区商业、经济、文化、行政核心所在地。西宁市少数民族的生活和饮食习惯对西宁市商业中心的构成和区位有很大的影响，现在西宁市商业中心的区位，是由新中国成立前回族统治者经营的东关德兴海湟中实业公司的旧址发展演变而来的，西宁市商业中心内有一半以上的餐饮都是清真饭店，突出民族性是西宁市商业中心的一个重要特色①。

2014 年，针对非法吸收公众存款、集资诈骗、合同诈骗、传销等涉众型经济犯罪频发、高发的趋势，西宁市经侦部门破获经济犯罪 295 起，抓获犯罪嫌疑人 282 名，涉案金额 14 388. 9 万元，挽回经济损失 6 110. 5 万元。其中，合同诈骗案 84 起，信用卡诈骗案 83 起，生产、销售伪劣商品，侵犯知识产权案 41 起。更加分阶段、分重点地对涉及民生类的经济犯罪活动开展集中打击，破获打假案件 41 起、捣毁制假售假窝点 41 个，破获假发票案件 11 起，捣毁假发票窝点 7 个，缴获假发票 63 763 份，破获商业贿赂案件 3 起。2014 年 11 月至 2015 年 3 月的短短几个月，共破获 19 起涉众型经济犯罪案件，打掉 19 家投资类不法公司，打击处理 27 人，涉案资金 2 亿余元。

地区性的商业中心——银川市

银川市地处中国西北地区宁夏平原中部，西倚贺兰山、东临黄河，是宁夏回族自治区的首府，是全区军事、政治、经济、文化、科研、交通和金融商业中心，发展中的区域性中心城市，以发展轻纺工业为主，机械、化工、建材工业协调发展的综合性工业城市。银川也是历史悠久的塞上古城，古西夏王朝的首都，是国家历史文化名城，城市综合竞争力跻身全国百强。

银川市的商业组织为商业组团和商业街区的组合。银川的商业区基本集中在老城，主要的购物场所有新华购物中心、银川商城、宁夏商都、宁夏文物总店、银川百货大楼等。目前，银川市最具影响的商业区是新华商业中心区。下面以新华步行街为例介绍银川的商业组织特点。

新华步行街汇集了众多商场、专卖店及餐厅，是当地最繁华、最时尚的商业街；新华步行街、鼓楼周边是银川的主要商圈，富有生活气息，是当地人日常购买各种生活用品的地方。银川比较有名的商场是位于新华街的新华购物中心。新华步行街是银川市最大的集购物、休闲、娱乐于一体的商业中心，在这里可以买到不少当地的土特产，如绒毯、枸杞酒、袋装八宝茶、贺兰石雕等，质量比较有保障。可以说新华步行街是银川城市繁荣的代言地。

随着经济多样化发展，诱发经济犯罪的因素不断增多，经济犯罪案件总量持续攀升形势较为严峻，并逐步成为主流犯罪。原本在东部沿海地区频发的涉众型经济案件，近年来在宁夏这个内陆省区也频频发生，大有东风西渐之势。2014 年，银川市切实加大对危害市场经济秩序的犯罪嫌疑人的打击力度，依法批捕制假售假、合同诈骗、传销等严重破坏市场经济秩序的犯罪嫌疑人 43 人，起诉 71 人。2014 年发生了“兴麟系”系列合同诈骗案、银川市嘉诚农牧公司非法集资案等影响比较大的经济案件，发案数比 2013 年成倍上升，涉案金额高达 11. 5 亿元。银川市警方共破获各类经济案件 281 起，抓获犯罪嫌疑人 263 名，在全国 36 个大中城市中排名第六，有力打击了经济违法犯罪分子的嚣张气焰。此外，银川市的吸毒、贩毒犯罪活动总量逐年增加，并且吸食地点已经由集中向分散、公开向隐蔽转变。一些零星贩毒分子为牟取暴利，千方百计地引诱青少年吸毒，由此不断滋生新的吸毒者和零星贩毒者。

地区性的商业中心——乌鲁木齐市

乌鲁木齐地处亚欧大陆中心，天山山脉中段北麓，准噶尔盆地南缘，是新疆维吾尔自治区的首府，是新疆的政治、经济、文化、科教和金融中心，是欧亚大陆中部的重要城市，是沟通新疆南北和连接中国内地与中西亚及欧洲的交通和通信枢纽，是第二座亚欧大陆桥中国西部桥头堡和中国向西开放的重要门户。乌鲁木齐历史悠久，是古丝绸之路上的重要节点，是东西方经济文化的交汇点，是中

---

① 赵发兰 . 西宁市商业中心区位演化的影响因素初探［J］. 价值工程，2014（12）：69-70.

原与西域经济文化的融合处，是古丝绸之路新北道上的重镇，商业发展基础良好。

乌鲁木齐市的主要商业组织形式是组团发展，组团内部以主要商业街组织布局。目前有几个商业发展中心区，分别是铁路局商业区、美居物流园商业区、友好商业区、华凌商业区、中山路商业区、火车南站商业区和边疆宾馆商业区。以中山路商业区和友好商业区影响最大。

乌鲁木齐市中山路商业街（图6-69）东起天山百货大楼，西止丹璐名品广场、东方100商厦，全长2 000余米。中山路商业街于1999年3月正式挂牌命名，被评为“中国特色商业街”。中山路在历史上是乌鲁木齐的市井中心。早在清朝乾隆年间已经是商贾云集、文化设施集中的繁华区，在大十字一带开始陆续出现一些小商店和摆地摊的小商贩，以后日渐增多，初步形成了乌鲁木齐最早的商业区。目前中山路商业街各项指数在全疆各商业街中均居第一位。中山路商业街已成为商业网点密集、客流量大、购物便捷、消费称心的现代化商业街。新世纪的中山路商贾云集，人流如织，汇集了乌鲁木齐60%以上的大型商业网点，其商业影响力辐射新疆维吾尔自治区各地及周边的哈萨克斯坦、吉尔吉斯斯坦、巴基斯坦、俄罗斯、印度等国家和地区，是乌鲁木齐乃至新疆经济发展和对外开放的重要窗口和名片①。

乌鲁木齐为中国亚欧博览会永久举办城市，中国亚欧博览会是乌鲁木齐对外经济贸易洽谈会的继承和升华，是中国西部地区主要的国家级投资贸易洽谈会之一。新疆国际汽车工业博览会是西北地区规模最大、品牌最多的车展，是中亚地区最具规模的国际性车展，这些高层次的会展进一步推动了其城市商业的发展。乌鲁木齐国际会展中心如图6-70所示。

图6-69　乌鲁木齐市中山路商业街

图6-70　乌鲁木齐国际会展中心

自2012年严厉打击经济犯罪的“破案会战”开展以来，假冒伪劣、侵权类案件一直是乌鲁木齐警方的重点打击对象。乌鲁木齐市公安局联合药监、税务、金融等各部门还重点集中打击了假药、假发票、假农资、商业贿赂等不同领域的经济犯罪。2014年，乌鲁木齐警方共破获经济犯罪案件660件，抓获各类经济犯罪嫌疑人418人，挽回经济损失4.15亿元。

非法集资、传销、银行卡犯罪已成为涉众型经济犯罪中最为猖獗的犯罪形式，不仅直接侵害了群众的经济利益，也严重影响了社会和谐稳定。近年来，乌鲁木齐市的严重暴力犯罪事件频发，2009年的“7·5”暴力犯罪事件影响深远，严重破坏了民族团结，破坏了和谐稳定的社会局面。

地区性的商业中心——吐鲁番市

吐鲁番市位于新疆维吾尔自治区中东部，天山东部山间盆地，又称“火洲”，是中国内地连接中国新疆、中亚地区及南北疆的交通枢纽。以维吾尔族为主的少数民族人口约占吐鲁番市总人口的70%。是西北少数民族地区的商业中心。吐鲁番市也是维吾尔文化的两大中心之一。吐鲁番市在丝绸之路上的重要位置和优越的自然交通条件以及历史上重要的政治经济地位奠定了其商业发展的基础条

① 朱俊斌．以信誉赢客户——记新疆乌鲁木齐市保安服务公司天山区分公司西门中队［J］．中国保安，2006（3）：44-47.

件，浓郁的民族色彩成为其商业的发展特色。

广汇街是吐鲁番市极具特色的小吃一条街，无论是叫得上名字的小吃，还是叫不上名字的，在这里不仅全都能见得到，还可以大饱口福。吐鲁番的饮食很丰富，川菜、粤菜等随处可见，同时，具有浓郁地方特色的维吾尔风味小吃和伊斯兰清真食品也都荟萃于此。

第 7 部分　文化地理

中西饮食文化对比

1. 不同观念

与注重“味”的中国饮食相比，西方人有一种理性饮食观念——不论食物的色、香、味、形如何，而营养一定要得到保证，讲究一天要摄取多少热量、维生素、蛋白质等。这一饮食观念同西方整个哲学体系是相适应的。形而上学是西方哲学的主要特点。在宴席上，可以讲究餐具，讲究用料，讲究服务，讲究原料的形、色方面的搭配；但不管怎么豪华高档，从洛杉矶到纽约，牛排都只有一种味道，无艺术可言。作为菜肴，鸡就是鸡，牛排就是牛排，纵然有搭配，那也是在盘中进行的，一盘“法式羊排”，一边放土豆泥，旁倚羊排，另一边配煮青豆，加几片番茄便成。色彩上对比鲜明，但在滋味上各种原料互不相干、调和，各是各的味，简单明了。

在中国的烹调术中，对美味的追求几乎达到极致，却忽略了食物最根本的营养价值。很多传统食品都要经过热油炸和长时间的文火炖煮，使菜肴的营养成分受到破坏，因而一说到营养问题，实际上就触及了中国饮食文化的最大弱点。在中国，饮食的美性追求显然压倒了理性，这种饮食观与中国传统的哲学思想也是吻合的。作为东方哲学代表的中国哲学，其显著特点是宏观、直观、模糊及不可捉摸。中国菜的制作方法是调和鼎鼐，最终是要调和出一种美好的滋味，这讲究的就是分寸，就是整体的配合，它包含了中国哲学丰富的辩证法思想。

2. 饮食对象差异

西方人认为菜肴是充饥的，所以专吃大块肉、整块鸡等“硬菜”。而中国的菜肴是“吃味”的，所以中国烹调在用料上也显出极大的随意性。据西方植物学者的调查，中国人吃的菜蔬有 600 多种，比西方人吃的蔬菜品种多 6 倍。中餐讲一个“珍”字，满汉全席“四八珍”是典型代表（表 7–1）。

表 7–1　满汉全席“四八珍”①

类别	珍品
山八珍	驼峰、熊掌、猴脑、猩唇、象拔、豹胎、犀尾、鹿茸
海八珍	燕窝、鱼翅、大乌参、鱼肚、鱼骨、鲍鱼、海豹、狗鱼（大鲵）、
禽八珍	红燕、飞龙、鹌鹑、天鹅、鹧鸪、彩雀、斑鸠、红头鹰
草八珍	猴头、银耳、竹荪、驴窝菌、羊肚菌、花菇、黄花菜、云香信

① 王仁湘．饮食与中国文化［M］．北京：人民出版社，1993.

3. 饮食方式不同

唐代以前，我国采用小案跪坐进食，属于分食制。唐代以后，分食制向会餐制转变，少数民族的高腿桌椅传入中原，改双膝跪地为“胡坐”，会餐制逐渐盛行。采用会餐制可以展示色、香、味俱全的菜肴的整体形象和“食必方丈”的气势，烘托出不分彼此、亲密友爱的气氛。世界上的进食用具有手指、叉刀和筷子三大类。我国是筷子的故乡，大部分地区用筷子进食。刀和叉是西餐的主要餐具，右刀左叉。中餐和西餐在上菜程序、餐饮习惯、饮食用具等方面都存在着很大的差异（表 7-2）。中餐馆爱用暖色装饰，描龙绘凤，红灯高照。用餐时，人体的活动幅度很大，互相布菜敬酒，高谈阔论，筷匙碗盆碰撞，形成嘈杂的乐章。西餐馆爱用清静淡雅的色调装饰，点上微弱的烛光，烘托安谧的情趣，入座后，姿势端正，双臂不放在桌上，取用近处的食品，喝汤和用刀叉时不出声，有食物在嘴时，不可以谈话。用餐完毕，桌面、盘面、地面干净。

表 7-2　中餐和西餐饮食文化比较①

项目	中餐	西餐
原料选择	珍奇	新鲜
烹调方式	综合	拼盘
烹调标准	浮动	固定
菜肴温度	热菜	生冷
上菜程序	先菜后汤	先汤后菜
菜肴数量	超量	适量
餐饮习惯	会食	分食
饮食用具	筷子	刀叉
饮酒方式	劝酒	自便
环境装饰	热闹	安静
经营机制	家庭	连锁

案例：2013 年 12 月，泰和县公安局接到县博物馆报案：位于泰和县上模乡油洲村凤凰山岭的罗钦顺墓发生被盗案，墓前的石虎、石狮等三尊红米石所制石像被盗。刑技专家对现场进行勘验，在案发现场发现了一张“顺旺客”餐厅的餐饮小票。据调查，凤凰山下只有 3 户肖姓村民，最近都没到过县城，更没有在外用过餐。根据餐饮小票上面的时间、地点等信息，民警来到县城的“顺旺客”餐厅调取视频资料，确定消费该张小票的 4 名中年男子。通过一路寻踪调查，于 2014 年 1 月先后将涉案的 7 名嫌疑人全部抓获。

饮食文化地域差异

1. 南北差异

北方产小麦，面是主食。北方有“三十里糕，四十里面”一说，认为米饭是吃不饱的，只有吃面食走路才不饿。南方产稻，米是主食，认为面食只能当点心，叫面点。北方饺子南方鱼是南北除夕年夜饭的差别。北方守岁不可以没有饺子，饺子形同元宝，音同“交子”，有招财进宝和更岁交子的双重吉祥含义。南方守岁必备年糕和鱼，年糕有“年年高”的吉祥意，鱼含“连年有余”和辟邪消

① 胡兆量，阿尔斯朗，琼达，等. 中国文化地理概述［M］. 3 版. 北京：北京大学出版社，2009.

灾双重含义。南甜北咸反映环境对饮食口味的影响。南方湿度大，人体蒸发量相对较小，不需要补充过多盐分，又盛产甘蔗，所以南方人爱用甜食。北方干燥，人体蒸发量大，需要补充较多盐分，性喜咸味。山西人爱吃酸味，因为黄土高原水中含钙量大，醋酸可以防止钙质沉淀，预防体内结石。

案例：我国传统节日的饮食习惯与习俗，也会被盗贼利用，成为其作案的一个契机。例如：对于那些刚结婚不久，在家门口还贴有大红“囍”字的新婚家庭，只要晚上屋内没有灯光，新婚夫妇肯定是外出去潇洒了，这样的家庭也是盗贼的重要目标之一。还有的盗贼喜欢在节假日，特别是年三十(除夕)、初一、初二、元宵节、中秋节等节日期间作案。因为按照中国人的传统习惯，在除夕夜，夫妻或者连同孩子，一般都要回父母家吃年夜饭，全家人都到那些大饭店、酒家去包几百元、上千元一桌的年夜饭。在这一天晚上，屋内灯黑，盗贼便可确定此户家中无人。年初二，室内灯黑的话，盗贼也可断定户主夫妇是去岳父母家拜年吃饭了。元宵节、中秋节，为了全家团圆，很多户人家也都会出现这种无人看家的现象。再者，过年过节，人们疏于防范、有失警惕。另外，过年过节是人们一年当中的消费高潮，家中存有大量现金，一些群众忙于过节、采购物品或是走访亲友，家中无人看守，加之门窗不牢固，往往给盗贼撬门入室留下了可乘之机。

2. 少数民族饮食

中国历史上各民族相互融合，极大地丰富了饮食文化的内涵。饮食原料方面：黄瓜、蚕豆、核桃、大蒜等都是从西域少数民族地区引入的。少数民族饮食中，影响最大的是清真菜。清真菜原名回回菜，与回族同步传入中原。清真菜禁忌严格，涮羊肉、烤牛肉、葱爆羊肉等是清真名菜。

著名的少数民族饮食还有下列品名①：①维吾尔族的手抓饭、烤全羊、烤羊肉串。②傣族的竹烧鱼、竹筒糯米饭。③蒙古族的全羊席、手把肉、马奶酒。④朝鲜族的冷面、泡菜、打糕、烹制狗肉。⑤藏族的酥油茶、青稞酒、虫草雪鸡、蘑菇羊肉。⑥白族的生皮、毛炉汤锅、海菜豆腐汤。⑦苗族的肥粑、五香鱼。⑧壮族的壮家酥鸡、团圆结。⑨侗族的泡米油菜、糯米苦酒。

四大菜系

清代徐珂在《清稗类钞》中说：“北人嗜葱蒜，滇、黔、湘、蜀人嗜辛辣品，粤人嗜淡食，苏人嗜糖。”各地食性不同，菜系繁杂。公认的四大菜系是鲁菜、川菜、苏菜和粤菜。

鲁菜，也称山东菜。鲁菜取材广泛，选料精细，讲究丰满实惠，烹调方法全面，精于制汤，善以葱调味。鲁菜在烹制海鲜上有独到之处，尤其对海珍和小海味的烹制，堪称一绝。著名的菜肴有葱烧海参、烩乌鱼蛋、蟹黄鱼翅、德州扒鸡、奶汤核桃肉等。

川菜，也叫四川菜。以其麻辣味闻名于海外，有“食在中国，味在四川”之美誉。川菜选料认真，且配料细，烹制考究，调味多样，尤其是味别多样，有百菜百味之称。常见味型有鱼香味、五香味、怪味、麻辣味、酸辣味。著名的菜肴有鱼香肉丝、宫保鸡丁、一品熊掌、怪味鸡块、麻婆豆腐、干烧岩鲤等。

苏菜，也叫淮扬菜。淮扬菜集江南水乡扬州、镇江、淮安等地菜肴之精华，是江苏菜系的代表性风味。淮扬菜选料注意鲜活鲜嫩；制作精细，注意刀工；调味清淡，强调本味，重视调汤，风味清鲜；色彩鲜艳，清爽悦目；造型美观，别致新颖，生动逼真。著名的菜肴有叫化子鸡、糖醋鳜鱼、芙蓉鸡片、盐水鸭、清炖蟹粉狮子头、清蒸鲥鱼等。

粤菜，包括广州菜、潮州菜和东江菜，以广州菜为代表。粤菜博采众长，选料广博，奇而且杂，海鲜是食中珍品，鸟、鼠、蛇、虫皆为佳肴。选菜还讲究鲜爽滑嫩，夏秋清淡，冬春浓郁。除讲究原料新鲜、现宰现烹外，还讲究在火候上保持原料清鲜。粤菜调料独特，常见的有蚝油、豉汁、鱼露、

① 胡兆量，阿尔斯朗，琼达，等. 中国文化地理概述［M］. 3版. 北京：北京大学出版社，2009.

珠油、糖醋、西汁等。烹调方法独特，有煲、泡、焗等。著名的菜肴有三蛇龙虎会、龙虎凤蛇羹、油爆鲜虾仁、八宝鲜莲八宝盅、蚝油鲜菇、瓦掌山瑞、脆皮乳猪等。

建筑文化

建筑是以居住为基本目的，将技术和艺术相结合的综合体，是不能移动的文化现象。认识建筑，“应当将处于一定环境中人的意识、观念、思想、情感与行为充分考虑在内”①。

建筑文化是人类文明长河中产生的一大物质内容和具有地域文化特色的亮丽风景，是人类生活与自然环境不断作用的产物。在不同的时代，建筑文化内涵和风格是不一样的；在不同的地域，建筑文化也完全不同，例如，中国北方的建筑文化风格就与南方不同；在不同的半球位置上，也体现出各种建筑价值观的区别，例如，东方和西方建筑风格就不一样。

中西建筑差异

1. 单体高大与群体低矮

欧洲多单体建筑，古典建筑大量采用石料，高度和体量较大。教堂、宫殿、市政厅都是单一主体建筑。通过高大的建筑体量表达对神的崇尊。我国古典建筑用木柱做框架，建筑物的高度和体量受木料限制。通过中轴对称，形成“庭院深深深几许”的效果。

2. 原色为主与漆绘缤纷

石结构建筑一般不施油彩，建筑物展现石材原色。木材质地疏软，容易腐朽，要用漆保护。色彩丰富是中国古建筑的特色。琉璃瓦是我国特有的建筑材料，色彩艳丽欢快，明亮辉煌，有惊世骇俗的效果。宫廷建筑和宗教庙观有使用琉璃瓦的特权。我国民居使用的砖瓦是暗灰色的，粉刷的大白是白色的，民居的主色调是灰、白、黑，素雅清淡，质朴自然。砖和木是我国建筑的重要材料，砖雕、木雕、石雕组成我国传统建筑美的重要内容。西方建筑雕塑则以石雕为主。

3. 抗灾性强与容易焚毁

木结构建筑防火能力差，抗震能力较强。木材有弹性，屋顶重量由大柱承受，墙体不承重，地震时常出现“墙倒屋不倒”现象。西方石结构建筑防火性强，1835 年，澳门大三巴教堂主体焚毁，剩下石质门楼，成为澳门旅游的标志。

建筑文化的南北差异

1. 南敞北实

我国南方建筑通敞，北方建筑严实。南方气候既热又湿，提高建筑通敞性是减缓湿热的手段。敞廊、敞厅、敞层是南方建筑的特色。窗和门是敞的重要落脚点，楼顶开气窗和天窗，后墙开小窗，檐下和山墙开风口都可以增加通敞性。北方气候寒冷，防寒、采光和保暖是民居第一要务。北方民居的墙体厚实，阳面开窗，阴面密闭，有火炕火墙。黄土高原窑洞是北方特色民居，优点是结构简单，易于建造，冬暖夏凉，减少室外温度和噪声变化的影响，还可以节约土地；缺点是通风不畅，采光不足，易潮。

2. 南多遮拦

南方雨水频繁，阳光炽烈，潮气上泛，建筑物要遮雨、遮阳、隔潮。屋顶是遮雨和遮阳的主力，屋檐挑出可以遮雨和遮阳，为了加强遮拦功能，南方民居门有凹门，窗有飘板、飘篷。骑楼是南方街道的一大特色（图 7-1）。南方夏多骤雨，行人躲避不及，全身淋湿。骑楼底层架空，行人没有雨淋

① 罗哲文，王振复．中国建筑文化大观［M］．北京：北京大学出版社，2001.

暴晒顾虑。南方地下水位较高，建筑防潮的重要手段是抬高地标，采用石质基础，挖塘挖井，降低地下水位。我国东南沿海常遭台风袭击，为防台风，广东南澳岛民居墙体厚达67厘米，有些建筑在拐角处用石条加固。北方寒冷干燥少雨，建筑物要提高采光性能，南向窗户做大，现代北方民居常用落地窗加强采光性能。

图 7-1　南方骑楼

案例：海口的骑楼建筑群初步形成于19世纪20~40年代，距今将近200年历史，其中最古老的建筑四牌楼建于南宋，至今有800多年历史。2008年之前，承载着海口城市历史沧桑的骑楼历年失修，屡屡遭到人为破坏：白色的骑楼被刷成橘红色；原来丰富多样的花墙头，或被齐刷刷地抹成了“毫无表情”的墙，或被改成大红色或绿色；铺面外的敞廊顶上，各种颜色、各种花纹的铝塑板遮住了原来的木条顶。乱涂乱画、私自改装、乱拉电线等违规现象层出不穷。多次造成骑楼老街中山路段的商铺电线短路引发火灾，造成物质损失和人员伤害。

3. 南轻北厚

在建筑形态上，南方轻巧活泼，北方敦厚壮实。南方建筑轻巧与建筑物的结构有关，为了通透和遮拦，廊、台、敞梯、凹门等设计都增加灵活感。在线条方面，横线和竖线搭配，增加横线，可以增加活泼感。现代南方建筑，形态多不对称，以便增加轻巧灵活感（表8-3）。南方建筑爱用白、青等淡雅色，与西班牙建筑用色习惯有异曲同工之妙；北方建筑爱用深沉重质感的色调，可以增加吸收阳光的能力。

表 8-3　现代南北方户型比较①

内容	南方	北方
尺度	多紧凑小巧	多大尺度，大高层
采光	不严格	多面采光，多落地窗
通风	要求严，多阳台	洗手间常用人工采光

4. 南多佛寺道观，北多石窟寺

我国宗教建筑南方多佛寺和道观，北方多石窟寺。我国四大佛教名山中，峨眉山、九华山和普陀山都在南方。道教崇尚自然，道教的庙观称宫观，择址首选洞天福地，仙境大都在山奇、泉清、洞幽、崖怪的南方。佛僧和道仙离不开凡间烟火，南方山地水土资源丰富，生物资源容易获取。既少山泉又缺植被的北方诸山，凡人的生计不易维持，供奉佛僧道仙同样艰难。这也是寺观相对集中在南方山区的一个原因。石窟寺是山崖间开凿出来的佛教寺庙，北多南少是我国石窟寺分布的特点。敦煌莫高窟、大同云冈石窟和洛阳龙门石窟三大石窟寺都在北方。北方山体风化层较薄，植被稀疏，便于石窟开凿，宜于僧尼居住修炼。

5. 南方街巷曲折，北方街巷规整

水性曲，南方街巷有水的踪影，比较曲折。北方街巷离水系较远，比较规整。南方街巷依水而建，顺山展开，水网发达地区，形成“河—宅—街—桥”格局。北方河流大都没有航运价值，多洪水灾害，近河的城市避水而建。北方街道通行马车，宽直舒展，多数街巷呈棋盘格状，气势雄浑，方向端正。巷道布局有调控风向功能。北方胡同大都东西排列，可以阻止西北寒风贯入。南方巷道多南

① 胡兆量，阿尔斯朗，琼达，等．中国文化地理概述［M］．3版．北京：北京大学出版社，2009：128.

北排列，可以引导南风贯入，降低空气热度和湿度。

园林文化

一定的地域运用工程技术和艺术手段，通过改造地形（或进一步筑山、叠石、理水）、种植树木花草、营造建筑和布置园路等途径创作而成的美的自然环境和游憩境域，就称为园林。园林包括庭园、宅园、小游园、花园、公园、植物园、动物园等，随着园林学科的发展，园林还包括森林公园、风景名胜区、自然保护区或国家公园的游览区以及休养胜地。

中西园林文化比较

1. 宛自天开与雕琢味浓

西方古典园林人工雕琢味浓。我国园林“虽由人作，宛自天开”，蕴含我国造园思想的精华：保护自然、师法自然、突出自然、升华自然。宛自天开的思想主要渊源是天人合一的哲理。西方文化中，比较强调神的力量，神的力量归根到底是人的力量，这样就把人与自然对立起来。

2. 依山傍水与建筑中心

西方园林的中心是建筑物，建筑物布置在中轴线上，体量较大，笔直的道路通向硕大的建筑主体。“山水为主，建筑为从”是我国古典园林布局的第一原则。西方园林中，水大都是方方正正的水渠和圆形的水池，水景主要由喷泉和雕塑组成；中国园林中，水和山是伴生的——水是池、塘、小溪，偶尔有瀑布，没有人工味重的喷泉。植被方面，西方园林以花卉为主；中国园林以树木为主，花卉为辅。西方园林花和树品种单一，花草树木排列整齐；中国园林杂树参天，繁花覆地，讲求形胜。

3. 求曲忌直与多几何形

西方园林人工雕琢味浓，讲对称，线条大都是几何形状，道路大都是直线形。中国园林，藏而不露，隐而不现，有渐入佳境的感受；中国园林忌用直线形的小路，在平地上也把小道修成弯曲状。西方园林门的窗大都是规正的长方形，门窗是园林的重要装饰；通过求曲忌直和巧于因借，我国古典园林用有限空间，造无限景观，有小中见大的效果。

4. 题联挂匾，文脉深远

中国园林中文化气息更加浓郁，将不同艺术形式融成一体，诗、书、画、园立意相通，园中有大量题联挂匾；西方园林中少见书画，比较常见的艺术作品是石雕。我国不少园林蕴含的无形文化价值超过园林实体价值。南昌的滕王阁历史上修建 28 次，主要动因是王勃的名作《滕王阁序》。

南北园林差异

陈从周将南北园林的区别概括为五个方面：南巢北穴；南敞北实；南花北柏；南水北石；南私北皇①。前四点主要受自然环境的影响，后一点受社会环境的影响。

（1）南巢北穴，缘由不同：从人类开始有居室，北方属窝的系统，始于穴居。南方是巢居，其原始建筑为棚。

（2）南敞北实，园林建筑不同：南方园林建筑内外空间贯通，通敞明亮。北方园林建筑比较严实封闭。

（3）南花北柏，植被不同：北方花木落叶时间长，园林多侧柏、白皮松等古树。南方草木种类繁多，四季花香，春华秋实，节令分明。

（4）南水北石，结构要素不同：南方多雨，河网发达，有园必有水，湖池相连，小桥流水。北

① 陈从周．中国园林［M］．广州：广东旅游出版社，1996.

方引水困难，园林中的假山多用页岩、石灰岩，“厚重有余，委婉不足”。

（5）南私北皇，社会背景不同：北方多皇家园林，有皇城禁苑、近郊宫苑和远郊离宫等类型，气势恢宏，富丽堂皇。南方私家园林小巧玲珑，小中见大。江南园林大都与住宅相连，是养性读书的佳地，流连怀古的去处。

北京园林

北京园林是北方园林的代表，也是皇家园林的代表，特点可以概述为：①规模宏大、气势磅礴。园内建筑物体高大、气势雄伟、富丽堂皇，并在布局上分前殿、中殿和后殿，采取中轴对称形式，以显示封建帝王的权力至高无上。②名园荟萃、集锦式园林。主要是指凭借封建帝王的权势，集中全国的财力、物力和能工巧匠，将国内外各类园林的精华，以及山水诗、山水画中所描绘的自然精致、仙居幻境，移植仿建于皇家苑囿之中，形成荟萃名园、景象万千的园林景观。③多为大幅度的平地造园以及小园集群的规划布局。为了与山水地形自然协调，力求避免呆板凝滞，在原本的一片平地上，挖湖堆山，分割成不同景区，而在各组建筑群之间，则用人工堆起的起伏土丘加以分隔，使其构成互不干扰而又协调一致的景区。

苏州园林

苏州园林模拟自然景色，利用水面、奇石和花木，通过理水、叠山、绿化、建筑、陈设、装饰等形成建筑为中心的综合艺术，创造诗情画意的城市咫尺山林的意境，集中表现出我国南方园林建筑艺术的精华。苏州园林虽小，但古代造园家通过各种艺术手法，独具匠心地创造出丰富多样的景致，在园中行游，或见“庭院深深深几许”，或见“柳暗花明又一村”，或见小桥流水、粉墙黛瓦，或见曲径通幽、峰回路转，或是步移景异、变幻无穷。加上那些形式各异、图案精致的花窗，那些如锦缎般在脚下延伸不尽的小路，那些似不经意散落在各个墙角的小景观，更使人观之不尽、回味无穷。

案例：近年来，围绕旅游度假区园林绿化工程建设等领域，多发贿赂类案件。涉案人员作案时间普遍较长，最短的5年，长的达8年以上。犯罪行为方式呈现多样性，有的绿化公司私下合谋围标，有的无资质借用他人资质中标，有的与公职人员合谋私下做标，有的工程不经招标直接发包，有的中标后变更设计方案或不正当增加工程量，有的受贿后在工程管理、工程验收、工程款结算等环节大开“绿灯”，有的以明显高于市场价格结算工程款。作案手段相对隐蔽。除传统的直接以金钱、财物为贿赂手段外，当事人往往以合法形式掩盖非法目的。有趁过年过节、生病住院、婚丧嫁娶、子女升学、外出旅游之机，送超出常理的现金、财物的；有以在赌博中通过借款方式“以借代贿”的；有以报销个人发票为由，间接索贿的；有以“高买低卖”变相行贿的。2007年6月，苏州卓林绿化建设有限公司法人代表浦春鹤知道时任常熟市虞山尚湖旅游度假区管理委员会规划建设部副部长的浦振祥想购买一辆马自达汽车后，就以21万元价格购买马自达6汽车一辆，不久以10万元的低价卖给浦振祥，变相向浦振祥行贿人民币11万元。

南北画风差异

北宗重人工，精雕饰，讲真实细腻之美。南宗重自然，讲天生化成，讲画外想象之美。南京的董源和巨然是南派代表，画风清新典雅，飘逸潇洒，淡墨轻岚。画中幽溪细路，竹篱茅舍，断桥危栈，“真若山间景趣”。山西沁水的荆浩和陕西西安的关仝是北派代表，作画以黄河山水为背景，全景山水，云中山顶，四面峻厚，远取其势，近取其质，场面浩大，雄伟深厚。

南北戏曲差异

南柔北刚是我国戏曲南北差异的主旋律。乐器方面有南方丝竹北方鼓一说。丝乐有三弦、二胡和扬琴等，竹乐有箫、笛和笙等。北曲苍凉、悲壮、凝重，威风锣鼓是北方乐曲的代表，唢呐是北方代表性乐器。在北方声乐基础上形成的北方剧种适合演历史剧，演帝王将相。高原山地民歌的特点是高亢嘹亮。山歌的开头和结尾处，常有吆喝的喊句。同样是高山民歌，南北也有区域差别。云南气候温和，流水潺潺，民歌优美多情。陕北民歌粗犷有力，浑厚朴实。《信天游》一类的民歌就像站在黄土坡上呼唤同伴。

委婉缠绵的越剧

越剧唱腔多慢板和中慢板，缠绵清丽，善于刻画人物细腻的内心活动，善于衬托悲愤哀怨的情感。在越剧中，女演员唱主角，《梁山伯与祝英台》是代表性剧目（图 7-2）。越剧在发展过程中学习京剧西皮、二黄唱腔和绍剧、徽剧唱腔；学习京剧武生的武功；学习昆曲优美的身段。爱情和家庭题材是主要剧目。小旦、小生是主要角色，大花脸比较罕见。武打轻柔、优美，起点缀作用，与京剧武打有明显区别。

图 7-2　越剧《梁山伯与祝英台》

刚柔相济的豫剧

豫剧，又称“河南梆子”，是河南省的主要剧种之一。流行于河南、陕西、山西、河北、山东、安徽等部分地区。豫剧艺术古今兼纳、刚柔相济、豁达宽厚、有“中和”之美，豫剧以唱见长。首先，豫剧唱腔铿锵有力、大气磅礴、抑扬有度、富有热情奔放的阳刚之气，具有强大的情感力度；其次，豫剧行腔酣畅、吐字清晰、本色自然、有血有肉、善于表达人物的内心情感；再者，豫剧节奏鲜明强烈、矛盾冲突尖锐、故事情节有头有尾，再加上曲调诙谐欢快，使得豫剧不仅适合演出轻松的喜剧，而且它恢宏大气的气势又适合演帝王将相的大场面戏，豫西调委婉动听，唱腔悲凉，故很适合演悲剧。豫剧在关键剧情上一般都安排有大板唱腔，唱腔流畅、节奏鲜明、极具挑战性，一般吐字清晰，易被观众听清，显示出特有的中原文化艺术魅力。

现在的豫剧主要分豫东调、豫西调、祥符调、沙河调 4 个流派。豫东调：以商丘、开封为中心，演唱用假嗓，声音高亢，多用花腔，较为活泼轻快，又称“上五音”，祥符调和沙河调是其支派。豫西调：以洛阳为中心，演唱用真嗓，曲调低回婉转，尾音低落，又称“下五音”。腔有慢板、二八板、流水板、飞板、栽板、滚板等多种板式，主要伴奏乐器有瓢胡、月琴、横笛、梆子等，文武场曲牌有几百种之多，流传的传统剧目达四百余出。新中国成立后，豫剧在演出现代剧方面曾取得很大成功，《刘胡兰》《朝阳沟》《李双双》《人欢马叫》等剧目都受到群众广泛的欢迎，豫剧现已发展成为一个具有全国影响的剧种。

幽默灵巧的川剧

近代川剧吸收“昆、高、胡、弹”四腔后逐步形成自己的特色，主要特点是诙谐幽默，多灵巧绝技，剧目多喜剧，悲剧也做喜剧化处理。幽默诙谐的丑角是川剧的重要角色。川剧对白妙语连珠，川剧的变脸、踢慧眼、吐火是惊人的绝技，不称魔术，胜似魔术（图 7-3）。帮腔是川剧的重要特征，类似歌剧中的合唱，能够提高唱腔的和谐感、雄壮感，提高唱腔的感染力①。

图 7-3　川剧变脸和吐火

乡土气息浓厚的二人转

二人转是典型的民间演唱艺术，个性非常鲜明，东北的人文气息养育了二人转（图 7-4）。二人转的特点如下：

（1）乡土气息浓厚，贴近群众、生活和时代。二人转演员来自劳动大众，熟悉百姓的喜怒哀乐。东北方言是二人转成长的重要基础，二人转语言“明白、火爆、对味、开窍”，有强烈的幽默感和戏剧感。

（2）艺术形式短小轻快，不受传统表演程式束缚。两个演员，不分主次，没有固定位置，说变就变，一转就变，转得妙趣横生，转得满堂生辉。二人转有唱、说、扮、舞四功。扇和绢是二人转的特技，要领是一个转字。可以在各种场合演出，没有戏台可以撂地演。

（3）有较强的兼容性，便于吸收其他剧种的长处。二人转是“秧歌打底儿，莲花落镶边儿”。还吸收河北梆子、评剧等剧种的剧目唱腔，吸收蒙古族数来宝和满族清音子弟书的艺术精华②。

秦腔大声

与江南越剧弱化净角相反，在秦腔中净角大面是最重要的角色。秦腔兼容淳朴的西北民风和山地民歌的高调，吼声发自肺腑，磨烂喉咙，宽音大嗓，苍劲悲凉。乐器有清脆嘹亮的梆子，情调激昂的二弦，音域宽厚的胡琴，热情奔放的唢呐，加上大锣、大鼓，演奏起来大起大落，威风凛凛。秦腔动

① 蒋宝德，李鑫生．中国地域文化［M］．济南：山东美术出版社，1997.

② 蔡源莉，吴文科．中国曲艺史［M］．北京：文化艺术出版社，1998.

（a）　　（b）

图 7-4　二人转表演

作夸张，吹胡子、瞪眼睛、抖架子、甩水袖。色调粗犷的脸谱，红忠、黑直、白奸，一目了然。

大姓区域分布特点

根据中国人民大学人口与发展研究中心吕丽丹等人的研究，将使用人数最多的二十个姓氏作为大姓的代表分析其地域分布的特征。研究结果如下：各省（自治区、直辖市）第一大姓中，王姓一统北方，南方则较为多元化。

大姓的地区分布也存在不同程度的不均衡，不少大姓还具有明显的地方特色。例如，在福建广东一带，“陈林半天下，黄郑排满街”的俗语广为流传，陈、林、黄、郑成为典型的南方姓氏，而到北方各省（自治区、直辖市），其位次排名则明显后移。在黄河以北的华北以及东北地区，则以孙、赵、高等姓氏为代表。此外，还有西北的马姓、西南的何姓等。

全国形成了王、李、陈、刘、张、黄六大姓氏一统天下的格局，以长江为分水岭，六大姓氏的分布又呈现出南北地方特色。王姓在长江以北的华北和东北的 16 个省（自治区、直辖市）的广大地区无一例外地独领风骚；到长江以南，形成了五分天下的格局，较北方则更为多元化，第一大姓中没有了王姓的踪影，取而代之的是中西部 8 个省（自治区、直辖市）的李姓，东南地区 4 个省（自治区、直辖市）的陈姓，以及分别在广西、上海、江西三个地区一枝独秀的黄、张、刘。

大姓区域分布

1. 北方姓氏——王、张、赵、孙、郭、高、马

王、孙、高姓在长江以北的地区较长江以南的地区更为普遍，而且以东北地区最为常见。王姓在坐落于华北和东北的 16 个省（直辖市、自治区）一统天下，成为第一大姓。孙姓在东北地区人群中出现的频率最高，其次是华北偏东部的地区。内蒙古、山西和陕西三省（自治区）高姓人口占全省（自治区）人口百分比最高。

张、赵、郭姓在以内蒙古为中心的华北广大地区的人口中较其他地区更为常见。张姓人口占全省（直辖市）人口百分比最多的两个省（直辖市）是天津和河北，赵姓人口比最高的四个省（自治区）是青海、河北、山西和内蒙古，郭姓使用人数占山西省人口的比例最高。马姓在人群中出现的频率以西北地区最高，占全省人口百分比最高的三个省（自治区）是青海、甘肃和宁夏。

2. 南方姓氏——陈、杨、黄、吴、何、林、郑

陈、吴、林、郑姓在东南沿海的福建、广东等地最为聚集；杨、何两姓在西南的云南、四川等地最为常见；黄姓则在华南南部以广西为中心的地区人口中的频率最高。

陈姓在以福建、广东为中心的东南部沿海一带的人群中出现的频率最高。此外，在东部的苏、浙、沪和中西部的川、渝、贵、桂、鄂等地也较为常见，陈姓是一个典型的东南方大姓。杨姓在西部地区人口中的频率总体上要高于东部，在西南地区的云贵川人群中的频率最高，以四川省的杨姓人口最多。华中东部以河南省的杨姓人口最多。黄姓在人口中的频率是南高北低，而且从南到北呈逐渐降低的趋势。南部沿海的广西、广东、福建人口中黄姓人口所占比例最高，以广东省居住的黄氏子孙最多，占黄姓总人口的21.65%。吴姓人口在人群中的频率最高的三个省份是海南、福建和广东，华南东部是吴姓子孙分布最多的地区，粤、苏、徽、浙、闽、晋六省居住了超过40%的吴姓人口。

何姓在以四川为中心的西南部地区较为常见，云、贵、渝、川、桂、湘、粤等地居住的何姓人口占了何姓总人口的54.8%。林姓人口最主要的聚集地是东南沿海的省区，粤、闽、浙、桂、琼五省（自治区）居住了70%的林姓人口，其中以粤、闽、浙三省林姓人口最多。郑氏子孙的分布主要集中在东南沿海地区和华中偏东部的地区，东南沿海的粤、浙、闽三省居住了30%的郑姓人口。

3. 华中地区姓氏——胡、周

胡、周两姓在华中地区长江流域各地区的人口中出现的频率比全国其他地区都要高，其中湖北和湖南两省的使用人数占全省人口的百分比在全国范围内排前列。胡姓人口主要分布在华中偏东部的地区，鲁、晋、苏、徽、浙、鄂、湘七省居住了近50%的胡姓人口。从周姓人口在全国各地的分布来看，江苏、湖南和四川三省的周氏人口最多，省内周姓使用人口占全国周姓使用人口的比例都高于9%。

案例一：姓氏基因DNA检验是DNA技术的一个分支，是利用男性特有的Y染色体的特点来进行DNA分析，Y染色体传男不传女，同一姓氏宗族内的所有男性具有相同的Y染色体。在中国，姓氏的传递方式与Y-STR相似，具有父系传递姓氏特点，所以Y-STR又称为姓氏基因。可以说，姓氏代表了人类性染色体——Y染色体上的一个特殊的遗传位点，即姓氏位点，每一种姓氏相当于这个姓氏位点上的等位基因，其传递方式是父系遗传。中国人的姓氏历史悠久，传承相对稳定，一直存在着同姓聚居的习俗，加上婚姻半径较小的特点，同姓人群可以认为是某种程度隔离的Y染色体群体。姓氏基因DNA检验在刑事侦查破案中主要用于混合样本中男女成分的甄别、同胞兄弟和隔代男系亲属的亲缘关系鉴定以及通过家系排查来划定侦查范围，确定嫌疑人所在的家族。

案例二：某男子在作案现场留下了毛发、血液、指甲、皮屑等遗传材料，但嫌疑人已逃之夭夭。这时，可找到与嫌疑人有相同Y-DNA渊源的亲属，如祖、父、子、叔、侄等近亲或远亲，进行Y-STR的同源比对，直接确定（或排除）嫌疑人的姓氏。

首都文化

雅文化中心

北京是全国雅文化中心。从汉代起，全国最高学府太学、国子监都设在首都。当今，北京集中全国半数的学部委员，1/6的教授，有60多所公立高等学校和一大批民办高等学校，有300所市级以上研究所，100多家出版社。跨国公司在中国的研发机构，40%以上在北京。中关村科技园区在全国53个高新技术区中独占鳌头。我国著名的交响乐团、京剧团、话剧团等文艺团体云集北京。

北京在观念上的共性是天子脚下，忧患意识。天子脚下的环境培养了北京人的大局观，北京人关心国家大事，侃起来天南地北，世事、国家，无所不议。不论是机关干部、退休职工，还是出租汽车司机、营业员，都爱发表观点，纵论天下。京沪两地的文风也有差别。以王蒙、张承志等为代表的北京作家“多以俯瞰人生的姿态，居高临下，对芸芸众生嬉笑怒骂，追求超越现实的价值”。上海作家“往往以小见大，从凡人小事、日常生活中透析社会人生，大致是一种平视的角度”。①

东富西贵与双中心

北京历史上东城多富商巨贾，西城多达官贵人、皇亲国戚。东富西贵是历史上形成的空间结构特征，对今天北京的空间布局仍有很深的影响。

历史上北京出现东富西贵是受其周边环境影响的。从元朝到清朝，大运河是北京对外联络的主渠道，通州是北京的大门，商贾从通州登陆，由朝阳门进城，在东城落脚。皇亲国戚、达官显贵的住宅，大都选在西城，至今西城多精美四合院。

图 7-5　北京三里屯街

鸦片战争后，外国在京建设使馆，使馆区选在东交民巷。从 20 世纪 50 年代起，陆续在建国门外和东直门外开辟使馆区，外向性的商务活动大都集中在这一带。“登长城、看故宫、溜秀水、逛三里屯”，是外国人到北京必做的几件事。秀水街是外销服装的零售摊位中心，富有东方民间商业特色。三里屯街（图 7-5）是国际酒吧中心，有美式、德式、法式、日式酒吧 80 余家，也是北京时尚文化中心。与此同时，国家机关大批向复兴门外三里河一带集中，财政部、商务部和原机械工业部等都在此落脚。三军总部等重要军事单位也在西侧选址。

东部以国贸大厦为中心，命名北京中央商务区。西部西二环路东侧复兴门到阜成门地段，命名北京金融街。北京出现两个中央商务区，一东一西，犄角而立。东区更具有外向性、国际性。西区是全国金融和经济管理中心，更具有内向性。

四合院・大院・花园小区

从四合院、大院，到花园小区，记录了北京居住景观的前进步伐，反映了北京文化的演变和多样性。

四合院是北京在封建社会的典型民居，是东、西、南、北四座房屋连在一起的封闭式建筑。南北主轴安置主要建筑，东西安置次要建筑，大门一关，二门一闭，与外界完全隔离，适应长幼有序、内外有别的社会需求。四合院建制区别严格。走在胡同中，不必进院，从大门样式、屋瓦、脊饰、影

① 张琦．北京人和上海人趣谈［M］．北京：金城出版社，2000.

壁，可以看出宅主的身份（图7-6）。居住在胡同和四合院中的原居民是传承北京文化的主要人群。

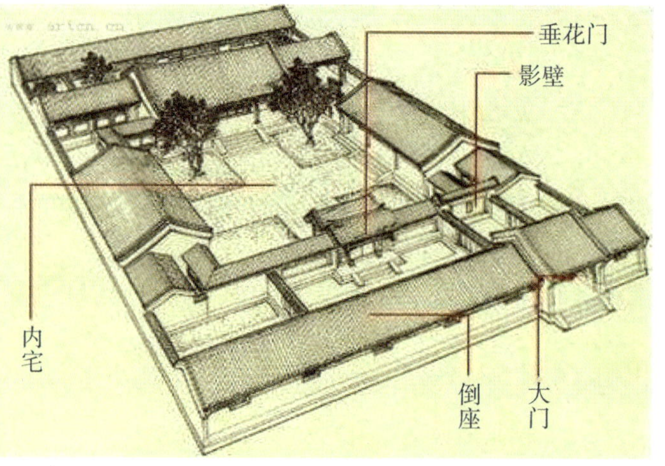

图7-6　四合院

计划经济时期，党政军学商，文艺团体、工厂企业，纷纷兴建大院。大院是用院墙围起来的封闭小区，集工作场地和生活设施于一体，“吃喝拉撒睡，生老病死退”一应俱全。单位的级别越高，围占的土地面积越大。大院的优点是居民互相熟悉，有归属感和安全感。但是，大院的出现严重制约城市的专业分工，制约城市面貌的形成。大院越发达，城市的专业分工越滞后。各单位自成体系，整座城市不成统一格局，形不成完善的街区和街容、街貌。

大院居民来自五湖四海，大都是知识分子和机关干部。大院是政治中心功能和文化中心功能的主要承担者。大院文化，在一段时间内是北京的上层文化。

改革开放以来，大批花园小区拔地而起，小区绿地比重较大，环境幽雅，居住者多为白领阶层、金领阶层，受教育水平较高，户均人口较少。小区居民在观念上具有浓郁的东西方交融色彩，成为北京文化的新亮点。

案例：西交民巷社区位于北京西城区西长安街街道的东南端，是典型的四合院建筑聚集区，全社区255个大杂院星罗棋布。曾任西交民巷社区民警，如今已是西长安街派出所副所长的张磊向《北京青年报》记者坦言：“十年前刚当驻区民警时，觉得大杂院跟迷宫一样。”西交民巷社区为每个大杂院都绘制了平面图，连下水道和树木花草都清晰标注。255个大杂院实行“微网格管理”，每个微网格还建立了完善的档案，统计了每个居民的信息。翻开档案，大杂院里每家门朝哪开、哪里有电表箱、哪里有地下井盖甚至哪里有养鸡笼都一目了然。设置的“楼门院长”也是“格长”，负责日常维护管理。据张磊介绍，每一个“网格”内都有独立、详细的台账。对于重点关注“网格”，民警和社区里的志愿者每天都要去摸排检查一两次。一个新租户入住后不出三天，个人信息就能出现在社区图表上。在社区内，350名“楼门院长”及“信息员”分成不同班次，每天都要巡查社区5个小时。从2014年建立“网格”至今，西交民巷社区实现了“零发案”。

燕赵文化

燕赵文化区相当于现今的河北省和天津市。春秋战国时期燕国和赵国的核心地区都在这里。

任勇好侠

燕赵文化区位于黄淮海平原北部。沿太行山东麓和沿燕山南麓是陆上交通大道，古代南来北往的必经之地。黄淮海平原是农耕经济区，往北进入草原游牧区。两种不同的文化在这里接触，给燕赵文化带来很深的烙印：胡汉杂糅，勇武任侠，慷慨悲歌，民风质朴。

燕赵一带历代军务繁忙，河北地方官以武为上。武术在燕赵历史悠久，武林高手辈出，清代有籍贯可考的武状元93位，河北和京畿35位，占全国37.6%。河北沧州一带多镖师，全国闻名。“上至九十九，下至刚会走，吴桥耍杂技，人人有一手”。吴桥成为杂技之乡，在国际上多次夺金披彩，是燕赵尚武任侠精神的延续。

案例：2011年9月26日，河北沧州泊头市发生特大凶杀案，9人死亡。秦长城，男，32岁，泊头市西辛店乡秦村村民，案发前一直在石家庄做水果零售生意。因怀疑其妻邱某与他人有不正当男女关系，为泄愤报复，于9月26日下午，蹿至其妻邱某曾经打工的某洗车店，将老板周某杀死，后又蹿至泊头市自行车中轴厂宿舍楼、西辛店乡秦村等地，相继杀死其妻邱某及其亲属和同村村民共9人。26日17时48分，泊头市公安局接到报案后，迅速赶赴现场开展案件侦查和围堵抓捕工作，河北省公安厅、沧州市公安局立即派员赶赴现场指导案件侦破。公安机关于27日凌晨将犯罪嫌疑人秦长城抓获归案。

慷慨悲歌

自古至今，燕赵文风有慷慨悲歌的烙印。燕赵大地的自然和人文环境触发诗人悲壮凄凉的共鸣。冀西民歌《小白菜》曲调优美，歌词悲凉。歌剧《白毛女》选用《小白菜》曲调作主旋律，流芳百世。与慷慨悲歌相应的是民风质朴。对燕赵民风质朴的评述不绝于史。《汉书·地理志》说赵国“其民鄙朴，少礼文”。《隋书·地理志》说“幽冀之士钝如椎”。椎是锤，含质朴和愚鲁双层意义。《雍正畿辅通志》说燕赵“民质朴劲勇，不以浮华相尚，而以耕织为业”。

近畿文化

燕赵一带自古是我国北方文化中心的组成部分。西汉董仲舒，广川（河北景县）人，是我国儒学承前启后的学者。河北四大名胜，赵州安济桥（图7-7）、沧州铁狮子、正定兴隆寺铜菩萨和定县开元寺塔在全国都有极高的知名度。

图7-7　赵州安济桥

元朝以来，北京定都，燕赵成为京畿腹地，天子近旁，燕赵文化具有京畿文化特色。承德避暑山庄和外八庙，遵化和易县的清代东西陵，都是近畿区位的产物。近畿区位是河北和天津文化发展的最大优势，也是社会经济发展的最大优势。河北、天津地区潜力最大的三个成长型三角地区都以北京为中心：①京津唐三角。②京津石三角。③京承张三角。

三晋文化

三晋文化区又称晋文化区，相当于现今的山西省。春秋后期，魏、韩、赵“三室分晋”，史称三晋。晋南是华夏文化发源地三河的一部分。尧都平阳（临汾）、舜都蒲坂（永济）、禹都安邑（夏县），都在晋南。从隋到五代，山西在全国政治和文化生活中都有决定性影响。隋唐立国，山西是重要的后方基地。

古建之乡

山西有“中国古代建筑博物馆”的美誉，保存古建筑18 418处，包括城池、民居、寺庙、宫殿、古塔、陵墓、戏台、军事设施以及石刻、雕刻、壁画等。最具代表性的是木结构古建筑，多达9 053处。全国五座完整的唐代木结构建筑中，四座在山西省：五台山南禅寺大殿（图7-8）、五台山佛光寺东大殿、芮城广仁王庙正殿和平顺天台庵正殿。

图7-8　五台山南禅寺

在山西古建筑中有彩塑12 712尊，壁画27 259平方米，数量都居全国首位。南禅寺大殿的唐代彩塑和晋祠圣母殿的宋代彩塑是其中的极品。山西能够成为古建之乡有历史和地理环境方面的原因。山西是群山环抱的盆地，不便大规模用兵，社会经济可以在相对安定的环境中发展，木结构建筑可以避免兵火洗劫。

晋商

山西商人又称晋商，雄踞我国商界500多年。在晋商兴盛时期，山西形成重商的价值观念。晋商崛起有区位、资源等原因，也有历史发展的机遇。明初“开中法”的实施为山西商人发展创造了机会。山西商人利用区位优势，捷足先登，集盐商和粮商于一身。“开中法”解体，晋商实行经营上的转型。活动范围由边关转移到内地，从国内扩展到国外，经营的物品由盐、粮拓展到棉、布、茶、颜料、煤炭、铁器、木材、烟草、人参等。山西地近塞外，位于农耕区与游牧区的交界，二者在经济上有较强互补性。晋商利用这方面优势，开展茶马互市。

晋商的发展主要表现出如下特征：①首创票号。票号经营汇兑与存放款业务，为晋商发展带来了新的契机。依托票号，晋商壮大了自己的经济力量，控制了全国的金融活动。②采用子母公司形式，总号在山西，分号遍及全国，远及日本、朝鲜以及东南亚、阿拉伯国家。③具有皇商的功能。清代中期，晋商实力雄厚，清内务府采办宫廷用品大都由晋商操办，山西票号几乎成了清廷的总出纳，甚至有半个财政部的功能。

晋商能够雄踞我国商界500多年，与其良好的经营作风有关。晋商的经商之道总结起来主要有以下几点：①重视传统文化教育，具有良好的心智素养。晋商敬奉关羽，晋商会馆把关羽作为义利相济的偶像供奉。晋商主张儒贾相通，延聘运筹帷幄的人才掌管经营大权。②树立商业文化。晋商有比较完整的商业文化，以乡土和血缘关系为纽带，以会馆为活动场所。③创新商业制度。晋商实行股份制、经理负责制、学徒制、人身顶股制、账簿财会制。

晋商大都在家乡修建豪宅，如祁县的乔家大院和渠家大院、灵石的王家大院、太谷的孔家大院等，都与晋商有关。这些大院建筑讲究，占地广大，是研究晋商文化的重要依据，是山西的重要人文景观。

案例：近年来，山西省的刑事犯罪增长速度超过了全国平均增长水平，犯罪类型变化的突出表现是，近年来侵财型犯罪一直维持着较高的水平。而侵财型犯罪高度集中于盗窃、抢劫、抢夺、诈骗等形式，这四类案件占整个侵财型案件的90%以上。改革开放以来，山西的经济得到了较快的发展，特别是国家西部大开发政策，给山西带来了更多发展机遇，但同时也造成了更多的人、财、物的大流动，使犯罪分子的活动空间、行动范围、行进速度都显著增大，流动性犯罪增多。农民工和无业人员大多文化层次低，缺乏技能，在跌宕的社会经济大潮中，失落多于收获，加之法制意识淡薄，很容易走上犯罪道路。

齐鲁文化

齐鲁是山东省的代名词。春秋分封的齐国和鲁国以泰山为界。“泰山之阳则鲁，其阴则齐”。

儒学故乡

曲阜是孔子的诞生地，是儒学的故乡。曲阜成为儒学发源地，有农耕经济比较发达的基础，更重要的是完整地传承了周室的礼乐文化和道德观念。

市场经济是诚信经济，诚信与儒学价值观相通。青岛为全国树立了两个榜样：一是名牌多；二是长寿企业家数较多。海尔是我国企业走向世界的样板。青岛有一批几十年叱咤风云的企业家，企业的发展最终离不开企业家的素质和政府管理的软环境，离不开商德和政德。

泰山岩岩

一山一水一圣人，泰山和孔子一样是山东的形象大使。自古泰山是五岳之尊，是中华民族精神的象征。泰山平地崛起，有高山仰止的敬畏感和稳固感。

帝王祭泰山称封禅。封是报天之恩，禅是报地之功。秦始皇统一六国后，进行大规模封禅活动。初期帝王封禅，乞求风调雨顺，到了秦始皇时，封禅意在巩固皇权，通过泰山，与天沟通，证明皇权受命于天。民间崇敬泰山，乞求泰山神保佑，消灾祛邪，益寿添福，多子多孙。“泰山石敢当”碑是民间辟邪神石，是镇宅、护路、守村的灵物，常常嵌入墙中，独立路口（图7-9）。

几千年来，从帝王将相、文人墨客，到平民百姓，对泰山顶礼膜拜，留下了浩瀚的文化遗产。从泰安城登顶，三里一旗杆，五里一牌坊，一路文物一路景。庙观、楼阁、门座、碑文、石刻，首尾相接，蔚为壮观。泰山有历代书法艺术博览馆的美誉。泰山西北灵岩寺泥塑有“海内第一名塑”之称。泰山是文人墨客游览赞颂的胜地，诗仙李白和诗圣杜甫都有不朽佳作。杜甫的“会当凌绝顶，一览众山小”，描绘雄伟的岱宗，意喻人生的哲理，成为千古绝唱。

豪放热情

豪放、热情、刚烈是山东人的性格特征。山东人讷于言敏于行，喜欢开门见山，单刀直入。英雄

图 7-9　泰山石敢当

豪杰是山东文艺创作的重要主题。“山东豪杰”一词在隋末唐初开始出现。《说唐演义全传》和《水浒传》是描写山东豪杰的古典名作。20 世纪 50 年代的《林海雪原》和《铁道游击队》出自山东作家曲波、刘知侠的手笔。山东的地方剧种，如吕剧、山东梆子、柳琴戏、五音戏、山东快书、山东八角鼓等，都有丰富的英雄豪杰剧目，与江南剧种以才子佳人剧目为主形成鲜明对比。

豪饮是山东人豪放的表现。济南府女词人李清照的不少神来之笔与酒有缘。传世名作《如梦令》：“昨夜雨疏风骤，浓睡不消残酒。试问卷帘人，却道‘海棠依旧’。‘知否？知否？应是绿肥红瘦。’”讲的是一夜酣睡后，酒意还没有消退的情景。她的名句“莫道不消魂，帘卷西风，人比黄花瘦”背景是“东篱把酒黄昏后”。

案例：山东古为齐鲁之地，齐人鲁人有所不同，鲁人忠厚直爽，外粗内秀，讲义气，重教育，既出过孔子、孟子这样的彬彬君子，也出过黄巢、李逵这样的杀人越货之徒。但鲁人身处内陆，观念相对保守，生活比较俭啬；齐人处东夷之地，因沐浴海风熏陶，对时髦很敏感，易于接受新事物，也常常喜欢在媒体中制造声势和影响。山东人不愧受儒家文化的熏陶，特别讲究人际关系和尊卑等级，爱走上层路线。山东人重等级秩序、讲礼数，看重名节，很在乎别人的评价，并不比其他地方的人更豪放，有时甚至常常使人觉得拘谨。不过，对朋友，他们向来比较讲义气，也愿意表现自己的豪气。有时“豪气”往往会转化为粗鲁，例如，在大庭广众下大声武气地说话，喜欢酗酒比酒量，一些好事之徒往往借酒动粗。

关东文化

“关东文化”是指山海关以东，基本上包括今辽宁、吉林、黑龙江、内蒙古四省（自治区）在内的地域文化圈，它是与关东地域文化相联系的。关于关东地域文化的称谓，学术界存在较多争议且至今尚未形成定论。除“关东文化”之外，还有“黑土文化”“黑水文化”“长白文化”“辽海文化”“蒙古草原文化”以及当代特有的“北大荒文化”等称谓，在这些称谓中比较被人认同的是“关东文化”，因为“关东”一词出现较早，被人们广泛接受与认可。

关东文化的背景

第一，寒冷漫长的冬季，富饶辽阔的大地。关东自然界大气磅礴，熏陶出东北人喜大求大的习性。人们不拘小节，愿意挣大钱，对小钱不屑一顾。第二，大规模的人口流动和民族交融。历史上在东北地区活跃的民族有朝鲜族、东胡族、扶余族、契丹族、女真族、蒙古族等。

对关东的大规模移民出现在 19 世纪下半叶到 20 世纪初。鸦片战争以后，清政府不得不开禁。山东、河北等省的贫苦农民蜂拥流入关东地区，称下关东、闯关东。闯关东的人们突出一个“闯”字，比一般移民更加一层艰辛。闯关东的人们大都从事采参、采蜜、伐木、挖煤、淘金、拓荒等行业，吃大苦、受大罪，既要防御漫天风雪、虎豹狼蚊，又要遭受官府豪霸的欺压。

对关东文化有影响的除关内汉人之外还有朝鲜族和俄罗斯族移民。朝鲜族移民带来与华北移民完全不同的稻作文化。俄罗斯族移民对当地的建筑、文艺、饮食有深刻影响。当地人把面包叫列巴，连衣裙叫布拉吉，都是俄语译音。

东北人的性格特征

虎、实、乐是东北人性格的主要特征。

虎是虎头虎脑，彪悍勇武。东北原居民以渔猎为主，勇武善骑。闯关东的难民，只有敢闯敢拼，才能站住脚跟。

实是实在，待人实，办事实。好客乐施是东北人崇尚的道德标准，矫揉造作，花说柳说，假模假式，是东北人最厌恶的行为模式。“隔着墙是两家，拆了墙是一家”，这是东北人挂在嘴上的话。

乐是快乐，达观，向上。东北人无福也求福，无禄也求禄，无喜也到处张贴“抬头见喜”“出门有喜”大红对联。虎得发狂，实得过度，乐得忘形，是东北人的典型性格。

案例：在北京西站对面的中裕世纪大酒店后门，两伙不明身份者手持鸟铳、砍刀和木棒等相互殴斗，导致3人受伤。知情者称，这次械斗是该地存在的两个“东北帮”为争夺北京西站南广场京津客运控制权所致。据称，在北京西站地区存在两个“东北帮”（因成员多为东北人，被周围人称为“东北帮”），分别控制南北两个区域停放的天津牌照的客车，被周围人称为“南派”和“北派”。因为北京西站北广场不能停车，北派所掌控的汽车大多停在北京西站对面的中裕世纪大酒店停车场内，对应南广场，“票提”们也俗称这块区域为“北广场”。在“东北帮”的控制下，“票提”拉来乘客，集中到他们设立的“售票点”再分别到各自控制的客车上统一乘车，南北两派从乘客所交车费中抽取“保护费”和给“票提”的提成。

东北十大怪

十大怪是对东北人文环境的形象概括（表7-4）。

表7-4　东北十大怪的背景①

内容	背景
草坯房子篱笆寨	就地取材建屋修篱笆防野兽
烟囱安在山墙边	延长烟道热炕取暖
窗户糊纸纸在外	寒气使窗户纸冻住不易破
四块瓦片头上盖	帽檐翻下可防风取暖
十七八岁姑娘叼个大烟袋	冬季长，吸烟休闲
养活孩子吊起来	吊起来的摇篮安全省力
大缸小缸腌酸菜	保存期长，备冬半年食用
苞米茬子芸豆饭	产啥吃啥
豪饮啤酒论箱买	反映粗犷豪爽的性格
宁舍一顿饭，不舍二人转	二人转反映东北人虎、实、乐的性格

① 胡兆量，阿尔斯郎，琼达，等．中国文化地理概述［M］．3版．北京：北京大学出版社，2009.

草坯房子篱笆寨（图 7-10）是东北农民的主要居住形式。由于房基地比较宽绰，家家修建草坯房子篱笆寨，冬暖夏凉，可以防避野兽。烟囱安在山墙边，窗户糊纸纸在外（图 7-11），都是防寒措施。烧炕是东北农民取暖的方式，烟道穿过全屋，到山墙根引出，可以充分利用热量。

图 7-10　草坯房子篱笆寨

图 7-11　窗户糊纸纸在外

四块瓦片头上盖是老农戴的毡帽。养活孩子用摇篮吊起来据说是来自满族、锡伯族、鄂伦春族的狩猎生活，孩子用摇篮吊在树上既安全又省力。如今不是吊在树上，而是用悠车、悠筐吊在屋里。

大缸小缸腌酸菜，苞米茬子芸豆饭，说的是与气候、民俗相适应的饮食习俗（图 7-12）。东北蔬菜生长季短，品种单一，白菜、萝卜是半年当家菜，最好的保存办法是腌制酸菜。猪肉酸菜砂锅、酸

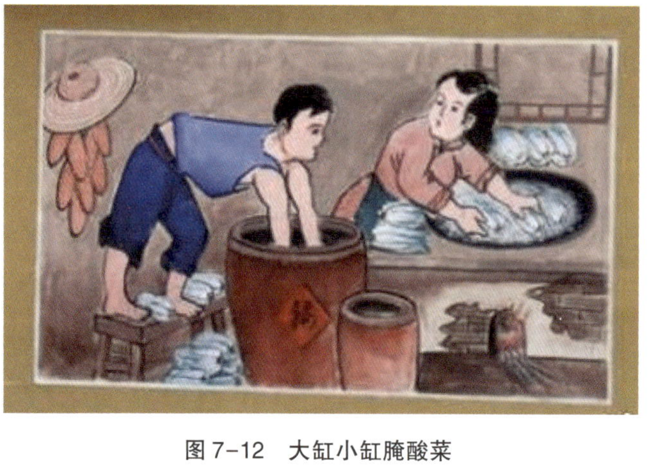

图 7-12　大缸小缸腌酸菜

菜余白肉是东北常见的菜肴。

豪饮啤酒论箱买，反映东北人的生产生活环境和豪放的性格。喝起来，可以不用酒杯，打开瓶盖，往肚子里灌，一瓶啤酒，两口喝完，这种喝法叫“吹喇叭”。随着文艺生活的多样化，十七八岁姑娘叼个大烟袋的习俗渐渐淡化了。

延边朝鲜族文化

朝鲜族是种稻能手，看到朝鲜族聚居的村庄就可以看到水田风光。在东北朝鲜族主要聚居区有延边朝鲜族自治州和长白朝鲜族自治县。勇于献身、重教尚学、尊老爱幼、能歌善舞、酷爱体育是朝鲜族文化的主要特征。

解放战争时期，延边一地，就有朝鲜族烈士1.3万余人，这是朝鲜族富有正义和牺牲精神的写照。“宁肯卖掉黄牛，也要供子女上学”，对子女进行知识、品德的全方位培养是朝鲜族父母的第一义务。

隆重庆祝老人节和儿童节，反映朝鲜族尊老爱幼的传统。朝鲜族将8月15日定为老人节，各单位都举行庆祝活动。晚辈见长辈施礼问候，在长辈前不饮酒、不吸烟。六一儿童节是延边一带最热闹的节日，节日那天，人们会穿上漂亮服饰，带上美味佳肴，到公园举行庆祝活动，观看孩子们的文艺表演。

朝鲜族是一个以水为净的民族，是一个注重仪表、爱好清洁的民族。女性的服饰袄短裙长，搭配漂亮的颜色。胶鞋多白色，前面有个翘小勾，叫“勾勾鞋”。男性的服饰颜色单一，飘带短，衣长，腰宽松肥大。

朝鲜族酷爱音乐舞蹈，男女老幼都会唱“道拉基”等民歌，都会跳“阿里郎”等民间舞蹈。摔跤和跆拳道是朝鲜族男青年喜爱的传统体育活动，秋千和跳板是朝鲜族女青年喜爱的传统体育活动（图7-13），延边地区足球运动比较普及。

图7-13　朝鲜族跳板

朝鲜族以农耕为主，谷类是主食，逢年过节爱吃打糕、松饼、蒸饼。烤肉、泡菜、冷面和拌饭是朝鲜族饮食四味特色。

内蒙古草原文化

草原背景

蒙古文化植根于大草原，马是代表性的家畜，蒙古舞蹈、民乐、歌唱都围绕着马。蒙古文化又称马背文化。辽阔、清新、壮丽、寂寥、艰苦是草原景观的特色，有深刻的草原文化烙印。

图 7–14　蒙古包

草原自然色调比较单一，就是四种基本颜色：蓝蓝的天空，洁白的云彩，碧绿的草地，深褐色的土地。生活在草原上的蒙古民族喜欢光亮艳丽的色泽，可以与自然背景调剂互补。建筑和服饰爱用浓重的大红、深蓝、金黄、古铜色。蒙古袍、摔跤服、帽子、头饰、坎肩都刺有多彩的图案。金碧辉煌的喇嘛庙在草原中有万绿丛中一点红的效应。圆锥形的蒙古包与笼罩四野的太空构成和谐的画卷。

草原文化特征

辽阔的草原、苍茫的大地造就了蒙古族人豁达的胸怀。恶劣的气候、野兽出没的环境使蒙古族人养成骁勇彪悍的性格。

历史上蒙古民族对不同宗教、不同民族、不同文化采取兼容并蓄的态度。元世祖忽必烈是宗教平等观的实践者。他的母亲是基督教徒，他本人拜藏传佛教喇嘛八思巴为国师，为道徒丘处机在北京建白云观道观。

在寂寞环境中形成的长调拖腔，是蒙古民歌的特色。长调，字少腔长，旋律舒缓，音域开阔，节奏自由。长调是适应辽阔寂寞的草原环境，体现草原儿女博大坦诚的胸怀、温馨壮美的气度的一种艺术形式。长调是《赞歌》和《走上这高高的兴安岭》等经典歌曲的创作基础。

马是蒙古牧人的助手，蒙古民歌、祝词、神话、传说、史诗等民间文学以及蒙古音乐、舞蹈、杂技等文艺，都与马息息相关。从马背生活中提纯的抖肩、翻腕、策马动作是蒙古舞的特色语言。马头琴是蒙古族的特色民间乐器，马奶酒是牧民酷爱的饮料。敖包是石块堆成的圆形土包。祭敖包是草原盛大的节日，在祭敖包的基础上，发展成那达慕，会上举行的射箭、骑马和摔跤比赛又被称为“蒙古好汉三艺”（图 7–15）。

图 7-15　蒙古族摔跤

案例：2016 年 10 月 23 日下午，有微博网友发帖称，锡林郭勒盟正蓝旗天鹅湖畔有数百只天鹅被捕杀。10 月 24 日中国多家媒体对此进行了关注。10 月 25 日，官方第一时间作出通报，通报显示，该起“天鹅捕杀事件”，累计发现候鸟死体 259 只，其中小天鹅 233 只，绿头鸭 26 只，均无外伤，并初步认定此案件为“人为偷猎投药所致”。通过分析蒙古民族人们喜欢光亮艳丽的色泽和爱喝马奶酒的特性，以及现场勘查、摸排走访、悬赏征集线索等多种途径，11 月 3 日，警方经过 9 天 9 夜的努力，先后在北京、天津、吉林、河北等地将已经潜逃的禹某等 7 名犯罪嫌疑人抓捕归案。

吴越文化

吴越文化区包括现今的江苏省和浙江省。春秋战国时期，这里是吴国和越国的领地。长江三角洲是吴越文化区的核心。吴文化和越文化“同俗并土、同气共俗”，逐渐在相互交融、激荡、流变与集成中形成统一的文化类型。早期吴越民众以尚武逞勇为风气，粗犷中蕴涵精雅；晋室南渡后士族文化的特质改变了吴越文化的审美取向，逐步给其注入了“士族精神、书生气质”；南宋以来，吴越文化愈发向精致的方向生长；随着近代工商实业的萌芽，吴越文化又平添了奢华之习。

文物之邦

“上有天堂，下有苏杭”，苏州和杭州都在吴越文化区。

长江三角洲的自然条件和地理位置得天独厚，太湖流域是发展经济的风水宝地。仓廪实而知礼节，衣食足而知荣辱，殷实的农耕经济是文化发展的物质基础。全国六大古都中，在南方的两座古都南京和杭州都在吴越。

在诗词歌赋、绘画书法、书院藏书、戏曲曲艺、园林建筑等方面，吴越在全国都有显赫地位。杭州文澜阁的《四库全书》至今保存完好。明代戏曲有昆山、海盐、余姚和弋阳四大声腔，前三个声腔出自江浙。由昆山腔演进的昆曲执中国剧坛牛耳二百余年。

苏州园林能够在世界上独树一帜，基础是深厚的文化底蕴。“几个楼台游不尽，一条流水乱相缠。”叠石垒山，引水筑池，修亭筑楼，妙在典雅，妙在文气（图 7-16）。

案例：在清代的文献中，将师爷根据品行来分成不同类型，将那些能力强、品德好的师爷称为“上幕”，而那些品德差、庸碌无能又谋私作恶的师爷称为“劣幕”。“劣幕”在师爷队伍中占了不小

图 7-16　苏州园林

的比重，有一个很具代表性的劣幕，就是章介眉。他是晚清时期的师爷，此人正是那种善于“左右逢源”的势利小人。他曾在浙江巡抚身边做刑名师爷，正是他在浙江巡抚的耳边怂恿，力主以先斩后奏的方式处决秋瑾，才使得秋瑾这样一位女中豪杰惨死。不过他最终也被查出，难免一死。

苏州状元

苏州状元和绍兴师爷是我国历史上著名的地域人群。苏州是全国状元最密集的地方。历代苏州府共有状元 42 名，在苏州府中，又以苏州府所在的吴县状元最密集，是全国状元分布的焦点。

科举中最荣耀的是五子登科和连中三元，这些都与苏州有缘。苏州状元辈出，有鱼米之乡、物产丰富的经济基础，有教育文化传统的背景。江浙一带勤于诗书，习文重儒，这一点对于促进当地教育投入和人才培养起到了巨大的作用。昆山徐家“同胞三甲鼎，一门九进士”。

绍兴师爷

“无绍不成衙”，绍兴师爷是清代著名的地域性人文群体（图 7-17）。

图 7-17　绍兴师爷

师爷是俗称，雅称“作幕”，职能相当于今天的参谋、秘书。师爷不是正式的官职，由官员根据需要自己出资聘请。

虽然说师爷是落第文人出身，但也不是一般读书人随便就能做的。学成之后，在觅馆过程中，必须依靠各种关系疏通关节，才能获得幕席。发挥作用最大的还是血缘关系，师爷一职常会出现父子相承的现象。在师爷网络中，绍兴人互相通气，互相提举。绍兴话成为行内通用语言，成为谋职的重要手段。

绍兴师爷的足迹遍布全国。上至督抚，下至省、道、府、州、县各级衙门，都有绍兴师爷。绍兴师爷从一个侧面反映了绍兴地区的文化底蕴丰富。勾践建都、兰亭书会、陆游唐婉沈园重逢、鲁迅三味书屋求学、嵊州粤剧故里，古韵今风，文脉永驻。

温州文化与温州模式

温州模式是改革开放后最有活力的发展模式。第一批专业市场、第一份私人工商业执照、第一批股份合作制企业等新鲜事都出在温州。

敢于离土离乡，敢于建厂经商，是温州农民的重要观念。温州人根据当地缺原料、缺市场的特点，采取拾遗补阙策略。拾遗是收旧用废，利用全国各地的废料、下脚料，发展再生行业；补阙是生产大企业不能生产、不好生产、不愿生产的小五金、小电器、小配件、小纽扣，创造了“东方第一纽扣市场”——桥头镇（图 7-18），“全国最大电器市场”——柳市镇，“全国第一商标城”——金乡镇。

图 7-18　温州桥头镇纽扣城

案例一：2015 年 7 月开始，温州市鹿城区市场监督管理局立案查处温州市天一电讯器材有限公司大南分公司等 15 家单位的苹果标识侵权系列案，立案查处 15 件。涉案当事人均未经注册商标专用权人的授权许可，擅自在其手机经营或维修场所的门口店招以及相关装潢（如霓虹灯招牌或营业员制服）上使用苹果商标标识，其行为属于商标法意义上的突出使用行为，易造成公众的混淆和误认。根据《中华人民共和国商标法》有关规定，对当事人上述侵犯注册商标专用权的违法行为作出责令停止侵权行为、处 8 万元罚款的处罚。

案例二：2015 年 9 月 6 日，文成县市场监督管理局执法人员接到举报，文成县佳佳建材销售有限公司举行“周年庆”活动，但其赠送的 iPad、骨瓷碗、钥匙扣、小毛绒娃娃等商品并没有明示标明具体品种、规格、期限等，属于假冒伪劣产品，执法人员看到这些小电器、小配件、小纽扣等迅速做出判断，这些小产品的来源地是温州，这个公司为了节约成本购买了一批私人小产品，被处罚款共计 52 000 元。

温州模式与当地的环境有一定的关联。温州自然环境的第一个特点是土地狭小，境内多山，耕地短缺；第二个特点是前临大海，背靠大山，远离省会城市。离省会远，山路崎岖，交通不便，给温州模式的成长提供了适宜的土壤。

上海海派文化

海派文化是在中国江南传统文化（吴越文化）的基础上，融合开埠后传入的对上海影响深远的欧美文化而逐步形成的上海特有的文化现象。

海派文化既有江南文化（吴越文化）的古典与雅致，又有国际大都市的现代与时尚。区别于中国其他文化，具有开放而又自成一体的独特风格。

东西方文化交融的移民城市

直到1840年鸦片战争前，上海还是个小县城。五口通商后，上海成为自由港，奉行投资者平等原则，国际国内的移民纷至沓来。上海是国际移民的世外桃源，绅士风度的英国人，浪漫的法国人，长袖善贾的犹太人，各展才华。全国的精英纷纷向上海聚集，精于算计的江南人，有外贸传统的广东人，吃苦耐劳的山东人和苏北人，从四面八方来到上海。上海话称“我”是“阿拉”，源自宁波话；称“你”是“侬”，源自苏州话。

殖民主义在政治和经济扩张的同时，进行大规模文化输出。办学校是文化输出的重要手段，这些学校引进西方的教育制度和科学技术，培养了不少中国需要的科技人才和爱国者。华洋杂处，五方混居，促进了上海文化和经济的繁荣（图7-19）。

案例一： 2013年1月至5月，马某某虚构中国银行授权其经营的某广告公司进行委托理财的事实，通过公司员工、客户代表介绍的方式，以高额收益为饵，诱骗被害人张某某等16名投资者与其签订投资合同，骗取投资款共计人民币38万余元。被告人马某某以集资诈骗罪，被判处有期徒刑五年，罚金人民币5000元。这种以出售理财产品为名实施的非法集资类案件在上海这种国际大都市年年都有。

图7-19　老上海中西结合

精明——上海人的性格特征

经历了一百多年市场经济的磨炼，上海人变得精明了。精明是讲实际、讲竞争、讲效率，精明是生存的本事，精明是灵活的商业头脑。在上海话中有许多词语用来数落不精明的人，如洋盘、乡下人、拎不清楚、搞七念三，这些都反映了上海人崇尚精明、向往精明的特征。

上海人不喜欢“侃大山”，神聊通宵，不喜欢连续几天陪伴外地朋友，表示自己对友情的忠诚。在票价按路程计算时，上海人会知道在哪站下，少坐一站可以省多少钱。

案例二：经常在市场上遇见这样的事情：“阿姨你多给我一个吧。”“不行。”“40块吧。”“40块1！”“我没有一毛钱……”“那我找给你。”这个阿姨绝对是上海人，精明至极！

多元和创新——海派文化的精华

多元和创新是海派文化的主要特征，是海派文化的精华所在。

海派文化的第一要点是多元。海纳百川，海通天涯，上海为三教九流提供登场献技的机会。不论是地方文化，还是外国文化，都能兼容并蓄，不同地方剧种，都能自由发展。

创新是海派文化活力的体现。百余年来，我国文化界的创新，大都出自上海。文化创新和技术创新密不可分，我国第一座发电厂、第一盏电灯、第一条商业营运铁路都出现在上海。

八闽文化

福建有“八闽”之称，南宋时福建设一府五州两军，共计八个同级行政机构，故称“八闽”。福建有“歌舞之乡”之称。山文化、水文化与海文化的熏染，使山歌和渔歌在福建民歌中占有重要位置。劳动号子、唱诗、小调、舞歌、斗俗歌曲、儿歌、生活音调等民歌也异彩纷呈。福建曲艺音乐有20余种形式，其中南曲（也称南音）最古老、影响最大，被称为“活的音乐历史”和“音乐化石”。

地域差异

八闽文化内部地域差异明显，民系、民风、语言各不相同。莆仙地区有读书习儒传统，邻县的福清好行贾。

福建文化的复杂性突出反映在语言上。全国汉语七大方言，在福建可以找到5个。闽方言是主干，分布在中部和东部；西南部有客家方言；西北部有赣方言；北端浦城有吴方言；南平、长乐、武平等地有北方方言岛。在闽方言中，5个亚方言的差异很大，互相听不懂。全省没有一个有代表性的剧种。长期的封闭状态在一定程度上起到了保护古音、古韵的功能。在福建还可以欣赏到失传的元代南剧剧目。

八闽文化的第二个特征是外向性，富于开拓精神。背负崇山，耕田珍稀，面向大海，是外向的自然基础。在八闽中，外向性最强的是闽南地区。

案例：1994年，王某、刘某和三名福建案犯在上海市卢湾区、闸北区、徐汇区、普陀区、南市区等地盗车作案十余次……卢湾警方、广东警方和福建警方联手并肩作战，追捕余犯。经各地群众反映，这些案犯口音差异很大，不像是一个地区的人，最终由几位福建当地人确认，这些案犯讲的是福建方言，目的是故意混淆视听。

外向的闽南文化

闽南文化区的核心是晋江流域的泉州和九龙江流域的漳州。广义的闽南地区包括莆仙地区。

唐宋以来，泉州便是我国主要的对外贸易口岸。南下的中原居民传入佛、道两教，西来的侨民传入西方宗教，泉州有“宗教博物馆”的美誉。泉州圣友寺和广州怀圣寺、杭州真教寺合称我国沿海三大伊斯兰古寺。泉州草庵摩尼教寺是国内唯一的摩尼教遗迹，元代，我国基督教设两大教区，一个在北京，另一个在泉州。泉州清泉山有宋代雕刻的道教主老君像，是我国最大的道教石刻。

在阿拉伯人和波斯人移居闽南的同时，闽南人前赴后继地向外迁移。在我国东南沿海一带，闽南人分布在北起浙江舟山，东到台湾，南到海南的广大区域，占全国海岸线的一半。

中原文化

中原文化是以中原为基础的物质文化和精神文化的总称，最早可追溯至公元前约6000年至公元前约3000年的中国新石器时代。中原文化以河南省为核心，以黄河中下游地区为腹地，逐层向外辐射，影响延及海外。中原地区是中华文明的摇篮，中原文化是中华文化的重要源头和核心组成部分。中原地区在古代不仅是中国的政治、经济中心，也是主流文化和主导文化的发源地。中国历史上先后有20多个朝代定都于中原，中国八大古都河南省占据一半，包括洛阳、开封、安阳和郑州。其中，洛阳是夏、商、周、东汉、西晋等九朝古都。开封是北宋、金等七朝古都。中原地区以特殊的地理环境、历史地位和人文精神使中原文化在中国历史上长期居于正统、主流地位。

华夏文化的重要发源地

中原地区是华夏文化的发源地之一。从公元前21世纪到1127年北宋覆灭，在这3 000年间，中原地区是我国文化中心的重要部分。

安阳是甲骨文的故乡，还是《周易》的发源地。以甲骨文、青铜器（图7-20）、都城建设和《周易》为代表的殷墟文化体现了我国殷商文化的精粹。

中州学者对我国古典哲学贡献至伟。老庄学说的奠基人老子和庄子都是中州人。“关西出将，关东出相”，关东指河南一带。中州是我国武术文化的发祥地。少林武术、陈氏太极拳、形意拳都出自河南。佛教东传，洛阳是第一个落脚地，洛阳白马寺始建于东汉永平十一年（68年），是我国最早的佛寺。

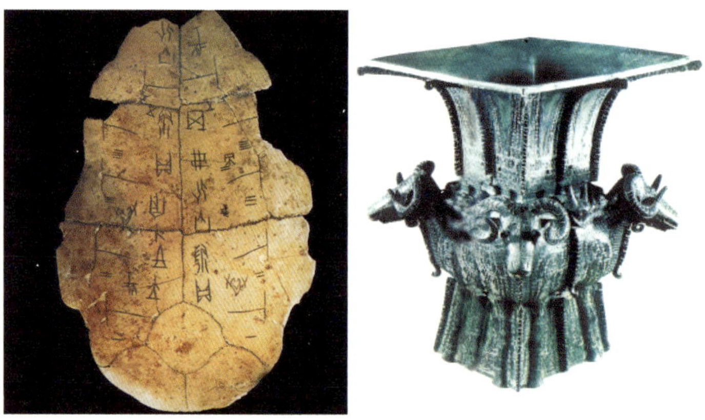

图7-20　甲骨文和青铜器“四羊方尊”

中州区位与经济文化变迁

宋室南渡以后，特别是鸦片战争以来，河南在全国的地位逐渐下降。究其原因，兴也区位，衰也区位：①中原军事地理区位。逐鹿中原，问鼎中原。中原是历史上战事最频繁的地方。频繁的战事对河南省的经济和文化破坏极大。“若问古今兴衰事，请君只看洛阳城”。为了躲避战乱，大批河南精英背井离乡，到南方安生。②中原自然地理区位。河南省地处黄河冲积扇的顶端。黄河从黄土高原带来大量泥沙，在这里沉淀，抬高河床，形成“地上河”（图7-21），黄河频频决口，淹田毁城。历史上还出现人为破堤的悲剧。黄河泛滥区有大批沼泽，滋生蝗虫，引发蝗灾。每遇大灾降临，饿殍遍野，流民四散，河南有“水、旱、蝗、汤”四害一说。

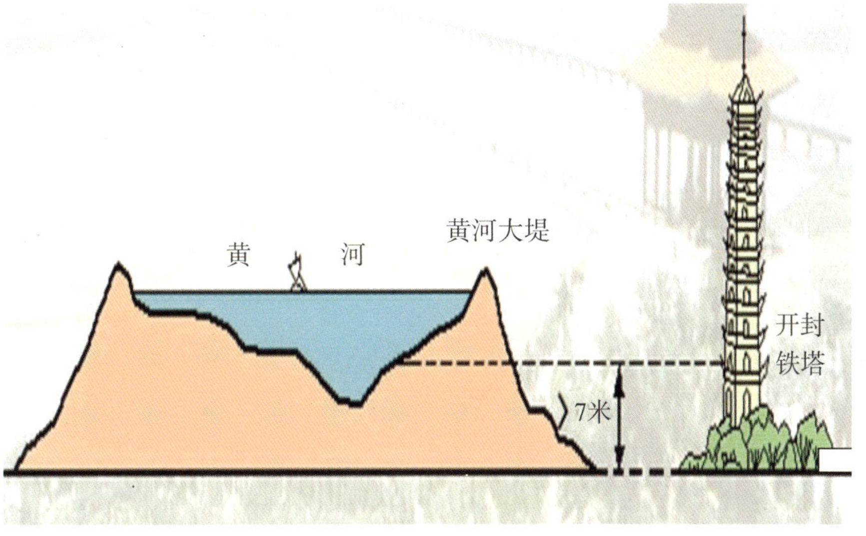

图7-21　地上河

皖赣文化

安徽文化区的范围大体相当于现今安徽省。江西省婺源县历史上隶属徽州，可以划入安徽文化区。安徽的文化史中，最具影响力的是徽商文化。江西省属于鄱阳湖水系，江西文化又称鄱阳文化。两千多年来，江西文化经历了一个周期性变化：逐渐上升，达到辉煌的顶峰；然后衰落，对全国的影响明显下降；进入21世纪，又有上升的良好趋势。

徽商纵横

徽商和晋商一南一北，影响全国。婺源杉木质量最好，是栋梁材。徽州气候湿润，高山峻岭多云雾，茶叶品质上乘。祁门红茶和屯溪绿茶称祁红屯绿，全国闻名。徽州还盛产纸、墨、砚、笔、漆器，用古松作原料制成的徽墨是重要贡品。

案例：2012年7月6日，董立强伙同赤峰市喀喇沁旗西桥镇村民张某与河北省沧州市的刘某某取得联系后，从刘某某手中购买无碘盐37吨，一天时间就在喀喇沁旗锦山镇羊场村四组、六组和宁城县喇嘛沟上姚营子、下姚营子共卖出3.5吨。2012年7月，赤峰市盐务局在全市范围内开展集中整治盐业市场“百日”会战行动中，在喀喇沁旗境内，查获由这三名涉盐违法人员自安徽省贩运过来的无碘劣质私盐37.5吨，董立强被喀喇沁旗人民法院以非法经营罪判处有期徒刑三年零六个月，并处罚金7万元。

徽商在淮盐运销中占有优势。扬州商人的主体是经营淮盐的徽商。清代后期，徽商向金融业拓展，休宁话是江南典当业的行话，黟县话是江南钱庄业的行话。在徽州，外出经商成为一种文化传统。儒贾相通和宗法色彩浓郁是徽商文化的两个特点。

徽商有较高的文化素养，徽商世家，文人辈出。诗词、书画、金石、戏曲都是徽商的雅好。在新安理学基础上，新安画派、新安医学、徽州篆刻、徽州印刷、新安版画，相继兴起。

徽州一带宗法制度盛行。徽商大贾往往兼营坐贾和行商，需要众多人手，伙计大都是同乡族人，利用宗法思想控制，借助宗族势力建立商业垄断。会馆在徽商中发挥联络同宗同乡的纽带作用。

民居、祠堂和牌楼是徽州建筑三绝。屯溪老街（图7-22）的保护和修复是继承和发扬徽州文化的范例。

图 7-22　屯溪老街

江西文化兴衰轨迹

江西文化的崛起经历了一千年左右的历程。东晋的陶渊明是江西第一颗冉冉升起的文坛巨星。进入唐代，江西在我国文坛中的地位逐步上升，唐宋古文八大家，宋代占六家，其中的欧阳修、王安石、曾巩都是江西人。

明代时期，江西文化达到辉煌的顶峰。江西的读书人和官员可以左右朝廷。就 15 世纪这 100 年来说，江西绝对领先，全国 34 名状元中，江西占了 13 名。明代时期江西文化的盛况在戏剧、科技等方面也有反映。《紫钗记》《牡丹亭》《南柯记》《邯郸记》称“临川四梦”，是传奇戏曲的上品。科学巨著《本草纲目》《天工开物》也与江西有关。

进入清代以来，江西文化在全国的地位开始衰退，这一趋势一直持续到 20 世纪 80 年代。江西一度是全国少有的“三无省”之一，无学部委员、无重点大学、无博士学位授予点。

兴也经济，衰也经济。江西经济在全国地位的低落，是文化衰退的根本原因。经济衰退又与交通孔道的转移有关。五口通商，海运兴起，江西成了偏僻的内陆。粤汉铁路贯通，南北交通干线向两湖转移。20 世纪 50 年代，高等学校院系调整加速了江西人才的外流。重振江西文化，一要畅达交通，畅达信息；二要振兴教育，提高江西人民的文化素质。

两湖文化

两湖文化又称荆湘文化，包括湖北和湖南两省。两湖是春秋战国时楚国的核心地区，楚文化的核心地区。

缤纷芳菲

春秋战国时期华夏文化南北融合，楚文化是南方文化的代表。屈原的《离骚》是楚文学的代表（图 7-23）。与温柔敦厚的《诗经》相比，《离骚》“佩缤纷其繁饰兮，芳菲菲其弥章”，有升天入地的企求，有香草美人的比拟，充满浪漫色彩。

皮黄二腔的融合是楚地对中国戏曲的重大贡献。皮黄二腔指西皮和二黄两个声腔，是京剧的基础。西皮腔保留秦腔高亢激昂、粗犷豪放的特色。二黄腔源自黄陂，端正典雅，有楚歌传统。

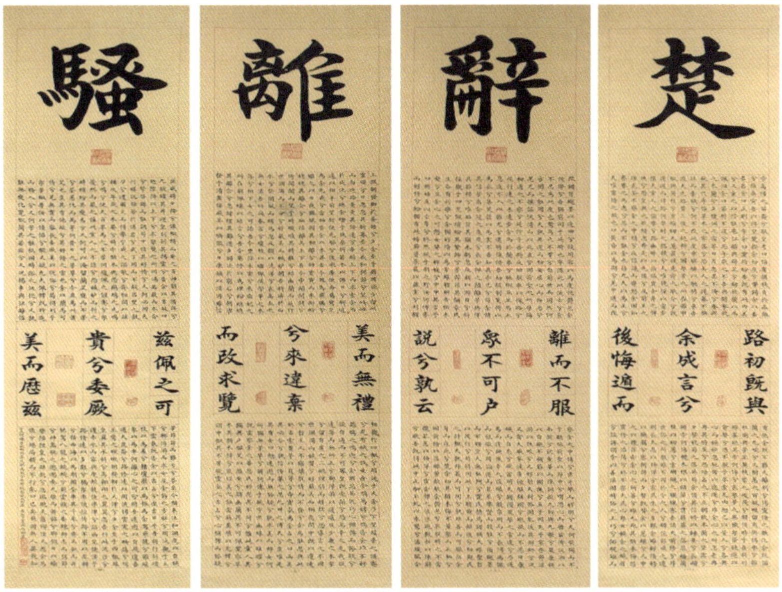

图 7-23　楚辞 · 离骚

九头鸟辩

武汉位于大陆中央，冷冬酷暑使人的性格大起大落，易怒易喜，不计前嫌，易解积怨。“天上九头鸟，地下湖北佬”，讲的是武汉一带人们的性格。“九头鸟”出自《山海经》里的“九头凤”，凤有九头，聪明，精灵，受楚人崇拜。现在人们对九头鸟的理解增加一层狂躁、好斗的意思。

武多楚腔

“绍兴师爷湖南将”，“文多吴音，武多楚腔”。20 世纪 30 年代湖南和湖北的将领占全国的 22.4%，我国有“无湘不成军”一说。

楚多武将有历史和文化方面的背景。从曾国藩操练湘军实施洋务开始，湘籍军人开始掌握清政府的主要兵力。黄埔军校地近两湖，长沙和武汉设有黄埔军校分校，为两湖青年投笔从戎创造近便条件。

在文化观念方面，两湖学子“喜言兵事”，且“宁为百夫长，胜作一书生”。湘人性格勇猛刚烈，饮食尚辣。以岳麓书院（图 7-24）为中心的湖南地区，成为革新思想的中心之一，谭嗣同、黄兴、蔡锷等人在中国革命历史上做出了重要的贡献。

图 7-24　岳麓书院

案例：保康县“2004·09·26”鄂豫陕三省系列劫车杀人案。2004 年 9 月 26 日 23 时许，十堰市房县出租车司机陈某驾车载客从房县到襄阳市保康县，行至保康县过渡湾路段时，被犯罪分子用匕首杀死，抢走手机一部、现金 2000 元；9 月 28 日晚，保康县歇马镇“摩的”司机王某被杀死在该镇梅花村大桥下，摩托车被抢走。通过对犯罪嫌疑人活动轨迹的调查，加之餐馆老板的证词，犯罪嫌疑人爱吃辣，很快锁定犯罪嫌疑人可能是湖南人。10 月 1 日清晨，在重庆巫山警方的配合下，专案民警在住宅中将正在熟睡的犯罪嫌疑人柯海丰、陈旭东制服擒获。

岭南文化

岭南文化区包括岭南山脉以南的广东和海南两省，岭南文化是以汉文化为主体，南越本土文化为基础，吸收海外文化形成的多元文化体系。

广府文化

以广州为中心的民系俗称广府民系，在岭南三大民系中，广府民系分布最广，影响最大。广府民系通行粤方言，又称广州话、白话。广州、香港、澳门都以粤语为主。粤方言成了岭南地区的强势语言，通行地域有扩张的趋势，在汉语七大方言中，影响力仅次于北方方言。

用粤方言演唱的戏剧称粤剧、广府戏。粤语小曲声腔婉转、曲调悠扬。广府民乐又称作广东音乐，节奏明快，音色清脆，气氛热烈，被誉为“透明音乐”①。

吃在广州是人们对粤菜的认同。广州人喝茶、聚会、洽谈生意，都上茶楼。“一盅两件”，一盅是一杯茶，两件是两式精美的点心。

案例一：中新网广州 2015 年 7 月 14 日电，在广州，微信等社交软件成为贩毒活动的新平台。广州警方 7 月 14 日通报，该市白云区警方通过三个月暗中观察并研判分析微信群中获得的线索，得知贩毒分子将要在 7 月 15 日中午洽谈生意，在广州谈生意一般上茶楼，警方顺藤摸瓜牵出并摧毁了一个特大毒品犯罪团伙，抓获犯罪嫌疑人 18 名，总共缴获冰毒超过 140 千克。

广府建筑艳丽活泼。广州的陈家祠堂（图 7-25）是广府建筑的代表。全祠三轴三进，厅堂用品字形花屏门间隔，整座建筑浑然一体。石雕、砖雕、木雕、陶塑、泥雕、铁铸、门画、壁画布满厅堂廊庑，绚丽多姿，有典型的南国气氛。

（a）

（b）

图 7-25　广州陈家祠堂

① 郑刚. 岭南文化向何处去：广东、香港的现时危机与未来选择［M］. 广州：广东旅游出版社，1997.

潮汕文化

潮汕文化又称福佬文化。

潮汕文化的特点包括：①精于农艺。潮汕是全国典型的地少人稠地区，勤劳的潮汕农民根据当地气候条件，总结出科学的耕作制度，提高复种指数，俗称种绣花田。②巧于工艺。“心灵手巧”是人们对潮汕手工艺的评价。陶瓷、木雕、潮绣和抽纱最具盛名。潮汕工艺美术在中原文化传统基础上，受到西方文化的渗透，特色浓郁。③善于经商。潮汕人经商刻苦勤俭，精打细算，勇于开拓，善于谋利。潮汕商品意识较强的表现之一是注重创品牌。④向外拓展。潮汕是著名的侨乡，“有海水处就有华侨，有华侨处就有潮人”。现代潮汕人富商在世界经济舞台上的成就引人瞩目，香港首富李嘉诚、泰国金融家陈弼臣等，都是潮籍人士。

案例二：在2011年打击侵犯知识产权犯罪的“亮剑”行动中，广州经侦支队的破案数、抓获数、捣毁窝点数等各项战果均超过往年的4倍以上，打掉了网上特大跨国制售假LV皮具案件，涉案的网站为全球第一大假LV销售网站。

“谈潮必谈茶”，潮汕人喜欢饮工夫茶，讲究品茶。饮工夫茶用古香古色的茶具，称“烹茶四宝”（图7-26）。潮州菜是粤菜中最有风味的一个品系，“清、淡、巧、雅、味、色、形、名俱美”。汤和蘸料是潮州菜的特色。潮州各式小吃也别有风味，获多项“中华名小吃”荣誉。潮汕地区有名目繁多的祭神拜祖先活动，节日期间上演潮剧、皮影戏、木偶戏、秧歌舞、赛花灯等，形成独具一格的文化氛围。

图7-26　烹茶四宝

案例三：广东省交通集团有限公司副总经理王志仁利用其担任广东省公路工程总公司第二分公司经理及广东省公路工程总公司副总经理的职务之便，于1994年至1996年期间，多次收受贿赂共68万元。现已查证王志仁喜好品茶，有一半的贿赂都与茶叶和茶具有关，其家里的茶具就有30套有余。

客家文化

客家文化的特点是群体观念强，宗族观念浓，重视文化教育，有坚韧不拔的创业精神。

1. 群体观念强，宗族观念浓

所谓客家人，是指原籍中原的汉族，历经五次大规模的南迁，在南方各省区形成的具有独特风貌的客家民系。客家民系是中华汉民族八大民系中重要的一个支系。“以郡望自矜”，念念不忘先祖的荣耀，续修家谱、族谱的热情很高。“宁卖祖宗田，不忘祖宗言”，强烈的宗族色彩使得客家方言代代相传，客家话比较接近中原的古汉语。长途辗转，风餐露宿，培养了客家人团结互助的精神。

2. 重视文化教育

客家先民多“衣冠望族”，后人秉承“重教化，扬家声”的传统，尊师重教，崇尚读书。客家地区历代英才辈出，辛亥革命前后，孙中山、廖仲恺、邓演达等客家人在政治舞台上有不可磨灭的影响。郭沫若1965年考察梅州时，留下“文物由来第一流”的赞誉。

3. 有坚韧的开拓创业精神

客家人经过辗转迁徙到达岭南，艰苦的环境磨砺出客家人勤奋耐劳、自强不息的品格。青壮年大多外出谋生，包括到海外创业。客家文化中有“男读女耕”的分工传统，妇女承担田间和家务劳动，是社会生产的主要力量。

二次葬，全称“二次捡骨葬”，在广东比较普遍，在客家地区尤其盛行。第一次安葬时选址、仪式等较为简单，第二次葬是隆重的长久性埋葬。

八桂文化

古代传说中月宫有桂树。桂林山水和月宫一样美丽，人们常用八桂称桂林，桂林历代是广西首府，八桂被用来泛指广西。

广西是我国少数民族人口最多的省级行政区，除壮族和汉族以外，有瑶、苗、侗、毛南、回、京、彝等民族。八桂大地保留不少古朴自然的社会形态。以婚姻形态为例，至今还保留“不落夫家”“两边走”等母系社会痕迹。

八桂人民喜爱唱歌，老年人喜欢唱劝讽虐时歌，青年人热衷唱恋爱传情歌。歌圩是八桂壮乡人们在特定的时间、地点举行节日聚会唱歌的一种传统习俗。八桂人中出了一位歌仙刘三姐，“如今八桂成歌海，都是三姐亲口传”。

案例一：24岁的男子袁某仰慕一名比他大的女子赵某，女方不同意，袁某死缠烂打，多次打电话骚扰、威胁对方。2013年7月30日早上，袁某看到赵某跟另一男子走出楼道时，气极之下劫持了赵某。警方接到报案，追查线索的时候发现赵某的办公桌上有一首表白的恋爱诗歌，根据诗歌内容和笔迹找出了作案人袁某。

八桂各族人民自汉唐时起，便采用“干栏”式建筑。“人栖其上，牛、羊、犬、猪畜其下”。干栏所用材料，山区以木为主，下垫大石，平坝多砖石结构，牢固、耐火。程阳风雨桥（图7-27）和马胖鼓楼（图7-28）是国内外知名的侗族风格建筑。

壮族人民爱生食，生鱼和羊、鸡、鸭的血都是佳肴。三五斤的大鱼，剥皮去骨，切成薄片，拌上香油、盐、葱、蒜、醋、酱油等，片刻即食。

案例二：2016年9月14日凌晨，在常州南大街，一名男子持刀对卖肉的商贩进行抢劫。犯罪嫌疑人抢了大部分的生鱼生血，且边抢边吃，店里的熟肉却完好无缺。这样的抢劫事件确实不多见，接到报警后不到8小时犯罪嫌疑人就被警方抓获了，经查，该犯罪嫌疑人一天都没有吃过东西，且为广西人，生食对于他们来说已经是家常便饭了。

桂林是通向中原的门户，是广西文化启蒙最早的地区，也是整个岭南地区文化启蒙最早的地区。桂林是两广状元最多的地区。

图 7-27　程阳风雨桥

图 7-28　马胖鼓楼

三秦文化

所谓三秦，是指秦朝灭亡后，项羽三分过去的秦国之地，故称三秦。到了近代，三秦泛指陕西所辖的关中、陕北、陕南地区。陕西是中华文明的发祥地，先后有 14 个王朝在此建都，包括中华文明最为辉煌的周、秦、汉、唐四个王朝，三秦文化博大精深，是中华文明的重要组成部分。

陕西十大怪

陕西可以分陕南、关中和陕北三区，确切地说，陕西十大怪是关中十大怪。

（1）“面条像裤腰带”。陕西面条与外地的面条比起来，陕西面条才称得上是真正的面条，而其他的面条只能称为“面丝”了。陕西的面条特点是实在。其厚、宽、长超出人们的想象，其形状如同腰间所系的腰带。

（2）“锅盔像锅盖”（图 7-29）。陕西把饼叫锅盔，锅盔外表斑黄，切口砂白，能久放，方便携带。烙制锅盔用的锅是用来做十几个人饭菜的大锅。这样的锅直径有七八十厘米，而且这样的锅上面用的锅盖也是隆起的，所以说烙好的锅盔就像锅盖一般大小，一般模样。

（3）“油泼辣子也是菜”。陕西人吃辣吃得精细，吃出了文化，这点恐怕是川人和湘人所无法达

图 7-29　锅盔像锅盖

到的。一般来说，陕西人嗜辣如命的喜好当然是与陕西人爱憎分明的个性分不开的。纯正的陕西人是离不开辣椒油的，不仅是在吃面条的时候，尤其是用锅盔和馒头直接夹着辣椒食用，这样的方法也只有陕西人这样做。热气腾腾的雪白馒头，掰开以后，夹上几勺红艳艳的辣椒油以后，闭上眼睛，咬上一口，一股香辣的感觉，直冲头顶，怎一个“爽”字了得。

案例一：小明家开了一个家庭宾馆，这天接待了五六位年纪相当的中年人，一个个都是背着大包袱，听口音也不像是本地人，小明和他们谈过几句话，得知他们是山东人；晚上吃饭时，小明发现他们吃的饼像锅盖一样，并且吃馒头时喜欢夹着辣椒食用，这像是陕西人的习惯啊。第二天，便有警察来询问，他们还推理说那几位可能就是从陕西犯案后逃过来的犯罪嫌疑人。

（4）“碗盆难分开”（图 7-30）。陕西人把饭碗不叫饭碗，而叫老碗。正宗的陕西大老碗，碗深而圆，其容量起码有一般吃饭用的小碗七八个之多。他们喜欢一起扎堆儿吃饭，人们把这叫作“老碗会”。当一群人三三两两地蹲在大门外，各自捧着自己的老碗，一边晒着暖洋洋的太阳，一边山南地北地侃大山时，这就是上天对三秦儿女的恩赐。

图 7-30　碗盆难分开

（5）“手帕头上戴”。关中一带管手绢叫帕帕，男人的帕帕用白粗布制成，必要时可以捆东西当腰带。女子的帕帕色泽较深，可以戴头上，也可以当围脖。帕帕可以防风、防沙、防尘、防晒、保暖，一帕多用，经济实惠。

案例二：2006年7月16日，陕西省安康市汉阴县平梁镇铁瓦殿庙发生一起10人遇害的特大杀人案件。铁瓦殿庙的6名管理人员及4名香客被杀。案发后，省公安厅厅长王锐率领刑侦技术人员会同公安部专家组立即赶赴现场组织开展侦破。经深入侦查，很快确定此案系石泉县后柳镇一心村二组农民邱兴华（男，47岁）所为。当地村民说，邱兴华精通机械，并略懂家电修理，但他给人修理机器时老玩心眼，人为设置一些故障，出门在外必带他的白粗布制成的帕帕，一般系在手腕上。公安部、省公安厅根据这条线索在他去过的地方开展搜捕，8月19日在他租住的房子里找到了他，将其擒获。

（6）“房子半边盖”（图7-31）。由于陕西地处内陆，属于典型的大陆性干燥气候，因此关中一带气候干旱、风沙大，加之当地木材稀少。所以，人们根据当地的条件，就发明了半边盖的房子。半边盖的房子由于房间的面积缩小了，因此保暖性和透气性相对较好，比起大瓦房来更显得冬暖夏凉。

图7-31　房子半边盖

（7）“姑娘不对外”。陕西关中自古人杰地灵，土地广袤肥沃。因此生活在这片土地上的人们衣食无忧，所以长久以来养成了封闭意识，自古就有陕西姑娘不对外的传统。农村婚嫁，近不出村，远不过七八里。

（8）“不坐蹲起来”（图7-32）。陕西人喜欢蹲在凳子上吃饭、抽烟、聊天。在陕西的农村，在闲暇时候，一般上年纪的老人都喜欢不穿袜子，光脚穿着布鞋，嘴里叼着一根旱烟袋，手里掐着收音机，蹲在凳子上，一边喝茶，一边抽烟。在这样的氛围中，他们感觉到的是一份自在和欢畅。

（9）“睡觉枕石块”。陕西人不喜欢柔软的枕头，而选择木制的枕头和石制的枕头。在陕西，当夏季酷热难耐的时候，庄稼汉晚上睡觉的时候，更愿意枕着一块砖头或者石头酣然高眠，陕西人亲切地把它叫作“金不换”。

案例三：2016年2月13日凌晨（农历正月初六），20多岁的贵州籍女子王某从朋友的家中出来时，被喝醉酒的陈老汉从后面跟上，王某害怕得要命，拼命加快步子欲逃脱，但是已经太晚，陈老汉抢先一步拦在王某面前，可怜的王某终究没能逃脱陈老汉的魔掌，被玷污了清白且险些丧命。经调查，王某见到陈老汉时，他正在路边枕着石头睡觉。第二天警方便在其他路口抓获了陈老汉。

（10）“秦腔吼起来”。秦腔爱演花脸大净戏，俗称黑头戏，唱声如吼，发自肺腑，磨烂喉咙。“八百里秦川黄土飞扬，三千万人民吼声秦腔。调一碗黏面喜气洋洋，没有辣子嘟嘟囔囔。”这是当地民俗的生动写照。

图 7-32 不坐蹲起来

皇上两行埋

关中地区是我国文化的重要发源地，是历史上建都时间最长的地方。从周文王姬昌起，关中埋着有名有姓的皇帝 72 位。“南方才子北方将，陕西皇上埋两行。”汉代和唐代皇陵一南一北，平行展开。汉陵在咸阳塬上，偏南。从溪河畔的阳陵到兴平的茂陵，绵延百里，埋着 9 位皇帝。唐陵偏北，从蒲城唐玄宗李隆基的泰陵到乾县唐高宗李治与武则天合葬墓乾陵首尾 300 里，埋有皇帝 18 位。

甘陇文化

甘陇文化区包括甘肃省甘南藏族自治州以外的部分和青海省东北部。东西方文化交流通道——河西走廊和以敦煌为代表的石窟文化是甘陇文化的两个亮点。河西走廊南有祁连山和青藏高原，北有龙首山和戈壁大漠。到敦煌后，丝绸之路又一分为三，有北道、中道和南道之分。敦煌是丝绸之路上的“咽喉之地”。甘肃有“石窟之乡”的美誉。石窟遍布全省，初步统计有 33 处，分敦煌、河西、陇中、陇南和陇东五个石窟群。敦煌石窟（图 7-33）从前秦建元二年（366 年）开始修建，直到民国 24 年（1935 年），绵延 1 500 余年。现存洞窟 492 个，在洞窟中发现遗书 5 万余卷，记载有史学、宗教、科技、医学、文学等方面的宝贵资料。

图 7-33 敦煌石窟

甘陇文化区是多民族地区。回族、撒拉族、东乡族、保安族等民族笃信伊斯兰教，伊斯兰教文化对本区民俗民风有深刻影响。

巴蜀文化

巴蜀文化实际说的就是重庆的巴文化和四川的蜀文化。巴蜀文化区包括重庆市和四川省除甘孜、阿坝藏族自治州以外的大部分。《华阳国志·蜀志》中概括巴蜀人的主要特征是：①多斑彩文章。②尚滋味，好辛香。③君子精敏，小人鬼黠。④多悍勇。历史跨越了1 700多年，这些特征仍有现实意义。

天府之国，多斑彩文章

肥田沃土是文学艺术繁荣的基础。汉代五大辞赋家，巴蜀有三。唐宋八大家，巴蜀亦有三。从司马相如、杨雄、李白、苏东坡到现代的郭沫若、巴金，巴蜀文人如群星灿烂。四川盆地是南方石刻艺术的中心，人称“大佛之乡”。乐山大佛（图7-34）高71米，远看“山是一尊佛，佛是一座山”。

图7-34　乐山大佛

尚滋味，好辛香

丰富的农产资源和特殊的气候环境形成了独具一格的四川饮食文化。川猪是四川富饶农产资源的代表。盆地潮湿多阴雾，成都是全国日照时数最短的大城市。好辛辣是巴蜀饮食的特色，辣椒、花椒和胡椒，称三椒，是川菜不可或缺的调料，形成十分丰富的味型。发源于重庆海棠溪桥头的火锅称天下第一锅。川酒历史悠久，口感上乘。“君子精敏，小人鬼黠。”把人区分为君子和小人反映封建社会的等级观念。幽默灵巧的川剧充分反映川人在这方面的特点。

案例一：2016年8月7日早晨，两位渔民在河流下游发现一具女尸，女子穿戴整齐，并没有任何异样，法医初步鉴定可能是食物中毒，只知道女子中毒却不知作案人是谁，经家属同意后剖尸检查，判定该女子生前刚吃过火锅，因为该女子的胃内容物中有大量的辣椒、花椒和胡椒，随后警方便把作案地点缩小到火锅店。

悍勇和勤奋

“天下未乱蜀先乱，天下已治蜀未治”。频繁的战事造就了川人悍勇的性格。川军善战，古今闻名。受大规模移民的影响，四川方言同属北方方言系统，比较容易沟通。战时悍勇，和平时期转化为勤奋，川人出川打工是勤奋的表现。

四川盆地自古分巴、蜀两大地域。巴文化的中心是重庆，蜀文化的中心是成都。①气候方面，重庆夏季酷热，成都夏季凉爽。②地形方面，重庆山高路不平，成都一马平川。③性格方面，重庆人辣火朝天，成都人委婉平和。“重庆娃崽拳头硬，成都妹子嘴巴甜”。④语言方面，重庆话铿锵有力，得阳刚气，成都话低沉细软，有吟唱味。⑤饮食方面，成都多精巧的小吃，赖汤圆、担担面全国闻名，重庆人爱吃大型的火锅。

案例二：1993 年以来，刘汉、刘维等 36 人，称霸一方，在四川广汉、绵阳、什邡等地及部分行业内形成非法控制和重大影响，严重破坏社会治安、经济和社会生活秩序。其中，故意杀人 5 起致 6 人死亡、故意伤害 2 起致 2 人死亡、非法拘禁 1 起致 1 人死亡。刘汉等 36 人由于都是巴蜀人，最终警方在一家大型火锅店逮捕了一干人等。

黔贵文化

大山文化

大山文化是黔贵文化的第一个特征。地势西高东低，地面崎岖破碎，地貌类型复杂，喀斯特地貌发育典型，贵州是全国少数几个没有平原和大型盆地支撑的省区之一。

大山养育了贵州人。山区灌溉用的筒车、水车、渡槽等点缀了贵州的风光画面。就连服装式样的选取也表现出与大山区的协调。雷山县高坡苗，妇女短裙下缠长长的裹腿，裙外前后有长及膝下的围腰，适应崎岖险阻、布满荆棘的高山环境。山区交通闭塞，制约经济和文化发展。山区文化滞后集中反映在三个方面：第一，生活节奏迟缓；第二，容易满足；第三，近距离亲缘关系。

多民族文化

贵州文化的第二个特征是多民族文化。饮食文化有“晃荡酒”、花江狗肉、独山酸菜、酸汤鱼等。各族青年择偶有“跳月”“跳花”“丢花包”等不同形式。各式各样的衣着服装，尤其是妇女服装千姿百态。例如苗族妇女有一种四周挂满银铃的银制花冠。节日的民族形式丰富，有苗族的“四八节”（图 7-35）、土家族的“赶年”、布依族的“六月六”、彝族的“火把节”（图 7-36）、仡佬族的“吃新节”等。文化艺术方面，有侗族的《秦娘美》、布依族的《蔓萝花》，有名扬海外的贵州侗族的“大鼓”，有安顺蜡染、大方漆器等。

图 7-35　苗族的“四八节”

图 7-36　彝族的“火把节”

区域特征

“天无三日晴”指贵州气候多阴雨天气，“地无三尺平”指贵州山高沟深、田疏地少。贵州的能源、矿产、生物、旅游等资源十分丰富。生物资源方面，有药用植物资源 3 700 多种，国家珍稀濒危保护植物 70 余种，野生动物资源有 1 000 余种，其中有国家一级保护动物 14 种。贵州的烤烟、油菜、油桐、茶叶等农作物在全国占有重要的地位，是全国四大烤烟产区之一。喀斯特地貌造就了贵州神奇的“山、水、湖、洞”景观。贵州已有黄果树瀑布（图 7–37）、龙宫、织金洞、红枫湖、马岭河、赤水等 8 个国家级风景区。“人无三分银”指贵州经济落后，人民贫困。“夜郎自大”和“黔驴技穷”约定俗成的内涵都有闭塞和落后的贬义，都与贵州有关。

图 7–37　黄果树瀑布

滇云文化

滇云文化的特点是多样性。滇云大地是中原汉文化与东南亚文化、印度文化相互交融的地方。在中越和中老边境跨界居住着傣、苗、哈尼、仫佬、拉祜等民族。在中缅边境跨界居住着傣、景颇、阿昌、傈僳、佤等民族。在边境跨界居住的民族族源相同，宗教信仰相通，都以稻耕为主，和平相处，形成文化上的亲缘性。

云南十八怪

滇云文化可以从云南十八怪（表 8–5，图 7–38）谈起。云南奇风异俗繁多，在外地人看来奇怪的事实在太多。

表 8–5　云南十八怪简表

民俗	说明
山间铃响马帮来	马帮曾是崎岖山地的主要运输方式
袖珍小马有能耐	小马能适应艰险的山道和环境
火车没有汽车快	山路崎岖，火车线路延展较长
石头长到云天外	喀斯特地貌鬼斧神工
山洞能跟仙境赛	洞内怪石嵌空，玲珑斑斓

续表

民俗	说明
姑娘四季把花戴	低纬度高原气候，常年鲜花怒放
常年都出好瓜菜	气候适于四季长瓜果
鸡蛋用草拴着卖	利用当地资源保护易碎商品
摘下草帽当锅盖	草编锅盖形如帽
竹筒能做水烟袋	毛竹和烟叶资源丰富
蚂蚱当作下酒菜	气候温和，草木深深，昆虫肥美
四季服装同穿戴	气温年差小，四季服装差异小
过桥米线人人爱	稻米加工的风味食品
米饭饼子烧饵块	方便携带的米制食品
种田能手多老太	妇女勤劳，担负农耕重活
娃娃出门男人带	男人照料家务，照看孩子
有话不说歌来代	山区各民族热爱歌舞，性格开朗
东巴文化名在外	纳西族东巴文化国际知名

图 7-38　云南十八怪

案例一：2008 年 9 月 2 日 3 时许，黄高生骑摩托车载吕锦城到云南省新华村黄金花家屋外，由黄高生在屋外接应，吕锦城潜入黄金花的卧室偷走了男婴黄某某。二人最终在送男婴至河南的途中被警方抓获。

案例二：近年来，幼童被拐带事件经常发生。2006 年 3 月 31 日 17 时许，何聪在贵州省贵阳市南明区三六八医院附近，将正在玩耍的女童赵某（时年 3 岁）抱走，后何聪伙同项流先、杜小红将赵某带至河南省滑县，通过杨绪梅卖给当地村民。据医院里的目击者描述，何聪对于带孩子很有经验，孩子并没有哭闹，高高兴兴地被带走了。警方猜测，他可能是云南人，做家务带孩子熟门熟路。

“山间铃响马帮来”“袖珍小马有能耐”“火车没有汽车快”，讲的是交通方面的怪事。“石头长到云天外”“山洞能跟仙境赛”，是喀斯特地貌奇观。“姑娘四季把花戴”“常年都出好瓜菜”，说的是丰富的植物资源，特别是花卉资源。“鸡蛋用草拴着卖”“摘下草帽当锅盖”“竹筒能做水烟袋”，是云南人民对植物资源的巧妙利用。云南山高林深，昆虫个体肥大，因此有“蚂蚱当作下酒菜”一怪。“四季服装同穿戴”是服饰对气候的反映，在昆明一带比较典型。“有话不说歌来代”，云南人民特别是少数民族，酷爱歌舞，洱海西山白族有：“跳不完的西山舞，唱不完的西山歌。”

人类文化博物馆

云南省共有25个民族，其中15个民族是云南特有。无论从社会结构、语言或者从文字、音乐遗产考察，云南都是人类文化博物馆。我国汉藏语系有4个语族，在云南都可以找到。滇南的哈尼族创造了著名的梯田文化。纳西族东巴文化在国际上享有很高的知名度，纳西文化有东巴文、纳西古乐和母系社会三绝。东巴文兼有图画文字和表意文字的特征，是目前世界上唯一仍在使用的图画文字；纳西古乐保存了不少唐宋宫廷曲牌和道教洞经，人称“不听纳西乐，不算游丽江”；泸沽湖畔居住的纳西族摩梭人至今保留母系社会制度，采用走婚制，属于对偶婚的早期形式。妇女继承财产、主持家务、抚养子女。

香港文化

国际性

香港是东西方文化的接触点，是国际文化的橱窗。香港不断举办国际性的电影节、艺术节、舞蹈节、时装节，是全球精英展示才能和交流的重要场所。香港是世界著名的美食城，香港食品节、兰桂坊狂欢美食节、波士调酒比赛等处处展示香港饮食文化的国际水准。香港人三成以上可以熟练地掌握英语，优异的英语基础是香港人与国际文化接轨的有力工具。香港人继承了中华文化爱国爱家的传统，也吸纳了西方的自由、博爱等道德的精粹。

商业性

“短、平、快”是香港商业文化的具体表现。①“短”是短小精悍，电视节目大都是板块式的综艺栏目。报纸副刊，包括著名作家的专栏，大都是千字左右的短文。②“平”是平民化。电视、电影、流行歌曲、大众报纸杂志是香港平民文化的四大支柱。③“快”是节奏快、更替快。香港人走路快、办事快、吃饭快，快餐店、特快冲印、特快化妆等随处可见。

案例：“我们的使命是通过打击商业罪案，保持香港的商业环境稳定，保障市民的财产安全。”香港警队商业罪案调查科侦缉督察谢子峰向记者介绍。商业罪案调查科，隶属于香港警务处刑事及保安处刑事部，主要负责调查严重及复杂的商业诈骗案件及科技罪行等，包括电脑罪案、印制伪钞、伪造硬币、信用卡、其他商业票据、旅游及身份证明文件等案件。

法制性

法制性渗透在香港文化的各个方面。首先是制度文化上，香港政府、企业、社区都有完整有效的管理制度，在不少领域达到国际领先水准；其次是行为文化上，由于法律、规则的详细、稳定和透明，香港人根据法律、规则办事，可以预期结果，可以自主创意，自我负责；最后是高度自由性，没有新闻控制，不同思潮和形式可以自由竞争，兼容并蓄，争奇斗艳。

澳门文化

由于澳门独特的地理位置和历史背景，所以澳门文化是有深厚传统内涵的中华文化和以葡萄牙文化为特质的西方文化共存的并行文化，是一种以中华文化为主、兼容葡萄牙文化的具有多元化色彩的共融文化。

澳门最大的特点和贡献是它在16~17世纪成为贸易和传教中心后，大大促进了东西方文化的交流，并使地中海的拉丁文同印度、东南亚、日本及中国的文化相互融合。经历几次大火而仍然屹立的大三巴牌坊（图7-39）就是这种多元文化融合的历史见证，成为今日澳门的城市标志。中西合璧的建筑风格在占澳门半岛面积1/5的建筑群以及离岛的一些文物中处处可见，其特色为世界少见，至今仍受政府和联合国的精心保护，比香港和内地的同类古迹保护得更为完整，免遭商业化或政治浪潮的摧残。

宗教的多元化是澳门的另一特色，四百多年的天主教，一百多年的基督教和几十年的巴哈伊教与佛教、道教、伊斯兰教和平相处，不受外界宗教战争和宗教格斗的冲击，各自对社会做出自己的贡献，而且在某些方面又相互容忍和融合，尤其表现在本地老居民的习俗之中是兼而有之，连政府规定的假日都要照顾到几方面的传统，成为公众共同庆祝的节日。这种多元文化和习俗集中反映在世代在此居住的欧亚混血的土生葡萄牙人身上，他们的语言以葡萄牙语为主体并汲取了粤语和东南亚一些国家的词汇，土生葡萄牙人的烹饪更是吸收粤菜以及非洲、印度和东南亚的一些烹调风味。

图7-39　澳门大三巴牌坊

第 8 部分　旅游地理

旅游犯罪是指发生在旅游过程中（吃、住、行、游、购、娱）与游客、旅游活动或旅游环境、旅游设施有关的所有犯罪现象的总和，包括侵犯旅游者合法权益、破坏旅游资源、扰乱旅游秩序、妨碍旅游业发展、造成社会严重危害等，按旅游当地国刑事法规定应受到制裁的行为①。旅游犯罪的受害者是游客，案件经常发生在旅游目的地的景区景点、旅游饭店、特色餐饮店、休闲娱乐场馆、文化演艺场所。

旅游犯罪的类型主要有：①盗窃、诈骗、抢劫、抢夺、欺诈等，常见于旅游客流集中的特色餐饮店、城市休闲广场、休闲娱乐场馆和文化演艺场所，属于人身威胁和财产被害案件。②游客被杀害、性侵犯和情节严重的武力胁迫暴力犯罪，多发生在休闲娱乐场所。③危害游客安全的恐怖主义活动，常见于旅游购物场所和景区景点的周边。④旅游从业者或当地执法人员利用职权对游客实施非法搜身、非法拘禁、刑讯逼供、报复陷害等侵犯人身权利的犯罪型态，此类案件多发生于通过交通站点安检、景区门票门检以及出入境检查时，偶尔会发生于导游甩团时。⑤旅客受到街头小贩、乞丐、皮条客、出租车司机和当地人骚扰等，常见于旅游城市②；⑥旅游商业贿赂行为，如旅游目的地的旅游商品购物点暗中给导游人员高额回扣，景区给旅游代理商门票返利或者高额促销费用，酒店住宿业支付旅游代理商较高比例的佣金等均为旅游商业贿赂行为。特别是旅游供应商通过事先签订协议或者依照业内约定俗成的潜规则，暗中在账外支付一定比例费用给旅行社或者司陪人员（主要指陪团的导游、领队或者司机等人员），数额较大的不当利益交易的违法行为，会构成重大旅游商业贿赂行为而成为经济犯罪③。2016 年 11 月 3 日，据中央电视台财经频道报道，在四川的九寨沟黄龙旅游线路上，旅游购物店的商品都有详细的规定返点提成比例：冬虫夏草，返 30%；藏红花，返 40%；中药，返 50%；牦牛肉，返 50%；水晶，返 50%等。据粗略统计，九寨沟黄龙旅游线路上的几家购物店，每天返给旅行社的回扣就高达数百万元。⑦商业欺诈行为，旅游目的地的旅游商品经营者蓄意以假乱真，以次品充正品，采取虚构、隐瞒、限制等方式设置旅游购物陷阱，利用游客人生地不熟，无辨别商品质量能力，而误导其买真卖假，从法律意义上讲，这也是一种违法行为，严重者也构成犯罪。此外，有些旅游商品经营商还联合导游员，向游客推销假冒伪劣产品。⑧旅游偷渡犯罪，作为偷渡犯罪的一种新的特殊形式，旅游偷渡犯罪是指行为人以旅游者的身份办理出境旅游手续，待抵达目的国后，私自脱团并非法滞留，以达到偷渡的目的④。旅游偷渡者主要来自于经济不发达地区，或者边境贫困地区。旅游偷渡组织者多为旅游代理商。据国家旅游局通报显示，2006 年 4 月至 8 月，北京市华远国际旅游有限公司、北京众信国际旅行社有限公司、中国和平国际旅游有限责任公司、中国旅行社总社、北京新华国际旅游有限公司、天津经典假期国际旅行社有限责任公司、吉林省海外旅游总公司等

---

① 陈楠．出境游客旅游风险感知及旅游偏好关联研究［J］．人文地理，2009（6）：97-102.

② 邱淑苹．旅游安全学：旅游犯罪与侵害预防［M］．台北：秀威出版社．2009.

③ 邓中文．商业贿赂犯罪概念的界定［J］．商业研究，2010（11）：192—194.

④ 于锦华，王宁．中国旅游偷渡犯罪问题管见——以辽宁省旅游偷渡现象为例［J］．中国人民公安大学学报（社会科学版），2009（2）：153—156.

七家出境游组团社组织的赴欧洲，赴澳、新旅游团陆续发生少数游客非法滞留事件。其中，中国旅行社总社 7 月 9 日组织的赴澳、新旅游团共 8 名游客，全部在境外滞留。

旅游犯罪的构成要件

旅游犯罪的构成要件主要有旅游犯罪主体、旅游犯罪客体、旅游犯罪主观方面和旅游犯罪客观方面。

（1）旅游犯罪主体：旅游犯罪主体就是旅游犯罪者，可区分为针对旅游者进行的危害行为和旅游者本人犯罪两大类。针对旅游者进行的危害行为，除了当地人或者到旅游目的地从事旅游犯罪的行为者外，也包括旅游从业人员和蓄意破坏旅游环境设施者。其犯罪形态包括非暴力犯罪形态（如扒窃、诈骗等）和暴力犯罪形态（如攻击、性侵害、抢劫等）。旅游者本人的犯罪行为数量与针对游客实施的犯罪数量相比少很多，多以性交易、赌博、盗窃、贩毒等犯罪行为为主，也包括盗卖文物和走私珍贵稀有动植物等旅游犯罪形态①。

（2）旅游犯罪客体：旅游犯罪客体就是旅游犯罪的受害者。可以是旅游者，也可以是旅游当地的居民，还可以是旅游资源或者旅游环境设施等。

（3）旅游犯罪主观方面：旅游犯罪主观方面是指旅游犯罪人故意且具有非法占有的目的。根据旅游犯罪策划可分为计划性犯罪（恐怖主义等）和机会性犯罪（性侵害、盗窃等）。根据旅游犯罪动机可划分为经济犯罪动机、政治犯罪动机、个人犯罪动机。

（4）旅游犯罪客观方面：旅游犯罪客观方面是指旅游犯罪行为者针对游客进行生命财产的侵害、危害旅游经济秩序、破坏旅游环境和旅游资源、降低旅游设施的价值和品质等各类形态的侵害。如财产犯罪（游客遭受盗窃、诈骗、抢劫、勒索等）、暴力犯罪（杀人、绑架勒索、伤害、恐吓取财、强奸等）、危害公共安全（如恐怖爆炸事件等）、侵犯人身权利（如非法搜身、非法拘禁、限制人身自由等）、破坏旅游环境和旅游资源（如破坏景区文物、损坏旅游景观、猎杀珍贵稀有野生动物、非法砍伐森林等）。

旅游犯罪侵害现象

中国游客遭遇犯罪侵害的主要类型可归纳为抢劫、偷盗、抢夺、暴力伤害、绑架、恐怖袭击、非法拘禁、诈骗、敲诈勒索和欺诈 10 种类型（如表 8-1 所示），按照编码案例数所占比重来看，抢劫和偷盗是中国游客所遭遇的主要犯罪侵害类型（如图 8-1 所示）②。中国游客遭遇绑架勒索也是一种比较偶发但不容忽视的犯罪侵害类型，随着世界跨境有组织犯罪活动范围的不断扩大，国际旅游者也开始成为他们的作案目标。

表 8-1　中国游客遭遇的犯罪侵害类型

犯罪侵害类型	参考点	开发编码陈述举例
抢劫	79	旅行车玻璃遭歹徒砸碎、背后袭击、趁神志不清丧失知觉时打劫、石头和锤子攻击游客小巴士、殴打游客、暴力抢劫、拦路抢劫、围堵抢劫、劫匪武装抢劫、主动热情搭讪抢劫、持枪抢劫、入室抢劫、尾随抢劫、拦车抢劫、掏出凶器威逼游客

① 周富广．旅游犯罪的预防与控制［J］．乐山师范学院学报，2004，19（11）：111-114.

② 刘聪超．中国公民境外旅游遭遇犯罪侵害研究［D］．厦门：华侨大学硕士学位论文，2014.

续表

犯罪侵害类型	参考点	开发编码陈述举例
偷盗	74	财物失窃、护照被盗、将游客背包盗走、手提包被盗、房间被撬、团伙偷窃、笔记本和电话被窃、财物不翼而飞、车门被撬、潜进领队房间喷迷药洗劫财物、后备箱被撬、趁乱偷走钱包和护照、大巴车被撬、全团行李失窃、酒店钥匙被窃，房间财物遭洗劫
抢夺	9	强抢女士的高级手提包和游客的高级相机、正在通话团员的手机被抢、抢夺手提包、摩托匪抢夺包包、抢夺匪强拉手提包、劫匪飞车抢走导游手提袋
暴力伤害	8	被殴打、被保安拳打脚踢、胡椒水喷眼睛，揪头发并用皮鞋踢、感到遭受了“暴力”、枪击受伤
绑架	4	挟持、被绑架被禁锢、将受害人劫持至中国境内
恐怖袭击	7	武装人员袭击了酒站，开枪打死 9 名游客和 1 名导游、遭歹徒枪击、自制炸弹事件
非法拘禁	3	被警卫以手铐反锁双手，带往保安室
诈骗	9	被当地假警察诈骗，假警徽、假警察证欺骗游客，自称随身财物和个人证件丢失，希望向同胞借钱
敲诈勒索	3	敲诈团队的匿名恐吓电话、因欠赌金护照被扣，被索要的欠款远超实际数额
欺诈	7	向其亲友发送虚假信息以诈骗钱财、擅自变更合同、强迫消费、以博彩旅游可免除食宿费为诱饵招揽国内游客

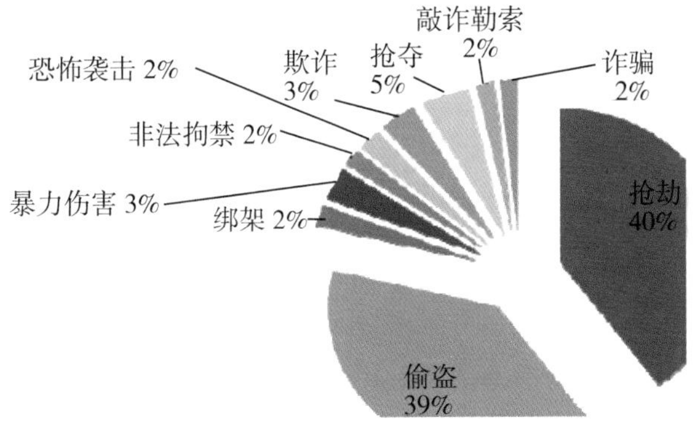

图 8-1　中国游客遭遇犯罪侵害案例类型分析

案例：2013 年 12 月 05 日，台湾游客在马来西亚遭遇武装组织绑架，犯罪分子向其家属勒索台币一亿元。2009 年 5 月 27 日，一名女游客在菲律宾一家小型百货商场附近遭遇武装分子劫持，并将其强制压上汽车后匆忙逃离现场，随后绑匪向其家属提出约合 27 万美元的高额赎金。2005 年 5 月，一名游客在菲律宾一家赌场被绑架，在被绑匪禁锢了四天四夜后，其家属缴纳 115 万人民币赎金后才获释。2003 年 4 月 16 日，一名女游客在缅甸遭遇同胞劫持绑架，在其财物被洗劫后又被劫持至中国境内。

据统计，美国、澳大利亚和西欧国家去东南亚旅游的男性游客中，高达 70%~80%的人其唯一追求是性娱乐。在我国，南方地区旅游地的游客嫖娼被抓事件屡见不鲜，此外，聚众旅游赌博也是一种违法犯罪行为。但在西方国家，以及我国的澳门特别行政区，旅游赌博被称为博彩业，一直是旅游业的一个主要支柱，比如，美国大多数州都设有合法赌场。据澳大利亚 Surfers Pardaies 警察管辖区的统计报告分析，最容易发生盗窃的场所是宾馆，占整个盗窃案件的 35.91%，其次是机动车辆，占

18.78%，再次就是娱乐场所，占12.71%①。

旅游犯罪侵害现象的特点：

第一，旅游犯罪侵害现象往往集中出现在特定的地方。比如，红灯区和宾馆是性交易集中的场所，深圳、广州两市的数据表明，在宾馆进行的性交易活动约占整个性交易活动的50%；澳大利亚昆士兰州多处海滨旅游地的证据表明，汽车旅馆和娱乐场所是小偷最常光顾的地方；昆明市的证据也表明，寄宿场所、交通场所是盗窃、抢劫等侵害事件多发的地方。

第二，旅游犯罪侵害现象的发生还具有显著的季节性和周期性。一般而言，旅游犯罪事件在旅游旺季发生较多，旅游淡季发生较少。旅游犯罪的周期性与旅游地的发展阶段有关，也可以说是与旅游目的地的生命周期有关。处于发展起步阶段的旅游目的地的犯罪率都远低于全国平均水平；而处于快速发展期的旅游目的地的侵财犯罪和吸毒违法犯罪逐渐上升并达到全国平均水平；处于成熟期的旅游热点目的地的犯罪率超过全国平均水平。如巴黎埃菲尔铁塔是法国著名的标志性建筑之一，每年都会吸引数以百万的游客来参观，给巴黎带来极为可观的经济收益，2001年营业额高达5000万欧元，2000年上交盈利3270万欧元。埃菲尔铁塔的门票成为某些不法分子聚敛钱财的工具，据巴黎市政厅官员估计，侵吞票款的行为很可能从1993年开始实行计算机售票起就已存在，那么迄今不法分子已经侵吞票款300万~400万欧元。此事件引起了法国社会的极大关注。

案例一：免费入住狼窟②。尚婕是一位长相甜美的高雄女孩，在台北东区开了一个“甜妞见”小店，经营服饰、皮包等女性特色商品。相对于赚钱而言，尚婕更看重人生经历及精神上的富有，她的梦想是用相机捕捉异域风情，用日记镌刻多彩旅途中的惊喜与感动，让人生变得更加丰富多彩。

2008年8月，尚婕去了向往已久的意大利。因崇尚自由，她便以背包客的身份独自漫游在罗马街头。但由于英文欠佳，又不了解当地的风土人情和景区景点的分布情况，她的第一次异域之旅并不顺利。最令她心疼的是，在欧洲的酒店下榻简直有一种“放血”的感觉，每晚都要花费上百欧元，折合台币4000元左右，再加上往返机票和就餐、游玩费用等，意大利一游，足足花掉了她半年多的积蓄，而留下的记忆却是一塌糊涂。

2010年初，一位朋友开心地对尚婕说，她前不久加入了“跨国沙发客”俱乐部，并有了一次完美的出国体验经历，虽然尚婕听得满头雾水，但是能花最少的钱游遍世界，是尚婕心里最美好的愿望，所以尚婕再也按耐不住一颗激动的心，于是通过网络搜索，得知一名英国屋主愿意提供免费沙发给国际游客。于是尚婕透过电子邮件与屋主James联系，对方果真豪爽答应。尚婕心想：朋友说的没错，外国人大多很热情。当尚婕下了飞机，于晚7点到达事先约好碰面的维多利亚车站时，屋主James已在等候，并带尚婕回寓所共进晚餐。到了晚上，尚婕准备在沙发上休息时，屋主James突然出现并邀请尚婕和他一起看照片。虽然坐了一天的飞机很疲劳，但为了表示礼貌尚婕只好同意，刚开始屋主James分享一些生活照片，但接着话锋一转直接问台湾女生对性方面的态度：如果当男生要求发生性关系时，台湾女生通常会有什么反应，尚婕当时就感觉心中不太舒服，但是人生地不熟，也不好反驳。此后，屋主James更加若无其事地详述他的性生活，甚至问起尚婕有没有性经验等私密问题，让她不只尴尬更有被骚扰的感觉。当时尚婕二话不说拿起背包走出门外，另找住处了。但此事在尚婕的心里留下了深深的阴影，每每想起都会感觉后怕。

案例二：魂断千岛湖③。1994年4月1日清晨8时05分，浙江省淳安县公安局接到报案：千岛湖湖面有一艘失火的游船！淳安县公安机关及相关单位调遣消防队、医护人员赶赴现场灭火救援。经核实：失火游船为“海瑞”号，“海瑞”号于3月31日离开安徽深渡到千岛湖，原定当晚于淳安县茶园镇毛竹源码头登陆上岸。当时船上载有24名台胞游客、2名导游和6名船员，此事经过300民

① 熊琳．旅游犯罪学研究［D］．武汉：华中师范大学硕士学位论文，2002.

② 邱淑萍．观光暨旅游个案分析—旅游风险与危机处理［M］．华立图书股份有限公司松根出版社，2012.

③ 张勇．旅游犯罪研究——机制、评估与控制［D］．开封：河南大学硕士学位论文，2011.

警长达 17 天的昼夜侦查，最后将目标锁定了吴黎宏、余爱军、胡志瀚等三位嫌疑人，当游船经过千岛湖猴岛时，犯罪嫌疑人吴黎宏、胡志瀚、余爱军驾驶游艇尾随，当游船行至阿慈岛附近水域，夜幕降临，雨也越下越大，犯罪嫌疑人吴黎宏等人见四周没有其他船只过往，便靠上“海瑞”号船尾右侧，蒙面登上游船，犯罪嫌疑人余爱军手持猎枪冲到驾驶室，朝天开枪恐吓船员并将船员赶入游船底舱。犯罪嫌疑人胡志瀚冲入中舱，一斧头剁在桌上，威胁游客：“把钱拿出来，不伤害你们性命！”。吴黎宏拴好摩托艇后，端着猎枪冲上游船。在犯罪嫌疑人的威逼欺骗下，6 名船员、2 名导游先到底舱，游客也被诱逼陆续交出钱物后下到底舱，胡志瀚持斧头守住底舱出口。行至黄泥岭水域，3 名歹徒凶相毕露，向底舱连开数枪，并向底舱扔下两包炸药，接着又取来一桶汽油，向底舱倾倒，刹那间大火喷出底舱，四散蔓延。

1994 年 4 月 20 日，吴黎宏、胡志瀚、余爱军等犯罪嫌疑人被依法逮捕。6 月 3 日，杭州市人民检察院向杭州市中级人民法院就千岛湖抢劫、故意杀人案提起公诉。6 月 10 日，杭州市中级人民法院开庭公开审理千岛湖抢劫、故意杀人案，现场 280 多个旁听席上坐满了受害者家属和当地群众。法庭审理中，3 名被告人分别供述了犯罪准备、作案过程、分赃过程。法庭宣读了有关证人证言，出示了大量物证、书证和其他有关罪证，7 名证人和有关鉴定人出庭作证，三名被告人面对自己的犯罪事实供认不讳。6 月 19 日，浙江省高级人民法院复核裁定，对抢劫犯、故意杀人犯吴黎宏、胡志瀚、余爱军判处死刑、剥夺政治权利终身，三名罪犯随即被押赴刑场，执行枪决。

据了解，千岛湖惨案发生的原因是，吴黎宏在 1993 年借贷 6 万元购买了大马力的摩托艇，1994 年 6 月还款期将到。1993 年 9~10 月间开始，无证从事摩托艇营运的 22 岁的吴黎宏与自动离职职工胡志瀚为还债和挥霍，开始密谋抢劫他人钱财，此后又纠集了无证从事个体摩托艇营运的余爱军。他们多次策划抢劫的时间、地点、对象、手段及抢劫后沉船杀人灭迹的方案，并准备了猎枪、子弹、炸药、斧头、匕首等凶器和其他作案工具，最终导致千岛湖惨剧的发生。

如同一般人的行事决策一样，旅游犯罪者进行犯罪活动之前，总是想办法去衡量犯罪的风险，如果获利或者报酬够高，损失或危险较小，就有可能采取行动。对于旅游犯罪者来说，游客是其高获利、低风险的最佳猎物，主要原因是：第一，游客携带现金，而且一些人随身携带大面额钞票；第二，游客携带有价值财物，如手表、珠宝、高档数码摄像机等，这些物品容易拿到手，且容易被变卖成现金。同时，游客将旅游犯罪者的犯罪风险降到最低，原因是：①游客不可能随身携带武器，对于犯罪者来说，游客没有防卫武器就意味着降低了自己受害的风险。②游客与犯罪者的互动过程中，常因游客事后觉得平安无事，或者人身无伤害而不愿意去报案、怕麻烦，致使犯罪者认为被侵害者不会报案，对于他们来说是好机会，并且就算报案，因为司法程序时间较长，案件也不可能立即了解。③即使游客报了案，游客也不太可能因为一个抢劫案或者轻微受攻击的事件，而花费自己有限的时间去配合当地司法程序来进行破案，游客一般会照着既定的行程活动。以上这些因素都无形中降低了旅游犯罪者被抓获的风险①。

公款旅游现象伴随社会奖励旅游而生，理应反映社会经济发展的进步与水平提升。然而，公款旅游则多发生在国家行政和事业部门，多为某某领导和技术骨干利用职务之便或以公务为幌子而进行的旅游活动。中央三令五申严禁公款旅游，相应的督查监管也越来越严厉，公款旅游被视作违纪腐败行为。例如，2013 年 12 月通报的北京市海淀区区属企业监事会原主席张某某公款出境旅游问题，其多次接受某中学校长邀请出境旅游，个人费用共计 51356. 73 元，已构成旅游犯罪行为。

赌博旅游团虽是罕见的旅游犯罪现象，但其影响极其恶劣。2011 年 7 月，上海市宝山公安分局端掉了一个流窜在上海高档宾馆的“赌博旅游团”，共抓获 60 余名违法犯罪嫌疑人。该赌博旅游团以银行卡转账形式进行赌博，赌资达人民币 1 亿元，组织该旅游团的是具有丰富反侦查经验的温州籍赌博团伙，他们针对参赌者经济实力较强的特点，用包吃、包住、包交通费的“赌博旅游团”的方

① 邱淑萍．旅游犯罪被害的十大迷思［J］．中央警察大学犯罪防治学报，2008（9）：217- 230.

式，以高档宾馆作为赌场，吸引温州籍参赌人员到上海从事巨额赌博。

旅游犯罪侵害现象的发生与旅游目的地的旅游旺季关系十分密切。旅游旺季，旅游目的地游客集中，潜在被侵害游客数量规模大，旅游犯罪者有更多机会也更容易实施犯罪行为。从区域上分析，旅游盗窃侵害多发生在游客住宿场所，而在旅游交通站点多出现诈骗、伤害、盗窃等旅游犯罪侵害行为。在炎热的旅游目的地强奸犯罪侵害事件多。在岛屿型景区中，危及游客生命安全的旅游犯罪现象时有发生。如 2005 年 4 月 3 日，在厦门鼓浪屿的渡轮上，1 名法国游客被 1 名江西籍男子杀害；2009 年 11 月 20 日，在北马里亚纳群岛的塞班岛上，1 名枪手向游客群体开枪造成 8 人受伤 5 人死亡；2013 年 5 月 8 日，在鼓浪屿景区，因口角纠纷，1 名贵州籍游客持械砍伤 4 名游客；2014 年 9 月 15 日，在泰国旅游胜地龟岛，2 名英国游客遭杀害身亡。

在旅游经济发达的旅游目的地可构建旅游犯罪评估系统，以便于通过互联网技术进行旅游犯罪预防。旅游犯罪评估是指对旅游犯罪发展阶段、发展态势和影响度进行的测定分析，可以为旅游犯罪管理提供基础信息，依据旅游犯罪发生和演变的过程阶段，可以将旅游犯罪评估分为旅游犯罪前、旅游犯罪中和旅游犯罪后等三个阶段。旅游犯罪评估系统是对旅游犯罪管理控制各阶段进行的评估，根据旅游犯罪的评估阶段和评估内容，构建了由预测防范评估、应对能力评估和影响效果评估三大部分构成的旅游犯罪评估系统（如图 8-2 所示）。从图 8-2 中可以看出，外部信息或信号通过始端进入旅游犯罪评估系统，经过预测防范评估、应对能力评估、影响效果评估等过程，在系统的末端输出结果，再对系统结果进行评估分析，总结反馈至始端。通过自始至终的评估系统，贯穿于旅游犯罪管理系统的各个阶段，能促进旅游犯罪管理的防范和应对效果，提高旅游犯罪的管理能力①。

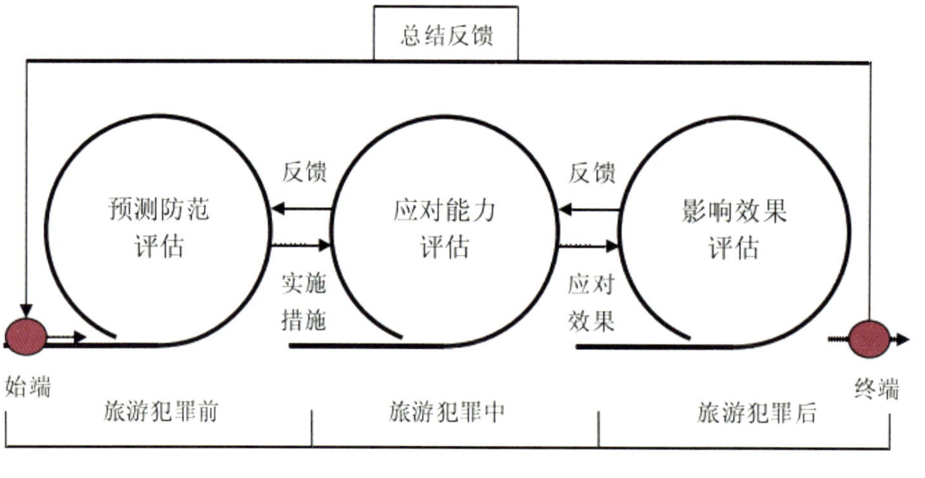

图 8-2　旅游犯罪评估系统结构图（TCES）

1975 年，美国就建立了“国家受害者帮助组织”，专门帮助那些在暴力、恐怖、犯罪过程中受害的国际旅游者；1982 年，泰国建立了旅游警察部队，专门处理国际旅游者钱财被盗、费用纠纷、物品丢失、人身恐吓等旅游犯罪案件；1995 年，中国在四川巫山成立了第一家旅游法庭。旅游救助和防治机构除了实施其主要救助职能外，最多的是通过报纸、电视等新闻媒体给予旅游者以警告。泰国政府和新闻媒体建议旅游者晚上不要离旅游区太远，若在贫困地区徒步旅行时，不要单独游览北方接近边境的地区。美国执法人员和旅游专家则建议旅游者不要穿得像个外地人、钱财不可外露、不要手持地图和指南、向酒店人员查询安全地区、要把贵重物品存在酒店保险箱、发生事情时不要反抗等②。不可否认，各种救助和防治机构在预防旅游犯罪中扮演了重要的角色。

① 张勇．旅游犯罪研究——机制、评估与控制［D］，开封：河南大学硕士学位论文，2011.

② 熊琳．旅游犯罪学研究［D］．武汉：华中师范大学硕士学位论文，2002.

鼓浪屿旅游犯罪空间分布特征

鼓浪屿犯罪的发生场所分为路面、员工宿舍、商铺、沙滩、景点、菜市场、旅馆、原住民住宅、施工现场、码头、轮渡、餐厅等 12 种类型。针对旅游者的犯罪，发生在路面的比例达 62.79%，以路面扒窃为主，主要在于部分游客行走在道路中缺乏安全意识，对随身携带的背包、手机、钱包、相机等保管不当，容易成为盗窃犯罪的受害者；商铺也是针对旅游者犯罪的多发场所，比例达到 18.89%，以盗窃为主，多发生于旅游者购买商品后；发生在轮渡码头及渡轮上的犯罪以扒窃为主，比例达到 4.49%，轮渡作为进出鼓浪屿的主要交通方式，旅游者的密度高，造成了扒窃犯罪的高发；发生在旅馆的入室盗窃案比例达到 18.32%，主要表现为旅游者的手机和行李失窃。此外，针对原住民的家庭住宅入室盗窃发生率达 5.04%，主要表现为金饰、家用电器、手机、计算机等的失窃，财产损失额度较高；针对旅游从业人员的入室盗窃发生率达 5.95%，盗窃的物品主要是手机和计算机。而其余 5 种场所的犯罪数量较低，约占总数的 7.78%①。

旅游犯罪预防

在乐山市主要景区以及车站、广场等公共场所，图文并茂的预防腐败的公益广告都十分引人注目，这是该市两级检察机关深化预防职务犯罪文化建设、构建预防职务犯罪社会化工作格局的举措之一。早在 2008 年，乐山市检察院便开始谋划，在 11 个区、市、县、自治县检察院增设职务犯罪预防局，形成党委统一领导、检察机关发挥职能作用、有关部门参与的党政齐抓共管的预防职务犯罪格局②。

2012 年，海南省公安机关建成了国内民航来琼旅客信息系统等 4 个重要信息系统，整合采集各类信息 3. 7 亿条，完成了省公安厅新指挥中心建设和全省“三台合一”接处警系统的升级改造③。当海南省旅游旺季到来时，来琼旅客信息系统可以帮助公安机关切实落实旅游景区、景点的安保工作，确保不发生重大刑事和治安案件，不发生重大性火灾、交通等安全事故，确保广大游客和居民的安全。

在旅游目的地游客与居民的冲突

旅游目的地本是当地居民生活的空间，由于游客的到来，干扰了居民正常的生活，并且由于空间利用上彼此存在竞争和行为举止的差异，在进行商业活动时，也可能会因双方对商品、服务等认知的差异，造成居民与游客在态度、情感、期望上存在矛盾与对立的情形。居民与游客间常见的冲突因素主要有以下几点④。

1. 生活空间的干扰

（1）拥挤。交通拥挤、空间拥挤是许多旅游目的地最先、也最常遇到的问题。游客的到来产生

---

① 董斌彬，郑向敏，谢朝武．旅游型海岛的犯罪现象：鼓浪屿案例研究［J］．旅游学刊，3016（04）：118-126.

② 郑刚，李佳阳，刘德华．世界旅游胜地的大预防—四川乐山：积极构建预防职务犯罪工作大格局［N］．检察日报，2013-12-30.

③ 吴晓峰，邢东伟，陈炜森．坚决打击旅游季节盗抢犯罪［N］．法制日报，2013-01-26.

④ 戴能振．澎湖县观光竞争服务品质之研究［D］．台北：国立中山大学公共事务管理研究所硕士学位论文，2007.

了“堵车”情形，也干扰了居民的日常生活。大量游客进入到旅游目的地后，造成城市空间拥挤，居民出行不便。影响了居民对日常生活的期望与目标，而使居民抱怨。

（2）停车。随着社会经济的发展，节假日私家车出行越来越多。旅游目的地社区停车的空间有限，因此大部分地区都会产生节假日旅游高峰期停车难的问题，产生游客与居民“竞争”停车空间的问题，造成居民生活上的不便。

（3）噪声。游客与居民的互动中，居民受到噪声干扰的情形时有发生。

（4）环境破坏。游客给旅游目的地带来的垃圾问题，对居民产生了严重的影响。一些游客不经意地或恶意地破坏当地的财物（如景区的设施或景观和景区的花草、盆景等）的行为，对旅游目的地的环境产生了严重的破坏。

2. 心理层面的干扰

（1）不友善。由于居民对游客影响的认知不同，因此会显现出不友善的态度；而游客可能基于过去的旅游经验，积累了许多不好的印象，对当地居民产生不友好的态度。

（2）不尊重。游客的行为经常不顾及他人的感受，甚至会违背旅游目的地当地的风俗、民俗、传统与宗教文化，导致当地居民憎恶游客。

（3）侵犯隐私。游客经常在有意或无意间侵犯当地居民的隐私权。有些地方的居民常常因为游客的好奇心而感到隐私尽失，对外来游客相当排斥。

（4）傲慢。一些游客来到经济欠发达地区，感觉旅游当地的物价较低，因而出手大方，甚至有施舍给当地人的心态出现，令当地居民难以接受，对游客产生反感。

（5）误解。游客不了解当地的法律和当地居民的生活方式，又与当地居民沟通不足，产生很大的冲突，尤其是当居民与游客双方的背景差距很大时，更容易产生误解。

旅游系统

旅游系统是由相互作用和相互依赖的若干组成部分结合而成的具有旅游功能的有机整体。从空间联系的角度看，旅游系统是由客源地、旅游目的地和旅游通道等三个子系统构成的区域综合体。这一区域综合体中的旅游通道子系统既表现为客观的交通干线，更为重要的是表现为旅行社经营的旅游线路，以及交通运输部门为支持旅游业的发展而开设的各类旅游交通运输专线、专列、航班等①。

旅游目的地

一定地理空间上的旅游资源、旅游接待设施、旅游基础设施以及其他相关条件有机地结合起来成为旅游者停留和活动的目的地，即为旅游目的地。从社会空间上理解，一个完整的旅游空间系统由吸引物组团、服务社区、对外通道和区内连接通道等四个方面的要素构成，这些社会空间都是游客可能的活动范围。旅游目的地的核心特征是吸引区域外的人们前来进行观光、游览、度假、休闲、会议、访学、禅修等非谋生活动。

基于旅游者对旅游目的地的认知，旅游目的地应该划分为三个空间层次：一是游览服务区，即旅游景区景点（即通常意义的门票以内区域），它一般是旅游目的地的吸引力核心，是旅游者旅游活动的终极目的地，也是旅游目的地的最小旅游目的单元；二是社区服务区，即旅游景区周边区域，也是旅游景区所在的社区，是除旅游景区以外的旅游者活动密集的区域，本区域是为旅游者提供购物、餐

① 李永文．旅游地理学［M］．北京：科学出版社，2013.

饮最集中的区域，是旅游者了解地方文化的最佳区域；三是社会服务区，即旅游目的地所属地区（除景区和社区外），是旅游者对旅游目的地建立第一印象的区域，是旅游地为旅游者提供旅游交通、旅游住宿、基础服务的重要区域。各空间层次利益主体所关注的内容不同，其中以旅游者关注的区域最广。在中国较著名的旅游目的地有黄山、张家界、九寨沟、西安、杭州、成都等。

在旅游目的地，旅游犯罪表现为在旅游目的地对游客实施的盗窃、抢劫、诈骗、伤害、杀人、强奸等犯罪活动和以旅游的名义进行偷渡、贩毒、走私和扰乱旅游市场秩序等犯罪活动，以及破坏旅游交通工具或旅游景区设施等不同形式的犯罪活动。

旅游目的地空间层次

关于旅游目的地空间层次的研究较多，研究角度有三个，一是地理空间包含关系的层次，二是根据旅游景区级别关系划分的层次，三是旅游要素重要性程度的层次。保继刚认为，“旅游空间行为是人们在地域上进行旅游和游玩的过程”，他根据涉及的空间大小把旅游空间行为划分为大、中、小三个尺度，高级别的旅游地对旅游者的行为影响几乎是决定性的。陈文晖从旅游需求角度论述了旅游者旅游需求的空间层次。基于旅游行为导向，旅游目的地的空间层次应该从三个视角综合理解，一是地理空间层次，具有微、中、宏三个包含关系的空间层次；二是空间的管理层次，不同空间的管理主体和内容不同，具有明确的责任空间；三是旅游者对旅游目的地的空间感知层次，在不同地域空间内旅游者对旅游目的地的认知角度和程度不同。

根据已有研究成果和本书研究的视角，基于旅游者对旅游目的地的认知，旅游目的地应该划分为三个空间层次（图8-3）。一是游览服务区，二是社区服务区，三是社会服务区①。

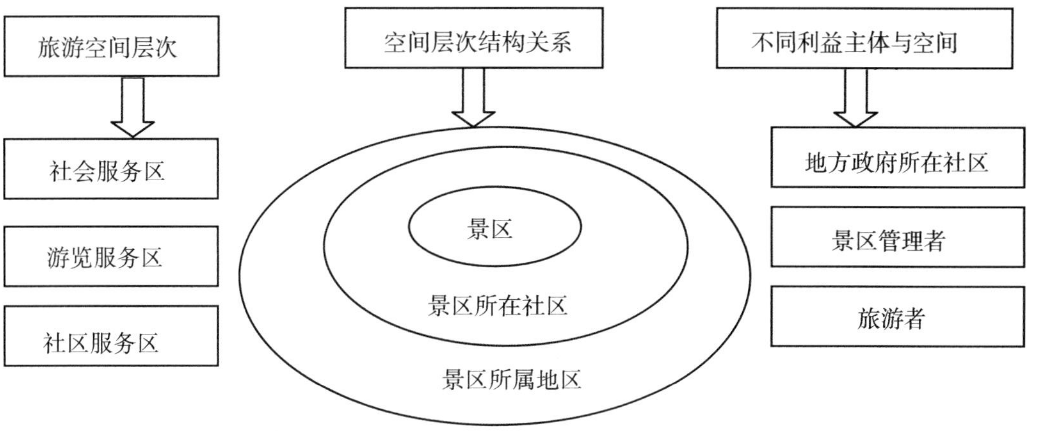

图8-3　旅游目的地空间层次与结构独立分析

世界旅游目的地空间分布特征

1. 度假型旅游目的地集中在欧美经济发达的地区

进入20世纪60年代，伴随着旅游度假的大发展，在加勒比海沿岸、地中海沿岸、东南亚国家的海滨地区和夏威夷、澳大利亚的海滨地区形成了以夏季休闲度假为主要目的的海滨度假区，在欧洲的

① 王昕，陈婷．基于旅游行为的旅游目的地空间层次与管理［J］，人文地理，2009（6）：107-110.

阿尔卑斯山和韩国首尔附近的山地，出现了以冬季山地运动、健身为主要目的的山地度假区。20 世纪 70 年代后期，大多数欧共体国家有一半或一半以上的人口每年离家休假至少 1 次。到 20 世纪末，欧美一些国家的度假甚至成为各类旅游产品中居主导地位的产品。

2. 观光型旅游目的地相对分散

观光型旅游目的地的发展是以优越的旅游资源为依托的，凡是具有特色的自然山水风景、名胜古迹、民俗风情、历史文化等旅游资源的地域，均可以发展成为观光型旅游目的地。而世界旅游资源分布的分散性，决定着观光型旅游目的地分布的相对分散。

3. 旅游目的地重心向东转移的速度加快

欧洲和北美是现代国际旅游业的两大传统市场。在 20 世纪 80 年代以前，它们几乎垄断了整个国际旅游市场，接待人数和收入都占世界总数的 90%左右。20 世纪 80 年代后，随着亚洲、非洲、拉丁美洲和大洋洲等地区的一批整个新兴旅游目的地的崛起，使得国际旅游业的空间分布格局发生了较大变化。尤其是东亚和太平洋地区，近些年来，其国际旅游增长率高于世界平均水平，达到 7.5%。在未来的世界旅游目的地发展中，欧美传统旅游目的地的发展将放慢速度，东亚和太平洋地区的新兴旅游目的地将发展迅猛，这使得世界旅游业发展的重心转向新兴旅游目的地的速度加快。

4. 旅游目的地分布地域广泛

过去人们的旅游活动往往集中在著名景区或大都市，而现代旅游阶段，旅游活动的范围大大扩展。不仅从西欧、北美扩展到全世界，而且从南极到热带丛林，从非洲沙漠到南美高山，都有旅游者的足迹。那些人迹罕至的地方，如一些荒僻的雪山幽谷、乡野村落、大漠孤岛，如今更具魅力。科技的发展还把游人送到了太空和海底，这种旅游地域的广泛性可谓遍及全球。

进入 21 世纪，全球的旅游业将继续保持以上特点和发展势头，在巨大的社会需求和激烈的国际竞争中不断提高发展质量和水平。据世界旅游组织预测，2020 年全球国际旅游人次将达到 15.6 亿。其中增长最快的是东太平洋地区，年增长率将达到 6.5%，占全球市场份额的 25.4%，成为仅次于欧洲的第三大旅游区，届时世界旅游市场将形成欧洲、美洲、亚太地区三分天下的格局。

中国旅游客源地

旅游客源地是指具有一定人口规模和社会经济能力，能够向旅游目的地提供一定数量旅游者的地区或国家，即产生游客的地方。中国内地（大陆）入境旅游客源地主要有中国港澳台地区，韩国、日本、新加坡、菲律宾、泰国、澳大利亚、俄罗斯、德国、美国、英国等。每个区域的客源地均有一定的空间指向性，即与区域间存在显著差异，特别是自然风光、地质地貌、民俗风情、生活方式、文物古迹等方面有显著差异。

旅游者是指为了寻求生理和心理的满足，离开常住地到其他地方旅行的人；他们基于消遣、康乐、出差或参加会议、商务、休学、疗养等原因离开居住地。离开自己的居住国，到另一个国家访问至少 24 小时的人属于国际旅游者。旅游者相对于旅游目的地区域的身份首先表现为外地人，其次是被区域内的客观存在的自然资源、文物古迹、民俗风情、宗教信仰场所、教育科研、节事活动等现象所吸引，而不是因为谋生前来旅游目的地的。

旅游通道

旅游通道作为旅游地理学的专有概念，是旅游交通的重要组成部分，它是连接各景区并满足游客通行需要和审美要求的交通廊道，其可进入性、网络化程度和道路质量的优劣是区域旅游资源开发与旅游产业发展的首要条件，显著地影响着旅游体验的质量①。跨省旅游通道实现空间修复的逻辑链可以表述为：伴随着区域旅游经济的快速发展，大量的新兴或传统旅游景区因旅游产能盈余而出现经营危机，对旅游市场的争夺日趋激烈。在此背景下，地方政府通过行政权力以及促进旅游产业发展的政策满足“权力资本逻辑”的要求；通过引进市场资本，推动城市空间发展与旅游景区的提档升级，这体现了“权力领土逻辑”。在二者的双重作用下，促使地方政府选择将旅游交通系统的建设作为“空间修复”的重要策略。换言之，通过跨省旅游通道的重新规划设计或者“线路统筹”，一方面使得特定区域内的旅游景区、旅游城镇跨越了省区的地理空间阻隔，实现了区域旅游经济的地理扩张；另一方面，跨省旅游通道也成了景区、城镇等旅游资本要素“空间重组”的重要依托②。

旅游地文化

旅游地文化是在一定地理空间上的旅游资源与传统文化相结合的一种复合文化形态，包括三个不同层面：一是旅游地文化的物质要素，主要包括旅游地的旅游资源、旅游商品和旅游服务设施等，是旅游地文化的实体层面。二是旅游地文化的行为要素，包括旅游地的风俗习惯、生活制度、行为规范等，也是旅游地文化的行为方式层面。三是旅游地文化的心理要素，包括旅游地居民的民族性格、宗教情绪，也包括旅游相关从业人员、与旅游者有直接接触的旅游地接待人员和工作人员的思维方式和道德情操，还包括旅游者的审美趣味和价值取向。这些可称为旅游地文化的精神文化层面。旅游地文化的地域性主要是指文化的地域差异性，其形成主要有两种因素：一种是自然环境，另一种是社会环境。

陈传康先生根据传统文化资源、现代文化资源、自然风光、开发重点和客源市场状况，将中国旅游资源划分为 7 个一级旅游文化区，即华北旅游文化区、长江中下游流域旅游文化区、华南旅游文化区、西南旅游文化区、东北旅游文化区、内蒙古西北旅游文化区、青藏高原旅游文化区。一级旅游文化区还可以进一步划分为二级旅游文化区。例如，华北旅游文化区可分为：①京津冀的元明清“直隶区”，以明清古建和园林为主要特征，京津文化又有很突出的近现代开放特征。②关中的秦汉唐文化和陕北黄土高原文化区，以众多历史古迹和古建、朴素的民风为本文化区的特征。③山东齐鲁文化与青岛、烟台开放文化区。④辽南、满汉文化与辽东的大连、营口沿海开放文化区。⑤以开封、郑州、洛阳一线及其辐射范围的中原文化区。⑥以太原、大同、五台山、运城为主的三晋文化区。

我国旅游地文化差异

不同地区、不同民族、不同文化传统，造成了不同地域的文化差异，这些文化差异使很多旅游者遭遇到麻烦和纠纷。所谓“社会良俗”，这个“良”字，在不同地区、不同民族中有着不同的理解，这对于一个旅行者来说，容易造成出行的风险，进而引发游客与当地居民间的矛盾和冲突。在我国，显著的旅游地文化差异主要表现在东西部间的文化差异和南北方之间的文化差异。东西部的文化差异主要表现在商业价值观的不同，如东部地区的城市文化特征显著，使得旅游地居民个人主义倾向日益明显、权力距离缩小、对未来不确定性的回避程度降低、刚性社会倾向增加；而西部地区的乡村文化显著，家庭和家族观念较重，平均主义现象普遍，具有重义轻利的经济观念。南北方的文化差异主要表现在性格所引起的文化差异，如南方人文弱而北方人粗犷，南方人文胜于质，有才子的风流，凄婉

① 黄柯．我国旅游交通发展现状及研究述评［J］．人文地理，2007（1）：24-27.

② 唐勇．基于“空间修复”力量的跨省旅游通道设计［J］．国土资源科技管理，2015（06）：11-18.

文弱，能言善辩，虽有些“离经叛道”，但注重自然进取，释放自我，强调个性；而北方人体魄强悍，粗犷刚烈，嗓门粗大，不善言辞，注重社会进取，其行为指向是道德上的自我完善和人际关系的调整。

旅游流

保继刚（1993）将旅游流定义为旅游系统中旅游客源地与旅游目的地相互作用的一种形式，旅游目的地和旅游客源地通过旅游流互相联系。这一定义阐明了旅游流的系统特性和空间分布特征。唐顺铁、郭来喜（1998）以生态系统理论的视角将旅游流定义为以旅游客流为主体，涵盖旅游信息流、旅游物流和旅游能流的一个复杂的巨系统。这一定义揭示了旅游流的系统结构及其子系统之间的关系。笔者认为，旅游流是旅游系统结构在两维空间上的抽象，它是旅游客源地子系统和旅游目的地相互作用的一种映射。狭义的旅游流即指旅游客流。

我国入境客流的空间差异

旅华外国游客的旅游目的地主要集中在我国的环渤海、长三角、泛珠三角（包括桂林）三个旅游发达区，以及在以西安为中心的关中、以成都为中心的四川和以昆明为中心的云南地区之间流动。同时，也越来越向新兴的旅游热点地区分散。如除向北京、上海、杭州、南京、深圳、桂林、厦门、广州等旅游热点城市集中外，也向新兴的昆明、成都、天津等城市分流。

我国入境游客行为偏好的区域差异

外国游客之所以选择中国作为旅游目的地，一是受古老东方文明古国——中国的灿烂而悠久的历史文化吸引，陶醉于我国的文物古迹类旅游资源（以此为主）；二是受秀美多姿、类型多样的中国自然旅游资源影响，青睐于山水风光类旅游资源（以此为辅）。在旅游交通选择方面，遵循安全、便捷、舒适的选择模式，航空、铁路仍是入境游客的重要选择。旅游目的地的选择，特别是旅游城市的选择，依照趋大趋特模式进行，偏好大城市和具有特色的旅游城市；前者如北京、上海、广州，后者如西安、桂林、昆明等。在旅游住宿方面，按照安全、舒适、卫生模式选择，上星级的宾馆饭店还是外国游客入住的第一选择和旅游偏好。在旅游餐饮方面，遵循特色和母国模式选择，既喜爱具有当地特色的餐饮品，也喜爱母国特色的餐饮品。在旅游商品选择方面，按照特色和易带模式选择，最喜爱的三类旅游商品分别是特色纪念品、工艺品，服装、丝绸和茶叶。

中国客源国旅游决策差异

美国和加拿大的游客出游率高，按照形象品牌拉动、经济发展吸引、商务需求启动、探险猎奇的开放式导向模式进行旅游决策；以英国、德国、法国游客为代表的欧洲游客出游率较高，按照旅行社导引、形象品牌牵动、经济发展吸引的传统导向模式进行旅游决策；以日本和韩国游客为代表的东亚游客出游率较高，按照形象品牌拉动、旅行社导引、经济发展吸引、商务需求启动的历史文化导向模式进行旅游决策；以新加坡、马来西亚和泰国游客为代表的东南亚游客出游率较高，按照形象品牌拉动、经济发展吸引的山水风光导向模式进行旅游决策。

世界旅游区域差异

世界旅游组织根据世界各地的旅游发展情况和旅游集中程度，将世界划分为六大旅游区域：东亚及太平洋旅游区、美洲旅游区、欧洲旅游区、中东旅游区、非洲旅游区、南亚旅游区。

东亚及太平洋旅游区

东亚及太平洋旅游区包括东亚、东南亚、中亚、大洋洲的所有国家。这一地区自 20 世纪 60 年代以来，一直是世界上排名第三的国际旅游接待地区，也是世界上第三大国际旅游客源市场。这里是世界上发展速度最快的旅游市场，近 30 年来，本区旅游业的发展速度远远超出世界平均值，居世界之首。这一旅游市场资源极为丰富，市场潜力大。随着世界经济重心向亚太地区的转移，其旅游业在 21 世纪必将有突飞猛进的发展。旅游业发达的国家有日本、新加坡、泰国等，其中日本的旅游业最为发达。

亚太城市旅游振兴机构有关人士在大连召开的亚太城市旅游振兴机构第五届总会上介绍，亚太地区旅游业发展前景广阔，目前正以每年 6.5%的增速发展，远高于世界其他地区。这一区域的城市不仅是旅游交易的供给者，也是重要的需求者，并随着本地区居民收入的不断提高，每年将有 2 亿人次出境旅游，市场潜力巨大。据统计，亚太地区旅游业收入占全球旅游业收入的份额已经达到 20%。

美洲旅游区

美洲旅游区包括北美洲和南美洲两大洲内的所有国家和地区，是目前世界上第二大旅游目的地，其国际旅游接待人次和旅游收入，在世界各大旅游区中仅次于欧洲旅游区，居第二位。这里气候多样，风光绮丽，从北极的冰天雪地到亚马孙河流域的热带雨林、从洛杉矶的高山滑雪胜地到加勒比海阳光明媚的海滨浴场、从玛雅人生活遗址阐释者的美洲古老文化到印第安人的部落习俗散发出的先民生活气息、从拉斯维加斯的豪赌与拳击到巴西狂欢节的迷乱与狂野等，都是美洲优越的旅游资源。美洲地区的陆地总面积为 4 213.8 万平方千米，约占世界陆地总面积的 28.2%，从自然地理上划分，美洲可分为北美洲和南美洲。这一区域旅游业发展水平差异较大，旅游接待主要集中在北美洲的美国、加拿大和墨西哥等少数几个国家。美洲旅游区是世界重要的旅游区之一，美国、加拿大是本地区旅游业最发达的国家。以墨西哥为代表的拉美风情，极具吸引力。

欧洲旅游区

欧洲旅游区包括欧洲所有国家和地区，是目前世界上旅游接待能力最强、发展实力最强的旅游目的地。自 20 世纪 50 年代以来，无论是国际旅游接待人次，还是国际旅游收入，欧洲旅游区都居各大地区旅游市场之首。同时，欧洲还是世界上最重要的国际旅游客源地。随着亚太地区的崛起，虽然欧洲目前旅游业各项指标仍呈增长态势，但在世界旅游业中所占份额逐步下降。欧洲旅游区的人文旅游资源异常丰富，已形成许多世界著名的旅游目的地，如有“旅游王国”之称的西班牙，有“世界公园”美誉的瑞士，地中海沿岸是世界上开发最早、最发达的海滨旅游目的地。欧洲旅游区历史文化遗产丰富，旅游接待设施先进，是当代世界旅游业最发达的地区。

中东旅游区

中东地区地扼亚、非、欧三大洲的交通要道，中东是世界文明的两大发源地之一，拥有丰富的民俗风情和宗教文化古迹，以及海滨、沙漠、死海等奇特的自然景观，旅游资源丰富。特别是其丰富而独特的民族风情、宗教文化，使这片土地上充满了梦幻般的色彩和强烈的吸引力。但是由于石油问题、民族纠纷、宗教矛盾等原因，导致其旅游业的发展长期受该地区战争和恐怖活动的制约，起伏不定，发展缓慢。中东地区是世界上著名的“三洲五海之地”和“世界石油宝库”，属于伊斯兰文化区。由于战争和政治动荡，该地区的旅游业尤其是国际旅游始终未能兴旺起来。不过一些石油生产国如沙特阿拉伯、科威特等，也是国际旅游较为重要的客源国。

非洲旅游区

非洲旅游区包括除埃及以外的非洲所有国家。这一区域既有多姿多彩的人文资源，又有沙漠、雨林、草原等景观及各种特殊生物资源，旅游资源丰富，市场发展前景很好。但因为长期的殖民统治，文化落后，经济不发达。在旅游业方面，非洲是一个发展中的大陆，许多旅游资源有待于进一步开发。近年来，非洲的国际旅游接待增长较快，高于世界平均增长率，但旅游接待量和旅游收入占全球的份额均不高。

非洲地区旅游业起步晚，基础差，发展缓慢，旅游设施不完善，但是有丰富的历史文化遗迹、迷人的自然风光和奇异的野生动物，发展潜力巨大。主要旅游活动有奇特风光游、民族风情游、沙漠探险游、珍稀动植物考察游、考古游和海上游等。旅游业相对薄弱的非洲旅游区，由于疾病、卫生条件差，生活水平相对其他几个旅游区比较低下，但其古老的文化带给现代人越来越多的是人文风情，使其成为世界经济发达地区的人们热衷的旅游目的地。所以，越来越多的旅游者前往那个神秘的大陆旅游，非洲旅游业发达的国家有埃及、突尼斯、摩洛哥和肯尼亚。

南亚旅游区

南亚旅游区包括南亚所有国家。这里属于印度文化区，种族、民族、宗教成分复杂，各种纷争不断，加之经济水平限制和政局动荡等原因，其旅游业起步晚、发展慢、起伏大。近 20 年来，虽然本区的国际旅游业发展也比较快，旅游接待人次的增长率高于世界平均增长率，但占全球的份额仍很小。由于该地区各国经济发展水平较落后，其出境旅游市场除印度外都很小。该地区拥有悠久的历史文化、珍奇的名胜古迹、独特的民俗风情和海滨风光，发展潜力巨大。

我国品牌旅游资源的空间分布

按照各省（直辖市、自治区）品牌旅游资源评价的总得分的差异，把旅游资源分为六个等级。可以明显地发现，随着由东部到中部、西部的转移，旅游资源值呈梯度下降，而且这三个地区旅游资源的等级也相对集中，即东部地区集中在一、二等级，中部地区集中在二、三、四等级，西部地区集中在四、五、六等级。

旅游服务体

旅游服务体是散布在旅游目的地各空间层次的旅游服务实体，包括旅游接待设施、文化娱乐设施、购物设施、代理服务体、导游服务体、信息服务等，是旅游目的地系统的重要组成部分，是旅游活动顺利完成的重要保障，一般把旅游服务体相对集中的城镇地域称为旅游中心地。事实上，一个地方的旅游业要依赖于全社会各行业的帮助才能实现其旅游服务功能。

第 9 部分　交通地理学

交通领域的犯罪多表现在针对交通运输工具、交通运输线路以及交通运输从业人员和乘客的侵害。比如：损毁、颠覆、盗窃车辆，抢劫、杀害司乘人员和随行货主，在客车或列车上针对旅客实施的抢劫、盗窃、强奸或伤害等犯罪，或者利用交通工具实施危害公共安全的犯罪等。

交通运输业

交通运输业是指凭借运输工具和交通线路、港口、场站专门从事人或货物位移的物质生产部门，包括铁路、公路、水运、航空、管道等运输部门。交通运输业作为物质生产部门，是因为交通运输业有自己的劳动产品，对货物（旅客）运输来说，是货（人）的位移，并以运输的货物量（客运量）和货物周转量（旅客周转量）为计算单位。交通运输业具有的特点是运输产品的非实体性；运输生产过程和运输消费过程同时存在；运输产品的非储存性；运输产品的同一性；运输联系的广泛性。

交通运输业是衔接生产和消费的一个重要环节，是保证人们在政治、经济、文化、军事等方面联系交往的沟通手段，因此，交通运输业在现代社会的生产和生活中起着十分重要的作用，它的发展也影响着生产、流通、分配和消费的各个环节。目前我国交通运输业的发展还存在着很多问题，例如：交通运输业的发展尚不能满足人民生活水平提高的需要；交通运输设施的区域布局不利于地区之间的协调发展；交通运输业的能耗高、污染严重，不符合可持续发展的要求；各种运输方式分工不尽合理，市场竞争不规范，不利于优势的发挥等。

交通运输方式

交通运输方式是指客、货运输所赖以完成的手段、方法与形式，是为完成客货运输任务而采取的一定性质、类别的技术装备（运输线路和运输工具）和一定的管理手段。目前世界上的交通运输方式有陆上交通（公路运输、铁路运输）、水上交通（内河运输、海洋运输）、空中交通和特种交通（管道）。通常按照交通运输工具及运输设备的类型，把现代化的交通运输方式划分为铁路运输、水路运输、公路运输、航空运输和管道运输 5 种运输方式。各种运输方式有其自身的特点，并且分别适合于运输不同距离、不同形式、不同运费负担能力和不同时间需求的物品，国民经济对交通运输的要求是：载运量大、成本低、投资少、速度快、受季节和环境变化的影响小。不同的运输方式对上述要求的满足程度是不同的，因而其适用范围各异，各运输方式在某一方面占的优劣次序（以数字为代表，数字越小代表越优，数字越大代表越劣），如表 9-1 所示，从表中可以看出，不同运输方式的优缺点是相对的、互补的，因而它们在全国统一的交通运输网中，各有地位和作用，又各有其局限性。我国目前有铁路、水路、公路、航空、管道 5 种运输方式组成的统一交通运输系统，只有当各种运输方式协调发展时才能全面地满足国民经济对交通运输的需要。

表 9-1 不同运输方式的特征对比

运输方式	载运量	运价	速度	连续性	空间灵活性
铁路	2	2	3	1	3
一般运河	3	3	5	5	4
江海运河	1	1	4	4	5
汽车公路	4	4	2	2	1
航空	5	5	1	3	2
管道	—	—	—	—	—

交通运输布局

交通运输布局又称交通运输配置，它是铁路、公路、水路、航空和管道 5 种现代化交通运输方式的线路、站、港的土工建筑物及相关技术设备和交通运输工具组成的交通运输网的地理分布。它是整个生产布局的有机组成部分，其任务是通过合理布局，实现运输合理化，获得最大的经济效益和社会效益。交通运输布局的原则是决策者从事交通网建设和客货流规划的依据。在进行交通运输布局时，应遵循以下基本原则：①要促进国民经济和对外贸易的发展，与社会环境相适应。②要因地制宜，充分考虑各地区的自然条件。③要根据科学的客货运量预测结果。④要综合利用各种运输方式，加速综合运输网的形成。⑤要做到点、线、面合理分布和结合。⑥要尽量少占用耕地，注意对环境的影响，综合利用土地资源。⑦要与城市建设规划相结合。⑧要适应巩固国防和加强战备的需要。按照交通运输布局的原则，综合分析各种交通运输方式的技术经济指标和适用范围，在合理确定交通运输需求量的基础上，结合具体地区的交通运输方式的构成及运输网的层次、密度的现状和历史状况，确定合理的交通运输结构，制定合理的交通运输布局。

交通运输系统

交通运输系统是由以国民经济发展所提出的运输任务为总目标，由铁路、水路、公路、航空、管道等 5 种现代化运输方式并联的分系统所构成。各个并联的分系统都是根据运输大系统的要求出发，在运输设备、布局和组织上做到干线与支线相协调，长途运输与短途运输相适应，各种运输方式都得到全面发展。也可以说，交通运输系统的形成是以交通运输网为基础的，而交通运输网的发展又以全系统和各并联的分系统所形成的运输能力为目标。

运输密度

运输密度是指在一定时期内，某种运输方式的某一段运输线路上平均每千米线路所承担的货物（旅客）周转量。它是考核运输线路运输能力的利用程度和运输部门运输工作强度的指标，可以反映运输能力与运量之间的适应程度。中国和世界经济发达国家的运输密度一般多用于分析铁路运输，在铁路运输中，新线设计、旧线技术改造、运输设备和运输组织工作的采用等都以运输密度为重要依据。运输密度分为货物运输密度、旅客运输密度和换算运输密度，无论是货物运输密度还是旅客运输密度，都只能从一个侧面反映运输线路（区段）运输能力的利用程度和运输部门运输工作的强度，换算运输密度则能够较全面地反映出运输线路运输能力的利用程度和运输部门运输工作的强度，它是运输部门的一个综合性的质量指标，换算运输密度大，表明运输工作强度大，运输线路的能力利用程度也越高。

交通运输网

交通运输网是在一定空间范围（国家或地区）内，通过计划发展与合理组织，由不同运输方式相互协作、彼此补充组成的统一的综合运输网。它是一个紧密协调的整体，而由各种运输方式形成的部门运输网，则是这个整体的有机组成部分，各级运输枢纽构成了这一网络的结合点，运输网是运输生产的主要物质基础，其空间分布、通过能力和技术装备体现了整个运输系统的状况与水平，一个层次有序、干支分明、运转灵活的综合运输网，是国民经济发展和人民生活水平提高的重要前提条件。为了说明运输网同国民经济和生产力地域组合的关系，可将组成全国综合运输网的各种交通线路分为以下几种功能类型：骨干线路、开发线路、给养线路、腹地线路、企业线路①。

骨干线路

骨干线路又称主干线路，是全国运输网的骨干和大动脉，它把全国主要的工矿区、大城市和主要的粮食、商品农产基地联系起来，把各个大经济区、省（自治区、直辖市）连成一个有机的整体。例如，铁路线中贯穿南北的京广、京沪和宝成等线，横贯东西的京包、包兰、陇海等线，水路运输中的长江、珠江和松花江干线航道以及沿海航线。

开发线路

开发线路是主干线路向边疆地区和新开发地区的延长。这种线路对开发资源、改变原来生产力分布的不平衡性有巨大意义，同时，它在国民经济中所起到的先行作用也最明显。

给养线路

给养线路是联系主干线路与工业、农业和矿业企业或地区的“分支血管”。这种线路一般运出农副产品和工矿产品，运入肥料、工矿设备、粮食和日用品等给养物资，给养线路可以是铁路、公路，也可以是大河的支流或人工运河。给养路线之所以重要，是因为许多工农业地区并不分布在主干线路上，因而就必须用短距离的专用线路将其连接起来。一般来说，工厂和矿山在开始建设以前就要修建铁路或公路支线，或就近利用水运作为给养线。粮食和经济作物稳产、高产的地区，也应优先考虑给养线的修建问题。

腹地线路

腹地线路是指分布在广大农村和工矿区内部的交通线，其往往呈网状分布，像毛细血管一样灌注全国各地区。腹地线路一般为普通公路和内河航线，在城市工矿区有时也采用铁路和高级公路。这种线路在农村伸入最小的货物集散点和村镇等小居民点，对于物质交流和农业技术改革有直接作用，城市、工矿区的腹地线路则直接联系着厂矿和管理部门，通过它可以直接将原料或产品送货上门，同时与职工生活也有着密切的关系。

---

① 陈航，张文尝，金凤君，等．中国交通运输地理［M］．北京：科学出版社，1993.

企业线路

企业线路是指为工业企业和乡镇、农场内部生产环节服务的交通线，它本身也是企业生产过程的组成部分。农村的田间道路、通航渠道和厂矿内部的各种道路（包括专用线）、吊车线、管道网等都属于此种类型。

运输网密度

运输网密度一般指的是一定面积上分摊的交通线长度。运输网密度是衡量地区交通运输发达状况的最普遍的指标，运输网密度愈大，地区交通运输通达性愈强；反之，地区交通运输通达性愈差。但运输网密度指标的缺点是只能用来概略比较地域间运输水平的差异，不能回答运网中点的连接状况和它们的通达性。影响国家或地区运输网密度的因素非常多，其中主要的有：地区经济发展水平、生产地域专门化程度、一定的自然条件（如天然河道网、地质地形条件等）、人口和城市的密度和集中程度、国土的大小等。值得提出的是，正因为影响运输网密度的地理因素极为复杂，每一个单一的因素都不是决定性的。我国地面交通线路密度的总体格局是东部远高于中部，中部远高于西部，近年来，三大地带内部省域间及地带间的相对差和绝对差都在扩大且差距悬殊。这反映了实施西部大开发和中部崛起战略以促进区域协调发展的必要性。

运输系数

运输系数又称产运系数，是指一定时期内某一地域某种或多种工农业产品经由公用（外部）运输的运输量与生产量之比，是反映生产与运输关系的一种指标。影响运输系数的因素主要有：产品的商品率，综合利用程度，生产布局特点，运输联系的合理性与范围大小，交通网发展与分布特点等，运输系数对研究生产布局和交通运输规划具有重要意义。

运输枢纽

运输枢纽是指在两条或两条以上运输线路的交会、衔接处形成的，具有运输组织、中转、装卸、仓储、信息服务及其他辅助服务功能的综合性设施。服务于同一种运输方式的叫作单式运输枢纽，如我国目前的航空机场，铁路的车站，海运、内河港口，公路的客货运输中心等。服务于两种或两种以上运输方式的叫作复式运输枢纽。运输枢纽集中了综合运输系统的多种运输方式，其基本功能是将一个或几个方向各运输方式的客货流分送到另一个或几个方向；运输枢纽是国家或区域交通运输大系统的重要组成部分，是运输网相邻路径的交会点，是由若干运输所连接的固定设备和移动设备组成的整体，共同完成着货物及旅客运输的中转与地方作业。各种引入枢纽干线的客货运输汇合点与分流点及大量市郊运输的终点站，均属于运输枢纽研究的范围①。

---

① 杨吾扬，张国伍．交通运输地理学［M］．北京：商务印书馆，1986.

运输能力

运输能力是指运输企业或一定的线路、港口、车船设备在一定时期内所能担负的最大客货运量或周转量。固定的运输设备，如线路、枢纽、码头等；活动的运输工具，如铁路机车车辆、汽车、船舶、飞机等。它通常以各类运输方式的运输线路长度、通过能力、运输工具数量、输送能力和港口的吞吐能力来表示，运输线路的通过能力是指在一定的线路区段（或交接站）上单位时间内所能够通过的最大交通量或运输量。影响运输能力的因素包括各种运输方式的技术性能、经济因素、自然因素以及运行组织因素。

运输成本

运输成本指运输企业单位运输工作量所分摊的运输支出，亦称单位运输成本。运输成本是制定货物运输价格的重要依据，它的特点是不包含原料费，而燃料、工资、折旧以及修理等项支出占的比重较大，在各种不同的运输工具或者运输方式之间，运输成本存在着一定的差别，也存在着各种比价关系。例如，铁路运输中货运有货物种类、整车、零担和集装箱等运输成本、客运有硬座、硬卧、软座、软卧等运输成本，合理的比价，对于货源分配、货物流向以及各种运输工具效率的发挥起着十分重要的作用。降低运输成本的途径主要有：减少运输环节，提高运输效率，扩大运输工作量；提高劳动生产率，降低单位运输工作量的活劳动消耗；降低燃料、材料、电力消耗；充分发挥运输设备效能，合理选择运输工具，制订最优运输计划，提高货物装载量。

铁路枢纽

铁路枢纽是在铁路网点或铁路网端，由各种铁路线路、专业车站以及其他为运输服务的设备组成的技术设备的总称。在铁路网上，几条铁路相互衔接或相互交叉的地方，需要修建一个联合车站或几个专业车站以及连接这些车站的联络线路、进站线路和线路疏解等设备，由一系列站场和设备有机联系构成的整体就构成了铁路枢纽。仅有一个联合车站的铁路枢纽称为枢纽站。在铁路网上，某些铁路干线的终端地点，虽然引入枢纽的铁路干线仅有一个或两个方向，但由于客货业务繁忙，也需修建几个专业车站以及相应设备，这也可形成铁路枢纽。铁路枢纽内可以有各种车站，以便进行客货列车的解体和编组、货物的装卸、旅客的上下，并作为以本枢纽为运行终点的旅客列车车列的整编、编组和停留之用，此外还设有联络线路、进站线路及其他设备，以保证客货列车在枢纽内能便捷地通行。铁路枢纽是铁路运量的集中地和列车的交接点，是组织运输生产的中心环节，同时，铁路运输枢纽也往往是省（区）的政治经济中心、工业基地和水路联运中心。目前，在我国铁路干线相互连接或交汇处已形成了 45 个铁路枢纽，这些铁路枢纽承担着全国铁路的绝大部分车流的汇集、解编任务和大量的地方客货集散任务，在各铁路枢纽之间形成了互相衔接与配合的紧密关系，铁路枢纽已成为铁路运营活动的中枢。我国铁路枢纽的布局是均衡的，华东区和中南区平均 900 千米线路有一个枢纽，东北区和华北区约 1 200 千米线路有一个枢纽，西北区和西南区约 1 400 千米线路有一个枢纽。铁路枢纽概况如表 9-2 所示。

表 9-2 铁路枢纽概况

枢纽	连接干线方向	编组站	枢纽	连接干线方向	编组站	枢纽	连接干线方向	编组站
1 北京	8	丰西、丰台、双桥	16 佳木斯	3	佳木斯	31 武汉	4	江岸西、武昌南
2 天津	4	南仓、新港	17 牡丹江	4	牡丹江	32 郑州	4	郑州北
3 石家庄	4	石家庄	18 吉林	4	吉林	33 柳州	4	柳州南
4 大同	3	大同	19 蚌埠	3	蚌埠东	34 贵阳	3	贵阳南
5 太原	4	太原	20 徐州	4	徐州北	35 成都	3	成都东
6 包头	3	包头西	21 芜裕	4	芜湖	36 重庆	3	重庆西
7 沈阳	5	沈西、苏家屯	22 济南	3	济南、济南西	37 昆明	3	昆明东
8 锦州	4	锦州	23 南京	3	南京东	38 西安	3	西安东
9 大连	2	大连	24 上海	2	南翔、新龙华	39 长春	4	长春
10 本溪	4	本溪	25 杭州	3	艮山门	40 兰州	4	兰州西
11 四平	4	四平	26 南昌	3	南昌	41 洛阳	4	洛阳东
12 丹东	3	丹东	27 鹰潭	3	鹰潭	42 宝鸡	3	宝鸡东
13 哈尔滨	5	哈尔滨	28 衡阳	3	衡阳北	43 襄阳	4	襄阳北
14 齐齐哈尔	4	三间房	29 广州	2	广州北	44 怀化	4	怀化
15 乌鲁木齐	2	乌鲁木齐西	30 株洲	4	株洲北	45 西宁	2	西宁

国际公路运输

国际公路运输是指国际客货运输对象借助一定的运载工具，沿着公路跨及两个或两个以上国家或地区的移动过程。国际公路运输的畅通主要依赖于两个重要方面：一个是国际公路线路的连通，另一个是公路运输的口岸环境。国际公路运输具有时差效益、远距离效益和运输质量效益的特点，它的局限性在于载重量小，不适宜装载重件、大件货物，不适宜长途运输，运价通常较水路、铁路高。

公路网布局

公路网布局是指公路线路和车站在地域上的合理布局，包括公路线路的工程技术与经济选线、线路的走向和等级、车站的位置与规模的确定以及建立合理的路网结构等。决定公路网布局的主要因素有：自然条件（岩性、坡度、地面切割程度和崩塌、泥石流等自然灾害及气象、水文状况）、客货流的流向和流量、区域经济的联系和发展要求、城镇居民点分布、政治和国防要求等。在进行公路网布局时应遵循以下原则：①充分满足综合运输网的布局要求。②适应国民经济的发展，并与工业布局、农业布局和人口分布相适应。③充分考虑政治和国防需要。④建立合理的路网结构。⑤因地制宜，公路网的规划布局应与城市的规划相结合，尽量少占土地。

内河航道

内河航道是指在内陆水域中用于船舶航行的通道，内陆水域包括江、河、湖、水库、人工运河和渠道等。内河航道可分为天然航道和人工航道，天然航道系利用天然水域提供的航道尺度行驶相应尺度的船舶，如果局部河段尺度不足，可以通过整治与疏浚的手段使之达到要求的尺度；人工航道包括渠化河流航道和人工开挖的运河、渠道，渠化河流是在天然河流上分段筑坝，壅高水位，以提高航道水深，并在坝址处兴建过船建筑物（通航建筑物）。船舶航行时对内河航道的主要要求：有足够的航道水深、足够的航道宽度、安全的转弯半径、许可的水流速度和安全的桥梁净空。

空间运输联系

空间运输联系是指在自然、社会、经济诸要素综合作用下，区域间通过运输设备进行旅客和货物交流产生的相互联系与作用。旅客和货物的起讫区域（点）、交通通路与设施、被运送的对象（旅客或货物）是构成空间运输联系的基本要素。空间差异与互补是空间运输联系产生的最直接原因，交通运输设施是空间运输联系实现的基础，旅客和货物的移动是运输联系的主要内容。因此，空间运输联系以不同的地域空间为基础，涉及旅客和货物的生成规律、增长规律、分布规律、交流规律四个主要方面，研究空间运输联系，是在承认既有交通网络的前提下，对客货生成、演变、分布、交流在空间反映下的研究。

铁路运输

铁路运输是由铁路线路和沿线的各种车站、机车车辆及其各种设备的有机组合，在一定的行车组织方法下，通过铁路员工的劳动，形成铁路的运输能力，它一般用通过能力或输送能力来表达。铁路运输具有载运量大、运价低（在我国其运输成本仅次于水运）、速度快、连续性好、受气候季节变化影响小、能源供应多样化、环境污染较低及稳定、安全、准确性高等突出优点，但由于受到铁轨、站点等条件限制，其灵活性不高，另外修筑铁路造价高、消费金属材料多、占地面积大，短途运输成本高，这是它的缺点。铁路运输最适宜于承担中长距离且货运量大的货运任务和旅客运输，它是我国运输网中重要的组成部分，在我国综合运输中一直起着骨干作用，是国民经济的大动脉，也是我国生产的布局和城市形成与分布的主轴。

案例：从运行中的货车上掀盗货物，会对列车行车安全造成巨大威胁，在行进中的货车上实施盗窃，犯罪分子通常都是把货物从列车上掀落在铁路两旁，再由车下的同伙运走，货物从行驶中的车辆上坠落撞击路基，会四下弹落，有些就会落在铁轨上，这些货物对行驶的车辆和后面的车辆都是严重威胁，轻者造成行车中断，重者导致其脱轨甚至颠覆。2002年1月，山东籍犯罪嫌疑人王志勇、刘山林，在新乡卫辉站区段内，从车上掀盗轮胎，撞坏正在行驶中的广东到北京西的K30次列车的牵引机车排障器，造成行车中断。2003年3月，一名犯罪分子在京广线宝莲寺到安阳段间实施盗窃时，将货车上的轮胎推落在线路中间，致使郑州到北京西的K180次重点客车被迫紧急停车，造成整个京广线中断行车53分钟的重大事故。从运行中的货车上掀盗物资，其危害的对象不仅仅限于铁路运输中的公私财物，它对整个铁路运输系统以及列车的行车安全造成的危害，远远大于被盗货物的价值损失。

铁路网

铁路网是在一定的空间范围内（全国、地区或国家间），为满足一定历史条件下客货运输需求而建设的相互连接的铁路干线、支线、联络线以及车站和枢纽所构成网状结构的铁路系统。铁路网是铁路进行运输生产的主要物质基础，它是随着国民经济发展、生产力布局、产业结构以及交通运输网的合理分工而逐渐发展起来的。其形成和发展的过程一般是：首先在一个地区内根据运输需要和自然条件，以重要的政治经济中心、大工业城市、地、河海港口等为控制点，设置必要的车站，并在这些车站间修建铁路线进行连接，然后逐步扩展到其他地区，形成地区间客货运输通道，随着这些地区间纵横交错的运输通道的相互沟通，就形成了四通八达的铁路网。我国铁路网分布的最基本特点是：①东北地区铁路网已自成体系，全区共有大小铁路 70 多条，通车里程达 1.5 万多千米，约占全国铁路总通车里程的 30%，铁路密度为每百平方千米超过 1.2 千米，高于全国铁路平均密度的 1 倍以上。②关内各省区的铁路网则以纵贯我国南北的四大干线和横贯我国东西的五大干线为骨架。③另有三条大干线把关内外的铁路网连接在一起。此外，还有贯通台湾岛南北的铁路，是我国台湾省重要的铁路干线。目前构成我国铁路网骨架的，主要有以下几条干线：哈大线、滨洲—滨绥线，京沈线、京承线和京通线，津沪线、皖赣线和鹰厦线，京广线，集二线、同蒲线、太焦—焦枝—枝柳线，宝成—成昆线和昆河线，京包—包兰线，陇海—兰新线和兰青线，成渝线、襄渝—襄汉线，沪杭线—浙赣线—湘黔线—贵昆线。

案例：国际货代公司骗逃铁路运费案件。2011 年至 2013 年间，连云港驰宇国际货运代理有限公司等 15 家单位为获取非法利益、吸引客户，利用铁路集装箱上海分国际货物运输中过境运输运费远低于出口运输的政策规定，在向中铁集装箱上海分公司连云港营运部申报集装箱运输计划时，采取计算机软件修改、贴纸复印等手段制作虚假的国际货物到达海运提货单，填写虚假的货物运单信息，将本是国内出口的货物伪造成过境货物进行虚假申报（出口套过境），致使上述单位或个人每个集装箱骗逃铁路运费 4000 余元。

铁路网密度

铁路网密度一般是指一定面积或一定数量人口（千人或万人）内分摊的铁路线长度。它是衡量一个国家或地区的铁路运输发达程度的指标，在研究铁路网的地理分布时，线网密度是一个被广泛引用的指标。国家铁路网的宏观需求受人口密度、经济发展水平、地理环境、资源产业结构、建设历史及政策偏好等多种因素的影响，导致我国东部地区铁路网密度远大于西部。

铁路复线率

铁路复线率是指复线铁路（双线及以上）里程占总铁路里程的比率。它是反映铁路线路质量的重要指标，提高铁路复线率，是增加铁路综合运输能力的有效途径。

城市轨道交通

城市轨道交通是指具有固定线路、铺设固定轨道、配备运输车辆及服务设施等的公共交通设施。在中国国家标准《城市公共交通常用名词术语》中，将城市轨道交通定义为“通常以电能为动力，采取轮轨运输方式的快速大运量公共交通的总称”。“城市轨道交通”是一个包含范围较大的概念，在国际上没有统一的定义，一般而言，广义的城市轨道交通是指以轨道运输方式为主要技术特征，是城市公共客运交通系统中具有中等以上运量的轨道交通系统（有别于道路交通），主要为城市内（有别于城际铁路，但可涵盖郊区及城市圈范围）的公共客运服务，是一种在城市公共客运交通中起骨干作用的现代化立体交通系统。城市轨道交通按运能范围、车辆类型及主要技术特征可分为有轨电车、地下铁道、轻轨道交通、市郊铁路、单轨道交通、新交通系统、磁悬浮交通7类。

地下铁道简称地下铁、地铁，狭义上的地铁专指在地下运行为主的城市轨道交通系统，但由于许多此类的系统为了配合修筑的环境，可能也会有地面化的路段存在，因此广义上的地铁通常涵盖了城市各种地下与地面上的高密度交通运输系统，它具有节省土地、减少噪声、减少干扰、节约能源、减少污染的优点，但建造成本高、前期时间长，目前中国开通地铁的城市已达25个①。

轻轨道交通是一种有轨交通方式，泛指与路面交通混行的有轨电车和铁路列车，又称轻轨捷运、轻轨铁路，简称轻轨、轻铁。轻轨既可以和公路汽车以及非机动车混行，也可以在独立的轨道上行驶；可以有车站，也可以不设车站；车辆可以由单节或多节组成。地铁和轻轨都可以建在地下、地面或高架上。

磁悬浮交通是一种非轮轨黏着传动，悬浮于地面的交通运输系统。磁悬浮列车是利用常导磁铁或超导磁铁产生的吸力或斥力使车辆浮起，用以上的复合技术产生导向力，用直线电机产生牵引动力，使其成为高速、安全、舒适、节能、环保、维护简单、占地少的新一代交通运输工具。

动车

动车一般指本身装载营业载荷并自带动力、自推进的轨道车辆，在铁路上运行，是运送旅客和行李包裹的铁路运输工具。当由两辆以上动车或较大功率动车牵挂一辆或数辆附挂车时，则构成动车组，可提高旅客及物品的装载能力和运输效率。铁路动车比铁路列车最突出的特点是机动灵活，载客量小，但车次可增加，因此受到许多国家的重视并逐步发展为普遍使用的运输工具。动车按动力装置分为汽油动车（用汽油机驱动）、柴油动车（用柴油机驱动）和电力动车（由牵引电动机驱动）三类；按传动装置可分为机械传动动车、液力传动动车和电力传动动车三类。

高速铁路

高速铁路简称高铁，是指通过改造原有线路（直线化、轨距标准化），使最高营运速率达到不小于每小时200千米，或者专门修建新的“高速新线”，使营运速率达到每小时至少250千米的铁路系统。高速铁路除了列车在营运速率达到一定速度标准外，车辆、路轨、操作都需要配合提升。高铁具

① 已开通地铁的25个城市分别是：北京、香港、天津、上海、广州、长春、大连、武汉、深圳、重庆、南京、沈阳、成都、佛山、西安、苏州、昆明、杭州、哈尔滨、郑州、宁波、长沙、无锡、台北、高雄。

有载客量高、输送能力大、速度快、安全性好、正点率高、舒适方便、能源消耗低、环境影响轻、经济效益好的优点。根据2008年调整后的《中长期铁路网规划》，中国高速铁路发展将以“四纵四横”为重点，构建快速客运网的主要骨架。四纵：①北京—上海高速铁路，全长1 318千米，贯通环渤海和长三角东部沿海经济发达地区。②北京—武汉—广州—深圳（香港）高速铁路，全长2 350千米，连接华北、华中和华南地区。③北京—沈阳—哈尔滨（大连）高速铁路，全长1 612千米，连接东北和关内地区。④上海—杭州—宁波—福州—深圳高速铁路，全长1 650千米，连接长三角、东南沿海、珠三角地区。四横。①青岛—石家庄—太原高速铁路，全长906千米，连接华北和华东地区。②徐州—郑州—兰州高速铁路，全长1 346千米，连接西北和华东地区；③上海-南京-武汉-重庆-成都高速铁路，全长1 922千米，连接西南和华东地区；④上海—杭州—南昌—长沙—昆明高速铁路，全长2 264千米，连接华中、华东和西南地区。

公路运输

公路运输是在公路上进行货物或旅客运输的一种方式，使用的主要载运工具是汽车，故有时也称汽车运输。公路运输系统中最重要的组成部分是公路和汽车，公路连接了城市、乡村和工矿基地等，主要供汽车行驶并具备一定技术标准和设施，汽车在运输过程中是旅客和货物的承载工具。公路运输是交通运输系统的重要组成部分，是交通运输体系中铁路、水路、航空等运输方式的衔接，在地势崎岖、人烟稀少、铁路和水运不发达的边远地区和经济落后地区，公路为主要运输方式，起着运输干线的作用，其地理分布广泛而密集。公路运输作为一种中、短途运输方式，在铁路、水路、航空运输中起集散客货的作用，它对不同的自然条件适应性很强，能满足多方面多种运输的需要，机动、灵活性强，广泛服务于地方和城乡的物质交流和旅客来往，为干线交通集散客货，且便于实现“门到门”的运输。公路运输的缺点是：载运量小、单位成本较高、运行持续性差、安全性较低、环境污染较大、旅客的舒适度较差，公路运输最适宜于承担短距离且运量不大的货运任务①。

案例：目前，上海的毒品主要以输入型为主，由于机场、火车站安检措施日益完善，毒品犯罪分子已逐渐放弃航空、火车等途径，转而采用长途汽车、驾乘私家车等更隐蔽的运输方式来贩运毒品。据统计，2014~2016年，近3年来，在重大贩运毒品犯罪案件中，上海约有80%的被告人采用公路途径和物流快递公司运送毒品、制毒原料。

公路自然区划

公路自然区划是公路建筑对中国地区按自然特性的划分。具体来讲，它是根据全国各地的气候、水文、地质、地形等条件对公路工程的影响而划分的地理区域。公路自然区划的目的是为了区分不同地理区域的自然条件对公路工程影响的差异性，并在路基、路面设计、施工和养护中采取适当的技术措施和采用合适的设计参数，以保证路基、路面的强度和稳定性。在进行公路的自然区划时，要以自然气候因素的综合性和主导性相结合为原则，采用地理相关分析为基础的主导标志法，从分析自然综合情况与公路工程的实际关系出发，选出具有分区意义的主导标志。结合我国的地理、气候特点，根据以上原则将全国的公路自然区划分为三个等级，一级区划是以全国性的纬向地带性和构造区域性为依据，根据对公路工程具有控制作用的地理、气候要素来拟定，首先将全国划分为多年冻土、季节冻土和全年不冻三大地带；二级区划是在一级区划的基础上以潮湿系数（是年降水量与年蒸发量的比值）为主进一步划分；三级区划是在二级区划内划分更低一级的区域或类型单元。

---

① 王仁祥，蔡佩林．交通运输地理［M］．北京：人民交通出版社，2008.

公路运输枢纽

公路运输枢纽是在公路运输网络的节点上形成的货物流、旅客流及客货信息流的转换中心。公路运输枢纽的核心功能包括支持经济社会发展、服务公众便捷安全出行、保障国家安全、服务可持续发展。国家公路运输枢纽是位于重要节点城市的国家级公路运输中心，由客运枢纽站场和货运枢纽站场组成，提供公共交通运输服务。规划建设国家公路运输枢纽，建设提供公共客货运输服务的站场设施，是加快发展公共交通的基础条件和重要环节，对实现公路交通的可持续发展具有重大的现实和战略意义。根据规划，我国国家公路运输枢纽总数为179个，其中12个为组合枢纽，共计196个城市，在这些国家公路运输枢纽中，61个位于东部省区，56个位于中部省区，62个位于西部省区，所覆盖的城市的地区生产总值约占全国国内生产总值的87%，覆盖了84%的国家开放口岸、56%的陆路边境口岸和98%的国家级经济技术开发区，加大了长江三角洲、珠江三角洲、环渤海等经济发达地区的枢纽覆盖密度，有助于充分发挥公路运输的集散作用，进一步提高我国综合交通运输的整体效率。

高速公路

高速公路是为专供汽车分方向、分车道行驶，完全控制出入，采用两旁封闭和立体交叉桥梁与匝道，时速限制比普通公路较高的多车道公路。它严格限制出入，往返车辆在分隔的车道上快速行驶，全部交叉口采用立体交叉以及采用较高的技术指标和完善的交通设施，从而为汽车的大量、快速、安全、舒适、连续地运行提供了条件和保证。相比于普通公路，高速公路具有运行速度快、通行能力大、运输效率高、交通事故少等特点。

另外，高速公路也有一些缺点，它占地多，对环境影响大、投资大、造价大等。中国国家高速公路网采用放射线与纵横网格相结合的布局方案，由7条首都放射线、11条南北纵线和18条东西横线组成，简称为“71118”网，总规模约11.8万千米，是世界上规模最大的高速公路系统。

案例一：2014年7月19日凌晨2时55分，湘A3ZT46号轻型仓栅式货车（核载1.58吨，实载乙醇6.52吨）行驶至沪昆高速公路湖南邵怀段1309千米处时，在左侧车道追尾碰撞因前方交通事故受阻、停车等候通行的闽BY2508号大型客车。碰撞发生后，轻型仓栅式货车装载的乙醇泄漏、燃爆，造成该货车、大型客车以及停在大型客车前方的粤F08030号小型客车、停在右侧车道的浙A98206号大货车、赣E38950号大货车烧毁，事故导致43人死亡，6人受伤。事故原因：①湘A3ZT46号轻型仓栅式货车涉嫌非法改装、伪装以及非法运输危险化学品；②长沙市新鸿胜化工原料有限公司存在违反《危险化学品安全管理条例》，为非法改装、非法运输车辆灌装危险化学品不法行为；③闽BY2508号大型客车不属于接驳运输试点车辆，未遵守凌晨2时至5时停车休息要求；④闽BY2508号大型客车所属福建莆田汽车运输股份有限公司城厢分公司动态监管主体责任不落实，监控人员对该车凌晨2时至5时不停车休息未予以制止，该车沿途有3次超速违法记录，也未及时提醒、制止；⑤高速公路沿线运政、路政、交管部门没有及时发现、制止该长途客运车辆凌晨2时至5时违规行驶的行为。

案例二：“割大绳”盗窃公路运输物资案。天津市公安局刑侦局组织大港分局、津南分局60多名警力开展集中抓捕行动，打掉了一“割大绳”盗销公路运输物资犯罪团队。2016年以来，津晋高速、唐津高速、海景大道、港城公路的大港、津南路段以及服务区等地连续发生多起“割大绳”盗窃公路运输物资案，被盗物品多为粮食、饲料、化肥、工业原料等生产生活物资，总价值达30余万元。犯罪嫌疑人于凌晨驾驶改装的微型货车尾随装载货物的大货车，使用刀具割断捆扎货物的绳索后，卸载车上货物实施盗窃。

水路运输

水路运输是利用船舶和其他浮运工具，在江、河、湖泊、人工水道及海洋上运送旅客和货物的一种运输方式。水路运输主要利用“天然的航道”来运送旅客和货物，它的优点在于运输量大、运输成本低、投资小，但速度慢、准时性差、受自然条件和气候条件的影响大、航行风险大，同时由于水上航道的地理走向和水情变化难以控制，在运输的连续性和灵活性两方面，难以和铁路、公路比拟。水路运输主要担负大宗、笨重货物的长途运输，最适宜于承担运量大、运路长、对时间要求不太紧、运费负担能力相对较低的货运任务。水路运输可分为内河运输和海上运输。内河运输是指利用船舶和其他浮运工具，在江、河、湖泊、人工水道上运送旅客和货物的一种运输方式。我国的内河航运主要分布在长江、珠江、黑龙江、淮河和京杭运河（简称“三江两河”），这些河流大部分分布在经济发达、人口稠密的地区，且都由西向东流入大海，极利于实行河海联运。海上运输，简称海运，是利用船舶和其他浮运工具，在海洋上运送货物和旅客的一种运输方式，包括沿海运输和远洋运输。它是国际贸易运输的主要方式，是国家节省外汇支付、增加外汇收入的重要渠道之一。

案例：“黄金水道”偷渡案。狮子洋，珠江入海口，海岸线长 28 千米，占据东莞市海岸线的二分之一，素有“黄金水道”之称，一般的货船只需 3~4 小时便可单程直达“东方明珠”香港。2015 年 9 月 20 日凌晨，边防官兵在东莞狮子洋海域破获一起特大海上偷渡案，在一艘货船的多个货舱里，查获 30 名涉嫌偷渡人员，其中 29 名南亚籍男子，1 名中国籍男子，还有 2 名涉嫌组织偷渡人员。据介绍，这是自 20 世纪 80 年代发生逃港潮以来，东莞市单起查获外籍偷渡人员最多的一次案件。

航空运输体系

航空运输体系包括飞机、机场、空中交通管理系统和飞行航线 4 个基本部分，这 4 个部分有机地结合，在空中交通管理系统的协调控制和管理下，分工协作共同完成航空运输的各项业务活动。飞机是航空运输的主要运载工具；机场是供飞机起飞、着陆、停驻、维护、补充给养及组织飞行活动保障的场所，也是旅客和货物运输的起点、终点或中转点；空中交通管理系统是为了保证航空器飞行安全及提高空域和机场飞行区的利用效率而设置的各种助航设备和空中交通管制机构及规则；飞行航线是航空运输的线路，是由空管部门设定飞机从一个机场飞抵另一个机场的通道。航空运输体系除了上述 4 个基本组成部分外，还有商务运行、机务维护、航材供应、油料供应、地面辅助及保障系统等。

港口

港口是指具有船舶进出、停泊、靠泊，旅客上下，货物装卸、驳运、储存等功能，具有相应的码头设施，由一定范围的水域和陆域组成的区域。它可以由一个或者多个港区组成，是各种运输方式的结合点，是水陆交通的集结点和枢纽。港口按照不同的标准可以分为不同的类型，按港口的地理位置分，主要有海岸港（位于有掩护的或平直的海岸上）、河口港（位于入海河流的河口段或河流下游潮区界内）、河港（位于河流沿岸）。按港口的性质和功能分，主要有商港（以一般商船和客货运输为服务对象）、工业港（为临近江、河、湖、海的大型工矿企业直接运输原材料及输出制成品而设置）、渔港（为渔船停泊、鱼货装卸、鱼货保鲜、冷藏加工、修补渔网和渔船生产及生活物质补给的港口，是渔船队的基地）、军港（供舰艇停泊并取得补给的港口，是海军基地的组成部分）。我国沿海港口的分布，由于受自然条件和建港条件以及社会、经济地域分布格局的影响，基本形成了长江三角洲港口群、珠江三角洲港口群、环渤海港口群、东南沿海港口群、西南沿海港口群等 5 个港口群体的港口布局，如图 9-1 所示。

图 9-1　中国沿海主要港口

案例："打击港口物流犯罪、整治水上运输生产治安秩序"。近年来，伴随着我国经济持续快速发展，港口运输在国民经济发展和对外贸易活动中发挥了重要作用。据交通部最新统计资料显示，我国沿海港口作为对外口岸的物流集散地，年集装箱吞吐量居世界第一。近几年来，全国交通公安机关已破获港口物流犯罪案件 3000 余起，其中价值万元以上的案件 991 起，打击处理涉及港口物流犯罪的犯罪嫌疑人 6000 余名，摧毁了 191 个专吃"码头饭"的案例，挽回经济损失数亿元。破获的上述港口物流犯罪案件中，不乏一批相当成功的典型案例，如连云港港公安局破获的"2002·10·30"化肥盗窃案，一举捣毁内外勾结、专门盗窃港区化肥的 14 人犯罪团伙；秦皇岛港公安局破获的"2004·3·11"盗窃案，涉案价值 150 余万元，抓获专门盗窃铁矿粉的犯罪团伙成员 11 人；烟台港公安局 2004 年 10 月破获一起利用私制的假出港证、假发货印章，盗窃铜精矿、煤炭等港口物资的特大犯罪团伙，挽回经济损失 200 余万元。

港口腹地

港口腹地又称港口吸引范围，即港口集散旅客和货物的地区范围。利用有关交通运输网络资料和费率标准，根据最小费用原则（计算由起始点到目的地的最小费用路径），并参考港口及其周围地区的具体条件，可划分出港口的吸引范围，其大小受自然、社会、经济因素的影响。港口腹地的划分有助于了解腹地内的资源状况和经济潜力，是确定港口合理分工进行港口布局和规划的基本依据。港口腹地与港口间存在着相互依存、相互作用的关系：腹地经济越发达，对外经济联系越频繁，对港口的运输需求也越大，由此推动港口规模扩大和结构演进；港口的发展又为腹地经济发展创造条件，可促使港口腹地范围的进一步扩展。港口与港口腹地间的这种相互关系，对以港口为中心的区域经济发展具有重要意义。腹地有直接腹地（单纯腹地）和混合腹地（重叠腹地）之分，直接腹地指一港独有的腹地，该区域内所需水运的货物都经由本港；混合腹地指两个或两个以上的港口共同拥有的腹地，即数港吸引范围相互重叠的部分。

港口货物吞吐量

港口货物吞吐量是指一年间经水运输出、输入港区并经过装卸作业的货物总量，单位为吨。它是反映港口生产经营活动成果的重要数量指标和衡量港口规模大小的最重要指标。港口吞吐量的流向构成、数量构成和物理分类构成是港口在国际、地区间水上交通链中地位、作用和影响的最直接体现，也是衡量国家、地区、城市建设和发展的量化参考依据。我国港口货物吞吐量如表 9-3 所示。

表 9-3　2014 年我国主要港口货物吞吐量（单位：亿吨）

排名	港口名称	货物吞吐量	增幅（%）	排名	港口名称	货物吞吐量	增幅（%）
1	宁波-舟山港	8.73	7.86	11	秦皇岛港	2.75	0.94
2	上海港	7.55	-2.67	12	烟台港	2.38	7.30
3	天津港	5.40	7.86	13	深圳港	2.23	-4.69
4	唐山港	5.01	12.24	14	南通港	2.20	7.35
5	广州港	4.99	9.58	15	南京港	2.20	8.91
6	苏州港	4.79	5.42	16	连云港港	2.10	4.18
7	青岛港	4.65	3.32	17	厦门港	2.05	7.40
8	大连港	4.28	5.15	18	北部湾港	2.04	9.13
9	日照港	3.53	14.10	19	湛江港	2.03	12.59
10	营口港	3.45	7.74	20	黄骅港	1.78	3.92

航空运输

航空运输是一种现代化的，由飞机、机场、导航设备诸要素协调配合，共同实现客货位移的最快速的一种运输方式，是综合运输体系的重要组成部分。航空运输具有速度快、运输距离长、灵活性大、舒适等特点，但成本高、运量小，而且在一定程度上受气候影响较大，它最适宜于承担运量较少、运距大、对时间要求紧、运费负担能力较高的货运任务。航空运输担负着主要的政治、经济、文化中心间以及国际交往的快速旅客运输和报刊、邮件、紧急物资的运输，随着人们生活水平的提高和高价值货物的增多，人们对于航空运输的需求越来越大。航空运输可以分为国内航空运输和国际航空运输，国内航空运输主要在国内航线上进行，是指旅客、行李、货物和邮件的出发、中途和到达站均在一个国家国境内的航空运输，但如果国际航线中包含有国内航段，则在此国内航段上也可以从事国内航空运输。国内航空运输按运输对象的不同，又可以分为旅客、行李、货物和邮件等运输。国际航空运输是利用民用飞机自本国载运旅客、货物、邮件至境外一点或多点的运输，它要依据国家政府间的通航协定进行。为了使国际航空运输建立在双方权益均等的基础上，通航国家民航当局之间及被指定的空运企业之间，在经营所指定的航线前还要签订有关业务协议。

航线

飞机从事运输飞行，必须按照规定的线路进行，这种线路叫作航空交通线，简称航线。航线不仅确定了航行的具体方向、经停地点，还根据空中管理的需要规定了航路的宽度和飞行的高度层，以维护空中交通秩序，保证飞行安全。航线规划时要考虑两个方面的因素：一是国家发展航空运输的总体规划，二是航空公司本身的市场发展规划和经济利益。此外，还必须考虑以下原则：①航线布局的自然基础：开辟航线必须考虑航路的地理条件和气象条件，有利于飞机运输飞行安全。②航线站点地区的经济水平：航线站点地区的经济发达程度和开放程度，决定了客货运量和航空运输市场的发展潜力。③运输能力协调：新航线的建立必须充分考虑与其他航线的衔接、地面交通的综合运输能力，以便航空运输的客货集散。

航空港

航空港是航空线的枢纽，它具有执行客货运业务和飞机保养维修、起飞、降落或临时停机等用途，但习惯上一般把航空港统称为机场，它包括飞行区、客货运输服务区和机务维护区，飞行区布置有跑道、滑行道、跑道起讫点的小场地和停机坪等；客货运输服务区设有保证航行业务和旅客、货物运输服务的建筑与设备，如客机坪、跑道、候机楼、停车场、进出口系统等；机务维护区包括机坪、修理机坪等。航空港按照下垫面的性质可分为陆上航空港和水上航空港；按照设备情况可分为基本航空港和中途航空港；按使用性质可分为军用机场、民用机场体育机场和农用机场；按飞行距离可分为国际航空港、国内航空港和短距离航空港。目前，国内机场的区域分布还很不均匀，东部地区机场密度是全国平均水平的 5.3 倍，中部地区是全国平均水平的 1.5 倍，东北地区机场密度与全国平均水平大致相当，而西部地区的机场密度不到全国平均水平的 2/3。

集装箱运输

集装箱运输是指以集装箱（一种具有一定规格和强度的专门为周期使用的大型金属“货箱”“货柜”）这种大型容器为载体，将货物集合组装成集装单元，以便在现代流通领域内运用大型装卸机械和大型载运车辆进行装卸、搬运作业和完成运输任务，从而更好地实现货物“门到门”运输的一种新型、高效率和高效益的运输方式。使用集装箱运输货物可以保证货物运输安全、节省货物包装材料、简化货运作业手续、提高装卸作业效率、减少运营费用、降低运输成本，且便于自动化管理。

货（客）运密度

货（客）运密度指在一定时期内平均每千米运输线路所负担的货物（旅客）周转量。它按各种运输方式分别计算，在每种运输方式中，还可按全部线路、一条线路或一个区段分别计算，它反映运输线路货物（旅客）运输的繁忙程度，是考核运输线路运输能力的利用程度和运输工作强度的指标。

管道运输

管道运输是指以管道作为运输工具，使物体产生位移的一种运输方式。其通常由大型钢管、站库和附属工程三部分组成，是综合运输体系的重要组成部分。管道运输的货物大都是流体，主要为石油、天然气、煤浆等能源产品以及矿浆和化工产品等，因此，管道有油品管道、气体管道和固体料浆管道三大类。油品管道又分为原油管道和成品油管道。管道运输是一种专用的运输方式，只能运送特定的液体、气体和浆状物品，主要用于石油及其制品、天然气、煤气以及民用水等单向流体货物的运输。它能够进行不间断的输送，运输连续性强、运量大，可以实现密封输送，消除途中装卸、倒装和转运作业，把输送物质从产地直接送到消费地。另外，管道是埋在地下的，占用土地少，经营管理简便，劳动生产率高，运输成本低，从而大大节省运输费用，运输效益大；同时，管道运输适应性强，基本不受自然条件限制。在同一条管道中，可以输送多种油品，比较易于实现运输自动化管理，占用劳动力少。但其也有不足之处，如无法承担多种货物运输、管道铺设时需大量钢材、在运输量不足时很难调整其运力。

案例：在河南安阳内黄县境内，在一条横跨山东、河南、安徽三省的成品油输送管道。2015 年 8 月 26 日晚，管理人员发现一段管道内压力突然下降，当即派出人员到现场勘查。于 2015 年 8 月 27 日上午 10 时左右，发现了盗油孔的位置，随即报警。警方集中力量对这起案件进行侦破，发现一伙不法分子为了谋取暴利多次破坏输油管道，偷盗成品油。

综合运输网络

综合运输网络是指在一定空间范围内（国家或地区），由铁路、公路、水路、航空和管道线路及各种运输方式的枢纽结点等组成的综合体。它是综合运输体系的基础，其空间分布、通过能力和技术水平体现了物流运输子系统的状况和水平。综合运输网络按其空间范围，可划分为国家运输网络和地区运输网络，根据多地区的自然地理条件和运输需要，可以形成由两种运输方式组成的综合运输网络，如铁路和公路、公路和水路、公路和民航等，也可以形成由几种运输方式组成的综合运输网络、如铁路、公路、水路、民航和管道等。由此可见，综合运动网络不是独立于铁路线、公路线、水运线、航空线、管道线之外的运输线路，而是多种运输线路的总和，并形成干支线和干线、长途和短途、装运卸环节都能连续贯通、布局协调、四通八达的运输网。

多式联运

多式联运一般是指国际多式联运，它是由多式联运经营人按照多式联运合同，以至少两种不同的运输方式，将物品从一国境内承运物品的地点，运送至另一国境内指定交付物品的地点。多式联运是基于集装箱化的国际物流运输，一般以集装箱（多数为标准箱）为货运单元，把铁路、水路、公路和航空等传统的单一运输方式有机结合起来，组成一个连贯的运输系统，以便更好地实现“门到门”运输，为货主提供经济、合理、迅速、安全、简捷的运输服务。它不仅是实现“门到门”运输的有效方式，也是符合客观经济规律、取得较好经济效益的一种运输组织方式。多式联运将传统的分割的各种运输方式进行有机组合，并且借助于现代信息技术的成果，使传统的运输成为体现现代物流理念的物流运输。多式联运具有的优越性主要有：手续简便，节省费用，安全性和正确性高，迅速、快捷，有利于按期交货，合理运输。

大陆桥运输

大陆桥运输是指利用横贯大陆的铁路作为中间桥梁把大陆两端的海洋运输连接起来，组成一个海—陆—海式的连贯运输，通常是以集装箱为运输单元，采用水路、铁路、汽运相结合的联合运输组织方式。采用大陆桥运输后，中途可以减少多次装卸，可大大简化理货、搬运、储存、保管和装卸等操作环节，同时，集装箱经过加封，中途不用开箱检验可以迅速直接转换运输工具，所以大陆桥运输组织方式具有安全、准确、迅速、方便的显著经济效果，不仅运输时间短、运输费用省、货损货差率小、运输质量高，而且手续简便，在多式联运下，发货方只需办理一次托运、一次付费、凭一张运输单据即可完成全部手续。目前，世界上主要的大陆桥有西伯利亚大陆桥（或称亚欧第一大陆桥）、新欧亚大陆桥（亚欧第二大陆桥）、北美大陆桥。

大宗货物运输

在我国的货物运输构成中，大宗货物的运输主要是针对煤炭、石油、矿石、粮食和木材而言的，它们的突出特点是运量大、运距长、运销范围广。这几种货物的货运量在主要运输干线的货流构成中所占的比重很大，所以合理组织、安排这些大宗货物的流量、流向，对于充分发挥各种运输方式的增产潜力、协调各种运输方式的综合发展都有重大和深远的意义。

客流

客流是指一定时间内（年、月、日、时）一定运输路线或运输方向上通过的同一方向的旅客人数。客流是人们为了实现各类出行活动，借助各种交通工具形成的有目的的流动，包括三个要素，即数量、距离、方向。客流一般用客运量和客运周转期两个统计指标说明，它反映旅客在不同地区间流动的流向和他们在生产、生活上对旅行的需要。掌握客流的规律性，是合理规划运输网、配置客运站点设施、配备旅客运输工具和编制其运行作业计划的基本依据。人口和城市的分布、经济发展和人民的消费水平、工农业生产布局的变化、运输网布局的变化，都会对客流的分布产生重大影响；此外，国家经济政策的变化、休假探亲制度的改变、移民数量及旅游事业的发展都会对客流有很大影响 。人们一般可以根据一个区域内（全国、地区）工农业生产和人口、城市分布的变化、区域内经济发展和人民消费水平的提高以及其他因素的发展变化，确定该区域未来一定时期内（2 年、5 年、10 年）的旅客流量和流向。

货流

货流是指货物在地域上的定向流动，即指一定时间内（年、月、日、时）一定运输路线或运输方向上通过同一方向的货物吨数。构成货流的三个基本要素是数量、距离、方向，一般用货运量和货运周转期两个统计指标说明。由于货物运输是实现人类再生产过程中必不可少的组成部分，它的工作量在运输业中所占用的运输能力都超过客运，因而，认真研究货流分布，搞好货流规划，是进行合理运输的基础。影响货流分布的主要因素有工农业生产布局的变化、经济结构的变化、国际贸易的发展和运输网布局的状况。货流在空间和时间上的分布是不平衡的，货流空间上的不平衡是由于生产地区分布不平衡而引起的，而时间上的不平衡成因则比较复杂，一是因为运输方式的季节性，二是由于区域生产和消费不均衡。此外，各地各类产品的产销状况、供应范围、新企业的投产、运输条件的变化，也会引起货流变化。

货（客）运量

货（客）运量是指在一定时期内，各种运输工具实际运送的货物（旅客）数量。货运按吨计算，客运按人计算，货物不论运输距离长短、货物类别，均按实际重量统计，旅客不论行程远近或票价多少，均按一人一次客运量统计，半价票、小孩票也按一人统计。货（客）运量是反映运输业为国民经济和人民生活服务的数量指标，也是制订和检查运输生产计划、研究运输发展规模和速度的重要指标。

表 9-4　中国大陆地区 31 省（自治区、直辖市）货运（客运）量

客运量（万人）					货运量（万吨）				
地区	合计	铁路	公路	水运	地区	合计	铁路	公路	水运
全国	3 804 034. 9	189 336. 9	3 557 010. 0	25 752. 0	全国	4 099 400. 3	390 437. 5	3 188 475. 0	458 705. 0
北京	142 731. 0	10 398. 0	132 333. 0	—	北京	26 161. 9	1 236. 9	24 925. 0	—
天津	27 529. 2	2 970. 2	24 483. 0	76. 0	天津	46 015. 2	7 909. 2	27 735. 0	10 371. 0
河北	105 064. 0	7 846. 0	97 218. 0	—	河北	219 130. 3	21 010. 3	195 530. 0	2 590. 0
山西	39 987. 1	6 208. 1	33 662. 0	117. 0	山西	144 607. 9	71 427. 9	73 150. 0	30. 0
内蒙古	27 630. 3	4 320. 3	23 310. 0	—	内蒙古	189 942. 2	64 682. 2	125 260. 0	—
辽宁	103 283. 4	12 045. 4	90 650. 0	588. 0	辽宁	206 788. 7	19 802. 7	174 355. 0	12 631. 0
吉林	72 679. 5	6 263. 5	66 175. 0	241. 0	吉林	54 808. 1	7 347. 1	47 130. 0	331. 0
黑龙江	52 404. 2	10 524. 2	41 551. 0	329. 0	黑龙江	65 230. 7	16 590. 7	47 465. 0	1 175. 0
上海	10 859. 1	6 758. 1	3 748. 0	353. 0	上海	94 038. 3	825. 3	42 911. 0	50 302. 0
江苏	267 710. 3	11 758. 3	255 358. 0	594. 0	江苏	220 007. 5	7 670. 5	153 698. 0	58 639. 0
浙江	233 115. 2	9 144. 2	220 517. 0	3 454. 0	浙江	191 817. 3	4 607. 3	113 393. 0	73 817. 0
安徽	213 432. 3	6 385. 3	206 888. 0	159. 0	安徽	312 436. 8	12 259. 8	259 461. 0	40 716. 0
福建	82 040. 9	5 294. 9	75 044. 0	1 702. 0	福建	84 345. 1	3 814. 1	59 431. 0	21 100. 0
江西	84 239. 5	6 334. 5	77 650. 0	255. 0	江西	127 195. 5	5 561. 5	113 703. 0	7 931. 0
山东	265 631. 8	8 346. 8	254 711. 0	2 574. 0	山东	333 602. 6	23 144. 6	296 754. 0	13 704. 0
河南	207 246. 5	9 212. 5	197 785. 0	249. 0	河南	272 114. 9	12 637. 9	251 772. 0	7 705. 0
湖北	127 078. 7	8 265. 7	118 369. 0	444. 0	湖北	122 945. 3	5 882. 3	97 136. 0	19 927. 0
湖南	184 336. 1	8 601. 1	174 386. 0	1 349. 0	湖南	191 051. 7	5 676. 7	166 670. 0	18 705. 0
广东	574 265. 9	15 030. 9	556 510. 0	2 725. 0	广东	256 076. 7	9 305. 7	189 034. 0	57 737. 0
广西	90 228. 7	3 309. 7	86 449. 0	470. 0	广西	161 356. 0	6 846. 0	135 112. 0	19 398. 0
海南	47 116. 9	1 161. 9	44 374. 0	1581. 0	海南	26 80. 4	752. 4	16 600. 0	9 528. 0
重庆	156 545. 4	3 040. 4	152 249. 0	1 256. 0	重庆	86 474. 1	2 328. 1	71 272. 0	12 874. 0
四川	277 611. 3	7 997. 3	266 338. 0	3 276. 0	四川	174 349. 3	8 793. 3	158 396. 0	7 160. 0
贵州	83 526. 9	3 901. 9	77 172. 0	2 453. 0	贵州	52 654. 9	6 664. 9	44 892. 0	1 098. 0
云南	48 456. 3	2 762. 3	44 839. 0	855. 0	云南	68 734. 9	5 030. 9	63 239. 0	465. 0
西藏	3 848. 8	109. 8	3 739. 0	—	西藏	1 126. 6	84. 6	1 042. 0	—
陕西	111 773. 3	5 757. 3	105 647. 0	369. 0	陕西	136 726. 8	31 941. 8	104 593. 0	192. 0
甘肃	64 361. 2	2 383. 2	61 884. 0	94. 0	甘肃	45 831. 7	6 289. 7	39 517. 0	25. 0

续表

客运量（万人）					货运量（万吨）				
地区	合计	铁路	公路	水运	地区	合计	铁路	公路	水运
青海	12 692. 1	544. 1	12 100. 0	48. 0	青海	13 483. 9	3 783. 9	9 700. 0	—
宁夏	16 343. 5	535. 5	15 666. 0	142. 0	宁夏	41 113. 3	8 467. 3	32 646. 0	—
新疆	38 331. 4	2 125. 4	36 206. 0	—	新疆	58 793. 5	6 839. 5	51 954. 0	—

货运（客运）周转

货运（客运）周转是指在一定时期内，由各种运输工具运送的货物（旅客）数量与其相应运输距离的乘积之总和。它是反映运输业生产总成果的重要指标，也是编制和检查运输生产计划，计算运输效率、劳动生产率以及核算运输单位成本的主要基础资料。

表 9-5　中国大陆地区 31 个省（自治区、直辖市）货运（客运）周转量

旅客周转量（亿人千米）					货物周转量（亿吨千米）				
地区	合计	铁路	公路	水运	地区	合计	铁路	公路	水运
全国	33 383. 09	9 812. 327	18 467. 55	77. 4791	全国	173 770. 7	29 187. 09	59 534. 86	81 707. 58
北京	421. 159	116. 383 3	304. 775 7	—	北京	1 001. 126	861. 352 8	139. 773 6	—
天津	314. 664 3	163. 972 7	150. 433 8	0. 257 8	天津	7 844. 061	513. 193 4	318. 177 8	7 012. 69
河北	1 369. 198	791. 03	578. 1684	—	河北	10 604. 96	3 961. 881	6 133. 473	509. 602 2
山西	423. 072 2	192. 365 2	230. 6121	0. 0949	山西	3 341. 135	2 138. 827	1 202. 248	0. 059 6
内蒙古	436. 448	172. 408 6	264. 039 4	—	内蒙古	5 870. 342	2 570. 519	3 299. 823	—
辽宁	976. 992 3	542. 304 5	427. 1836	7. 504 2	辽宁	11 563. 68	1 404. 914	2 675. 44	7 483. 323
吉林	536. 218 2	229. 136 6	306. 756 2	0. 325 4	吉林	1 596. 108	620. 970 1	974. 055 2	1. 083 2
黑龙江	559. 552 3	262. 366 9	296. 811 6	0. 373 8	黑龙江	2 002. 331	1 065. 738	929. 035 2	7. 558 4
上海	182. 079 1	68. 377 2	112. 715 1	0. 986 8	上海	20 373. 37	17. 983 36	288. 196	20 067. 19
江苏	1 872. 394	452. 620 6	1 418. 389	1. 385 2	江苏	7 904. 053	398. 650 4	1 452. 449	6 052. 954
浙江	1 317. 601	390. 264 5	921. 178	6. 158 1	浙江	9 183. 406	291. 367 7	1 525. 589	7 366. 45
安徽	1 824. 566	496. 590 2	1 327. 682	0. 294 7	安徽	9 817. 83	937. 398 1	7 266. 771	1 613. 661
福建	556. 019 5	184. 777 2	368. 524 5	2. 717 8	福建	3 871. 448	177. 367	771. 086 8	2 922. 994
江西	956. 264 4	584. 058	371. 889 5	0. 316 9	江西	3 433. 526	666. 483 6	2 559. 779	207. 264 1
山东	1 836. 141	513. 693 4	1 309. 952	12. 496 1	山东	11 077. 78	1 580. 432	7 059. 223	2 438. 128
河南	2 084. 022	773. 832 7	1 309. 585	0. 604 6	河南	9 490. 257	2 143. 102	6 863. 007	484. 148 7
湖北	1 361. 469	554. 408 7	804. 071 8	2. 988 2	湖北	4 439. 824	917. 196 6	1 565. 447	1 957. 181
湖南	1 636. 842	780. 252 6	853. 960 4	2. 629 2	湖南	3 976. 904	1 022. 149	2 392. 494	562. 260 9
广东	2 998. 23	518. 114 7	2 470. 107	10. 008 8	广东	9 566. 239	311. 004 8	2 434. 949	6 820. 285
广西	1047. 978	187. 722 3	857. 978 6	2. 276 7	广西	4 110. 641	860. 011 8	1 878. 293	1 372. 336
海南	173. 052	22. 268 58	147. 631 5	3. 151 9	海南	1 548. 051	9. 575 58	109. 353 3	1 429. 123
重庆	597. 870 4	115. 928 5	470. 625 5	11. 316 4	重庆	2 653. 329	181. 529 4	731. 852 1	1 739. 948
四川	1 310. 246	302. 806 2	1 004. 712	2. 728 3	四川	2 238. 285	809. 416 6	1 325. 192	103. 676 6

续表

旅客周转量（亿人千米）					货物周转量（亿吨千米）				
地区	合计	铁路	公路	水运	地区	合计	铁路	公路	水运
贵州	631.851 6	199.198 6	426.800 9	5.852 1	贵州	1 174.715	693.684	464.561 4	16.469 8
云南	568.689 4	96.473 66	470.196	2.019 7	云南	1 123.351	412.128 4	702.512	8.711
西藏	33.456 54	10.252 14	23.204 4	—	西藏	46.17181	18.298 61	27.873 2	—
陕西	897.972 9	408.839 1	488.554 8	0.579	陕西	3 192.143	1 446.754	1 744.645	0.743 6
甘肃	666.405 4	379.754 4	286.438	0.213	甘肃	2 351.692	1 457.06	894.632	—
青海	110.114 3	50.549 19	59.5	0.065 1	青海	527.619 9	246.619 9	281	—
宁夏	120.972 9	41.149 33	79.689 3	0.134 3	宁夏	1 065.74	365.617 7	700.122 7	—
新疆	535.809 7	210.427 6	325.382 1	—	新疆	1614.495	790.683 7	823.811 6	—

交通中心

交通中心是位于一种或多种运输方式的交通干线的交叉点与衔接点，拥有为办理旅客与货物中转、发送、到达所需的各种设施的城镇。按其影响范围和设施的完善程度可分为国际交通中心、全国交通中心和地区交通中心等。

交通中心城市通常经济比较发达，人口稠密，外来人员高度集中，而人口的集中产生了较多的冲突及犯罪的机会。另外，财富的集中为犯罪分子提供了比贫困地区更多的作案机会，犯罪收益也高的多。因此，人口集中及经济发达的交通中心城市犯罪率也相对较高。具有全国性或区域性交通枢纽地位的城市或地区，通常大大地促进了区域内和区域间人、财、物的快速便捷流动，从而带来了较多的犯罪机会，诱发了较多的犯罪动机。一般来说，港口、码头及海（河）岸线是实施犯罪的“空间盲区”。在各类刑事案件中，走私和非法航渡案件较为突出。大城市的火车站规模很大，占地面积广，不可能实行全封闭管理，治安基础较差。车站区域人流量大，人群复杂，火车站历来是城市犯罪的高发区，犯罪类型五花八门，团伙盗窃、扒窃、“两抢”、拐骗人口、诈骗、贩卖违禁物品、破坏或盗窃铁路设施等屡见不鲜。如广州火车站地区曾经是全国闻名的犯罪高发区域。全国性或区域性的航空枢纽，机场规模大，出于用地、净空、通信以及防噪声等方面要求的考虑，机场大多位于城市近郊区边缘或远郊区。由于机场实行全封闭管理，保安措施较为严密，犯罪率较低，一般刑事案件较少发生，但贩毒、文物走私、偷渡等案件时有发生。

交通中心城市交通网络发达，城市及周边区域路网四通八达，为违法犯罪分子利用交通工具实施犯罪活动提供了便利条件。如犯罪分子乘坐摩托车等交通工具突然袭击被害人抢劫（抢夺）财物后，迅速逃窜。快捷顺畅的交通条件客观上有利于“两抢”犯罪的实施，也为犯罪分子迅速逃窜提供了有利条件，为公安机关现行抓捕犯罪分子带来了难度。区域间快捷顺畅的交通环境也诱发了跨区域犯罪大量发生。犯罪分子居住在此地，夜晚乘交通工具到彼地作案，迅速便捷，“快进快出”，隐蔽性强，公安机关难以实施有效打击，使得犯罪分子的犯罪风险降低，犯罪收益增加。近年来，上海、广州、北京等城市发生多起犯罪分子利用交通工具跨区域实施盗窃、“两抢”、诈骗等系列案件，社会危害大，严重影响了群众的安全感。交通枢纽地位的确立与交通工具的大量增加是分不开的，这使得在以交通工具为犯罪目标的违法犯罪活动持续增加。近年来，在交通中心城市地区，机动车大量增加，盗窃机动车的犯罪活动比较突出。另外，在公共交通工具上实施盗窃、诈骗、“两抢”犯罪增多。在一些城市和地区，地铁、轻轨、列车、公交车上的扒窃现象非常严重，不少市民都有失窃的经历。盗窃犯罪甚至从地面交通工具蔓延到空中交通工具。2004 年以来，广州的飞机航班上出现多起盗窃案件，案值大，破案难度高。

沿海沿边地带，处于我国改革开放的前沿，对外交流及经济贸易合作既具有地缘上的便利条件，又享有诸多政策优惠，于是，这些地区有大量国外使（领）馆、国（境）外机构、外资（港台）企业进驻，在这些地区工作和生活的国（境）外人员逐年增多。有些国（境）外人员在这些地区常住，涉及国（境）外人员的违法犯罪活动逐年增加。北京、上海、天津、广州等城市正在向国际化城市迈进，随着其对外开放程度的加深，往来、常住的国（境）外人员将越来越多，涉外犯罪很可能将随之增多。这些地区出入国（边）境路径多样、便捷，客观上为跨国（境）犯罪提供了便利条件，防控难度极大。而且，这些城市标志性建筑多，高层建筑密集，立体化交通四通八达，地铁、轻轨、高架道路、隧道等纵横交错，反恐怖目标众多，防范难度极大。

交通中心城市大多经济比较发达，物产丰富，市场经济快速发展，人、财、物流动便捷，经济活跃，经济形态多样化，我国的金融、证券、期货中心集中在这些地区，诱发经济犯罪的因素多，经济犯罪总量较多，犯罪类型多样化。由于与发达国家、地区的经济联系日益紧密，一般涉及金融、证券、税收、外汇、洗钱等方面的智能型经济犯罪，通常先出现于沿海发达城市，然后向内地城市蔓延。

北京

北京是中华人民共和国的首都、直辖市和国家中心城市，是中国的政治、文化中心，中国经济的决策和管理中心，是中华人民共和国中央人民政府和全国人民代表大会的办公所在地。北京是中国“八大古都”之一，拥有 7 项世界遗产，是世界上拥有文化遗产项目数最多的城市，是一座有着 3 000 余年建城历史、860 余年建都史的历史文化名城，拥有众多历史名胜古迹和人文景观，它位于华北平原的北部，背靠燕山，有永定河流经老城西南，毗邻天津市和河北省，下辖东城区、西城区、朝阳区、海淀区、丰台区等 16 个区县。北京作为我国的交通中心，以下主要从铁路、航空、轨道交通 3 个方面来介绍北京市的交通现状。

北京是中国铁路网的中心之一，主要有北京到香港九龙的京九铁路，北京到上海的京沪铁路，北京到广州的京广铁路，北京到哈尔滨的京哈铁路，北京到包头的京包铁路和北京到承德的京承铁路等；在国际铁路运输方面，去往俄罗斯各城市、蒙古的都城乌兰巴托和朝鲜的都城平壤以及去往越南的都城河内的列车均从北京发车。北京首都国际机场是全球规模最大的机场，与上海虹桥国际机场、香港国际机场并称中国三大国际航空港，位于北京市顺义区，距北京市中心 20 千米，几乎所有北京的国内国际航班均在北京首都国际机场停靠和起飞，北京还建有 5 座机场，分别是北京南苑机场、北京良乡机场、北京西郊机场、北京沙河机场和北京八达岭机场，这些机场除南苑机场为军民合用外，其他均为军用机场。北京地铁始建于 1965 年 7 月 1 日，1969 年 10 月 1 日第一条地铁线路建成通车，使北京成为中国第一个拥有地铁的城市，截至 2014 年，北京市轨道交通运营线路 18 条，运营线路长度 527 千米，运营车辆 4 688 辆，全年客运总量 34.1 亿人次，预计到 2016 年北京市轨道交通运营里程将达到 664 千米，预计 2020 年北京市轨道交通线路将达 31 条，运营线路总长超过 1 000 千米。

上海

上海简称沪，有“东方巴黎”的美称，是中华人民共和国的直辖市之一，中国国家中心城市，中国的经济、金融中心，繁荣的国际大都市，拥有中国大陆首个自贸区——中国（上海）自由贸易试验区。上海作为中国民族工业的发祥地，地处长江入海口，东向东海，隔海与日本九州岛相望，南濒杭州湾，西与江苏、浙江两省相接，共同构成以上海为龙头的中国最大经济区——长三角经济圈。上海已形成由铁路、水路、公路、航空、轨道等 5 种运输方式组成的，具有超大规模的综合交通运输网络，已经形成了由地面道路、高架道路、越江隧道和大桥以及地铁、高架式轨道交通组成的立体型市内交通网络。经过上海的铁路线主要有京沪铁路、沪杭铁路、京沪高铁、沪宁城际高铁、沪杭高铁、沪昆高铁，上海拥有轨道交通系统共13条，包括地铁、高架轻轨和磁悬浮线等，营业里程400余千米，居全国前列，已形成初步的网络格局，同时还拥有上海虹桥国际机场和上海浦东国际机场两座国际机场。

天津

天津简称津，是中华人民共和国直辖市、中国国家中心城市、中国北方经济中心、中国北方国际航运中心、中国北方国际物流中心、国际港口城市，位于华北平原海河五大支流汇流处，东临渤海，北依燕山，海河在城中蜿蜒而过，海河是天津的母亲河，天津自古因漕运而兴起，明永乐二年（1404年）11月21日正式筑城，是中国古代唯一有确切建城时间记录的城市，历经600多年，造就了天津中西合璧、古今兼容的独特城市风貌。天津由铁路、公路、水路、航空和管道5种运输方式和具有先进的电信通信网及便利的邮政网构成了四通八达的交通运输网络。天津公路网是以国道和部分市级干线为骨架，以放射状公路为主的网络系统，以外环线沟通各条放射公路的联系，通过天津的国道主干线有4条：京津塘高速公路、京福一级汽车专用公路、拉丹高速公路和拉丹高速公路津唐支线；国道5条：京哈、京塘、津同、津榆公路和山广公路；市级干线有津围、津北、津沽、津港等公路。全市公路通车里程为4 243千米，高速公路通车里程为143.85千米，二级以上高等级公路通车里程为1 273.8千米；天津不仅处于京沪铁路、津山铁路两大传统铁路干线的交会处，还是京沪高速铁路、京津城际铁路、津秦客运专线、津保客运专线等高速铁路的交会处，是北京通往东北和上海方向的重要铁路枢纽；天津滨海国际机场位于东丽区，距天津市中心13千米，距天津港30千米，距北京134千米，南至津北公路，西至东外环路东500米，北至津汉公路及京津高速公路，东至京津塘高速公路，是国内干线机场、国际定期航班机场、国家一类航空口岸，中国主要的航空货运中心之一。天津港是世界等级最高、中国最大的人工深水港，吞吐量居世界第四的综合性港口，位于天津市滨海新区，服务和辐射京津冀及中西部地区的14个省（直辖市、自治区），服务和辐射的总面积近500万平方千米，占全国面积的52%，是蒙古等内陆国家的主要出海口，航线通达世界180多个国家和地区的500多个港口。天津地铁1976年1月试运行，天津成为中国第二个拥有地铁的城市，2012年，地铁1、2、3号线的最大客流超64万人次，全年3条地铁的总客运量约8 000万人次，地铁2、3号线和9号线的开通形成了天津轨道交通网络化的新格局，给市民出行带来了方便。

重庆

重庆简称巴和渝，别称山城、渝都、桥都、雾都，是中华人民共和国直辖市、中国国家中心城市、国际航运中心，是中西部水、陆、空型综合交通枢纽。重庆位于中国内陆西南部、长江上游地区，是青藏高原与长江中下游平原的过渡地带，渝东、渝东南临湖北省和湖南省，渝南接贵州省，渝西、渝北连四川省，渝东北与陕西省和湖北省相连。重庆地处中国中部和西部地区的结合部，铁路、水路、公路、航空、管道运输等运输方式发展很快，它是中国长江上游地区唯一汇集水、陆、空交通资源的特大型城市，是西南地区的综合交通枢纽之一。截至2014年，全市高速公路通车总里程超过2 400千米，居西部第一；全市铁路运营里程达到1 774千米，形成了“一枢纽六干线二支线”的网络格局；轨道交通运营里程达到202千米。

广州

广州简称穗，别称羊城、花城，是广东省省会，位于广东省中南部，东江、西江、北江的交汇处，珠江三角洲北缘，濒临中国南海。广州对外贸易发达，得益于其良好的地理位置，广州自秦汉至明清，一直是中国对外贸易的重要港口城市，汉武帝时期，即有中国船队从广州出发，远航至东南亚和南亚诸国通商贸易。到明清时期，广州更是特殊开放的口岸，较长时间内曾是全国唯一的对外贸易港口城市。改革开放30多年来，广州交通实现了跨越式发展，综合交通体系初具规模，目前已形成衔接京广、广深、广茂铁路和京广高速、广珠城际以及广深港六大干线的双人字形枢纽，成为全国四大铁路客运枢纽之一；截至 2012 年年底，广州市公路通车里程 9 015 千米，其中高速公路 684 千米，2012 年公路客货运量分别达到约 5.9 亿人次和 5.3 亿吨，公路运输是对外客货运输的主体；城市道路基本形成了“两个环、一个半环、十四条放射线、七条联络线”的环形放射状路网体系，公共交通基本形成“以轨道交通为骨干，常规公交为主体”的立体化体系，公共交通占机动化出行比例约 60%；广州白云国际机场转场成功后，目前已成为国内三大门户复合型枢纽机场之一，是国家“十五”期间的重点建设项目，也是中国规模最大、功能最先进、现代化程度最高的国家级枢纽机场之一，随着联邦快递落户、国家综合保税区及空港经济区的设立，空港对经济的“引擎”作用将进一步凸显，2012 年旅客吞吐量、货邮吞吐量分别达到约 4 830 万人次和 126 万吨；广州地铁共有 9 条营运路线，总里程 260.5 千米，共有 164 座运营车站（换乘站重复计算），截至 2014 年 3 月，日均客流量已达 623.4 万人次，广州地铁已经成为广州市民最主要的交通工具之一。

武汉

武汉简称“汉”，是湖北省省会、中国中部地区中心城市，地处中国中心，江汉平原东部，长江与汉江的交汇处，世界第三大河长江及其最大支流汉江在市境中央交汇，将武汉城区一分为三，形成了武昌、汉口、汉阳（武汉三镇）隔江鼎立的格局，全市下辖 7 个中心城区和 6 个远城区，市内江河纵横、湖港交织，上百座大小山峦，166 个湖泊坐落其间，水域面积占全市总面积的 1/4，构成了极具特色的滨江滨湖水域生态环境。武汉交通发达，历来有“九省通衢”之称，因其特殊的地理位置，武汉成了全国重要的水陆空综合交通枢纽。武汉是中国内河的重要港口，是长江中游的航运中心，是中国内河通往沿海、近洋最大的启运港和到达港，武汉至上海洋山港的“江海直达”航线是长江中上游地区首条通江达海的优质航线；武汉是中国高铁客运专线网主枢纽城市，是中国四大铁路枢纽、六大铁路客运中心、四大机车检修基地之一，是京广高铁、沪汉蓉高铁两条国家级高速铁路的交会地，武汉的铁路客运量于 2013 年首次超越北京、广州，达到 1.2 亿人次，居大中华区第一，武汉已成为中国铁路运输的最大中转站，截至 2014 年年底，武汉市公路通车里程 14 520.49 千米，其中等级公路 14 240.69 千米，在等级公路中，高速公路 633.50 千米；公路路网密度 180.85 千米/百千米^2，武汉地铁于 2004 年 7 月 28 日开通运营，使武汉成为中国大陆继北京、天津、上海、广州后第 5 个拥有轨道交通的城市，截至 2014 年 12 月，武汉地铁已投入运营 1 号线、2 号线和 4 号线，共 75 座车站，运营里程 95.6 千米，4 号线一期的开通，标志着武汉形成“工”字形的地铁网，使武汉三大火车站可由地铁无缝转乘；武汉天河国际机场于 1995 年 4 月 15 日启用，是中部地区首个 4F 级机场，也是国家公共航空运输体系确定的全国八大区域性枢纽机场之一，拥有定期通航点 76 个，可直飞巴黎、旧金山、莫斯科等 20 余个国际城市，截至 2014 年年底，武汉拥有民用航线 271 条，其中国际航线 31 条，国内航线 240 条，通达国内城市和地区 92 个，通航国家和地区 13 个，天河国际机场旅客吞吐量 1 727.71 万人，货邮吞吐量 14.30 万吨。

郑州

郑州简称“郑”，是河南省省会，地处华北平原南部，河南省中部偏北，黄河下游，北临黄河，西依嵩山，东南为广阔的黄淮平原。郑州地处中国地理中心，是全国重要的铁路、航空、高速公路等主枢纽城市，新欧亚大陆桥、陇海铁路、京广铁路、京港高铁、郑西高铁、郑徐高铁、郑渝高铁（京昆高铁）、郑合高铁（京福高铁）多条线路交会于郑州。郑州拥有亚洲最大的列车编组站——郑州北站和中国最大的零担货物转运站——郑州货运东站，以及亚洲唯一运行时速 350 千米的高速铁路十字枢纽站——郑州东站。未来郑州将成为中国普通铁路和高速铁路网中唯一的“双十字”中心，形成以郑州为中心的中原城市群“半小时经济圈”、中原经济区“1 小时经济圈”和全国“3 小时经济圈”；郑州是国家公路网主要枢纽之一，有多条国家和地区性高速公路连接省内所有城市和省外城市，其路网由环路和放射道路组成，以郑州为中心的中原城市群地区是中国高速公路网密度较大的区域之一，主要的高速公路干线有京港澳高速公路、连霍高速公路、机场高速公路、郑州绕城高速公路、郑焦晋高速公路、焦桐高速公路、郑青高速公路等；2013 年 12 月 28 日，郑州地铁 1 号线 1 期工程通车运营，这标志着郑州成为中原第 1 个拥有轨道交通、中部六省第 2 个拥有轨道交通、全国第 19 个开通地铁的城市，截至 2014 年 6 月 23 日，郑州地铁有 1 条线路、20 座车站，线路总长 25.41 千米，日均客流量达 16.2 万人次；郑州机场于 1956 年建立，1997 年 8 月 28 日，由省、市政府和民航总局联合投资新建郑州新郑国际机场，机场飞行区等级为 4E 级，是国家民航总局定位的中国八大航空枢纽港之一，2014 年 4 月，郑州机场已开辟航线 147 条，国际和地区客运航线 15 条，全货运国际航线 20 条，已基本形成通达全国主要城市和欧美亚的航线网络。

乌鲁木齐

乌鲁木齐简称“乌市”，是新疆维吾尔自治区首府，全疆的政治、经济、文化、科教、金融和交通中心，是第二座亚欧大陆桥中国西部的桥头堡和向西开放的重要门户，地处亚欧大陆中心，天山山脉中段北麓，准噶尔盆地南缘。乌鲁木齐是中国大陆现代化高速发展的新兴城市，高度集中的政治地位、宗教地位、资源地位、交通枢纽地位和超广的地域辐射面积促使乌鲁木齐拥有强大的综合实力，成为西部的核心城市。乌鲁木齐是中国连接中亚地区乃至欧洲的陆路交通枢纽，多条国家级高速公路及国道干线使它成为中国国家高速公路网中的重要节点，截至 2013 年年底，全市公路总里程 2 756 千米，其中，高速公路 192 千米。到 2020 年，新疆将建成总里程 150 000 千米的公路网，首府乌鲁木齐与各地州市及兵团各师部均实现高速公路连通，最终将形成“两纵三横两环八通道”的路网格局；乌鲁木齐是全疆铁路的总枢纽、西北地区重要的铁路枢纽之一，乌鲁木齐站是乌鲁木齐铁路局管辖的客货运一等站，经过乌鲁木齐站的铁路有兰新铁路、南疆铁路及北疆铁路，有发往北京、上海、广州等方向的列车，并有发往哈萨克斯坦的阿拉木图、阿斯塔纳方向的国际列车。乌鲁木齐的地窝堡国际机场是中国面向中亚、西亚和连接欧亚的国家门户枢纽机场，与昆明的长水国际机场并列为中国两大国家门户枢纽机场，是连接亚欧的重要国际航空通道，是国家民航总局定位的中国八大航空枢纽港之一，截至 2013 年，乌鲁木齐国际机场运营航线 171 条，其中国内航线 145 条（含疆内 17 条）、国际航线 25 条、港澳台 1 条，有 15 个国家、23 个国际城市、1 个港澳台城市和 55 个国内城市与乌鲁木齐国际机场通航。

西安

西安古称长安、京兆、镐京，是陕西省省会，西安地处中国陆地版图中心，是长三角、珠三角和京津冀通往西北和西南的门户城市与重要交通枢纽，也是西北通往中原、华北和华东各地市的必经之路；在全国区域经济布局上，西安作为新亚欧大陆桥中国段——陇海兰新铁路沿线经济带上最大的西部中心城市，是国家实施西部大开发战略的桥头堡，具有承东启西、连接南北的重要战略地位。西安是全国干线公路网中最大的节点城市之一，公路建设形成了一个以西安为中心，有 9 条国家高速公路在此交会，贯通陕西省、辐射周边省市的高等级“米”字形辐射状干线公路系统，有公路 2 800 多千米，有 6 条国道干线通过；西安是陕西省“米”字形铁路交通的重要枢纽，陇海线、宁西线两条铁路线在此交会，截至 2012 年 12 月底，西安已开通至北京、广州、长沙、深圳、武汉、郑州、石家庄的直达高铁线路，线路有郑西高速铁路、西宝高速铁路、大西客运专线等；西安咸阳国际机场是中国重要的航空港，目前共有 20 家航空公司在机场经营 150 余条航线，每天有 400 余架次的航班在机场起降，2009 年旅客吞吐量达到 1 529 万人次，为全国十大机场增速最快的机场；西安地铁已开通 1 号线、2 号线，运营里程 45.9 千米，是西北地区首座拥有地铁运营线路的城市，同时也成为中国大陆第十个拥有地铁运营线路的城市，西安地铁运营线设计覆盖西安市 6 个市辖区，使市区紧密联系在 1 小时经济圈内。

兰州

兰州是甘肃省省会，甘肃省的政治、文化、经济和科教中心。兰州市区南北群山环抱，东西黄河穿城而过，具有带状盆地城市的特征，地处黄河上游，它是中国18个铁路局之一的兰州铁路局所在地。兰州是中国重要的路网型铁路枢纽之一，陇海线、包兰线、兰新线、兰青线汇集于此，随着青藏铁路建成通车以及兰渝线、兰成线、兰新高铁的开建，其枢纽作用将更加重要。2012年，兰州铁路枢纽旅客发送量近千万人次，加上即将兴建和规划中的徐兰客运专线（宝鸡至兰州段）、兰合铁路、兰州经中川至张掖的城际铁路等的相继建设，加之既有的线路，新的兰州铁路枢纽建成后，有12个方向的铁路在兰州交会，其枢纽地位更加明显；截至2012年，兰州至西宁、银川等周边城市的5条高速公路已建成通车，北京—拉萨、连云港—霍尔果斯、兰州—海口、青岛—兰州、兰州—重庆、福州—兰州等多条国家级高速公路和国道干线使得兰州成为国家高速公路网中的重要节点；兰州中川国际机场为国内干线机场、欧亚航路国际航班Ⅰ级备降机场、国家一类航空口岸，按照国际民航机场4E标准兴建，2013年11月18日，兰州中川国际机场年旅客吞吐量正式突破500万人次，标志其成功迈入了全国大中型运输机场行列，2014年年底，兰州中川国际机场年旅客吞吐量为657.12万人次。

沈阳

沈阳是辽宁省省会，别称盛京、奉天，位于中国东北地区南部，是长三角、珠三角、京津冀地区通往关东地区的综合枢纽城市。沈阳是东北地区最大的铁路、公路、航空交通枢纽中心，拥有东北地区最大的民用航空港、全国最大的铁路编组站和全国最高等级的“一环五射”高速公路网。沈阳是我国东北地区的铁路枢纽，京哈铁路、沈大铁路、沈吉铁路、沈丹铁路、沈山铁路、苏抚支线和哈大高铁等多条铁路干线交会于此，沈阳站是东北客运规模最大的火车站。

沈阳桃仙国际机场是国家公共航空运输体系确定的全国八大区域性枢纽机场之一，是东北地区规模最大的复合型门户枢纽航空港，桃仙机场地理位置优越，位于沈阳都市圈（抚顺、铁岭、本溪、辽阳、鞍山、营口、阜新）的中心，为八市共用机场，距沈阳市中心20千米，桃仙国际机场有多条国内航线飞往全国各大城市，还是中国东北地区连接世界各国的窗口；以沈阳为中心已建成了沈大高速、京沈高速、沈哈高速、沈吉高速、沈丹高速、沈彰高速、沈康高速、沈阳绕城高速及辽宁中部环线高速等高速公路，使沈阳成为东北地区的公路网中心；沈阳地铁线路于2010年9月27日载客运营，使沈阳成为中国大陆地区继北京、天津、上海、广州、深圳、南京后第7个、东北地区首个拥有地铁的城市，沈阳地铁现有地铁1号线、地铁2号线两条线路载客运营中，总里程54.96千米。

哈尔滨

哈尔滨是黑龙江省省会，中国东北北部的政治、经济、文化中心，被誉为欧亚大陆桥的明珠，是第一条欧亚大陆桥和空中走廊的重要枢纽。哈尔滨是东北地区的铁路枢纽，有哈大、滨洲（满洲里）、滨绥（绥芬河）、滨佳、滨吉5条干线在此交会，并呈放射状分布。经过哈尔滨的公路主要有绥满高速公路、京哈高速公路、哈佳高速公路、五右高速公路、哈同公路、吉黑公路（黑河）、鹤哈高速公路等；哈尔滨太平国际机场地处东北亚中心位置，是中国东北地区乃至东北亚的重要空中交通枢纽，由哈尔滨太平国际机场可以到达北京、香港、台北、上海、深圳、广州、天津、西安、沈阳、乌鲁木齐等国内主要城市及东京、大阪、新潟、首尔、叶卡捷琳堡、哈巴罗夫斯克、符拉迪沃斯托克、安克雷奇等国际城市，哈尔滨太平国际机场扩建的前期准备工作已经启动，机场扩建工程目标设定为2020年，扩建后的哈尔滨机场定位为大型一类口岸机场，可满足年旅客吞吐量1 200万人次、货邮吞吐量17.5万吨的需要。